高等学校教育学专业教材
辽宁省高等教育一流学科“辽宁师范大学教育学”项目

教育学原理

马治国　编著

中国轻工业出版社

图书在版编目（CIP）数据

教育学原理 / 马治国编著. — 北京：中国轻工业出版社，2025.2
高等学校教育学专业教材
ISBN 978-7-5184-4029-0

Ⅰ. ①教… Ⅱ. ①马… Ⅲ. ①教育学—高等学校—教材 Ⅳ. ①G40

中国版本图书馆CIP数据核字（2022）第098214号

责任编辑：贺晓琴　秦宏宇
策划编辑：史祖福　　责任终审：李建华　　封面设计：锋尚设计
版式设计：砚祥志远　　责任校对：晋　洁　　责任监印：张京华

出版发行：中国轻工业出版社（北京鲁谷东街5 号，邮编：100040）
印　　刷：三河市万龙印装有限公司
经　　销：各地新华书店
版　　次：2025年2月第1版第1次印刷
开　　本：787 × 1092　1/16　印张：28.25
字　　数：500千字
书　　号：ISBN 978-7-5184-4029-0　定价：59.00元
邮购电话：010-85119873
发行电话：010-85119832　010-85119912
网　　址：http：//www.chlip.com.cn
Email：club@chlip.com.cn

211148J1X101ZBW

前 言

本书以马克思主义哲学为唯一方法论，致力于中国特色、基于案例的教育学原理话语体系、学术体系和学科体系建设的积极、有益探索。

读者对象

《教育学原理》迎合新时代高校学生、教师以及教育理论研究发展的需求应运而生，可以作为“教育学原理”课程适用的教材，也可以作为学习、研究教育基本理论的基础思想资源。

设计理念

一、以习近平新时代中国特色社会主义思想为指导，坚定马克思主义的立场、观点和方法，致力于实现伟大的教育强国梦

本书以全面树立“四个意识”为出发点，坚定道路自信，培养中国特色社会主义教育的研究人才和教师队伍，发展中国特色社会主义教育事业；坚定文化自信，扎根中国大地、充分利用多元文化的互鉴，为繁荣社会培养创新人才；坚持理论自信，积极探索建设发展中国特色教育学原理案例教学与研究的知识体系，积极开展建设中国特色话语体系、学术体系、学科体系的有益实践。

二、以《教师教育课程标准》为准则，贯彻落实“育人为本”“实践取向”和“终身教育”的理念

本书紧紧围绕“学校发展”这一中心，力求呈现一幅“超清”的、以促进学生发展为内核的学校教育基本关系图，使读者更容易把握学校教育的基本构型。

三、以建构主义理论为理论基础

建构主义指出，意义需要协商和互鉴，意义在于建构。语言是最精妙的思维，思维有赖于思想——不同语言艺术的撞击。本书呈现“百家”“思想资源”必然引领读者主观世界“百花齐放、百家争鸣”——意义建构的关键一环，推进原创。“真理不可言说，不可直接传达。在以暗示与象征的体验方式的间接传达中，真理则变成可感知的，它作

为历史性中例外的主观性在客观性的媒介中显示自身。”（雅斯贝尔斯，1977）

四、以案例教学理论为理论基础

傅维利教授认为，“教育学是一门实践性很强的学科。这一学科特征决定了要想比较深入地掌握这一学科的概念、结构、原理和方法，不能仅仅依赖理论学习方式，还要依托多种实践方式的参与。”

“在教育学科中案例教学的强大生命力，主要来自三种基本因素：其一，案例教学符合人实践能力成长的客观规律。根据我们的研究，人的实践能力一般包括四种基本构成要素，它们分别是实践动机要素、一般实践能力要素、专项实践能力要素和情境实践能力要素。在这四种实践能力构成要素中，情境实践能力要素是一种高级构成要素，它是在真实问题情境中，实践主体迅速判断主客体匹配关系，周边资源支持状态，迅速作出决策并付诸行动的过程。就我国高等教育中的主流教学方式而言，普遍缺失的恰恰是对学生情境实践能力要素的系统培养。这是造成我国高校毕业生实践能力普遍不高的重要原因。由于案例教学强调展示真实问题和具体情境，强调学生做出分析和讨论并提出解决问题的具体对策，因此它是一种十分贴近真实问题，有利于培养学生情境实践能力要素的教学方式。这种教学方式如果能在教育学科中得到大面积推广，无疑十分有利于大幅度提高学生解决真实教育问题的能力。其二，案例教学更容易让学生把握理论的精髓。案例教学通常不是用冗长的历史的或逻辑方式展开理论，而用简洁、清晰的语言直接陈述基本概念、原理和方法，并通过案例解剖，要求学生提出尝试性解决方案的方式，帮助学生理解理论和应用理论。实践证明，这种教学方式更容易让学生把握成熟理论的精华。其三，案例教学更容易体现学科的时代性特征，引发学生思考和解决问题的兴趣。理论通常是比较稳定的，但问题是常新的。案例教学要求所选择的案例问题不仅具备分析和思考的内在价值，而且是学生容易感知到的富有时代气息的真实问题。教学实践也证明，这样的案例问题十分有利于调动学生思考和解决问题的积极性，从而为全面提升学生指向问题解决的思考力提供了基本前提。”（傅维利，2006）

事实上，“今天，在结构良好的案例中所呈现的知识享有越来越高的地位，而且案例可能是描绘并传递教学知识最富有前景的一种方式。”（格雷·塞克斯，2007）我国的顾明远教授、叶澜教授也积极倡导和推动案例教学在教育学科的应用推广，傅维利教授主持编写的《教育问题案例研究》《师德读本》《教育管理问题案例研究》等多部研究生和本科生用案例型教材在使用中得到了许多同学和老师的欢迎。

五、借鉴“知识演进逻辑说”（韩震，2021）

新时代是中国创造人类文明新形态的时代，是超越了经验性知识、原理性知识的时代。所以，本书立足于新时代知识形态，以丰富的多元化案例“交叠”原理性知识，以“历史沿革”“理论资源”“相关政策”“数据资源”交叠“观点与原理”，实现知识进化的优化，为教育学创新人才培养提供独特的资源和方式，助力我国教育科学基础学科实现新飞跃。

内容结构

以“领域”和“维度”的视角，本书采用了以确定“学习目标”为前提、注重问题意识的全过程参与、呈现“观点与原理”为重点、展示教育事实为基础、挖掘“思想资源”为支架、以“自主评价”为检验的逻辑体系，强调理论与实践的反复循环增益，将理论与实践、原理与思想、理解与运用、过程与结果有机地整合为一体。

九个领域是指教育与教育学、教育与社会的关系、教育与生态的关系、教育与人的发展的关系、教育目的、教育制度、教育内容、教育媒介和师生关系。这九个领域的问题是教育的最基本问题，这九个领域的知识是教育学原理学科的基本内容，构成本书的九章、二十三节。

本书建构在六个维度之上。①理论与实践相结合的维度。本书通过大量的案例展示教育基本理论问题，为学生提供理论认识的实践摹本；通过实践问题的理论解释，促进学生认识、理解、掌握教育理论，通过教育理论的运用实现教育理论的内化与活化。②动态与静态相结合的维度。运动是绝对的，对教育的认识要建立在历史与现实的连续体系中。概念的呈现是静态的表现，命题的展示是动态的表现；教育与教育学等的研究具有静态的特征，教育与社会、教育与生态、师生体系等的研究呈现出鲜明的动态特征。③概念与命题相结合的维度。理论体系的基本构成要素是概念与命题。概念呈现出事物的本质或属性，为学生认识、辨认事物奠定基础；命题展示出事物或其要素间关系，为学生认识、理解教育及其本质、属性并解释教育基本问题提供必要条件。整合概念与命题，易于学生内化并活化教育理论体系，有助于学生后续专业课程学习过程中的知识建构。④原理与思想相结合的维度。原理的形成是学者们思想的呈现，原理的理解在百家争鸣的过程之中，原理的掌握在学生自主建构的基础之上。有机地整合原理与思想有助于学生深入理解教育理论，形成改造教育的理论基础与思想基础。⑤内部关系与外部关系相结合的维度。事物的本质或规律，就是事物构成要素之间及其与外部因素间的关系。学习教育理论，首先就是分析、理解、掌握教育的内部关系与外部关系。因此，教育理论体系便表现出内部关系与外部关系相结合的特征。⑥人、自然与社会相统一的维度。教育是人的活动之一，人的活动是社会的活动，是在自然中并通过自然实现的活动。因此，教育是以对其与自然、社会与人的关系认识及认识的统一为前提条件的，所以教育理论的构建便具有了人、自然与社会相统一的维度。

特色

比较国内外教育学原理著作，本书具有四大鲜明特色。

一、案例教学与研究的特色

由抽象的原理到实用的教育原则和教育方法并非自然而然，案例搭建了一道“虹桥”。

1. 以案例展示相应教育关系的处理之道或处理之术为切入点，整合“观点与原理”“思想资源”，旨在知识的融会贯通，打造“百家”思想沟通的绿色通道。

2. “思想资源”中的理论是针对相应教育关系的一种解释，也可以视为一个案例，读者可以运用“头脑风暴”等方法，在认知教育中，将其转化为教育基本理论的意义。

3. “能力训练”中的案例提供了一种新问题或新情境，与“案例”交相辉映，增强了读者互鉴中学习和研究相对直接的教育体验。

二、问题引导的特色

1. 本书设计了“内容提要”“学习目标”和“自我评价”，循着问题的逐层回答、逐个回答，指引读者积极投入元认知活动，建构教育学原理的知识。

2. “典型案例解读”和“能力训练”中呈现了基础教育常见关系问题，在案例分析的过程中解释学生问题、教师问题、学校问题、教学问题、发展问题等，为真实情境中合理、恰当处理各种各样教育关系奠定基础。

三、技术取向的特色

1. 本书独具一格地呈现了具有普适性的常见教育关系的梳理之法，展示了基本教育规律、教育原则和教育方法，分别进行了全面、系统地阐释。

2. 按照教育外部关系到教育内部关系的顺序，完整地展现了从宏观教育关系到微观教育关系的全貌，尤其是四个要素之间的关系，帮助读者“孕育”出处理各种关系的技术。

四、“关键词”的特色

在每一章都使用了“关键词”，更加清晰地绘制了教育学原理知识图谱与关键节点，划定了学术边界，促进读者缕脉寻术，建构中国特色教育学原理话语体系、学术体系和学科体系。

使用指南

一、读者使用指南

一般使用本书的基本策略是采用非线性思维的方式，细读谨思“观点与原理”，了解理论构成，运用“思想资源”，理解“典型案例解读”，辅助于“能力训练”和“自我评价”；或者，由案例及其分析切入，整合“观点与原理”“思想资源”。无论采取哪种路径，都旨在自觉独立地建构知识的意义。

二、教师使用指南

教育学课程案例教学一般有三种策略。

（一）准备策略

课堂教学前，师生要共同准备。

1. 教师的准备

教师对案例的准备直接关系到课堂讨论的节奏及成效，因此，教师的准备需要关注：（1）明确的、具体的教学目标；（2）复杂的案例背景；（3）案例所包含的全部信息；（4）案例的关键性细节；（5）课堂教学过程中，学生可能提出的问题；（6）学生在自学过程中可能会忽略或遇到的问题；（7）案例分析所需要的相关理论的引入方式；（8）用严密的逻辑构建案例与理论之间的有机联系。

2. 学生的准备

学生准备可以有效地节约课堂教学时间，提高学习效益，并使课堂教学更加高效。学生准备主要包括：（1）学生观念的转变：被动者→主动者，旁观者→参与者，权利的争取者→权利的拥有者；（2）熟读案例；（3）查阅相关文献，认知相关理论；（4）小组讨论案例；（5）作出案例的初步分析；（6）拟定讨论草稿；（7）明确疑问并清晰阐明。总之，学生既要做好分享成果的准备，也要做好为别人提供可以分享的成果的准备。而且，还应为进一步学习做好准备。

（二）课堂教学策略

包括理论呈现策略、教师角色扮演策略、教学评价策略。

1. 理论呈现策略

理论呈现策略是指教师在课堂教学过程中，以案例与理论的关系为基础，合理地呈现教育理论，以期实现理论与实践的有机结合，并促进学生对理论的科学、有效掌握。一般地，理论呈现可以采取三种方式：在展示案例之前呈现，也可以安排在展示案例之后呈现，也可在展示案例并进行案例讨论的过程之中呈现。当然，案例呈现可以文本的形式、音频的形式、视频的形式以及多媒体的形式；也可以教师叙述的方式、几个学生讲述的方式，角色扮演的形式等，来呈现案例。

2. 教师角色扮演策略

教师角色扮演策略是指教师在课堂教学过程中，应恰当扮演案例讨论参与者的角色：如设计者、导引者、推进者、激励者、调节者、鼓吹者、挑战者、总结者等。教师的角色可能时而是引向正确的结论，可能时而是洗耳恭听，可能时而与学生严词对峙。不过教师必须注重创设讨论的情境，调节讨论的节奏与气氛，维持课堂情境的和谐。在教师的角色中，教师的总结者角色是其重要角色之一。教师对课堂讨论的总结往往能够起到“画龙点睛”之奇效。

3. 教学评价策略

教学评价策略是指用科学的评价标准，采用多元主体参与，准确评价课堂教学。为了准确获得评价信息，需要制定科学的评价标准。制定评价标准，第一，应考虑时间的把握，即教学的效率；第二，应考虑理论与实践的关联度；第三，应考虑学生的参与度；第四，应考虑教师问题处理，矛盾化解的能力与水平；第五，应考虑学生的学习效果。此外，运用科学的评价标准进行评价，应由多元主体完成。多元主体至少要由学生主体、教师主体、学校领导主体三个方面的主体构成。就学生主体和教师主体而言，既要进行他评，也要进行自评。

（三）课后反思策略

每次课堂教学结束后，教师要及时进行教学总结，反思整体课堂教学及其各个部分，全面发现问题，分析并确定补救、改善的方法，以便完善教学，提高教学质量、效益的策略。它可以分为整体反思策略、部分反思策略。

1. 整体反思策略

整体反思策略是指从全局的角度，系统地对教学进行反思的策略。首先，反思要把握全局，既从目标、过程与结果的角度，也从教师、学生和教育内容及教育媒介的角度，还从案例与其呈现、讨论及理论的提取的角度，对教学进行整体性反思。其次，反思要系统进行，对课堂教学的各个要素，分层次，循逻辑，考查系统的活化状态。

2. 部分反思策略

部分反思策略是指对课堂教学的每个环节、元素进行细致、深入地反思的策略。

教学的成功离不开对每个环节的恰切处理，也离不开对每个元素的合理、有效运用。反思环节和元素，将要素从系统中分解，就其各自特性进行分析，进行同类比较、评价，以便完善各个要素本身，并强化要素间的系统性。

使用目的

读者在“揭秘”教育学原理的过程中，保持“心花怒放”，建构起中国特色的教育学原理话语体系、学术体系和学科体系的雏形，发展出有自主意识的教育学原理意义结构。

关键词

习近平新时代中国特色社会主义思想，马克思主义哲学，教育学原理，读者，设计，结构，特色，指南，目的，案例，中国特色学术范式

致谢

本书的出版得到很多人的支持和帮助。首先我要感谢傅维利教授、杜岩岩教授、刘民先生、王华丽女士和田凤梅女士，他（她）们为本书的选题、体系的搭建和观点的完善、材料的应用等都给予了鼎力智助，使我始终有条不紊地推进研究与撰写。其次我要感谢岳建军、周常稳、赵琳、张培培、张丽君、王浩宇、洪洁茹、夏紫薇、张朋、艾仁红等

同学们，他（她）们做了大量的资料收集、书稿修改等工作。其中，周常稳博士撰写了第六章和第七章。本书由辽宁省高等教育一流学科“辽宁师范大学教育学”专项经费资助出版。

本书引用了大量前辈专家学者的理论观点和案例，作为读者的思想资源和认知支点，也使本书的意义更加生动并拥有了“巨人的肩膀”和“显微镜”。在此，对所有被引用文献的作者表示深深的感谢！在引用文献时进行了适当的删减和整合，但未改动原意，还望各位前辈学者海涵！

由于作者水平有限，恐有不周之处，敬请谅解，并诚恳请求各位读者提出宝贵意见和建议！

编者

2024年10月

目录

第一章　教育与教育学的一般问题

内容提要

认识、理解与改造教育必须以清楚认识教育的概念为前提，以理清教育要素间的一般关系为关键。本章选取有助于实现这些目的的内容，促进学生对教育的正确认识的形成。广义上，教育是影响人的发展的社会活动，是人类社会专有的活动。基于本书将探讨的是学校教育（狭义教育），是特定的社会活动。教育学是研究教育问题，阐释教育现象，揭示教育基本规律，阐释教育原则与教育方法的一门学科，它由多种类子学科构成。其中，教育学原理是最基础的学科。以史为鉴，教育的发展历史、教育学的发展历史为我们深入认识教育实践、理解教育理论提供了重要资源。

关键词

教育；教育学；教育学原理；结构；史论结合

学习目标

1. 掌握教育、教育学、教育学原理、教育问题、教育现象、教育规律、教育原则、教育方法等基本概念。
2. 理解教育发展、教育学发展的历史逻辑。
3. 概要性描述各个历史发展阶段。
4. 理解教育的对象与教育学的对象。
5. 了解我国教育学的发展历史与现状。
6. 运用教育概念的分析逻辑到其他概念的研究之中。
7. 熟悉案例学习的方法与价值。
8. 熟读案例分析和思想资源，理解相关观点。
9. 根据分析建议独立完成案例分析。

第一节　教育的界定与历史

学习目标

1. 掌握教育概念。
2. 掌握教育要素及其相互之间的关系。
3. 清晰阐述学校产生的历史原因和义务教育迅速发展的动力。
4. 了解教育发展的历史阶段。
5. 理解并掌握教育的矛盾构成。
6. 将教育概念的分析逻辑应用到其他概念的研究之中。
7. 熟读案例分析和思想资源，理解相关观点。
8. 根据分析建议独立完成案例分析。

观点与原理

1. 教育内涵的定义有广义与狭义之分

广义教育是影响人的发展的一切社会活动。狭义教育，即学校教育，是根据社会、生态的需求与可能和人的需求与可能，通过活动参与者之间的相互作用，有目的、有计划、有组织地促进人的德智体美劳综合素质健康、快速、可持续发展的社会实践活动。（除特别说明外，后文所用“教育”均指“学校教育”。）

2. 教育形态是丰富多样的

从多种教育活动构成元素来看，教育的外延包括：按照活动的组织性，教育可以划分为形式化教育、非形式化教育；按照活动所依存的社会形态，可以划分为原始社会教育、农业社会教育、工业社会教育和信息社会教育或者原始社会教育、奴隶社会教育、封建社会教育、社会主义社会教育和资本主义社会教育；按照活动的空间，可以划分为前网络教育和网络教育；按照活动参与者之间相互作用的水平，可以划分为原始教育、传统教育、现代教育和后现代教育；按照活动参与者的水平，可以划分为各级教育 [学前、义务教育（小学、初中）、中等教育（高中、中专）、高等教育（专科、本科、研究生教育）]、各类教育（普通、职业技术）。各级教育还可以划分为学前教育、基础教育、高等教育；各类教育还可以划分为一般教育、特殊教育。

3. 教育起源于人类的交往活动，产生于经济、政治、文化和生态等因素的相互作用

教育发展经历了原始社会、奴隶社会、封建社会、资本主义、社会主义五个社会阶段，或者说经历了语言文化、印刷文化、电子文化、数字文化四个文化阶段。

4. 教育构成元素是多元的、复杂的

教育构成元素一般分为人元素——活动参与者和物元素——人之间相互作用的中介物，其中有教育的要素和非要素。教育的要素是教育者、学习者、教育内容和教育媒介，其中，教育者和学习者是人要素，教育内容、教育媒介是物要素。活动的设计、组织和主导者称为教育者；活动直接作用的人称为学习者；中介物有 2 个：信息及其载体，信息称为教育内容，载体称为教育媒介。

5. 教育者和学习者是活动不同领域的相对主体与相对客体

人要素与物要素之间是主体与客体的关系。教育要素间的关系是互相依存、互相支持的

存在性关系。其中，教育对象是学习者的身心发展。

6. 教育的基本矛盾和根本矛盾

教育的基本矛盾是教与学的矛盾，根本矛盾是学习者的现实状况与新的教育内容之间的矛盾。在本质上，教育是人与人之间通过有意识地相互影响而促进人的发展的一种社会活动。

7. 教育的属性

教育具有社会性、专门性、目的性、计划性、系统性和周期性、显效的延迟性、效用的长期性等属性。

8. 教育发展历史中隐含着极大的教育价值

（1）教育的历史研究是必要的，划分为若干阶段进行研究也是必要的。

（2）教育发展历史的分段标准不是唯一的，衡量的尺度是看它能否尽可能地呈现教育的演变、揭示教育规律。

（3）教育的发展历史是教育自身诸要素、教育与外部因素相互作用的历史。

（4）教育发展的根本动力源于教育的内部。

典型案例解读

案例 1.1.1

历史上的教育概念

教育自产生以来，人们就不断地对“什么是教育？”进行着探讨，提出了许多教育内涵的定义。

在我国，一直以来，人们就对教育的定义进行着研究。下面是一些比较有代表性的教育定义。

（1）《中庸》认为：“天命之谓性，率性之谓道，修道之谓教。”

（2）孟子认为：“得天下英才而教育之，三乐也。”

（3）荀子指出：“以善先人者谓之教。”

（4）《纂图互注礼记・学记》指出：“教也者，长善而救其失者也。”

（5）《说文解字》指出：“教，上所施，下所效也。”“育，养子使作善也。”

（6）蔡元培（1922）指出：“教育是帮助被教育的人，给他能发展自己的能力，完成他的人格，于人类文化上能尽一分子的责任；不是把被教育的人，造成一种特别器具，给抱有他种目的的人去应用的。”

（7）杨贤江（1930）提出：教育是“帮助人营社会生活的一种手段”“教育是社会所需要的劳动领域之一，是给予社会的劳动力以一种特殊的资格的。”

（8）张栗原（1940）认为：“它（教育）是一种促进人类与自然、社会以及劳动诸方面之关系的工具。”

（9）黄济、王策三（1998）认为：“教育是在一定社会背景下发生的促使个体的社会化和社会的个体化的实践活动。”

（10）柳海民（1998）认为：广义的教育“定义一般为：教育是人类社会特有的一种社会现象，是培养人的一种社会活动。”“狭义的教育（即学校教育）定义为：教育是教育者根据一定社会的要求和年轻一代身心发展的规律，对受教育者所进行的有目的、有计划、有组织地传授知识、技能，培养思想品德，发展智力和体力的活动，通过这种活动把受教育者培养成为一定社会服务的人。”

（11）傅维利（2001）认为：“从广义而言，教育是有目的地培养人的一种人类社会实践活动。从狭义而言，主要指学校教育，是指社会通过学校，对受教育者的身心所施加的一种有目的、有计划、有组织的影响，以使受教育者在德、智、体、美、劳等方面发生预期变化的社会实践活动。”

（12）项贤明（2001）认为：教育最终“是作为主体的人在共同的社会生活过程中开发、占有和消化人的发展资源，从而生成特定的、完整的、社会的个人之过程”。

（13）袁振国（2004）认为：“教育是培养人的一种社会活动，是承传社会文化、传递生产经验和社会生活经验的基本途径。”

（14）齐梅等认为：“教育是人类社会珍贵知识文化资源传承的活动。”

（15）余文森等认为：“教育就是一种价值引导与自主建构。”

（16）叶澜（2007）认为：“教育是有意识地以影响人的身心发展为直接目标的社会活动。”“学校教育是由专职人员和专门机构承担的有制度保证的、有目的、有系统、有组织的，以影响入学者身心发展为直接目标的社会活动。”

（17）李泽厚（2008）认为：“教育是工具本体和心理本体的培育生成，心理本体特别是情本体的形成理应成为教育的使命。”

（18）全国十二所重点师范大学联合编写的《教育学基础》（2014）认为：“教育是在一定社会背景下发生的促进个体的社会化和社会的个性化的实践活动。”

（19）于伟（2015）认为：“教育是有目的地改组、改造人的经验世界的社会实践活动。从社会的历史的角度来看，教育是人类传递经验的方式，也是个人生存发展的工具。教育是反映人的本质力量的活动，它意味着启蒙、善和更好地‘在’”。

（20）顾明远（2020）认为：“提高生命的质量和提升生命的价值就是教育的本质。”

国外的教育定义也是丰富多样的，比如，撰写了国外第一本教育专著的古罗马教育家昆体良认为：人人可通过教育而培养成人；美德虽然也从自然获得一定的动力，它仍需要教育使之成为现实的东西。古希腊思想家苏格拉底认为：教育“使人得到改进”。柏拉图认为：教育过程就是理智控制欲望的过程。夸美纽斯（1632）认为：“教育在发展健全的人。”卢梭认为：“教育应当依照儿童自然发展的程序，培养儿童所固有的观察、思维和感受的能力。”赫尔巴特（1806）认为：“教育在于涵养协调的与多方面的兴趣。”斯宾塞认为：教育是“为我们的完美的生活做好准备”，给各种情况下的各方面行为以正确的指导，“即如何治身、如何养心、如何处事、如何立家、如何尽公民的义务、如何利用天然的资源来增进福利、如何善用我们的才能，达到最高效用，以求人己皆利，要言之，如何营造完美的生活。”法国社会学家涂尔干（1911）指出：“教育是年长的几代人对社会生活方面尚未成熟的几代人所施加的影响，其目的在于使儿童的身体、智力和道德状况都得到某些激励与发展，以适应政治社会在总体上对儿童的要求，并适应儿童将来所处的特定环境的要求。”杜威（1916）认为：“教育即生长、改造、生活的过程。”怀特海（1929）认为：“教育是教人们掌握怎样运用知识的艺术。”雅斯贝尔斯（1977）认为：“所谓教育，不过是人与人的主体间灵肉交流活动（尤其是老一代对年轻一代），包括知识内容的传授、生命内涵的领悟、意志行为的规范、并通过文化传递功能，将文化遗产教给年轻一代，使他们自由地生成，并启迪其自由天性。”美国的理查德·D.范斯科德、理查德·J.克拉夫特、约翰·D.哈斯（1984）认为：“教育在其基本意义上是世代延续的人们借以取得其历史地位的教化过程。……人们通过教育学习当代文明，并创造未来的文明。简言之，教育有继承、参与和贡献三重目的。”美国的索尔蒂斯认为：教育表示“社会为了通过有目的的教与学来传递某些文化而创立和维护的那种特殊制度。”日本的大河内一男认为：“教育使儿童（或每个人）变成善良的各种活动。”英国的约翰·怀特认为：“教育可以定义为对内在有价值的活动的引导”。德国的沃尔夫冈·布列钦卡认为：“所谓教育，就是人们尝试持续在任何一方面改善他人心理素质结构，或者保留其心理素质结构中有价值的部分，或者避免不良心理素质形成的行动。”

许多国家还通过词典的形式对“教育”一词的涵义进行了规范。《西方教育词典》（1988）指出：“教育即成功地学习（不一定是，但通常是在教师辅导下）知识、技能和态度的过程。其中学习的内容对学习者来说是值得（按照使用这个词的一切人的看法）花费时间和精力的。”“教育也指上述过程的产物，以及研究该过程性质和其成果的学科。”《美利坚百科全书》指出：“从最广泛的意义说来，教育就是个人获得知识或见解的过程，就是个人观点或技能得到提高的过程。”苏联教育科学院（1967）认为：教育首先被定义为“对发展的控制及其对发展的影响。”《中国大百科全书·教育卷》指出：“从广义上说，凡是增进人们的知识和技能，影响人们的思想品德的活动，都是教育。狭义的教育，主要指学校教育，其涵义是指教育者根据一定社会（或阶级）的要求，有目的、有计划、有组织地对受教育者的身心施加影响，把他们培养成为一定社会（或阶级）所需要的人的活动。”联合国教科文组织（UNESCO）教育统计局1976年编定的《国际教育标准分类》确定了适用于国际教育标准分类的教育范围，指出：“本标准分类所指的‘教育’不是广义的一切教育活动，而是认为教育是有组织地和持续不断地传授知识的工作。”其中，“传授”是指在两个或两个以上的人之间建立一种转让“知识”的关系。这种传授可能是面对面的，也可能是间接的、远距离的；“有组织”的意思是说，有一个组织学习的教育机构和一些聘请来的教师，按一定的模式，有计划地确定目标和课程，有目的组织传授工作；所谓“持续不断”，意思是说，学习的过程要经常和连续；“知识”是指人的行为、见闻、学识、理解力和态度、技能以及人的能力中任何一种可以长久保持（而并不是先天或遗传产生）的东西。

上述诸多古今中外的教育定义表述了教育这一事物的复杂性，反映出人类对教育认识的发展性，也为我们界定教育提供了坚实的理论基础。

案例分析

之所以要给教育下定义，是因为概念是反映事物本质属性的思维形式，下定义是明确概念内涵的逻辑方法。有概念才有思维，才有生命，才有世界。掌握概念才可以思维，才可以沟通，才可以认识和理解世界。为什么会有“今天下雨停赛”？为什么会有“三角形面积等于 $21m^2$”？为什么有人说“1GB就是一个英国”？为什么有人说“躺平”和“平躺”是一个意思？为什么有人说“生态就是生活状态/生命的状态”？皆因概念不清或者概念错位所致。故，非有定义不可。

人们给教育下的定义是在对特定的教育的认识的基础之上完成的。随着社会、教育的发展，人们对教育的认识不断发生变化。古代的“天命之谓性，率性之谓道，修道之谓教”“善先人”“教也者，长善而救其失者也”“教也者，上所施，下所效也”“使人得到改进”“理智控制欲望”等是在朴素哲学和经验认识基础之上，指出教育是一种特殊的人际活动；近代以来，西方学者以哲学（后来引入心理学）为指导，以教育实践为参照，提出了“教育在发展健全的人”“自然发展”“多方面的兴趣”“为我们的完美的生活做好准备”“教育是年长的几代人对社会生活方面尚未成熟的几代人所施加的影响”等观点，都将教育指向了人的发展；现代社会里，科学更加全面地发展，哲学对世界、人和价值的认识更加深刻，教育研究的资源得到极大的丰富，人们对教育的认识也更加深入、清晰：教育是促进人的发展（和/或社会发展）的社会活动，当然也呈现出多样化的特点。“教育是帮助被教育的人”“帮助人营社会生活的一种手段”“一种促进人类与自然、社会以及劳动诸方面之关系的工具”“教育是在一定社会背景下发生的促使个体的社会化和社会的个体化的实践活动”“教育是有目的地培养人的一种人类社会实践活动”“人们尝试持续在任何一方面改善他人心理素质结构”“教育是人类社会珍贵知识文化资源传承的活动”“教育就是一种价值引导与自主建构”“人与人的主体间灵肉交流活动（尤其是老一代对年轻一代 ）”“教育即生长、改造、生活的过程”“对发展的控制及其对发展的影响”“世代延续的人们借以取得其历史地位的教化过程”等。可见，随着社会和教育的发展，人们对教育的认识越来越全面、深刻。

从案例中，我们还看到每个定义都蕴含着定义者的价值取向。本案例中定义的价值取向①大致可分为三类：立足于社会的（社会取向），如“培养成为一定社会（或阶级）所需要的人”；立足于个人的（个人取向），如，“个人观点或技能得到提高的过程”；立足于文化的（文化取向），如“人与人的主体间灵肉交流活动”和“教育是人类社会珍贵知识文化资源传承的活动”。价值取向的分类还有内发取向的，如“生成特定的、完整的、社会的个人之过程”和“教育即生长、改造、生活的过程”；外铄取向的，如“理智控制欲望的过程”和“对发展的控制及其对发展的影响”。从教育的归属来看，可以分为五类；工具观（一种工具）、途径观（一条途径）、活动观（一种活动）、过程观（一个过程）和目的观（一种目的）。我们的判断是：（1）教育的价值取向是融合了人、社会和文化的价值取向，直接作用于人，最终也是为了人自身，文化是载体也是“容器”；（2）教育的归属是活动②，是人类的活动之一，是社会活动之一，是社会实践活动之一。也有学者认为，“教育”一词至少有 4 种基本的含义：作为一种机构的教育、作为活动的教育、作为内容的教育、作为一种结果的教育【参考本节T③4】。

定义一个事物必须对这个事物进行元素分析、要素（即基本构成元素，必不可少的元素，缺少了要素就不是要定义的事物）分析，因为事物之间的区别往往在于构成要素不同，导致内部矛盾不同，进而对外显露的现象不同。从头脑中既有的学校教育场景中，我们能够

① 马克思认为，价值这个普遍的概念是从人们对待满足他的需要的外界物的关系中产生的，表示物对人的有用或使人愉快等属性。它反映的是主客观的关系，是客体对主体需要的满足。一般地，满足了主体需要的就是有价值的客体，不能满足的客体对主体就是没有价值的。马克思主义的价值观认为，合乎客观的对主体有效益的才是有价值的，实践是检验价值的唯一标准，即价值判断（善恶）与事实判断（真假）相互依存，不可或缺。价值取向是指个人所追求的“我到底要什么”，与社会的价值导向相对。

② 活动分析。活动的分类标准有很多，主要的有主体（人的、非人的，个体的、群体的）、对象（政治、经济、文化、科学技术、教育、宗教、军事，物质生产、精神生产和生活，人际的、人物的、人与自然的）、性质（认识、实践，创造、模仿，本能的、形成性的 / 文化的）、形式（自由的、受限的、完全控制的）、目的（以人为目的的、以社会为目的的、以生态为目的的和兼有的，以物质为目的的、以精神为目的的和兼有的，以自我为目的的、以他人为目的的）、时间（短时、较长时、长时，特定时间、自由时间）、空间（固定空间、自由空间，地球、天空，地面、地下、水中、空中）等。

③ 思想资源包括：历史沿革，用 H（history）加序号表示；理论资源，用 T（theory）加序号表示；相关政策，用 P（policy）加序号表示；数据资源，用 D（data）加序号表示。

提取出教育的构成元素有人、物和活动，人有教师、学生和辅助人员，物有知识、书籍、语言文字等中介、文具、黑板（白板或者电子黑板）、教室、操场、绿化、国旗、装饰、设施设备等。在这些元素中，要素有教师（教育者）、学生（学习者）、知识（教育内容）、语言文字（教育媒介）等。至于时空元素，它们是人类共有的，无论人做什么事情都在一定的时空之中。教育的定义是建立在对教育对象的科学分析的基础之上。一般地，人们认为教育的对象是人。苏联教育家乌申斯基曾经说过："教育的对象是人。"然而，这是不全面的。从历史与现实的角度来看，教育对象是人的身心发展。如案例中的定义"修道之谓教""教育是有意识的、以影响人的身心发展为直接目标的社会活动""教育就是个人获得知识或见解的过程"。这些陈述都鲜明地指出了：教育对象是人的身心发展。

下定义还必须要确定其约定俗成的含义。"要寻找一种科学的教育概念，它在充分考虑到'教育'一词在日常生活语言中的基本词义的基础上，应该经得起一种用那些可以观察到的现象来进行的明晰的经验性解释，并可以用来形成相应的法则性假设。"在日常生活中，人们使用的"教育"的含义往往表现出教育的核心涵义。虽然，日常生活中，人们有时使用的教育是名词，有时是动词。但是，动词"教育"的含义是以名词"教育"的含义为基础的。在日常生活中，我们使用的"教育"一词的含义主要指方法、过程、制度、培训等。它们具有的共同涵义就是：教育能够引起人发生某种变化。【可参见本章案例 1.1.2 和思想资源】

此外，界定概念的内涵首先要选择适当的形式，学术界定常用形式是：被定义项（如教育）=种差（如教育与其他种的差异）+属（如教育的属概念）。同时，还要避免偷换概念、含混不清、混淆是非、否定式定义等逻辑错误。偷换概念的错误，如"教育以促进人的发展为己任，它包括学校教育、家庭教育、社会教育。"其中"教育"与"它"是两个概念；再如，"教育以促进人的发展为己任，但是，饭圈却在误人子弟。"前者的"教育"是学校教育，"饭圈"则属于社会教育，属于广义教育。含混不清的错误，如"人生而平等，因此富人要救济穷人。"前后两个平等涵义不同；再如，"教学是教和学的双边活动。教学方法包括讲授法、讨论法、发现法、演示法、参观法等。"此教学非彼教学。否定式定义，如"学校不是工厂"不能作为学校的定义，因为它未指明学校是什么。

再结合各国教育辞书的表述，如"教育即成功地学习知识、技能和态度的过程""个人获得知识或见解的过程，就是个人观点或技能得到提高的过程""凡是增进人们的知识和技能，影响人们的思想品德的活动""有组织地和持续不断地传授知识的工作"等，我们还发现，人们普遍认为，教育的存在具有多种形态，因此，教育的定义有广义与狭义之分[①]。广义教育指影响人发展的活动，狭义教育指特定的教育；教育的归属是社会活动，教育的种类包括由教育所导致的变化的内容（身心方面）与方向（向善）、教育的构成要素（人和物）、教育的价值取向（与人类发展方向一致即求真、求善、求美）、教育的规定性，等等。

思想资源

历史沿革

H1. 教育的词源

（1）在我国的甲骨文里，"教"表示成人手拿棍棒或鞭子督促孩子学习。"教"的甲骨文

① 有人认为联合国教科文组织的界定既不是广义的也不是狭义的，而是中义的。本书沿用我国普遍使用的广义和狭义之分。

的常见写法是“”，金文的写法是“”。它左下方的“”表示一个孩子，是教的对象；左上方的“”表示占卜的活动，是教的内容；右下方的“”表示手，右上方的“”表示鞭子或棍子，是教的过程与手段。育的甲骨文的常见写法是“”，金文的写法是“”，上面的“”表示一个女人，下面的“”表示一个倒立的孩子，意指妇女孕育、生育孩子。“教”与“育”合起来的意思就是成年一代教授新生一代知识，滋养、督促新生一代发展。“学”在甲骨文中的常见写法是“”，金文的写法是“”。“学”的左上方和右上方表示两只手“”“”，位于它们中间的“”表示占卜的活动。中部的“”表示房间，意即学习的地方。下部的“”表示孩子，即学习的主体。“教”与“学”合起来的意思就是孩子在一所房子里由成人教授学习有关的知识。因此，从词源上看，“教”和“育”、“教”和“学”都是统一的，是从不同的角度（方式、主体）来描述同一种事物（孩子的发展），同一种活动。

（2）在英语中，“教育”是“education”；在法语中，“教育”是“ éducation”；在德语中，“教育”是“erziehung”。这三个词都起源于拉丁文“educare”，从“educěre”转换而来，意思是采用一定的手段，把某种人本来有的东西牵引出来，即将“可能”转变为“现实”。

H2. 对于传统“教育”的当代挑战

web2.0 时代相对于web1.0 时代，又称为自媒体时代，信息的生产者、传播者、消费者合而为一。日常交互性是这一时代的主要特征。相对于将人与人联系起来的2.0时代，现代媒体真正成为人脑延伸的web3.0时代也正在成型。

传统上“教育”就是“有目的地培养人的活动”，狭义上即学校教育，是按照一定社会的要求和个体发展的规律，有目的、有计划、有组织地扩充人的认识，提升人的境界，增进人的体能，调动人改组、改造自我经验，以培养一定社会所需要的人的实践活动。但是，现代的教育形式和教育观念对这些旧有的界定提出了挑战，着重表现为以下三个问题。

其一，教育的“目的性”问题。教育可以是无目的的或者间接目的的吗？隐性课程、远程教育、泛在教育这些词汇表明，教育不一定就具有目的性。泛在教育强调web2.0 时代、新技术媒体时代的“教学相长”，学习和教育不再有明显的边界，没有纯粹的教育和纯粹的学习，仅仅是共在而已。师生之间是平等交互的，知识是在日常生活中的需求中创生的。教育服从学习的目的而变得间接。未来社会，随着生产力的发展，这种间接性还会增加，教育或许会回到“为其本身”的状态，和生产、生活、休闲融为一体。这并不意味学校的消解，而是其功能会发生一定变化。事实上，在古希腊语中，学校（school）的原始含义即是“休闲”（schole）。

其二，“培养人”作为教育的本质规定问题。培养人首先意味着教育的“实践性”，是有目的地改造对象的活动。但是很多时候，教育并不意味着实践。定义教育可以从“行动”“影响”和“过程”三个出发点来进行，也是从教育者、受教育者和二者的交互出发来界定。从教育者尤其是教师的角度来界定，教育是“培养”人的实践活动。谁培养？教师培养。为谁培养？为国家培养。培养谁？培养为国家服务的人。但是，显然“教育”还有其他可能，这突出体现的是个体和社会的关系问题。在西方国家，“在家上学”和“翻转课堂”之类的现象，和生产力的发展、民主化的程度、后工业社会的来临有关。相比之下，在当代中国，随着全球化发展和社会进步，“教育就是学校教育”“学校教育能够解决一切”“教育就是为国家培养人”这样的观念将不断遭遇挑战。

其三，“教育概念”很难统一，“教育具有绝对唯一的本质”变得越来越艰难。在日常语言和学术语言、广义的教育和狭义的教育（即学校教育）、“实然的教育”和“应然的教育”、作为名词的教育和作为动词的教育之间，也经常出现彼此搅扰、混淆不清的情况。我们不可能找出一种统一的、具有普遍性意义的概括。从描述性定义出发，几乎任何一个定义都是不全面的，都可以找到它的反面。更不用说如果定义中塞进了不同的价值观念和解释框架，那么分歧更是无穷无尽了。

理论资源

T1. 教育的日常用法

在日常生活中，人们经常使用教育一词。在不同的情况下，人们对教育的理解亦有所区别。概括地说，教育的日常用法主要有四种，即作为一种过程的“教育”，作为一种方法的“教育”，作为一种社会制度的“教育”，与“学习”或者“接受培养、训练”通用的“教育”。

T2. 教育定义的三类方式

美国分析教育哲学家谢弗勒在《教育的语言》（*The Language of Education*）一书中探讨了三种定义的方式，即“规定性定义”（the Stipulative Definition）、“描述性定义”（the Descriptive Definition）、“纲领性定义”（the Programmatic Definition）。所谓规定性定义即作者自己所创制的定义，其内涵在作者的某种话语情境中始终是同一的。也就是说，不管其他人是如何定义某个词的，我就是这么定义的，并且我将始终在我定义的意义上来使用这个词。所谓描述性定义是指对被定义对象的适当描述或对如何使用定义对象的适当说明。所谓纲领性定义是一种有关定义对象应该是什么的界定。谢弗勒有关定义方式的区分为我们研究纷繁多样的教育定义提供了一个逻辑的视角。但事实上，任何一个“教育”的定义往往同时具备“规定性”“描述性”和“纲领性”，凸显了“教育”定义的复杂性、多样性和歧义性。

T3. 教育学研究中概念分析路径

概念的日常用法分析、定义分析、词源分析、隐喻分析、跨文化分析、条件分析。

T4. 教育一词的四种基本含义

摆在我们面前的“教育”一词至少有4种基本的含义：（1）作为一种机构的教育；（2）作为活动的教育；（3）作为内容的教育；（4）作为一种结果的教育。

作为一种机构的教育（education as an institution）是指一种总体的组织结构，不论是在某一个国家或某几个国家，还是在某一个特定的时期，这种机构的目的都是教育学生[受教育者（the educated）]，这种机构的运行要遵守具有一定精确性的各种规则，并在一定历史阶段表现出相当稳定的特点。

无论不同的人所持的哲学立场如何（不同的人所持的哲学立场是不同的），这两个教育的定义在表面上还是相似的，因为它们把目的的问题同活动过程的问题结合起来了。我们必定会碰到我们给教育一词的第二种含义——“作为活动的教育”。

因此，“作为活动的教育”包括经常混淆的几个方面：目的方面，方法方面和技术方面，以及所涉及的心理过程方面（在与学生相处的时候产生和使用的）。对这些不同方面的科学分析，会再度把学者引向各门教育学科。

初看起来，作为内容的教育（education as content）所表达的含义，与所谓的“课程（curricula）”是一致的，但如果作进一步分析，就会发现这种类比的局限性。课程几乎总是指称需要获得的许多知识。尽管科学教育确实具有表示不同领域的知识这一特征，但是，它还包括产生和形成一定数量的知识结构和心理过程，这些知识结构和心理过程会改变人的世界观，会改变其理解、运用和掌握知识的方法。艺术教育并不等于获得艺术史的知识，也不等于运用某种表达的技巧，而在于燃起每个人的艺术情感，唤起每个人都来观察经由所有艺术前辈的努力而美化了的世界，从而使每个人获得更深刻的变化。

作为一种结果的教育（education as a product）强调的是，在作为机构的教育的背景下，运用作为内容的教育，使作为活动的教育产生的结果。20 世纪的普通教育旨在培养一种现代的人，这种现代的人能够迅速地使自己适应新的环境，并解决他将面临的不断增多的各种问题。但是，即使不分析教育的所有效果（短期、中期和长期），其实也可推断出，对运用某种方法或某种内容所作的分析，属于对作为结果的教育的分析框架。

T5. 教育的起源

教育的起源问题既是教育史研究中的一个重要问题，也是教育学研究中的一个重要问题。对这个问题的深入研究具有极其重要的学术价值。在教育学史上，关于教育的起源问题，主要有十一种观点。

（一）教育的神话起源说

这是人类关于教育起源的最古老的观点，所有的宗教都持这种观点。这种观点认为，教育与其他万事万物一样，都是由人格化的神（上帝或天）所创造的，教育的目的就是体现神或天的意志，使人皈依于神或顺从于天。这种观点是根本错误的，是非科学的。之所以如此，主要是因为受到当时在人类起源问题上认识水平的局限，不能正确提出和认识教育的起源问题。

（二）教育的生物起源说

该学说的代表人物是法国社会学家、哲学家利托尔诺（1831—1902）与英国教育学家沛西·能（1870—1944）。利托尔诺在《各人种的教育演化》（1900）一书中认为，教育活动不仅存在于人类社会之中，而且存在于人类社会之外，甚至存在于动物界。不仅在脊椎动物中存在，甚至在非脊椎动物中也存在。人类社会的教育是对动物界教育的继承、改善和发展。沛西·能在 1923 年不列颠协会教育科学组大会上以《人民的教育》为题发表演说：“教育从它的起源来说，是一个生物学的过程。”“生物的冲动是教育的主要动力”。即教育的产生完全来自动物的本能，是种族发展的本能需要。

教育的生物起源说是教育学史上第一个正式提出的有关教育起源的学说，也是较早地把教育起源问题作为一个学术问题提出来的。它是以达尔文生物进化论为指导，具有一定的经验基础，与神话起源说相比，不能不说是一大进步，标志着在教育起源问题上开始从神话解释转向科学解释。但其根本性错误在于没有把握人类教育的目的性和社会性，从而没能区分出人类教育行为与动物类养育行为之间质的差别，仅从外在行为的角度而没有从内在目的的角度来论述教育的起源问题，把教育的起源问题生物学化。

（三）教育的心理起源说

教育的心理起源说在学术界被认为是对教育的生物起源说的批判，其代表人物是美国教育家孟禄（1869—1947）。他认为，原始教育形式和方法主要是日常生活中儿童对成人的无意识模仿。表面上来看，这种观点不同于生物起源说，但仔细考虑，却也离生物起源说不远。因为如果教育起源于原始社会中儿童对成人行为的“无意识模仿”的话，那么这种“无意识”模仿就肯定不是获得性的而是遗传性的，是先天的而不是后天的，即是本能的而不是文化的和社会的。只不过这种本能是人类的类本能，而不是动物的类本能，这是孟禄比利托尔诺和沛西·能进步的地方。可是，这种人类的类本能与动物的类本能的界线又在哪儿呢？孟禄没有回答。

（四）教育的劳动起源说

教育的劳动起源说也称为教育的社会起源说，它是在直接批判生物起源说和心理起源说的基础上，在马克思主义历史唯物主义理论的指导下形成的。持这一观点的学者很多，主要集中在俄罗斯和我国，俄罗斯的教育史学家、教育学家以及我国的教育史学家和教育学家大都认可这一观点。

这种观点认为，人类社会是和人类同时出现的。只有人才能经营社会生活，从事社会活动。恩格斯说：“人离开动物越远，他们对自然界的作用就越带有经过思考的、有计划的、向着一定的和事先知道的目标前进的特征”。这种有目的、有意识地同大自然界作斗争，其本身便是社会生活、社会活动的重要方面。

教育是人类社会所特有的一种社会现象，是一种有目的、有意识的行动。它从一开始，就具有明确的愿望和要求。它必须由年长一代有目的、有意识、有计划地把人们积累的有关生产斗争和社会生活的经验、知识、技能，系统地、有步骤地传授给年轻一代。因此，作为社会现象的教育，既是和人类社会同时产生的，又随着人类社会的发展变化而在不断地发展变化着。

教育的起源是与人类社会的产生和存在直接相联系的。人类社会是从猿转变成为人的时候开始的。当人类制造出第一件工具以后，便完成了这一伟大的转变。由猿转变为人的最根本的活动是劳动，劳动的唯一标志是制造工具。因为“工具意味着人所特有的活动……意味着生产”。人一开始制造工具进行劳动，就需要教育。这时劳动是人类认识自然的主要途径。人类为了自身的生存与延续，必须把通过实际劳动获得和积累的经验、技能，传授给年轻一代。这样教育的产生就是十分必要和自然的了。教育就是生产的需要，是人能生存下去的需求。教育最根本的根源首先是劳动。没有劳动，人就不能从猿变成为人，也就没有人类社会，没有劳动，人就不能继续存在下去。从这种意义上说，教育首先起源于劳动，并为生产劳动服务。教育的主要职能，就是生产劳动经验的传授。无论从人类社会的存在或者人类本身的延续来说，人类社会从一开始就需要教育。这也能从教育的对象、教育的内容中得到论证。

然而，归根结底来说，一切社会现象均起源于生产劳动，教育也不能例外，因此，“教育的劳动起源论”一般地说并没有什么不对。但是，它似乎过于简单化了一点，还缺乏具体分析。其实历史已表明，作为一个总体来看，教育并不完全直接起源于劳动，毋宁说，它起源于全部社会生活（劳动仅仅是它的一个方面，虽然是决定性的一个方面）。再进一步看，教育还不是直接起源于各种不同类型的生活，而是起源于一种特殊的生活形式即学习。生活是通过学习的中介而发展为教育的。

（五）教育的学习起源说

教育的学习起源说认为，教育起源于学习。代表人物是我国教育学者张晓鹏。

这种自然的、非制度化的学习方式在世界广大地区内一直流行到今天，至今仍是为千百万人提供教育的唯一形式。这种“自然的、非制度化的学习方式”可以说是教育最低级也是最基本的形式，或者说，它还只是教育的前身，而不是教育本身，但教育正是从它发展而来的。科学的教育学范畴体系应当逻辑地再现这一点：教育还不是直接起源于各种不同类型的生活，而是起源于一种特殊的生活形式即学习。生活是通过学习的中介而发展为教育的。

（六）教育起源的前身说

教育起源的前身说认为，人类教育起源于其前身——古猿的教育。代表人物是我国教育学者孔智华。

“前身说”是20世纪80年代在批判“劳动起源说”的基础上提出的。有论者认为，任何事物的产生都必然有一定的根据和一定的条件，即必有一定的内因和一定的外因，教育也必定如此。人类教育在产生之前，就已经存在着一个和它有密切联系的事物——人类教育的前身。这个“前身”在一定的条件下发生了质变，转变成了人类教育。论者指出，人类教育的前身只是也只能是古猿的教育。首先，人类教育是随人类的产生而产生的，它的前身不可能在人类社会形成以后，只能在人类社会形成以前，而人类社会是从古猿社会发展来的。其次，人类教育就其内容和性质而言，都不是先天形成的，不是人类的本能。然而，就其目的而言，人类教育却只能是人类本能作用的结果。所以，人类教育起源于古猿的教育，即古猿为了维持自己的类的存在而将自己固有的求生技能传授给下一代的行为。

（七）教育起源于需要说

教育起源于需要说认为，教育起源于人类的各种需要。代表人物有我国教育学者董畹倩、厉以贤、胡德海。

“需要说”产生于20世纪70年代末至20世纪80年代初。该说认为，教育起源于人类的各种需要，包括生产劳动的需要（董畹倩）、社会生产和生活的需要（厉以贤）、社会生活与人类自身发展的需要（胡德海），以及人类对教育的内在需要。

原始人对教育的需要产生于劳动与生活过程中经验传递和互相协调的需要。在劳动和生活过程中，人类发现或创造出的新经验，如劳动工具的改进、新食物的尝试、追捕野兽的新方法等方面的经验，通过群体内各种交往方式传播开来，变为类经验的过程，反映了人类群体中相互学习的需要，而且蕴涵了教育行为的三个基本要素；发现、创造经验的人扮演“教育者”的角色；学习他人经验的人扮演“受教育者”的角色；经验就是“教育的内容”。然而，这种活动还不是有意识的，也不是以影响人的身心发展为直接目标的，而是自发的、以满足生存需要为直接目标的，所以还不能称为教育。只有当传递类经验的必要性本身被意识到，并有意识地以类经验的传递来影响人的身心发展时，教育才算发生了。

教育在原始社会的产生，不仅因为人类有此需要，而且还因为在原始社会中人类已经具备了进行教育活动的两个条件。其一，人类生产劳动的进行，是产生教育的众多条件中最具基础性的条件。其二，语言的形成是教育产生的另一个重要的社会条件，它提供了把个人经验转化为类经验的载体，也提供了人类广泛地进行思维交流的手段。

（八）教育起源的人生发展说

教育起源的人生发展说认为，人生的发展是人类教育赖以产生的真正源头。代表人物是我国的教育学者程大琥。

该说的出现是在 1987 年，是在批判“需要说”的基础上提出的，认为需要并不是教育活动赖以产生的真正源头，需要也是在活动中产生和发展起来的，教育的最终本源在于以劳动创造为核心的人的全部生活的矛盾运动，简称为人生的发展，这是人类教育赖以产生的真正源头。其具体观点是：第一，它是以劳动创造为核心的。没有劳动创造，尤其是没有精神文明成果的创造，就不会产生人类社会的教育活动；第二，它是人的全部生活。教育不只是传递劳动创造的经验、知识和技能等，还包括传递日常生活的经验、知识和技能等；第三，它是一个矛盾运动的发展过程。我们无法确切地知道教育起源于何时何地，但是不难推断，教育必定起源于人生发展的矛盾运动之中，确切地说，起源于以劳动创造为核心的人生发展的矛盾运动之中。

（九）教育起源的社会化影响说

教育起源的社会化影响说认为，教育起源于产生了语言后的原始人类对年幼一代所施加的社会化影响。代表人物是我国教育学者马兆掌。

该说是鉴于“劳动起源说”和“需要说”存在的问题而提出的。有论者认为，教育的起源既是指教育产生的社会动因，也是指教育产生的空间和时间。回答教育的起源问题必须从社会动因、时间、空间的三者综合上揭示教育的产生。其结论是：教育起源于产生了语言后的原始人类对年幼一代所施加的社会化影响。这种社会化影响活动，就其内容说，不仅有生产知识经验的传递，而且有业已形成的原始的风俗习惯等的传递；就其活动空间看，一般不在劳动现场，而是在劳动以外的原始人聚居的洞穴内；就其传授的顺序来看，社会生活经验的传授往往早于生产知识经验的传授。

（十）教育的实际生活需要起源说

教育的实际生活需要起源说认为，教育起源于人类实际生活的需要，代表人物是我国的教育家杨贤江。

杨贤江认为，教育是与社会的生活过程、物质的生产关系密切联系的，而且是以现实的社会经济生活为基础的，只要现实的经济生活发生了变化，教育也必然跟着改变。因而，教育的起源并不在于什么人性、教育者的意识，或者什么天命这些脱离现实经济生活的玄妙臆想之中。他断言：“若说教育是与现实的经济生活无关，单凭某个人头脑中的思索所得决定，从来就没有这样的一回事。”那么教育是起源于什么？在《新教育大纲》中，他重申到，“教育的发生就只根于当时当地的人民实际生活的需要；它是帮助人营社会生活的一种手段。”

“自有人生，便有教育。因为自有人生，便有实际生活的需要。”对于这里所说的“生活”的含义，杨贤江明确地解释道：“一方面是衣食住的充分获得，另一方面是知识才能的自由发展；还有，这种生活是社会的、集体的，绝不是孤立的、个人的。”不难看出，“生活”既包括人们为获取物质生活资料所必须从事的生产活动，也包括为获得身心发展而从事的精神活动。因此，他认为原始社会教育内容分为两个方面：一是为获得生活资料的“实用教育”；二是为安慰精神的“宗教教育”。而且，由于人生的需要随时、随事、随地有所不同，所以“教育的资料与方法也跟着需要有变迁”。

杨贤江提出教育起源于人类实际生活需要的论断，是历史唯物主义的，是辩证的。这在教育思想发展史上实属首创。它不仅彻底否定了教育起源于人性，起源于教育者的意识，起源于天命等种种历史唯心主义观点，而且也较以后出现的“劳动起源论”全面、确切。教育起源于人类实际生活需要的论断，比教育起源于劳动的观点，更接近于历史的真实，具有更强的说服力。这是中国教育史上最早的马克思主义教育起源观，应该引起我们足够的重视。

（十一）教育的交往起源说

教育的交往起源说认为教育的形态起源于人与人之间的交往。其代表人物是我国的叶澜先生。

叶澜先生认为，自有人类社会以来就有教育存在。教育是人类最古老的活动之一。这个事实本身就表明，教育与人类及其社会的存在与发展有着不可分割的联系。分析教育的起源问题，能使我们看到这种联系的性质与意义。

在远古时代，人类为了自己的生存而结成社会群体，在社会群体中进行以满足生命活动的基本需要为目的的生产劳动。这种以群体方式进行的社会生产劳动和社会生活过程，不仅使人们产生了教育活动的需要，而且创造了教育活动的条件，形成了教育活动的原型。

原始人对教育的需要产生于劳动与生活过程中经验传递和互相协调的需要。在群体活动中，任何个人的创造或发现，无论是劳动工具的改进，新食物尝试的成功，还是追捕野兽的新方法，对某一物体的名称的确定等，只要有利于人类的生存，就会通过语言或行为的模仿等方式传播开来，变成共同的类经验。我们认为，原始人在劳动和生活过程中，发现或创造出的新经验通过群体内各种交往方式传播开来，变为类经验的过程，反映了人类群体中相互学习的需要，且蕴含了教育行为的三个基本要素：发现、创造经验的人扮演“教育者”的角色；学习他人经验的人扮演“受教育者”的角色；所学习的知识经验就是“教育的内容”。然而，这种活动还不是有意识的，也不是以影响人的身心发展为直接目标的，而是自发的、以满足生存需要为直接目标的，所以还不能称作为教育。只有当传递类经验的必要性本身被意识到，并有意识地以类经验的传递来影响人的身心发展时，教育才算发生了。这种“发生”在历史上是以类经验在两代人之间传递为转折点的。

教育在原始社会的产生，不仅因为人类有此需要，而且还因为在原始社会中人类已经具备了进行教育活动的条件。

人类生产劳动的进行，是产生教育的众多条件中最具基础性的条件。这里的“基础”，可从两个不同的层次上来理解：一是从历史唯物主义的观点看，劳动是人类最基本的社会活动，它是其他任何社会活动赖以进行的基础性条件；二是在人类劳动的过程中，产生了可供传递的劳动工具和劳动经验，出现了传递和交流经验的交往方式，这为教育的产生创造了更为直接的基础——构成教育活动的要素和原型。

语言的形成是教育产生的另一个重要的社会条件。它提供了把个人经验转化为类经验的载体，也提供了人类广泛地进行思维交流的手段。在语言形成前，人类经验的传递主要依靠实物的展示、动作及体态语言等手段。这些手段使经验的传递不可能超越时间和空间的限制，不可能脱离经验主体，也不可能达到久远的要求，因而难以积累。语言的出现不但解决了这些问题，还提供了在抽象水平上进行经验的积累和传递的可能。

原始人生命期的延长和具有接受、加工外界各种传递方式的能力，尤其是言语和思维的能力，是教育之所以能进行的、个体方面提供的条件。原始人生命期的延长是与战胜自然能力的提高和食物结构的改善联系在一起的。这使两代人之间的共同生活年限延长，使具有较丰富社会经验的年长一代在时间上有可能向新生一代传递经验。最为重要的还是肉类食物对于脑的影响：脑因此得到了比过去多得多的为本身的营养和发展所必需的材料，因此它就能够一代一代更迅速更完善地发展起来。而脑的发展为人的思维和言语的发展提供了重要的机体物质条件。个人言语和思维能力之所以重要，那是因为个体有了它们，就可能接受类经验，对类经验进行加工，把它整合到自己的经验中去，发展自己的经验与能力。同时又有可能把自己的个人经验，转化为他人能理解和接受的方式表达出来、传递开去，为类经验的丰富与发展作出贡献。这样，就为个体与类以及个体与个体之间的经验双向传递、转换、丰富、发展，提供了来自个体能力方面的手段保证。

通过以上关于原始社会对教育需求的产生和基本条件的分析，不难得出教育起源问题的答案。在此先说明一下“起源”一词。国内教育理论界开展了有关教育起源问题的讨论，至今尚未取得一致的意见。造成观点分歧的原因很多，其中也包括对“起源”理解上的区别。“起源”不同于“产生”和“出现”，要说明某事物的产生与出现，只需阐明该事物存在的必要性和可能性，并说明这种必要和可能在什么时间、地点范围内存在即可。“起源”则要说明该事物由何而生，从何演化出来。显然，要探明这一点，就有必要对该事物产生的必要性和可能性进行分析，但又不能停留于此，应该进一步找出教育从中脱胎的事物，或称为教育的原型。

能够成为教育原型的事物必须包含着教育的基本要素，而且要素间具有内在联系。整体是从整体中孕育出来的，不是由各要素逐一相加或拼凑出来的。从这样一个思考问题的方法出发，教育作为一种活动，只能从另一种活动中演化出来。这种活动显然与生产劳动及其他社会活动相关，但不是生产劳动本身，因为生产劳动是人与物的相互作用，其目标是生产物质产品。在原始社会人类的活动中具备上述条件的活动，就是人类相互间非物质性的交往活动。只要这类交往发生，就必然有交往的双方和交往的内容，交往的结果则是在交往的双方身上产生认识、情感、意志或行为的影响。以上这些都包含着教育的要素。一旦交往的作用被人类意识到，并将此转化为以影响新生一代生长为直接目的的特殊活动，交往活动的一方就转化为教者，另一方则转化为受教者。当这类特殊交往逐渐形成较为固定的内容和较为固定的教学关系时，教育活动就演化而生了。因此，可以说：人类的教育活动起源于交往，在一定意义上，教育是人类一种特殊的交往活动。

T6. 教育的构成要素说

1. 在卢梭看来，教育就是由这三重要素——自然、人、事物共同构成；格雷戈里将教学分解为两个“人的成分”、两个“心的成分”、三个职能动作，即教师和学生、语言和功课、教授和学习及试验；涂尔干把教育分解为两个人的要素和一个事物的要素：一代成年人和一代年轻人，及前者对后者的影响；施普兰格·利特把教育理解为由教育主体、教育客体、陶冶材共同构成的一种活动。教育主体是指教育者有目的的活动，教育客体是指教育对象接受教育的活动。陶冶材是联系教育者和教育对象的教育资料。

2. 叶澜认为，教育基本要素有教育者、受教育者、教育物资。其中，教育物资是指进入教育过程的各种物质资源。根据这些物质资源在教育中的不同作用，可以把它们分为教育的活动场所与设施、教育媒体以及教育辅助手段三大类。这是教育活动中物的要素。

作为一种活动的教育，不可能没有空间和必要的设施？教育的活动场所与设施在学校中主要指校舍、教室、操场、实验室、校办工厂、农场等的数量与内部的设备装置。

教育媒体是教育活动中两类主体（教育者与受教育者）之间传递信息的工具。由此可见，教育媒体是教育内容的载体，也是教育中其他信息的载体。然而，同样的教育内容，可使用不同的媒体，随着媒体的不同，教育的组织形式、方法、效果等都会发生变化，故有必要把媒体作为独立的要素来考虑。

教育媒体具有多种形式，从最简单的实物、口头语言到图片、书面印刷物、录音磁带、录像带、电影、电视、计算机程序等。它们的形式是随着人类科学技术的发展，教育活动的日趋普及化、个别化而越来越丰富多彩和综合化的。在此要强调指出，并非上述所列各种媒体的物质形式在任何情况下都能称为教育媒体，只有为一定教育目的服务，在教育过程中供复合主体使用的媒体，才是教育媒体。

教育辅助手段是那些帮助教育者与受教育者教与学的物质与技术手段。它与媒体的区别在于它本身并不是教育中需要传递的信息的载体，而是某些信息载体传递时必须有的工具或手段。如录音机、计算机以及供教师教学和供学生学习使用的工具。它与教学媒体的材料有密切关系，不同的媒体，对辅助手段有不同的要求。

教育活动的进行总离不开教育物资，并有一个最低限度的要求。自然，最低限度的具体标准是随时代、具体国家的发展水平而变化的。如在我国，当前对中小学教育物资的最低要求是学校无危房，每个班级需有教室，每个教室应有桌椅。如果连这些要求也不能做到，那么就不可能办教育。在教育物资低于基准线的情况下，教育中的“物”的要素，就成为教育活动能否开展的决定因素。但是，如果这个基本要素已经达到，那么，教育物资的改善只是有利于教育质量提高的重要条件，并不能对教育活动的开展起决定性的作用，也不是学校水平或教育质量的根本标志。在教育活动中起决定作用的还是人——活动的主体。教育物资的某些不足带来的困难，通过人的主观努力，能够克服或得到部分补偿。相反，有了很好的教育物资，但教育者不愿教或不善教，学习者不愿学或不善学，那么，这些物资不能充分发挥作用，只不过成为一种显示经济实力的“摆设”。

3. 陈桂生认为，教育基本要素有教育者的有目的活动、受教育者、教育资料。其中，教育资料包括教育媒介、教育材料、教育手段、教育组织形式与活动方式、教育场地与设备五种。

4. 孙喜亭认为，教育基本要素有教育者、受教育者、教育内容、教育手段。其中，教育内容是受教育者认识的客体，教育手段是教育者借以将教育内容作用于教育对象的媒介物，包括精神手段如教育方法与艺术手段和物质手段如教具、实验室、教学设备等。

5. 傅维利认为，学校教育包括四个基本构成要素：（1）教育者是受过专门训练的职业教师；（2）教育内容是按照社会的要求和学生身心发展的特点精心选择和编制的，有较高的系统性和稳定性；（3）受教育者是按照一定的编成原则系统组织起来的；（4）教育手段是经过认真选择，有利于受教育者学习的。

6.《现代教育制度与思想》对此的观点是：教育者、受教育者、教育中介、环境因素。其中，教育中介是教育者和受教育者进行教育活动时所依赖的一切事物的总和。它包括有形的客体和无形的客体，有形客体又包括教育的场地、设备和教育手段，教育的方法和组织形式，教育内容和目的。环境因素是指影响教育活动的外部因素，如政治、经济和文化等。

7. 柳海民认为，从宏观角度看，教育活动由教育主体、教育目标、教育内容、教育手段、教育环境、教育途径六个要素构成。从微观角度看，教育活动有教育者、受教育者、教育内容和教育手段四个要素构成。

8. 郑金洲认为，教育者、受教育者、教育中介构成教育的三个要素。教育中介具体分为六个因素：教育目的、教育内容、教育方法、教育物质手段、教育组织形式、教育物质环境。

9.《教育学原理》认为，教育要素有四个：教育者、学习者、教育内容、教育手段。其中，教育手段包括物质手段和精神手段。物质手段包括教育活动场所和设施、教育媒体以及教育辅助手段等；精神手段包括教育方法、教育途径。

10.《教育学基础》认为，教育基本要素有教育者、学习者、教育影响。其中，教育者就是从事教育活动的人，学习者是教育的对象，教育影响即教育活动中教育者作用于学习者的全部信息，既包括了信息的内容，也包括了信息选择、传递和反馈的形式，是形式与内容的统一。从内容上说，教育影响主要就是教育内容、教育材料或教科书；从形式上说，教育影响主要就是教育手段、教育方法、教育组织形式。这三要素之间既相互独立，又相互规定。即教育是由上述三个基本要素构成的一种社会实践活动系统，是上述三个基本要素的有机结合。各个要素本身的变化，必然导致教育系统状况的改变。不同教育要素的变化及其组合，最终形成了多样的教育形态，担负起促使个体社会化和社会个性化的神圣职责。

T7. 教育的基本类型

如果不考虑社会和历史背景，仅就教育本身而言，可以归纳为五种教育的基本类型。

（一）经院式教育

这种教育仅仅限于“传授”知识，教师只是照本宣科，而自己毫无创新精神。这种经院式教育的根深蒂固的基础就是理性传统。

（二）师徒式教育

这种教育的特色是完全以教师为中心，具有个人色彩的传统。学生对教师的尊敬和爱戴带有绝对服从的特点。这种从属的距离，不只是程度上的、代沟之间的差别，而是本质上的。

（三）苏格拉底式的教育

从教育的意义上来看，教师和学生处于一个平等地位。教学双方均可自由地思索，没有固定的教学方式，只有通过无止境的追问而感到自己对绝对真理竟一无所知。因此，教师激发学生对探索求知的责任感，并加强这种责任感……苏格拉底式的教师一贯反对做学生的最大供求者；教师要把学生的注意力从教师身上转移到学生的自身，而教师本人则退居暗示的地位。

这三种教育类型都需要学生具有对绝对真理和寻求真理的引路人——教师的敬畏之心。

（四）作为顿悟艺术的教育

所谓顿悟，是与人的理智相关的一个概念，它并不呈现为别人的给予，或目之所及之类感官层次。相反，是灵魂的眼睛抽身返回自身之内，内在地透视自己的灵肉，知识也必须随着整个灵魂围绕着存在领域转动，因此教育就是引导“回头”即顿悟的艺术。

（五）教育即生成

生成来源于历史的积聚和自身不断重复努力。人的生成似乎是于无意识之中达到的，但这无意识是曾在困境中以清醒意识从事某事的结果……生成就是习惯的不断形成与不断更新，这是一个人秉诚自持的重要过程，而放任自流就是堕落。

T8.“教育”的外延

（一）教育的形态构成

教育的形态是指由教育者、学习者和教育影响所构成的教育系统在不同时空背景下的变化形式，也是“教育”理念的历史实现。根据不同的标准，可以划分出不同的教育形态。从目前教育学的研究来看，划分教育形态的标准大致有四个：一是教育系统自身的标准，二是教育系统所赖以运行的场所或空间标准，三是教育系统所赖以运行的时间标准，四是教育系统赖以运行的时空标准。从教育系统自身的标准出发，可以将教育形态划分为“非制度化的教育”与“制度化的教育”；从教育系统所赖以运行的场所或空间标准出发，可以将教育形态划分为“家庭教育”“学校教育”与“社会教育”；从教育系统赖以运行的时间标准以及建立于其上的产业技术和社会形态出发，可以将教育形态划分为“农业社会的教育”“工业社会的教育”与“信息社会的教育”；从教育系统赖以运行的时空标准出发，可以将教育形态划分为“网络教育”和“前网络教育”。

1. 非制度化的教育与制度化的教育

非制度化的教育是指那些没有能够形成相对独立的教育形式的教育。这种教育是与生产或生活高度一体化的，没有从日常的生产或生活中分离出来成为一种相对独立的社会机构及其制度化行为。人类学校产生以前的教育就属于这种非制度化的教育。就是在人类的学校已经形成一个高度复杂网络的今天，非制度化的教育也仍然存在，只是它在个体发展和整个教育系统中所占的地位和所起的作用已经非常有限了。制度化的教育是从非制度化的教育中演化而来，是指由专门的教育人员、机构及其运行制度所构成的教育形态。制度化教育是人类教育的高级形态。它的出现是人类教育文明的一大进步，也极大地推动了人类总体文明的进步。今天所谈论的种种“教育”和“教育改革”，基本上指的是这种制度化的教育。

2. 农业社会的教育、工业社会的教育与信息社会的教育

首先，这三种教育形态的产生与社会形态的变迁有着密切的联系，是适应不同的生产力发展阶段以及建立于其上的经济形态和生产关系变革的结果。因此，要把握这三种教育形态的特征，就要把握它们所处时代的生产力、经济形态以及上层建筑的特征。要理解这三种教育形态的前后更迭，也就要理解其背后的社会变迁。其次，农业社会的教育不等于“农业教育”，工业社会的教育不等于“工业教育”，信息社会的教育也不等于“信息教育”。前者是指基本的教育形态，而后者是指专门的教育类型。最后，三种形态的教育，是建立在前一种形态教育基础上的，因而在教育目的、内容、方法、管理等各个方面，总是包含着对前一种教育的批判、修正和重构，彼此之间有一种历史的连续性。

3. 网络教育与前网络教育

广义的网络教育是指通过互联网实施的、一切影响人的发展的人类社会活动的总称。狭义的网络教育是指根据社会的需要与可能和人的需要与可能，在一定的教育思想、教育理论指导下，借助于因特网实施的，有目的、有计划、有组织的，旨在促进网络学生与网络教师等人的健康、快速、持续发展的教育。前网络教育，顾名思义，可以一般地理解为网络教育“之前”的教育。但是，“之前”不仅仅是一个时间性的概念，还是一个超时间性的概念。也

就是说，前网络教育和网络教育可以在时间上同时存在。但是，它们之间存在着本质上的区别。前网络教育是指数字媒介普遍应用于教育领域之前的教育，即包括语言文化阶段的教育、印刷文化阶段的教育和电子文化阶段的教育，其形态主要是传统的学校教育。

前网络教育与网络教育的区别主要表现在教育思想基础、教育媒介、教师和学生及其关系、教育的时间和空间、教育控制和学生的选择权力以及教育功能七个方面。

4. 特殊教育

特殊教育是针对特殊儿童、青少年开办的学校教育，旨在帮助他们获得基本的生活知识、技能。

（二）教育的阶段构成

1. 学前教育

学前教育即幼儿教育，是根据一定的培养目标和幼儿的身心特点，对入小学前的幼儿所进行的有计划、有组织的教育。学前教育是教育结构系统的重要组成部分，是学校教育的基础。

2. 学龄教育

学龄教育指在学龄期所接受的学校教育，包括初等教育、中等教育、高等教育。

初等教育即小学教育。初等教育是使儿童打下文化知识基础和做好初步生活准备的教育，是学龄教育中的第一个阶段的教育，对提高民族素质极为重要。因此，各国在其经济文化发展的一定历史阶段都把它定为实施义务教育或普及教育的目标。在我国，初等教育的对象一般为六至十二岁的儿童，它的任务是为儿童的德、智、体、美、劳全面发展打下基础。

中等教育，即在初等教育基础上继续实施的中等普通教育和专业教育。这种教育在整个学龄教育中有承上启下的作用。当前我国中等教育包括：①全日制普通中学，修业年限五至六年，三・三分段、四・二分段、三・二分段或二・三分段。它担负着为国家建设培养劳动后备力量以及为高一级学校培养合格新生的双重任务。②中等专业学校，包括中等技术学校和中等师范学校。招收初中或高中毕业生，修业年限为 3~4 年。它的任务是培养中级专门的建设人才和熟练的技术工人。③职业中学，招收初中毕业生，修业年限 3 年，它的任务是为国家培养劳动后备力量，为城市、农村培养各种急需人才。

高等教育是学龄教育的高级阶段，是建立在中等教育基础之上的各种专业教育。程度上一般分为专修科、本科和研究生院（班）。我国现行高等教育的学制，本科修业年限多数为 4 年，医学院和少数理工科院校为 5 年或 6 年；高等专科学校的修业年限为 2~3 年，研究生分攻读硕士和博士学位两个阶段，修业年限各为 2~4 年。高等教育担负着培养各种高级专业人才和发展先进科学技术的任务。我国高等教育事业的发展，虽然经过了曲折的道路，但仍然取得了很大的成绩。

普通高等教育的层次、学科、布局等经过多次调整，发生了很大的变化。文、理、工、农、林、医、财经、政法、师范等主要科类基本齐全，结构渐趋合理。

3. 继续教育

继续教育是正规学龄期教育的延伸和发展，是指通过业余、脱产或半脱产的途径，使那些已经受过大专学校的学历教育，并已在工程和技术工作岗位上工作的科技人员、管理人员和领导者继续接受知识和技术更新的教育。

（三）教育的时间构成

从学生在校的时间上看，我国有三类学校，即全日制学校、半日制学校和业余制学校。

全日制学校包括全日制大、中、小学和中等专业学校，是我国学校的主体。它有完备的课程，以教学为主，学生一周五天全日受教育。半日制学校，又称半工半读学校或半农半读学校，学生一面参加劳动，一面接受学校教育，教学与生产劳动时间安排比较灵活，可通过不同方式进行，一般是教学与劳动并重。业余制学校是指学生接受学校教育完全在业余时间进行。此类学校学习年限取决于教育类型，课程设置和教学方式都相对灵活。这三种类型的学校可以是各自独立的，也可以是全日制学校办业余制教育，如大学举办的函授教育、非全日制教育硕士等。

（四）受教育方式构成

1. 近距离教育

近距离教育，又称面授教育，是教育者按照确定的教学计划，在一定的时间内，按照一定的进度，对受教育者直接进行的教育。它是目前我国教育形式结构中一种最主要、最普遍的方式。

2. 函授教育

函授教育是运用通讯方式进行的教育。其实施机构是函授学校或全日制高等、中等专业学校的函授部。学员利用业余时间，以自学函授教材为主，由函授学校给予辅导和考核，并在一定时间进行短期的集中面授辅导。

3. 现代远程教育

现代远程教育是凭借广播、电视、互联网等多种媒体，在较远的距离范围进行教学的一种开放型教育新形式。

现代远程教育的前身是19世纪中叶发展起来的函授教育。进入20世纪以来，现代电子信息技术迅速发展，大量电教媒体的涌现，为现代远程教育在单一的函授教育形态上发展创造了条件。当“信息高速公路”出现，我国迅速在教育领域作出反应。1996年，清华大学校长王大中率先提出发展现代远程教育。不过，真正意义上的网络高等教育是从1998年9月教育部批准清华大学、湖南大学、浙江大学、北京邮电大学作为现代远程教育首批试点高校开始的。1998年11月6日，中国第一所网上大学——湖南大学多媒体信息教育学院（湖南大学与湖南电信合作建成）正式开学。到2021年，已有68所高校建立了网络教育学院。近年来，我国把学习革命作为一种新的教育生产力，加快建立“互联网+教学”“智能+教学”新形态，积极支持高校线上教学建设，建设和发挥“云中大学”的作用，探索构建线上线下和实践相结合的人才培养新模式。截至2020年，教育部先后遴选认定了1291门国家精品在线开放课程和401门国家虚拟仿真实验教学项目。我国高水平高校已在“爱课程”网、“学堂在线”等平台开设500门次慕课课程，在校生和社会学习者慕课学习人数已达3.1亿人次。清华大学、北京大学等全国100多所普通高校成立“高校继续教育数字化学习资源开放与在线教育联盟”和“大学与企业继续教育联盟”，开放20000门（个）课程和50000个微课程，同时启动22个面向行业、企业和区域大规模的资源开放“e行动”计划和教改计划。

4. 自学考试

自学是人们根据主观的需要，在自我计划、自我制约下，有目标、有系统地进行的学习活动。自学，尤其是在团体或专人指导下的自学，在任何教育体系中都具有无可替代的价值。

我国 1981 年建立高等教育自学考试制度。高等教育自学考试是群众自学高等学校一定专业的有关课程，然后经国家考试，借以选拔专门人才的办法。它是个人自学、社会助学和国家考试相结合的一种新的教育形式。国外的高等教育自学考试制度，主要目的是为那些寻找工作的人补充专业知识。我国的自学考试制度，是为社会主义现代化建设造就专门人才的一种办法，是从我国实际情况出发，是符合我国国情的。

相关政策

P.《中华人民共和国国民经济和社会发展第十四个五年规划和 2035 年远景目标纲要》（节选）

2021 年 3 月，中共中央、国务院颁布实施《中华人民共和国国民经济和社会发展第十四个五年规划和 2035 年远景目标纲要》，文件指出，把提升国民素质放在突出重要位置，构建高质量的教育体系和全方位全周期的健康体系，优化人口结构，拓展人口质量红利，提升人力资本水平和人的全面发展能力。

第四十三章　建设高质量教育体系

全面贯彻党的教育方针，坚持优先发展教育事业，坚持立德树人，增强学生文明素养、社会责任意识、实践本领，培养德智体美劳全面发展的社会主义建设者和接班人。

第一节　推进基本公共教育均等化

巩固义务教育基本均衡成果，完善办学标准，推动义务教育优质均衡发展和城乡一体化。加快城镇学校扩容增位，保障农业转移人口随迁子女平等享有基本公共教育服务。改善乡村小规模学校和乡镇寄宿制学校条件，加强乡村教师队伍建设，提高乡村教师素质能力，完善留守儿童关爱体系，巩固义务教育控辍保学成果。巩固提升高中阶段教育普及水平，鼓励高中阶段学校多样化发展，高中阶段教育毛入学率提高到 92%以上。规范校外培训。完善普惠性学前教育和特殊教育、专门教育保障机制，学前教育毛入园率提高到 90%以上。提高民族地区教育质量和水平，加大国家通用语言文字推广力度。

第二节　增强职业技术教育适应性

突出职业技术（技工）教育类型特色，深入推进改革创新，优化结构与布局，大力培养技术技能人才。完善职业技术教育国家标准，推行“学历证书+职业技能等级证书”制度。创新办学模式，深化产教融合、校企合作，鼓励企业举办高质量职业技术教育，探索中国特色学徒制。实施现代职业技术教育质量提升计划，建设一批高水平职业技术院校和专业，稳步发展职业本科教育。深化职普融通，实现职业技术教育与普通教育双向互认、纵向流动。

第三节　提高高等教育质量

推进高等教育分类管理和高等学校综合改革，构建更加多元的高等教育体系，高等教育毛入学率提高到 60%。分类建设一流大学和一流学科，支持发展高水平研究型大学。建设高质量本科教育，推进部分普通本科高校向应用型转变。建立学科专业动态调整机制和特色发展引导机制，增强高校学科设置针对性，推进基础学科高层次人才培养模式改革，加快培养理工农医类专业紧缺人才。加强研究生培养管理，提升研究生教育质量，稳步扩大专业学位研究生规模。优化区域高等教育资源布局，推进中西部地区高等教育振兴。

第四节 建设高素质专业化教师队伍

建立高水平现代教师教育体系，加强师德师风建设，完善教师管理和发展政策体系，提升教师教书育人能力素质。重点建设一批师范教育基地，支持高水平综合大学开展教师教育，健全师范生公费教育制度，推进教育类研究生和公费师范生免试认定教师资格改革。支持高水平工科大学举办职业技术师范专业，建立高等学校、职业学校与行业企业联合培养"双师型"教师机制。深化中小学、幼儿园教师管理综合改革，统筹教师编制配置和跨区调整，推进义务教育教师"县管校聘"管理改革，适当提高中、高级教师岗位比例。

第五节 深化教育改革

深化新时代教育评价改革，建立健全教育评价制度和机制，发展素质教育，更加注重学生爱国情怀、创新精神和健康人格培养。坚持教育公益性原则，加大教育经费投入，改革完善经费使用管理制度，提高经费使用效益。落实和扩大学校办学自主权，完善学校内部治理结构，有序引导社会参与学校治理。深化考试招生综合改革。支持和规范民办教育发展，开展高水平中外合作办学。发挥在线教育优势，完善终身学习体系，建设学习型社会。推进高水平大学开放教育资源，完善注册学习和弹性学习制度，畅通不同类型学习成果的互认和转换渠道。

数据资源

D. 我国教育基本规模

数据显示，全国各级教育普及水平进一步提高，国民受教育机会不断扩大（表 1–1）。2020年，全国新增劳动力受过高等教育比例达到53.5%，比上年提高2.6个百分点。

表 1–1 近三年基本数据

年份	学校数（万所）	在校生数（亿人）	专任教师数（万人）	劳动年龄人口平均受教育年限（年）	新增劳动力平均受教育年限（年）
2021	52.93	2. 91	1844.37	10.9	—
2020	53.71	2. 89	1792.97	—	13.8
2019	53.01	2. 82	1732.03	—	13.7

（一）高等教育阶段

2021 年，全国普通、职业本专科共有在校生 3496.13 万人，其中，普通本科在校生 1893.10万人；职业本科在校生 12.93 万人；高职（专科）在校生 1590.10 万人。

2021 年，全国共在学研究生 333.24 万人。其中，在学博士生 50.95 万人，在学硕士生 282.29万人。

2021 年，全国共招收成人本专科在校生 832.65 万人。招收网络本、专科生 283.92 万人，在校生 873.90 万人。

2021 年，全国共有高等教育专任教师 188.52 万人，其中，普通本科学校 126.97 万人；本科层次职业学校 2.56 万人；高职（专科）学校 57.02 万人；成人高校 1.97 万人。

2021 年，全国共有高等学校 3012 所，其中，普通本科学校 1238 所；本科层次职业学校 32 所；高职（专科）学校 1486 所；成人高等学校 256 所。各种形式的高等教育在学总规模 4430 万人，高等教育毛入学率 57.8%。2020 年，全国共有普通高校 2738 所，比上年增加 50 所。其中，本科院校 1270 所（含本科层次职业学校 21 所），比上年增加 5 所；高职（专科）

院校 1468 所，比上年增加 45 所。成人高等学校 265 所，比上年减少 3 所；研究生培养机构 827个，其中，普通高等学校594个，科研机构233个。全国各类高等教育在学总规模4183万人，比上年增加 181 万人。高等教育毛入学率 54.4%，比上年增加 2.8 个百分点。毛入学率，是指某一级教育不分年龄的在校学生总数占该级教育国家规定年龄组人口数的百分比。由于包含非正规年龄组（低龄或超龄）学生，毛入学率可能会超过100%。

2021 年，全国招收研究生 117.65 万人。其中，招收博士生 12.58 万人，硕士生 105.07 万人。2020 年，普通高等学校校均规模 11982 人，其中，本科院校 15749 人，高职（专科）院校 8723 人。研究生招生 110.66 万人，比上年增加 19.00 万人，增长 20.74%。其中，博士生 11.60万人，硕士生99.05万人。在学研究生313.96万人，比上年增加27.59万人，增长9.63%。其中，博士生 46.65 万人，在学硕士生 267.30 万人。毕业研究生 72.86 万人，其中，毕业博士生6.62万人，毕业硕士生66.25万人。

2021 年，普通、职业本专科共招生 1001.32 万人，其中，普通本科招生 444.60 万人；职业本科招生 4.14 万人；高职（专科）招生 552.58 万人。2020 年，普通本专科招生 967.45 万人，比上年增加 52.55 万人，增长 5.74%；在校生 3285.29 万人，比上年增加 253.77 万人，增长 8.37%；毕业生 797.20 万人，比上年增加 38.67 万人，增长 5.10%。另有五年制高职转入专科招生 46.28 万人；专科起点本科招生 61.79 万人。成人本专科招生 363.76 万人，比上年增加 61.55 万人，增长 20.37%；在校生 777.29 万人，比上年增加 108.73 万人，增长 16.26%；毕业生 246.96 万人，比上年增加 33.82 万人，增长 15.87%。网络本专科招生 277.91 万人，比上年减少 10.63 万人，下降 3.69%；在校生 846.45 万人，比上年减少 11.39 万人，下降 1.33%；毕业生 272.25 万人，比上年增加 39.94 万人，增长 17.19%。普通高等学校教职工 266.87 万人，比上年增加 10.20 万人，增长 3.97%；专任教师 183.30 万人，比上年增加 9.28 万人，增长 5.34%。普通高校生师比为 18.37∶1，其中，本科院校 17.51∶1，高职（专科）院校 20.28∶1。成人高等学校教职工 3.25 万人，比上年减少 3613 人；专任教师 1.90 万人，比上年减少 1690 人。

（二）高中教育阶段

2021 年，高中阶段毛入学率 91.4%。全国共有普通高中 1.46 万所。招生 904.95 万人，在校生 2605.03 万人。共有普通高中专任教师 202.83 万人。全国共有中等职业学校 7294 所。招生488.99万人，在校生1311.81万人。共有中等职业教育专任教师69.54万人。

2020 年，全国共有高中阶段教育学校 2.45 万所，比上年增加 82 所，增长 0.34%；招生 1521.10 万人，比上年增加 81.24 万人，增长 5.64%；在校生 4163.02 万人，比上年增加 168.12 万人，增长4.21%。高中阶段毛入学率91.2%，比上年提高1.7个百分点。

2020 年全国共有普通高中（含完全中学、高级中学和十二年一贯制学校）1.42 万所，比上年增加 271 所；招生 876.44 万人，比上年增加 36.95 万人，增长 4.40%；在校生 2494.45 万人，比上年增加 80.15 万人，增长 3.32%；毕业生 786.53 万人，比上年减少 2.72 万人，下降 0.34%。普通高中教职工 294.87 万人，比上年增加 11.50 万人，增长 4.06%；专任教师 193.32 万人，比上年增加 7.40 万人，增长 3.98%。生师比 12.90∶1；专任教师学历合格率 98.79%，比上年提高0.17个百分点。全国共有成人高中326所，比上年减少7所。在校生5.20万人，毕业生3.95万人。成人高中教职工2361人，专任教师1769人。

2020 年全国共有中等职业教育学校（含普通中等专业学校、职业高中、技工学校和成人中等专业学校）9896 所，比上年减少 182 所。招生 644.66 万人，比上年增加 44.30 万人，增长 7.38%，占高中阶段教育招生总数的 42.38%。在校生 1663.37 万人，比上年增加 86.90 万人，增长 5.51%，占高中阶段教育在校生总数的 39.96%。毕业生 484.87 万人，比上年减少 8.60 万人，下降 1.74%。中等职业学校教职工 108.30 万人，比上年增加 0.98 万人，增长 0.91%。专任教师 85.74 万人，比上年增加 1.45 万人，增长 1.72%。生师比 19.54 : 1；专任教师本科及以上学历比例 92.92%，比上年提高 0.31 个百分点；“双师型”教师比例占 30.87%，比上年提高 0.29 个百分点。

（三）义务教育阶段

2021 年，全国共有义务教育阶段学校 20.72 万所。在校生 1.58 亿人。专任教师 1057.19 万人。九年义务教育巩固率 95.4%。全国共有小学 15.43 万所。小学招生 1782.58 万人，在校生 1.08 亿人。共有小学专任教师 660.08 万人。全国共有初中 5.29 万所。初中招生 1705.44 万人，在校生 5018.44 万人。共有初中专任教师 397.11 万人。

2020 年，全国共有义务教育阶段学校 21.08 万所。招生 3440.19 万人，在校生 1.56 亿人。专任教师 1029.49 万人。九年义务教育巩固率 95.2%。（九年义务教育巩固率，是指初中毕业班学生数占该年级入小学一年级时学生数的百分比。）小学学龄儿童净入学率 99.96%。（小学学龄儿童净入学率，是指小学教育在校学龄人口数占小学教育国家规定年龄组人口总数的百分比，是按各地不同入学年龄和学制分别计算的）初中阶段毛入学率 102.5%。

2020 年全国共有初中（含初级中学、九年一贯制学校、十二年一贯制学校、完全中学和职业初中）5.28 万所（含职业初中 10 所），比上年增加 390 所，增长 0.74%。招生 1632.10 万人，比上年减少 6.75 万人，下降 0.41%；在校生 4914.09 万人，比上年增加 86.95 万人，增长 1.80%；毕业生 1535.29 万人，比上年增加 81.20 万人，增长 5.58%。初中教职工 450.31 万人，比上年增加 15.27 万人，增长 3.51%；专任教师 386.07 万人，比上年增加 11.33 万人，增长 3.02%。初中专任教师学历合格率 99.89%，生师比 12.73 : 1。初中总班数 107.34 万个，比上年增加 2.93 万个。其中，56~65 人的大班 1.25 万个，比上年减少 2.97 万个，占总班数的比例 1.16%，比上年下降 2.87 个百分点；66 人以上的超大班 225 个，比上年减少 2500 个，占总班数的比例 0.02%，比上年下降 0.24 个百分点。

2020 年全国共有普通小学（含小学、九年一贯制学校和十二年一贯制学校）15.80 万所，比上年减少 2169 所，下降 1.35%。另有小学教学点 9.03 万个，比上年减少 0.62 万个。招生 1808.09 万人，比上年减少 60.95 万人，下降 3.26%；在校生 10725.35 万人，比上年增加 164.12 万人，增长 1.55%；毕业生 1640.32 万人，比上年减少 7.58 万人，下降 0.46%。小学教职工 596.63 万人，比上年增加 11.37 万人，增长 1.94%；专任教师 643.42 万人，比上年增加 16.51 万人，增长 2.63%。专任教师学历合格率 99.98%，生师比 16.67：1。小学总班数 286.05 万个，比上年增加 5.26 万个。其中，56~65 人的大班 3.21 万个，比上年减少 7.01 万个，占总班数的比例 1.12%，比上年下降 2.52 个百分点；66 人以上的超大班 923 个，比上年减少 5462 个，占总班数的比例 0.03%，比上年下降 0.20 个百分点。

义务教育阶段在校生中进城务工人员随迁子女 1429.73 万人。其中，在小学就读 1034.86 万人，在初中就读 394.88 万人。[进城务工人员随迁子女，是指户籍登记在外省（区、市）、本省外县（区）的乡村，随务工父母到输入地的城区、镇区（同住）并接受义务教育的适龄儿童少年。]

（四）学前教育阶段

2021 年，全国共有幼儿园 29.48 万所。在园幼儿 4805.21 万人，其中，普惠性幼儿园在园幼儿4218.20万人，普惠性幼儿园覆盖率达到87.78%。共有学前教育专任教师319.10万人。学前教育毛入学率88.1%。

2020年，全国共有幼儿园29.17万所，比上年增加1.05万所，增长3.75%。其中，普惠性幼儿园23.41万所，比上年增加3.12万所，增长15.40%，占全国幼儿园的比例为80.24%。学前教育入园幼儿1791.40万人；在园幼儿4818.26万人，比上年增加104.38万人，增长2.21%。其中，普惠性幼儿园在园幼儿4082.83万人，比上年增加499.88万人，增长13.95%，占全国在园幼儿的比例84.74%。学前教育毛入园率达到85.2%，比上年提高1.8个百分点。幼儿园教职工519.82万人，比上年增加28.24万人，增长5.75%；专任教师291.34万人，比上年增加15.03万人，增长5.44%。

（五）特殊教育

2021年，全国共有特殊教育学校2288所。招收各种形式的特殊教育学生14.91万人，在校生91.98万人。共有特殊教育专任教师6.94万人。2020年，全国共有特殊教育学校2244所，比上年增加52所，增长2.37%；特殊教育学校共有专任教师6.62万人，比上年增加0.38万人，增长6.11%。招收各种形式的特殊教育学生14.90万人，比上年增加0.48万人，增长3.35%；在校生88.08万人，比上年增加8.62万人，增长10.85%。其中，附设特教班在校生4211人，占特殊教育在校生的比例0.48%；随班就读在校生43.58万人，占特殊教育在校生的比例49.47%；送教上门在校生20.26万人，占特殊教育在校生23.00%。

（六）民办教育

2020年，全国共有各级各类民办学校18.67万所，比上年减少4820所，占全国比重34.76%；招生1730.47万人，比上年减少43.87万人，下降2.47%；在校生5564.45万人，比上年减少52.16万人，下降0.93%。其中：民办幼儿园16.80万所，比上年减少5280所，下降3.05%；入园儿童819.32万人，比上年减少85.36万人，下降9.44%；在园幼儿2378.55万人，比上年减少270.89万人，下降10.22%。民办普通小学6187所，比上年减少41所，下降0.66%；招生145.20万人，比上年减少13.85万人，下降8.71%；在校生966.03万人，比上年增加21.13万人，增长2.24%。民办初中6041所，比上年增加248所，增长4.28%；招生243.67万人，比上年增加0.57万人，增长0.23%；在校生718.96万人，比上年增加31.56万人，增长4.59%。民办普通高中3694所，比上年增加267所，增长7.79%；招生153.39万人，比上年增加17.53万人，增长12.91%；在校生401.29万人，比上年增加41.61万人，增长11.57%。民办中等职业学校1953所，比上年减少32所，下降1.61%；招生101.46万人，比上年增加11.46万人，增长12.74%；在校生249.40万人，比上年增加25.04万人，增长11.16%。民办普通高校771所（含独立学院241所），比上年增加15所。普通本专科招生236.07万人，比上年增加16.38万人，增长7.46%；在校生791.34万人，比上年增加82.51万人，增长11.64%。硕士研究生招生1260人，在学2556人。

能力训练

案例1.1.2

教育的几种用法

在日常生活中，人们都十分普遍地使用“教育”一词。此时，每个人的“教育”都有着一定的含义。人们将定义的“教育”的涵义一定来源于这些含义，并指导着这些认识。下面是比较常见的教育的日常用法。

某所小学二年级的两名相互比较熟悉的学生家长在接孩子放学时，在校门口相遇了。由于她们的孩子基本上一起长大，但在班级的学习成绩却存在着一定的差异，于是，两位家长就自然地相互问询了孩子的学习等情况。然后，学习稍差一点的时某的母亲就询问学习好一点的常某的父亲：“你是怎么教育小常的？我们对孩子也下了很多功夫呀！”

一次，某学校组织全校师生观看电影《东京审判》。当电影结束以后，学生和老师们纷纷议论，很多人都说，这部电影给了我一次很好的教育。

在一些正式场合的讲话或文件中，也经常能够见到“教育”这个词。

习近平总书记说：“不忘初心，牢记使命，高举中国特色社会主义伟大旗帜，决胜全面建成小康社会，夺取新时代中国特色社会主义伟大胜利，为实现中华民族伟大复兴的中国梦不懈奋斗。为此，保障和改善民生要抓住人民最关心最直接最现实的利益问题，既尽力而为，又量力而行，一件事情接着一件事情办，一年接着一年干。坚持人人尽责、人人享有，坚守底线、突出重点、完善制度、引导预期，完善公共服务体系，保障群众基本生活，不断满足人民日益增长的美好生活需要，不断促进社会公平正义，形成有效的社会治理、良好的社会秩序，使人民获得感、幸福感、安全感更加充实、更有保障、更可持续。所以要优先发展教育事业。建设教育强国是中华民族伟大复兴的基础工程，必须把教育事业放在优先位置，深化教育改革，加快教育现代化，办好人民满意的教育。要全面贯彻党的教育方针，落实立德树人根本任务，发展素质教育，推进教育公平，培养德智体美全面发展的社会主义建设者和接班人。推动城乡义务教育一体化发展，高度重视农村义务教育，办好学前教育、特殊教育和网络教育，普及高中阶段教育，努力让每个孩子都能享有公平而有质量的教育。完善职业教育和培训体系，深化产教融合、校企合作。加快一流大学和一流学科建设，实现高等教育内涵式发展。健全学生资助制度，使绝大多数城乡新增劳动力接受高中阶段教育、更多接受高等教育。支持和规范社会力量兴办教育。加强师德师风建设，培养高素质教师队伍，倡导全社会尊师重教。办好继续教育，加快建设学习型社会，大力提高国民素质。”

2024 年，国务院《政府工作报告》指出：深入实施科教兴国战略，强化高质量发展的基础支撑。坚持教育强国、科技强国、人才强国建设一体统筹推进，创新链产业链资金链人才链一体部署实施，深化教育科技人才综合改革，为现代化建设提供强大动力。加强高质量教育体系建设。全面贯彻党的教育方针，坚持把高质量发展作为各级各类教育的生命线。制定实施教育强国建设规划纲要。落实立德树人根本任务，推进大中小学思想政治教育一体化建设。开展基础教育扩优提质行动，加快义务教育优质均衡发展和城乡一体化，改善农村寄宿制学校办学条件，持续深化“双减”，推动学前教育普惠发展，加强县域普通高中建设。减轻中小学教师非教学负担。办好特殊教育、继续教育，引导规范民办教育发展，大力提高职业教育质量。实施高等教育综合改革试点，优化学科专业和资源结构布局，加快建设中国特色、世界一流的大学和优势学科，建强应用型本科高校，增强中西部地区高校办学实力。加强学生心理健康教育。大力发展数字教育。弘扬教育家精神，建设高素质专业化教师队伍。我们要坚持教育优先发展，加快推进教育现代化，厚植人民幸福之本，夯实国家富强之基。

2021 年，《中华人民共和国国民经济和社会发展第十四个五年规划和 2035 年远景目标纲要》指出：把提升国民素质放在突出重要位置，构建高质量的教育体系和全方位全周期的健康体系，优化人口结构，拓展人口质量红利，提升人力资本水平和人的全面发展能力。全面贯彻党的教育方针，坚持优先发展教育事业，坚持立德树人，增强学生文明素养、社会责任意识、实践本领，培养德智体美劳全面发展的社会主义建设者和接班人。

问题与思考

1. 时某的母亲使用的“教育”的涵义是什么？
2. 习近平总书记的讲话中“教育”的涵义是什么？
3. 2024年国务院政府工作报告中“教育”的涵义是什么？
4.《国家中长期教育改革和发展规划纲要（2010–2020年）》中“教育”的涵义是什么？
5. “这部电影给了我一次很好的教育”中“教育”的涵义是什么？
6. 这几个“教育”涵义中的共同之处是什么？不同之处是什么？
7. 你还想到了什么？

第二节　教育学的界定与历史

学习目标

1. 熟记七个基本概念：教育学、教育学原理、教育问题、教育现象、教育规律、教育原则、教育方法。
2. 能够按照某一个标准，举例说明教育学所包含的学科。
3. 能够说出教育学历史上的代表人物及著作。
4. 理解教育学研究对象。
5. 了解中国教育学的发展历史与现状。
6. 了解教育学、教育学原理的学科性质并能确定学习教育学原理的合理方法。
7. 熟读案例分析和思想资源，理解相关观点。
8. 根据分析建议，独立完成案例分析。

观点与原理

1. 教育学是研究教育问题，阐释教育现象，揭示教育规律，阐释教育原则与教育方法的一门学科。简言之，教育学是研究如何促进人的发展的一门学问，具有全局性、基础性、先导性等特点。教育学的对象是教育问题、教育现象、教育规律、教育原则、教育方法、教育理论等。

2. 教育学科体系随着教育、教育研究的发展和人类的进步不断丰富与完善。教育学科体系由以教育活动为研究对象的教育学科和以教育理论为研究对象的教育学科构成，或者由基础性教育学科、应用性教育学科构成。

3. 教育学原理是研究教育的最一般问题，教育与社会的关系问题、教育与自然的关系问题和教育与人的关系问题以及教育内部最基本关系问题，揭示教育最基本规律、原则和方法，阐述教育的最一般理论的一门学科，是教育学的最基础学科。

4. 教育问题是指以促进学习者、教育者和教育发展为信念，致力于认识、优化和创新教育理论与实践的问题。

5. 教育现象是教育活动的外在表现形态，即教育的事实状态。

6. 教育规律是教育现象同其他社会现象或教育现象内部各个构成元素之间的固有的、内在的联系或矛盾。它可以分为宏观教育规律（如教育在社会、生态与人之间寻求契合点，教劳结合，教育先行，教育学生学会生存，教育以人为本等）、中观教育规律（如学校教育系统具有复杂性，学校教育系统具有内部一致性，教育目的和培养目标应个性化等）和微观教育规律（如学校活动以教学为主，校园氛围和谐至上，教育内容适度超前，教学相长等），也可以分为一般教育规律（如教育的主动性与学习者制约性，教劳结合等）、特殊教育规律（如职业教育的规律、小学教育的规律、高等教育的规律等）。

7. 教育原则是教育活动的普遍规范，是教育者在教育实践过程中必须遵守的。它可以分为教学原则、管理原则、服务原则，也可以分为管理者的教育原则、教师的教育原则、学生的教育原则、辅助人员的教育原则，还可以分为德育的原则、智育的原则、体育的原则、劳动技术教育的原则、美育的原则等。

8. 教育方法是教育活动中各种特定程序及其工具、手段的统称。

9. 教育学的发展历史是理解教育学科体系形成的基础。（1）教育学史是自我反省的历史，经历了萌芽、创立和科学化阶段，从经验性认识发展到理论性认识再提升到科学理论认识。（2）教育学产生的主要理论标志是《大教学论》，形成规范的标志是《普通教育学》。（3）教育学史是教育工作者理论与实践的结晶。（4）教育学史是教育理论适应并超越社会发展的过程，是教育学与其他学科分化、融合的过程。（5）教育学史是建构与解构的过程。

10. 学习和研究教育学具有超越经验、科学解释、有效沟通和促进发展等价值。

典型案例解读

案例 1.2.1

“教育学”的体系与结构之一

从第一部教育学著作开始，人们就一直在思考教育学的体系结构。但是，至今，人们对教育学的体系结构还存在着多样化认识。

1.《大教学论》（夸美纽斯）目录

第一章　人是造物中最崇高、最完善、最美好的	第二章　人的终极目标在今生之外
第三章　今生只是永生的预备	第四章　永生的预备有三个阶段：知道自己（并知万物），管束自己，使自己皈依上帝
第五章　这三者（学问、德行与虔信）的种子自然存在我们身上	第六章　假如要形成一个人，就必须由教育去形成
第七章　人最容易在少年时期去形成，除了这种年龄就不能形成得合适	第八章　青年人应该受到共同的教育，所以学校是必需的
第九章　一切男女青年都应该进学校	第十章　学校教育应该是普遍的
第十一章　在此以前没有一所完善的学校	第十二章　改良学校是可能的
第十三章　改良学校的基础应当是万物的严谨秩序	第十四章　教导的严谨秩序应当以自然为借鉴，并且必须是不受任何阻碍的

续表

第十五章　延长生命的基础	第十六章　教与学的一般要求；即一定能产生结果的教与学的方法
第十七章　教与学的便易性原则	第十八章　教与学的彻底性原则
第十九章　教学的简明性与迅速性原则	第二十章　科学教学法
第二十一章　艺术教学法	第二十二章　语文教学法
第二十三章　道德教育的方法	第二十四章　灌输虔信的方法
第二十五章　假如我们想要按照真正基督教的法则去改良学校，我们就应为学校排除异徒所写的书籍，至少用来也得较之以往更加小心一点	第二十六章　论学校的纪律
第二十七章　论学校根据年龄与学力的四重区分	第二十八章　母育学校素描
第二十九章　国语学校素描	第三十章　拉丁语学校素描
第三十一章　论大学	第三十二章　论教导的普遍和完善的秩序
第三十三章　论实行这种普遍方法的前提	

2.《普通教育学》（赫尔巴特）目录

绪论		
第一编　教育的一般目的	第一章　儿童的管理	一、儿童管理的目的 二、儿童管理的措施 三、以教育代替的管理 四、在与管理的对照中看真正的教育
	第二章　真正的教育	一、教育的目的是单纯的还是多方面的 二、兴趣的多方面性——道德性格的力量 三、把学生的个性作为出发点 四、关于把上述不同目的综合起来考虑的需要 五、个性与性格 六、个性与多方面性 七、略论真正教育的措施
第二编　兴趣的多方面性	第一章　多方面性的概念	一、专心与审思 二、清楚、联合、系统、方法
	第二章　兴趣的概念	一、兴趣与欲望 二、注意、期望、要求、行动
	第三章　多方面兴趣的对象	一、认识与同情 二、认识与同情的成分
	第四章　教学	一、教学作为经验与交际的补充 二、教学的步骤 三、教学的材料 四、教学的方式
	第五章　教学的过程	一、单纯提示的教学—分析教学—综合教学 二、教学的分析过程 三、综合教学的进程 四、关于教学计划
	第六章　教学的结果	一、生活与学校 二、对青年教育期结束的考察

续表

第三编　道德性格的力量	第一章　究竟什么叫做性格	一、性格的主观与客观部分 二、意志的记忆、选择、原则、冲突
	第二章　论道德的概念	一、道德的积极部分与消极部分 二、道德的判断、热情、决定与自制
	第三章　道德性格的表现形式	一、控制欲望和为观念服务的性格 二、可被决定的部分与决定的观念
	第四章　性格形成的自然过程	一、行动是性格的原则 二、思想范围对于性格的影响 三、素质对于性格的影响 四、生活方式对于性格的影响 五、对性格的道德形态有特别作用的各种影响
	第五章　训育	一、训育对性格形成的关系 二、训育的措施 三、训育的普遍应用
	第六章　对训育特殊性的考察	一、偶然的训育与连续的训育 二、按特殊意图进行训育

3.《民主主义与教育》(杜威)目录

序	
第一章　教育是生活的需要	第二章　教育是社会的职能
第三章　教育即指导	第四章　教育即生长
第五章　预备、展开和形式训练	第六章　保守的教育和进步的教育
第七章　教育中的民主概念	第八章　教育的目的
第九章　自然发展和社会效率作为教育目的	第十章　兴趣和训练
第十一章　经验和思维	第十二章　教育中的思维
第十三章　方法的性质	第十四章　教材的性质
第十五章　课程中的游戏和工作	第十六章　地理和历史的重要性
第十七章　课程中的科学	第十八章　教育的价值
第十九章　劳动和闲暇	第二十章　知识科目和实用科目
第二十一章　自然科目和社会科目：自然主义和人文主义	第二十二章　个人和世界
第二十三章　教育与职业	第二十四章　教育哲学
第二十五章　认识论	第二十六章　道德论

4.《教育学》(苏联)目录

第一章　教育学的对象	
第二章　共产主义教育的目的和任务	
第三章　学生的年龄特征	第一节　教育与儿童发展 第二节　学龄儿童的生理发展 第三节　学龄儿童的认识活动 第四节　学龄儿童人格特点的形成

续表

第四章　苏联的国民教育制度	
第五章　苏维埃学校的教训	
第六章　体育	第一节　学校体育的任务和内容 第二节　学校体育的手段
第七章　苏维埃学校普通教育和综合技术教育的内容	第一节　教养理论的几个根本问题 第二节　苏维埃学校的教学计划 第三节　苏维埃学校的教学大纲和教科书
第八章　教学过程	第一节　教学过程的本质 第二节　教学原则
第九章　教学方法	第一节　苏维埃学校教学方法的性质 第二节　讲述和学校讲演 第三节　谈话 第四节　演示所学校的对象 第五节　学生根据教科书和其他书籍掌握知识 第六节　独立观察，实验室作业和由学生完成实习作业 第七节　练习 第八节　学生知识的检查和评定
第十章　学校教学工作的组织形式	第一节　上课是教学工作的基本组织形式 第二节　学生的家庭作业 第三节　教师对个别学生的工作
第十一章　德育	第一节　苏维埃学校中的德育任务和内容 第二节　苏维埃学校的德育原则和方法（德育过程　德育原则　德育的方法和手段） 第三节　苏维埃爱国主义和无产阶级国际主义教育 第四节　科学无神论教育 第五节　学生共产主义劳动态度的培养 第六节　学生的自觉纪律教育
第十二章　美育	
第十三章　学校里的学生集体	第一节　团结和教育全校集体：学校系统中的学生集体、团结和培养学生集体的主要途径 第二节　班主任——基层集体的组织者和教育者 第三节　学校里的少年先锋队和共产主义青年团组织：儿童和青年的共产主义组织在教育系统中的意义、少年先锋队组织的工作、共产主义青年团组织的工作
第十四章　学生的课外活动和校外活动	
第十五章　学校和家庭关于教育儿童的协同工作	
第十六章　学校管理和领导	第一节　普及教育的组织 第二节　学校教育领导 第三节　教师集体及其在学校领导中的作用 第四节　保证学校工作的物质条件 第五节　学校的统计和表报制度

5.《教育学基础》（全国十二所重点师范大学联合编写）之体系

第一章　教育与教育学	第一节　教育的认识 第二节　教育的历史发展 第三节　教育学的产生与发展 第四节　教育学的价值

续表

第二章　教育功能	第一节　教育功能的概述 第二节　教育的个体功能 第三节　教育的社会功能 第四节　教育功能的形成与释放
第三章　教育目的	第一节　教育目的的类型及其功能 第二节　教育目的的选择与确立 第三节　我国的教育目的
第四章　教育制度	第一节　教育制度概述 第二节　现代学校教育制度 第三节　我国现行学校教育制度
第五章　教师与学生	第一节　教师 第二节　学生 第三节　师生关系
第六章　课程	第一节　课程与课程理论 第二节　课程的组织 第三节　课程改革的发展趋势
第七章　课堂教学	第一节　教学与教学理论 第二节　课堂教学设计 第三节　课堂教学策略
第八章　学校教育与学生生活	第一节　生活、生活世界与学生生活 第二节　学校教育与生活的关系 第三节　生活环境与学生的心理及行为失范 第四节　学生的学校生活 第五节　书本知识与生活经验 第六节　回归生活世界的学校教育
第九章　班级管理与班主任工作	第一节　班级组织 第二节　班级管理的内容 第三节　班主任工作
第十章　学生评价	第一节　学生评价概述 第二节　学生学业评价 第三节　学生品德评价 第四节　学生综合素质评价
第十一章　教师的教育研究	第一节　教师即研究者 第二节　教师教育研究与教育行动研究 第三节　教师教育研究的基本方法
第十二章　教育改革与发展	第一节　教育改革与发展历程的世纪回顾 第二节　当今世界教育发展水平的比较 第三节　当代世界教育思潮的宏观演变 第四节　21世纪世界教育发展的趋势

案例分析

教育学理论体系的形成经历了一个比较漫长的发展过程。从《学记》到《大教学论》到《普通教育学》，直到《民主主义与教育》，以及《教育学基础》，经历了几千年的历史。其中，《学记》从正反两方面总结了儒家的教育理论和经验，以简赅的语言、生动的比喻，系统地阐发教育的作用和任务，教育、教学的制度、原则和方法，教师的地位和作用，师生关系和同学关系等，是罕见的世界教育思想遗产。但是《学记》过于简练，全书只有 2 千多字。因为没有观点的解释，自然就会有后人的多样解读甚至误读。比较而言，古罗马的教育学家昆体良专门著述于公元 96 年出版的《雄辩术原理》有 12 卷，约合中文 65 万字，理论丰富，论证充实，远远地超出了经验描述的范畴。从一个方面反映出我国古代乃至到了近代教育研究以及教育学研究的层次很低，不受重视。《大教学论》提出了泛智教育思想，探讨“把一切事物教给一切人类的全部艺术”，提出了系统的教育目的论、方法论、教育原则体系、课程与教学论、德育论以及一些学科教育思想。该书的教育学术价值就在于不仅指出了教育应该怎么办，而且努力地为教育措施寻找理论依据：从经验的描述转向先验的论证（有其历史局限性）。在教育学史上，一般把夸美纽斯的这本书看成是近代第一本教育学著作，教育学独立的重要标志。《普通教育学》阐述了“教育的一般目的”，论述了儿童管理的目的和方法，发展多方面的兴趣是教学的目的；论述多方面兴趣的对象、教学的过程等，提出教学的四个形式阶段：明了、联想、系统、方法；还讨论道德性格的形成，通过教育形成儿童品德、性格的理论。它是确立了教育学的心理学和实践哲学基础，标志着教育学成为科学理论——试图解决教育理论的科学性问题、结构问题、形成问题等。问题就是启示。《教育学》为我国教育学体系的建立与发展建构了模版。《民主主义与教育》各章力图分析和陈述民主社会所蕴含的理想，并应用这种理想来谈论教育问题。为着说明本书显示的民主而科学的时代性和现实性，原序不惜重复地讲：该书要把民主社会的意义、生物进化论的观点、产业革命带来的变化以及科学实验的方法，贯串一起，从而论证新教育的本质、目的、方法、内容和评断一些彼此矛盾的教育理论问题和实施问题。《民主主义与教育》乃是一部内容渊博而挖掘透彻的名作，体现出哲学与科学的综合、理论与实践的综合。《教育学基础》集合了全国十二所重点师范大学教育学科的基础研究成果。

经过近四百年的快速发展，从模糊到清晰、从有神论到无神论、从分散到集中、从经验到科学、从教学到教育，教育学的理论体系已经基本确定，其专门研究教育的唯一性也确立了下来。符合逻辑的学术标题一定是论述的主题，所以由标题可以概括出教育学体系的基本构成：教育基本理论（即教育学原理）——“一切男女青年都应该进学校”“真正的教育”“教育是社会的职能”“教育学的对象”、课程理论——“国语学校素描”“教学的材料”“知识科目和实用科目”“苏维埃学校普通教育和综合技术教育的内容”、教学理论——“教与学的一般要求”“教学的过程”“兴趣和训练”“教学过程的本质”、德育——“道德教育的方法”“论道德的概念”“德育”、教育管理理论——“论教导的普遍和完善的秩序”“训育”“教育中的民主概念”“学校管理和领导”等。当然，在不同的历史时期和文化背景下，人们对教育学体系的认识也略有差异——“语文教学法”“母育学校素描”“论大学”“教育哲学”“学校的统计和报表制度”“学龄儿童的生理发展”“教育改革与发展”。教育学的“基本问题是有关‘关系’的问题，主要包括三个基本问题：（1）教育与人的关系；（2）教育与社会文化的关系；（3）教育中人与人的关系。”其“范畴包括基本范畴——教育（教导）与自我教育、教育者与受教育者、课程与教学，以及‘教育存在’范畴、‘教育本质、属性’范畴和‘教育观念’范畴”。不过，随着人类社会对教育认识的不断深化，人类社会对教育需求的扩充；随着教育自我追求与发展，教育学——关于教育的学问也在不断地丰富。所以，当代一些学者将教育心理学、教育评价、教育管理等内容也放在教育学体系中进行考查。

试想，我们听说过的教育学家、教育学著作好像都是外国人（的）？这说明什么？请认真阅读T2和H4等思想资源，一定会找到答案。

思想资源

历史沿革

H1. 教育学的词源

从语源上看，教育学（Pedagogy）一词是从希腊语“Pedagogue”，即由“教仆”派生而来。古希腊把照料、陪送年幼奴隶主子弟来往于学校，并帮助他们携带学习用品的奴隶称为教仆。可见，教育学就是如何照管儿童的学问。现在，在英语国家中，教育学已由过去使用Pedagogy逐渐转向了使用Education 一词，教育（Education）和教育学（Pedagogy）几乎成了同义词，甚至已由Education取代了Pedagogy。不过在欧洲地区，两词仍区别使用：把“教育”理解为对儿童的培养过程，把“教育学”理解为研究教育儿童的学问。

H2. 教育学的产生与发展

1. 教育学的萌芽

自从有了教育活动，就有了人们对教育活动的认识。但是近代之前，人们对教育的认识活动主要停留在经验和习俗的水平，从而没有形成系统的理性认识，成为教育之“学”。因此，我们可以把这一阶段的教育认识活动称为“前教育学时期”。

这一时期所取得的教育认识成果主要体现在一些哲学家、思想家们的哲学或思想著作中。西方的如毕达哥拉斯的《金言》、柏拉图的《理想国》与《美诺篇》、亚里士多德的《政治学》与《尼各马可伦理学》，昆体良（35—95）的《雄辩术原理》以及中世纪和文艺复兴时期许多思想家们哲学、社会学论著。中国的如孔子（公元前 551—前 479）的《论语》、孟子（约公元前 372—前 289）的《孟子》、老子的《老子》、庄子（约公元前 369—前 286）的《庄子》、无名氏的《中庸》、朱熹（1130—1200）的《四书集注》、王守仁（1472—1528）的《传习录》等。在这一时期也出现了一些教育专著，如中国古代无名氏的《学记》、无名氏的《大学》、韩愈（768—824）的《师说》等。其中，《学记》是我国古代最早也是世界上最早的成体系的古代教育学作品。这些有关教育问题的论述还主要停留在经验概括或直觉式的结论状态，缺乏严密的论证与内在的逻辑结构。因此，它们还不能称为教育理论的专著，更不是学科形态的教育学。但不容否认的是，它们为后来者提供了丰富的思想资源，成为现代教育学的起源之一。概括来看，教育学具有双重起源：一是来自思想家的关于教育问题的哲学思辨；二是来自教师的实际教育、教学经验的总结。

2. 教育学的创立

近代教育学的创立是在种种主客观条件综合作用下产生的。首先，教育学的创立像其他许多学科的创立一样，来源于社会实践的客观需要，就教育学而言，主要来源于教育实践发展的客观需要。其次，教育学的创立与近代以来科学发展的总趋势和一般科学方法论的奠定有着密切的关系。再次，教育学的独立与一些著名学者和教育家们的努力也是分不开的，凝聚着好几代教育家的心血，最终使教育认识从教育术的阶段上升为教育学的阶段，从前科学转变为科学。不过，需要说明的是，由于教育学研究自身的复杂性，这一时期的教育学研究还是初步的、不成熟的，因而在许多教育问题的论述上也是不正确的。

英国哲学家培根为独立形态教育学的出现做出了重要贡献。作为“近代实验科学的鼻祖”，培根猛烈地批判了亚里士多德以来的经院哲学，提出了实验的归纳法，将其看成是获得真正知识的必由之路，为后来教育学的发展奠定了方法论基础。此外，1605 年，英国学者培根在影响很大的《新工具》一书中认为，一切知识都来源于感觉经验，主张经验与理性结合，才能获得真正的知识。他反对那种只凭主观，不顾事实，如同蜘蛛吐丝成网的“蜘蛛的方法”，提倡先收集事实，而后整理推断，如蜜蜂采蜜。培根进而对学术作了一次系统的分层和分类，将已知的人类学术划分为九个层次。其中，第九个层次的学术包括探究或发明的艺术、检验或判断的艺术、保存或记忆的艺术、演讲或传递的艺术等。所谓“传递的艺术”，指的是将自己的知识表达出来并传递给他人的那种理性知识，具体包括与传递的工具、方法和润饰有关的知识。这三个方面的知识是对演讲者和著述者而言的。站在听众或读者的立场，传递的艺术还附带着两种知识：一种是校勘家的知识；另一种是教师的知识，即教育知识，其中涉及知识传递的分期问题、由简入难和化难为简的问题、因材施教的问题以及练习的安排问题等。显然，在培根的知识体系中，教育知识居于最低层次，并且处于依附的地位，同时它又被培根命名为“教师的知识”。这里，对这种知识的歧视和轻视隐约可见。尽管通过培根之手，教育知识第一次登入学术的殿堂，具有划时代的意义，但在培根时代，事实上还没有学科意义上的教育知识。

在教育学的创立过程中，捷克教育家夸美纽斯取得了突出的成就，受到后世教育学家们的高度赞誉。夸美纽斯一生写了大量的教育论著，其中最著名的就是《大教学论》。在该书中，他提出了泛智教育思想，探讨“把一切事物教给一切人类的全部艺术”，提出了系统的教育目的论、方法论、教育原则体系、课程与教学论、德育论以及一些学科教育思想。该书的教育学术价值就在于不仅指出了教育应该怎么办，而且努力地为教育措施寻找理论依据。在教育学史上，一般把夸美纽斯的这本书看成是近代第一本教育学著作。但是，由于他的宗教立场和目的，人们又很难把它看成一本真正的科学著作。无论如何，在他以后，人们开始了教育学的独立探索时期。

在教育学的创立问题上，德国著名哲学家康德的贡献也是不可磨灭的。康德在哥尼斯堡大学期间，先后四次讲授教育学，并在晚年将自己有关教育的讲演稿交给学生编纂发表。1803 年，《康德论教育》一书出版。在该书中，康德明确认为，教育是一门很难的艺术，其实践必须和“真知灼见”结合起来，否则就会变成“机械的”东西。所谓真知灼见也即“明确真实的概念”，实际上也就是一种理性的态度和知识。如何才能获得这种真知灼见呢？康德认为，“教育一定要成为一种学业，否则无所希望”“教育的方法必须成为一种科学”，否则决不能成为一种有系统的学问。这就是他所理解的“教育学”超出他的前人和他的同时代人的地方。

康德之后，对教育学的创立做出最重要贡献的就是赫尔巴特（1776—1841）。赫尔巴特是康德哲学教席的继承者，近代德国著名的心理学家和教育学家，在世界教育学史上被认为是“现代教育学之父”或“科学教育学的奠基人”。他的《普通教育学》被公认为第一本现代教育学著作。赫尔巴特强调必须有“一种教育者自身所需要的科学”，有“科学与思考力”。这门科学最重要的是要有“自身的概念”。他明确地指出，“普通教育学必须把论述基本概念放在一切论述之前”，只有这样才能获得科学的统一性。赫尔巴特不仅论述了教育学的独特性，而且还非常明确地提出了教育学的学科基础，即心理学和哲学。他说，“教育者的第一门科学，虽然远非其科学的全部，也许就是心理学”；“教育学作为一种科学，是以实践哲学和心理学为基础的。前者说明教育的目的；后者说明教育的途径、手段与障碍”。此外，赫尔巴特在哥尼斯堡大学期间，除了讲授哲学和教育学课程外，还创办了一个教育科学研究所和实验学校。所有这些，最终使得教育学从哲学中独立出来，成为科学大家族中的一员。

在赫尔巴特之前，还有许多著名的哲学家、思想家写出了专门的教育学著作，为教育学的创立做出了自己的贡献。如英国哲学家洛克于 1693 年出版了《教育漫话》，提出完整的绅士教育理论体系，对后世有比较大的影响。法国思想家卢梭于 1762 年出版了享誉全球的《爱弥儿》，深刻地表达了卢梭的资产阶级教育思想．是反封建的理性革命声音在教育领域的表达，对后来康德、杜威等的教育学说也产生了深远的影响。瑞士教育家裴斯泰洛齐一生写作了许多的教育论著，其中最著名的当数《林哈德与葛笃德》。

3. 教育学的发展

随着各国教育实践的不断发展和来自教育学内部的批判，由赫尔巴特创立的教育学在 19 世纪末以来得到了迅速的发展，出现了许多新的教育学派别和重要的教育学著作。

（1）实验教育学　实验教育学是 19 世纪末 20 世纪初在欧美一些国家兴起的用自然科学的实验法研究儿童发展及其与教育的关系的理论。其代表人物是德国教育学家梅伊曼和拉伊，代表作主要有梅伊曼的《实验教育学纲要》及拉伊的《实验教育学》。

（2）文化教育学　文化教育学（Kultur Padagogik）又称精神科学教育学（Geisteswis sen-schaftliche Padagogik），是 19 世纪末出现在德国的一种教育学说，其代表人物主要有狄尔泰、斯普朗格、利特等人，代表著作主要有狄尔泰的《关于普遍妥当的教育学的可能》、斯普朗格的《教育与文化》、利特的《职业陶冶、专业教育、人的陶冶》等。主要观点有：①人是一种文化的存在，人类历史是一种文化的历史。②教育的对象是人，教育又是在一定社会历史背景下进行的，因此，教育的过程是一种历史文化过程。③教育研究必须采用精神科学或文化科学的方法，即理解与解释的方法进行。④教育的目的就是要促使社会历史的客观文化向个体的主观文化转变，培养完整的人格。培养完整人格的主要途径就是“陶冶”和“唤醒”，要发挥教师与学生双方的积极性，建构和谐的师生关系。

（3）实用主义教育学　实用主义教育学是 19 世纪末 20 世纪初在美国兴起的一种教育思潮，是典型的“美国版”教育学，对 20 世纪整个世界的教育理论研究和教育实践发展产生了极大的影响。其代表人物是美国的杜威、克伯屈等，代表性著作有杜威的《民主主义与教育》《经验与教育》，克伯屈的《设计教学法》等。实用主义教育学也是在批判以赫尔巴特为代表的传统教育学的基础上提出来的，其主要观点就是杜威的教育观点。

（4）马克思主义教育学　马克思主义教育学包括两部分内容：一部分是马克思、恩格斯以及其他马克思主义的经典作家对教育问题的论述，也就是他们的教育思想；另一部分是教育学家们根据马克思主义的基本原理（包括教育原理）对现代教育一系列问题的研究结果。

马克思主义的产生为教育学的发展奠定了科学的方法论基础，但由于种种原因，在实际教育学研究过程中，人们没有能够很好地理解和运用马克思主义理论，往往犯一些简单化、机械化的毛病，这是我们在学习和发展马克思主义教育理论时应当特别注意的。

（5）批判教育学　批判教育学（Critical Pedagogy）是20世纪70年代之后兴起的一种教育思潮，也是当时在西方教育理论界占主导地位的教育思潮，对于教育中诸多问题的研究都有比较广泛和深刻的影响。批判教育学的代表人物有美国的鲍尔斯、金蒂斯、阿普尔、吉鲁以及法国的布厄迪尔等，代表性著作有鲍尔斯与金蒂斯的《资本主义美国的学校教育》、布厄迪尔的《教育、社会和文化的再生产》、阿普尔的《教育与权力》、吉鲁的《批判教育学、国家与文化斗争》等。主要观点有：①当代资本主义的学校教育并非促进社会公平与实现社会公正的途径和手段，而是维护现实社会的不公平、造成社会差别和对立的根源。②学校教育的功能就是再生产出占主导地位的社会政治意识形态、文化关系和经济结构。③人们对不平等、不公正已经丧失了“意识”，熟视无睹。④批判教育学的目的就是要揭示看似自然事实背后的利益关系，帮助教师和学生对自己所处的教育环境及形成教育环境的诸多因素敏感起来，即对他们进行“启蒙”，以达到意识“解放”的目的。⑤教育现象不是中立和客观的，而是充满利益纷争的。因此，教育理论研究不能采取唯科学主义的态度和方法，而要采用实践批判的态度和方法，揭示具体教育生活中的利益关系，使其从无意识的层面上升到有意识的层面。

H3. 中华人民共和国成立前中国教育学的形成与发展

1. 了解和引进西方教育学科

19 世纪末至 20 世纪 20 年代，随着国门的打开，人们的学术视野也开阔起来，表现出这样一些特征：（1）对西方教育思想和理论的了解、引进，不是直接源于西方而是经由日本学习的结果。（2）引进的内容以赫尔巴特的《普通教育学》为主，还有部分与师范教育类课程如《学校管理法》《学校卫生学》《内外教育史》等相关的学科。（3）引进的过程特点是从直接翻译到编译，引进的主要用途是为教学服务。这个时期，由我国学者编著的代表作有蒋维乔的《教授法讲义》、张子和的《教育学》、张毓聪的《教育学》。

2. 在国外教育学介绍、研究的基础上开启我国的教育学研究

从20世纪20年代到40年代，对国外教育学科的研究与介绍有所拓展，从国别和文字看，引进已不再局限于日本，而是逐渐转向美国和英语著作；从内容看，一方面重视原著名著的翻译，另一方面趋向流派纷呈，不再局限于一家之言；引进不再只是为教学服务，还为教育研究服务。多种流派的引入促进了对他们的比较、评析研究，进而推动了中国对西方教育思想的研究，使囫囵吞枣式的吸收模式得到改造。

在此基础上，国内学者开始撰写教育学科方面的教科书等著作，表现出由介绍、翻译转向以评述为主，联系中国教育实际来著述的特点。这个时期，由我国学者编著的代表作有王炽昌的《教育学》、吴俊生的《教育哲学大纲》、钱亦石的《现代教育原理》。据不完全统计，1917—1948 年，先后出版国内学者的教育学类著作有 78 本，就其关心的中心问题而言，大致可分为几种类型：（1）原理型，着重阐述教育的基本原理。（2）指导实践型，集中在学校的课程设置与教学方法等方面。（3）指导研究型，主要是研究方法的介绍和典型研究的个案式介绍或者研究论文集。（4）方针阐释型，尽管也以教育学之类的命名，但立论的根据在于国民党政府的政治纲领和教育纲领，是为当时的政治服务的。

在探索理论的同时，中国教育界的一批革新人士、社会上的一批力图通过教育来救国救民的仁人志士，立足于改造中国教育的现状，开展了教育改革型的实验研究。这类研究涉及：中小学教学方法改革，如设计教学法、道尔顿制等的移植与改造；以社会尤其是农村教育改造为目的的、宏观的社会型教育实验，如黄炎培的农村职业教育研究，梁漱溟、晏阳初、陶行知等的农村教育实验；以儿童身心发展为基础的教育研究，如陈鹤琴的幼儿教育研究。

这些引进与研究，使中国教育界得以在较短时间内了解到国际上的教育思潮和学科发展的基本状态，也使中国的教育研究和教育学科发展迈出了重要的一步。

H4. 中国教育学发展的三大世纪问题

作为一门近代学科的教育学，是与20世纪同时降临到中国的。说其是“降临”而不是“诞生”，只因为教育学由国外“引进”，并非国内自生。一个世纪以来，教育学在中国经历了几度内含着中断的转换，至今终于初具了以人类的教育存在为共同研究领域的且具有内在关联的教育学科群，形成了一支有活力和潜力的研究队伍，产生了相当数量的研究成果。这为新世纪教育学科的发展，创造了一个世纪前无法比拟的基础。

中国教育学科的百年发展大致可以中华人民共和国成立为分界，划分为两大时期；两大时期又可根据教育学科发展呈现出的基本状态和主要特征分为六个阶段。其中出现过三次历史性中断和三次大的转向。

第一阶段从1901年到1919年（或1915年），是近代教育学在中国的初建阶段，也是中国传统教育思想研究与教育学科建设中断的开始。

第二阶段从1919年到1949年，就学科建设由向日本学转为向欧美学，并由此带来各学科在内容体系、形态上的变化而言，可视为是引进方向的第一次整体转向。

第三阶段从1949年到1957年（或1956年），中国教育学领域里发生了“引进”方向的第二次整体转向，由学西方转向学苏联。同时，使中华人民共和国成立后教育学发展中断了与之前的联系，构成了教育学发展史上的第二次中断。

第四阶段从1957年到1966年，在意识形态强烈控制下，第一次出现的所谓“教育学中国社会主义化”的努力。这可称为教育学科由外学转为向内树的第三次大转向，这一转向使教育学科的知识性和学术性所剩无几，政治性却大为增强。

第五阶段从1966年到1976年，教育学领域遭受毁灭性破坏，是十分严重的第三次中断时期。

第六阶段从1977年至2000年，总体来说，这是中国教育学科建设从恢复到繁荣并开始走向独立化的时期。

把研究角度放在教育学百年发展历程中存在于每个阶段、以不同方式出现的共同问题上，我们把这类问题称为“中国教育学发展世纪问题”（以下简称“世纪问题”），主要是以下三个发展性问题。

1. 政治、意识形态与学科发展的关系问题

中国教育学在百年中出现多次的“整体式转向”或“推倒（或抛弃）重来式”的“发展”。并且，几乎每一次的“推倒重来”都循着基本相同的路线：中断历史—重新启动—简单模仿（或演绎）—初级综合—建立体系。这种“发展”的结果表明教育学缺乏严格意义上的学术积累和学术发展。产生这一独特现象的原因很多，但最为基本的因素是20世纪中国的社会状态、文化取向和政治需要。它们在教育学发展上首先集中表现为“政治意识形态与学科发展”的关系。这个关系又与“借鉴国外与本土研究”（简称“中外关系”）相互交织，且都以“前者压倒后者”为基本趋势。在一定意义上可以说，教育学世纪发展过程中社会政治状态与意识形态具有外在的决定性意义，构成了一个大生态，整体上始终影响着教育学的生存与发展。这个问题在21世纪还会存在，但不会再处于影响新世纪教育学发展的第一大问题这样“显赫”的地位。因为中国正在向社会主义民主政治建设的大方向发展，中国的科学与学术的发展获得了更为广阔的空间。

2. 教育学发展的“中外关系”问题

教育学发展中的“中外关系”，是在政治和意识形态支配下相伴而生的问题，与中国20世纪教育学发展的动力因素和资源取向直接相关。总体而言，教育学发展中的第二大世纪性问题即“中外关系”问题，还没有得到根本的、从理论到实践的全面解决。尤其在当今全球化与信息化的时代背景和学术界国际交流加快加强的环境中，教育学界“向外看”“从外取”“以外为准”的心态与学风还在盛行。

3. 教育学的学科性质问题

教育学的学科性质问题是与教育学被“引进”到中国同时出现的问题，也是至今还争辩不清、认识颇为混乱的一个问题，对教育学科的发展方向和路线都有直接和持续的影响。可以说，怎样认识教育学科的性质，怎样认识形成教育学科的路径，就会怎样去建设该学科；怎样去形成该学科的知识，就会设定怎样的追求目标。所以我们将它称为中国教育学发展的第三大“世纪问题”。目前，也已经有人关注到教育学对象性质的复杂性，主张用复杂科学的思维方式来认识教育，提出教育学可在新的知识分类中，归到复杂科学一类的见解。但是，这个问题还需且值得做更深入系统的研究，它的真正解决将在创建新的教育学的过程中实现。

中国教育学发展的三个世纪性问题，若要作进一步聚焦，可集中到教育学的学科独立性问题上。教育学在新世纪发展的方向不应再是以西方为本作前提的“中国化”，而是要创建“中国教育学”。这里的“中国”，其内涵不只是指教育学要从本国的文化传统中找到自己的根、开发其当代价值，也不只是指教育学要以本国的教育实践和教育问题作为发展教育理论之不可或缺之源，而是指中国学者应为教育学发展作出世界性的贡献。教育学的世界宝库中应该也有中国的原创性成果，中国教育学人为此也要为中国教育学界与世界其他国家教育学界交流时能平等对话、交互影响作努力。教育学的学术独立性建设，还要求我们以新的思维方式和新的视野来重新认识教育及教育学的性质，要求我们加强教育学自身的基础理论和方法建设，而不是专门向别的学科去借这些对于一个学科独立性来说的标志物。如果我们在新世纪能走出教育学独立行走的新路，那么，过去一百年付出的代价就十分有价值了。唯其有了独立性，才有创造的可能。

实现中国社会、中国教育、中国教育学的当代转型，特别需要发扬这种近代化过程中形成的启蒙传统，努力开创中国教育学的新纪元。这也是近百年来中国教育学界留给当代的最宝贵的财富。

理论资源

T1. 教育学的界定

要了解教育学的发展历史，首先必须界定什么是“教育学”，至少在教育学的基本问题和基本范畴方面必须明确。关于什么是教育学，可以说，古今中外，争论颇大，不同观点相去甚远。在此仅选取有代表性的观点加以综述。

中国第一部大型教育辞书《教育大辞典》中指出：所谓教育学，是指“研究人类教育现象及其一般规律的科学”。这是对教育学最一般的解释，也是被目前我国教育科学工作者所普遍接受的定义。但这一定义过于抽象宏大，不够确切。

还有学者这样界定教育学，“教育学运用各种科学的研究方法对人类的教育活动展开分析研究，揭示其内在规律，指导人们更好地开展教育活动。这样的一门学科就是教育学。”“教育学是一门研究教育问题的学问。”“教育学是专门研究教育的科学。”

苏联教育学者皮斯库诺夫认为，“教育学是关于专门组织的、有目的的和系统的培养人的活动的科学，关于教育、教养和教学的内容、方式和方法的科学”。这一定义延续了苏联教育界自乌申斯基以来的一贯主张。作为俄国教育学的奠基者，乌申斯基创造性地运用19世纪中期以后的教育学、心理学成果，建立起了他的教育学体系，即广义的教育学和狭义的教育学。所谓广义的教育学，主要是把教育作为一种社会现象来看待，凡是研究人的社会性再生产活动的理论都可称为教育学。所谓狭义的教育学，是把教育视为一种使人的心理连续不断的改造和变化的活动，凡是研究教育过程中心理的发生、发展变化的理论可称为教育学。

日本学者田浦武雄认为，对教育进行学术性研究并综合成一个理论体系，这就是教育学。在这一概念基础上，他作了两点说明。其一，从研究方法来看，广义的教育学不仅指对教育的哲学性研究，也包括对教育的科学性研究。人们通常所理解的对教育进行形而上学思辨和实证分析都属于教育学的理论研究范畴，都是教育学研究的不同表现形式。其二，从研究对象来看，教育学在广义上包括学校教育学、社会教育学和家庭教育学等领域。但在狭义上与这些领域有区别，即人们讲到教育学，更多的是指以教育的哲学性研究和历史性研究为核心的基础研究。概言之，所谓教育学，就是对教育的学术性研究的总称，尤其是具有某种体系的教育理论，更有资格称得上教育学。

法国学者贝斯特认为，“教育学”一词在不断地演变，最初是指关于教育的科学，或关于教育的艺术，或科学和艺术的统一。后来，人们更倾向于从科学的角度来看待教育学，于是便产生了“教育科学”一词。之后，更有从单数的教育科学向复数的教育科学演变。20世纪以来，由于教育科学迅速膨胀，“教育学”这个名称被越来越加以限制，以至于仅仅等同于关于教学的原则、方法和教师职业的理论，本来意义上的“教育学”不知不觉地遭到排斥甚至否定，尤其是在英语国家，这一情况格外突出。根据此类现象，贝斯特倾向于持这种看法：从严格的认识论上讲，应保留“教育学”这一术语或概念，这不仅意味着为多学科研究和跨学科研究开了方便之门，更为诸如技术教育、职业教育等专门化的研究找到了理论上的归属。因此，教育学的含义，既包括与社会科学和人文科学有直接联系的那些教育学科，如教育心理学、教育社会学、教育经济学、教育法学、教育人类学等，也包括直接从事教育研究的那些学科，如教育史、教育哲学和教学法等。

美国学者亨德森认为，几百年来，人们把对教育过程进行研究的学问称为“教育学”，包括康德、赫尔巴特等人。然而，此时的教育学对实践的影响主要是在小学，尤其是涉及对教师的培养问题。一般人的看法就是这样：教师要教育好学生，必须懂得从事教育工作的基本规范以及相应的教育艺术。在美国，“教育学”作为一种理论，逐步突破这种限制并最终在大学取得学术地位。1832年，纽约州立大学首次设置教育学方面的课程；1890年，该校建立了教育学院，并可授予教育学硕士和教育学博士学位；在19世纪的最后20年里，美国大学开始设立教育学教授职位，著名教育学者帕里成为美国历史上第一位教育学教授。可是，随着赫尔巴特学说在美国的传播以及当时逐渐兴起的教育科学思潮对传统教育学的冲击，一部分美国学者认为，原本属于师范学校培养教师的一门学科，要在大学的学术讲坛上占有一席之地，这是不能容忍的。这些专家认为，他们之所以在大学里有任教的资格，主要是由于他们具有关于教育的学术性研究资历和严密的知识体系，而这与作为职业训练的“教育学”有着根本的不同。于是，为了维护教育学的学术地位和他们自己的声誉，便出现了由“Education”

一词取代“Pedagogy”一词的倾向，并用Education作为大学学科和教授职位的名称，Pedagogy这个词在很大程度上也就弃而不用了。新的“教育学”（Education）与旧的“教育学”（Pedagogy）的根本区别有两点：其一，Education一词涵盖面更广，远不止教学方法、学校管理这两方面；其二，Education更科学，或者更有利于对教育进行学术研究，从我们的观点来看，“教育”与“教育学”的确存在差别，但并不是美国人所理解的那种差别，而是“教育”一词更多是指培养人的一种实践活动，是一个对历史上存在、今天仍然存在的一种社会现象的称谓，如同政治、经济、文化等名词一样，而教育学则更多指对教育现象进行学术研究而形成的理论体系。

从西方国家看，真正坚持并大量运用本来意义上的“教育学”概念的是德国人。在舒耶尔和施米特合写的《教育学》一文中，他们认为，应区分四种不同意义的教育学：（1）作为教育行为方式和观念的教育学，这主要是指从社会的角度去观察教育活动及支配教育活动的思想；（2）作为教育理论的教育学，主要指规范人们教育行为的教育观点和教育技术，其功能是对教育实践进行指导，强化教育技能；（3）作为教育科学的教育学，主要指运用科学研究方法对教育现象进行因果关系研究，从而帮助人们对教育进行事实判断；（4）作为建立在牢固科学基础之上的教育学，这种教育学在形态上类似于教育理论，但比教育理论高一个层次，它既立足于教育的科学研究基础之上，又依赖于个人的信念和人类学的沉思。简言之，这种教育学是前述教育理论和教育科学在更高层次上的综合，不仅可以解决教育实践中的规范问题，更重要的在于它在教育目的上能提出最普遍的结论。与前几种教育学相比，它既避免了教育理论在指导实践过程中的泛化，又克服了教育科学在研究过程中的狭隘。

“教育学”在现代究竟有哪些用法呢？一种是传统意义上的教育学仍旧存在。这有两层含义，即教学法（论）和“大教育学”。教学法乃教育学的最初的含义，指的是引导儿童学习的艺术或学问。后来，教育学的内容不仅涉及教与学的层面，还涉及与人及社会发展的许多层面，逐渐形成了有关教育的大一统的学科。另一种用法是，教育学作为一个词，是所有教育学科，或者说所有有关教育的理论的统称。除此之外，还有下面两种用法。（1）指称教育原理，是教育学科中的基础学科，与教育哲学类似。正如哲学一样，它原来包罗万象，随着一门门学科逐渐分离出去，它不再承担太多的责任，内涵更加明确，对各门具体学科具有指导作用。（2）指称一般教育学，具有学科群的概论性质。“教育学”的历史和师范院校的历史关系密切。此外，在俄语国家，一般把“教育科学”与“教育学”作为同义词，“现代教育学既是一门统一的学科，又是多分支的许多教育学学科的总和。”

总之，从以上各家观点可以看出：（1）由于教育本身的复杂性，导致“教育学”异常复杂，对其内涵的理解需要从不同的视角、不同的层面展开，并在此基础上加以综合，因此，综合性是教育学概念的基本特征。正如苏联教育学者格穆尔曼所指出的那样：“教育学是许多学科的综合。它包括普通教育学、教育理论、教学论、学科教学法、教育学史等学科。也可以说，教育学是一门统一的学科，因为它所共同包括的各门学科都是围绕着同一个研究客体发展的，都是从其共同的世界观和方法论前提出发，用普通教育学的基本概念联系在一起的。”（2）教育学的内涵和外延具有历史性和发展性，在不同的历史阶段，会产生不同的理解和认识，并且会产生各种分化。（3）教育学的研究对象不能没有人，而前述各种观点均在不同程度上忽视或者淡化了人。那么，教育学到底是研究什么的呢？它的独特性与特殊性究竟何在？我们将通过对教育学在西方与中国的发展历程的回顾，逐渐逼近这一问题的核心，进而找到问题的答案。

T2. 教育学的科学地位及学科联系

教育学不是各门学科知识的拼凑。教育学在各门学科中的地位问题，实际上是一个关涉教育学的科学地位的问题。只有完整地反映社会实践一定领域的学科，才能保证该领域的实践效果。完整性意味着客体（在此指学科）的内部统一和客体与周围事物的区别。周围事物中的大部分都是其他学科的研究客体。

不同时期形成的关于教育学的观点有三种（图 1-1）。

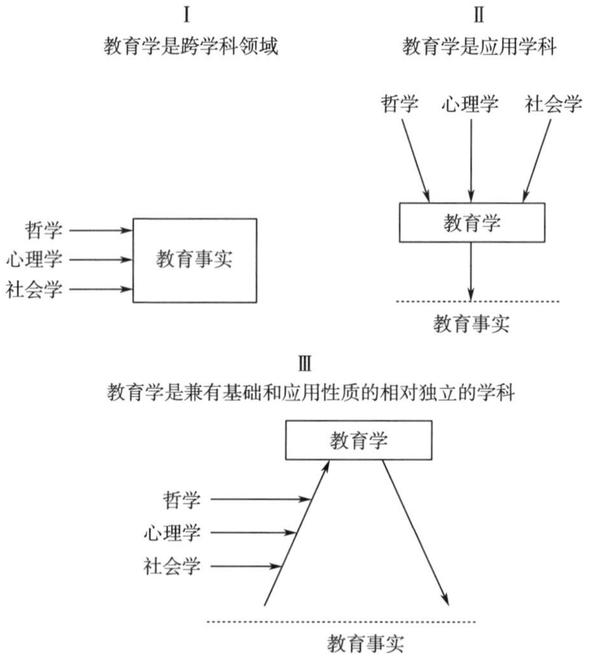

图 1-1 关于教育学的科学地位观

一些人认为，教育学应是一个跨学科领域。这种观点实际上不仅否认教育学是理论学科，而且完全否认它是一个反映教育现象的领域。因为在跨学科领域里呈现的不是学科本身，而是一个复杂的现实客体，如海洋、宇宙、个性的社会化。

一些人则给教育学以应用学科的地位。按照他们的意见，教育学的任务不在于独立研究，而在于"应用"从心理学、哲学、社会学等其他学科中借用来的知识去解决教育领域中出现的问题。持这种观点的人虽承认理论的意义，但却否认教育学拥有自己的理论知识或科学知识的权利。他们的认识与第一种观点相似，同样是试图用其他学科的原理总和来取代教育学理论。

还有第三种观点认为，没有一门与它相毗邻的学科是完整地、专门地在与其各组成部分的统一中研究教育事实。持这种观点的人，除了对教育现象的个别方面能获得某些认识外，再不会得到别的什么东西。这正是长期以来指责教育学对实践影响甚微的根源，毕竟用其他学科的零碎知识拼成的教育学理论，就如同用布头拼成的被子，是不能严密覆盖住实践的。所以，必须用整块布缝制被子，用教育学自身的科学知识来构建教育学理论。

教育学有取之不尽的四个源泉。我们可以举出教育学与其他学科的四种联系形式。其中首要的，也是最重要的形式是利用其他学科的基本思想、基本原理和概括性结论。可以起方向标作用的学科，是哲学和社会学。它们对教育学的影响在于对教育内容的科学界定和构建，以及为教育科学与教育实践相统一的原理提供理论支撑。

教育学与其他学科联系的第二种形式是，利用这些学科所使用的研究方法。其实，理论研究或经验研究的任何一种方法都可以用于教育学的科学工作。教育学与其他学科联系的第三种形式是，利用心理学、医学、生理学等学科的文献资料、数据和具体研究成果。教育学与其他学科联系的第四种形式是综合研究。各门学科相互联系的一切形式在组织这类研究时都发挥着作用。

T3. 教育学的学科分类与构成

1. 学科性质标准（表1-2）

表1-2　性质型教育学科构成

基础学科	应用学科	
	独立应用学科	交叉应用学科
教育学原理	比较教育学	教育管理学
德育原理	职业教育学	教育文化学
教育史	学前教育学	教育生态学
课程与教学论	特殊教育学	教育社会学
教育研究方法	高等教育学等	教育经济学等

2. 级别（即包容关系）标准

教育学科分为一级学科、二级学科。在一级学科“教育学”中包括教育学原理、比较教育学、职业教育学、课程与教学论、学前教育学、特殊教育学、教育史、教育技术学、高等教育学、成人教育学等二级学科。

3. 研究对象标准（表1-3）

表1-3　对象型教育学科构成

<table>
<tr><td rowspan="7">以教育活动为研究对象</td><td rowspan="3">把被运用学科作为理论分析框架</td><td>分析教育中的形而上学问题</td><td>教育哲学、教育逻辑学、教育伦理学、教育美学</td></tr>
<tr><td>分析教育中的社会现象</td><td>教育社会学、教育经济学、教育政治学、教育法学、教育人类学、教育人口学、教育生态学、教育文化学</td></tr>
<tr><td>分析教育中的个体人</td><td>教育生物学、教育生理学、教育心理学</td></tr>
<tr><td rowspan="2">采用被运用学科的方法</td><td>运用方法直接分析教育活动</td><td>教育史学、比较教育学、教育未来学</td></tr>
<tr><td>研究如何运用方法来分析教育活动</td><td>教育统计学、教育测量学、教育评价学、教育实验学、教育信息学</td></tr>
<tr><td rowspan="2">综合运用各学科，解决教育实际问题</td><td>分析与其他领域共同具有的实际问题</td><td>教育卫生学、教育行政学、教育规划学、教育技术学</td></tr>
<tr><td>分析教育领域独有实际问题</td><td>课程论、教学论</td></tr>
<tr><td colspan="3">以教育理论为研究对象</td><td>元教育学、教育学史</td></tr>
</table>

4. 解决教育问题的取向标准

布雷岑卡[①]的结论是：事实上，科学的、规范哲学的、实践的取向，是迄今为止人们用以解决各种教育问题所持的三种主要取向：教育理论可分为科学教育理论、哲学教育理论及实践教育理论。它们各自具有不同的基础、不同的认识对象、不同的陈述特征、不同的证明方式，以及服务于不同的目的，因而相互之间不可取代。而要在教育理论中合理地体现这些不同的知识类型，达到不同的目的，只能通过理论体系的分工和专门化才能达到。我们需要科学教育理论，因为我们不想把社会过多地留给偶然性，把孩子的未来留给个别的判断。科学教育理论可以帮助我们接受批判的判断，并以最合理的方式计划和行动。但科学教育理论不是全能的，它必须把自身限制在相对有限的主题领域，选择那些能够以理性——经验的方法处理的问题。无疑，科学教育理论不能从经验的角度对作为整体的生活及世界做哲学的辩护，也不能证明规范的有效性，它不对所有的教育问题负责。实践教育理论的功能，是告诉与特定社会——文化情景中的特定教育者群体有关的教育任务及达到它们的手段，激励教育者实施与主流的世界观和道德观相一致的教育行动。而哲学教育理论的功能相对有限，它是为有关教育现象的某些类别的价值判断进行辩护和宣传，为适合于教育目的和教育手段的理想与行为规范（特别是道德规范）进行辩护。哲学教育理论不仅要回答与价值和制定规范有关的问题，而且要对这些回答作出理性的辩护。实践教育理论的主体由教育的实践规范组成，这些规范依赖于既定的教育目的以及由科学教育理论所提供的技术假设。这样，三种教育理论的关系可以简单地描述如下，即在科学教育理论和哲学教育理论中发展起来的知识，被实践教育理论应用于特定社会——文化背景下的教育活动的特定方面；于是，实践教育理论便发展成指向行动或实践运用的陈述体系。

T4. 教育规律的观点

（1）傅维利，杨建云，王卓等认为，世界教育发展的历史反复证明，教育是一种十分复杂的实践过程，辩证地把握其发展和运行规律并非易事。不过其中有三个最重要的规律。

①在现代社会中，教育与社会政治、经济、文化之间存在着相互制约、相互拉动的辩证关系。

一方面，每一个社会中教育的发展水平是该社会诸方面综合作用的结果。另一方面，教育会通过人才培养的数量、规格和质量对社会诸方面产生巨大的影响和拉动作用。其作用和影响的大小，取决于社会发展特别是生产方式对知识、科技和人才的依赖程度。例如知识经济的形成与发展，必然导致终身教育和学习型社会的到来。由于培养人才的周期越来越长，现代社会普遍倾向于教育投入与发展适度超前于社会其他方面的发展。

②教育的运行与发展受制于受教育者身心发展的特点和客观规律，而良好的教育又可以在一定范围和一定程度上加快受教育者身心发展速度并加大其最佳发展潜能的开发程度。

儿童、青少年身心发展和学习的客观规律是多方面的，包括：经验、知识、技能、品德、个性和行为形成与发展的规律；身心发展是统一的，身心发展是有顺序、有阶段的，身心发展既是稳定的又是可变的以及身心发展是不均衡、有差异的规律等等。教师只有掌握了这些规律，才能设计和实施有较高效率并能促进学生身心健康发展的教育过程。

---

① 一译“布雷钦卡”。

③教育是师生双方相互沟通、相互交流和相互影响的过程。

教师与学生是构成教育不可缺少的两个基本方面。一般来说，教师在教育过程中起着主导作用，设计、主持实施和调控教育的基本过程。教师应对教育的成败负主要责任。但应看到，教育的整个过程中，包含着大量的学生学习和实践过程，而学生又是学习和实践活动的主体。因此，忽视学生在学习中的主动性的教育是不会取得成功的。如何辩证地处理好教育中教师与学生的关系，是检验教师是否有较高的教育水准和艺术修养的最重要的标准。

（2）靳玉乐等认为，教育基本规律有两条。一条反映的是社会与教育的关系，我们称之为教育适应并促进社会发展的规律。社会与教育的关系是，社会发展制约着教育发展，教育要适应并促进社会发展。另一条反映的是人的发展与教育的关系，我们称之为教育适应并促进人的身心发展的规律。人的发展与教育的关系是，人的身心发展规律对教育具有制约作用，从事教育工作必须遵循人的身心发展规律。

（3）张志勇认为，中小学教育要做的：第一，坚持全面发展规律。学生德智体美劳的全面发展，这本身既有利于学生的健康成长，也有利于提高学生的学业成绩。第二，坚持身心和谐发展规律。中小学生的过度教育不仅违背教育规律、危害儿童的身心健康，甚至以牺牲孩子身心健康为代价。第三，坚持知行合一规律。中小学生的学习，不仅需要掌握书本知识，更需要通过实践活动，促进其智慧的发展。第四，坚持因材施教规律。

（4）俄罗斯教育学者克拉耶夫斯基认为，一个完整教育过程的最普遍规律是：正在成长中的一代掌握老一代所积累的社会经验。人们每次谈到教育科学及其客体时都要提到它，因而这个规律是不能“回避”的。另一个普遍规律是教育的社会本质，表现为教育的所有因素都受社会状况制约。在教育过程中教师和学生、教育者和受教育者的相互作用，是教育领域独特的和具有规律性的关系，如果没有这种相互作用，教育过程本身就不复存在。此外，教学内容和教学过程的统一，也是教育领域的普遍规律之一。

我们再援引一些教育学文献中表述的规律：

——教育过程的效果理所当然地取决于它所处的物质、卫生、道德、心理状况和其他条件；

——教育活动的手段由具体教育情境的任务和内容所决定；

——掌握教材内容越牢固，就越能系统地组织各种复习，以把这些内容归入到已掌握的内容之中；

——教会学生掌握复杂活动的方法取决于教师在何种程度上保证学生在这之前顺利掌握简单活动的方法，也取决于学生为此所作的准备程度。

——在其他条件（记忆、能力）相同的情况下，学生掌握教材的程度和质量取决于教师在多大程度上将教材内容与其对学生个人的意义相联系。

在属于个别学科的规律方面，我们想以外语教学法的规律为例来说明：在师生互动中，母语和外语的语言系统具有相关性。这就是规律。

T5. 教育原则的观点

教育的一个主要原则是人道主义原则。该原则要求教育过程尽可能充分地发展既是个体本人需要的也是社会需要的个人能力，使学生积极参与生活，并将个人的日常生活与社会文化相结合。因此，教育过程的要点是使它的各个参与者形成彼此信任的态度和对他人的尊重。

另一个是全部教育过程所共同遵循的教育信息化原则，该原则是现代社会信息化过程的特殊部分。现阶段社会的特点在于信息数量的急剧增长，包括科学的、技术的、文化的。

教育过程的完整性原则是由教育目的和内含着教学与德育的教育过程决定的。教育是教学和德育的统一体。教学和德育的共同目标是使人参与社会生活。实现目标的过程是由两部分或两个阶段组成的。第一个部分是教学，即通过向学生（或者所有受教育者）传授社会经验使其走向生活的活动；第二个部分是德育，即把受教育者直接引入生活的活动。教学和德育是统一的教育活动的两个组成部分。教学中有德育，德育中有教学。而且，德育的条件就是教学。贯彻完整性原则的目的是，在教育过程中培养学生时，要把知识和能力、意识和行为作为一个整体。

一些作者以充分的根据提出美化学生或受教育者生活的审美主义原则。这是为提高学生艺术审美兴趣而实行的教育人道主义原则的最普遍原则。人们向儿童展现自然界的美好，培养他们追求和保护它的意见，同时，还要给他们展现人类关系的美好一面。

还有一个重要的原则是组织教育活动时充分考虑受教育者年龄和个人特点的原则。它属于教学，也属于德育，并适用于教育的所有阶段和所有形式。

我们倡导两个教育原则，第一，不可教授过多科目；第二，教授知识务必精细透彻。

T6. 钱学森之问

钱学森（1911—2009）是中国最著名的科学家之一。2005 年，温家宝总理登门拜访时，钱老对中国的教育和科技发展提出更高期待："现在中国没有完全发展起来，一个重要原因是没有一所大学能够按照培养科学技术发明创造人才的模式去办学、没有自己独特的创新的东西，老是冒不出杰出人才。"为什么我们的学校总是培养不出杰出的科技创新人才？这便是著名的"钱学森之问"。近几十年来，中外学术界曾广泛关注过"李约瑟难题"：尽管古代中国人发明了指南针、火药、造纸术和印刷术，但为什么近代自然科学和工业革命都起源于欧洲，而不是中国？

能力训练

案例 1.2.2

"教育学"的体系与结构之二

1.《教育学讲授纲要》（赫尔巴特）目录

绪论		
第一编　论教育学的基础		第一章　教育学的实践哲学基础
		第二章　教育学的心理学基础
第二编　普通教育学纲要	第一部分　儿童的管理	第一章　规章
		第二章　详细说明
	第二部分　教学	第一章　教学对于管理与训育的关系
		第二章　教学的目的
		第三章　多方面性的条件
		第四章　兴趣的条件
		第五章　兴趣的主要类别
		第六章　关于教学内容的不同观点
		第七章　教学的过程
		第八章　关于一般教学计划

续表

第二编　普通教育学纲要	第三部分　训育	第一章　训育对管理与教学的关系 第二章　训育的目的 第三章　性格的区别 第四章　道德的区别 第五章　训育的辅助手段 第六章　一般的训育措施
	第四部分　按年龄论普通教育	第一章　三岁前的教育 第二章　从四岁至八岁的教育 第三章　少年年龄期的教育 第四章　青年年龄期的教育
第三编　论教育学的特殊分支	第一部分　对于特殊教学内容教学的教育学分析	第一章　关于宗教教学 第二章　历史 第三章　数学与自然 第四章　地理 第五章　德语的教学 第六章　希腊语与拉丁语 第七章　关于进一步的说明
	第二部分　关于学生的错误及其处理	第一章　关于一般错误的区别 第二章　关于不道德行为的根源 第三章　关于训育的作用 第四章　关于个别错误
	第三部分　关于教育的举办	第一章　关于家庭教育 第二章　关于学校

2.《教育学》(巴拉诺夫)目录

教育学一般原理	第一章　教育职业和教师人格	教师劳动的社会意义 苏维埃教师的教育职业品质和人格品质
	第二章　教育学的对象、任务和方法	教育是社会生活现象 教育学是教育人的科学 苏维埃教育学是教育科学发展最高阶段 教育科学体系、教育科学研究方法
	第三章　共产主义教育的目的和任务	教育学中的教育目的问题 共产主义教育的目的 共产主义教育的任务和组成部分
	第四章　苏联共产主义教育制度	国民教育制度的概念 建立苏联国民教育制度的原则 苏联国民教育制度
	第五章　个性的发展、培养和形成	马克思列宁主义关于个性发展的概念 形成个性的因素
	第六章　儿童是教育的客体和主体	年龄期的划分问题 儿童的个人差异 儿童是教育的主体
	深入学习《教育学一般原理》部分的参考书	

续表

教学论	第七章　教学过程的本质	教学论的概念 教学过程的矛盾和动力
	第八章　教学原则	教学原则的概念、教学的教育性 教学的科学性原则、教学的系统性原则 教学的可接受性、教学的直观性原则 教学的自觉性和积极性原则 教学的巩固性原则、教学的个别化原则
	第九章　教养内容	学校教养内容的一般评述 教学科目、教学大纲 教学计划 低年级的教科书和对教科书的要求
	第十章　教学的组织	上课是学校教学的基本形式 现代对上课的要求 课的类型和结构 作为课业组织形式的参观 家庭作业和让低年级学生做家庭作业
	第十一章　教学方法	教学方法的概念、教学方法和方式 教学方法的分类、 程序教学 形成研究问题的情境 检查和评定学生的知识
教育论	第十二章　教育过程的本质	教育是人的形成过程 共产主义教育的原则
	第十三章　教育的一般方法	教育方法的概念 教育方法的多样性及其分类
	第十四章　集体的组织与教育	集体的本质与组织集体的必要性 集体的作用、集体的发展阶段 集体教育的途径与手段 教师与儿童集体
	第十五章　共产主义世界观基础的形成	共产主义世界观的本质与基本特点 共产主义世界观基础的形成过程 科学的无神论教育
	第十六章　道德教育	马克思列宁主义伦理学是德育理论的方法论基础 道德教育的内容 人的道德教养的本质与结构
	第十七章　劳动教育	劳动在人形成中的作用 劳动在儿童教育中取得成效的条件 儿童劳动的类别及其教育可能性
	第十八章　美育	美的概念 美育的实质和任务 低年级学生的审美观念 教学、劳动和日常生活过程中的美育 课外活动中用艺术手段进行美育
	第十九章　体育	体育在培养个性中的作用和任务 体育的主要组织形式

续表

教育论	第二十章　学校少先队组织	苏联共产党是共青团和少先队组织的组织者和领导者 少先队组织的任务和教育工作原则 少先队的组织机构及其工作内容和形式 少先队组织的工作计划 少先队辅导员是少先队员日常生活和活动的组织者 十月儿童班 教师、十月儿童班和少先队员助导者
	第二十一章　课外活动和校外活动	课外活动和校外活动的概念 课外活动的形式和方法 校外活动
	第二十二章　学校教育、家庭教育和社会教育的一致性	苏维埃社会中家庭的社会教育职能 家庭在儿童教育中的任务 有成效的家庭教育的基本条件 学校对家长的工作
	深入学习《教育论》部分的参考书	
学校管理	第二十三章　国民教育和学校的管理	苏联国民教育管理制度、校内领导 低年级教师的工作计划、执行普及义务教育法 校内监督和学校办事程序、学校工作制度 统计和表报制度
	深入学习《学校管理》部分的参考书	

3.《新编教育学教程》（叶澜）目录

导论　时代、教师与教育学			一、古代社会中教师职业的出现与教育经验、教育思想积累 二、近代社会中师范教育的出现与作为学科的教育学形成 三、现代社会中教师职责的变化与教育学的发展
第一编　学校教育功能论	第一章　学校教育的产生及其功能的演变	第一节　教育的起源与学校的出现	一、“教育”概念的界定 二、教育的起源 三、学校教育的出现
		第二节　学校教育功能的演变	一、近代资本主义社会中学校教育功能的演变 二、进入20世纪以来学校教育功能的新发展
	第二章　现代学校教育的社会功能	第一节　现代学校教育的政治功能	一、现代社会政治对学校教育的作用 二、现代学校教育政治功能的具体表现
		第二节　现代学校教育的经济功能	一、现代社会经济对学校教育的作用 二、现代学校教育经济功能的具体表现
		第三节　现代学校教育的文化功能	一、现代社会文化对学校教育的作用 二、现代学校教育文化功能的具体表现
		第四节　现代学校教育的生态功能	一、现代社会的生态状况对学校教育的作用 二、现代学校教育生态功能的具体表现
	第三章　学校教育的个体发展功能	第一节　个体身心发展的一般规律	一、个体身心发展的含义 二、人的身心发展的特殊性 三、个体身心发展的动因 四、个体身心发展的一般规律

续表

第一编　学校教育功能论	第三章　学校教育的个体发展功能	第二节　学校教育在个体发展中的特殊功能	一、影响个体身心发展的基本因素的分类 二、个体的先天因素对自身发展可能性的影响 三、个体的后天因素对自身发展可能性的影响 四、环境因素对个体发展可能性的影响 五、个体的实践活动在个体发展中的决定性影响 六、学校教育在个体发展中的特殊功能
		第三节　普通中等教育促进青少年发展的特殊任务	一、少年期的年龄特征与初中教育的个体发展任务 二、青年期的年龄特征与高中教育的个体发展任务
第二编　学校教育模式论	第四章　学校教育模式构成的主要成分及其基本概念	第一节　教育目的	一、学校教育的目的的层次结构与学校教育的目的的意义 二、制定教育目的的基本原理
		第二节　学校教育制度	一、学校教育制度的主要概念 二、制定学制的原理
		第三节　课程与教材	一、课程的概念与课程的类型 二、教材的选择与组织
	第五章　理论上的学校教育模式	第一节　马克思主义教育学说中的学校教育模式	一、19 世纪中叶资本主义国家工人阶级子女受教育状况 二、全面发展和个性发展相统一的教育目的 三、教育与生产劳动相结合的教育方针 四、全面发展的教育内容的基本构成 五、马克思主义教育学说中的学校教育模式的意义
		第二节　实用主义的学校教育模式	一、社会背景和学校教育背景 二、新教育和进步教育的学校教育模式的共同特点 三、实用主义的学校教育模式
		第三节　要素主义的学校教育模式	一、要素主义的形成和发展 二、要素主义的学校教育模式
	第六章　国家的学校教育模式	第一节　中华人民共和国的学校教育	一、中华人民共和国学校教育的发展 二、中华人民共和国学校教育的特点
		第二节　美国的学校教育	一、美国学校教育状况 二、美国学校教育的特点
		第三节　英国的学校教育	一、英国学校教育状况 二、英国学校教育的特点
		第四节　印度的学校教育	一、印度学校教育状况 二、印度学校教育的特点
		第五节　巴西的学校教育	一、巴西学校教育状况 二、巴西学校教育的特点.
附录一　中华人民共和国义务教育法			

续表

第三编　学校教育活动论	第七章　学校教育活动概述	第一节　学校教育活动的任务	一、德育的意义与基本任务 二、智育的意义与基本任务 三、美育的意义与基本任务 四、体育的意义与基本任务 五、劳动技术教育的意义与基本任务 六、学校教育活动中“五育”的关联性
		第二节　学校教育活动的类型与基本结构	一、学校教育活动的类型及其相互关系 二、学校实践活动的基本结构
		第三节　学校教育实践活动中的交往	一、学校教育实践活动中交往的基本类型 二、教师在师生交往中使用的基本方式
	第八章　教学活动的基本原理	第一节　教学过程	一、教学活动的特点 二、教学过程的结构
		第二节　教学原则	一、科学性、思想性和艺术性相统一的原则 二、教师教的积极性与对学生学的启发性相结合的原则 三、理论联系实际的原则 四、循序渐进与“高难度高速度”相结合的原则 五、集体教学与因材施教相结合的原则
	第九章　教学工作的基本程序和基本方法	第一节　教学工作的基本程序	一、备课 二、上课 三、作业的检查和批改 四、课外辅导 五、学业成绩的测量与评价
		第二节　教学的基本方法	一、讲授法 二、谈话法 三、小组讨论法 四、读书指导法 五、演示法 六、参观法 七、实验法和实习作业法 八、练习法 九、模仿法 十、记诵法
	第十章　现代教学模式	第一节　我国的教学模式	一、建国17年中形成的教学基本模式 二、育才中学的“八字”教学模式 三、青浦县的反馈——调节教学模式
		第二节　侧重于发展思维能力的教学模式	一、归纳思维教学模式 二、探究训练模式 三、布鲁纳的发现法 四、社会探究模式
		第三节　侧重于发展人际关系技能的教学模式	
		第四节　侧重于适应学生需要与个别差异的教学模式	一、设计教学法 二、分组教学

续表

第三编　学校教育活动论	第十一章　学校课外活动与班级活动	第一节　学校课外活动	一、学校课外活动的含义 二、学校课外活动在学校教育中的特殊作用与地位 三、教师与学校课外活动的开展
		第二节　建设与发展班级集体的活动	一、建设与发展班级集体的意义与目标 二、班级活动的类型 三、班主任与班级活动的开展
附录二　学年或学期教学进度			
附录三　单元进度计划表			
附录四　教案示范5例			
附录五　供答型试题编制的注意事项			
附录六　选答型试题编制的注意事项			
附录七　板书式样举例			

问题与思考

1. 中外学者对教育学体系的认识方面存在着差异吗？若有，有哪些？
2. 教育学体系在发展过程中发生了一些什么变化？
3. 请预测教育学体系发展的趋势？

小结

1. 教育活动是人类社会——人是唯一需要且可以接受教育的生物——的基础性活动。

2. 人类建立日益完善的专门系统来开展教育活动，这个系统是相对独立的、复杂的、可完善的。

3. 教育系统的完善离不开教育理论的建立与发展。

4. 教育的发展过程与教育学的发展过程之间契合性越来越强，但各自的发展都是独立的，有自身的发展逻辑和规律。

5. 尽可能多地掌握教育规律、教育原则，透视其中的关系，能更清晰认识教育、教育学。

自我评价

1. 教育是什么？试分析中外历史上关于教育的界说。
2. 论述教育要素的构成及其一般关系。
3. 论述教育的形态构成。
4. 如何理解教育学的发展历史？
5. 阐述我国教育学发展的现状。

6. 如何理解教育的对象？
7. 教育学是什么？教育学原理与其关系是什么？
8. 如何理解教育学的对象？
9. 分析案例：运用相关理论分析问题，并进行富有逻辑的阐述。

参考文献

[1] [俄]沃尔夫冈・布列钦卡. 教育科学的基本概念：分析、批判和建议[M]. 胡劲松，译. 上海：华东师范大学出版社，2001.

[2] 于伟. 教育哲学[M]. 北京：北京师范大学出版社，2015.

[3] [美]索尔蒂斯. 教育的定义[M]. 沈剑平，唐晓杰，译//瞿葆奎，主编. 教育学文集・教育与教育学. 北京：人民教育出版社，1993.

[4] 石中英：教育学研究中的概念分析[J]. 北京师范大学学报（社会科学版），2009（03）：29–38.

[5] [苏]米亚拉雷. “教育”一词的多种含义[M]. 郭元祥，沈剑平，译//瞿葆奎，主编. 教育学文集・教育与教育学. 北京：人民教育出版社，1993.

[6] 全国十二所重点师范大学. 教育学基础[M]. 北京：教育科学出版社，2014.

[7] 王天一等. 外国教育史（上）[M]. 北京：北京师范大学出版社，1993.

[8] 瞿葆奎. 教育学文集・教育与教育学[M]. 北京：人民教育出版社，1993.

[9] 叶澜. 教育学原理[M]. 北京：人民教育出版社，2007.

[10] 孙培青，李国钧. 中国教育思想史（第三卷）[M]. 上海：华东师范大学出版社，1995.

[11] 叶澜. 新编教育学教程[M]. 上海：华东师范大学出版社，1991.

[12] 王枬. 教育原理[M]. 桂林：广西师范大学出版社，2001.

[13] 叶澜. 教育概论[M]. 北京：人民教育出版社，1991.

[14] 陈桂生. 教育原理[M]. 上海：华东师范大学出版社，1993.

[15] 孙喜亭. 教育原理[M]. 北京：北京师范大学出版社，2003.

[16] 傅维利，杨建云，王卓. 简明当代教育学[M]. 沈阳：辽海出版社，2001.

[17] 马健生. 现代教育制度与思想[M]. 北京：高等教育出版社，2004.

[18] 柳海民. 教育原理[M]. 长春：东北师范大学出版社，1998.

[19] 郑金洲. 教育通论[M]. 上海：华东师范大学出版社，2000.

[20]《教育学原理》编写组. 教育学原理[M]. 北京：高等教育出版社，2019.

[21] [德]雅斯贝尔斯. 什么是教育[M]. 邹进，译. 北京：生活・读书・新知三联书店，1991.

[22] 教育部. 2019 年全国教育事业发展统计公报[EB/OL]. [2020–05–20]. 中华人民共和国教育部网.

[23] 马治国. 网络教育本质论[M]. 大连：辽宁师范大学出版社，2006.

[24] 中共中央、国务院. 中华人民共和国国民经济和社会发展第十四个五年规划和 2035 年远景目标纲要[EB/OL]. [2021–03–13]. 中华人民共和国教育部网.

[25] 教育部. 2023 年全国教育事业发展基本情况[EB/OL]. [2024–03–01]. 中华人民共和国教育

部网.
[26] 教育部. 2022 年全国教育事业发展统计公报[EB/OL]. [2023-07-05]. 中华人民共和国教育部网.
[27] 教育部. 2020 年全国教育事业发展统计公报[EB/OL]. [2021-08-30]. 中华人民共和国教育部网.
[28] 习近平. 决胜全面建成小康社会夺取新时代中国特色社会主义伟大胜利——在中国共产党第十九次全国代表大会上的报告[EB/OL]. [2017-10-18]. 中国政府网.
[29] 李克强. 2021 年政府工作报告——2021 年 3 月 5 日在第十三届全国人民代表大会第四次会议上[EB/OL]. [2021-03-12]. 中国政府网.
[30] 国家中长期教育改革和发展规划纲要工作小组办公室. 国家中长期教育改革和发展规划纲要（2010–2020年）[EB/OL]. [2010-07-29]. 中华人民共和国教育部网.
[31] [捷]夸美纽斯. 大教学论[M]. 傅任敢，译. 北京：教育科学出版社，1999.
[32] [德]赫尔巴特. 普通教育学[M]. 李其龙，译. 杭州：浙江教育出版社，2002.
[33] [美]约翰・杜威. 民主主义与教育[M]. 王承绪，译. 北京：人民教育出版社，2001.
[34] [苏]凯洛夫，冈察洛夫，叶希波夫，赞科夫. 教育学[M]. 陈侠，朱智贤，等，译. 北京：人民教育出版社，1957.
[35] 北京师范大学等. 在职攻读教育硕士学位、全国统一（联合）考试大纲及指南[M]. 北京：北京师范大学出版社，2003.
[36] 叶澜. 中国教育学发展世纪问题的审视[J]. 教育研究，2004（07）：3–17.
[37] [俄]克拉耶夫斯基. 教育学原理[M]. 张男星，等，译. 北京：教育科学出版社，2007.
[38] 唐莹. 元教育学[M]. 北京：人民教育出版社，2002：34.
[39] 靳玉乐，李森. 现代教育学[M]. 成都：四川教育出版社，2005.
[40] 张志勇. “双减”背后教育观念的大变革[J]. 中国教育报，2021-08-07（1）.
[41] [英]怀特海著. 教育的目的[M]. 靳玉乐，刘富利，译. 北京：中国轻工业出版社，2016.
[42] [苏]巴拉诺夫，沃莉科娃，斯拉斯捷宁等. 教育学[M]. 李子卓，赵玮，韩玉梅，吴式颖，等，译校. 北京：人民教育出版社，1979.

第二章　教育与社会的关系问题

内容提要

教育与社会的关系是教育的最重要关系之一，是认识教育的基本内容，是理解、改进教育的重要基础。

从活动的角度看，社会主要由政治、经济、文化、科学技术与教育等独立的活动构成。这些构成要素之间存在着密切的关系，其中教育与其他要素间的关系构成了教育外部关系的主要内容。同时，这种外部关系为教育的生存与发展提供了社会基础，并对教育产生不同程度的作用。在外部关系的相互作用中，教育得以产生并不断形成独特的政治功能、经济功能、文化功能、科学技术功能。教育功能是指教育在与人、周围环境发生关系时所存在的作用。把握关系就要理解各自的属性以及矛盾所在。

关键词

教育功能；社会制约性；教育的社会功能；政治功能；经济功能；文化功能；科学技术功能；人类命运共同体

学习目标

1. 了解社会的活动构成。
2. 了解教育与社会之间的关系的基本观点。
3. 了解教育与经济、教育与文化、教育与科学技术之间的关系。
4. 深刻理解并掌握教育功能及其形式与内容的构成。
5. 理解教育与政治之间的关系。
6. 全面掌握教育的相对独立性和社会功能，并能较熟练分析相关问题。
7. 熟读案例分析和思想资源，理解相关观点。
8. 根据分析建议独立完成案例分析。

第一节　教育功能的一般理论

学习目标

1. 能够清晰阐述教育功能的内涵与外延。
2. 有逻辑地说明教育功能的特征。
3. 掌握教育的一般功能。
4. 熟读案例分析和思想资源，理解相关观点。
5. 根据分析建议独立完成案例分析。

观点与原理

1. 一个事物能够长期的存在一定是依赖于它所具有的独特的功能。因此，教育能够伴随着人类的产生并发展至今，充分证明了它具有独特的功能。

2. 教育功能是指教育在与人、周围环境发生关系时所存在的作用。

3. 依据不同的分类标准，我们能够更加深刻地认识教育功能。

从单一标准来看，（1）依据作用的对象，教育功能包括育人功能、社会功能、生态功能；（2）依据作用的层次，教育功能包括基本功能、派生功能；（3）依据作用的方向，教育功能包括正功能、零功能、负功能；（4）依据作用的表现形式，教育功能包括显性功能、隐性功能；（5）依据作用的持续性，教育功能包括长期功能、中期功能、短期功能；（6）依据作用的性质，教育功能包括直接功能、间接功能；（7）依据作用的存在形态，教育功能包括现实功能（实然功能）、理想功能（应然功能）。

从复合标准来看，（1）依据二维标准，教育功能包括如正的育人功能、零育人功能和负的育人功能等；（2）依据三维标准，教育功能包括如长期的直接育人功能、中期的直接育人功能和短期的直接育人功能等；（3）依据多维标准，教育功能包括如现实的、长期的、正的显性育人功能，现实的、长期的、正的显性社会功能，现实的、长期的、正的显性生态功能等。

4. 教育功能具有永恒性、社会性、变动发展性、层次性、复杂性、方向性、整体性、多维性等特征。

5. 教育的一般功能是促进人、社会、生态环境、教育自身及其相互关系健康发展。其形成与释放的主要途径是与外部环境进行的人力资源、物力资源、财力资源的交流。

典型案例解读

案例 2.1.1

构筑在垃圾堆上的求学梦！——采访一个捡垃圾的小女孩

“你今年几岁了？”

“十岁。”

“想读书吗？”

“想！”

“你现在最大的愿望是什么？”

“每天多捡一些垃圾，凑够学费，早点去上学。”

确实，每个人有着不同的生命历程：出生在富足的家庭里的孩子，从小就受到良好的教育，有天真烂漫的童年值得回忆，长大可以读高中上大学，步入人生的辉煌，实现自己的或是父母的梦想。“家有小儿，一天，忽地问道：‘爸，我明天可以不上学吗？’父亲一时没有会意过来，随口应了一声：‘嗯！’却突然听见了欢呼声：‘哦！明天不上学了！’父亲这才想起，明天既非周末，也非公休日，怎么就可以不上学呢？回头狠狠地说：‘不行，明天得去上学！否则周末就不带你去玩了。’”

而出生在穷苦家里的孩子呢？她！孟涛，一个十岁的小女孩，一个仅仅是希望多捡一些垃圾来凑够学费的小女孩。她的童年没有欢声笑语，生活中没有亲人的陪伴，她只能与眼、手、脚都有残疾的养父相依为命，苦度一生，本应挎上书包的双肩却背着破旧的小背篓，在一个又一个垃圾堆中穿梭着，风霜雪雨依旧，烈日酷暑依旧。孟涛一次次孤独地站在路边，望着形形色色、来来往往的人们，从她的眼神里，我读出了那无法掩饰的悲凉。为什么？这一切究竟是为什么？？？命运，你为事不公，却为何还要这般残忍！一个十岁的小女孩啊，让她遭受如此多的磨难？十岁！本应该出现在校园里与同龄人一样端坐在教室里听讲，和小伙伴们一起追逐嬉戏的身影，却出现在了高高的山岗上、田野间；本应握笔的小手已被繁重的家务和那细长的牛绳磨出了一层又一层的老茧，幼小的心灵要承受着本不应该承受的压力，他们的身子是弱不禁风的，但他们的眼神是那样有神。他们渴望，渴望走进那神圣的知识殿堂，体会那拥有知识的快乐。但是，上学成了一个可望而不可即的梦想，尽管在生活来源全靠捡垃圾变卖的情况下，她也从未放弃过自己的理想。当我们问到她：“你想上学吗？”她的回答让我们惊诧，“想，好想好想上学啊，可是爸爸说我们没有钱，我只有每天都出来捡垃圾，跑很远很远的地方，希望能多捡一些，早点把学费凑够。”这是一个小女孩内心最深处的独白，这是一个捡垃圾的十岁的小女孩所要追求的梦想。“捡垃圾凑学费！”现实与梦想相隔是多么的遥远。当我们再次问她：“你的父母在哪儿？”的时候，她低下了头不再说话，哽咽的抽泣声伴随着晶莹的泪花落下，让我们的心阵阵绞痛。

小孟涛的养父孟明贵，无儿无女也无家，因为残疾没有经济来源，只能靠变卖自己和孟涛平日里捡的垃圾来维持生活。当我们前去采访时，他正在清理父女俩捡回来的垃圾，老人表示，他也很想让小孟涛去上学，可是……养父孟明贵告诉我们他当初毫不犹豫地把小孟涛捡回来，并没有因为她是一个女孩而嫌弃，他更偏爱女孩，因为女孩比男孩听话，懂事，更会体贴照顾别人。这一带就是十年，十年之中，父女俩四处辗转奔波，不知经历了多少个风霜雨雪的不眠之夜。现在养父根本没有能力供孟涛上学，而她又多么渴望走进那神圣的殿堂，每每说到此处，老人便泪流满面，欲说无言。

想起那一句令人心酸的“我要多捡一些垃圾攒钱读书”的话语时，眼前总浮现出一个瘦弱的身影，孤独地守望在山头。

案例分析

小孟涛为什么要上学？因为对她而言，教育具有功能。并非人们具有了功能发挥的体验才能够认识到一个事物所具有的功能。当然，这种体验会强化人们对其的认识。“数据显示，中学生认为自己学习的目的主要是，增长知识，开阔视野，提高自身的文化修养的占44.6%；

为了上大学将来找份好工作的占 29.0%；为了父母将来过得更好的占 16.4%；为了能把国家建设得更强大的占 10.0%。”因为人类社会经过几千年的发展，确定了学校教育承担通过文化促进人的发展进而实现人类社会的传承与发展的责任，确定了学校教育促进人发展的专门的独特的功能。也恰恰是因为学校教育具有这样不可替代的作用，所以学校教育才能够经历了几千年的持续不断地发展延续至今。因此，她认为，受教育可以学习知识或者提高技能，或者改变自我的或家庭的命运。事实上，教育不仅仅可以传播文化，还可以促进人与社会的发展。可见，教育功能具有多样性。教育在促进人的发展的同时，必然会促进社会的发展；教育在传播文化的同时，也会作用于社会政治、经济、科学技术等活动。而且，我们还可以发现，教育功能也具有层次性。教育既具有微观功能，也具有宏观功能。在微观方面，教育可以给予人知识，发展人的技能，推进人的社会化。在宏观方面，教育能够作用于社会，影响社会政治、经济、文化和科学技术的发展。到了当代社会，教育的责任具有更加深刻的意义，教育肩负着协同“五位一体”的使命，肩负着社会主义美好中国建设的使命，肩负着创建人类命运共同体的使命。“建设教育强国是中华民族伟大复兴的基础工程，必须把教育事业放在优先位置，深化教育改革，加快教育现代化，办好人民满意的教育。”“国运兴衰，系于教育。”从案例中，我们还看到了教育不是无能的，当然，我们也看到了教育不是万能的。

她为什么无法上学？因为个人、家庭与教育、社会之故，是多方面因素共同作用的结果。“出生与死亡如太阳东升西落，有着自然的客观规律，我们无法选择出生，也无法选择出生后的生存环境，不同的生存环境造就了不同的生命历程。”这反映出教育功能的有限性，即教育不是万能的，教育功能的发挥与实现需要一定的条件。究其原因，就教育而言，第一，教育功能具有理想功能与现实功能之分。第二，教育的理想功能（应然功能）是巨大的，而现实功能（实然功能）是有限的。第三，教育功能的发挥是需要条件的。这说明，教育功能具有社会性——教育功能是社会的教育的功能，复杂性——教育功能是复杂的教育的功能，其发挥受到复杂的社会等因素的影响。也就是说，教育只能根据人的天分和可能性来促使人的发展。教育不能改变人生而具有的本质。但是，“没有一个人能认识到自己天分中沉睡的可能性，因此需要教育来唤醒人所未能意识到的一切，每一种教育的作用也并非是事先能预料的，教育总是具有无人事先能想到的作用。……教育的界限不能事先划定，而只能在实际中观察把握。”

案例中“不想上学”的问题也很值得我们反思。有人有学不能上，有人有学不想上，多么大的反差！但是二者之间却存在着极大的共性——教育的“失能”。这是什么原因造成的？根源于教育还是社会还是家庭？是制度因素还是人为所致？我们不去讨论其他，我们首先要思考如何最大限度发挥教育功能？这就要求教育必须在人、社会及二者的整体之间寻求契合点，即充分利用四种可能：社会、生态、人和教育，来满足相应的四种需求。只有这样，同为中国人民，都有着中华民族的优良的传统美德：善良、勇敢、自强、独立、勤劳、顽强、节俭等的可敬、可爱的未来一代才能够共享富强中国的美好教育。

思想资源

历史沿革

H. 教育功能变化发展的三个重要历史阶段

教育具有永恒性，并不意味着教育的功能是固定不变，永远停留在一个发展方面和一种发展水平上。如果我们建立起一套比较完整的教育功能评价参照系统，并以此对教育功能作历史性的考察，就可以发现，教育功能总是随着社会的发展而变动发展的。

比较完整的教育功能评价参照系统，包括三个最基本的维系：一是广度尺度，用来评价教育对社会和人的影响的广泛化程度，二是深度尺度，用以评价教育对人和社会影响的深刻程度；三是依赖尺度，用以评价人与社会的发展对教育的依赖程度。

用这三种尺度综合考察人类教育的发展历史，可以发现它大体上经历了三个发展阶段：

第一阶段，教育功能处于浅泛状况的发展阶段，时间大约从人类社会的产生到原始社会的末期。

这一阶段的重要特点是：由于教育活动是伴随在社会生产与社会生活之中，因此，一方面，教育对人类生产和生活的各个方面都发生直接而广泛的影响，另一方面，教育的作用又是比较模糊的，我们很难把教育的作用从具体的社会实践活动中分离出来。

第二阶段，教育功能处于畸形突进的发展阶段。时间纵跨奴隶社会、封建社会和资本主义社会早期。

这一阶段的重要特点是，由于出现了专门的学校，教育的许多重要功能可以清晰地显现出来。社会的政治和文化发展对教育特别是学校教育有了相当的依赖。

这一时期，教育的功能虽然在某些方面得到深化，但却是以畸形发展为其代价的。这表现在两个方面：第一，教育的政治功能和文化功能虽然得到了深化，但教育的经济功能、调整社会人才结构的功能，以及控制人口发展等功能，仍然停留在较低的水平上。社会通过专门的教育机构——学校，来造就官吏，却仍然用原始的方式——在生产和生活中学习知识和技能，来造就劳动者。第二，教育促进人的发展的功能虽然得到了深化，但却始终指向社会中少数人的某些方面。一方面，社会把劳动者拒于学校大门之外，使他们只能在较浅的层次上获得发展，另一方面，社会又把剥削阶级的子弟圈在学校内，使他们身心的某些方面获得较高但片面的发展。

第三阶段，教育的功能处于全方位强化发展的阶段，社会对教育的依赖更加强烈。时间大约从19世纪末到现在。

在这一时期，一方面在激烈的国际竞争和斗争中，学校教育古老的政治、军事、文化功能得到了进一步深化和发展；另一方面，学校教育的经济功能、控制社会人口的功能、调整社会人才结构的功能等，突飞猛进地发展起来。教育开始上升到全方位影响整个社会发展的重要地位上。

教育功能的发展之所以能发生这种历史性的变化，主要是因为社会发展的各个方面特别是生产的发展对教育有了内在的依赖性。

推动教育功能向全方位、纵深方向发展的催化剂是国际间的激烈竞争。竞争必然使人追求高效率。在科学技术全面渗透在社会所有方面的条件下，效益的高低常常取决于科技发展水平和应用程度，这使得国际竞争的焦点必然集中到科技上。由于人的素质的提高与科学技术的发展、提高、普及和应用之间存在着内在制约关系，因此，科学技术的竞争必然会深化为教育竞争。当代许多重要的政治家和教育家都看到了：当前国际间的竞争实质上是科技竞争，而科技竞争必然归结为教育竞争。

理论资源

T1. 两种典型的教育功能观

关于教育社会功能的研究具有十分久远的历史，特别是20世纪以后，“教育社会学”逐渐兴起，人们纷纷从社会结构、政治制度、社会变迁、社会分层、人口流动、人的社会化等角度研究教育对社会发展的作用和价值。有趣的是，在研究中呈现出两个截然相反的派别，他们的观点针锋相对。教育理论界习惯将这两个派别称为“和谐理论派”和“冲突理论派”。

（一）和谐理论的教育功能观

和谐理论派是社会学界历史最为悠久的学派之一。其主要代表人物有英国的斯宾塞、法国的涂尔干、美国的柯莱、英国的瑞克利夫·布朗，以及当代社会学家帕森斯、墨顿等人。

这一学派认为，社会与生物有机体都是由许多独特而相互依赖的部门（或器官）所组成，每一部门对于整体的自下而上都将发挥其必要的功能，这些功能在于维持整体内部的均衡状态。结构、功能、统整、稳定、和谐等概念在这一派理论中占据核心的位置。由此出发，他们强调，教育的最重要功能在于与社会其他部门和方面相互协调，以适应社会的变化，维持社会的均衡与发展。

当代和谐理论派关于教育功能的主要观点可以归纳如下：

（1）教育具有社会整合和社会控制的功能　通过让个体掌握共同的社会价值和按社会常模行事，使个体社会化，从而维持社会的秩序和整合。

（2）教育具有改造社会的功能　即通过改造教育的方式，促使社会个体的价值观念和行为常模发生改变，从而导致社会的改造。

（3）教育具有甄选和分类的功能　即通过考试和专项培养等方式，按社会分工和专业需要来选拔和区分人才。

（4）教育具有分配的功能　即为了满足社会分化的需要和发挥维持社会阶级构成的作用，根据每个学生受教育的多少和受教育过程中所表现出的才能，分配各种人担任不同的社会角色。

（5）教育具有平等化的功能，是社会流动的阶梯　由于当代发达国家中，在义务教育阶段，大多数儿童都享有同等的受教育的机会，因此在公平的竞争中，任何阶级的个体都有可能凭借自己的才能和努力获得成功，并流动到较高的阶层上去。

（二）冲突理论的教育功能观

冲突理论是在对和谐理论进行不断批评和对抗过程中逐步发展起来的。按照西方学者的看法，其早期代表人物有：卡尔·马克思与卡博维支。他们分别提出了阶级斗争和种族斗争的理论。冲突理论又分为以R. 柯林斯为代表的新韦伯派和以S. 鲍尔斯为代表的新马克思主义。前者的核心概念是“地位团体”，后者的核心概念是“阶级”和“再生产”。

一般认为，冲突理论派的理论基点虽然并不相同，但在下列一些方面是共同的。这就是：强调社会关系的强制性和社会变迁的普遍性。这种理论认为，整个社会体系分为支配者和从属者，双方具有利害冲突，支配者欲将本身的价值观念，加之于从属者，并强迫其接受，而从属者亦有其不同的价值观，因而形成对立，并构成对社会体系稳定性的威胁。由于权力争斗是社会普遍现象。因此，社会经常面临冲突的情境。冲突、变迁、强制是冲突理论派普遍采用的重要概念。

冲突理论派关于教育社会功能的看法可以归纳为如下几点：

1. 教育具有社会经济关系再生产的功能

冲突理论派反对和谐理论派关于“教育能促成社会和谐发展和变革”的理论，而反复强调在充满冲突和阶级压迫的社会中，教育只能是镇压被统治阶级的反抗，维护社会系统不平等的一种工具。他们通过大量调查证实，和谐理论派所津津乐道的教育的“甄选”“分配”和“平等化”功能具有极大的虚伪性。学校真正的功能实际上是实现劳动力以及社会关系的再生产。S. 鲍尔斯和H. 金蒂斯认为，资本主义国家学校的作用具体表现在三个方面：第一，学校根据不同阶级、种族和性别的区分，为不同阶级和社会集团的人获得相应的职业、地位，提供能胜任工作的知识技能；第二，养成适合于等级制分工的个性品质、价值观念和行为习惯，例如守时守分、服从负责、遵守法律、爱护国家等；第三，在学校内通过行政官员和师生的关系、教师与学生的关系、学生与学生的关系、学生与知识的关系等，重演社会等级结构，从而以一种公开和隐蔽相结合的方式，在学生思想中注入分层意识，把社会与经济的不平等合法化。这样，学生从学校里走出来时，就能心甘情愿地接受现实社会的各种不平等。

2. 教育具有再生产统治阶级的文化价值和意识形态的功能

与上述鲍尔斯的“经济再生产”理论有所不同，法国著名教育理论家布迪厄的“文化再生产”理论强调，学校教育是一支相对自主的文化力量，它并不直接与社会的政治经济关系相对立，而是在“公正”“客观”的幌子下，再生产统治阶级的文化，并贬低、排斥和削弱其他阶级的文化，从而巩固阶级控制和统治。在学校中，由于课程、学习方式、课堂组织形式完全是按统治阶级的文化式样构建的，被统治阶级实际上被剥夺了向下一代传递自己文化的权力和最良好的机会，他们的后代只能在学校中按照统治阶级的意志和文化来理解自己和社会。

3. 教育具有推动国家再生产的功能

看重教育的国家再生产功能的A. 葛兰西和M. 柯普尔等人认为，国家实质上是用来辩护、维持其统治，并设法赢得被它统治的那些人的积极同意的实践和理论活动的复合体，简单地说，国家等于政治社会加上市民社会。从这一理论出发，他们认为任何国家的统治者都不会放弃干预和控制教育的权力，他们总是千方百计地利用宣传媒介和教育手段，达到控制市民社会意识的目的。学校通过各种途径使年轻一代“赞同”现存国家的各种政策、制度和传统，实质上就是在参与现存国家的再生产。

总之，无论是和谐理论派还是冲突理论派，在教育功能问题上都提出了一些有价值的看法。但是，任何一个社会中的冲突与和谐都是相对存在的，只不过有的时候冲突过程表现得更明显，而有时和谐过程表现得更明显。因此，在阶级社会中，排斥甚至否定教育维护现有统治制度和意识形态的功能是错误的，但完全否定现代教育具有在一定范围内促成社会流动和社会平等化进程的功能也是片面的，并且有悖于当代教育的现状。

T2. 学校的社会属性

学校是一种“社会产物”，学校深受社会制约。社会左右着学校兴衰存亡，影响着学校日常实践，并在作为学校之主体的教师与学生身上刻有种种烙印。学校是一种“社会分支”，学校自身便是一个小社会。学校经由社会设立后便成为社会的组成部分，学校由各种社会性存在构成，学校日常生活也是社会生活，学校既姓“教”，也姓“社”。学校是一种“社会工具”。从社会期待来看，学校被视为“社会工具”；从学校取向来讲，学校想成为“社会工具”；就客观结果而言，学校总归是“社会工具”。问题不在于学校到底是不是、究竟该不该成为“社会工具”，而在于学校到底是怎样的、究竟该成为怎样的“社会工具”。学校不仅无需忌惮成为“社会工具”，而且应努力成为正确、正当的“社会工具”，避免成为错误、荒谬的“社会工具”。

T3. 不同学科的教育功能构成

（一）社会学者的观点

教育的第一个功能就是将社会的文化和价值观念传达给个体。根据杜威的说法，学校教育就是提供一种环境来影响受教育者的智力倾向和道德倾向。而一个社会的共同价值观念，就如涂尔干的“集体意识”一样，是一个社会的凝聚纽带，是维护国家利益的社会基础。因此，对社会而言，学校教育的第一个重要的功用就是通过传授社会共同的价值观和文化，延续和加强社会的凝聚力量。

第二个重要的功能就是进行社会控制。在传授社会共识价值观的同时，学校也在向社会的下一代转达社会的规范。对规范意义的理解与内化，使得学生明确地知道什么样的行为是社会认可的，什么样的行为是社会禁止的。因此，学校对学生采取：（1）处罚，更多地表现了对社会规范的强调；（2）打分，分数标准就变成一种社会权威，学生必须服从权威，并得到权威的认可行为；（3）监控，学生在进入成年之前“不能控制自己行为”的时间，使得学生不可能用“不能控制自己行为”的方式对社会造成危害，同时也保证社会下一代的安全。

学校教育的第三个重要功能就是进行筛选和储备。如何让每个人能够找到自己合适的位置，同时又使所有社会的劳动分工、职位获得适当的人选，学校在一定意义上就扮演了鉴定人们知识水平和能力的角色。在筛选和鉴定的过程中，考试是一个重要机制。通过考试，一方面将不同能力和知识结构的人送往不同的职业候选类群，另一方面帮助学生了解自己的能力和知识，使学生明白如果要改变自己的职业就需要补充哪方面的知识与技能。除了进行筛选以外，学校教育也是一个社会人力资源的重要储备。一个可以直接观察到的现象就是，当劳动力市场需求旺盛的时候，人们就会带着自己的知识和技能进入工作岗位；当难找工作的时候，人们就会回到学校学习，以备将来的进一步发展。这样的现象不仅中国有，美国有，西方其他国家也有，在工业化社会尤其如此。

学校教育不仅传播既有的知识，而且也是知识创新和发展的重要基地，因此，教育的另一项社会功能就是促进社会的发展和变迁。在任何国家，高等教育的职能不仅是教学生学习知识，而且要教育学生如何通过科学研究来创造知识。

师生的关系不仅表现在技能的传授方面，也表现在思想和价值观的交流上。因此，学校教育对促进社会发展的另一个功能领域就是让年轻的一代学会用自己的头脑思考社会的问题和寻求解决问题的途径。一个经典的例子就是北京大学和五四运动的关系。一个现实的例子就是中国在实施改革开放政策过程中的知识创新与发展，如对市场经济、法治、民主等观念的理解、传播与发展。

（二）人类学者的观点

社会能够按自己的方式来为人定型，但个人仍然必须处理自己驾驭的部分，自我无视社会的惯例而去寻求行动的自主性。正是人类行为的这一部分形成了社会偏离，但是它也造成了社会变革。而且，文化涵化过程用不了多久就会使初民文化寿终正寝，世界上的所有人民将日益走向大工业社会的无底洞。所以，文化会改造整个社会系统，包括家庭、社会阶级，包括秩序、权威、宗教以及经济。因为，社会的行动标准和意义结构是一个社会文化的组成部分，即它的符号系统。虽然人类学家没有专门地论述教育的社会功能，但是，他们却说，文化不是由机体决定的本能，语言习惯并非本能，而是自发的。本能行动的一致性由机体结构决定，而自发行为则由习惯决定。语言响应并适从于文化需要。也就是说，以语言为代表的文化是自发的，是在后天的教育过程、学习过程中获得的。可见，人类学家认为教育有着作用广泛、影响深刻的社会功能。

T4. 教育功能的形成与释放

从宏观上看，教育功能的形成与释放是分属两个不同的过程。教育功能的形成基本属于教育活动过程；教育功能的释放基本上属于其他社会活动。当然这两个不同过程是相互影响的，有时紧密交叉。由于办教育的根本目的在于发挥教育对人和对社会的促进作用，因此，我们不能总是就教育论教育，还必须全面把握教育功能从形成到释放的全过程，弄清影响教育功能释放的基本机制，从而全面提高教育的效益水平。

（一）教育功能的形成

社会在教育方面进行一个定量的投入，一般来说，客观上就存在一个定量的功能产出。功能产出的定量虽然很难数量化，但通过比较可以发现它确实存在。

在教育内部，制约教育功能的形成有四个基本方面。

（1）教育者的素质（道德品质、知识水平、教育理论基础和教育技能、个性心理特点、身体状况）以及对教育事业的态度，是制约教育功能产生的重要因素。这主要有两个方面的原因：其一，教育者在教育过程中扮演着主导者的角色；其二，教育者的素质、态度和教育手段是一体化的。

（2）受教育者的基础条件，是制约教育功能形成的另一重要因素。这种基础条件包括两部分：一为受教育者的遗传素质；另一为家庭和社会影响的特征以及发生作用的过程、方式和积累程度。

（3）先前所具有的可资利用的物质基础条件是制约教育功能形成的又一重要原因。这些物质基础条件通常包括教育场所、教育设施、图书文献资料、教育仪器及实验、实习的设施和条件等。

（4）教育内容的科学性以及教育过程的有效性是保证教育功能良好形成的最主要的因素。其中，在教育过程中采用什么样的组织形式以及方式方法，是影响教育功能形成的最直接的因素。

（二）教育功能的释放

教育功能形成之后，通常表现为两种最基本的形态：凝固形态和流动形态。

凝固形态是指教育功能形成之后，用于承载和储存教育功能的相对稳定的形式。凝固形态又有两种表现形式：一为人才；二为精神文化产品。凝固形态是储存教育功能的最主要、最基本的形态，是教育功能从形成到释放的中介。

教育功能的流动形态是指功能的形成和释放同时或接连发生，中间不存在明显的滞缓环节。在许多情况下，教育功能可以从流动形态转变为储存形态。

（1）对于流动形态的教育功能，制约其释放的最根本的方法是制约它的产生。当社会创造条件支持它的产生，它释放的能量就大；当社会采取法令、政策甚至镇压手段限制或者取消它的产生，它所释放的能量就小或者根本不能释放。

（2）对于凝固形态的教育功能来说，制约其释放的因素比较复杂，既有社会方面的原因，也有教育结果本身方面的原因。

从社会方面来看，以人才为中介的教育功能的释放常常受下面几种社会因素的制约。

（1）人才能否流动到其所学的专业方向上，使其潜在的才能有可能发挥出来。（2）人才能否流动到相应的岗位层次上，使其潜在的才能有可能充分发挥出来。（3）社会是否提供了必要的物质和精神条件，使人才愿意并可能将其潜在的才能充分发挥出来。

从教育方面看，影响教育功能释放的原因主要有。

（1）毕业生所学的知识和技能过于陈旧，不能适应当代社会生产和社会生活的需要。（2）毕业生的转型意识和转型能力缺乏。其主要表现有：①毕业生的知识面过于窄狭，对工作岗位和条件的对口要求过于苛刻，缺乏兼容能力；②毕业生的各种基本能力过于脆弱，尤其缺乏将知识、技能迅速迁移到新的工作岗位和新的工作环境中的能力；③毕业生的转型意识淡漠，只想到由社会来适应和安排自己，不能自觉地调整自己的知识、技能和能力结构，用主动出击的方法将已经形成的知识和技术能量最大限度地释放出来。

以精神文化产品为中介的教育功能的释放，也受其自身和社会外部条件两方面的制约。

（1）从社会方面看，它受下列几种因素的制约：①社会能否为教育过程中所产生的精神文化产品提供传播和发表的机会和条件；②社会能否为教育过程中所产生的新设想、新发明，提供试验、实施和推广的物质条件和社会条件。（2）从精神文化产品自身的情况看，它受下列几种因素的制约：①产品是否具有科学性；②产品是否具有创新性和新颖性；③产品是否具有普及和推广的价值；④产品是否符合社会需要和社会科学文化的发展。

总之，制约教育功能释放的因素是多方面的，其中任何一个方面出现问题，都会在一定程度上影响已经形成的教育能量充分发挥出来。

T5. 人类命运共同体的涵义

人类命运共同体，顾名思义，就是每个民族、每个国家的前途命运都紧紧联系在一起，应该风雨同舟，荣辱与共，努力把我们生于斯、长于斯的这个星球建成一个和睦的大家庭，把世界各国人民对美好生活的向往变成现实。构建人类命运共同体，就是要“坚持对话协商，推动建设一个持久和平的世界；坚持共建共享，推动建设一个普遍安全的世界；坚持合作共赢，推动建设一个共同繁荣的世界；坚持交流互鉴，推动建设一个开放包容的世界；坚持绿色低碳，推动建设一个清洁美丽的世界。”建设这样的美好世界，反映了人类社会的共同价值追求，汇聚了世界各国人民对和平、发展、繁荣向往的最大公约数。

构建人类命运共同体是顺应世界历史发展趋势的必然要求。历史总是按照自己的规律向前发展，没有任何力量能够阻挡历史前进的车轮。马克思、恩格斯早在《德意志意识形态》中就指出：“各个相互影响的活动范围在这个发展进程中越是扩大，各民族的原始封闭状态由于日益完善的生产方式、交往以及因交往而自然形成的不同民族之间的分工消灭得越是彻底，历史也就越是成为世界历史。”

之所以构建人类命运共同体是大势所趋，是因为马克思和恩格斯在《共产党宣言》中已经明确指出，未来的共产主义社会“将是一个以各个人自由发展为一切人自由发展的条件的联合体。”并且，德国哲学家、教育学家雅斯贝尔斯也指出，“教育正是借助于个人的存在将个体带入全体之中。个人进入世界而不是固守着自己的一隅之地，因此他狭小的存在被万物注入了新的生气。如果人与一个更明朗、更充实的世界合为一体的话，人就能够真正成为他自己。”

能力训练

案例 2.1.2

“三点半”，怎么办——来自湖南长沙的学校课后服务报告

“放学了，谁能来接我？”短短 8 个字的简单一问，却成为近些年教育行政部门、学校、家长等各方都感到为难的一件事情。

对此，湖南省会长沙，拿出了自己的方案：主动担责，以学校为主体、在校内提供“三点半”课后服务；启动收费，引导家长合理使用公共教育资源；抓实细节，让课后服务的管理更加贴心；优化课程，提升课后服务的品质。

针对家长的“三点半”课后服务需求，长沙市雨花区曾经做过调研。有家长表示，不需要课后服务；有家长希望，学校提供“一对一”课业辅导；有家长提出，课后服务能否延迟到晚间七八点；有家长认为，课后服务要以发展学生兴趣特长为主；也有家长说“只需要作业辅导”。

按照公益性非营利原则，同时根据长沙实际实行最高限价管理，收费标准最高不超过每生每期 1000 元，各校具体收费标准由同级教育行政部门在审核课后服务工作方案时一并明确。

雨花区砂子塘吉联小学探索的“走班制”课后服务；开福区北辰小学分年级、分时段、分批次的错峰放学；麓山国际实验小学，将语文教研集中安排在每周四上午，该时间段，教务处不安排语文课；岳麓区博才咸嘉小学，将周五下午固定用于教师业务学习，课后服务课程由校外师资负责等。

根据义务教育阶段“体艺 2+1 项目”的实施要求，各学校可充分利用课后服务时间，结合学生个性特长、兴趣爱好加强学生综合素质、实践能力培养。比如，天心区实验小学便制定了自己的“三点半”课后服务课程——以篮球、足球、健美操等学校原来就有的特色俱乐部为基础，将学校特色社团与课后服务课程结合在一起。

目前，长沙大部分开展课后服务的学校，在课程设置方面，采取的都是与天心区实验小学相类似的方案，即服务内容与学校特色相结合、与校本课程相结合。

问题与思考

1. 你有课后服务经历吗？如果有，与案例中情形相同吗？
2. 课后服务改变了教育功能吗？如果有改变，体现在哪些方面？
3. 在当前社会环境下，你认为课后服务合理吗？请简要论证。

第二节 教育与政治

学习目标

1. 了解社会的涵义及其构成。
2. 了解政治的含义与形态。
3. 理解政治对教育的作用。
4. 有逻辑地阐述教育的政治功能。
5. 掌握人的政治社会化、教育体制的定义。
6. 熟读案例分析和思想资源，理解相关观点。
7. 根据分析建议独立完成案例分析。

观点与原理

1. 社会是以共同的物质活动为基础而相互联系的人们的总和。从活动的角度来看，社会由政治、经济、教育、文化、科学技术和军事及宗教等构成。社会及其构成为教育发展奠定了重要基础。

2. 政治是经济的集中表现，是政府、政党、社会团体和个人在内政及国际关系方面的活动。政治以政权为核心，具有多种紧密联系的表现形态，包括政权斗争形态、政治机构形态、政治活动形态、政治观念形态。

3. 政治、教育作为同时存在于社会之中的两种相对独立的活动，必然发生着相互作用。

4. 政治对教育具有直接决定性的作用。这种作用是多维度、多层次的，由政治自身性质所决定，其发挥机制是掌握教育的权利（权力），规定教育的性质、法规、方针、目的和任务，确立教育体制，制定思想政治课程标准与内容等。

5. 教育体制是指教育机构的设置及其相应的权限划分以及各级各类教育机构、权限之间的相互关系。

6. 教育具有政治功能，即推进政治民主化的功能。这种功能表现了教育具有为政治服务的可能，其实现的途径是完成新生一代的政治社会化进程、培养政治人才和制造并传播推进（或阻碍）政治发展的舆论以及优化本国的国际政治形象，维护社会政治稳定，促进政治变革等。其中，人的政治社会化是指人具有某种政治意识并表现出一定的政治行为的过程，即由自然人转变为政治人的过程。

7. 教育对政治人才的培养只是为政治人才的存在提供了可能。可能转变为现实，即政治人才的形成，还需要经过国家、社会对政治人才的选拔和再培养。

8. 教育的相对独立性是指教育具有的独特发展规律和能动性。其存在的依据是教育作为独立的社会活动有其内在的独特要素及矛盾。

9. 发展教育应首先遵循教育与政治关系的规律，违背教育规律的代价是巨大的、惨痛的。

典型案例解读

案例 2.2.1

政治人才的培养与形成

从历史上看，各个国家的政治人才几乎都是受过一定的教育的人。不过，在古今中外，各个国家的教育在政治人才形成过程中发挥的作用及其形式却有所不同。

1. 董仲舒（公元前 179—前 104），广川（今属河北省景县）人，是研究《公羊春秋》的大师，景帝时为博士。他以“三年不窥园”的治学精神和学术上的高深造诣，赢得了当时读书人的尊敬，纷纷拜他为师。他教授弟子众多，创立“弟子传以久次相授业”的教学制度。董仲舒在《举贤良对策》中提出的建议，受到汉武帝的赏识，开始参加实际的政治活动，先后担任过江都王刘非和胶西王刘端的国相。但在政治上并不得志，于公元前 121 年托病弃官归家，潜心著书讲学，不问私家产业。朝廷每遇大事，则派人征询董仲舒的意见，可见其仍然受到武帝的尊重。

2. 韩愈（768—824），字退之，唐河南河阳（今属河南孟州）人，祖籍昌黎，故人称韩昌黎，唐代著名的文学家、思想家和教育家。韩愈生于世代官僚家庭，个人生活道路曲折，一生处于社会动荡不安阶段，辗转于河内、长安、韶州、宣州等地。七岁开始读儒家经籍，学习特别勤奋，记忆力甚好，重视博览百家，尤好西汉司马迁、司马相如、扬雄的文章。青年时曾从独孤及、梁肃、萧存等游学，受其影响，钻研古文，潜心儒道，奠定一生学问的基础。贞元八年（792）进士及第。贞元十二年被汴州刺史、宣武节度使董晋招为幕僚，任观察推官，并首次接受弟子，开始教育活动。以后多次起伏，迁徙不定，先后在地方和京都任官，曾为四门博士、权知国子博士、国子博士、国子祭酒。他是当时三个运动：思想文化运动、文学运动和教育运动的主要倡导者。

3. 王守仁（1472—1529），字伯安，号阳明子，浙江余姚人。少喜言兵，善射。弘治十二年（1499）登进士。疏陈边务，授刑部云南清吏司主事。弘治十五年（1502），告病归越，筑室阳明洞中，行导引术。正德元年（1506），上封事，忤刘瑾，下诏狱，谪贵州龙场驿驿丞。正德三年（1508）迁至龙场。始悟格物致知。次年，受聘主贵阳书院；始论“知行合一”之旨。正德五年（1510）升庐陵县知县，为政不事威刑，以开导人心为本。入觐，迁南京刑部四川清吏司主事。次年调吏部验封清吏司主事，后升文选清吏司员外郎、考功清吏司郎中、南京鸿胪寺卿。正德十一年（1516）升都察院左佥都御史、巡抚南赣汀漳等处。此后长期活动于江西、浙江、两广等地。其中正德十六年（1521），因在江西平“盗”及平宁王朱宸濠谋反有功，被封新建伯。这一时期，是王阳明教育思想逐渐体系化的时期，也是其教育实践最有成果的时期。嘉靖七年（1528）卒于南安。

4. 李贽（1527—1602），原名李载贽，号卓吾，又号宏甫、笃吾，别号温陵居士、百泉居士等。福建泉州府晋江县人。李贽父亲李白斋是个教师。李贽 7 岁开始，随父亲读书，23 岁考取秀才，26 岁乡试及第。四年后，才获得河南辉县（共城）教谕的职位。此后，他断断续续地当过一些小官，最后官至云南姚安知府。万历八年（1580）致仕，时年54岁。

李贽是我国封建时代后期著名的反封建启蒙运动的先驱。他顺应当时历史发展的趋势，在哲学、政治、经济等方面都提出了一系列进步主张。在教育方面，他大胆提倡打破儒家思想的一统天下，发展学生个性，男女有平等的受教育权利等。这些主张在当时产生了振聋发聩的作用。

5. 富兰克林·罗斯福的成长片段

富兰克林·罗斯福（1882—1945）于1896年9月，进入美国著名的格罗顿公学。这所学校是按照美国上流社会教育思想建立起来，专为豪门巨富子弟进入名牌大学作准备的预备学校。它于1884年建立，很快就跻身于历史超过百年的著名寄宿学校之列。

格罗顿公学灌输强有力的基督教义，提倡斯巴达式生活。在海德公园的家里，罗斯福拥有一间俯瞰草坪的舒适房间，而在学校里，他寄宿在宽6英尺（约1.83米）、长10英尺（约3.05米）的房间里，这里只有一些生活必需品，入口处挂一帘子，聊以代门。每天早上7点钟，学生们被持续的铃声唤醒，接着在宿舍督监的吹哨声中去洗冷水淋浴，不管是什么季节，天天如此。8点15分，孩子们做早祷，接着去上课。一天的正餐安排在中午。下午的其他时间排满了课和必须参加的体育锻炼。再洗一个冷水浴后，穿上漆皮鞋去吃晚饭，然后是晚祷和自习。在年轻的罗斯福的心灵中，皮博迪校长已取代了他父亲的地位，而他的父亲已进入垂暮之年。罗斯福在当了总统后曾给皮博迪写信说："在我性格形成时期，我有幸得到你亲手指引和你的风范的激励，我把这看作我一生的福祉之一……对于你一贯给予我的和现在给予我的一切，我深怀感激之情。"

格罗顿的教学方法独具一格。虽然学校的宗旨是培养国家领导人，但奇怪的是几乎不讲授有关美国的课程。教师们十分卖劲地让孩子们熟悉英文经典著作，每天晚上为他们朗读。在第一学年，罗斯福学了拉丁文学、希腊文学以及英国和法国的文学，希腊和罗马的历史、代数、自然科学和神学。他的第一次成绩报告单表明，按十分制评分标准计算，他得了较好的平均分7.79分，在全班学生中名列前5名。但是，他的体育课成绩却比较差。格罗顿是崇拜体育明星的。皮博迪认为，一个合格的学生应该是合格的运动家，应该有运动健将的拼搏精神和豪爽的风度。

1897年春季，罗斯福对政治、特别是对美国海军的兴趣又一次受到了激发。

……

就在这一年，罗斯福阅读了美国作家麦克莱的《美国海军史》和马汉海军上将的《制海权的影响》和《纳尔逊生平》。马汉对海军战略基本原理阐述得十分明晰透彻，使罗斯福读起来感到既有所启迪又是一种乐趣。罗斯福的传记作者奥尔登·哈奇说："罗斯福一生中曾反复阅读这本著作，最后就像移居美洲的英国清教徒熟悉《圣经》那样熟悉它。"

1900年9月25日，罗斯福从纽约来到哈佛时，这座大学正处于"黄金时期"。哈佛大学是美国东部权势集团为造就上流社会接班人创办的名牌大学。在美利坚合众国诞生前140年，它就被创建了。

在哈佛大学，罗斯福选读了特别适合政治生涯的课程。他在摆在面前的五花八门的课程中，选择了历史和政治作为主修课，而把英语和演讲作为副修课。他也学习拉丁文、法文、地质学和经济学。

入校一年以后，罗斯福参加了哈佛共和党人俱乐部，从此开始了自己的政治生涯……大选前不久，他随同哈佛大学和麻省理工学院的大约1000名学生参加了一次火炬游行。与此同时，他还参加了创办《红色哈佛报》的工作。……罗斯福向主编提出要访问校长，主编认为不可能得到回答。罗斯福坚持要试试看。哈佛校长接见这位学生记者时，态度之严峻果然不出所料。他冷冰冰地反问道："我为什么必须告诉你投谁的票呢？"罗斯福说："这是因为，如果你的投票代表你的信仰的话，你就应该乐意把你的影响放到天平上去。"就这样，在这位年轻人咄咄逼人的进攻下，埃利奥特一改声色俱厉的态度，高兴地回答了这位学生记者的问题。罗斯福采访的这一独家新闻，不仅登在《红色哈佛报》上，而且成了全国各家报纸的头条新闻。

案例分析

教育具有政治功能。其政治功能的发挥主要是通过政治人才的培养与选拔。因为，政治人才首先是人才，需要有生存与发展所必需的知识、能力和修养。从历史上看，教育的发展与其对于政治所具有的特定功能是分不开的。无论是在中国，还是在外国，各个国家都重视通过教育培养和选拔政治人才。在中国，自从"仕而优则学，学而优则仕"的思想出现之后，几乎各个朝代都十分重视通过教育培养政治人才。

教育培养与形成政治人才的路径主要是在学校里开展思想政治教育，设置思想政治类课程，促进未来公民思想政治意识的形成，以及政治活动的开展等。

古今中外政治人才的培养与形成具有不同的类型。古代中国采取的是"学而优则仕"的方式，而在国外则通过民主选举的方式。这说明政治人才的培养与形成反映的是可能与现实的关系，是教育、社会的传统与现实教育、社会的状况之间博弈、协商的结果。当然政治更有话语权。

案例还展示出，学校活动是社会活动的雏形，学校的政治组织能够帮助学生形成政治信仰，熟悉政治系统的运行，以及政治活动的方式等，为学生的政治社会化——学生与外界社会政治环境交互感应或模仿学习——提供了实践条件和经验基础。

从案例中，我们也能看到东西方国家在家庭教育方面、学校教育方面以及家校关系等方面存在着差异。发现差异是教育研究、教育（学）发展的重要基础，尤其是国内外教育差异，因为我国的教育是中国特色社会主义的教育，教育发展需要扎根中国。同时，必须放眼世界，面向全人类，发现人类社会、知识和教育发展的大势，加速中国特色社会主义现代化教育强国的全面建成。

思想资源

历史沿革

H1. 政治的词源

政治是一种社会现象，它产生于阶级社会有了国家以后。从词源学上看，"政治"一词源于希腊文πόλίš，意指作为物质实体的城市。随着时间推移，词义扩展为对"各种城市生活的处理，特别是公共事务的管理。"显然，能掌管古代城市的人只能出自统治阶级，无论是寡头政治、君主政治还是所谓民主政治，这一点均不例外。历史发展到近代，不同的阶级都有自己不同的权利与义务，政治的内容与形态都复杂化了，它包括了各阶级为维护和发展本阶级的利益而采取的策略、手段和组织形式。对于统治阶级来说，政治就是对国家的管理，对统治权的维护。

H2. 教育与政治关系的演变

教育与政治的关系从历史上看，经历了两个大的阶段：从“教育从属于政治”到“教育相对独立于政治”。

古代社会，教育融合于政治之中，教育活动是从属于政治的。古代的东西方社会，统治阶级均采用专制的暴力统治，并以“教化”作为暴力统治的辅助手段，这就使得教育成为政治活动的附庸。

近代以来，教育与政治的关系发生了变化。一方面，近代资本主义社会的形成，是以否定封建专制统治和特权阶级利益为特征的，并以“民主、自由、平等”等作为资产阶级民主政治统治的口号，这就使得资本主义教育有可能不再是专制统治的附庸；另一方面，近代教育思想的先驱极力主张“教育自由化”“教育中立化”“教育世俗化”“学校与宗教分离”等思想，也为教育不再依附于某种政治提供了一个思想切入点；而更直接的原因是近代学校系统的成形，教育组织正规化、教育活动制度化，标志着教育已成为社会分工中的一个独立部门。这就使得教育活动与政治活动有了明显的区别，教育人员与政治人员之间的分工愈益明确，从而使得教育与政治的关系有了各种新的变化。

教育与政治关系的这种变化，推进了教育与政治的矛盾运动：一方面，资本主义商品经济的发展与生产关系的确立，客观上需要商品生产者之间平等地自由竞争，以及能提供可以“自由”出卖的劳动力，这就产生了“自由教育”或“民主教育”的需求；另一方面，为了维持资产阶级国家政权，需要统一的国家意识和民族意识，这就必须实现个人的政治社会化，因而又产生了“政治教育”（或谓“国家教育”与“民族教育”）的需求。正是由于教育在选择国家意识和个人自由之间的这种矛盾状态，形成了西方国家教育与政治关系的多种模式。例如，法国的中央集权制，英国的放权制，美国、德国的地方分权制等。

理论资源

T1. 教育与政治关系的观点

1. 亚里士多德指出：“忽视教育就会危害政治。应陶冶公民使他们的生活适应于政府的形式。”

2. 从民主的观点看，一方面，政治本身即是教育，这种教育不同于过去只局限在特权阶层的政治与教育（柏拉图心目中的伟大理想），它是全民族的教育。另一方面，教育也是政治的基础，或者反过来说，政治铸造了教育以超政治的理性特色，其结果可以从每一个人身上看出来，政治以公开的形式进入个人的私生活中。

持不同看法的政治家认为，政治并非教育，而是少数人的专职。对此，这些人的私生活如何并不重要，而且老百姓的私生活也与政治毫无关系。政治是公开的，个人隐私生活中的伦理道德并不能帮助政治。政治也不是沉默的民众所造成的，因此政治如要依赖于每个人的理性，纯属空想。

然而，这种现实主义是多么不实际！所有的政治只要它不是一时的统治手段，而是对基础的巩固和延续的话，那它必然是全民的教育。政治的存在是靠着民心的向背而决定的，即便是在选举中，这种民心也会显现出来。沉默的民众是道德精神的承担者，而所有的政治又与此紧密相关。通过教育，首先是家庭教育，然后是学校教育，沉默的民众拥有了自己的存在。如若缺少了道德因素，那么所有的人都会被实用政治带进黑暗的深渊。

3. “是故，古之王者，建国君民，教学为先。”

4. “子夏曰：‘仕而优则学，学而优则仕。’”

5. “仁言不如仁声之入人深也，善政不如善教之得民也。善政民畏之，善教民爱之。善政得民财，善教得民心。”

T2. 社会主义核心价值观的意义自觉

社会主义核心价值观是中国政治文化中的一个重要概念。党的十八大报告提出：“倡导富强、民主、文明、和谐，倡导自由、平等、公正、法治，倡导爱国、敬业、诚信、友善，积极培育和践行社会主义核心价值观。”深刻理解和把握这一精神，是我们培育和践行社会主义核心价值的基本前提。

社会主义核心价值观的提出，彰显了社会主义的价值维度。改革开放以来，我们始终注重从价值的角度来认识和理解社会主义。“社会主义核心价值体系”和“社会主义核心价值观”概念的提出，充分反映了我们对社会主义价值，以及社会主义价值与社会主义本质的关系的认识达到了一种理性自觉。

社会主义核心价值观是社会主义根本的价值理想、价值原则，从价值层面上回答了“什么是社会主义、怎样建设社会主义”。对中国特色社会主义而言，社会主义核心价值观是它的生命之魂，表达出它特有的精神气质。没有社会主义核心价值观的自觉，就没有中国特色社会主义的道路自觉、理论自觉、制度自觉。不仅如此，由于社会主义核心价值观指引着中国特色社会主义道路的发展方向，推动着社会主义理论体系的发展，引导着社会主义制度的进一步完善，因此，社会主义核心价值观的自觉，不仅意味着中国特色社会主义的自我理解，还意味着它的自我建构。

人们总是生活在一定的社会秩序中。任何健全的社会都具有稳定和谐的经济、政治、社会秩序，也有着稳定和谐的价值秩序。要真正形成价值秩序，就必然需要一种核心价值观来调节与整合多元价值的紧张与冲突，统摄价值生活。因此，任何一个成熟的社会和文化都会致力于建构和不断强化其核心价值观。社会主义核心价值观承担着引领现代社会价值秩序建构的历史使命。通过社会主义核心价值观的凝练、彰显，人们能够对多样化价值予以批判性整合，对价值之间的冲突加以调解，以此理解和统摄社会生活，消解价值观的物质主义、相对主义、虚无主义，从而有效建构精神家园，在多样化价值的喧嚣声中，安顿自己的心灵。社会也能够找到全体社会成员在价值认同上的最大公约数，在具体利益矛盾、各种思想差异之上最广泛地形成价值共识，有效引领整合纷繁复杂的社会思想意识，有效避免社会分化带来的思想对立和混乱，形成稳定有效的现代价值秩序。

任何一个民族和国家都有自己的文化，任何一个民族和国家的崛起，不仅伴随经济的强盛，而且伴随文化的昌盛。当今时代，文化越来越成为民族凝聚力和创造力的重要源泉，综合国力竞争的重要因素，人们称之为软实力。谁占据了文化发展制高点，谁拥有了强大文化软实力，谁就能够在激烈的国际竞争中赢得主动。世界上越来越多的国家把提高文化软实力作为发展战略的重要内容。文化的核心是价值观，而文化的力量，归根到底来自凝结其中的核心价值观的影响力和吸引力，文化软实力的竞争，本质上是不同文化所代表的核心价值观的竞争。社会主义核心价值观这一概念的提出，意味着当代中国对提升国家文化软实力的一种自觉。同时，也正是凭借社会主义核心价值观，当代中国社会进行着自我认同，实现自我确认，回答“我们是谁”的问题，显现自身的特殊性、差异性和同一性。只有具有这样的价值观自信，才会有中国特色社会主义的道路自信、理论自信和制度自信。

T3. 教育社会学家的政治功能观

马克思曾经指出：“一方面，为了建立正确的教育制度，需要改变社会条件；另一方面，为了改变社会条件，又需要相应的教育制度。”这对于我们认识教育与政治的关系同样适用。教育既受制于政治，同时也反作用于政治。

（一）教育的社会政治延续功能

社会政治延续既包括社会统治阶级为保护现有利益所进行的政治维持，也包括社会统治阶级为谋取更大利益所进行的政治革新。教育在社会政治延续中的作用主要表现在以下两个方面。

1. 教育在实现社会政治目标中的作用

列宁曾多次谈到，世界上没有脱离政治的教育，教育总是服务于一定的政治目标的。即便是在西方国家，现在许多学者在论及教育与社会的关系时也直言不讳地指出，教育在实现社会的政治目标中的功能就在于帮助社会成员内化社会政治目标并激起相应的政治热情，培养社会成员实现这一目标所必需的各种行为能力。

2. 教育在发展社会政治关系中的作用

一方面，学校教育通过对现存的统治阶级支配地位及社会政治关系格局加以“合理化”并以传授系统化、理论化知识的形式向学生灌输相应的思想意识，使这些未来的社会成员认同、服从并适应统治阶级的支配与社会政治关系的格局；同时，它还通过培养出各种规格的政治人才，使统治阶级的力量得以补充，使现存的社会政治关系格局得以巩固。在这个意义上，学校教育实际上在进行着社会政治关系的再生产。另一方面，教育在发展社会政治关系的功能主要体现在两个方面。首先，教育通过适应社会职业结构的变化来保证社会政治阶层的重组。教育，尤其是学校教育在这一过程中具有不可忽视的保证作用。这是由于，在现代社会中，个人的职业选择与职业对个人的选择在很大程度上都取决于个人的受教育的程度与类型。这样，尽管社会经济的发展必然导致社会职业结构的变化，但变化了的社会职业结构则需要学校教育提供人力资源的补充。学校教育通过改变自身的层次与类型结构、培养出各种规格的人才，以适应社会职业结构的变化、满足社会就业人口重新分布的需要，这就在客观上促成了社会政治阶层的重组及由此而导致的社会政治关系格局的调整。在这个意义上，可以说学校教育实际上对未来的社会成员进行着政治阶层的预分配或初次分配。其次，教育通过赋予某些社会阶层以文化资本来提高其政治地位。政治地位不是空洞之物，它需要有各种资本，其中就包括了文化资本。作为一个社会阶层来讲，通过教育获取一定的文化资本，是提高本阶层的政治地位的重要条件。

（二）教育在推进社会政治生活中的功能

教育在推进社会政治生活中主要具有以下两方面作用。其一，教育通过提高统治阶级的文化素质而使统治阶层的政治管理趋于科学化。在政治方向相同的情况下，统治阶级的受教育程度越高、文化素质越好，其政治管理科学化程度也越高。其二，教育通过提高国民的政治素养而使国民的政治参与趋于大众化。教育的作用就在于通过培养人的政治参与意识与政治参与能力，将人从可能的政治参与主体转化为现实的政治参与主体。在这方面，思想政治教育无疑起着至关重要的作用，这里所说的思想政治教育既包括以专门形式进行的，也包括渗透于科学文化知识教育之中的。

（三）教育在社会成员的政治社会化方面的功能

社会成员的政治社会化水准关系到社会的稳定和巩固，关系到社会的改革、发展与进步，甚至关系到它的存亡。影响社会成员政治社会化的因素主要有：家庭、学校、同辈群体、工作单位和大众传播媒介。人们普遍认为，在社会成员的政治社会化过程中，学校教育系统显然是最强有力的影响因素，这是因为学校是为社会培养未来成员，使他们将来参与社会政治活动以至直接参政。其一，与社会中其他影响因素相比较，学校中所传播的政治文化一般是社会中的主流政治文化亦即统治阶级的政治文化，受这种政治文化的影响，人们容易形成与统治阶级相一致的思想意识，从而认可并自觉地维护社会中现存的种种关系，包括政治关系。其二，学校不仅有目的、有计划、有组织地向学生灌输政治文化，而且，较之其他影响因素来说，学校更加注意自觉运用心理学、教育学和社会学等科学的研究成果来指导自己的教育工作。其三，学校对人的政治社会化影响适逢人的心理发展的最佳时期。儿童和青少年时期的学习发生在心理发展的可塑性阶段。而且，由于学习是连续性的，先期所接受的概念、信息及形成的情感对于后来所要学习的概念、信息及情感常常起着过滤器的作用。不可否认，儿童与青少年时期已经取得的“政治性发展”对其日后的政治成熟将起着相当程度的奠基作用，这可以说是学校之所以对人的政治社会化具有深刻影响的又一原因。其四，学校首先是通过正面教育的方式对学生进行政治文化灌输的。在此基础上，学校还通过活动和交往的途径对学生施加政治影响。学校的活动和交往往往有着明确的政治目的或带有主流政治文化。此外，学校还通过课外活动等方式把它对学生的影响扩展到校外。

总之，学校教育是统治阶级进行社会控制的重要政治工具，普及义务教育乃是提高社会的普遍政治水准的至关重要的一环，学校通过课程、教师和学校活动向学生传播主流政治文化。

数据资源

D1. 一些国家政府官员的高等教育学缘

在近现代的西方社会，居于社会领导地位的人，普遍具有较高的学历。例如，在英国，1951年，有32.5%的保守党议员上过伊顿和哈罗公学，有80.5%的人上过牛津和剑桥大学。在美国，1789~1953年，约有67%的高级政治领导人（包括总统、副总统、众议院院长、内阁成员、最高法院法官）是大学毕业生，其中绝大多数毕业于名牌的和地位很高的东部院校，如哈佛、耶鲁、普林斯顿、达特默思等等。在日本，1937年在总数为1377名文职官员中，有1007名即73.6%的人是东京大学的毕业生。

有些国家，例如土耳其，还明文规定任命高级行政机构职务——诸如总督（省长）和副总督的先决条件是上过大学，尤其是上过安卡拉大学政治学院和法律学院。

据20世纪70年代末统计，在英国，95%的外交官员，88%的大使，37%的高级将领，86%的高级法院和上诉法院的法官和88%的主教是从几所著名的公学毕业的。

能力训练

案例 2.2.2

教育与政治——几百小学生乱石丛中上课

“当”！“当”！“当”！

2006年2月21日上午8时30分，丰都县高家镇石龙庙村薛家坪坡顶一块上千平方米的坝子乱石丛中，清晨寒冷的薄雾还没散完，石龙完小的240余名小学生已随着钟声奔向他们的“课堂”，上他们当天的第一节课。

没到3分钟，孩子们已纷纷找到了自己的位置。12岁的五年级学生任贵容提着书包直奔坝子左前方的乱石丛，在一块较为平坦的石头上坐下。同学们将书摊开在膝盖上，听邓老师讲新课文《燕子》。石头冰凉，不少人将书包垫在了屁股下。

在乱石铺就的平坝上，学生们按班级为单位围成了大大小小不同的圆。每班均相距不远，读书声清晰可闻。山顶上寒风不时刮过，冰冷刺脸，而其中偶尔还夹杂有小雨点飘下，有孩子将连衣帽罩在头上，手缩进袖中。

看着这一切，校长谭红军心里很不是滋味，因为在孩子们身后，一栋蓝白相间的崭新两层教学楼已屹立一旁。因为修新教学楼，孩子们已在外“流浪”两年，四处租农户的房子当教室，但学校修好了，师生们却只能望楼兴叹：因差包工头9万多元的平场费，教学楼被锁上，不许学生进，要求“必须交钱才开门”。从12日开学到现在，学生们因没地方上课而改行劳动3天。后来没办法，孩子们只能在露天坝上课4天，部分孩子已被冻得感冒。

学校决定被迫搬迁是在2004年。谭校长说，当年，县教育部门检查发现，该校以前的教室属严重D类危房，不再适合教学，必须搬迁。学校提供的2004年3月8日高家镇党政办会议纪要上写明，石龙完小的搬迁占地面积15亩，其青苗补偿、土地调整、挡土墙、平场、电缆线的搬迁由高家镇政府负责，而教学楼经费由县教委负责解决46万元。

丰都县移民建筑公司项目经理陶海波说，“教学楼已完工验收，费用也由县教委支付，但教学楼前的平场费9万多元却一直没给。我多次找到镇政府，但余镇长以当时没参会为由不理我，也不提及支付时间。”因为害怕政府赖账，才出此下策，并不是缺乏同情心：“考虑到学前班孩子小，怕他们冷病，从开学至现在，我给他们单独开了一间教室，另还开了一间教室给老师休息。”

我们没有在镇政府找到余镇长。但是，镇党委书记陈胜华迅速从县城赶回处理：“这几天一直在县里开两会，没想到出了这事。”陈书记坦称，事情本来在开学前就应处理完，出现变故是因“镇里有个别领导对政府负担此笔费用有看法，孩子们已在野外上课4天，绝不能再继续下去”。陈书记随即召集党委成员开会，研究决定立即借钱支付平场费的欠款。

2006年2月21日下午，陶经理收到政府支付的平场费，当即将钥匙交给了学校，240多名小学生终于结束了在外流浪学习的生活。

问题与思考

1. 政治对教育作用的机制是什么？
2. 政治对教育产生影响的后果是什么？

第三节　教育与经济

学习目标

1. 了解经济的一般知识。
2. 理解教育与经济的一般关系。
3. 理解经济对教育的作用。
4. 掌握教育的经济功能。
5. 了解教育与经济关系的相关理论。
6. 熟读案例分析和思想资源，理解相关观点。
7. 根据分析建议独立完成案例分析。

观点与原理

1. 经济主要是指物质资料的生产与再生产。在现代社会，现代经济包括以机器、电子技术生产工具为标志的社会生产力和价值规律、竞争机制为特征的商品经济（市场经济）。

2. 经济与教育之间存在着相互作用，其机制主要是人力资源、物质资源和财力资源的交换。

3. 经济对教育具有间接的决定作用（当然间接决定不等于相互联系全部是间接的）。这是由经济为整个社会提供经济基础的特性所决定的。

4. 经济对教育的作用主要通过影响教育的物质基础，教育的培养目标、内容和媒介，教育发展的规模、速度和结构[①]，教育培养的人才的流动等因素得以实现。

5. 教育的经济功能是促进经济健康发展。具体地说，第一，教育为经济持续稳定的发展提供良好的背景、基础和条件。第二，教育为经济发展的各个部门提供一支数量足够、质量较高和搭配合理的人才队伍。第三，教育促进人的经济社会化，即帮助人们形成各种新的观点、态度、行为和习惯，以适应现代经济生活和现代生产的节奏和变化。第四，教育能够产生经济效益。

典型案例解读

案例 2.3.1

专业调整——当前高校缓解就业压力的新途径

2020 年 10 月，社会第三方专业机构基于麦可思公司 2019 年度的大学毕业生跟踪数据而撰写的《2019 年中国大学生就业报告》（就业蓝皮书）发布，数据显示，毕业生待就业压力未明显增加，高职高专就业率稳中有升。2018 届大学毕业生的就业率为 91.5%。其中，本科毕业生就业率（91.0%）缓慢下降，较 2014 届（92.6%）下降 1.6 个百分点；高职高专毕业生就业率为 92.0%，较 2014 届（91.5%）上升 0.5 个百分点。近两届高职高专毕业生就业率高于

---

① 事物的结构即事物的构成元素及其关系。教育结构的划分有多种方法，如按层次、按学习内容、按办学形式，如按宏观、微观。宏观教育结构包括程度结构、类型结构、管理体制结构、分布结构、宏观控制的教育专业结构等。微观教育结构包括学校的专业设置结构，学校的课程结构，学校的组织结构，学校的人员职能结构，学校的物质基础结构等。教育结构具有整体性、复杂性、适应性、相对稳定性。经济结构包括产业结构、技术结构、所有制结构、分配结构、消费结构、交换结构等。

同届本科毕业生。有调查指出，2019届全国普通高校毕业生达834万人，比2018年多出14万人。记者采访了多所高校，获得的就业数据显示，高校毕业生就业率较去年同期大体相当。中国人民大学中国就业研究所联合智联招聘针对我国2020年度高校应届毕业生的就业进行了全面分析显示，获得工作的与用人单位签约的比例仅为26.9%；而未签约者比例为73.1%。

针对就业困难，国家教育部、全国各地的教育主管部门和大中专院校纷纷从专业设置的角度寻找出路，力图缓解当前我国大学毕业生就业压力。

早在2003年，东北师范大学就开始探索创新路径，选择了打破专业界限，对于一些相同学科门类的专业采取先从大的门类中录取，两年后根据学生的成绩、志愿情况重新选择其中的专业。这项新举措涉及的专业是，经济学类、工商行政管理类、生物学类、数学类等。其中，经济学类学生可选择经济学、国际经济与贸易、金融学、财政学等专业；工商管理类学生可选择工商管理、会计学、市场营销、人力资源管理等专业；生物学类学生可选择生物科学、生物技术等专业；数学与应用数学专业可选择数学与应用数学、统计学等专业。

到了2021年，教育部公布的高校招生专业目录新增37个本科专业。今年新增的37个本科专业涵盖法学、教育学、历史学、理学、工学、农学、医学、管理学、艺术学九大门类，其中工学类占比最高，其次是农学。新增专业中有约1/3属于电子信息类和人工智能类，其中包括智能采矿、智慧交通、智能飞行器技术、智能影像工程等。共有43所高校通过了新增专业的审批。时任北京航空航天大学招生办公室主任的邓怡在接受采访时表示："依托强势的学科基础，根据国家战略需求和经济社会的发展来新设国家最紧缺的专业。智能飞行器专业是通过航空航天大类这个专业来进行报名，结合了我们像信息学科、飞行器设计等等，来培养这样一个交叉学科。"

同时，高校按照学科大类招生已成为一种趋势，越来越多的高校将相同、相近的学科门类，同院系或者不同院系的专业合并，打破学科界限，按一个大类招生。考生填报志愿时，直接按照专业大类的名称来填报。入学后，学生先进行一年的通识教育，再确定专业方向。这样有助于减少考生在报考时专业选择的盲目性，有助于宽口径、厚基础、精专业、复合型人才的培养。例如，中国人民大学最新设置了工商管理–法学、应用经济–数据科学、应用经济–农村区域发展管理、法学–新闻学、国学–古典学5个"双学士学位复合型人才培养项目"，学生完成本科四年学习后可获得两个教育部学位认证。同时，全校各本科专业均实施双选认证制度，各专业制定模块课程，零门槛面向全校学生开放学习，若毕业前达到相关专业辅修培养方案的要求，即可申请认证辅修第二学士学位或辅修第二专业。在上海大学，在原有大类基础上，今年新增"冶金工程–信息管理与信息系统""土木工程–工程管理"两个双学士学位项目，培养跨学科交叉复合型创新人才。同时，为响应上海市打造国内集成电路产业高地的区域战略，微电子学院紧扣产业需求，创新机制与集成电路龙头企业、研究院、科技园区等展开合作开发课程，并组成联聘导师团对学生展开全方位指导，建立起集成电路领域紧缺复合人才培养新模式。北京化工大学学校注重教育教学改革，确立"教学以学生为主体"的教育理念，探索创建灵活多样的多种培养模式，不断优化人才培养方案，全面贯彻"宽口径、厚基础、广交叉、多综合、重能力、倡创新、兴人文、健身心"的人才培养思想。其中，按学科大类招生，为学生提供更多的专业选择空间，按大类招生的专业有生物工程类、工商管理类、公共管理类、信息与计算科学、自动化和电子信息工程。学生在经过一年到两年的学习以后，对专业设置及研究方向有了更为深刻的认识，可以结合自己的学习成绩和未来规划，根据自己的兴趣更加理性地选择，尽可能避免盲目性。

案例分析

近年来，我国高校毕业生的就业压力日益增大，大学生就业问题成为亟待解决的社会问题。虽然中央政府在顶层设计上始终注重强化经济治理、教育治理，深化经济社会和教育等领域的全面改革；尽管大学生就业难是由多重因素造成的，但其中因素之一就是学校专业设置的弊病。因此，教育工作者应担负起历史使命，着力于主动改革，关切每一名学生的职业生活。从经济社会发展和教育自身发展的角度，调整专业设置，停招一些专业，增设一些专业，坚持“宽口径、厚基础、精专业、复合型”的专业设置是合理的、适切的。这样也体现了当代教育发展的规律之一：教育先行（见本节T1）。

在计划经济的时代，我国高校的专业设置忽视了市场对于不同规格人才的需求。20 世纪末，有一些地区和院校也曾做了一些调整。但是高校“扩招”政策推行以来，一些高校片面重视学校规模的扩大，只顾眼前利益，不重视专业调整和学校的长远发展，致使专业设置无视市场需求，毕业生的专业无法接轨职业。有人提出，将“三率”，即学生报考率、新生报到入学率和毕业生就业率，作为高校专业设置的依据。这无疑是敦促高校在专业设置上着眼于市场的需求，提高教育质量的一种有益探索。因为学生报考率和新生报到率反映的是学生及学生家长对于市场经济发展对人才需求的评估，如果学校在这“两率”上分数高，则足以表明学校专业设置考虑到市场的需求。毕业生的就业率一方面可以反映出学校专业设置是否符合市场需求，另一方面也可以评估出学校教育的质量。但是，市场经济本身具有一定的盲目性、无序性和滞后性，而教育又是关系国计民生的重要事业，因此高等院校在专业设置上又不能仅仅着眼于市场的需求，对于一些基础性的专业依然要予以保留，而且，加强基础学科和前沿学科建设、推进基础学科高层次人才培养模式改革还将是未来高等教育深化改革的一项主要任务。

划分专业过早、专业过分细化是当时我国高校专业设置的又一弊端。在计划经济中，学校的专业是由职业的类型决定的。因此，计划经济中学校专业门类的划分非常细小，单单建筑专业就分为桥梁建筑、铁路建筑、民用建筑等多个专业方向，国家甚至规定每个专业招收的学生数量。因而，学校根本无需考虑市场的需求和毕业生的就业问题。在市场经济中，专业设置的权力下放给各个院校。但是受计划经济的长期影响，很多院校依旧遵循着老规矩：大学生入校就分专业。另外，计划经济时代的细化专业的传统在高校中依旧得以保留。而市场经济中需要的是适应能力强的多面手，因此学校专业划分过早和过分细化，必然导致学生的专业知识单一，社会适应性差，就业困难。东北师范大学、中国人民大学等诸多高校“两年（有些学校是一年）后选专业”的新举措有利于拓展学生的专业视野，拓宽学生的专业知识背景。一方面让他们在了解自己专业的基础上，依据自己的能力、兴趣以及市场经济发展的需求选择自己的专业方向；另一方面又拓展他们的专业基础，增强他们的专业适应能力，以便毕业后顺利地实现自身和社会的双向选择。所以，高等教育必须加快优化学科专业结构，促进新兴交叉学科发展，还要建立学科专业动态调整机制和特色发展引导机制，增强高校学科设置针对性。有人会说，教育是一个独立的社会活动，自有系统，无需考虑经济因素。错。这是违背社会发展规律的。历史（见本节H1、H2）和现实（见本节P、D4）都指明了教育要与经济协同发展，才是教育与经济博弈的上策之选，才是双赢。

总之，教育发展离不开经济影响，人才培养终究要接受劳动力市场的标准。当然，劳动力市场的标准也必须参照教育的需求与可能。

（1）经济结构影响教育结构。教育结构如果不能够与经济结构保持适应，优胜劣汰的社会发展规律就会致使教育结构解构并重新建构，例如专业设置。

（2）教育的经济功能主要表现在对经济发展所需要人才的形成与完善。其发挥的一个机制是高等学校通过专业设置实现有利于社会发展的近期效益和远期效益，从而保证经济发展、社会发展现实人才的满足与潜在人才的满足，促进经济、社会与教育的可持续发展。而且，从案例中，我们可以发现，教育管理也日益规范。中央和地方政府、高校对政策的制定更加强调依据科学的数据、准确的事实，反映出人们越来越重视统计、数据、公示和规章、制度在管理中的地位与作用。

案例 2.3.2

日本教育与经济的良性循环

第二次世界大战以后，日本国民经济体系受到了沉重的打击，工矿业生产总指数只是战前1935年至1937年平均数的13%，农业生产也降到了最低水平，1945年度水稻产量只有四千多万石，这是明治时期以来最低的数字。加之战后447万军人和流民被遣返回日本，日本人口骤增至7647万，1946年日本又爆发经济危机，这一切致使日本的经济处于崩溃边缘。

面对经济困境，日本全国在20世纪50年代，就经济发展的道路选择问题，即是走国内资源开发主义道路还是走贸易立国主义道路展开了一场大争论。以中山伊知郎为代表的贸易立国主义认为，日本经济发展面临的主要问题是人口多、出生率高、资源少、生活水平低，解决问题的关键是发展对外贸易，把难题放在世界中解决。从那时开始，贸易立国主义成为日本经济发展的基本立足点。然而，贸易立国主义能否在实践中行得通，关键在于日本是否具有高水平的科学技术和高质量的劳动力，否则它就难以在世界性的经济和贸易竞争中获胜。为了培养出高质量的劳动力，日本将教育放在优先发展的战略地位上。

1947年，日本内阁颁布了《教育基本法》，并对教育经费不足问题作出了“经费及补助”的规定：新制公立初中教职员的工资所需经费由都道府县负担，同小学一样，国库负担1/2；对于设备费、校舍修缮、公立学校教育经费的增加以及私立义务教育学校因学费收入减少而增加的部分，由国家给予补助或采取其他财源措施。1947年，日本政府为初中先后支出31亿多日元；1948年度，日本政府预算教育支出57亿日元。1950年以后，日本地方财政赤字严重，难以保持教育经费的支出。在这种情况下，日本政府还是将义务教育经费增至90亿日元。在几经周折之后，日本于1952年又制定了新的《义务教育费国库负担法》。新法规定，都道府县支付的各义务教育学校教职员工资额的1/2由国库负担；教育中最重要的经费之一，教材费由国库负担。

就这样，日本在一年内，中小学教育达到普及程度，入学率达99.27%，并且达到高中普及。教育的普及，及时为日本的经济建设提供了大量的合格人才。从1949年起，日本经济开始逐渐恢复，1955年日本工矿生产指数上升到180.7；超过投降前1944年最高水平178.9，并进入高速增长期。

日本政府及时认识到教育对促进经济发展的贡献。1957年，日本政府在公布的《新长期经济计划》中，在战后首次把教育政策和发展规划编入“国民经济计划”。1960 年内阁制定《国民收入净增计划》，教育被作为实现目标的重要一环。随着产业经济的发展以及国家财政规模的扩大，日本政府采取了投巨资以教育的政策。在 1959—1969 年间，国民收入增长 2.3 倍，但总教育经费却增长 3 倍。在这一期间，日本的中、高等教育得到了快速发展。日本高中升学率 1958 年为 53.7%，20 世纪 60 年代中期超过 70%，20 世纪 70 年代达到了 80%。日本高等教育的升学率由1958年的16%，上升到1965年的25.4%。

中、高等教育的发展为日本经济输送了大量高素质的人才。1956—1972 年，日本经济出现了三次高速增长的高潮。1967 年，日本经济超过了英、法；1968 年超过联邦德国，在资本主义国家中跃居第二。1972年日本国民生产总值达到849780亿日元，约为1955年的五倍。

1962 年，日本文部省调查局出版了题为《日本的成长与教育》的报告书，在报告书中说：“教育是促进经济发展的强有力的重要因素”“战后经济发展的速度非常惊人，为世界所注视。造成这种情况的重要原因，可归结为教育的普及和发达。”日本前文部省大臣森善即一也曾经深刻地指出：日本是用教育的作用开采了人的脑力和心中的智慧资源和文化资源，以人的创造力资源来弥补自然资源的短缺。日本政府也清楚地认识到：“在激烈的国际竞争中，科学的创见、技术的熟练、劳动者的素质等因素，对于经济发展所起的作用，不亚于增加物质资本和劳动力的数量”。

案例分析

教育一定会受到经济的影响，但是，教育并非消极被动地接受影响，而是积极主动地对经济发挥反作用。作用与反作用构成了一种循环，表现在案例中的是良性循环。案例指出，良性循环的形成是以教育的发展为基础，以教育为社会、经济发展培养适切的人才为条件，促进经济增长（见本节D2）。

教育的经济功能发挥的微观机理是：教育与经济通过三个途径：劳动力的生产与再生产、科学技术的生产与再生产、教育法律的建立与保障。教育与经济在进行物质、能量和信息的交互过程中，实现携手同行。当然，在某种意义上，教育还要领跑经济。

案例印证了教育对于国家、社会发展具有战略性价值。对于一个国家而言，教育具有其不可替代的功能。因此，把教育摆在国家发展战略的地位上是历史的、科学的选择（可参考第五章第一节T3）。日本选择了贸易立国的发展道路，即便经济恢复了，甚至步入高速发展的轨道，日本政府仍旧将教育摆在优先发展的战略地位。而这一举措促成了日本中、高等教育的发展。20 世纪五六十年代，日本持续增加的教育投入依旧换来了经济的持续繁荣。教育何以对国民经济发展起到如此巨大的作用？根据马克思主义政治经济学原理，社会生产力包括劳动对象、劳动工具和劳动力。社会能否产生出强大的生产力，不仅与每种生产力要素是否存在有关，也与三要素之间能否保持正确的比例关系和对应关系有关。而这三要素中，唯有劳动力是具有能动性的，它可以通过教育和培训得到改善。而且，劳动力可以适度弥补劳动工具和劳动对象的缺陷，甚至制造出更先进的劳动工具，促进生产力的发展。日本经济建设正是看准了劳动力对于经济发展的作用，试图以高素质劳动力来弥补劳动对象的短缺和改善劳动工具的落后。而劳动力的培训主要依托于教育，因此日本教育的普及与发展就促成日本经济目标的实现。反过来，日本经济的发展又促使政府更加深刻地认识到教育从中发挥的巨大作用，故而又继续加大教育投入，促成了教育体系的发展和完备。就这样，日本通过教育摆脱了经济窘境，实现了教育与经济的良性循环（见本节T3）。

案例也印证了人力资本理论的科学性。人力资本理论告诉我们：（1）重新认识资本的意义；（2）认识人力资本投资的性质——最保险的投资之一；（3）人力资本的特性：通常不会随着时间的流逝而产生损耗，反而却会发生增益。（详参第四章第二节T1）

思想资源

历史沿革

H1. 劳动力文化水平要求的历史变化

社会物质生产发展的趋势首先表现为生产过程对科学知识和人类智力、能力的需求越来越高。人类越来越依靠自己的智慧和智慧的创造物——科学、技术，而不是依靠单纯的体力消耗来获得自己需要的产品。

人类社会按生产的技术形态来分类，可以分为农业社会、工业社会和 20 世纪 50 年代以来初露头角但尚未完全形成的信息社会。构成生产活动的各要素（劳动对象、劳动工具、劳动者）在三类不同技术形态中都发生变化，这些变化的具体内容虽然不同，但在反映生产对科学知识、人类智力和能力的需求提高这一点上却是共同的。在劳动对象方面，农业社会以再生性的生物资源为主，工业社会逐渐转到以非再生性的自然资源（如各种矿藏）为主。在信息社会中，各式各样的人造材料充当起了主角。显然，非再生资源的开发与加工，比起再生性资源来需要更多的科学与技术，而信息社会生产资源的开发与加工对科技的需求量又远胜过非再生性资源。更令人瞩目的是，信息社会出现了以知识、信息为生产对象的新型知识产业，并显示出将逐渐成为社会重要产业的趋势。它们的存在与发展更显示了物质生产对科学技术的依赖。在劳动工具方面，三种形态的社会循着以手工操作为主的简单工具向机器、再向自动控制的机器这一路线发展，与此相关的能源，也由以人力、畜力、自然力为主，向以火力（煤、石油为燃料）、电力为主，再向以核能、太阳能等运用高技术开发出来的新能源为主的方向转化。在对直接劳动者的要求上，呈现出的变化趋势是：在劳动过程中，劳动者由以消耗体力为主逐渐变为以消耗智力为主。苏联学者做过粗略的估算以说明这种变化的趋势。他们认为在低机械化程度的条件下，劳动者的体力支出和脑力支出之比为 9∶1，对劳动者相应的文化程度要求是受过初等教育。在中等机械化程度的条件下，劳动者体力支出和脑力支出之比是 6∶4，要求劳动者具有初中文化程度。而在全盘自动化的条件下，这个比数变为 1∶9，对劳动者的文化程度要求提高到高中，并且要经过职业训练。此外，劳动者在劳动中的作用也从直接使用工具转为监控机器的工作，生产劳动逐渐转变为科学劳动。从全社会从事物质生产的劳动力结构来看，受过专门训练的熟练工人和与生产直接相关的科技人员的比重逐渐增大。以美国为例，1956 年企业里从事管理工作、技术工作和其他文字工作的“白领职员”已经超过从事体力劳动的“蓝领工人”，1980 年白领与蓝领的人员比例达到了 50∶32。在信息社会中，熟练工人占全体工人的大部分，而科技人才占全体科技人员数的一半以上。此外，在生产过程中，管理的因素也显得日益重要，管理向自动化的方向发展，要求管理人员受过高级的专门训练，科学技术对生产率的作用之巨大，早在上一世纪就已显示出来了。马克思曾经以英国的统计材料为根据，指出在纺织机械革命普遍发展的 1770 年，英国科技造成的生产率和手工劳动生产率之比是 4∶1，而在英国基本上完成蒸汽机革命的1840年，科学技术造成的生产率和手工劳动的生产率之比是108∶1，70年间科学技术造成的生产率提高了 27 倍。在现代经济发达的国家内，这方面表现得更为突出了。如美国由于应用了电子计算机革新技术，每年完成的工作量相当于 4 000 亿人/年，即全世界人口工作量的 87 倍。

H2. 历史上三次成功的经济追赶

1. 美国对英国的追赶

从 19 世纪开始直到 1913 年，英国的生产力水平都居于欧洲所有国家（乃至全世界所有国家）水平之上，而这一时期英国的人均受教育年限也高于其他国家。但到 1913 年，英国经济在世界上的领先地位则让位于美国。1871 年到 1913 年是美国迅速超过英国的重要时期。

根据麦迪森提供的数据，1820 年，美国人均GDP相当于英国人均GDP的 73.3%，1870 年为75.3%。而后美国开始经济起飞，1870—1913 年GDP年均增长率为 3.9%，同期英国为 1.9%。1900 年，美国人均GDP相当于英国GDP的 89.2%，到 1913 年，美国人均GDP已超过英国 5.5 个百分点。

与此同时，1870 年到 1913 年，也是美国人力资源对英国加速追赶的时期。美国在 1820 年人均受教育年限相当于英国的 87.5%，1870 年提高到 88.3%，1913 年则进一步提高到 91.2%。

2. 日本对美国的追赶

1950 年，日本人均GDP只相当于美国人均GDP的 19.6%，而 1953 年日本GDP增长指数超过了第二次世界大战期间的最高水平，开始经济起飞。1953—1992 年，日本GDP年平均增长率为 6.5%，同期美国为 3.0%。1992 年，日本人均GDP相当于美国人均GDP的 90.1%。因此，日本被视为世界上最成功的“追赶”国家，它创造了从 1820 年到 1992 年人均GDP提高 28 倍的世界纪录（年平均增长率为 1.95%）。

与此同时，日本也成功地实现了人力资本积累上的追赶。为了缩小与先进国家的差距，在 1867 年，日本改革了政治、社会和经济制度，花了几十年的时间，创造了庞大的物质资本和人力资本。1913 年，日本人均受教育年限相当于美国的 68.2%，1950 年就达到美国的 80.8%，随后大致保持着这一水平，1973 年为 82.9%，1992 年为 82.4%。

3. 韩国对西欧国家的追赶

1965—1992 年，韩国GDP年平均增长率为 8.8%。1973 年，韩国人均GDP相当于西欧国家（12 个国家）人均GDP水平的 24.3%，1992 年上升到 57.5%。

韩国之所以能够在相当长的时间内保持经济增长，加速发展中等教育和高等教育起了非常重要的作用。1960 年，韩国实现了普及全民小学教育，这为劳动者受到良好的教育提供了基础。随着工业化的推进，这些素质较高的劳动者直接促进了经济的增长。20 世纪 70 年代，韩国在经济起飞后不久，开始大力发展高等教育，高等教育入学率迅速提高，大约每 10 年提高 20 个百分点：1975—1985 年，高等教育入学率从 10%提高到 30%，实现了高等教育大众化；1985—1995 年，高等教育入学率又从 30%提高到 50%。中等教育入学率从 60%左右提高到 90%，大约用了 15 年（1980—1995 年）的时间（世界银行，1998）。到 1995 年，韩国教育总体水平有很大的提高，中等教育入学率为 90%，大学入学率接近 55%，达到了其他OECD国家教育发展水平。

理论资源

T1. 教育先行理论

在 20 世纪之前的人类发展历史中，教育的发展一般总是落后于经济的发展。人们普遍认为，教育的发展既要依赖于经济发展对人才培养的需求拉力，又要依赖于经济发展为其提供足够的经费，因而，教育滞后于经济发展是理所当然的。其实，教育并不总是消极地被经济所决定，它对经济和社会发展具有巨大的能动和先导作用。20 世纪以后，特别是新技术革命蓬勃兴起以来，世界经济发展的总格局和内涵都发生了重要变化，一是国际性竞争日益激烈，二是新旧技术更替的速率日益加快。这就使得传统的落后于经济发展的培养人的方式远远不能适应需要。这是因为，国际性的激烈竞争和高水平的科技发展，都依托于高水平的人才，而按传统的方式，这种高水平的人才需要经过几年甚至十几年的时间才能造就出来。因而，20 世纪 50 年代以后，教育先行通常包含如下两层意思：一是教育投资的增长速度一般应适度超过经济增长的速度，以使教育部门有足够的物力、财力和人力着手为经济和社会未来发展的需要超前培养人才；二是教育部门在确定毕业生的培养规格以及教育内容、教育方式、教育方法等时，要跳出现实需求的束缚，从经济和社会未来发展的需求进行思考。实际上，教育先行的精神实质是：由于教育投入具有一定缓显性和连续性（这是由培养人自身的规律所决定的），因而，现代国家和现代人为了长远和巨大的利益，要善于和勇于放弃眼前的和较小的利益。

T2. 教育社会学的经济功能观点

（一）教育的生产性功能

教育具有生产性的功能，这是众所公认的现代教育所具有的特征。教育可以创造经济价值，这已不属一般的推论，而成为可以通过科学的计量而得出的结论。

1. 教育具有劳动力增值的功能

人的劳动能力的生成与发展具有生物学的属性，但是，人的劳动能力的生成与发展就其决定的方面来说，还是得自社会。一般说来，它借助于下述两方面的途径，一是社会劳动的实践；二是社会的教育与培养。通过教育，既掌握知识，又开发智力，这已成为当代劳动力增值的必经之途，既已为历史所证明，也为科学所证实。教育的劳动力增值功能具有的特点：（1）长效性。通过教育所提高的人的劳动能力，所增加的劳动力的“值”，具有长期的效用。首先，由教育所投入于人的“资源”（知识、能力等等），不像在人体内投入的物质资源那样，它们不会在一次或数次使用中消耗殆尽，它们不是以“用掉了，就没有”的方式消费掉的，这种资源，这种增值的“量”对人来说是“用掉了，仍存在”，可谓之是“用之不尽”的。更应该看到的是，这种资源的消费过程，还经常是一种扩大再生产的过程。第二，教育，尤其当代教育不仅传人以知识，而且赋人以能力。最后，随着终身教育出现，劳动力的增值不仅一次受惠于教育，而且能终身受惠于教育。（2）高效性。教育的劳动力增值功能还具有高效性的特征。教育使沉睡于人体内的潜能得以激活，可以成倍、成百倍、成千万倍地提高人的劳动能力。这种劳动力增值的功能是与其他那些投入于人体的消费资料所不可比拟的。

2. 教育具有科学知识增值的功能

详见本章第五节“教育与科学技术关系”的思想资源。

3. 全面促进生产力发展的功能

生产力系统包括了各种实体与非实体的因素，其中实体因素有劳动力、劳动资料、劳动对象；非实体因素则包括了：科学技术、信息、管理等。由于人在生产过程中的主体性，科学知识对生产力诸要素的渗入性，教育通过人的培养、科学知识的传授而形成的劳动力增值，科学知识增值必然会影响到其他诸种因素的发展。教育对生产力的全面促进作用，不仅是它能够对生产力诸因素产生影响，更主要的是它对生产力系统内部的主要矛盾的推动。

从教育生产性功能的分析中足以说明：发展经济必须依靠教育，教育必须居于经济发展战略的首要位置，这是科学的结论。

（二）教育与生产力发展相适应

教育要发挥其生产性功能就必须与社会生产力的发展——质的规定性、量的规定性、时间性、空间性——相适应。没有这种适应，教育也就难于发挥它的功能。这是教育与生产力关系中的一条基本规律。

相关政策

P. 现代化经济体系下的教育之为

习近平在党的十九大报告中指出，建设现代化经济体系是跨越关口的迫切要求和我国发展的战略目标……推动经济发展质量变革、效率变革、动力变革，提高全要素生产率，着力加快建设实体经济、科技创新、现代金融、人力资源协同发展的产业体系……创新是引领发展的第一动力，是建设现代化经济体系的战略支撑。要瞄准世界科技前沿，强化基础研究，实现前瞻性基础研究、引领性原创成果重大突破。加强应用基础研究，拓展实施国家重大科技项目，突出关键共性技术、前沿引领技术、现代工程技术、颠覆性技术创新，为建设科技强国、质量强国、航天强国、网络强国、交通强国、数字中国、智慧社会提供有力支撑。加强国家创新体系建设，强化战略科技力量。深化科技体制改革，建立以企业为主体、市场为导向、产学研深度融合的技术创新体系……培养造就一大批具有国际水平的战略科技人才、科技领军人才、青年科技人才和高水平创新团队。

数据资源

D1. 追赶国教育先行发展的指标

一般而言，在追赶国人均GDP相当于先行国20%水平的时候，追赶国人均受教育年限应达到先行国的40%以上的水平；到人均GDP达到40%水平阶段时，人均受教育年限一般都在70%左右；人均GDP达到80%水平阶段，人均受教育年限已经很接近先行国的水平。

D2. 教育对经济增长的贡献（注：人力资本理论详见第四章第二节“理论资源”）

提出人力资本理论的诺贝尔经济学奖获得者，美国经济学家舒尔茨在20世纪60年代依据人力资本理论，计算了美国1929—1957年经济增长中教育的贡献是33%。

丹尼森（1979）研究了1948—1973年期间美国经济增长，认为劳动力对经济增长的贡献为28%（其中劳动力教育的贡献为11%），资本的贡献为32%，其余40%要由各要素生产增长率来解释，在这40个百分点当中又有29个百分点要归功于“知识和其他项”。丹尼森认为，从广义上讲，这种知识包括非正式教育以及通过从有组织的研究到日常的观察和体验等一系列手段获得的技术和管理知识。因此，他将教育的直接贡献（11%）和知识进步的间接贡献（29%），归结为人力资本对经济增长的贡献。

还有统计数据揭示了教育对国民收入增长的贡献率。如表2–1所示。

表2–1 美国实际国民收入增长中教育的贡献率

项目	1929—1948年	1948—1973年	1973—1982年
国民收入实际增长率	2.44%	3.58%	1.26%
归功于教育的增长率	0.48%	0.52%	0.62%
归功于教育的增长率占实际国民收入增长率	19.70%	14.50%	49.20%
受雇者人均实际国民收入增长率	1.33%	2.45%	–0.26%
归功于教育的增长率	0.48%	0.52%	0.62%
归功于教育的增长率占受雇者人均实际国民收入增长率	36.10%	21.20%	—

必须指出的是，人力资本对于经济增长的贡献不仅限于正规教育对于经济增长的影响。鲍曼（1980）对于多个有关增长核算的研究作了整理后发现，对1950—1962年的增长作过核算的22个国家当中，只有4个国家的教育的直接贡献超过10%。萨卡罗普洛斯（1985）对29个国家的调查发现，教育的直接贡献平均值超过了经济增长的8.7%。但是，经济学家都承认，这些测算可能都低估了教育和人力资本的贡献（1995）。谢罗斯基（1960）甚至认为低估的偏差可能达到40%~90%，而且在人口快速增长的国家会更大。

分析1978—2000年有关中国经济增长来源的研究发现，有形资本的贡献在37.4%~38.5%之间，劳动力的贡献为16.5%~18.7%。在劳动力的贡献当中，劳动力教育的贡献为42.7%~45.7%，大于劳动力数量增长的贡献（份额达8.6%~9.9%），成为经济增长的主要来源。未来20年，教育对经济增长的直接贡献大体保持在7%左右，而劳动力数量增长的贡献则下降到4%以下。相比之下，劳动力教育成为劳动力贡献于经济增长的主要方式。

教育能够通过多个途径促进经济增长。我国学者温涛、彭智勇、许洪斌、宋乃庆（2009）等通过调查研究与数学方法的结合得到，“十五”期间，重庆市教育对经济增长总体贡献率为36.83%，其中基础教育和高等教育产生的贡献率达28.97%。蒋义（2010）使用有效劳动模型，以中国人力资本与劳动经济研究中心、《经济研究》等媒体提供的人力资本存量（1985—2007）与物质资本存量为源数据，计算得出，1993—2007年我国小学、初中、普通高中、中职、高职大专和本科以上的教育投入对GDP增长率的贡献率为0.302%、0.897%、1.225%、2.939%、4.923 %和4.414 %。唐文忠（2015）以2005—2011年国家统计数据等为样本进行计量分析发现：毕业生月收入与生均经费（前期）成非线性关系，但与生均经费（后期）成明显线性关系。李富（2016）以1990年为基期、2014年为报告期，计算结果显示：测算区间内江苏教育总体对经济增长的贡献率为9.46%。

我国教育经济学专家杜育红等（2018）从内生经济增长理论、技术扩散理论以及资本—劳动力技能互补理论出发，利用1997—2015年中国30个省（市、区）的面板数据实证探讨了教育人力资本在我国经济增长中的作用机制，指出教育在经济增长中的作用机制主要体现在三个方面：要素投入效应、效率提升效应、资本互补效应。（1）教育人力资本既可以作为生产要素直接促进经济增长，又可以通过推动技术进步促进经济增长。（2）教育人力资本既可以作为一般投入要素直接促进产出，又可以通过技术创新间接促进经济增长，体现了教育人力资本“要素积累”和“效率提升”的双重作用机制。（3）只有当初级和高级教育人力资本联合作用时，初级教育人力资本的生产要素功能才能被释放出来，同时高级教育人力资本对技术创新的作用也明显增大。（4）物质资本对经济增长的贡献中约有5%的部分要归功于教育人力资本，再次说明物质资本作用的发挥需要依托人口红利和人力资本。

宋乃庆、郑文虎、江长州（2019）利用1997—2016年我国各省市（自治区）的面板数据研究发现，我国学前教育投入的产出弹性系数为0.124，即对学前教育投入每增加1个标准差，就有0.124个标准差转化为GDP的增长。全国学前教育投入对GDP的总体贡献率为33.10%，除青海省、贵州省外，93.55%的地区学前教育投入对经济增长的产出弹性系数为正，其中20个省市高于全国平均水平，有18个省市学前教育贡献率高于全国平均水平33.10%，最高的上海市学前教育贡献率高达145.14%。

D3. 教育收益的制约条件——教育消费

教育消费的比重（表2-2、图2-1、图2-2）

表2-2　2023年居民消费价格比上年涨跌幅度　　单位：%

指标	全国	城市	农村
居民消费价格	0.2	0.3	0.1
其中：食品烟酒	0.3	0.4	0.1
衣　着	1.0	1.1	0.5
居　住	0.0	0.0	0.0
生活用品及服务	0.1	0.1	-0.1
交通和通信	-2.3	-2.3	-2.4
教育文化和娱乐	2.0	2.1	1.5
医疗保健	1.1	1.1	1.3
其他用品和服务	3.2	3.4	2.5

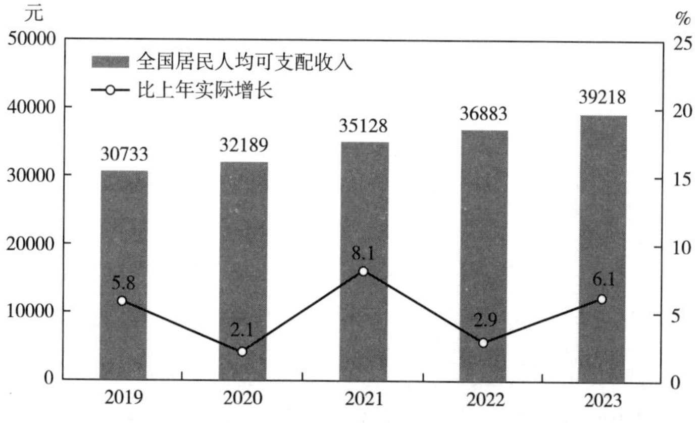

图2-1　2019—2023年全国居民人均可支配收入及其增长速度

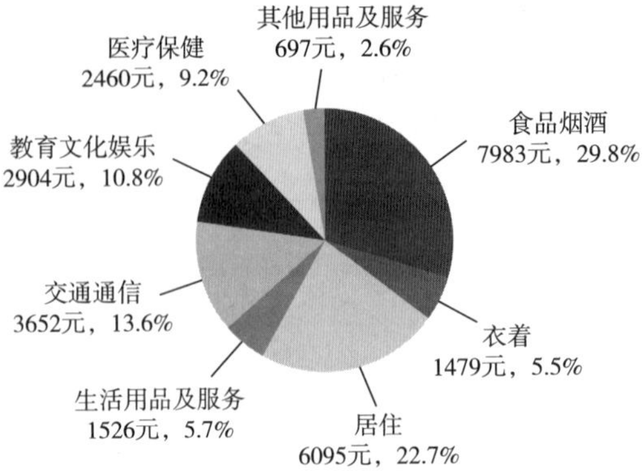

图 2-2　2023 年全国居民人均消费支出及其构成

D4.经济对教育的支持（表2-3）

表2-3　国家财政性教育经费与国内生产总值比较

年份	国内生产总值（亿元）	国家财政性教育经费（万元）	GNP比上一年增长率	教育经费比上一年增长率
2023年	1260582	—	5.2	—
2022年	1204724	484729094	3.0	1.058
2021年	1149237	458353089	8.4	1.068
2020年	1013567	429081543	2.2	1.071
2019年	986515.2	400465452	6.0	1.082
2018年	919281.1	369958000	6.7	1.082
2017年	832035.9	342077546	6.9	1.090
2016年	746395.1	313962519	6.8	1.074
2015年	688858.2	292214511	7.0	1.106
2014年	643563.1	264205820	7.3	1.079
2013年	592963.2	244882177	7.8	1.058
2012年	538580.0	231475698	7.9	1.245

能力训练

案例 2.3.3

人才流向富国

自明治维新以来，日本潜心发展教育事业，凭借其强大的人力资本先后赶超数个发达国家，雄居世界经济的前列。这已成为有目共睹的事实。“二战”以后，许多发展中国家纷纷效仿日本经济建设的成功经验，最大限度地增加教育投入，大力发展教育事业，培养出大批高级人才。发展中国家的政府本以为这些人才能够积极投身于本国的经济建设，加速本国的经济发展。孰料，每年都有数千名专家、工程师、医生、科学家、技术人员移居富国。加纳20世纪80年代培养的医生目前有60%在国外行医。1985年至1990年，整个非洲损失的中、高级干部估计有6万人。他们移居的理由是自己国家的工资低，为自己发展提供的机会太少。据统计，1960年至1990年，美国和加拿大接受了100多万来自发展中国家的专业人员和技术人员。这些人为工业化国家建设作出了极大贡献。1985年，美国工程院校里35岁以下的助教估计有一半是外国人。高技术人才外流，对于发展中国家而言是巨大的损失。美国国会研究部门认为，仅1971~1972年，发展中国家因为每一个专业移民就损失20000美元的投资，即损失总额已达646亿美元。

问题与思考

1. 人才流向富国的原因是什么？
2. 这种单向的流动带来的后果是什么？
3. 这种人才流动反映出教育与经济之间存在着什么关系？

第四节　教育与文化

学习目标

1. 了解文化的涵义及其构成。
2. 理解文化与教育的一般关系。
3. 理解文化对教育的作用。
4. 掌握并能应用教育的文化功能。
5. 掌握教育文化的构成及相关概念。
6. 熟读案例分析和思想资源，理解相关观点。
7. 根据分析建议独立完成案例分析。

观点与原理

1. 文化是一个内涵丰富的概念，也是外延广大的一种社会活动。

2. 一般地，文化有广义和狭义之分。广义文化是指人类所创造的一切；狭义文化是指人类在一定的物质资料生产方式基础上所进行的创造和传播精神财富的活动及其成果。文化活动主要有文化机构开展的活动，包括教育机构开展的活动；文化成果主要以物化形态、观念形态和心理与行为形态等存在。文化的核心要素是价值观念，其成果的主要元素是语言、文字和符号。文化可以分为主流文化、亚文化；客体文化、主体文化；先进文化、落后文化。

3. 文化与教育之间存在着交融式关系，甚至有人说：教育现象也是一种文化现象。

4. 文化对教育的作用是影响性的。文化对教育的作用既有直接作用，也有间接作用；既在宏观层次上发生，也在微观层次上存在；既有对人的影响，也有对物的影响。

5. 教育具有文化功能：文化的“优生”与“优育”功能，它体现在文化的生存、发展和创新的每一个阶段之中。具体地说，（1）教育能够培养专门的文化人才；（2）教育为文化活动提供人力、物力资源等条件；（3）教育对文化成果具有相当全面的功能：①教育能够传递和保存文化。②教育能够活化文化。③教育能够选择文化。④教育能够整理文化。⑤教育能够促进各文化之间相互交流、吸收与融合。⑥教育能够创造并更新文化。

6. 教育文化主要由学校文化、教师文化、学生文化、课程文化构成。

7. 学校文化是学校领导与全校师生共同努力形成的办学理念、办学目标、制度及特征、管理风格的总和。学校特色是学校文化的核心要素。

8. 教师文化是教师群体的价值取向、集体风气、人际关系、角色特点的总体特征。

9. 学生文化是学生群体的价值取向、集体风气、人际关系、行为特点的总体特征。

10. 课程文化是指特定社会文化的载体和课程的设置结构、内容安排、教学方式、师生关系等方面所形成的自身特点的总和。

典型案例解读

案例 2.4.1

同一类的漫画引出不同的结果

2002 年河北永年一名学生答写高考数学试卷时在卷面上偷偷画了一个人头，并在旁边写着“看，这个丑陋的人就是我的数学老师”。因此，其数学分数被阅卷老师扣掉了 30 分，并得到了阅卷委员的一致同意。2000 年美国迈阿密的一所中学，学生阿瑟答完数学试卷后，在卷子上画了个肥胖的数学老师的画像。数学老师在批完了卷子之后，用红色的铅笔把画像上那肥胖的身躯改成肌肉发达的样子，然后写上“这样看上去更美一些”。过了几天，阿瑟送给数学老师一些关于如何减肥与锻炼的简报。

还有一份调查也揭示出中、美的文化差异。1984 年秋，美国一些心理学家做了一次电视调查。他们列出了一个价值观的序列单，共十八项，要求参加测验的电视观众按照各自对这十八个项目的重要性的理解，将其先后排列。经统计，调查结果如下：1. 身家安全；2. 和平的世界；3. 自由；4. 自尊；5. 幸福；6. 才智；7. 成就感；8. 舒适的生活；9. 真正的友谊；10. 宗教意义上的得救；11. 内心世界的和谐；12. 平等；13. 国家的安全；14. 圆满的爱情；15. 美的世界；16. 欢乐；17. 充满激情的生活；18. 社会的承认。之后的1986年，我国《英语世界》杂志按照同一序列单在它的读者中进行了一次类似的测验。几百名读者将自己的答复寄给了《英语世界》杂志，这些答复经过电子计算机的整理统计，得出以下结果：1. 国家的安全；2. 和平的世界；3. 自由；4. 才智；5. 自尊；6. 真正的友谊；7. 成就感；8. 圆满的爱情；9. 身家安全；10. 平等；11. 幸福；12. 内心世界的和谐；13. 充满激情的生活；14. 社会的承认；15. 美的世界；16. 欢乐；17. 舒适的生活；18. 宗教意义上的得救。

案例分析

从学生的角度来看，案例反映出的不同结果是惩罚与鼓励，挫折与激励，饮恨终身与受益无穷。从教师的角度来看，案例反映出的不同结果是批判与赏识，专制与民主，不合乎教育规律与合乎教育规律性。之所以同一类漫画会产生截然不同的后果，说明中、美两国的文化心态具有很大的差异性，尤其是传统文化价值取向上的差异有着重要影响。在中国，传统文化的价值取向是重传统与权威的认知价值取向、重功名的人生价值取向、重忠孝的道德价值取向。因此，教师认为这个学生很“隔路”，漫画是对其权威的挑战，对其地位的威胁，必须惩罚，方显教师权威以及“一视同仁”。而在美国，其主导价值体系包括经济主导原则、契约原则、民主原则和尊重个人原则。因而，教师允许个性张扬，能够以平等的心理对待漫画，采取一种人性化的方式疏通师生沟通方面存在的障碍，促进学生的自由发展。文化怎么会有如此大的能量？真的吗？确实如此。我们品味以下内容，故宫、长城、兵马俑、优生、优育、仁义礼智信忠孝悌、科学发展观、中国梦、社会主义核心价值观、科学技术就是生产力、知识改变命运、中国人见面打招呼的时候说“您好”、过年了说“恭喜发财”、见面握手、父母将婴儿背在背上或者抱着怀里、东北人的豪爽、南方人的细致、小路上相遇时自动向右侧礼让等等。这些已经融入我们的“血液”里，已经成为我们下意识的行为习惯，左右着我们的思想和行为方式。当然也包括教育思维和实践方式，就是认识学生、对待学生的方式。

案例揭示出：（1）文化对教育的作用是潜移默化式的，是蕴藏于教育之中的。文化对教育的作用表现在学生文化（思想观念、行为方式、价值观念）、教师文化的形成与发展，也表现在师生关系的形成与发展及其性质。（2）文化具有先进与落后之分，教育文化也具有先进与落后之分。因此，教育者需要对自身已有的先进文化进行发扬，对他人的先进的文化进行学习；教育者还需要对自身存在的落后文化进行批判或者进行改善。进而，在教育文化之间的碰撞与融合过程中促进自身教育文化的发展与进步。因而，当代中国特别强调社会主义核心价值观教育，强化学校教育的主阵地，通过多种形式、多种过程、多种途径促进学生对社会主义核心价值观的理解和践行，提升全社会的文化水平，促进中国特色社会主义文明的加速进步。

从考试制度、教育制度来看，学生形成规则意识并恪守底线规则，是学生成人的基本要求。考生违反高考（国家考试）答题要求是错误的，要接受相应的惩罚，当然是不可取的。当然，这种现象也是令人痛心的，是教育者极其不想见到的。（参见第六章）

案例 2.4.2

一名学生的自述

进入 2003 年，就进入小彭备考的关键时期了，但是他说他现在面临着巨大的困难，自己已经难以克服。他自述道：我是一名高三学生，原来学习成绩在班里一直在前十名。高二上学期一次偶然机会，好友带我去玩网络电子游戏。在计算机前，我可以随心所欲，调兵遣将，指挥战斗，好生痛快！自此，逐渐沉迷于电游中的斗智斗勇。开始仅在周末玩，后来逐渐发展到一玩就是整天整夜。记得最长的一次是寒假时玩了五天五夜，走出网吧时已经是蓬头垢面，衣冠不整，我妈看到我当时那样子很心痛。

玩上电子游戏后，上课时满脑子不断地闪现电子游戏情景，不能集中注意力，作业完不成，成绩直线下降，几门功课不及格。我也知道，自己这样发展下去，高考无望，前途将被电子游戏所毁，我真的很不甘心，自己曾经也是个优秀学生，但现在好像是着了魔似的，多次下决心戒断却总是摆脱不了玩电游的冲动，请帮助我跳出魔掌！

案例分析

案例将网络游戏、电脑网络比喻成“魔掌”，可见其对未成年人的危害之严重性。然而，事实上，网络是一把“双刃剑”。

网络能够给人类带来快乐与心痛，失败与成功；它能够促使人在心理素质、价值观念、生活方式、思维方式、行为方式等方面的转变。

网络活动已经发展成为文化的一个部分，也是人类文化的一个重要组成。它甚至也在进行着物质产品的生产、交换与消费。它反映出文化产品的一种存在形态：心理、行为形态，也反映出人类文化的不断发展和种类的不断丰富。毕竟，从媒介与人类关系发展史来看，我们可以认为，人类在经历了语言文化发展阶段、印刷文化发展阶段和电子文化发展阶段之后，正在进入内含着数字文化（网络文化）的多元文化并存的发展阶段。

由网络文化对小彭的影响还可以窥见到文化对教育、学习者的影响是自发的，在潜移默化中可以深入影响到思想。（关于网络文化，可参见第八章。）

案例还提示我们应该认真思考如何更多地借用文化的形式进行教育的问题，以便利用学习者喜闻乐见的形式接受教育，实现教育最优化。可借鉴的思路有：（1）将文化引进校园，同时，让学生走出校园，亲密接触多形态文化。（2）聘请专业文化学者或从业者，开办校内讲座。（3）引领学生设计、参与丰富校园文化的活动，尤其是物化形态的文化活动。（参见本节T5。）

思想资源

历史沿革

H. 文化概念的演变

文化一词来源于拉丁字cultura，意为耕作、培养、教育、发展、尊重，最初是指人对自然界有目的地影响以及人自身的培养和训练。古希腊人认为“有教养”是他们与“无文化”的野蛮人的主要区别。从罗马时代后期一直到中世纪，文化一词开始与城市生活发生联系。由于享受城市生活的人普遍有较高的“教养”水平，因而，文化被理解为较高的个人修养。到了欧洲文艺复兴时期，人们开始把文化与理性联系起来，文化一词被抹上许多人道主义理想的色彩。直到18世纪，文化概念才开始被人们科学地加以界定，并注意到了文化现象与自然现象有所不同。康德认为，文化是在公民社会形成过程中产生和形成的，文化标志着人类从自然状态向社会状态的转变。黑格尔指出：文化始终与人类劳动相联系，在人类劳动的基础上产生实践文化与理论文化。19世纪70年代以后，文化概念正式进入到人类学家的研究范畴。一般认为，英国人类学家爱德华·B. 泰勒在《原始文化》一书中对文化的定义具有典型意义。他说：“文化或者文明，就其广泛的民族学意义而言，是指这样一个复合整体，它包括了知识、信仰、艺术、道德、法律、风俗以及人作为社会成员而获得的任何其他能力和习惯。”之后，许多各个领域的学者都开始研究文化的内涵，代表性的有美国人类学协会的前主席、哈佛大学人文化人类学和社会学教授克莱德·克鲁克洪认为，“文化是历史上所创造的生存式样的系统，既包含显型式样，又包含隐型式样；它具有为整体共享的倾向，或是在一定时期中为群体的特定部分所共享。”20世纪50年代末到60年代初，苏联学者就文化概念问题展开了广泛的讨论，并提出了如下几种主要观点：（1）文化是人们在社会发展过程中所创造的物质财富和精神财富的总和；（2）文化不仅是业已创造的物质财富和精神财富，而且是创造、分配和消费这些财富的过程本身；（3）文化是人们的创造性活动，它在这种活动的一定结果中被对象化了。近年来，人类学家对文化有了更深刻的认识，指出“文化是一套生存机制，但文化也给我们提供实在的意义和道德的编码。文化是我们产生的母腹，是我们每个人及其命运经受锻打的铁砧……文化确实可能嵌于个人之内，但同时人们根深蒂固的需求和意向也嵌入文化之中……文化是意义、价值和行为标准的整合系统。社会的人们据此生活并通过社会化将其在代际传递。所以，人类的进步是过去和现在所有社会的创造，所有文化均是混血儿。”

认识文化的发展，不可轻忽文明的相伴。什么是文明？文明之为物，至大至重，社会上的一切事物，无一不是以文明为目标的。无论是制度、文学、商业、工业、战争、政法等等，若将它总括的互相比较时，用什么作标准来衡量其利害得失呢？能促进文明进步的就是利就是得；反之，使文明退步的就是害就是失。文明恰是一个大剧场，而制度、文学、商业等等犹如演员，这些演员如能表演一出卓越的技艺，并能切合剧情，惟妙惟肖，而使观众满意的叫作优秀的演员；反之，进退失度，言语失节，笑既不逼真，哭又没有感情，影响剧情结构，破坏剧情的叫做笨拙的演员。所谓文明是指人的身体安乐，道德高尚；或者指衣食富足，品质高贵而说的。归根结底，文明可以说是人类智德的进步。其中，德就是道德，意思就是内心的准则。智就是智慧，就是指思考事物、分析事物、理解事物的能力。也就是说，文明是人类德智体美劳的全面进步。

理论资源

T1. 人类文化的种类

德国历史学家斯宾格勒（1880—1936年）从历史文化与地理文化出发，认为世界历史上有八种自成体系的文化，即：埃及文化、巴比伦文化、印度文化、中国文化、希腊罗马的古典文化、墨西哥的玛雅文化、西亚和非洲的伊斯兰文化以及西欧文化。

T2. 文化的构成

（一）从文化的单位与种类的角度

1．文化特质与文化模式

文化常常可以划分为“文化特质”的基本单位来考量。一种文化特质可以是一种风俗，也可以是一种行为习惯，或是一种观念。而一组相关的文化特质叫作“文化模式”。例如，男女约会、求婚、结婚这一串相关的习俗构成一种婚姻“文化模式”。

2. 主流文化与亚文化（主文化与亚文化）

每种文化体中一般都有一个主流文化（核心文化）和若干个“亚文化”（副文化或次文化）。主流文化是指在一定的社会或地域中占据主导地位的文化；亚文化是指由特定社会群体发明、信奉和推行的一种特有的文化价值体系、思维模式和生活方式。亚文化对主流文化的稳定和发展既可能起促进作用也可能起破坏作用。

3. 显形文化与隐形文化

显形文化是指寓于文学、事件和人的行为之中，通过查阅文献资料和身临其境的观察和聆听能够直接描述出来的文化特质或文化式样，如婚礼仪式、服饰、用餐方式、庆典方式等等。隐形文化是指隐含在人们的意识中，只能用抽象和推理的方式概括出来的某个群体或民族所共有的心理倾向或情绪反应方式，如崇古、豪放、计较、偏好浓重、热烈的倾向等。

4. 物质文化、制度文化和精神文化

精神文化又称为观念文化，处于文化体系中的核心位置。精神文化的内容十分广泛，包括价值取向、思想观念、行为规范、伦理道德、宗教信仰、思维方式、审美情趣以及知识系统等，其中价值取向、宗教信仰、思想观念、行为规范等更具历史性、民族性和阶级性，也更为人们和社会所关注。制度文化和物质文化分别处于文化体系的中间层次和外部层次，是精神文化在社会组织制度和物质形态上的凝聚和体现。

从一定意义上讲，单纯的自然物不能称之为文化，只有凝聚了人类智慧结晶，表达了人类价值取向或知识以及审美情趣的物体，才具有文化意蕴。

5. 高雅文化与通俗文化

高雅文化是一个民族、一个国家文化演进、发展的主导目标，它源于社会实践和社会生活，又高于之，由专业人员自觉创造的社会精神产品，对于一个国家的科学——理论的发展起主导作用，同时，它往往代表一个国家的文化水准。

通俗文化是民族文化发展的基础、根底，与一个民族的整体素质的发展有直接关系，它源于劳动、生活，由劳动民众自发创造的经验、传统和纯朴的智慧、信仰等，往往成为高雅文化创造者获取材料、触发灵感或形成观点，以及检验成果的对象和母体。

（二）从文化的形态的角度

形态与范畴角度的文化构成见表2-4。

表2-4　文化形态分类与文化范畴

文化形态类别		文化范畴
第一类文化	智能文化	科学、技术、知识等
	物质文化	房屋、器皿、机械等
第二类文化	规范文化	社会组织、制度、政治和法律形式、伦理、道德、风俗、习惯、语言、教育等
	精神文化	宗教、信仰、审美意识、文学、艺术等

（三）从文化的领域角度（表2-5）

表2-5　领域与内容角度的文化构成

构成领域		主要内容
文化	行为-作用体系	伴随生活情境中实际行为及社会地位所期待的作用
	语言-符号体系	使成员间的思想沟通与状况了解得以实现的语言与符号
	价值-规范体系	牵涉集合体、组织及其统合的行为容许范围与善恶判断标准
	信仰-观念体系	拯救现世与祈求来世的展望与世界观
	知识-技术体系	构成生活情境的诸物之认识及其应用知识

T3. 文化的要素

（1）布朗对那些具有普遍文化要素的人类特征进行了分类，认为人类的普遍性涉及以下内容：共有的语言体系、语法、交流和抽象思维；亲属称谓及年龄划分；性别称呼；基本的动作表情；对自我和他人的区分；工具、遮掩、取火；育儿方式；家庭和政治群体；冲突；礼仪；道德；宗教信仰；世界观；舞蹈、音乐、美术、体育运动，等等。

（2）社会学家林顿在《人类学原理》中把文化元素分为三个范畴：一是共相（universal）指全社会所共有的观念、习惯和心理等。二是殊相（specialities）随着近代分工的发展，科技的进步，各种分门别类的专业知识、技能日益增多，种种专业知识、技能往往只为社会部分人所拥有和掌握，构成了一种特殊的文化。三是选择（alternative）指的是各种并非社会传统的、规范性的文化，如某种新的艺术、文学流派等等。随着社会的发展，选择性文化也增多。概括起来看，文化有两部分，其一是相对稳态的，由文化的共相和殊相所构成，形成了一种文化的稳定的核心。其二是流动的、变通的，它围绕着核心部分，由文化的选择部分所组成，文化的选择部分往往是文化的生长点之所在，是发生文化变迁的重要部分。

T4. 文化的载体

文化的载体可以分为三种：物质载体：诸如工具、建筑等；精神载体：诸如语言、文化以及其他的知识、意识形态等；人的载体：个体的人所拥有的知识、道德等。以上三种寓于不同载体的文化又可分为客体文化与主体文化。第一、二载体中的文化可归之为客体文化，而寓于人自身的文化则可归为主体文化。

T5. 教育文化

（一）学校文化驱动模型

学校文化驱动模型，是以学校文化建设为抓手，驱动区域学校系统思考和整体发展的学校改进模型，具有完整的知识系统，包括价值与理论、机制与工具、实践与经验 3 个知识模块（图 2-3）。该模型是中国学校改进众多模式中的一项经验，不代表全部。模型是理论简明、精准的形式表达，是优化配置系统要素的设计思路和框架，其作用是能够还原理论回到实践，也能够带动实践的抽象水平，因其简明而便于操作，成为理论与实践结合的阶梯。学校文化驱动模型（以下简称模型）的知识系统由3个知识模块组成。

1. 价值与理论知识模块（第一模块）

包括模型概念、模型价值、学校文化基本理论3个知识单元，共13个知识要素。

（1）模型概念知识单元（第一单元）包括模型定义、结构和定位3个要素。

（2）模型价值知识单元（第二单元）有 6 个要素：价值观、目的、立场、路线、策略、原则。

（3）学校文化理论知识单元（第三单元）有 4 个要素，即学校文化定义及其结构、学校文化分类及其管理、学校文化发生机制、价值驱动型学校及其文化哲学。

2. 机制与工具知识模块（第二模块）

包括机制、标准和工具 3 个单元，共 10 个要素，链接价值与理论、实践与经验知识模块，有所交叉。

（1）机制知识单元（第四单元）包括 3 个要素，即三方合作机制、五步工作法、六项工作制度，提供程序性知识。

（2）标准知识单元（第五单元）包括高质量学校文化标准、高质量学校文化建设标准和《指标体系》3个要素。

（3）工具知识单元（第六单元）主要包括 4 个要素，即四种类型工具：评估类工具、模版类工具、局部数据收集类工具、课堂观察类工具。

3. 实践与经验知识模块（第三模块）

包括项目组织经验、指标应用经验、大规模学校改进经验3个单元，共11个要素。第七单元即项目组织经验，包括依靠政府、大学、学校三个要素。第八单元是指标应用经验，包括配套应用、过程应用、结果应用三个经验。第九单元是大规模学校改进经验，包含文化立校、以评促建、标准引领、模型护航、研讨式评建5个要素。

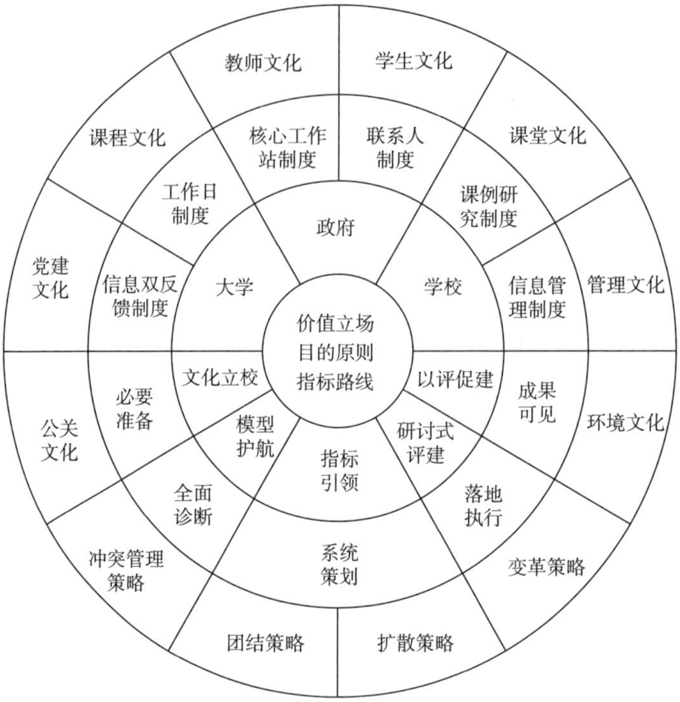

图 2–3　学校文化驱动模型知识系统轮状图

（二）教师文化——角色的类型

著名教育学者哈格里夫斯在其《人际关系与教育》一书中把教师在教室中的角色分为三种类型："驯狮型（liontamers）""娱乐型（entertainers）""浪漫型（romantics）"。

对"驯狮型"教师来说，教育是教化学生的进程，而学生则被看作野性的未驯化的"动物"。教师认为对学生有益的事就是"驱使"他们学习。教师是他所教学科的专家，他要维护这门学科的标准并把学生提高到所需的水平。学生的角色就是吸收摆在他面前的知识。纪律必须严格，考试应经常进行。

而"娱乐型"教师则不同，他虽并不相信学生是愿意学习的，但认为引导学生学习的最好办法就是使教材有趣味，因而喜欢用精心设计的所谓"发现法"之类的有趣方法进行教学，并常常使用各种音像技术，他用很多时间来巡视教室，看学生是否在按主题专心学习。

"浪漫型"教师从另一观点出发，认为学生天生乐意学习，学习是人的本能，教师的角色就是帮助学生学习，学生应能够自由选择他们所希望学习的内容，课程应由学生与教师共同选择，而不是由教师预先设置。教师与学生的关系必须以信任为基础，分数是靠不住的，因为对学生最为重要的是"学会怎样学习"。

如果说"驯狮型""娱乐型""浪漫型"就是教师的学生观和管理特点概括出的教师文化

类型的话，从教师群体的自我发展观来看，则可把教师文化划分为“消耗型”和“发展型”。

“消耗型”教师群体基于这样的认识：教师之于学生是知之较多者，是道德训导者，教师的职能主要是把自己已知的内容转化为学生的认识和行为。甚至认为自己已经大学毕业，“一朝受教终身受用”，教育过程成为知识和经验的消耗过程，等到自己退休的时候，也差不多是灯尽油竭的时候了。

“发展型”教师群体能够强烈感受社会的迅速变化和知识的不断更新，他们将师生关系理解为互动关系，自觉地不断地自我充实和提高，不断更新自己的观念，形成了有组织的或非组织的讨论、研究氛围，在教育活动中不断发展自己。

（三）学生文化——类型分析

依循不同学生的身心和行为特征，对学生文化进行划分，是一种常见的做法。

美国教育社会学家波拉德对中学女生的研究成果表明：中学生可以分成界线分明的三类人。第一类可称为“好孩子型”，第二类可称为“玩笑者型”，第三类可称为“坏孩子型”。

“好孩子型”的学生能力中等，不擅长体育，认为自己有一个友好的小团体，她们对教师的态度恭敬，喜爱安静的活动，尽量不惹教师生气，避免惹是生非，所以对较为枯燥无味的学习也能忍受，喜欢秩序井然、按部就班的课堂。

属于“玩笑者型”的学生很多，她们学习能力强，愿意接受良好的教育，而且喜欢体育；她们愿意和教师建立起良好的关系，但也喜欢与教师开玩笑，当教师所讲的课枯燥乏味时，她们往往想把课堂变得更有意思些，她们的乐趣不外乎在上课时传纸条之类的小把戏，她们的行为很少超出教师的忍耐限度，以免招惹大是大非，她们不愿意在学习上遭受挫折，但对一些爱挑剔的教师和脾气坏的教师也敢于提出批评。

“坏孩子型”学生学习差，行为粗野，她们的伙伴关系不稳固，今天好、明天坏，很多时间都花费在这些事上；她们敢与教师作对，教师稍有批评，她们就受不了；她们总和别的小团体打斗、争夺，对“好孩子型”和“玩笑者型”的学生往往不屑一顾。

这三类学生都有自己的自我概念，并得到同类其他同学的认同与支持。“好孩子型”学生认为自己善良，安分守己，待人友好；“玩笑者型”学生认为自己聪明、有趣、明智、受人尊敬；“坏孩子型”学生则认为自己坚强、粗野，学生们在教室里发生的相互作用维持了这些自我概念。“好孩子型”学生往往尊奉正规的成人文化，“玩笑者型”学生运用其技巧和灵活性把两个体系结合在一起；“坏孩子型”学生则依据于同辈人的文化体系。

（四）课程文化——偏见

萨德克就概括了教学材料中 6 种形式的偏见：（1）视而不见（invisibility），某些微型文化没有在教学内容中表现出来，这隐含着这些群体在社会中不重要，价值较小，意义不大，忽略的对象常常是女性、少数群体、残障个体和年长者；（2）成见（stereotyping），用传统的、僵化的眼光审视一个群体，不承认个体间的差异及文化的多样性；（3）选择与失衡（seletivity and imbalance ），指只从一种视角（常常是主要群体的视角）去解释问题和选择材料，而忽略了其他群体，这就使广大学生不能认识到历史及当代问题的复杂性；（4）失实（unreality），教科书中常有对历史和当代生活经验的不真实的描述，常把有争议的问题和关于种族歧视、偏见的问题的讨论剔除在外，使学生不能很好地适应有着种种矛盾、冲突的社会；（5）片断与孤立（fragmentation and isolation），教科书中仅包括微观文化中的部分内容，关于不同群体的材料也被彼此分离开来论述，且多属教材中的某一部分或某一个章节；（6）语言

（language），教科书中出现较多的是男性姓名或某族群的名字，而女性姓名和少数群体的姓名出现甚少。

T6. 人类学的教育文化功能的观点

（1）个体认同的形成既是个人意识发展的结果，同时也是外部环境作用的产物，是两者互动的结果……今日教育在其中扮演了规范个体朝着个体和社会有机整合的认同方向发展的功能，使个人实现个性的自由发展，以及充分发挥其创造力，使社会系统实现良性协调运作。

（2）从对文化论争的考察中发现：

其一，教育具有很高的传播和深化文化的功能。任何人或社会集团要想使他们赞同的那部分文化（中国的、西方的或不中不西的）为社会绝大多数所承认，并为后代所继承，就必须通过教育（广义的）这一中介手段。

其二，教育具有构成社会文化本体的功能。作为人类社会的特有现象和人类社会的永恒范畴，任何社会都把教育看成是构成其文化不可缺少的重要组成部分。而文化本体中的各个组成部分，如政治、哲学、伦理、文学、艺术、教育等，之所以能共存于一个文化体内，主要是因为它们之间是互相依存、互相适应的，当一些方面发生重要变化后，其他方面也必然会发生变化。这决定了当构成社会文化的其他方面发生重要变化后，教育迟早也要发生变化，反之亦然。

教育的这种双重文化功能，决定了它对文化变化极其敏感，并将在文化变革中扮演十分重要的角色。

T7. 教育社会学的教育文化功能的观点

1. 文化水平影响教育水平，教育水平又影响文化水平，它们之间形成了一个循环圈

这种循环圈有可能是良性的，也可能是恶性的。高水平的社会文化可能形成高水平的教育，而高水平的教育反过来则可以使社会的文化发展到一个更高的水平。

2. 教育是实现文化传递的重要机制

教育的过程是一个把客体文化不断转化为主体文化的过程，同样也是一个将主体文化不断转化为客体文化的过程。教育可以说是一种不断的外化——内化的文化呼吸运动，社会文化也就在这个过程中传递。应该看到，教育是文化的构成部分，而社会的“大文化”却是有赖于教育这种“小文化”来传递，教育是文化的“遗传基因”，这也是文化发展的一个客观规律。在当代，教育还着力在文化传递过程中形成人的文化再生和创造的能力。

3. 教育与文化传播

（1）教育是形成文化传播的前提与动力　文化传播的实现是有条件的，文化共享性是一个首要的条件。所谓文化的共享性是指人们对文化的认同和理解，无论是见之于语言文字或是其他象征符号的文化，只有当它们成为共享文化时，才能进入信息系统进行传播，这是文化传播的一种规律。教育过程本身是一种文化传播过程，而这种传播过程由于它独具的特点，较利于形成文化上的共享。教育不仅使文化共享成为可能，而且还可以有效地形成一种文化传播的心理动力，即人们认识自然、认识社会、认识自身、认识不同文化的浓厚兴趣和强烈愿望，这是文化传播的心理前提。

（2）教育是文化传播的重要途径　教育的文化传播之所以重要，是因为它具有与其他途径与手段不同的特点与传播的功能。教育的传播具有深层面特点、高选择性、强系统性。

4. 教育的文化选择功能

（1）定向的功能　教育的文化选择对整个文化选择来说具有一种定向的功能。首先，为教育所选择的文化，一般都被社会视作为较为规范的、稳态的文化。其次，教育的文化选择过程也是一种文化系统化、条理化的过程，它反映在教材的编写上、教学内容的组织上，都经过了教育者的精心的整理与加工，其结构、体系更趋合理与完善，这种文化更具规范化的特点，使社会的各种文化选择不免受到它的规范，盖上学校文化的烙印。

（2）扩大文化选择区的功能　当代的教育集中了文化的精英，站在文化发展的前沿，重视以新的科学发展的前沿知识武装学生，并向他们介绍各种新的学术流派、新的学术观点。学校还通过校际之间、地区之间、国内外的学术交流，扩大师生的文化视野，提供更多的可供选择的文化样式，形成了丰富的文化格局。学校教育还通过文化的传播过程所产生的变异，生产出多样的文化。应该看到任何文化传播并不是一种“输入*过程→输出”的简单的单一模式，而是一个极为复杂的，由无数相互交错的、相互作用的个人因素所形成的文化动力学过程。

（3）提高主体选择能力的功能　教育赋予人以科学的知识，正确行动的能力，合理的价值观念，这一切归结到一点都使人的选择能力得到提高，使人们在选择中能够具有正确的取向，遵循客观的规律，优化选择的过程。

5. 教育的文化变迁的功能

（1）教育对文化诸层面的变化均具有重要的影响，而尤以对深层结构的变化产生着不可忽视的影响。教育在纵向层面结构的矛盾运动中，又具有其全面完成的作用。也即是说它是使文化整体结构得以完成其变化的必不可少的因素。

（2）文化的变迁的主客体矛盾运动离不开教育。教育既具有形成一定“文化材”，使之“定形”和固定的功能，同样也具有使文化主体得以产生超越现实客体——文化材的意向和能力之功能，而后者恰恰是表现了当代教育的主要功能。从宏观上看，当代教育要为未来培养人，“教育在历史上第一次为一个尚未存在的社会培养人”；从微观上看，教育不再限于现存文化的灌输，而重视人的能力、特别是创造力的培养，都是强调了教育的上述功能。当代德国著名哲学家卡西尔在其所著《人论》中指出：“人只有在创造文化的活动中才成为真正意义上的人。真正的人性是人的无限的创造性活动，而教育的作用就在于发掘人创造文化的潜能，增强人创造文化的力量”。

相关政策

P. 教育的国际交流

《中华人民共和国教育法》第六十七条指出：国家鼓励开展教育对外交流与合作，支持学校及其他教育机构引进优质教育资源，依法开展中外合作办学，发展国际教育服务，培养国际化人才。教育对外交流与合作坚持独立自主、平等互利、相互尊重的原则，不得违反中国法律，不得损害国家主权、安全和社会公共利益。

数据资源

D. 课程中的性别文化

课程文化中的性别偏见由来已久，直接投射社会文化的意见和主旨，对学生性别的认同和归属影响甚大。20世纪40年代以来，西方一些学者开始注意并研究这一问题。他们主要从人类学、文化学和社会心理学的视角进行研究，通过选择教材样本，分析其中的故事性课文及插图，检视男女角色出现的数量与质量，最后就性别差异的信度进行检验。

这类研究涉及不同国家、不同教材。研究普遍表明：教材中男角色多于女角色；男女角色都根据男主女从、男主外女主内的性别传统定型加以描述；教材内容几乎不涉及性别平等问题。

美国有许多研究者调查了教学内容中的性别角色成见和性别歧视观念。这些研究有的审视了阅读教材，有的分析了数学、科学、社会研究书籍。1971年进行的对美国13种常用历史教材的研究，发现教材中涉及妇女的内容不到1%，妇女的生活被历史教材“轻视、歪曲和忽略”。1972年有人调查了几套小学教科书，分析了270个故事，审视了其中成年男女和男女儿童的经历，发现故事角色中女性比例很小，故事主人公中女性比率更小；此外，故事中男女角色行为也有差异，男性角色往往从事体力活动，解决问题，女性角色则往往表现出顺从，从事的多是言语活动；成年男性的活动场所往往在户外，女性则在家里。1974年有人分析了科学、数学、社会研究、阅读、拼写等教科书中的插图，发现所有教科书主要反映白人男性情况；教科书中男性所从事的职业有150种之多，女性则只有4种。1975年发表的一项报告《受害的迪克和约翰：儿童读物中的性别角色成见》详细分析了各种儿童基础读物，分析了这些读物的课文、插图、主题思想安排和给予儿童的教导。美国20世纪80年代以来的研究表明：在一些小学教科书、小学基础读物中，性别歧视已有所减少，但问题依然存在；在中学教育阶段，在学习什么知识最重要的问题上，性别歧视更加严重。

我国古代教材中（如“四书”“五经”）中即含有明显的性别歧视，直接反映着较为强烈的性别偏见。女子教材如“女四书”（即《女诫》《内则》《女论余》《女范捷录》)、《女孝经》《教女遗规》等，着力宣传“贤妻良母”与“贞妇烈女”的事迹，鼓励女性接受“男女有别，男主女从，男尊女卑”的观念，安心于“相夫教子”和“宜家善种”。即使在儿童启蒙读物中也渗透着浓厚的性别偏见色彩，《千字文》中明确提出“夫唱妇随”，宣扬“女慕贞洁，男效才良”。

有人以我国人民教育出版社出版的小学语文教材及中学英语教材为例，进行了教材的性别角色分析。第一，发现在故事性课文及插图中，男性数量明显多于女性，故事中男主角明显多于女主角。而且，这种倾向在故事性课文中比插图更为明显，并且越到高年级越明显，越是反映古代人物形象越明显。其次，男女的职业特点也存在着显著差异，除真人真事外，女性多充当小学教师、医生、护士、保育员、营业员、农民、纺织工、服务员等工种，只有个别是司机与跳伞员，多数妇女无职业，主要从事家务劳动。而男性的就业面则要广泛，绝大多数有职业。在1981—1983年小学语文教材中，男女职业分布比例为26∶15，无职业比例为4.1∶23.8。第三，在男女角色形象的塑造上也存在着偏见，男性表现出知识渊博，能力高超，独立自主，志向远大，智勇双全，顽强进取；而女性则表现为无知低能，目光短浅，温和美丽，寻求同情和保护，还兼备人类不良品德，如吝啬、尖刻、爱慕虚荣、不明是非、虐待弱小等。

能力训练

案例 2.4.3

语言的力量

近年来，随着中国的迅速发展，越来越多的留学人员带着他们的“香蕉人”孩子回国创业，如何让孩子适应国内的教育，“变”回真正的中国人，成了让许多家长头疼的问题。现在在大连一些学校，特别是高校附属的中小学都可以见到“香蕉人”的影子。

何谓“香蕉人”？这是一种比喻。“香蕉人”指的是在外国出生和长大的中国孩子，他们虽然也是黑头发，黄皮肤，流着中国人的血，却不识中文，不会说中国话，外面黄，里面白。

主人公一：柯文（小学生）

“中文我不学，中国菜我不吃，我不是中国人。”柯文，土生土长在英国的中国孩子，从小到大他都对中国的一切东西有强烈的敌视。只要妈妈让他去学中文，他就又吵又闹，家里只要做中国菜，他宁肯饿死也不吃。柯文的父母都是高级知识分子，看到孩子这样，父母非常伤心。于是，今年冬天父母就把他带回了大连，送到中国的小学里读书，希望能够让他对祖国有所了解，并提高一下中文。

有一次，在正上课的教室里，柯文却趴在桌子上不知道玩什么。趁老师回头写板书，柯文往嘴里塞了一块巧克力。他说，他根本听不懂老师在用中文讲什么，就盼着下课。

柯文的爸爸说，这几个月柯文在中国学习，最大的收获就是终于承认自己是中国人了。虽然柯文是用英文说自己是个中国人的，但是爸爸依然很高兴，因为他已经看到儿子开始迈出了“认祖归宗”的第一步。

主人公二：蒙蒙（初中生）

蒙蒙，13 岁，生在中国，3 岁时到了日本，6 岁时去了加拿大，11 岁时随父母从加拿大回到中国。现在在大连一所高校的附属中学读初一。

一次，放学回家，蒙蒙走到电梯口，看见电梯门要关。她先冲电梯里的人喊了句英语“别关门”，大家没听懂，她又喊了句日语，可大家还是没反应。当电梯门要关上时，她想喊句中文。但是她张了张嘴，没喊出来，迟疑的那一刻，门关了，把她关在了外面。这种尴尬对于蒙蒙已经司空见惯。

张嘴说话本来是人的本能，但是现在却成了最让蒙蒙头疼的事：“英语、中文我都不想说了，我很烦。在学校，在家我都说英语。我不说中文，是因为我怕大家笑话我发音不准。我知道一个中国孩子说外语，人家把我当怪物看，但是我还是不想说中文。”但当五年级那年，父母突然把蒙蒙带回了中国，蒙蒙傻眼了，那一年她学习了第一个中国字，也是那一年，她开始意识到自己是一个中国人。

经历了在双语学校一年多的磨砺，蒙蒙并没有开始说中文，只是听力有了提高，相反班里的同学英语都有了很大程度的提高。

去年，妈妈把蒙蒙送到了一所普通初中上学。对于蒙蒙来说，全新的语言环境、文化氛围、教育模式，完全颠覆了她以前的生活和学习方式：“我总是偷偷地哭。在加拿大的时候，我是班级里学习最好的，老师最喜欢的学生。现在我一点不开心，学习很累，最头疼的是不管我怎么努力，和同学还是差一大截。现在最难学的是中国历史、古文，我以前从没听说过。老师从来不提问我，他们知道我肯定用英文回答。”

尽管在所有时候，蒙蒙几乎都坚持用英语回答问题。但是，她打算从这个学期开始就说中文了。有人问：“想好从哪天开始了吗？”蒙蒙不好意思地笑笑：“某一天吧，我还没做好心理准备，说出第一句很难。”

主人公三：小雨（初中生）

15 岁的小雨是个从日本回来的“香蕉人”。上初一时跟父母回到大连。现在已经初三的她，天天熬夜学习到很晚，但是成绩一直不理想。在老师的眼里，小雨是非常要强的孩子。“小雨现在简单的中文交流已经没什么问题了，但是作文跟同龄人差距很大。”班主任王老师说，小雨其实很可怜，每次写作文她都写她在日本的故事，聊天的话题也总离不开在日本的生活。王老师告诉记者，上课时她基本不提问小雨，因为怕她总回答不上来伤了自尊。“以她的成绩，如果想正常的升入高中很难，我都替她着急，不知道除了回到国外，她的出路在哪里。”

主人公四：留学生

2005 年，在牛津、剑桥一年一度的全英中国留学生春节晚会上，十几个“香蕉人”用发音不标准的中文朗诵的古诗《静夜思》，让在场的上千名华人潸然泪下。

解密：

生活在外国的许多华人，自己吃了很多苦，之所以能在国外坚持打拼，很大程度都是为了孩子。在孩子的教育上，父母是很矛盾的。他们一方面想让孩子说好英语，融入外国社会，一方面他们又不想让孩子忘记自己的母语。所以许多父母坚持在家里说中文。但是随着孩子和社会接触越来越多，渐渐地在他们的世界里中文消失了，完全被外文取代，甚至朋友聚会时，中国孩子之间讲的也是外语。特别是上学以后，他们就彻底成了“香蕉人”，中文对他们来说已经变成父母家乡的土话，和自己毫无关系。“在加拿大，蒙蒙从没学过中文，她觉得在别的小朋友玩的时候，她要学这么一种在外国毫无用处的语言，简直是莫名其妙。”

生活之路

蒙蒙的奶奶是个普通的退休职工，一点英语也不懂。每当孙女和奶奶说英语的时候，奶奶都很无奈地说：“我哪听得懂啊。”

谈起小孙女，奶奶不住的长吁短叹：“蒙蒙生下来不久，父母就去了日本，是我在国内带她。后来去了日本，也是我送她去幼儿园。看着蒙蒙一个人坐在角落里，听不懂日本话，那么孤单，我当时挺心酸的。后来好不容易学会了日语，她又去了加拿大，再见到她时，已经不会说中文了。”说到这，蒙蒙的奶奶有些哽咽，她说孙女挺可怜的，折腾了几次，孩子都变得内向了。

寒假里，蒙蒙和奶奶在家，两个人很少说话，更不用说交流了。奶奶说，她和孙女像陌生人一样。

升学之路一：主人公的选择

蒙蒙说，现在如果让她选择，她还是会回到加拿大。因为她知道自己在中国肯定是考不上大学的。她说：“我有点恨父母，他们把我带来带去，没有考虑过我的感受。”

升学之路二：父母的选择

看着孩子学得这么吃力，最上火的还是蒙蒙的父母。蒙蒙的妈妈说：“年龄小的孩子会很快适应中国的环境。像蒙蒙这么大是最麻烦的。我有些后悔带着孩子跑来跑去，但是现在看来她至少还多学了一门语言。”

蒙蒙的妈妈说，为了孩子的学习，她寝食难安，孩子成绩差，她又不敢骂，因为有些自责：“在外国很多中国孩子的学习成绩都非常好，智商测试都是天才级的。现在回来了！反差这么大，我怕孩子受不了。”蒙蒙的妈妈现在给蒙蒙每科都请了一个家教，但是效果一直不明显。和丈夫商量了很久，蒙蒙的父母还是决定放弃在中国的工作，明年就领着蒙蒙回加拿大，直到她读完大学。

升学之路三：教师的意见

据学校老师介绍，这些从外国回来的学生，有许多都是外国国籍，他们没有学籍。对于这些孩子的出路，小雨的班主任说：“他们以后可以作为留学生，享有特殊待遇进入大学。但是，如果像现在这样在中国的学校拖着上完了中学，对孩子的成长非常不利。一是打击孩子的自信心；二是，因为中文水平有限，他们的物理、化学等也会受到直接影响。所以即使上了大学，选择的专业面也会很窄。”

一股不可抗拒的学英语热以及崇洋媚外风，正在中国的大地上培养一批新的本土“香蕉人”。这比来自外国的正宗“香蕉人”更加可怕。许多家长给孩子报了英语补习班，却忘记了让孩子学好中文；许多孩子只知道过圣诞节，却不知道端午节；书店里，孩子会围着《哈利·波特》转，却忘记了看看《西游记》……

我们始终不能忘记自己是一个中国人。不了解世界的“套中人”做不得，忘记母语、忘记自己是中国人的“香蕉人”更做不得。

问题与思考

1. 语言与文化是什么关系?
2. 人类主要通过什么方式习得语言?
3. 学校教育对语言习得具有什么价值?

第五节　教育与科学技术

学习目标

1. 了解科学、技术、科学技术和科学技术体制化的涵义。
2. 理解科学技术对教育的作用。
3. 掌握并能应用教育的科学技术功能。
4. 了解信息时代的知识变化及信息技术给教育带来的革命性变化。
5. 熟读案例分析和思想资源，理解相关观点。
6. 根据分析建议独立完成案例分析。

观点与原理

1. 科学是知识体系及其生产和再生产过程的统一体，是知识建构的主体与其客体相互作用的产物。技术是根据生产实践和科学原理发展而成的各种工艺，操作方法与技能的总称，它还包括生产工具、设备和程序等。

2. 科学技术是专门以科学、技术及其二者之间的相互转化为对象的社会活动，主要表现为机构形态、活动形态和成果形态。

3. 科学技术作为社会活动的基本要素之一，与社会政治、经济、文化、教育的关系十分密切。科学技术对社会、教育发展起着重要的推动作用，科学技术的发展又离不开教育的支持。

4. 每一次科学技术的变革都造就了教育的革命性变化。第一次科技革命带来了班级授课制和义务教育制度的产生，第二次科技革命催生了普及高中的要求和远程教育形式，信息技术革命提出了普及高等教育的要求，促进了网络教育的诞生。网络教育为人类教育理想——因材施教、有教无类等的实现创造了优越的条件。

5. 科学技术对教育具有影响性的作用，它主要表现为对教育的推动作用，几乎关涉到教育的各个方面，比如教育结构、学生、教育目的、教育内容、教学组织形式和教育手段以及教育方式方法乃至教育的思维方式、学生等方面。

6. 从一定意义上说，科学技术的社会价值和经济价值是通过教育来实现的，因此，教育的科学技术功能是巨大的。

7. 教育的科学技术功能，即推进科学技术发展的功能。

（1）教育为科学技术的发展培养数量足够、质量优秀、结构合理的后备力量。

（2）教育具有科学技术生产和再生产的功能。

（3）教育为科学技术的体制化提供了理想的“母体”。

（4）教育具有加速科学与技术相互转化的功能。

（5）教育具有将科学技术转化为现实生产力的功能。

典型案例解读

案例 2.5.1

科学的悲剧

德国化学家弗里茨·哈伯曾获诺贝尔化学奖。然而，在第一次世界大战期间，为让德国获胜，他竟然将自己的科学知识用于毒气研究，成为世界科学家中用科学知识为非正义战争服务的最早、最著名的人物之一。他的狂热，竟到了这种程度——妻子哀求他放弃这一丧心病狂的研究，见他不听，最后拿他的手枪自杀了。而这一“死谏”，还是无法改变他的决定。妻子死去之后，他就收拾行李去了前线。即使在德国败局已定的情况下，他还抱着通过化学武器来赢得战争胜利的“宏伟”设想。

无独有偶，医学硕士古某，放射学及影像学专业毕业，从事医学工作多年。1997年6月，以古某为法人代表的广州某科技公司与广州某医院合作建立激光医疗中心。在合作经营期间，古某与医院负责该中心的整形外科主任刘某在内部管理和资金发放、经济效益等问题上产生矛盾，古某对刘某怀恨在心，伺机报复。

2002 年 5 月，古某购买了一台 192 铱射线工业探伤机，并与其手下偷偷地将该机的装源铅罐安装在办公室天花板上，连接主机的管道则从天花板上拉到自己办公室斜对面刘某的办公桌上方的天花板上。为了防止探伤机的辐射伤害到自己，古某在安装探伤机后买了一套X

射线防护衣，存放在自己办公室里。2002 年 5 月到 7 月间，古某等人多次趁刘某在办公室的时候，在古某办公室的暗室里通过驱动探伤机施源器，将铅罐里的 192 铱放射源输送到刘某的办公室，致使刘某及该中心工作的多名医护人员受到放射源的辐射伤害。其后，一直身体很好的刘某开始常常感觉很疲劳，出现食欲不振、头晕、呕吐等症状。经检查，他的白细胞只有 2700 指数（正常值是 4000~10000）。与此同时，该中心另外 74 名同事也反映，出现全身乏力、记忆力下降、牙龈出血等症状。而怀孕 5 个月的医护人员曾某到医院检查，出现先兆流产、染色体异常。经有关人员检查和警方调查，古某供认了犯罪事实。广州中院审理后认为，古某等人为泄私愤而蓄意报复他人，采用投放放射性物质的方法，致 1 人重伤、13 人轻伤、61 人轻微伤，其行为已构成投放危险物质罪。判处古某死刑，缓期两年执行。

案例分析

我们可以进一步认识到科学技术是一把“双刃剑”。科学技术在促进人类社会进步的同时，也在时时刻刻地威胁着人类的进步、安全和生存。事实上，科学技术也曾经给人类造成严重的灾难。如案例所呈现的，以及日本广岛的原子弹爆炸、互联网的千年虫病毒、朝核危机、伊朗核威胁等。“科技发展方向上存在严重问题，尤其是滥用科技尖端成果给人类社会以及世界生态环境造成的灾难问题。原子弹、氢弹的制造及使用，就是这些事实中最突出的例子。”然而，我们不能因噎废食。毕竟，科学技术改善了人类的生存质量、发展可能，为人类社会的进步作出了不可替代的贡献。因此，我们应该积极地思考，如何教育人们合目的性地运用科学技术？这就要求教育应该重视学生正确的科学技术伦理观的形成与发展。促进学生形成正确的科学技术伦理观也是科学教育的重要组成部分。

什么是科学技术伦理观？所谓科学技术伦理观就是人与科学技术的伦理关系。正确的科学技术伦理观就是以人类所追求的真善美为宗旨，以促进人类进步为目的，处理人与科学技术、科学技术与社会的关系的伦理观念。哈贝马斯呼吁人们，“特别是科学家，技术人员，领导社会的政治集团，对科技发展的方向和它的实际运用问题进行认真反思。”他号召“科学家们对他们所生产的技术产品造成的实践后果进行反思，甚至鼓励他们打破他们的属于科学自身的公众领域的限制，采取直接求助于社会舆论的办法来防止同既定的技术选择相联系的实践后果，来批评和反对那些与实际的生活利益相违背的研究投资。”因此，在教育中，教师首先需要推动学生追求真善美，与此同时注重发展学生的批判精神、反思能力，帮助学生认识科学技术的利与弊——科学技术本身的利弊以及社会应用的利弊，发展学生合目的性、合规律性地使用科学技术的意识与能力。（参见本节T6。）

案例也反映出，教育既具有正功能，也具有负功能；既具有显性功能，也具有隐性功能。如何超前发现教育负功能？如何控制和引导教育负功能？如何激活教育隐性功能？这都是值得我们深思的大问题。

思想资源

历史沿革

H1. 科学技术的发展速度

科学与技术从未像现在这样突出地显示出它们的威力和潜在力。在这个“20 世纪的后半期”，知识正以惊人的速度向前跃进。变化正在无限地加速，正像人类的知识和科学工作者的人数迅速增加一样（整个人类历史上 90%以上的科学家与发明家都生活在我们这个时代[①]），与此同时，研究与革新也正在制度化。同样值得注意的是，科学发明与大规模地应用这种发明之间的时间间距也正在逐渐缩短。人们把照相术原理付诸实践花了 112 年的时间。而太阳电池从发明到生产只相隔两年。图 2-4 表示：从 14 世纪末到 20 世纪中叶 11 种伟大的发明，从发现到应用的时间间距越来越小了。

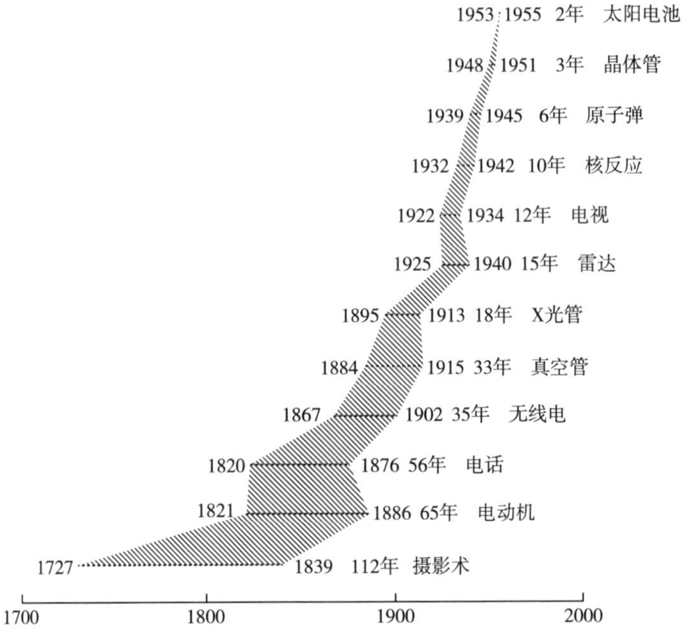

图 2-4 世界的部分发明与应用发展

图 2-5 表明在 25 万年中间，4 项世界性的活动迅猛发展的速度：旅行、通讯、杀伤和计算。人类以步行速度旅行已经经历过几千个世纪了。后来就有了车轮。到 19 世纪末，内燃发动机的发明使人们旅行的速度每小时达 140 公里。到 1945 年，喷气式飞机的速度已经超过这个速度 10 倍。今天宇宙航行员是以每小时 4 万公里的速度在空间航行。

20 世纪的旅行速度和现代交通工具在全世界的运用已使旅行成为通常之事，并不把距离当作一回事了。前一个世纪，普通的人很少冒险远离家乡；现代人则到处游历了。1970 年一年内，就有 1.08 亿美国人进行了 36000 万次旅行，其中包括离家 100 英里（约 161 千米）以外过夜的旅行。1971 年一年内，有 100 万外国人到美国去旅行，有 150 万德国人到西班牙度假。1971 年，有 3.1 亿人乘飞机旅行了 4550000 万英里。

当下，我们对自然的看法正经历着一个根本性的转变，即转向多重性、暂时性和复杂性。长期以来，西方科学被一种机械论的世界观统治着，按照这种观点，世界就像是一台庞大的自动机。而今天，我们认识到我们是生活在一个多元论的世界之中。确实有不少现象在我们看来是决定论的和可逆的，比如无摩擦的摆动运动，或地球围绕太阳的运动。在这种可逆过程中，无所谓时间的优势方向。但是也有许多不可逆的过程，它们涉及时间的方向性。

---

① 这得益于科技史上的科学技术体制化。科学技术体制化即科学技术由“业余”变成“职业”，由经验变成理论，从混杂于他者之中到独立于社会之内——有专门的人员、专门的组织机构、专门的组织运行方式的一个过程。

假如你把两种液体（例如水和酒精）掺在一起，从我们的经验可知，这两种液体会随着时间的推移而混合起来。我们却从未见过这个过程的逆过程，即这种混合物能自发地分离成纯水和纯酒精。因而，这个过程是一个不可逆过程，全部化学所研究的就是这样的一些不可逆过程。显然，除了决定论的过程之外，我们肯定还存在一个概率的因素，包含在某些基本过程中，例如在生物的进化或人类文化的演变中。即使是对决定论描述的效力坚信不疑的科学家大概也不能说，在宇宙大爆炸之日，即我们所知的宇宙创始之时，本书出版的日期就已镌刻在自然的定律之中了。

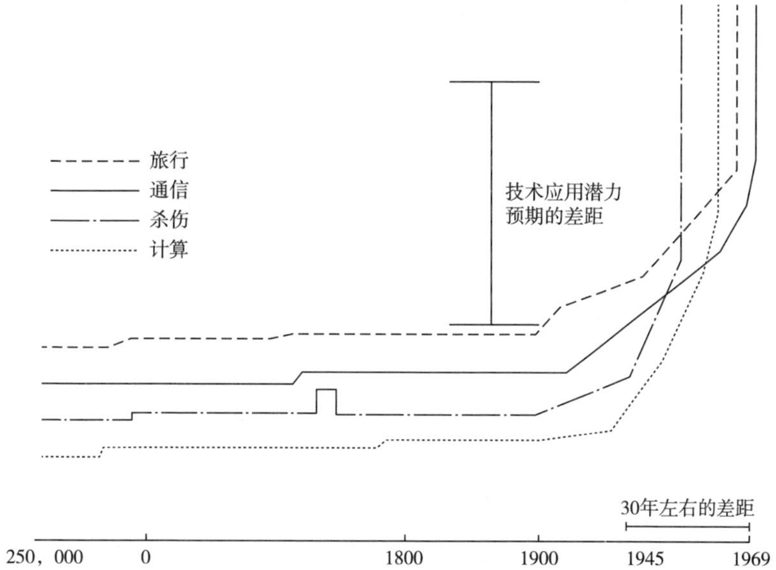

图 2-5　物理科学上的发现与应用之间的间隔

H2. 电影的教育应用

电影的教育应用使“静止”的“运动”了，使“哑巴”说话了，推动了视听教育运动的兴起。从 1920 年起，无声电影开始在美国应用于教学。先是一些影片公司向学校提供现成的电影短片拷贝，这些拷贝经选择后供教学放映。随后有一批高等院校开始自拍专以教学为目的的影片、教学幻灯片。某些城市，如纽约、芝加哥、洛杉矶等城市还相继建立了影片馆，收藏影片，用轮流或预约办法向学校提供影片。当时还有几十个推广应用部门收藏并提供无声教学影片，如，1928 年美国柯达公司成立教学电影部，组织生产教学电影。从 1920 年起，美国政府就按规划把一些“非戏院影片”分配到全国 30 所大学、师范学校及其他著名的教育机关。部分高等院校还开设美工、摄影、幻灯片制作、放映机操作维修等讲座，也有的学校将视觉教育列为正式课程。在英国，无声电影的教育工作也受到了重视。1920 年，英国坦普特地方地理教师，正式把无声电影作为教学工具，并发表了试验报告。同年，这项工作得到英国政府的推广发展。

在 20 世纪 20 年代晚期，无声电影发展成为有声电影——“伟大的哑巴开口说话了”之后，有声电影很快在 20 世纪 30 年代初被用于教育和教学，并显示出了它对提高教育效果的作用。这种作用突出表现在两个方面。其中一个方面是，第二次世界大战之后人们对视听设备的兴趣的恢复。第二次世界大战的爆发影响了教育媒介在学校中的应用，但是电子设备在工业和军事方面的广泛应用却进一步促进了对教育媒介的研究。第二次世界大战期间，美国政府出于对战争的需要，必须加快对人员的培训，于是大量拨款用于改进教育技术，生产各种教学资料和教学媒体，以便用电影训练军队、培养技术人员。仅半年时间，电子设备就把一百二十万毫无军事知识的平民培训成各兵种的作战人员，并把几百万青年男女训练成掌握制造军火、船舶等技术的工人。这成了美国在第二次世界大战中获胜的一个法宝。1945 年德国投降后，德军参谋长在谈到失败原因时说："我们精确计算了一切因素，只是没有算到美国训练军备的速度，我们最大的错误是低估了他们对电影教育掌握的速度。"

理论资源

T1. 科学技术的性质——哲学家的观点

法兰克福学派的奠基人霍克海默就曾说过："不仅形而上学，而且还有它所批判的科学本身，皆为意识形态的东西；科学之所以是意识形态，是因为它保留着一种阻碍人们发现社会危机真正原因的形式。"马尔库塞认为，科学与技术本身成了意识形态，是因为科学和技术同意识形态一样，具有明显的工具性和奴役性，起着统治人和奴役人的社会功能。

哈贝马斯反对马尔库塞的"技术的解放力量转而成了解放的桎梏"这一观点，他以科技进步为"新的坐标系"，论证了社会的不断合理化与科技进步的制度化的关系，并明确提出了在当今的社会，科技进步本身已经成了"第一位的生产力"的观点。作为第一位的生产力，它的直接结果是社会物质财富的高度丰富、人民生活水平的大幅度的提高以及随之而来的阶级差异和对抗的消失。他进一步指出，科学与技术，今天不仅成了第一位的生产力，而且也成了统治的合法性的基础。作为统治的合法性的基础，它为统治进行辩护或论证的标准是非政治的，因为这个社会的统治的合法性是"从下"，而不是"从上"。他强调指出，技术与科学作为新的合法性形式，它已经丧失了意识形态的旧形态，已经成为一种以科学为偶像的新型的意识形态，即技术统治论的意识。这种新的意识形态已不再具有虚假的意识形态的要素和看不见的迷惑人的力量。这种新的意识形态同以往的一切意识形态相比较，已经不再具有多少意识形态的性质。

T2. 科学对人的影响

科学影响着人们的价值观，人类各种文化活动及其成果的价值——科学、文化价值的整体性，主体性与文化心理结构，价值形成力与文化创造力的培养与教育，人生意义、自我超越与教育。

（一）科学与人们的价值观念

价值标志着外部事物对人们需要的关系；价值观念是价值关系的观念形态，是人们对自身需要以及外部事物满足自身需要意义的认识。

科学有许多社会功能，从科学直接影响人们的价值观念来说，科学发挥着价值关系、认识工具的社会功能。

当代科技革命正改变着人们的价值需要、价值标准、价值空间，改变着价值关系的结构，从而强烈地改变着人们的价值观念：

（1）由于科学、技术、知识、信息正在变成为企业成败和生命力的关键因素，人们的价值观念正发生着从过去对资本的崇拜到重视科学、技术、知识、信息的深刻变化；

（2）由此，社会劳动的结构、内容和形式发生变化，人们以体力劳动为主的劳动价值观，正在变为以脑力劳动为主的价值观；

（3）由此，促进生产和工作变为高强度、高节奏，增强了人们对精神文化的需要，人们生活价值观念正在从以物质生活为主变为以精神生活为主，从崇尚物质价值变为崇尚精神价值；

（4）由此，人们的价值观念正经历着从重视人的创造物的价值到重视人自身的价值，而对人的品质评价已趋向于提倡人的创造性、开拓型的性格。

（二）科学与人类各种文化活动及其成果的价值

人类的各种文化活动及其成果得以在人类社会中存在和发展的中心问题，是围绕着价值和价值观念而展开的。人类的各种文化活动分别具有科学的、审美的、伦理的、有益于身心健康的价值等。人类各种形式的文化都不过是人类价值需要和价值观念的表现形式，当科学对人们的价值关系、价值观念发生影响时，也就对人类的各种文化活动发生了影响。有些文化活动被证明是有益于人们的身心健康而得到发展，有些则不然，科学改变着人和社会的需要结构，制约着不同文化活动的兴衰存亡。

现代科学的发展有它自身的内在逻辑，同时还应当看到相应的社会需求与社会价值。这二者是密切相关的，实践表明：科学知识、科研活动及其成果的日益社会化和科学知识的价值观的社会化是统一的过程，从而形成人类科学、文化价值观的整体性。对科技活动及其成果进行综合评价，必须从社会、经济、政治、伦理、心理、生态等各个方面，还必须从目前及长远、局部与全局等多方面进行评价。科学技术发展的直接效果可能是积极的，但也可能隐藏潜在的消极后果；在某一领域是积极的，但也可能在其他领域是消极的。

人类文化的价值，从来不能局限于科学的价值，单靠科学不能使人的精神达到完美，反而可能使人片面发展，成为“单相度”的人。艺术对于人的精神世界、生活方式以及行为有着不可取代的教育作用。艺术具有非凡的魅力，它可以使人突破理性单值性的界限。科学与艺术是统一的、和谐的、相互补充的。

科学与艺术的重要共性在于二者既都是认识活动，又都是创造活动。而教育则可以发挥它的巨大作用，应当注意个性的和谐发展，把逻辑性和客观性这一重要的思维活动同情感作用协调起来，促使科学与艺术结合成深沉而持久的伴侣，这是植根于事物本质之中，而且为人类幸福所必需。

在一定程度上，技术是决定了社会的。尽管，有人说，“技术并未决定社会”。从媒介史的角度来看，每一种媒介的诞生都造就了一种文化，并且，这种文化渗透入社会生活的方方面面，计算机网络和互联网造就了网络文化，它改造了社会——由工业社会而进入信息社会。毕竟，计算机技术和计算机网络技术并非如今人们所认为的那样被发明和创造，它们事实上实现了一种压力—平衡的过程。人类一直在追求“延伸”，寻求“解放”，从而平衡某种压力。计算机网络和互联网就是“延伸”——人神经系统的“延伸”，它“解放”了人的记忆，甚至是人的思维，它就是一种“平衡器”，“平衡”也造就了新社会、新教育。

T3. 科学对教育理论的影响

不掌握复杂性理论的实质，我们是无法开创教育改革新境界的。其诀窍在于学会成为对繁杂神秘的体系感到自在的孩童，少做使原来就已经性质严重的问题更为加剧的事，不要去控制无法控制的事，学会使用关键的复杂性理论概念来设计和指导更有威力的学习系统。我们需要推动并相信变革的进程，同时认识了它的不可预测性……无根据的混沌体系是坏的，有根据的秩序要好于无根据的混沌体系，而具有复杂性的体系是最佳的……复杂性理论告诉我们，要敢于制定公开、互动同时又是高质量的信息系统，接受道德目标的指导，然后从中寻找有发展前景的模式，加以强化，并在此基础上进一步发展。

T4. 社会学中教育的科学技术功能

教育具有科学知识增值的功能：科学对生产力的发展起着十分重要的作用。科学知识是在不断增值的，这种增值的过程是一个不断地从知识的生命载体（人脑）向物的载体（书籍资料，技术装备等），又从物的载体向生命载体循环往复的运动过程。教育的过程就是一个促使知识由物的载体向生命载体运动的过程。当代的知识增值没有教育的参与几乎是不可能的。这里一个重要原因就在于在科学-技术-生产体系中，科学越来越表现为首要的一环。当代教育在科学知识增值中的参与作用不仅表现在教育过程的终点，而且还表现在教育的过程之中。

T5. 科学技术革命推动普及义务教育和发展职业教育

英国工业革命开创了科学进入大规模生产领域的新纪元，但从 17—19 世纪这段时间，大工业生产毕竟还处于起步阶段，科学发展对社会生产发展的影响并不十分明显。20 世纪之后，科学对生产的影响越来越强大，令人刮目相看。据统计，在 20 世纪初，在促进社会生产增长的诸因素中，科学技术只占5%~20%，到了20世纪70年代其比重就高达60%~80%。

科学大规模进入生产领域之后，使生产的技术构成要素发生了根本性的改变，体力和“手工熟练”不再具有决定意义，取而代之的是劳动者的文化素养、智力和专业技术的发展水平。据统计，在机械化的初级阶段，体力劳动与智力劳动消耗的比例为 9∶1；在中等机械化时期，两者的比例为6∶4；在全盘自动化的情况下，两者的比例为1∶9。

从这时开始，劳动者日益智力化趋向与传统的在生产过程中培养劳动者的方式产生了尖锐的矛盾。人们再也无法在同一生产过程中，同时实现生产物质产品和培养高质量的劳动者的双重目的。人类必须做出这样的选择：要么遵循人成长的规律，让生产服从教育，使生产车间变为使学生增长才干的实习场所；要么遵循生产规律，严格选择生产工人，严格执行生产纪律，高效率地进行生产。这就使人们不得不逐渐放弃古老的在生产中造就劳动者的观念，而把这一神圣的职责交给学校。这是 19 世纪末之后，全世界普及义务教育和职业技术教育发展的最重要、最根本的内在推动力量。

T6. 科学教育的新取向

（一）科学教育人文化

科学教育的狭义理解是使人认识我们生活在其中的大自然，认识我们面对的物质世界。17 世纪的新教徒们有充分的理由坚持科学的功利主义立场。不如此，他们就找不到其他的武器与至高至尊的古典文科相抗争，也不足以获得一般民众的理解与支持。然而，在科学教育取得了它应有的地位，甚至在教育的天平倾斜到“重理轻文”的一边时，如果仍然只“见物不见人”，那就极其危险了。“见物不见人”的科学教育，具有明显的趋利性、工具性。通过它培养出来的人或科学家，虽然熟练地掌握了科学的知识和技能，但他们却未必真正地“理解”科学，他们对科学以外的东西如社会、人生等等，则所知甚少，甚至一无所知。这样的人是单方面的“工具人”“经济人”。其危害性随着当代“全球性灾害”的日益严重而暴露无遗。这些“全球性灾害”，诸如环境污染、生态失衡、资源枯竭、气候反常、核扩散以至高科技犯罪、智能强盗等，都是由于对科学技术的使用不当或被滥用而造成的险恶后果。严酷的事实，迫使人们对科学的社会功能进行痛苦的反思，同样也迫使人们在科学教育的价值取向上，作出新的选择。人类正是在这种痛苦的反思中，科学教育人文化的思路，逐渐地清晰了起来。

萨顿是给科学教育赋予人的意义的先驱之一。早在20世纪30年代，他就批判了科学教育只教“技术业务”而缺少真正“教育”的偏向，呼吁要使科学及其教育工作“人性化”，要“赞美科学所含有的人性意义，并使它重新和人生联系在一起”。不久，贝尔纳首次提出了“科学教育人文化”的命题。贝尔纳说“必须打破把科学与人文学科截然区别开来，甚至相互对立的传统，并代之以科学的人文主义。同时，科学教育本身内容也必须人文化”。《学会生存》报告通篇建立在“科学人道主义”的基础上，指出“合理的教育学说必须以下列标准为依据：目前的社会和未来的社会能够或将证明科学技术本身并不是目的，它的真正目的是为人类服务”。并强调“科学，实质上，是培养个性的各个方面和满足个性的各种要求的决定因素”。科学教育人文化的核心，就是要求把科学首先作为一种文化，而不单纯是一门技术教给新的一代，使他们不仅掌握科学本身，而且还理解科学与社会的关系，懂得怎样合理地应用科学，使之造福于人类而不是贻害社会。

这与雅斯贝尔斯的观点有异曲同工之妙。雅斯贝尔斯在谈到教育的危机和科学扩张时，指出，必须分辨两种情况：一种是为适应今天科技生活所必需的科学教育；另一种是可以引导和充实人们生活的教育。科学是专门化的，它传授给学生一个确定的技能，并在人的存在中占据着一个不可取代的位置。通过教育，学生将成为专业工人，专业知识和技能使人成为某一方面的专门人才和专家，这种技能是生活所必需的。科学的进步是技术发展的条件和未来经济的基础。随着人类开发利用我们赖以生存的大自然的宏伟进程，物质世界越来越被人们所掌握，无效劳动也日益被解除，因此掌握技能就成为必须。与此相反，教育是属于人之为人、归属于所有人的事业（今日教育不可能再局限于某个阶层，它必须是全民的教育，唯有这样，才能发生效用）。教育的推行有赖于民众的好学意愿，需要民众将教育看作无限广大的共同努力之事业。科技仅是运用理解力所做的具体研究，培养出来的科技人才只是服务于某些目的的专业工人，他们并没有受到真正的教育。因为技能的训练，专业知识的提高还不能算是人的陶冶，连科学思维方式的训练也是谈不上，更何况理性的培养，精神生活的陶冶，以及参与人类每一时代都具有创新内容的历史传承之中。与之相对应的是，人类的将来取决于本真教育的能否成功。

（二）科学精神的教育

科学教育人文化的主要途径，除了将科学学科与其他人文、社会学科进行有机综合之外，还要注重科学学科本身所富含的科学精神的挖掘与教育。

科学精神，是科学家在科学实践过程中逐步积累形成的，并为科学界所认同与遵循的稳定而又持久的心理和行为倾向性，是由科学本质所要求的价值观念、思想品质和行为准则的整合。它主要包括求实精神、批判精神、创新精神、进取精神、严谨精神、公正精神和科学道德等基本内容。默顿认为，科学精神主要有“普遍性、竞争性、集团性、公有性、诚实性和合理的怀疑”等因素。它是科学共同体必须遵守的一套规范，是科学家的职业道德，是科学活动的活的灵魂。

科学精神与科学知识及科学方法有密切的关系。科学精神是科学家在运用科学方法探索未知、创造新知的过程中积累形成的。科学精神离不开科学知识和科学方法作载体，但是它又不同于知识和方法。科学精神是科学知识和科学方法在科学家的科学实践中不断升华出来的一种更具有普遍社会意义的东西。因而它具有更普遍、更重要的教育意义。同样，加强科学精神的教育，也离不开科学知识和科学方法的教育作基础。它要求在科学知识和科学方法的教育过程中，从科学发展史、科学与社会的联系及科学家等角度着手，让学生逐渐领悟其中体现的科学精神并将其内化到他们的精神世界中去。这就可以说是达到了科学教育的更高境界。1985 年颁布的《中共中央关于教育体制改革的决定》指出：“新时代需要的人才，应该……具有实事求是、独立思考、勇于创造的科学精神。”这是对科学精神的教育意义的充分肯定，也是对培养具有科学精神的新人的号召。新时代提倡科学家精神，即“胸怀祖国、服务人民的爱国精神，勇攀高峰、敢为人先的创新精神，追求真理、严谨治学的求实精神，淡泊名利、潜心研究的奉献精神，集智攻关、团结协作的协同精神，甘为人梯、奖掖后学的育人精神。”

数据资源

D1. 科学技术的经济价值

据世界银行统计，科学技术进步对经济发展的贡献率（1950—1970）发达国家平均为 49%，其中有的国家高达 60%~70%。中国经济增长中科技进步增长的比重（1988—1989）为 30.1%。十年来，科技进步因素在我国农业增产中的作用，已由过去的 20%提高到 30%~40%。

D2. 高等教育中的诺贝尔奖获得者

截至 2019 年，诺贝尔奖共有 6 个领域：物理学、化学、生理学或医学、和平、文学和经济学。其中自然科学方面包括物理学奖、化学奖和生理学与医学奖，是这三大领域科学家所能获得的最高荣誉。物理学奖、化学奖和生理学或医学奖自 1901 年设立以来，每年评选和颁发一次，2021 年将是第 121 年。截至 2019 年，全球共有 613 位（居里夫人先后在 1903 年、1911 年获得物理学奖、化学奖）在这三个学科拥有重要发现和发明的科学家荣获举世瞩目的权威性国际大奖，其中包括 9 位华人，屠呦呦是第一位获得诺贝尔奖的中国本土科学家。截至 2019 年，诺贝尔化学奖共颁发 111 次，共有 183 人获奖，其中超过 90%的获奖者是大学教师；截至 2019 年，诺贝尔物理学奖共颁发 113 次，共有 212 人获奖，其中超过 80%的获奖者是大学教师；截至 2019 年，诺贝尔生理学或医学奖共颁发 110 次，共有 219 人获奖，其中超过 75%的获奖者是大学教师，其余均来自科研院所，其中屠呦呦任职于中国中医科学院；2020 年诺贝尔奖在自然科学领域的八位获得者中有七人是大学教师。2021 年诺贝尔奖在自然科学领域的七位获得者中有三人是大学教师，四人是独立的研究所（院）的科学家。

D3. 教育系统是科学研究的主力军

2018 年度最高科学技术奖的两位获奖人都是大学教授（刘永坦是哈尔滨工业大学教授，钱七虎是中国人民解放军陆军工程大学教授），国家自然科学奖和国家技术发明奖获奖人中超过 88%是大学教师，其余均来自科研院所。2019 年度国家最高科学技术奖获奖人之一来自专业科研院所（曾庆存是中国科学院大气物理研究所研究员），国家自然科学奖获奖人中超过 80%是大学教师，超过 10%来自科研院所，国家技术发明奖超过 98%是大学与科研院所或者企业联合完成，超过 50%的获奖人是大学教师。2020 年度国家最高科学技术奖获奖人之一来自清华大学，2023 年度两位获得者分别来自武汉大学、清华大学。

能力训练

案例 2.5.2

校园出现“手机一族”

新年将至，中学校园里又是贺卡“纷飞”。然而记者近日发现，争奇斗艳的贺卡开始受到“冷落”，通过手机短信互致新年问候正成为中学生的新“时尚”。随着越来越多的中学生加入“拇指一族”，中学生用手机越来越引起争议。

高三学生小李从网上下载了一段新年贺语，用手机发送给最要好的同学，自己也很快收到“回复”。“用短信交流，费用低廉，而且节省时间，真的很方便。”据小李介绍，班上 45 个学生，30 多人有手机。某市重点中学明确不提倡学生带手机进校，但仍有至少两成学生“违规”，寄宿制学校拿手机的中学生更多，比例甚至高达80%。

感到方便的还有家长。尽管上海绝大多数学校都为学生配备了投币电话，但家长要在“第一时间”联系上孩子，显然还是手机方便。而学生上下学，有一段时间在校外，如遇突发事件也可以及时和学校、家长联系，以免家长心忧。正是出于联系的方便，不少家长都给孩子配备了手机。

然而，手机在给家长、学生带来便利的同时，也给学校教育带来了“烦恼”。往往一节课上，老师正讲到兴头，学生也听得聚精会神，突然从某个角落传来一阵“优美”的手机音乐声，很煞“风景”。一些游戏功能强大的手机还成为学生课上、课后爱不释手的“玩具”。一项调查显示，拥有手机的中学生中，52%的学生经常发短信，近 20%的学生经常玩手机游戏，近10%的学生利用手机上过网，4成以上的学生除了用手机和家长联系，还和他人闲聊。

最令学校头疼的是，学生手机作用的“异化”还给德育工作出了一道“难题”。手机短信让学生的小动作“现代化”了，上课时手机短信代替了交头接耳，考试时它又代替了“传纸条”。此外，一些黄色信息借助手机短信流入校园，很快传播开来。某校对一个班级的学生手机进行突击检查，竟发现7成以上的手机里存在不健康短信信息。

手机进中学校园，利大还是弊大？上海市教科院德育咨询研究中心主任谢诒范教授认为，手机作为科技进步带给人类的新工具，本身并无利弊对错。进入校园后出现的负面影响，进一步暴露了学生规则意识缺乏、性健康教育不到位等学校德育的“老问题”。有的学校一纸禁令其实只能在表面上掩盖问题，要达到“利大”，最根本的是要整体提升学校德育水平，让学生具备自律意识，以健康的心态使用手机。

问题与思考

1. 手机给学生带来什么便利条件？
2. 手机给校园带来什么问题？
3. 科学技术对教育的影响途径都有哪些？

小结

教育在人、社会之间扮演着平衡者的角色：教育在人、社会及二者的整体的需求与可能之间寻求一种平衡。

（1）在系统论的视域下，教育空间是整个社会空间的有机组成部分，教育的外部空间包括政治空间、经济空间和文化空间以及科学技术空间等。

（2）教育对其外部空间的依赖和影响主要是通过信息和能量的交换来实现的。这种交换，主要体现在教育的运行状态、教育运行的基本活动要素和教育运行的结果之中。

（3）教育是社会系统中不可分割的重要组成部分，与社会的政治、经济、文化、科学技术和人口等存在着相互制约、相互促进的基本关系。①政治和文化为教育提供背景条件，经济为教育提供物质基础，科学技术是教育发展的重要推动力，人才是教育中不可替代的资源。这表现出教育的社会制约性。②在不同的社会历史条件下，由于社会存在所依赖的政治、经济和文化、技术的基础不同，教育在整个社会中的地位以及对社会运行和发展所产生的影响力也是不同的。这种影响力被称为教育功能。③教育与社会之间是特殊与一般、部分与整体的关系，是个性与共性的关系。

（4）在现代社会中，由于生产发展所依赖的科技基础是革命性的，各国间经济、政治、文化等方面竞争最终将归结为人才的竞争，因而教育对整个社会发展具有全局性、先导性、基础性影响作用。

（5）教育部门以培养社会未来发展所需要的特定人才，形成和改变人的素质，生产相应的精神产品以及形成来自学校的舆论压力等方式，影响着社会的运行、变革与发展。

（6）当代中国教育的社会功能是通过提高全民族素质，促进中国特色社会主义的全面发展，实现中华民族伟大复兴，进而致力于建设人类命运共同体。具体的，还可以表述为，教育能为人民服务，教育能为中国共产党治国理政服务，教育能为巩固和发展中国特色社会主义制度服务，教育能为改革开放和社会主义现代化建设服务。

（7）义务教育均衡发展与社会发展之间的必然联系是深化教育与社会改革必经之路。

自我评价

1. 论述教育功能的特征。
2. 阐述教育功能的分类。
3. 如何理解教育与社会经济之间的关系？

4. 阐述教育与文化之间的关系。
5. 阐述教育与科学技术之间的关系。
6. 如何理解教育与社会的一般关系？
7. 分析案例：运用相关理论分析问题，并进行富有逻辑的阐述。

参考文献

[1] 苏高辉. 构筑在垃圾堆上的求学梦！——采访一个捡垃圾的小女孩[EB/OL]. [2020-12-23]. 新浪网.
[2] 陈志科. 当前中学生思想政治状况的基本判断——基于 2011 年全国中学生思想政治状况的调查与分析[J]. 教育科学，2013（03）.
[3] 习近平. 决胜全面建成小康社会夺取新时代中国特色社会主义伟大胜利——在中国共产党第十九次全国代表大会上的报告[EB/OL]. [2017-10-18]. 中国政府网.
[4] 国家中长期教育改革和发展规划纲要工作小组办公室. 国家中长期教育改革和发展规划纲要（2010—2020 年）[EB/OL]. [2010-07-29]. 中华人民共和国教育部网.
[5] 傅维利. 教育功能论[M]. 沈阳：辽宁教育出版社，1990.
[6] 吴康宁. 学校究竟是什么——重申学校的社会属性[J]. 教育研究，2021（12）.
[7] 邱泽奇. 社会学是什么[M]. 北京：北京大学出版社，2002.
[8] [美]罗伯特 ·F. 墨菲. 文化与社会人类学引论[M]. 王卓君，译. 北京：商务印书馆，2009.
[9] [美]博厄斯. 人类学与现代生活[M]. 刘莎，等，译. 北京：华夏出版社，1999.
[10] 中共中央宣传部. 习近平新时代中国特色社会主义思想学习问答[M]. 北京：人民出版社，2021.
[11] 马克思，恩格斯. 马克思恩格斯全集（第四卷）[M]. 北京：人民出版社，1958.
[12] 邵闯、张晓帆. 一高三生写信诉苦“还我假期”[N]. 大连晚报，2006-01-20.
[13] 习近平. 坚持中国特色社会主义教育发展道路 培养德智体美劳全面发展的社会主义建设者和接班人[N]. 人民日报，2018-09-11（01）.
[14] 新华社. 深入学习宣传贯彻党的教育方针[N]. 中国教育报，2021-05-27（01）.
[15] 中共中央关于党的百年奋斗重大成就和历史经验的决议[EB/OL]. [2021-11-16]. 新华网.
[16] 袁丁. 一个“斗走资派专业”的活标本——揭开“朝农经验”的真相[J]. 人民教育，1977（2）.
[17] 孙培青，李国钧. 中国教育思想史（第一卷）[M]. 上海：华东师范大学出版社，1995.
[18] 孙培青，李国钧. 中国教育思想史（第二卷）[M]. 上海：华东师范大学出版社，1995.
[19] 解力夫. 身残志坚——罗斯福[M]. 北京：世界知识出版社，1989.
[20] 瞿葆奎，陈桂生等. 教育与社会政治[M]. 北京：人民教育出版社，1989.
[21] 叶澜. 教育概论[M]. 北京：人民教育出版社，1991.
[22] 华东师范大学教育系、杭州大学教育系. 西方古代教育论著选[M]. 北京：人民教育出版社，1985.

[23] 袁振国. 当代教育学[M]. 北京：教育科学出版社，2010.
[24] 吴向东. 社会主义核心价值观的意义自觉[N]. 光明日报，2013-09-14（11）.
[25] 鲁洁. 教育社会学[M]. 北京：人民教育出版社，2001.
[26] [苏]索科洛娃等. 比较教育学[M]. 顾明远，译. 北京：文化教育出版社，1981.
[27] 中央领导机构资料库[EB/OL]. [2018-11-21]. 人民网.
[28] 嘉苓. 几百小学生乱石丛中上课[N]. 山西科技报，2006-03-01.
[29] 邢兆远. 转换视角天高地阔[N]. 光明日报，2003-05-19.
[30] 文记. 东北师范大学今年高考新举措：两年后选专业[N]. 教育文摘周报，2003-06-11.
[31] 王强. 今年 834 万大学生毕业，高校就业创业工作面临一些考验——毕业季到来，大学生就业状况如何[N]. 中国教育报，2019-07-03.
[32] 优学云测评小赵老师：2020 中国大学生就业报告简要分析[EB/OL]. [2020-10-20]. 搜狐网.
[33] 央视. 高考：按学科大类招生，本科生全员导师制[EB/OL]. [2021-06-28]. 新华网.
[34] 北京化工大学教学改革[EB/OL]. [2020-12-23]. 北京化工大学网站.
[35] 傅维利. 劳动力市场与教育的自主调节问题[M]. 长沙：湖南教育出版社，1995.
[36] 顾明远，梁忠义. 世界教育大系——教育财政[M]. 长春：吉林教育出版社，2000.
[37] 王桂. 日本教育史[M]. 长春：吉林教育出版社，1987.
[38] 中国教育与人力资源问题报告课题组. 从人口大国迈向人力资源强国[M]. 北京：高等教育出版社，2003.
[39] 袁连生. 教育成本计量探讨[M]. 北京：北京师范大学出版社，2000.
[40] 习近平. 决胜全面建成小康社会夺取新时代中国特色社会主义伟大胜利——在中国共产党第十九次全国代表大会上的报告[EB/OL]. [2017-10-18]. 中华人民共和国教育部网.
[41] 赖德胜. 教育与收入分配[M]. 北京：北京师范大学出版社，1998.
[42] 杜育红，赵冉. 教育在经济增长中的作用：要素积累、效率提升抑或资本互补？[J]. 教育研究，2018（05）：27-35.
[43] 王荣辉，幸昆仑，蒋丽华. 高职教育的经济现象及其解释[J]. 高教发展与评估，2018（06）：28-40.
[44] 宋乃庆，郑文虎，江长州. 我国学前教育投入对经济增长的贡献率研究[J]. 教育与教学研究，2019（05）：32-41.
[45] 杜育红，赵冉. 教育对经济增长的贡献——理论与方法的演变及其启示[J]. 北京师范大学学报（社会科学版），2020（04）：5-16.
[46] 国家统计局. 中华人民共和国 2023 年国民经济和社会发展统计公报[EB/OL]. [2024-02-28]. 中华人民共和国教育部网.
[47] 国家统计局. 国家数据：年度数据[EB/OL]. [2024-06-06]. 中华人民共和国教育部网.
[48] 国际 21 世纪教育委员会. 教育：财富蕴藏其中[M]. 联合国教科文组织总部中文科，译. 北京：教育科学出版社，1996.
[49] 严阳. 感情不能替代规则[N]. 工人日报，2003-07-03.
[50] 杨放如. 抵制诱惑[N]. 中国教育报，2003-01-28（06）.
[51] 中共中央党校科学社会主义教研室. 文明与文化[M]. 北京：求实出版社，1982.
[52] 傅维利，刘民. 文化变迁与教育发展[M]. 成都：四川教育出版社，1988.

[53] [美]罗伯特·F. 墨菲. 文化与社会人类学引论[M]. 王卓君，译. 北京：商务印书馆，2009.
[54] [日]福泽谕吉. 文明论概略[M]. 北京编译社，译. 北京：商务印书馆，1959.
[55] 刁培萼. 教育文化学[M]. 南京：江苏教育出版社，1992.
[56] 司马云杰. 文化社会学[M]. 济南：山东人民出版社，1987.
[57] [日]筑波大学教育学研究会. 现代教育学基础[M]. 钟启泉，译. 上海：上海教育出版社，1986.
[58] 范国睿. 教育生态学[M]. 北京：人民教育出版社，2000.
[59] 庄孔韶. 人类学概论[M]. 北京：中国人民大学出版社，2006.
[60] 张东娇. 学校文化驱动模型：一项完整的中国学校改进经验的报告[J]. 清华大学教育研究，2022（01）：23-32，86.
[61] 中华人民共和国教育法（2021修订版）[S/OL]. [2021-08-02]. 中华人民共和国教育部网.
[62] 林芝. 大连小“香蕉人”调查：变回“中国人”好难[N]. 大连晚报，2006-02-26.
[63] 文季. 用智慧统率知识——21世纪的智慧宣言（二）[N]. 教育文摘周报，2002-06-05.
[64] 辛宝记. 医学硕士装放射源报复同行，伤害75人被判死缓[N]. 新商报，2003-09-28.
[65] [德]尤尔根·哈贝马斯. 作为“意识形态”的技术与科学[M]. 李黎，郭官文，译. 上海：学林出版社，1999.
[66] 约翰. 麦克黑尔. 未来的未来[M]. 纽约：布雷泽勒公司，1969.
[67] 联合国教科文组织国际教育发展委员会. 学会生存[M]. 华东师范大学比较教育研究所，译. 北京：教育科学出版社，1996.
[68] [比]普里戈金，[法]斯唐热. 从混沌到有序[M]. 曾庆宏，沈小峰，译. 上海：上海译文出版社，2005.
[69] 马治国. 网络教育本质论[M]. 大连：辽宁师范大学出版社，2006.
[70] [加]富兰. 变革的力量：深度变革[M]. 中央教育科学研究所，加拿大多伦多国际学院，译. 北京：教育科学出版社，2004.
[71] [德]雅斯贝尔斯. 什么是教育[M]. 邹进，译. 北京：三联书店，1991.
[72] 中共中央组织部. 伟大精神[EB/OL]. [2022-08-19]. 共产党员网.
[73] 黄济，王策三. 现代教育论[M]. 北京：人民教育出版社，1996.
[74] 李辉，王艳茹. 119年613位：历届诺贝尔科学奖获得者全览[EB/OL]. [2020-10-09]. 网易网.
[75] 佚名. 2020年诺贝尔获奖名单，你都知道吗？[EB/OL]. [2020-10-21]. 英桃网.
[76] 金柯. 众多青少年成为手机一族 对学生成长利大弊大？[N]. 解放日报，2003-12-25.

第三章　教育与生态环境的关系问题

内容提要

生态环境是教育存在的自然基础，教育与人口、自然环境之间存在着密切的相互作用。

生态环境是人类赖以生存和发展的基础性物质环境，当然也是教育赖以生存和发展的基础，自然而然地与教育发生着多种多样的相互作用。生态环境指人口、自然环境。生态环境具有自身的客观规律。人口对教育的作用主要是直接作用，自然环境则通过自然规律对教育产生制约作用。教育在与生态环境的相互作用过程中对人口、自然环境发挥着不可替代的重要功能。作为一种特殊的环境，在与生态环境相互作用的过程中，学校能够与生态环境产生一种（良性或恶性）循环的现象。

关键词

生态；人口；自然环境；学校生态；人与自然命运共同体

学习目标

1. 了解生态环境的构成。
2. 了解教育与生态环境之间关系的基本观点。
3. 理解教育与人口、教育与自然环境之间的关系。
4. 理解并能运用教育的生态环境功能。
5. 熟读案例分析和思想资源，理解相关观点。
6. 根据分析建议独立完成案例分析。

第一节　教育与人口

学习目标

1. 了解生态的涵义与生态学原理。
2. 掌握人口的涵义与衡量指标。
3. 理解人口对教育的作用。
4. 掌握教育的人口功能。
5. 熟读案例分析和思想资源，理解相关观点。
6. 根据分析建议独立完成案例分析。

观点与原理

1. 生态条件是人类生存与发展的最基础条件，直接或间接地影响人类及其活动。生态环境的基本构成有人口、自然环境。

2. 人口是居住在一定地区的人的总体，其衡量指标主要有人口数量（总量、人口增长率）、人口质量（遗传质量、发展质量）、人口结构（自然结构、社会结构）。历史证明，总体上，人口的变化呈现出脉冲式变化——高峰与低谷交替出现的规律，人口质量与时俱进，人口结构在不断变化中求平衡。其中，教育人口是指教育中的人的总体，包括学生、教师和教育辅助人员。

3. 教育与人口之间存在着相互制约的关系。二者相互协调则会形成良性循环，反之则会形成恶性循环。

4. 人口对教育的制约是多方面的，主要表现在教育的规模、发展速度、结构以及教育质量、教育发展战略重点的选择和战略目标的实现等方面。

5. 教育通过其课程设置和教育信息的流动对人口发挥功能。教育的人口功能，即促进人口优化的功能，即优化人口再生产。具体地说，第一，通过专门性和普及性的人口教育，优化人口数量，提高人口质量。第二，通过学校教育对人口的集散功能的发挥，促进人口结构的合理化。

典型案例解读

案例 3.1.1

教育帮助金寨县实现了人口与经济的良性循环

金寨县地处鄂豫皖三省七县两区结合部，辖 29 个乡镇（办事处），总面积 3814 平方公里，总人口 63.5 万人，是安徽省面积最大、山区人口最多的县，是国家级首批重点贫困县。2011 年贫困人口 19.3 万人，贫困发生率 33.3%；2014 年，贫困人口 13.01 万人，贫困发生率 22.1%。20 世纪 80 年代初，这个人多地少、人多粮少、山多林少的县，常流传着一句顺口溜“冬天晒太阳，吃饭倚门框，四季靠救济，贼来心不慌”。为了改变金寨县的落后状况，积极响应国家计划生育政策，1983 年县政府率先喊出了“贫困山区要致富，少生孩子多栽树”的口号。

由于当地群众始终抱着传统的“多子多福”“不生男孩不罢休”的观念，因此推行计划生育困难重重。于是，金寨县在控制人口数量的基础上，大力提高人口质量，力图通过宣传计划生育和普及义务教育的方式改变人们的生育观念。金寨县1980年成人受教育年限仅为3.7学年，1990年上升到4.5学年，2000年上升为8.3学年。1998年，全县扫除了青壮年文盲，普及了九年义务教育。高中升学率也由1978年的10%上升为30%以上。

随着群众文化素质的提高，他们的观念果真有了巨大的转变。他们把眼光从“生男孩”转到勤劳致富和改善生态环境上，真正实现了当年“少生孩子多栽树”的发展目标。2001年，全县人口出生率由1980年的25.3%下降到11.37%，全县无孩和一孩妇女占已婚育龄妇女的54%，多孩妇女仅占9.3%。按“三普”的生育水平推算，1980年来全县少生了10余万人，少生人口减少毁林面积6.7万多公顷。同时，全县多造林13万公顷，森林覆盖率已由1980年的33.4%上升到目前的70%以上。而今，金寨县的顺口溜变成了“绿山绿岭绿村庄，多数农户楼瓦房”。

到2020年，金寨县辖23个乡镇、1个开发区，正式退出贫困县序列。2020年，全县拥有森林面积299317.3公顷，自然保护区面积28913.7公顷，森林覆盖率75%。城区空气质量优良以上天数316天，较同期增加21天。实现生产总值增长4.9%，固定资产投资增长3.2%，财政收入增长9.7%，全县城乡常住居民人均可支配收入19042元，同比增长7.8%；城镇常住居民人均可支配收入29004元，同比增长5.7%；农村常住居民人均可支配收入13524元，增长9.5%。全县户籍人口68.3万人，其中，男性人口36.9万人，女性人口31.4万人。2020年人口出生率9.90‰，死亡率7.6‰，自然增长率2.3‰。

教育发展取得显著成绩，先后荣获2016—2018年度安徽省教育强县、全国农村职业教育和成人教育示范县等称号，2017年2月成功跻身全国义务教育发展基本均衡县行列。全县现有普通高中3所，中等职业教育学校1所，义务教育学校：初中40所、小学34所；普通高中：招生3334人，毕业2986人，在校学生10010人；中等职业教育学校招生3217人，毕业2652人，在校学生7227人；义务教育学校：初中招生6652人，毕业6407人，在校学生20294人；小学招生5427人，毕业6579人，在校学生33751人。九年义务教育巩固率99.70%，达到安徽省规定标准。2021年中小学招生入学努力实现，初中毕业生升学率达95%以上，义务教育巩固率达95%以上，高中阶段学生毛入学率达92%以上。

案例分析

人口是社会存在、发展的重要影响因素，关系到经济，也关系到教育。人口的现实发展状况、规模、速度和水平与教育有着紧密的联系。20世纪，由于金寨县没有科学地控制人口的自然增长，严重地制约了他们的教育发展、人口素质的提高，从而导致他们在一个相当长的时期内形成了人口–教育–经济的恶性循环。一般来讲，社会控制、行政控制，尤其是教育控制等方式是控制人口增长的主要对策。因为，教育控制方式，虽然近期效果不及社会控制和行政控制，但它是一种战略性的、内在化的控制人口生育行为的方式；它与社会控制和行政控制的方式是具有内在联系、相辅相成的。

之所以会产生如此的循环，是因为教育对于降低人口出生率的作用。一般说来，发展中国家人口增长速度很快；而发达国家人口自然增长率低、生育率迅速下降，人口增长速度缓慢甚至停滞。用人口、生产力、文化、教育的系统观来分析发展中国家和发达国家的发展思路，不难发现，前者走的是一条恶性循环的道路，即生产力低下→经济落后→教育落后→又阻碍了经济的发展→加剧了人口的不协调增加；而后者选择的是一种良性循环的策略，即把教育建立在经济发达（技术先进）、人口基数小、素质高的基础之上，教育发展与经济进步相互适应相互促进。也就是说，不是“先后发展”，而是“平行发展”。这里，特别要指出现代教育具有降低人口出生率的职能。从理论上说，许多人口学者对教育的这一职能曾做过阐述，如法国著名人口学家阿·索维就曾指出：“即使在美国，虽然收入对生育的影响很大，但其影响也不如文化水平。”F．阿诺德和J．福赛德二人还根据得自夏威夷的调查材料，分别计算出了教育与希望要的孩子数、理想孩子数、成活孩子数这些生育率变量，以及与现行避孕数、了解避孕方法数、对控制生育的态度、对人工流产的态度等控制生育变量之间的相互系数，结果表明教育对生育率的反向影响比其他因素都更为强烈。

从实践上看，我国七次人口普查数据也证明了教育的人口数量功能。在我国，不管是城市、镇还是乡村，早期有研究表明，按年限计的教育程度与生育率二者之间的相关系数在1981年为-0.98，接近完全的负相关。因此，在我国，教育对于人口生育率的降低是具有统计学上的普遍意义的，或者说，教育具有降低人口生育率的职能。2018年，有学者基于中国综合社会调查（CGSS）2015年数据研究发现，受教育程度显著抑制农村女性的二孩生育意愿，而这一变量对城市女性影响相反而不显著。其中农村女性的平均受教育年限值（8.36年）远低于城市女性（12.90年），农村女性平均受教育程度为初中，城市女性平均受教育程度为高中与大专之间。初中至大专之间文化程度对女性生育意愿有显著负向影响。

总之，教育具有重要的人口功能：其一，教育通过普及教育，能够提高人口的整体质量。其二，教育通过一般性或专业性的人口教育，能够优化人的生育观，起到控制人口数量、调整人口结构的作用。在美国的研究中发现，受教育程度对态度和见解有很大的影响，一个人的受教育程度越高，就越有可能抛弃偏见和狭隘的思想。而且，这些功能也会直接或间接地作用于生态环境，进而帮助金寨县生态环境与经济社会协同发展。

在今后相当长一段时间内，中国和许多发展中国家一样，不可能很快从历史性的人口压力下解放出来。在这种情况下，怎么打破恶性循环，转为良性循环呢？对策主要是四点：一是，大力发展生产力，把经济搞上去，增加教育投入；二是，与此同时以发展多种形式的初、中等教育为基础，同时兼顾高等教育发展的要求。以发展教育规模，改善办学条件为基础，同时兼顾教育的适应性和质量；三是，多途径、多手段促进人口大国为人才强国、转人口压力为人才优势、化人口红利为人才红利，其中“人口是资源”观念的教育与普及、畅通社会分层通道和吸引外出务工人员返乡也非常重要。四是，教育发展要着眼于微观，提前布局，高度重视学校人口和教室人口的变化及其可能引发的问题。

新时代中国，总人口数变化缓慢的问题体现了当代人口发展的新特征，也引发了人口政策、人口流动和经济社会发展状况以及教育等进入全面深化改革阶段。这就要求，一方面，教育要加强制度建设与优化，调整学校布局；另一方面，加强人口教育和人口知识宣传，提高人口自然增长率，改善人口自然结构。

思想资源

历史沿革

H. 现代社会生态问题的提出

生态问题是现代社会中随着科学技术的加速发展和人口急剧增加而变得尖锐起来的一

个全球性问题。它首先由西方未来学家们在20世纪70年代初提出，其核心的观点是人类应处理好自己与自己的生存环境的关系。在以往的岁月中，人类不重视对人口的控制；不注意对自然环境的生态保护，只是一味地利用科学、技术去“征服”自然，掠夺性地向自然索取；工业的增长又产生了各种污染，使人类的生存环境日益恶化，地球这艘自给自足的宇宙飞船已不堪重负，能源、原材料的天然储量迅速减少，工业废气、废水、废物的大量排放使人们看不到“蓝”天，喝不到“净”水，这一切威胁着人类和地球的未来生存。为了把握自己的命运和争取光明的未来，人类必须从现在起着手改变原有的人与环境的关系模式，利用科学、技术、知识来控制人口和保护环境，合理利用资源，最大限度地减少污染，使人与自己的生存环境处于和谐平衡状态。上述基本观点被称为“外部极限”理论，现已引起世界各国的关注，尤其在经济发达国家，这种理论对他们的未来预测和长期规划的制定产生过重要影响。

1979年罗马俱乐部又发表了一份题为《学无止境》的研究报告。该报告关注的主题与外部极限理论相同，但它不是从限制外部资源开发的角度，而是从发掘人的内在潜力的角度，即提高人的学习能力的角度，研究了帮助人类走出上述困难的新途径。作者把此称为“内部界限”理论，并声称“同外部极限理论截然相反的是，内部界限在我们自身中存在并孕育着无可比拟的发展潜力”。“对于需要在多大程度上依靠我们自己这一问题的认识，将重新点燃起我们对人类精神的信念，并提供新的动力去更新我们的思想和行动，以便使人类的这种精神永远充满生气”。这份报告是罗马俱乐部这个以研究人类未来著称于世的国际性学术团体在成立10年后发出的第一声对未来充满信心的呼唤。这一信心建立在对人的潜在学习能力开发的基础上。

人口的不断增长对环境的影响到底有多大？一般认为，人口增长是环境恶化的决定性因素。其实，人口增长本身并不直接意味着对环境的破坏。但人口增长带来的对满足其生存需要而进行的各类经济活动，却可能对环境形成巨大的压力。

1987年2月联合国世界环境与发展委员会在日本东京召开了第八次委员会会议，会议通过了题为《我们共同的未来》的报告。这个报告以大量历史资料和统计数字全面地阐述了当今人类面临的16个严重环境问题，这些问题是：（1）人口激增；（2）土壤流失和土壤退化；（3）沙漠化日益扩大；（4）森林锐减；（5）大气污染日益严重，酸雨成灾；（6）水污染加剧，人体健康状况恶化；（7）大气“温室效应”加剧；（8）大气臭氧层遭破坏；（9）大量物种灭绝；（10）滥用化学制品造成严重的后果；（11）海洋污染严重；（12）能源消耗与日俱增；（13）工业事故增多；（14）自然灾害增加；（15）军费开支巨大；（16）贫困加深。这些问题必然影响教育的发展。具体地说，人类生态对学校教育的作用可以从直接和间接两个角度看。就直接角度而言，最关键的因素是人口。在间接影响方面，最重要的因素依然是人口。集中表现为现有的人口质量，特别是适龄青少年的父母的素质对学校教育的影响。

理论资源

T1. 生态系统构成

生态系统组成成分（图3–1）。

- 生态系统
  - Ⅰ.非生物部分（生命支持系统）
    - 1.非生物环境
      - 能源——太阳能、其他能源
      - 气候——光照、温度、降水、风等
      - 基质和介质——岩石、土壤、水、空气等
      - 物质代谢原料
        - CO_2、H_2O、O_2、N_2等
        - 无机盐（矿物质原料）
        - 腐殖质、脂肪、蛋白质、糖类等
  - Ⅱ.生物部分
    - 2.生产者——绿色植物、光合细菌、化能细菌等
    - 3.消费者（动物）
      - 食草动物——一级消费者
      - 一级食肉动物——二级消费者
      - 二级食肉动物——三级消费者
      - 杂食动物——杂食消费者
      - 腐食消费者、其他消费者
    - 4.分解者（还原者）——微生物（细菌、真菌等）

图 3–1　生态系统组成成分

T2. 教育与人口、生产力、文化的关系及其发挥功能的机制

1. 经济、教育、人口

人口状况的变化对教育的影响是很明显的，如人口出生数的增减，影响着教育发展的规模和速度。随着人口出生数的增长，势必要增加教育投入（教育经费、师资、办学条件、设备），以使每个学龄儿童都受到应有的教育的机会，但人口过速增长，就会极大地加重社会的经济负担，社会不得不把更多的经济力量首先用来满足人们衣、食、住、行等生活必需，因而不得不把教育经费压缩到较低限度。例如，有许多人口出生率高的国家，其教育发展的规模和速度并没有随着人口出生数的增加而同步增长。相反，却影响了教育事业的发展。我国的情形也证明了这一点。所以，严格控制人口的增长，使人口出生率控制在与经济发展相平衡的状态，是有利于学龄儿童的入学和提高教育质量的。

社会经济的发达，一方面对人口的文化素质和教育质量提出了更高的要求，另一方面又能为教育事业的发展提供雄厚的物力、财力，供养更多的人口从事专门的学校教育。如无锡乡镇经济为当地教育经费和教师工资等提供了保证，那里的群众纷纷要求多办高中，认识到随着经济的发展，不具有起码的高中文化是不能适应工作需要的。

但是，关于发展水平和生育率的关系，最著名的论断莫过于“发展是最好的避孕药”。这一经典的人口经济学命题是 1974 年联合国在布加勒斯特召开的首次世界人口大会上印度代表团首先提出的。这一命题包含着发展对于生育率影响的深刻见解，即经济发展是影响人类生育观念、行为和生育率变化最全面、最自然、最重要的因素。

“发展是最好的避孕药”阐明了一个道理，即发展作为一种绿色的力量，对于生育行为会产生出一种自发抑制的作用，生育成本的提高、生育效用的减少以及初育年龄的推后和生育意愿的弱化从各个方面导致了生育率的下降。而且，高等教育程度女性的生育代价远高于平均水平，体现在因生育而中断或退出劳动市场而带来的收入损失，其他发展机会的损失和心理代价方面。因而，节制生育的自觉欲望会使人们在内生力量的驱使下避孕节育，从而使生育处在一种理性自觉的状态当中。

“高发展–低生育”是对两者关系状态和趋势的一种描述，但不能由此得出发展水平越

高、生育水平越低的简单线性化判断。不同的发展阶段显示了明显的生育率差异。例如，印度总和生育率1960年是6.57，1970年降到5.77，1980年降到4.95，1990年降到3.80，2000年降到3.06，2010年更降到2.65。归根结底，发展的避孕效应是“随风潜入夜，润物细无声”的涵化过程，也是“八风吹不动，东风唤不回”的沉淀过程。

2．文化、教育、人口

宏观层面的经济社会发展并不直接作用于生育率的变动，而是通过四个中间环节影响微观的生育决策和生育行为，即婚姻家庭模式、孩子养育方式、养老保障方式、个人生活方式，继而导致低生育率。所以说，生育率的高低既受制于“经济生育率”，也受制于“人文生育率”。从大历史的视野出发，既有受制于发展程度的生育率，生育成为成本与效用比较之后理性的经济行为，此为“经济生育率”；也有受制于生育文化的生育率，生育成为一种信仰和使命、是生命的终极关怀，此为“人文生育率”。

在理论上，发展的力量和文化的力量共同作用于人们的生育观念和生育行为，前者是理性的力量，后者是惯性或者说是习性的力量。生育的理性之所以是有限的，一个因素是“人是文化的生物”，非理性的力量不可忽视，特别在传统文化保持得较好的地方，人们的思想受到传统的濡染和同化，对生育的看法和行动形成了某种惯性。

英格尔斯著名论断启示我们，实现人的现代化——人的文化观念的现代化——即是人的思维方式、价值观念、行为方式等的现代化，主要靠教育来完成。因此，教育在为地方经济服务的同时，也应该实施人的现代化的功能，两者是相互促进的。教育特别要加强为社会重建适度生育和优化生育的新文化服务。所谓适度生育，就是适龄、适时、适量的理性生育，展示的是微观生育的自主性和多样性。所谓的优化生育，则是指国家要打造二孩及以上的“合适之家”（Optimum family）为社会主流家庭的战略目标，同时要为优孕优生优育保驾护航，提供可信可及可亲的公共服务和社会保护，展示的是宏观生育的福利性和保障性。

3．教育、人口、生产力

教育是一种潜在的生产力，教育能提高劳动人口的质量，从而把可能的生产力转化为现实的生产力，促进经济的发展，这一马克思主义观点越来越为更多的人所认识、理解和接受。随着现代科技在生产上的广泛应用，劳动的复杂程度日益增加，因而对人口的智力要求越来越高。舒尔茨认为：美国在1929—1957年间，通过教育提高职工素质和培养人才所起的作用占经济增长率的33%。又据他在美国的抽样调查，受教育程度与社会劳动生产率提高的比率是：小学为43%，中学为108%，大学为300%。所以，教育投资被有远见的经济学家看作是最得利、最有效的投资。

教育是一种潜力巨大的力量，是推动生产力迅速发展的最有力的杠杆的力量。这种作用具有世界性的意义，对发展中国家来说其意义尤其重大。它不仅是广泛引进、消化、吸收其他国家先进科技的必要条件，培养本国科技人才、进行发明创造以及培养成熟劳动力、开发国民智能、提高人口素质、发展知识技术密集型经济的最基础的手段，而且也是实现国民人口的心理、思想、态度、行为现代性的最基础的手段。

教育也能使得人口由经济不发达地区向富裕、发达地区流动，由农村向小城镇或城市流动，这些都具有推进农村城市化发展的意义，同时，教育又为农村培养、输送了大批的农技人员、教师、医生以及有文化、懂技术的劳动者。

相关政策

P1. 我国现行生育政策

我国自20世纪70年代实施计划生育政策，最初并没有全国性的法律文件，由各省制定计划生育条例。1999年“依法治国”写入宪法，标志着我国治国方略的重大转变。在此背景下，《中华人民共和国人口与计划生育法》于2002年施行，2015年实施“全面两孩”政策时进行了修改。2021年8月20日，第十三届全国人民代表大会常务委员会第三十次会议表决通过了关于修改人口与计划生育法的决定，国家主席习近平签署主席令予以公布，自公布之日起施行。

2021版《中华人民共和国人口与计划生育法》主要作了如下修改：

“国家采取综合措施，调控人口数量，提高人口素质，推动实现适度生育水平，优化人口结构，促进人口长期均衡发展。”

“人口与计划生育实施方案应当规定调控人口数量，提高人口素质，推动实现适度生育水平，优化人口结构，加强母婴保健和婴幼儿照护服务，促进家庭发展的措施。”

“国家提倡适龄婚育、优生优育。一对夫妻可以生育三个子女。”

“国家支持有条件的地方设立父母育儿假。”

“妇女怀孕、生育和哺乳期间，按照国家有关规定享受特殊劳动保护并可以获得帮助和补偿。国家保障妇女就业合法权益，为因生育影响就业的妇女提供就业服务。公民实行计划生育手术，享受国家规定的休假。”

“国家采取财政、税收、保险、教育、住房、就业等支持措施，减轻家庭生育、养育、教育负担。”

“县级以上各级人民政府综合采取规划、土地、住房、财政、金融、人才等措施，推动建立普惠托育服务体系，提高婴幼儿家庭获得该服务的可及性和公平性。”“国家鼓励和引导社会力量兴办托育机构，支持幼儿园和机关、企业事业单位、社区提供托育服务。”“托育机构的设置和服务应当符合托育服务相关标准和规范。托育机构应当向县级人民政府卫生健康主管部门备案。”

“公共场所和女职工比较多的用人单位应当配置母婴设施，为婴幼儿照护、哺乳提供便利条件。”

“计划生育行政部门”修改为“卫生健康主管部门”。

P2.《中华人民共和国家庭教育促进法》（节选）

第一条　为了发扬中华民族重视家庭教育的优良传统，引导全社会注重家庭、家教、家风，增进家庭幸福与社会和谐，培养德智体美劳全面发展的社会主义建设者和接班人，制定本法。

第二条　本法所称家庭教育，是指父母或者其他监护人为促进未成年人全面健康成长，对其实施的道德品质、身体素质、生活技能、文化修养、行为习惯等方面的培育、引导和影响。

第三条　家庭教育以立德树人为根本任务，培育和践行社会主义核心价值观，弘扬中华民族优秀传统文化、革命文化、社会主义先进文化，促进未成年人健康成长。

第二章　家庭责任

第十四条　父母或者其他监护人应当树立家庭是第一个课堂、家长是第一任老师的责任意识，承担对未成年人实施家庭教育的主体责任，用正确思想、方法和行为教育未成年人养成良好思想、品行和习惯。

共同生活的具有完全民事行为能力的其他家庭成员应当协助和配合未成年人的父母或者其他监护人实施家庭教育。

第十五条　未成年人的父母或者其他监护人及其他家庭成员应当注重家庭建设，培育积极健康的家庭文化，树立和传承优良家风，弘扬中华民族家庭美德，共同构建文明、和睦的家庭关系，为未成年人健康成长营造良好的家庭环境。

第十六条　未成年人的父母或者其他监护人应当针对不同年龄段未成年人的身心发展特点，以下列内容为指引，开展家庭教育：

（一）教育未成年人爱党、爱国、爱人民、爱集体、爱社会主义，树立维护国家统一的观念，铸牢中华民族共同体意识，培养家国情怀；

（二）教育未成年人崇德向善、尊老爱幼、热爱家庭、勤俭节约、团结互助、诚信友爱、遵纪守法，培养其良好社会公德、家庭美德、个人品德意识和法治意识；

（三）帮助未成年人树立正确的成才观，引导其培养广泛兴趣爱好、健康审美追求和良好学习习惯，增强科学探索精神、创新意识和能力；

（四）保证未成年人营养均衡、科学运动、睡眠充足、身心愉悦，引导其养成良好生活习惯和行为习惯，促进其身心健康发展；

（五）关注未成年人心理健康，教导其珍爱生命，对其进行交通出行、健康上网和防欺凌、防溺水、防诈骗、防拐卖、防性侵等方面的安全知识教育，帮助其掌握安全知识和技能，增强其自我保护的意识和能力；

（六）帮助未成年人树立正确的劳动观念，参加力所能及的劳动，提高生活自理能力和独立生活能力，养成吃苦耐劳的优秀品格和热爱劳动的良好习惯。

第十七条　未成年人的父母或者其他监护人实施家庭教育，应当关注未成年人的生理、心理、智力发展状况，尊重其参与相关家庭事务和发表意见的权利，合理运用以下方式方法：

（一）亲自养育，加强亲子陪伴；

（二）共同参与，发挥父母双方的作用；

（三）相机而教，寓教于日常生活之中；

（四）潜移默化，言传与身教相结合；

（五）严慈相济，关心爱护与严格要求并重；

（六）尊重差异，根据年龄和个性特点进行科学引导；

（七）平等交流，予以尊重、理解和鼓励；

（八）相互促进，父母与子女共同成长；

（九）其他有益于未成年人全面发展、健康成长的方式方法。

第五十五条　本法自2022年1月1日起施行。

数据资源

D1. 人口的脉冲式波动

虽然从总体上看，世界人口呈增长趋势，但人口的增长并不是直线式的增长，而是呈骤升骤降的脉动式增长。人口的脉动式变化，造成出生人口相对集中，进而使学龄人口在不同时期大起大落，直接导致种种教育生态问题。世界上许多国家经历过或正在经历着因人口波动而带来的教育生态问题。在瑞典，20世纪20年代初期人口出生率达到最高峰，随后每年逐渐下降；20世纪30年代，人口出生率又开始回升，到1944年人口出生率增加了50%。这种状况直接影响了瑞典的教育事业发展。在美国，从20世纪70年代开始，初等教育的入学人数不断下降，到20世纪80年代这种状况直接影响到中等教育，而在进入20世纪90年代以后的15年间，入学人数又会不断增加。

中华人民共和国成立后，我国的人口变化，曾经历了1953—1957年、1962—1975年两次生育高峰期，人口自然增长率分别高达22‰和25‰。从20世纪80年代中期开始，我国正面临又一个人口增长高峰，20~29岁的育龄妇女数，以每年约400万人的数量递增，这种状况将一直持续到20世纪90年代末。在人口增长的这三次高峰之间，便是两次低谷。

从2001年到2020年的人口出生率、死亡率、自然增长率统计数据可以发现波动依旧存在见表3-1、图3-2。

表3-1　人口出生率、死亡率、自然增长率（2001—2020）

指标	人口出生率（‰）	人口死亡率（‰）	人口自然增长率（‰）	指标	人口出生率（‰）	人口死亡率（‰）	人口自然增长率（‰）
2020	8. 52	7. 07	1. 45	2012	14.57	7. 13	7. 43
2019	10.41	7. 09	3. 32	2011	13.27	7. 14	6. 13
2018	10.86	7. 08	3. 78	2010	11.90	7. 11	4. 79
2016	13.57	7. 04	6. 53	2008	12.14	7. 06	5. 08
2015	11.99	7. 07	4. 93	2003	12.41	6. 40	6. 01
2014	13.83	7. 12	6. 71	2002	12.86	6. 41	6. 45
2013	13.03	7. 13	5. 90	2001	13.38	6. 43	6. 95

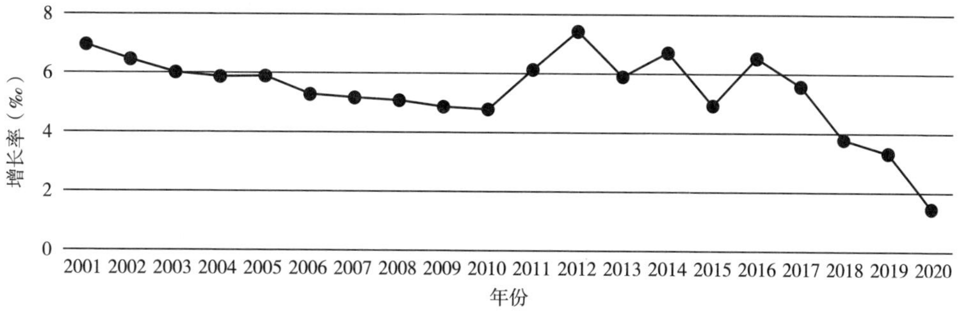

图3-2　人口自然增长率（2001—2020）

D2. 2020年人口统计主要数据

从人口数量看，中国总人口数增长速度延续放缓势头。2020年，中国除港、澳、台外的地区人口总体规模达到 14.4 亿人，相较于 2010 年“六人普”时，增加 7205 万人，其年平均增长率为 0.53%。这一增量比从 2000 年“五人普”到 2010 年“六人普”的 10 年间减少 185 万人，增速降低 0.04 个百分点。“十四五”时期预计将是 21 世纪最后一个人口完全正向增长的发展规划期，而到“十五五”时期，我们会迎来中国人口总量的“拐点”。人口增长势头放缓以至扭转，主要是出生人口数量下降的结果。党的十八大之后，生育政策调整完善步伐明显加大加快，面对着城镇化水平增长、受教育程度提高、离婚不婚率上升等诸多生育水平下行因素的持续影响，相当程度地推迟延缓了生育水平走低态势。但是因育龄妇女规模在减小、结构在老化等，出生人口数量降低的大走向不会根本改变，总人口数趋于零增长乃至负增长的基本面不会根本改变。

从人口结构看，男性人口为7.2亿人，占51.24%；女性人口为6.9亿人，占48.76%。总人口性别比（以女性为 100，男性对女性的比例）为 105.07；汉族人口为 12.9 亿人，占 91.11%；各少数民族人口为 1.2 亿人，占 8.89%。中国已跨过了第一个快速人口老龄化期，我们很快还需应对一个更快速的人口老龄化期。2020 年，0~14 岁人口为 2.5 亿人，占 17.95%；15~59 岁人口为 8.9 亿人，占 63.35%；0~15 岁人口为 2.7 亿人，16~59 岁人口为 8.8 亿人。而 60 岁及以上的老年人口总量为 2.64 亿人，已占到总人口的 18.7%。自 2000 年步入老龄化社会以来的 20 年间，老年人口比例增长了 8.4 个百分点，其中，从 2010 年“六人普”到 2020 年第七次全国人口普查的 10 年间升高了 5.4 个百分点，后一个 10 年明显超过前一个 10 年，这主要与 20 世纪 50 年代第一次出生高峰所形成的人口队列相继进入老年期紧密相关。而在“十四五”时期，20 世纪 60 年代第二次出生高峰所形成的更大规模人口队列则会相继跨入老年期，使得中国的人口老龄化水平从最近几年短暂的相对缓速的演进状态扭转至增长的“快车道”，老年人口年净增量几乎是由 21 世纪的最低值（2021 年出现）直接冲上最高值（2023 年出现）。

从人口素质看，拥有大学（指大专及以上）文化程度的人口为 2.2 亿人；拥有高中（含中专）文化程度的人口为 2.1 亿人；拥有初中文化程度的人口为 4.9 亿人；拥有小学文化程度的人口为 3.5 亿人（以上各种受教育程度的人包括各类学校的毕业生、肄业生和在校生）。与 2010 年第六次全国人口普查相比，每 10 万人中拥有大学文化程度的由 8930 人上升为 15467 人；拥有高中文化程度的由 14032 人上升为 15088 人；拥有初中文化程度的由 38788 人下降为 34507 人；拥有小学文化程度的由 26779 人下降为 24767 人。与 2010 年第六次全国人口普查相比，15 岁及以上人口的平均受教育年限由 9.08 年提高至 9.91 年。（平均受教育年限是将各种受教育程度折算成受教育年限计算平均数得出的，具体的折算标准是：小学=6 年，初中=9 年，高中=12 年，大专及以上=16 年。）全国 31 个省份中，平均受教育年限在 10 年以上的省份有 13 个，在 9 年至 10 年之间的省份有 14 个（冀、黑、浙、皖、闽、赣、鲁、豫、湘、桂、渝、蜀、甘），在 9 年以下的省份有 4 个（青、云、黔、藏）。文盲人口（15 岁及以上不识字的人）为 3775 万人，与 2010 年第六次全国人口普查相比，文盲人口减少 1691 万人，文盲率由 4.08%下降为 2.67%，下降 1.41 个百分点。（文盲率是指大陆 31 个省、自治区、直辖市和现役军人的人口中 15 岁及以上不识字人口所占比例。）近 10 年间，中国人口教育水平又有新的较大幅度跨越，我们可在高等教育大众化时代中收获更多“人口质量红利”。这无疑是中华人民共和国成立后，特别是改革开放后，教育事业持续发展所结出的“硕果”。义务教育推行、高中教育普及、特别是高等教育进入大众化阶段等一系列教育改革发展举措，未来还将推动中国人口教育水平不断迈向新的高度，从而以更加优质充裕的人才人力资源夯实创新驱动发展战略实施根基。

从人口分布看，全国共有家庭户 4.9 亿户，集体户 2853 万户，家庭户人口为 12.9 亿人，集体户人口为 1.2 亿人；平均每个家庭户的人口为 2.62 人，比 2010 年第六次全国人口普查的 3.10 人减少 0.48 人。与 2010 年第六次全国人口普查相比，东部地区人口所占比重上升 2.15 个百分点，中部地区人口所占比重下降 0.79 个百分点，西部地区人口所占比重上升 0.22 个百分点，东北地区人口所占比重下降 1.20 个百分点。中国常住人口城镇化率在突破 50%后仍保持快速增长趋势，我们还将延续大规模的乡城迁移流动。2020 年，大陆地区常住人口城镇化率达 63.9%，相较于 2010 年"六人普"时的 49.7%，上升了 14.2 个百分点。人口迁移流动是城镇化率从 2010 年"六人普"到 2020 年第七次全国人口普查相继冲上 50%和 60%大关的主推进力，广东省也由此继续成为人口数量第一大的省份。从发达国家城镇化的一般规律看，中国当前仍然处于城镇化率有潜力以较快速度提升的发展机遇期，"十四五"时期可突破 65%的城镇化率，城乡之间因此还将呈现出大迁移大流动的基本格局。在以人为核心的新型城镇化战略推动下，历史上千百年的"乡土中国"正日益发展为"城镇中国"，这可成为实现高质量发展的重要力量"源泉"。

D3. 世界人口统计趋势（图 3–3）

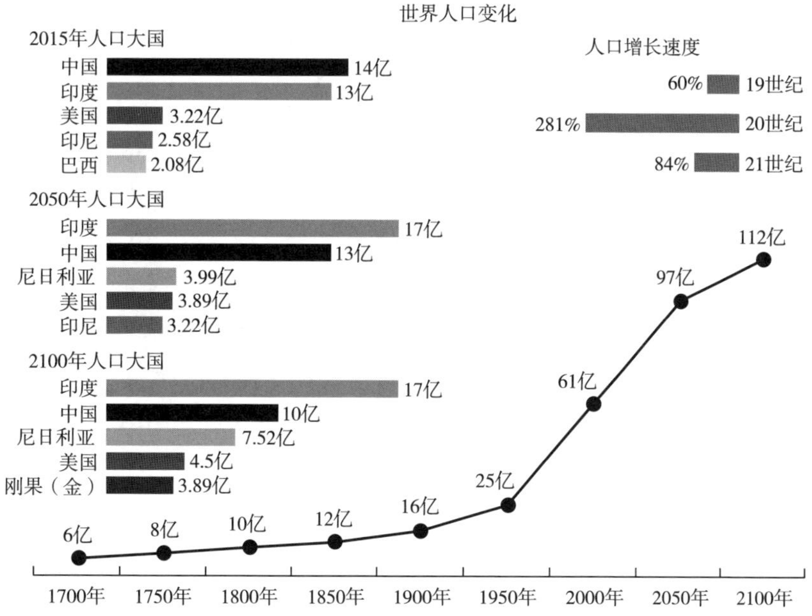

图 3–3 世界人口变化趋势：1700—2100 年

D4. 基础教育、人口和发展之间的互动

文盲、高于经济增长的人口增长、贫穷以及社会—经济的不平等，是一个国家的发展的主要障碍。

（1）人均收入 基础教育水平的提高与人均收入之间存有直接关系。人均收入的增长会导致教育水平的提高？抑或相反，即教育可以使经济状况得到改善？这无疑是一个双向的过程。接受过某种形式教育的人会工作得更有成效，工作质量更高，而经济的增长又使得更多的教育投入成为可能。欠发展（underdevelopment）是人口增长率超出了经济增长率的后果。每年的国民收入必须在更多的人口中分配。当然，国民收入要受到生产率的制约，但也要受到其他因素如自然资源等的影响。在很多情况下，发展中国家人均收入的增长是非常缓慢的，这首先是受到人口增长因素的制约。这说明了为什么发达国家和发展中国家之间的差距越来越大。

表 3–2 显示了从 1970 年到 2000 年发达国家和发展中国家之间“文盲指数”（illiteracy index）的演变。

表 3–2　与发达国家每 100 个成人文盲相比的发展中国家成人文盲数

年份	1970	1985	1990	2000
文盲数	882	854	1059	1873

这样，在 1970 年，以工业化国家每 100 个文盲为基数，那么发展中国家为 882，到 2000 年则为 1873。发展中国家在 1970 年的文盲数是发达国家的 9 倍，到 2000 年则可能增至 18 倍。

如果我们把工业化国家和 47 个最不发达国家（Least Developed Countries）相比，1970 年各自相应的文盲率之比为 1∶12，到 2000 年将达到 1∶34。工业化国家和发展中国家（尤其是最不发达国家）之间的文盲差距的确是巨大的，而且还正在加大。

1970 年富国的人均国民生产总值（GNP）是穷国的 11 倍。今天，以经合组织 / 欧洲国家和南亚地区国家的平均人均国民生产总值之比为例，两者之比为 27∶1。主要地区的平均人均GNP之比掩盖了具体国家之间的更大差异，如瑞士的人均GNP（28000 美元）与莫桑比克的人均GNP（60 美元）之比大到令人吃惊的 467∶1。大量的国家越来越贫穷，并且远远落后于发达国家。造成这一现象的原因之一是发展中国家的高人口增长率，以及与此相伴随的负经济增长。

（2）就业　人口迅速增长的一个更深远的后果是它对劳动力的影响。高生育率导致以后 15~20 年劳动力的大增长。如果物质和文化资本的结构不能协调增长，人均产出将出现下降：由于人均使用的土地和资本减少，人均的产出就会减少。而低产出将会导致更低的收入。

然而，如果教育水平快速提高，假如年龄较大的工人由年轻的、受过更好教育且生产能力更强的工人所取代，那么这种教育水平可以抵消人均资源的减少。相反，如果这些年轻工人没有经验或仅受过很糟糕的教育，他们的生产力就会较低及随之而来的收入较低，从而加大了收入差距。

再者，劳动力的快速增加常常导致各种形式的失业和就业不充分，不论是隐性的还是显性的。估计拉丁美洲有 20%的“隐性失业”（invisible unemployment），在非洲有 40%，比较明显的失业状况是在所谓的“非正规”的小型商贸企业。

离校者（school–leavers）在经济和社会领域寻求工作时所碰到的困难在不断增大，这一现象可以说与教育的质量有很大关系。不可能找到一份有报酬的、与通过教育过程而培养的愿望相一致的工作，以及缺乏由自己并为自己创造一种有价值的活动的能力，是教育的内容和标准缺乏适切性的标志。这一点反映在图 3–4 中，该图显示了受学校教育的平均年限和活动率（activity rates）之间存在着较低的相关性。

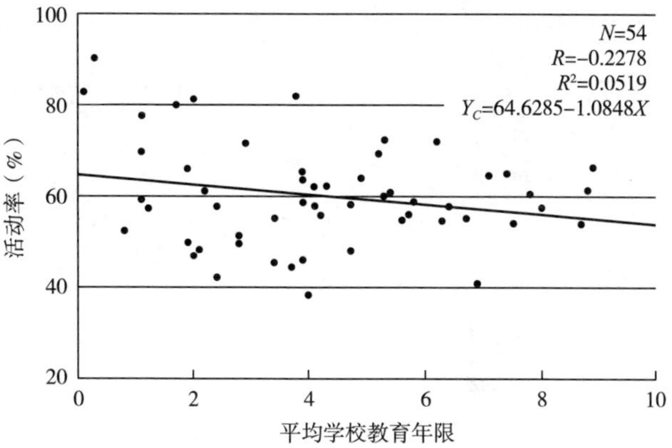

图 3-4　学校教育平均年限和活动率（男女）（发展中国家：1990 年）

（3）农业生产力　随着发展中国家识字率的上升，其农业在国内生产总值中的份额开始下降（图 3-5）。识字率的上升是显示整体发展的一个指标，表明农业占 GDP的百分比的下降及工业和服务业所占百分比的上升，因为后两者需要受过较高水平的教育。

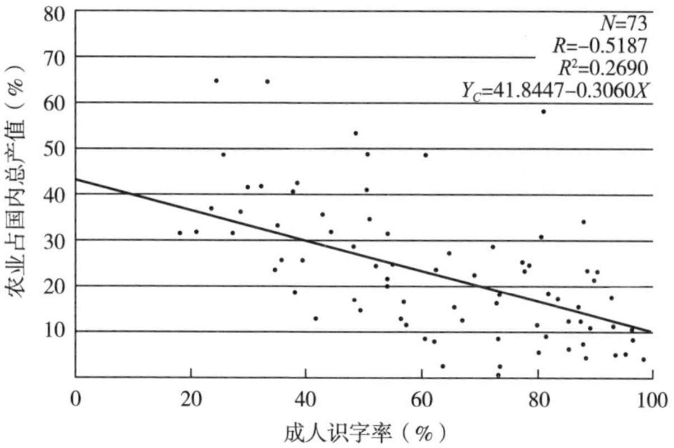

图 3-5　成人识字率与农业占国内生产总值的百分比（发展中国家：1990 年）

对于许多发展中国家来说，政府的一项主要目标就是“人口的乡村化（ruralization of the population）”，因为农业对于发展来说是必不可少的。在这些国家中，虽然传统上常常是妇女在耕种土地，但女孩却又常常被排除在农业训练中心之外。妇女的识字训练以及相伴随的实用农业技术的推广课程，是促进良好发展的关键之一。

（4）消除性别不平等　1980—2000 年期间，按性别分类来估计的成人识字率，即使到了 2000 年，性别之平等在 5 个发展中地区（图 3-6）也是不可能实现的。然而在拉丁美洲及加勒比地区，那里的识字率已经提高，而且到 2000 年应该能超过 90%，男女识字人数的比例已渐渐接近。但在阿拉伯国家和南亚地区，性别之间的差异仍然很大（图3-7）。

虽然在大多数发展中地区，男女识字率之间在百分比上的差异似乎在减小，但就指数而言，除了拉丁美洲及加勒比地区外，其余地区都在上升。在东亚/大洋洲、阿拉伯国家和南亚等 3 个地区，到 2000 年文盲将日益成为一种女性现象。如上分析，6~11 岁的失学人口日渐由女童构成的事实，是导致文盲为女性现象的原因。

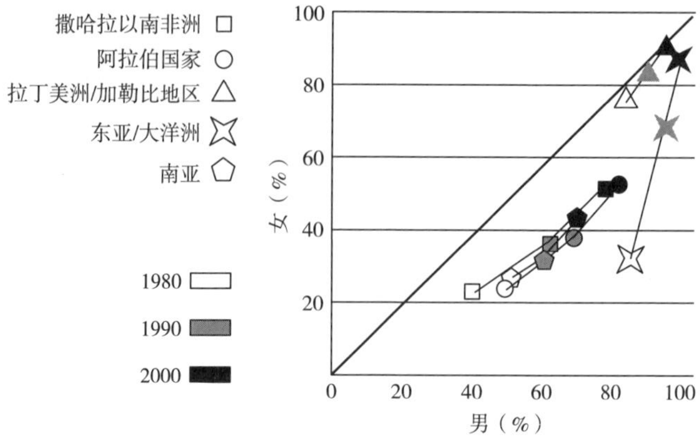

图 3–6 按性别分类估计的成人识字率

然而，世界范围内初等学校学生中的女生比例在 1980 年为 44%，到 1990 年为 47%。只有两个地区在这方面没有取得任何进步：阿拉伯国家初等学校女生比例从 1980 年的 50%下降到 1990 年的 42%；南亚地区没有任何进展。这两个地区同时也是妇女从事经济活动所占比例最低的地区，分别为17%和25%，而世界平均水平为33%。

地区	性别差异（%）女性文盲率减男性文盲率		以每100个男性文盲为指数的女性文盲人数	
	1970年	2000年	1970年	2000年
撒哈拉以南非洲	9.3	20.6	129	169
阿拉伯国家	25.8	22.5	143	184
拉丁美洲/加勒比地区	7.4	2.4	133	123
东亚/大洋洲地区	28.6	14.6	187	246
南亚	27.9	25.0	151	174
发展中国家	25.2	17.1	160	187
最不发达国家	18.9	23.5	128	160

图 3–7 按年份分地区的男女识字率差异

总的说来，妇女参与政治生活的程度难以和她们所受的教育水平等量齐观。即使在工业化国家，妇女在议会中所占席位也只有 9%，而世界的平均水平是 11%。男女在其他几个领域内的差异与一个地区内女性所受各级教育的水平无关，与地区内的经济发展水平也无关。这种性别的差异，更多的是一种文化现象。

能力训练

案例 3.1.2

教育与人口增长率关联的若干数据

教育与人口之间存在着一定的关联。不过，关联的性质、程度需要通过一定的信息来清楚认识。下面是有关的一些统计数据。数据是不是能够说明教育对人口数量的影响，能否折射出对人口质量的影响？"妇女的生育行为不仅受自然生理因素影响，还受社会经济因素影响。妇女的受教育程度不同，从事的职业不同，其生育水平也各不相同，我们用孩次构成这一指标来考察育龄妇女生育水平的差异。"这个观点对吗？请结合下列数据思考，回答后面的问题。

1. 1982年第三次全国人口普查的统计数据（表3-3、表3-4、表3-5、表3-6、表3-7）

表3-3 1981年我国不同教育程度的三个同批年龄组妇女生育的子女数 单位：个

地区	小计	文盲	小学	初中	高中	大专以上
全国	4. 18	4. 74	3. 81	3. 00	2. 41	1. 94
城镇	2. 92	3. 97	3. 14	2. 60	2. 21	1. 92
乡村	4. 44	4. 78	3. 99	3. 52	3. 17	2. 22

表3-4 1981年我国按文化程度分类的七个年龄组妇女平均生育子女数 单位：个

文化程度	年龄						
	35岁	40岁	45岁	50岁	55岁	60岁	67岁
文盲	3. 80	4. 71	5. 46	5. 86	5. 77	5. 50	5. 23
小学	3. 42	4. 06	4. 48	4. 80	5. 02	4. 87	4. 14
初中	2. 78	3. 36	3. 55	3. 74	4. 26	4. 45	3. 27
高中	1. 97	2. 72	2. 80	2. 85	3. 12	3. 41	4. 88
大专及以上	1. 57	1. 98	2. 13	2. 05	3. 11	3. 00	3. 33
全国总计	3. 42	4. 27	5. 05	5. 62	5. 65	5. 42	5. 15

表3-5 1981年育龄妇女的文化程度与生育率 单位：%

文化程度	生育率	一孩率	多孩率
大学	41.5	88.6	1. 2
高中	63.9	81.9	3. 4
初中	67.6	70.4	9. 1
小学	86.4	44.3	26.7
文盲或半文盲	94.4	32.1	40.2
总计	82.4	47.3	27.0

表3-6 各地区文化程度与总和生育率的联系

地区	初中以上文化程度的人数（每千人）	总和生育率（%）	地区	初中以上文化程度的人数（每千人）	总和生育率（%）
上海	518	1. 316	新疆	246	3. 883
北京	516	1. 589	湖南	242	2. 833
天津	441	1. 645	山东	240	2. 104
辽宁	379	1. 773	浙江	234	1. 982
吉林	325	1. 842	广西	226	4. 103
黑龙江	323	2. 062	宁夏	214	4. 120
山西	299	2. 385	四川	199	2. 434
陕西	281	2. 394	青海	199	2. 927
江苏	278	2. 076	江西	192	2. 790
内蒙古	273	2. 621	甘肃	190	2. 728
河北	272	2. 650	福建	189	2. 717
湖北	268	2. 445	甘肃	186	2. 799
河南	258	2. 651	贵州	148	4. 355
广东	253	3. 283	云南	133	3. 814

表3-7 1981年两类劳动性质的妇女生育状况①

妇女劳动性质	生育率（‰）	一孩率（%）	多孩率（%）	平均孩次（个）
脑力劳动	65.0	82.8	3. 2	1. 22
体力劳动	86.7	46.4	26.0	2. 04
在业妇女合计	85.4	48.0	26.9	2. 01

2. 2010年第六次全国人口普查的统计数据（表3-8、表3-9、表3-10）

表3-8 全国按年龄、受教育程度、生育孩次分的育龄妇女人数（2009.11.1—2010.10.31） 单位：万人

受教育程度	合计（15-49岁）	生男孩的妇女人数	生女孩的妇女人数	一孩		二孩		三孩及以上	
				小计	生育率	小计	生育率	小计	生育率
总数	116	64	52	72	62%	36	31%	7. 6	7%
城市	31	17	14	24	77%	7	22%	0. 7	2%

① 脑力劳动包括中国第三次人口普查分类中的：各类专业、国家机关、党群众组织、企事业单位负责人、办事人员和有关人员等以从事脑力劳动为主的各种职业；体力劳动包括：商业工作人员、服务性工作人员、农林牧渔劳动者、运输工人、生产工人和有关人员等以体力劳动为主的各种职业，原分类中的不便分类的其他劳动者未归入以上两大类。

续表

受教育程度	合计（15–49岁）	生男孩的妇女人数	生女孩的妇女人数	一孩		二孩		三孩及以上	
				小计	生育率	小计	生育率	小计	生育率
镇	22	12	10	13	59%	7	32%	1	5%
乡村	63	35	28	35	56%	22	34%	5. 9	9%
未上过学	1. 5	0. 8	0. 7	0. 5	33%	0. 6	40%	0. 44	29%
城市	0. 1	0. 05	0. 04	0. 03	30%	0. 04	40%	0. 02	20%
镇	0. 2	0. 1	0. 1	0. 1	50%	0. 1	50%	0. 04	2%
乡村	1. 2	0. 65	0. 56	0. 37	31%	0. 46	38%	0. 38	32%
小学	16	9	7	6	38%	7	44%	3	19%
占总数比	14.1%	55.9%		39.9%		44.5%		15.7%	
初中	69	38	31	41	59%	24	35%	4	6%
占总数比	59.9%	55.6%		58.9%		35%		6. 1%	
高中	15	8	7	11	73%	3	20%	0. 3	2%
占总数比	1. 3%	54.3%		77%		21%		2%	
大学专科	8	4	4	7	88%	0. 85	11%	0. 05	1%
占总数比	7. 0%	53.3%		88.9%		10%		0. 6%	
大学本科	5	3	2	4. 8	96%	0. 3	6%	0. 01	
城市	4	2	2	4	100%	0. 2		89人	
占总数比	4. 4%	52.5%		93.6%		6. 2%		0. 3%	
研究生	0. 7	0. 4	0. 3	0. 65	93%	0. 03	4%	19人	
占总数比	0. 6%	51.6%		95.7%		4. 1%		0. 3%	

表3–9　全国按职业、存活子女数分的15~64岁妇女人数　　单位：万人

职业大类	总计	国家机关、党群组织、企业、事业单位负责人	专业技术人员	办事人员和有关人员	商业、服务业人员	农、林、牧、渔、水利业生产人员	生产、运输设备操作人员及有关人员	不便分类的其他从业人员
15~64岁妇女数	3108	32	249.5	102	596	1618	508	2. 5
存活0个	610	6 19%	72 29%	33 32%	156 26%	206 13%	135.7 27%	0. 6 24%
存活1个	1119	19；59%	152；61%	59；58%	277；46%	399；25%	212；42%	1；40%
存活2个	958	6；19%	22；9%	8；8%	131；22%	660；41%	130；26%	1；40%
存活3个	305	0. 9；3%	2. 6；1%	1；1%	25.6；4%	250；15%	24.5；5%	0. 2；8%
存活4个	87	0. 2	0. 4	0. 2	5	76.4	5	0. 04
存活5个及以上	29	0. 04	0. 1	0. 05	1. 3	26.3	1. 1	0. 01
妇女平均存活子女数	1. 43	1. 06	0. 83	0. 78	1. 08	1. 80	1. 12	1. 24

表3–10 全国按受教育程度分的15~64岁妇女平均活产子女数和平均存活子女数 单位：个

受教育程度	小计	未上过学	小学	初中	高中	大学专科	大学本科	研究生
妇女平均活产子女数	1. 35	2. 54	2. 09	1. 27	0. 72	0. 56	0. 41	0. 37
妇女平均存活子女数	1. 33	2. 47	2. 06	1. 26	0. 72	0. 56	0. 41	0. 37

问题与思考

1. 表格中的统计数据的共同特征是什么？

2. 这些信息能够说明什么观点？为什么？

3. 深耕数据，结合原理与资源，说明当代人口政策下教育应该如何应答？（可以选择一个问题，比如留守儿童、随迁子女教育、女性教育、教育布局结构等。）

第二节 教育与自然环境

学习目标

1. 了解环境的涵义与构成。
2. 掌握环境要素、环境结构的特点。
3. 理解自然环境与教育的一般关系。
4. 掌握自然环境对教育的影响作用。
5. 掌握并能运用教育的自然环境功能。
6. 掌握生态文明教育的意义。
7. 熟读案例分析和思想资源，理解相关观点。
8. 根据分析建议独立完成案例分析。

观点与原理

1. 环境是指围绕人群的空间及其中可以直接或间接影响人类生活和发展的各种自然因素和社会因素的总称。一般地，环境包括自然环境、社会环境和规范环境/价值环境，其中的自然环境可以分为大气环境、水环境、土壤环境、生物环境、岩石环境等。

2. 自然环境与教育存在着密切的相互作用。一方面，自然环境对教育发挥着物质性制约作用。另一方面，教育具有生态文明的功能。

3. 从教育的整体来看，自然环境对教育的作用具体表现在：自然环境影响教育规模、教育的区域结构、教育的时间和节奏、教育的活动形式以及学生的身心发展质量与速度。

4. 教育的自然环境功能体现为：第一，教育具有帮助人认识自然、理解自然和改造自然的功能；第二，教育具有帮助人类与自然、社会和谐共存，促进人与自然命运共同体形成与巩固的功能。

5. 生态文明是人在正确处理人与自然关系的基础上，以“人与自然协调发展”为核心，积极改善人与人、人与自然、人与社会关系的过程中所创造的一切物质成果和精神成果的总和，也是一个社会、国家、民族的政治、经济、文化等总体状态的体现，也是生态智慧的进步。

6. 生态文明教育是指以“人类命运共同体”思想为指导，以人的发展为核心，以正确处理人与自然的关系为出发点，以变革人类文明发展方式为方向，以生态文明知识为基础，培养学生生态文明意识，形成生态文明行为，成长为一个有益于促进“人、自然、社会”和谐发展的人的一种教育活动。

典型案例解读

案例 3.2.1

环境教育在中国

海南是我国第一个生态省，然而今天部分鸟类资源已濒临灭绝。对此，海南省政府一方面加大了对非法捕杀野生动物行为的惩罚力度，另一方面则把保护环境的希望寄予教育。

2001 年海南教育科学研究院制定了《海南省中小学环境教育指导纲要》，规定从小学到高中环境教育是必修课，并且吸收各方面专家的意见编写了全省中小学环境教育地方教材。为了切实落实环境教育，省教育厅通过考试这根“指挥棒”，将环境教育渗透到国家课程的各个学科，并把开展环境教育的措施和成果作为评价学校办学水平的硬性指标。每年备受关注的中考和会考，都有和环境有关的试题。由于这些试题具有鲜活的地方特色和思维的开放性，得到广大师生和有关部门的欢迎。

为了把环境资源变成教育资源，海南生物多样性博物馆免费向中小学生开放；大学教授、科研院所的专家经常到中小学给孩子们作生态环境的讲演。每年在海口举办的全国冬季农副产品交易会是海南乃至全国科技成果的大展台。会场上，常常可以看到拿着相机、笔记本的孩子，“西瓜为什么是方的？”“未来的农业什么样？”……带着数不清的问题，他们搜集信息，采访专家。每年冬展会后，一册册论文集、摄影集，充分展示了孩子们的收获与思考。

如今，海南的环境教育已经有了初步成效。2003 年，两位中学生给市长寄去了绿化南大立交桥的新方案。信中说，她们的科技小组把改变南大立交桥“灰色形象”作为研究课题。她们认为，钢筋水泥的立交桥与椰树成林、蓝天碧海的市容格格不入！于是，她们在勘察现场，请教专家，执笔绘图的基础上提出了绿化立交桥的几种方案。考虑到立交桥的特殊环境，她们选择了攀缘性好、抗震性强，耐热性佳、吸尘降解汽车尾气等有毒气体性能强的 16 种植物和花卉来绿化立交桥。

一位名叫陈文澄的同学在学校参加了生物小组，了解到生物界相互依存的关系。陈文澄及其所在的生物小组对海南的鸟类资源进行了一次大调查，发现近些年由于一些捕杀、出售、食鸟的恶习屡禁不止，海南已有 100 多种鸟难觅踪迹。于是，他们决定发起一个评选省鸟的大讨论。这项活动立刻得到几位省领导的高度重视，指示省有关职能部门把这项活动纳入建设生态省的工作去考虑。海南师院生物系专家、省林业局的官员和国土资源厅的干部以及各界人士热烈响应。不久，省林业保护中心还列出了推荐候选省鸟的几个条件。自此，一场轰轰烈烈的公开征集“候选省鸟”的活动就在全省开展起来了。介绍各种鸟的习性、特征、生存状况的文章，有关爱鸟、护鸟的事迹，打击非法捕鸟、贩鸟的报道时常见诸各类媒体。虽然哪种鸟当选还未有结果，但评选过程中的这些活动对保护海南鸟类已起到了显著作用。

香港从1992年开始，已经将环境教育纳入课程发展的计划中。虽然环境教育通常不是专门的科目，但学校都会将环保概念融入到不同的学科中，从幼稚园到中学，不同的学校都开展了不同类型的环境教育和环保活动，有的学校还会通过校内的绿化活动，如环保开放日、环保周、种植活动和课室节约能源比赛等，培养学生的环境保护意识。此外，也有学校以建设硬件设施，如绿色天台、太阳能发电系统、环保资源中心、有机农田和分类回收设备等，来推展环保教育，培养学生的环保态度，增加他们的环保知识。例如，位于香港港岛区的玫瑰岗学校中学部的高中二年级学生梁敏熹，就利用玻璃砂做出艺术品，放在家里做装饰。她说，参加各种环保活动让她自己学会不再浪费资源，这也影响了她朋友和家人的环保态度。"因为香港是很富足的地方，我们香港很多人不了解我们拥有的资源其实不是太多，是需要去珍惜的，我去参加这个社会活动，不但可以让我自己去学习，还有可以去感受一下地球给我们的资源是那么宝贵的。"

案例分析

教育对自然环境具有一定的功能。教育功能的发挥机制主要是通过设置介绍自然环境及其与人、社会和教育关系的课程、活动，以此推进学生对自然环境的认识。

环境教育是当代教育的重要组成之一。实施环境教育的方式、方法是多样的。目前，国际社会公认的全球环境教育发展的原则和方针有：（1）环境问题的利害关系和挑战不是仅仅维护自然，更是对继续人类进步给予重要的物质支持。（2）所有的环境行动以及所有的环境教育，就必须包括一种全面的跨学科的方法。（3）环境教育应该不仅仅成为一门新的学科，更应是一种用环境知识和价值观来深化和丰富各级各类教育中一系列学科的手段。（4）环境教育应该体现一种具体的文化敏感性。（5）环境教育应该这样来规划它的未来，即根据新的环境伦理和知识教育儿童和青年，他们的决定和活动对明天的环境质量会产生极为重大的影响。（6）环境教育不仅仅是一种智力的概括，而更应融入日常生活，激发首创性、社会参与和寻求现实的解决办法，适当尊重他人和为着一致的利益。当代中国，尤其要形成生态文明观及"五位一体"的系统观，深切领会"绿水青山就是金山银山"。我国当代教育对生态环境的重视也紧密切合联合国的儿童教育目的。《联合国儿童权利公约》第29条第1款明确指出，"缔约国一致认为教育儿童的目的应是：……（e）培养对自然环境的尊重。"

案例中学生的行动还告诉我们：①学校开展环境教育是必要的，因为学校是专门的育人机构，人类社会依自然环境而生，由自然环境而强大；②教师应该充分相信学生的发展、创造的潜能，为他们的发展创造更多的机会和条件；③学校开展研究性学习、研学活动是可行的，也是必要的，高等教育应该重视研学指导类人才的加速培养。

思想资源

历史沿革

H. 世界环境教育的历程

1975年10月，在贝尔格莱德召开的国际环境教育研讨会通过了《贝尔格莱德宪章》，为世界范围的环境教育确立了原则和指导方针。1977年10月，联合国教科文组织和联合国环境规划署在格鲁吉亚的第比利斯联合召开了第一次政府间环境教育会议。大会通过了《第比利斯》宣言，并宣布：利用科学和技术的教育应该使人们在理解和认识环境问题中起到主导作用。1987 年 8 月，联合国教科文组织和联合国环境规划署于莫斯科再次联合组织召开了国际环境教育和培训大会。大会正式批准了20世纪最后10年发展环境教育的行动计划，并发布了《90 年代环境教育和培训领域的国际行动战略》。1990 年 11 月，UNESCO在巴黎举行的联合国机构和组织的有关会议上呼吁重视环境教育培训，要求各国政府将环境科学技术的研究成果更快、更广泛地传播到各国政策中去，使其转化为保护环境的行动。1992 年 6 月，在里约热内卢召开了联合国环境和发展大会。大会的目的是要找到进一步防止环境恶化和促进可持续发展的综合性战略。大会认为，必须大力开展环境教育，尤其是强化对青少年的教育，增强人民群众对环境与发展的意识。1992 年 10 月，在加拿大多伦多召开了国际环境教育和环境发展会议，会上讨论了环境教育和发展战略之间的关系。

理论资源

T1. 环境要素的构成

环境要素（environmental element）是指构成人类环境整体的各个独立的、性质不同的而又服从整体演化规律的基本物质组分，也称环境基质。

环境要素分为自然环境要素和社会环境要素，但通常是指自然环境要素。环境要素包括水、大气、生物、阳光、岩石和土壤等要素。也有的学者认为，环境要素不包括阳光。

环境要素组成环境的结构单元，环境的结构单元又组成环境整体或环境系统，如由水组成水体，全部水体总称为水圈；由大气组成大气层，全部大气层总称为大气圈；由土壤构成农田、草地和林地等；由岩石构成岩体，全部岩石和土壤构成的固体壳层称为岩石圈（或土壤-岩石圈）；由生物体组成生物群落，全部生物群集称为生物圈；阳光则提供辐射能为其他要素所吸收。

社会环境结构可分为城市、工矿区、村落、道路、桥梁、农田、牧场、林场、港口、旅游胜地及其他人工构筑物。

T2. 环境结构的特点

就地球环境而言，环境结构的配置及其相互关系具有圈层性、地带性、节律性、等级性、稳定性和变异性的特点。

1. 圈层性

在垂直方向上，整个地球环境的结构具有同心圆状的圈层性。在地壳表面分布着土壤-岩石圈、水圈、生物圈、大气圈。在这种格局的支配下，地球上的环境系统，与这种圈层性相适应。地球表面是土壤-岩石圈、水圈、大气圈和生物圈的交汇之处。这个无机界和有机界交互作用的最集中的区域，为人类的生存和发展提供了最适宜的环境。另外，地球表面各处的重力作用相差无几，所获得的能量以及向外释放的能量处于同一数量级，因此使地球表面处于能量流动和物质循环被耦合在一处的特殊位置上。这对于植物的引种和传播，动物的活动和迁徙，环境系统的稳定和发展，均产生积极的作用。

2. 地带性

在水平方向上，从赤道到两极，整个地球表面具有过渡状的分带性。太阳辐射能量到达地球表面，由于球面各处的位置、曲率和方向的不同，造成能量密度在地表分布的差异，因而产生了与纬线相平行的地带性结构格局。这种地带性分布的界线是模糊的、过渡状的。陆地和海洋，对于太阳辐射能量的吸收、反射、发射、贮存、转化等的方式和速率都有很大差异，这就引起地带性的畸变和扭曲。从赤道到两极的气候带依次为：赤道带（跨两个半球）、热带、亚热带、温带、亚寒带和寒带。其相应的土壤和植被带为：砖红壤赤道雨林带，红壤热带雨林带，棕色森林土亚热带常绿阔叶林带，灰化棕色森林土暖温带落叶阔叶林带，棕色灰化土温带针叶林和落叶林混交林带，寒温带明亮针叶林带。高山–深谷地区的地带性表现为随高度递变的规律性，这是因为温度随高度迅速降低，而降水和湿度在一定条件下随高度迅速降低，而降水和湿度在一定条件下随高度增加。在不同纬度中，垂直带有不同的表现形式，如在极地，冰雪带降到海平面；在赤道带内的高山，自山麓赤道雨林带到山巅的冰雪带可分为若干个垂直带。

3. 节律性

在时间上，地球表面任何环境结构都具有谐波状的节律性。地球上的各个环境系统，由于地球形状和运动的固有性质，在随着时间变化的过程中，都具有明显的周期节律性，这是环境结构叠加上时间因素的四维空间的表现。地表上无论何处都有昼夜交替。这种往复过程的影响，是到处可见的。如白日生物量增加，夜晚减少；白日近地面空气中二氧化碳含量减少，夜晚增加。太阳辐射能、空气温度、水分蒸发、土壤呼吸强度、生物活动、风化强度、成土作用的日变化等，都受这种节律性的控制。在较大的时间尺度上，有一年四季的交替变化。对于更长时段而言，如太阳黑子活动周期，冰期–间冰期的反复，海平面的升降变化，地球自转速度的快慢交替等，都隐含着环境结构的节律性。

4. 等级性

在有机界的组成中，依照食物摄取关系，在生物群落的结构中具有阶梯状的等级性。地球表面的绿色植物利用环境中的光、热、水、气、土、矿物元素等无机成分，通过复杂的光合作用过程，形成碳水化合物，这种有机物质的生产者被高一级的消费者草食动物所取食；而草食动物又被更高一级的消费者肉食动物所取食；动植物死亡后，又由数量众多的各类微生物分解成为无机成分，形成了一条严格有序的食物链结构。这种结构制约并调节生物的数量和品种，影响生物的进化以及环境结构的形态和组成方式。这种在非同一水平上进行的物质能量的统一传递过程，使环境结构表现出等级性的特点。

5. 稳定性和变异性

环境结构具有相对的稳定性、永久的变异性以及有限的调节能力。任何一个地区的环境结构，都处于不断的变化之中。在人类出现以前，只要环境中某一个要素发生变化，整个环境结构就会相应地发生变化，并在一定限度内自行调节，在新条件下达到平衡。人类出现以后，尤其是在现代生产活动日益发展，人口压力急剧增长的条件下，对于环境结构的变动，无论在深度上、广度上，还是在速度上、强度上，都是空前的。从环境结构本身来看，虽然具有自发的趋稳性，但是环境结构总是处于变化之中。

T3. 关于时间的多元认识

1. 生态学的观点

生态系统随着时间的变动结构亦发生变化，一般有三个时间度量，一是长时间度量，以生态系统进化为主要内容；二是中等时间度量，以群落演替为主要内容；三是昼夜、季节等短时间的变化。

2. 人类学的观点

“时间就是生命”。人类学家说，无论是作为人生的时间，还是作为“年”这个社会的时间，时间在我们生活中起的作用很大。于是，社会要融合为一体，需要依靠时间的关口，需要在把握这些关口的过程中显示社会的整体意义。在这个层次上，时间就是社会。

3. 教育人类学的观点

在考察时间的问题上，我们也不能从钟表所测定的客观时间出发，而是要从人在生活中具体地度过时间的方式出发。

时间首先是以能精确划分和有目的地利用的物质形式出现的。人们所说的“时间就是金钱”便是这种观点的集中反映。

4. 哲学的观点

运动时间是物质运动过程的持续性。这种持续性表现为：一事物存在和一种运动过程进行的久暂；一事物和另一事物、一个运动过程和另一运动过程依次出现的先后顺序；它们之间的间隔的长短。时间的特点是一维性和不可逆性……时间也具有客观性……时间和空间作为运动着的物质的存在形式，他们同物质运动是不可分离的。时间和空间也不可分割，时间和空间是无限性和有限性的统一，时间和空间是客观实在性和具体形态多样性的统一。

T4. 人与自然环境交互的人类学观点

人在与环境相互作用过程中实现进化、变异、遗传和选择，进而形成文化及其多样性。

人类学关于人直立行走的意义，有运送说、视野说、散热说、节能说、收获说、展示说。运送说认为，直立行走将双手从行动中解放出来，意味着可以将食物、孩子运送到更安全的地方。视野说认为，直立行走能产生更宽阔的视野，及时发现更多的食物源和危险。散热说认为，直立的垂直姿态以很小的身体比例暴露于太阳照射下，有利于身体降温。节能说认为，对于长时间持续的行走而言，直立行走是节省能量的。因此，通过探究人类起源与进化过程、人体多样性及其与环境之间的互动，能够使人更加理性地思考人、自然、社会的关系，从而理解人类自身。反之，理解人类自身，能更好地去帮助人处理人与自然、人与社会的关系。人的一切行动均必备相应的物质基础，而人的身体在这些物化的因素中的直接作用更是显而易见。人类以身体去行动，进而影响环境，身体同时通过适应和遗传等，又受到环境的影响。这一切，在不知不觉中渗透于我们的生活和观念之中，并衍化为文化。

T5. 人与自然命运共同体的基本涵义

习近平总书记考察云南洱海时，强调“要把生态环境保护放在更加突出位置，像保护眼睛一样保护生态环境，像对待生命一样对待生态环境”。“眼睛”和“生命”的比喻，形象地说明了生态环境的极端重要性。保护生态环境就是保护人类，建设生态文明就是造福人类。保护生态环境、建设生态文明既是关系民生的重大社会问题，更是关系党的使命宗旨的重大政治问题。

自然是生命之母，是人类赖以生存和发展的根基。广袤的草原、肥沃的土地、物产丰富的江河湖海等，不仅给人类提供了生活资料来源，而且给人类提供了生产资料来源。自然是慷慨的，人类善待自然，按照大自然规律活动，取之有时，用之有度，自然就会馈赠人类。

正如《孟子》所说："不违农时，谷不可胜食也；数罟不入洿池，鱼鳖不可胜食也；斧斤以时入山林，材木不可胜用也。"我们的先人很早就认识到了这个道理，绵延5000多年的中华文明之所以生生不息，也与道法自然、天人合一的传统哲学智慧紧密相关。从根本上说，人类是在同自然的互动中生产、生活、发展的，人与自然和谐共生，是生命共同体。历史地看，一部人类文明发展史就是一部人与自然的关系史。生态兴则文明兴，生态衰则文明衰。四大文明古国均发源于森林茂密、水量丰沛、田野肥沃的地区。古代埃及、古代巴比伦的衰落与生态环境衰退特别是严重的土地荒漠化直接相关。我国古代一些地区也有过惨痛教训，一度辉煌的楼兰文明，由于过度垦种等原因，最终难逃被埋藏在万顷流沙之下的命运。

推动形成绿色发展方式和生活方式，是发展观的一场深刻革命。习近平总书记指出："绿色发展，就其要义来讲，是要解决好人与自然和谐共生问题。"这场深刻革命是对生产方式、生活方式、思维方式和价值观念的全方位、革命性变革。它突破了旧有发展思维、发展理念和发展模式，是对自然规律和经济社会可持续发展一般规律的深刻把握。绿色发展的真谛是"取之有度，用之有节"，就是要调整人的行为、纠正人的错误行为，从一味地利用自然、征服自然、改造自然向尊重自然、顺应自然、保护自然转变，改变长期以来"大量生产、大量消耗、大量排放"的生产模式和消费模式，把经济活动和人的行为限制在自然资源和生态环境能够承受的限度内，有效防止在开发利用自然上走弯路。

地球是人类赖以生存的唯一家园，顺应自然、保护生态的绿色发展昭示着人类的美好未来。建设绿色家园是各国人民的共同梦想，也是全球可持续发展的大势所趋。要更加自觉地推动绿色循环低碳发展，让资源节约、环境友好成为主流的生产生活方式，与世界各国共同呵护好地球家园，同筑生态文明之基，同走绿色发展之路，共建清洁美丽世界，让子孙后代既能享有丰富的物质财富，又能遥望星空、看见青山、闻到花香。

人类的历程正处在一个转折点上。在这人口统计的爆炸时刻，科学看来要扮演一个重要的角色。因此，保持自然与社会之间通信渠道的畅通比以往任何时候都更加重要。西方科学诞生在十七世纪的文化环境中，而当前西方科学的发展已经在这个文化环境的外面打开了自然与社会通信的渠道。我们相信，科学今天携带着更能为不同的文化传统所接受的普适的信息。

T6. 小学3~6年级科学课程生态文明教育标准

小学3~6年级科学课程生态文明教育标准由三方面：知识与能力、过程与方法、情感和态度与价值观的标准构成（表3–11、表3–12、表3–13）。

表3–11　科学课程生态文明教育知识与能力方面的标准表

类别	内容	比例
自然生态	1. 自然环境的差异和变化 2. 了解各种生命形态的物质和能量需求及其对生存环境的适应方式 3. 自然环境中的物质和能量流动过程及其特征 4. 自然环境为人类提供居住空间和资源 5. 理解生态破坏和环境污染现象说明环境保护的重要性	54.84%
社会生活	1. 了解我国和世界人口数量的变化，知道我国实行计划生育国策的含义 2. 日常生活方式对环境的影响	9. 68%

续表

类别	内容	比例
经济与技术	1. 日常生活中常见技术产品对环境的影响 2. 技术在环境保护中的作用及局限 3. 经济发展需要合理利用资源，并与生态环境相协调	19.35%
参与与决策	1. 了解我国有关环境保护的法律法规 2. 知道公民、政府、企业在环境事务中所扮演的角色 3. 个人参与环境保护和环境建设的途径和方法	16.13%

表3–12　科学课程生态文明教育过程与方法方面的标准表

类别	内容	比例
感知	运用感官感知身边环境	20%
提出问题	就身边环境提出问题	10.9%
解决问题	搜集有关环境、科技等信息，尝试解决简单的环境问题	29.09%
描述关系	评价、组织和解释信息，简单描述环境各要素或环境与人、社会间的相互作用	40%

表3–13　科学课程生态文明教育情感和态度与价值观方面的标准表

类别	内容	比例
崇尚自然 敬畏生命	欣赏自然的美 尊重自然 尊重生物生存的权利的道德情操	40%
尊重与共享	尊重、关爱、善待他人，并乐于分享	25.45%
合理消费	在满足人的健康、需求的同时 崇尚环保的消费理念	12.73%
权利与义务	认同公民的环境权利与义务，积极参与学校和社区保护环境的行动，对破坏环境的行为敢于批评，具有环境保护责任感。	21.82%

T7. 在环境教育中，教师的专业教育基本能力要求

1. 运用教育哲学知识来选择和开发课程计划和策略，以实现普通教育和环境教育的目标。（为实现这两个目标，普通教育的材料和方法有时只需“环境化”。）

2. 利用目前道德推理的理论来选择、开发和实施能够有效实现环境教育目标的课程。（教师应该有能力运用适当的策略，以使学生认识到价值观在环境决策中的作用，使学生端正价值观并理解价值观判断的过程。）

3. 利用目前有关知识/态度/行为关系的理论来选择、开发和实施一种平衡的课程，这一课程最有可能改变学生的环境意识和行为。（平衡课程要考虑到如生态因素和公平交换的代价这样一些方面等）

4. 利用目前的学习理论来选择、开发和实施课程的策略，以有效地实现环境教育的目标。（环境教育的方法和许多环境教育目标的本质都是问题解决。教师掌握了学习发展理论，如皮亚杰理论这样一个实际可行的方法，就会在环境问题解决的方法和目标方面提高环境教育的有效性。）

5. 利用学习的迁移理论来选择、开发和实施课程材料和策略，以保证知识、态度和认知技能能够迁移到学生对生活方式和行为模式的选择和决策中。（环境教育的最终目标是培养具有环境文明的公民，他们能在其一生中愿意并能够采取行动以对环境产生积极影响。）

6. 有效地贯彻下列方法以实现环境教育的目标：多学科的合作、户外教育、价值观辨析、游戏和模拟、个案研究方法、社区资源的利用、学生的自主调查和（或）小组调查、环境问题解决的行动和评价、当处理有争论的环境问题时教师的正确行为等。

7. 开发和利用有效的教学计划手段。

8. 在教师所教的所有学科中有效地融入合适的环境教育课程和方法。

9. 在认知和情感领域内正确地评价环境教育的课程和方法。

相关政策

P. 以美丽中国建设全面推进人与自然和谐共生的现代化

1. 持续深入打好污染防治攻坚战

要坚持精准治污、科学治污、依法治污，保持力度、延伸深度、拓展广度，深入推进环境污染防治，持续改善生态环境质量。

蓝天保卫战是攻坚战的重中之重，碧水保卫战要促进“人水和谐”，净土保卫战重在强化污染风险管控。

2. 加快推动发展方式绿色低碳转型

坚持把绿色低碳发展作为解决生态环境问题的治本之策，加快形成绿色生产方式和生活方式，厚植高质量发展的绿色底色。

要优化国土空间开发格局，要加快产业绿色转型升级，要打造绿色发展高地，要推动形成绿色生活方式。

3. 着力提升生态系统多样性、稳定性、持续性

要站在维护国家生态安全、中华民族永续发展和对人类文明负责的高度，加强生态保护和修复，为子孙后代留下山清水秀的生态空间。

要加大生态系统保护力度，要切实加强生态保护修复监管，要拓宽绿水青山转化金山银山的路径。

4. 积极稳妥推进碳达峰碳中和

要坚持全国统筹、节约优先、双轮驱动、内外畅通、防范风险的原则，落实好碳达峰碳中和“1+N”政策体系。

要有计划分步骤实施碳达峰行动，要构建清洁低碳安全高效的能源体系。

5. 守牢美丽中国建设安全底线

要贯彻总体国家安全观，积极有效应对各种风险挑战，保障我们赖以生存发展的自然环境和条件不受威胁和破坏。

要切实维护生态安全，要确保核与辐射安全。

6. 健全美丽中国建设保障体系

要统筹各领域资源，汇聚各方面力量，打好法治、市场、科技、政策“组合拳”，为美丽中国建设提供基础支撑和有力保障。

要强化法治保障，要完善绿色低碳发展经济政策，要推动有效市场和有为政府更好结

合，要加强科技支撑。

数据资源

D1. 全球变暖，海平面上升，世界第二小国将被大海吞噬

用科学语言描绘出令人心碎的信息：自2008年以来，毁灭性的洪水和风暴每年迫使超过2000万人离开家园；全球有一半人口每年至少有一个月面临用水不安全问题。仅在未来十年内，气候变化就会将3200万至1.32亿人推向极端贫困。到21世纪中叶，由于海平面上升，10亿人将面临更大的洪灾风险。

全球变暖将带来全方位的危害，危及粮食安全，增加与热相关的疾病死亡率、心脏病和心理健康疾病发生率。物种和生态系统也将面临巨大的变化，例如红树林可能无法应对海平面上升，到2030年，多达14%的陆地物种将面临灭绝的高风险。

一个有力的证据是，50年后，图瓦卢至少60%的土地将完全沉入大海。从1993年到2017年，图瓦卢的海平面总共上升了9.18厘米，在过去10年里，海水已经侵蚀了图瓦卢1%的土地。

D2. 很多人将生不了孩子

全国人大代表、中国科学院院士钟南山表示，食品安全问题已经是一个很严重的问题，如果不采取相应的解决办法，再过50年，很多人将生不了孩子。广州很多疾病发病率的快速增长都和食品安全有很大的关系。比如现在广州的肠癌、妇女宫颈癌、卵巢癌的发病率呈现出了快速增长的趋势，而这些和农药、添加剂、防腐剂和催生剂的过量使用都有很大的关系。医学研究发现，我国目前每8对夫妻就有一对不育，而残留农药就是造成目前10%以上不孕不育的主要原因之一。

中国社会科学院、中国气象局发布的《气候变化绿皮书：应对气候变化报告（2013）》称，雾霾天气现象会给气候、环境、健康、经济等方面造成显著的负面影响，尤其是改变肺功能及结构、影响生殖能力、改变人体的免疫结构等危害显著。

能力训练

案例3.2.2

“环境教育示范校”的盛与衰

东北地区某师范学校是一所面向农村基层培养小学师资的乡村中等师范学校。自1978年建校以来，为当地教育事业的发展培养了大量合格的教育人才。1995年初，新一届学校领导班子组建以后，便确定了把学校办成一所在科技、环境等素质教育方面具有特色的学校。

为了动员各方面的力量，学校校长、书记亲自挂帅，组建了由政教处、教务处、团委、教科室、各年级组组长、班主任等人员构成的学校环境教育领导小组，并专门设立了学校科技、环境教育办公室，由专人具体负责协调、实施全校的科技、环境教育工作事宜，校学生会增设了科技环境部，各班班委会也增设了科技环境委员，全校基本构成了层层有人抓、处处有人管的科技环境教育局面。

为使学校的科技环境教育工作规范化和制度化，学校科技环境教育领导小组还制定了《学校科技环境教育五年规划》。在课堂教育过程中，物理、化学、地理、生物、语文等学

科的教师认真挖掘教材中的科技环境教育内容进行渗透教育，对增长学生的科技环境知识起到了重要的作用；学校经常结合“世界环境日”“地球日”“植树节”等纪念日，开展街头宣传、主题班会、读书报告会等多种形式宣传教育活动。学校还组织教师到环境教育先进地区进行观摩和考察。积极支持骨干教师参加省市或国家组织的各类环境教育师资培训班。在每年的毕业生教育实习期间，学校还要求实习生完成一到两项环境教育主题活动设计和组织工作，极大地激发了学生对环境教育的热情，使学生初步掌握了环境教育的基本技能。

在当地环保局、气象局等单位的帮助下，学校先后投资近 3 万元，建成了由学生参与监测活动的环境质量监测站和气象观测站，为学生们开展经常性的水质和大气监测，以及天气要素观测及预报，提供了基本场所。在市园林规划设计院的帮助下，通过近 5 年的努力，一座绿树环抱、绿草如茵、繁花似锦、幽静典雅的花园式学校已经建成。

截止到 2000 年，学校先后多次被评为市级“环境教育示范学校”“绿色学校”省级“环境教育先进学校”，在市级以上的以环保为主题的科技竞赛活动中，有 92 人次获得各级奖励，其中获得国家级奖励 8 人次，学校在 1999 年还成功地承办了省级首届环境教育现场会。

就在环境教育进行得如火如荼之际，2001 年，全国中等师范学校进行调整改革。该师范学校为了适应市场的需要，改制成了一所高级中学。这样，便由昔日的重视素质教育，转型为以应试为主的办学方向。新校长上任后，工作重点在扩大生源、争取资金，因而也就顾及不到环境教育工作。教师们的精力主要集中于备课、上课和课外辅导，学校上下都致力于怎样提高学生的分数。如今，学校的环境质量监测站、气象观测站，由于缺乏资金的支持，已不能正常运转。各种仪器设备都已“刀枪入库”，整个学校的环境教育工作已无人过问。

问题与思考

1. “环境教育示范校”衰落的背景、原因是什么？
2. 该校开展的环境教育的合理性存在吗？
3. “环境教育示范校”衰落的后果是什么？

第三节　学校生态建设

学习目标

1. 掌握学校环境的构成。
2. 理解影响学校的自然环境因素构成及作用。
3. 掌握学校、课堂的生态特征。
4. 理解学校教育的生态功能。
5. 理解教室环境中颜色等因素对教育的作用。
6. 熟读案例分析和思想资源，理解相关观点。
7. 根据分析建议独立完成案例分析。

观点与原理

1. 学校是人类为了培养人而专门设计的环境。学校是社会环境的有机组成元素之一，是一种净化了的、简化了的环境。它由学校物理环境、学校社会环境、学校心理环境构成。

2. 学校及其教育与自然环境之间存在着密切的相互影响作用。

3. 学校受环境的影响，表现在学校的地理位置、规模、空间结构、建筑、设施设备以及教室环境、课程设置等方面。

4. 以促进人的发展为宗旨，学校通过其设立改造了自然环境，营造出特殊的生态环境。学校教育则通过人的培养，使人具有了认识、理解和改造自然的知识、能力和需求，从而构建出富于生态价值的教育生态、学校环境、教室环境和课堂环境，进而强化了学生对生态价值的认识和理解的深入，增强了营造科学的教育生态环境的意识。这样，有助于形成教育、学校（教育）与自然环境的良性循环。

5. 学校的生态特征是安全、系统、方便、实用、健康、充足等，表现在校园布局、学校建筑、学校空间环境、学校规模和课堂特征等方面。

6. 教室的生态特征是明亮、美观、舒适、可变、系统等，表现在教室的物理环境、教室的布置、座位的编排和班级规模等方面。

7. 建设良好的学校生态环境要以促进人的发展为根本原则，遵循功能性、经济性、灵活性和系统性等原则，科学运用生态学原理，重视教室生态环境——学校生态环境的最基本构成的合理建设。

典型案例解读

案例 3.3.1

两年间八辆大货车冲进同一校园

2006 年 3 月 3 日早晨 6 时许，金州区亮甲店镇葛麻小学邹老师正站在教室窗前，看着几名学生进入学校。突然，她的视线里出现了一辆疾速行驶的大货车。这辆大货车径直向学校冲来，撞飞了学校大门的铁丝网，驶向东边围墙。接着，她听到“轰”的一声，部分围墙倒塌，大货车则穿过围墙冲入田地，停了下来……3 个多小时后，回忆起当时的情景，邹老师仍心有余悸。“看到大货车突然冲进学校，把我吓坏了，直到现在心还发慌。”幸亏事发时是早晨，学生陆续入校，操场上人不多，只有几位刚到学校的学生和家长在操场上，幸好躲避及时，没有被撞到，但有家长的自行车被撞坏。因为学校规定，学生到校后直接进入教室，所以操场上没有多少学生。“如果事情发生在课间休息时，或上体育课时，后果不堪设想。”

“这已经是两年内冲进操场的第 8 辆大货车了”。

大货车冲进学校

上午 9 时 30 分，闯祸的大货车还停在学校操场围墙外的田地里。车头被撞变形，挡风玻璃全部破碎。驾驶室内，到处都是垒围墙用的泥土和石块，大货车的几个车轮也被撞歪。田地里四处散落着大货车的车体碎片，学校东面围墙被大货车撞倒 3 米左右。操场内还明显可以看出大货车疾速驶过的“S”形路线，学校大门的两根大柱子也被撞歪，一侧的铁丝网因惯性被大货车带进操场 50 多米。该车装的是 50 吨矿粉，从铁岭开原到大连。从东黄路驶下来时发现刹车失灵，情急之下，冲进了学校的操场。大货车的年轻男子司机脸上多处渗血，头部被撞出个大包，左眼明显青肿。坐在副驾驶位置上的男子腿部骨折，已送入医院。

以前出现的几起事故多在夜间，闯祸司机有的称太疲劳，行车时睡着了，有的也称是刹车失灵才造成的，还有的说是因为拐弯太急了。交警在处理以前事故时曾分析说，出现事故的原因主要有3个：超载、车速太快、东黄路的侧坡较长。

学校的地理位置

东黄路是两年前修的，东黄路由西向东行驶，在葛麻小学门前向南拐弯，直接通往开发区。东黄路的路口正好冲着小学校的大门口。当车从坡顶下来时，自然提速，该路又是个斜坡，客观上起到提速作用。如果不及时转弯，会直接冲进操场。从东黄路的坡顶到学校门口大约有500米，学校操场的宽度则有150米左右，出事大货车在平地上滑行了近200米才停了下来。

寻求“避撞”方案

1. 学校：希望东黄路改道

在葛麻小学，两年来，老师们最担心的就是学生的安全。学校有将近200名学生，年纪都不大，老师每天都要提醒学生：“不要在学校正门口玩耍”等。部分家长对孩子的在校安全也感觉担忧。此事发生后，校方提出3种解决方案：一是将学校的大门往南改。“北面是居民住房，只能将大门往南改。”张老师表示，但由于易出事故的地方是个丁字路口，老师学生都经过这一路口进入学校，校门朝南改客观上却增加了出事的概率；二是在东黄路上安装减速器或在坡上安警示标志。张老师说，这两种办法都是“治标不治本”。去年，学校向上级有关部门打报告，要求关注这一问题。事后，有关部门在道口竖起了警示标志，给来往司机以提醒，但仍有类似事故发生。目前学校、家长、学生都倾向于第三种方案，即将东黄路改道。

2. 教育局：一切以师生利益为重

2006年3月事故发生当天，金州区教育局相关负责人就对学校周边环境进行了实地调研。随后，又联系了金州区交通警察大队的相关人员及葛麻小学上级学校亮甲店中心小学的领导到现场，希望能够尽快提出一个合理的解决方案。这位负责人表示，从三种方案来看，将东黄路改道对学生和老师的人身安全来说还是最有利的，所以金州区教育局也比较倾向此种方案。“一切做法，都要以师生利益为重。”这位负责人表示，从目前来看，学校门前的丁字路口标志不明显，教育局将尽快和有关部门协调，更换标志，以解燃眉之急。而更改学校大门需要一笔不小的资金，对于一个乡级小学来说，拿出这笔钱是很困难的。

3. 交警部门：将与有关部门协商解决

金州区交警大队的有关负责人表示，他们到学校外进行实地考察，并对学校以前发生的多起事故进行了了解，发现几次事故的发生都是司机第一次走东黄路，对东黄路的路况不熟悉才发生的。“此次调研后，我们已提醒学生，应尽量到学校的东侧玩耍。”负责人表示，他们会尽快向有关部门打报告，讲明该学校存在的安全隐患，首先在东黄路上安装醒目的警示标志，提醒司机前方路况。至于能否将东黄路改道，这位负责人表示，也会向公路部门反映情况。

案例分析

学校被撞表明学校的地理位置存在着问题。这个地理位置的问题直接威胁到学生、教师的人身生命安全，严重干扰到学校教育、教学的正常开展。学校的位置不是简单的教育问题，而是复杂的社会问题，但首先应该是、必须是一个生态科学理论解释合理的问题。从景观生态学的视角看，葛麻小学的事件属于大尺度①事件，因为其粒度和幅度都大，而且其空间的异质性过高，也就是说学生一脚就能踏入社会，同理，社会人士一脚也能踏入学校，即学校与社会之间没有足够强的、足够宽的隔离地带或者缓冲地带，结果就是，学校中的学生和教师数量锐减，影响到区域教育系统的健康运行，因为冲入校园事件导致公式$S=cA^z$中的A急剧缩减。与“覆巢之下，焉有完卵”实属殊途同归之意。

案例中的解决方案反映出，教育与自然环境、社会之间存在着错综复杂的关系。不过，我们认为，由于教育是关系到民族生存、发展的重要战略要素，因此，学校地理位置的问题必须进行彻底解决。解决问题的基本原则是一切以学生和教师与教学的利益为重，解决的路径是综合多方面因素，选择一种切实可行的办法。例如，进行道路改造可能是一种比较有效、可行的路径。毕竟，学校的搬迁是一个会牵涉更多变量的事情。而且，我们也期望能够通过学校周边环境的改造为学校教育营造出更加优美的环境。正如苏联教育家苏霍姆林斯基在他的著作中对帕夫雷什中学校园环境的描述：

“我们学校的南部、西部和北部是一片占地两公顷的果园，里面培植着乌克兰地区生长的所有果木如苹果、梨、李子、杏、桃、樱桃、欧洲樱桃等。由二十年前的学生开辟的这片果园逐年都在发展。紧靠教学主楼是一片葡萄园（占地 0.2 公顷），这是全体师生的‘宠儿’。每年从五月直到十一月，孩子们先是欣赏茂密的叶蔓之海，随后则是日渐成熟的累累果穗。

全校每个房间都被各类树木遮蔽着，其中有苹果、杏、梨和樱桃等果木。校院栽种的杏树和梓树很多，还有一些在我们地区少见的乔木和灌木山梨树、垂杨柳、松树、桦树、罗汉松、雪松、扁桃树等等。

由于有茂密的树木，在春秋暑热季节里校园的空气也总是清新凉爽的。

……

孩子跨进校门所看到的一切，所接触的一切都是美的。绿树葱葱的校园全景是美的；绿叶映衬着的串串琥珀般果实的葡萄丛是美的；各楼之间雨道两旁的排排蔷薇是美的；学校果园中的繁茂果木一年四季都是美的；盘绕着野葡萄蔓的学校正门门廊也是美的……”

我们的学校如果都有如此优美的环境，我们的学生岂能有不喜欢上学的？！我们的家长怎么还会担心学生的校园安全？！因此，近年来，国家出台了《农村普通中小学校建设标准》，指出“学校选址应符合下列规定：（1）应选在地质条件较好、环境适宜、交通方便、地形开阔、阳光充足、地势较高、具备必要基础设施的地段。（2）应避开地震危险地段、泥石流易发地段、滑坡体、悬崖边及崖底、风口、洪水沟口、输气管道和高压走廊等。（3）应避免学生跨越公路干线、无立交设施的铁路、无安全通行防护设施的河流及水域。（4）不应与集贸市场，娱乐场所，生产、经营、贮藏有毒有害危险品、易燃易爆物品的场所，噪声等污染源，医院太平间，殡仪馆，消防站等不利于学生学习、身心健康和危及学生安全的场所毗邻。”因此说，无论是学校网点布局也好，还是学校内部规划建设也好，教育管理者和工作者都要摒弃规划和建设不是教育的本行就主动放弃参与的落后思维方式，要从生命安全至上的理念出发，遵循教育教学规律，利用教育生态学理论等发挥教育人的重要作用也是本体职

① 公式 $S=cA^z$ 表达了物种数量（S）与生境面积（A）之间的关系，c，z 是常数。

责。同时，地方政府必须“统筹区域经济、科技、社会事业和教育文化各个方面的发展和改革，做好顶层设计和长远规划，不仅把中小学看成普及教育的基地，也把其视为当地农村文化活动、科技推广和继续教育的中心，人们才能真正意识到保留和强化基层学校对持续推进区域经济和社会发展所具有的其他方面不可替代的基础性作用。”具体地说，“各级政府在教育的布局调整中，应当设计一套制度，不仅能充分保障学生、学生家长和其他学区居民充分反映诉求，还能保障他们实质性参与相关决策。在对城乡学校的布局以及学校和班级规模重新进行规划和调整时，需要：①优先考虑学校规模的社会效益和教育效益，因地制宜地布局不同规模的学校；②善于利用小班额预存的人数弹性空间，合理安排学校的布局密度；③严格控制以住宿和校车为替代方式的大规模学校特别是超大规模学校。”同时，参照执行农村和城市普通中小学校建设标准（P1，P2），这样才有可能做到让人民满意。

案例 3.3.2

教室环境

在北京市京源学校，每年初一入学后，不少学生对班主任安排的座位不满意，影响到学习。这时就有家长来找班主任。

“我孩子视力差……”

“我孩子旁边坐的人他不喜欢……”

常常都会说到这个座位非常影响孩子的学习，孩子从来没有这样难受过，我们做孩子的工作也做不通，只好请老师帮忙换个座位。

班主任有时也给少数几个同学调了座位。这一调动引起更多同学的不满。学生对座位的不满转移到对班主任的不满，抱怨集中到班主任身上，说班主任不公平。

这不是京源学校特有的现象，许多学校的许多班主任都遇到过这样的情况。京源学校的领导重视了这个现象，他们特意招来的心理学教师张郁茜，就在这时开始给初一学生上第一节心理学课，内容就是重新排座位。

张郁茜老师来了。

她说，听说有同学对座位不满意，现在班主任不在，同学们反映一下真实的想法，对自己的座位不满意的同学请举手。

有不少同学举起了手。数了数，全班50人中有30人不满意。张郁茜在黑板上写上了“30”。

“既然多数同学不满意，大家今天就自己来排座位。排得好排不好没关系，试试看，你们看行吗？”

同学们问：要是排好了，算不算数？

张郁茜说：要是大家都认可了，为什么不算数？

同学们反应热烈，纷纷说那就排吧！

“但是，”张郁茜说，“我有一个条件。”

“老师，什么条件？”有同学问。

“你们可以充分协商，自行解决。不论有什么矛盾，你们别要求我当裁判。否则我一说话，就会有人觉得我偏心，不公平。大家要是同意，我们就开始。”

同学们说，同意，开始吧！

教室里立刻出现从未有过的景象，同学们相互商量，彼此讲条件，有的同学不仅安排自己，还安排别人，你坐这儿，她坐那儿……他希望他喜欢的人坐在他周围，有人同意，有人不同意，不同意的找他自己喜欢的人去了。

当大家都坐下来后，张老师说："现在，一个新的座位表产生了。请问还有没有不满意的？"

"有。"

"还有多少？我们再统计一次，不满意的请举手！"

数了数，还有15人。

张郁茜说："刚才的时间也许不够充分，现在再给一次机会，同学们之间再相互协商、调整，争取让每个同学都得到自己满意的座位。开始。"

又一轮活跃的协商与调整。

再次坐定后，张郁茜问："还有不满意的吗？"

"有。"

张郁茜望着全班同学："再统计一次？不满意的同学请举手。"

"还有12个同学。还要再来一次吗？"张郁茜问。

同学们说不用了，别折腾了。于是让大家讨论：有没有一个座位表能让每个同学都满意？结论是：目前没有。为什么没有？

教室的大小、通风、采光、座位的分布、与黑板的距离，这些都是客观的暂时不可改变的条件，同学们的内心愿望却很丰富，再有能力的班主任也设计不出一张让每个同学都叫好的座位表。

实际上，几乎每个学生都坐过自己不满意的座位。学生们说，当我坐在不满意的座位上时，我反复申请换座位，争取打动老师；凑合着坐；对座位的不满意会一直缠着我，让我没法专心听课；我感觉自己突然孤僻了，不愿意理周围的人；它压在心里成了我的一种心理障碍；我会主动去适应我不满意的座位，渐渐发现这个座位的优势，并喜欢上它。

案例分析

教室是学生在校学习、生活的基本空间，教室环境是对学生学习、教师教学与教育和学校教育产生直接影响的重要生态因素。在其中，既有教室物理环境因素如颜色、光线、噪声和温度及房间的形状等的影响，也有教室的布置如教室内部装饰的影响，还有座位编排的影响。

案例中教室的座位编排是我国一种典型的座位排列方式：行列式（也称秧田式），即把学生排成直行、直列。正是这种排列方式引起了学生纷纷要求调换座位的意见。可见其弊端之一斑。正如杜威在《学校与社会》中，对这种传统型的教室作了如下描述："一排排难看的课桌按几何顺序摆着挤在一起，以便尽可能没有活动余地，课桌几乎全都是一样大小，桌面刚好放得下书籍、铅笔和纸，外加一张讲桌，几把椅子，光秃秃的墙，可能还有几张图画……"杜威从进步主义教育的立场出发对传统教室的描述未免失之偏颇，但在一定程度上也反映了传统教室的布置格局。还有研究者指出，在行列式编排的教室中存在一个积极参与课堂活动的学生的"三角地带"：从教师面前的第一排延展开去，到教室的2/3处。然而，对后排和边排的学生来说，离教师距离较远，这给他们正确、清晰的感知造成一定的困难，而且由于处于教师注意的边缘或注意范围之外，他们很容易心猿意马，或相互交流，耽于玩乐。

教室座位桌型编排还有“圆桌式”，以及与此相近的“半圆形”“椭圆形”“马蹄形”等。这些不同的方式各自有优缺点，能够与行列式形成互补。因此，在教学过程中，可以根据不同的教学活动选择适宜的座位排列，以增强教学的效益，提高学生学习与发展和教师的教学与发展质量。

总之，座位的编排是能够直接影响学生、教师的重要因素，并且其影响是多方面的：知识与技能、情感和态度与价值观，师生交流、生生交流，对学习的认同、对教师的认同和对学校的认同等。所以，座位编排需要综合考量班级规模（本节D1）、学校建筑的特征（本节T1）、课堂生态状况（本节T3、T4）等因素，还要兼顾教室的物理环境（本节T5、T6、T7、T8）和心理环境（本节D2）等，保证学生身心健康，做到教育公平，有利于教与学的优质、高效。毕竟即使是高年级小学生也能感知到教师课堂教学行为的道德意蕴。“民主倾向教学行为能够被学生更多地认知到公正、尊重、平等、宽容、诚信和谦虚等品质，专断倾向教学行为则反其道而行之。”

思想资源

历史沿革

H. 教室演变的转折

从露天集市到教师家中、再到现代的综合化校舍，教育空间（educational space）的变化不仅意味着教育场所的差异，而且蕴含着丰富的教育意义，是学校教育制度化和现代化转向的基本维度。

兰卡斯特在其校舍方案中通过一系列标志性建筑部件的有意设计与精心布局，对教育空间进行了细致且明确的划分、编码、排序与重组，从而将兰卡斯特制的诸多关键要素有机地整合在一起。换言之，校舍方案并非可有可无的“艺术裱花”，而是兰卡斯特制运作的基本要素。该方案的历史意义并不仅仅在于丰富学校物质文化；更为重要的是，它将原先任意的教学场所重塑为高度组织化的教学环境，从而使初等学校校舍开始成为具备特定空间形态、满足特定功能的一类独特建筑。

在兰卡斯特及“不列颠和海外学校协会”的积极宣传下，兰卡斯特制被誉为新世纪的教育福音，迅速传播开来，从北欧的爱尔兰、苏格兰、丹麦、瑞典，到西欧和南欧的法国、西班牙、希腊、意大利，东欧的俄罗斯，再到地中海区域的埃及、马耳他，非洲的塞拉利昂、马达加斯加、好望角和开普敦，乃至亚洲的印度以及大洋洲的澳大利亚等国家和地区。不仅如此，“在许多地方，如英国、纽约、费城、拉美和东欧的部分地区及大不列颠殖民地，导生制学校实际上直接成为公共初等教育发展的基础”。

借由导生制快速而广泛的传播，兰卡斯特率先为各地区普及教育的倡导者重构教育空间提供了一种标准化的校舍模型。以其在美国的传播为例，当时的四大城市——纽约、费城、波士顿、巴尔的摩以及其他城市，包括奥尔巴尼、乔治城、华盛顿特区、辛辛那提等，在先后引入兰卡斯特制的过程中，都依据该模型专门修建了兰卡斯特制示范校舍，且这些校舍大多为城市内首批特意兴建的永久性公共学校建筑。因此，导生制在全球范围内的传播实际上是教育空间跨国生产的过程，而不仅仅是一种教学方式的传播。正是在这个意义上，可以说，兰卡斯特的校舍设计构成了现代教育空间组织化的开端。当然，教育空间的实际生产并非简单的“观念映射”过程，而深受地方化的人口、经济、社会与文化等多重因素的综合作用，其最终结果与影响亦由此呈现出多元的局面，这一复杂的问题还有待后续探索。

理论资源

T1. 颜色与心理的关系

1. 色彩的心理分析

（1）红色：红色的纯度高，注目性高，刺激作用大，人们称之为“火与血”的色彩，能增高血压加速血液循环，对于人的心理产生巨大的鼓舞作用。

a. 纯色的心理特性：热情、活泼、引人注目，热闹、艳丽、令人疲劳，幸福、吉祥、革命、公正、喜气洋洋，同时也给人以恐怖的心理。

b. 纯色加白（明清色）的心理特性：圆满、健康、温和、愉快、甜蜜、优美，同时也给人以幼稚、娇柔的心理。

c. 纯色加黑（暗清色）：给人以枯萎、固执、孤僻、憔悴、烦恼、不安、独断的心理。

d. 纯色加灰（浊色）：给人以烦闷、哀伤、忧郁、阴森、寂寞的心理。

（2）橙色：橙色的刺激作用虽然没有红色大，但它的视认性和注目性也很高，既有红色的热情又有黄色的光明，活泼的性格，是人们普遍喜爱的色彩。

a. 纯色的心理特性：火焰、光明、温暖、华丽、甜蜜、喜欢、兴奋、冲动、力量充沛、引起人们的食欲。同时也给人以暴躁、嫉妒、疑惑、悲伤的心理。

b. 纯色加白（明清色）：给人以细嫩、温馨、暖和、柔润、细心、轻巧、慈祥的心理。

c. 纯色加黑（暗清色）：给人以沉着、安定、茶香、古香古色、情深、老朽、悲观、拘谨的心理。

d. 纯色加灰（浊色）：给人以沙滩、故土、灰心的感觉。

（3）黄色：黄色是最为光亮的色彩，在有彩色的纯色中明度最高，给人以光明、迅速、活泼、轻快的感觉。它的明视度很高，注目性高，比较温和。

纯色的心理特性：明朗、快活、自信、希望、高贵、贵重、进取向上、德高望重、富于心计、警惕、注意、猜疑。

（4）黄绿色：是黄色和绿色的中间色，由于在日常生活中黄绿色并不突出，所以易被人们所忽视，有很多色彩心理的研究把黄绿与绿色合并。

纯色的心理特性：幼芽、新鲜、春天、清香、纯真、无邪、活力、含蓄、新生、有朝气、欣欣向荣、生命、无知、未成熟等。

（5）绿色：绿色为植物的色彩，绿色的明视度不高，刺激性不大，对生理作用和心理作用都极为温和，因此人对绿色的嗜好范围很大，给人以宁静、休息，使之精神不易疲劳。

纯色的心理特性：草木、自然、新鲜、平静、安逸、安心、安慰、和平、有保障、有安全感、可靠、信任、公平、理智、理想、纯朴、平凡、卑贱等。

（6）蓝绿色：蓝绿色的明视度及注目性，基本与绿色相同，只是比绿色显得更冷静、凉湿，其他给人的心理感觉与绿色差不多。

纯色的心理特性：浓郁、森林、深谷、清泉、深海、凉爽、深远、沉重、安宁、幽静、平稳、智慧、酸涩、嫉妒。

（7）蓝色：蓝色的注目性和视认性都不太高，但在自然界如天空、海洋均为蓝色，所占面积相当大。蓝色给人冷静、智慧、深远的感觉。

纯色的心理特性：天空、水面、太空、寒冷、遥远、无限、永恒、透明、沉静、理智、高深、冷酷、沉思、简朴、忧郁、无聊。

（8）蓝紫色：蓝紫色与黄色的刺激相反，是明度很低的色彩，所以纯度效果显不出力量，注目性较差，明视度必须靠背景的衬托。给人以收缩、后退的感觉。

纯色的心理特性：深远、崇高、珍贵、凄凉、残酷、秘密、神奇、恐惧、幽灵、鬼祟、阴险、地狱、孤独、严厉、粗莽、凶猛、幻觉。

（9）紫色：紫色因与夜空、阴影相联系，所以富有神秘感。紫色易引起心理上的忧郁和不安，但紫色又给人以高贵、庄严之感，所以妇女对紫色的嗜好性很高。

纯色的心理特性：朝霞、紫云、紫气、舞厅、咖啡厅、优美、优雅、高贵、娇媚、温柔、昂贵、自傲、美梦、虚幻、魅力、虔诚。

（10）紫红色：紫红色指紫味的红色，视认性和注目性冷暖程度介于红色和紫色之间，此色的嗜好率很高。据说对忧郁症、低血压的人有治疗作用。

纯色的心理特性：温暖、热情、浪漫、娇艳、华贵、富丽堂皇、甜蜜、开放、大胆、享受。

（11）白色：白色为不含纯度的色，除因明度高而感觉冷外基本为中性色，明视度及注目性方面都相当高，由于白色为全色相，能满足视觉的生理要求，与其他色彩混合均能取得很好的效果。

白色的心理特性：洁白、明快、清白、纯粹、真理、朴素、神圣、正义感、光明、白皮书、失败等。

（12）黑色：黑色为全色相，也是没有纯度的色，与白色相比给人以暖的感觉，黑色在心理上是一个很特殊的色，它本身无刺激性，但是与其他色配合能增加刺激，黑色是消极色，所以单独时嗜好率低，可是与其他色彩配合均能取得很好的效果。

黑色的心理特性：黑夜、丧服、葬仪、黑暗、罪恶、坚硬、沉默、绝望、悲哀、严肃、死亡、恐怖、刚正、铁面无私、忠毅、粗莽等。

（13）灰色：灰色为全色相，也是没有纯度的中性色，完全是一种被动性的色，由于视觉最适应看配色的总和为中性灰色，所以灰色是最为值得重视的色，它的视认性、注目性都很低。所以很少单独使用，但灰色很顺从，与其他色彩配合可取得很好的效果。

灰色的心理特性：阴天、灰尘、阴影、烟幕、乌云、浓雾、灰心、平凡、无聊、模棱两可、消极、无主见、谦虚、颓丧、暧昧、死气沉沉、随便、顺服、中庸等。

2. 冷暖对比为主构成的色调

在色彩冷暖对比中，首先找出最暖色——橙，定为暖极。再找出是最冷色——蓝定为冷极。橙与蓝正好为一组互补色，即色相对比中的补色对比。冷暖对比实为色相对比的又一种表现形式。

找出了最暖色与最冷色，从色彩物理、生理、心理的角度来分，橙、红、黄为暖色。蓝、蓝绿、蓝紫为冷色。可是如果从对比的角度来分则为凡是离暖极越近的色越暖；凡是离冷极越近的色越冷。蓝与蓝绿相比较，蓝绿比蓝暖，蓝比蓝绿冷。黄与黄绿相比较，黄比黄绿暖，黄绿比黄冷。橙为暖极是最暖色；红、黄是暖色；红紫、黄绿是中性微暖色；紫、绿是中性微冷色；蓝紫、蓝绿是冷色；蓝为冷极是最冷色。

冷暖的极色对比即冷暖的最强对比。冷极与暖色的对比、暖极与冷色的对比为冷暖的强对比。暖极色、暖色与中性微冷色，冷极色、冷色与中性微暖色的对比为中等对比。暖极与暖色、冷极与冷色、暖色与中性微暖色、冷色与中性微冷色、中性微冷色与中性微暖色的对比为冷暖的弱对比。

以冷暖对比为主构成的色调，作用于人的心理感觉为：冷色基调给人的感觉寒冷、清爽、空气感、空间感。暖色基调给人的感觉热烈、热情、刺激、有力量、喜庆等。

T2. 学习环境的构成与设计

（一）学习环境构成

学习环境设计是在工业时代向信息时代的转换背景下提出的。工业时代的学习环境一般是指物理环境，信息时代的物理环境不同于工业时代的物理环境，环境不是为了控制学生，而是为每一个学生的发展提供可能和条件。因此，物理空间应围绕学生的学习来展开，成为一种“空间连续体”，是一种整体连续的学习体验空间，适应从“完全非结构的自由交流”到“结构化的讲授式教学”的不同需求。学习环境包括物理环境、技术环境、人际环境和心智环境四个维度，这四者是相互融合的关系，而心智环境是核心，统合物理环境、技术环境和人际环境。

（二）真实性学习环境的创设

1. 真实性学习环境的设计原则和特征

学习环境设计的总原则是真实性，真实性不等于真实，所谓的真实性是指“为真实”而设计，具体来讲，就是为培养学生未来解决现实世界中的问题而设计。在真实性视角下，学者们以“逼真度”来组织四种学习环境。赵炬明论述了学习环境研究的三个阶段，并对比了第二阶段（自然真实世界视角）和第三阶段（技术支持的学习环境视角），认为前者是把真实世界引进教学，后者是运用技术手段创造更有利于学生学习的学习环境。

如果能到校外现实世界去解决问题，与真实的人接触交往，那么，解决问题的后果就可以通过真实用户的反馈来获得和检验，这就是物理逼真度很高。技术往往用于达成心理逼真度和功能逼真度，有时技术营造的学习环境甚至比现实的物理环境更好。因为从学习的角度来看，它还能更好地遵循学习的规律，控制学习的进度，以便为学生提供必要的帮助和支架。

真实性学习环境具体有以下几个特征：（1）开放性。学习环境设计要植根于现实世界，而不是隔离于现实世界，因此，它必然是开放的。这里的开放包括：①条件开放。现实世界中影响问题解决的条件和信息是多种多样的，并且形态各异。②资源开放。现实世界中解决问题的资源也是开放的，包括物的资源，如书籍、参考资料和电脑等；也有人的资源，如团队建设等。③反馈开放。就像现实中问题解决会有来自各方的意见一样，在真实性问题情境中也常常会得到各方的反馈意见。（2）贯通性。学习环境的设计要达成横向和纵向的贯通，从横向维度来看，一方面要打通学校教育和现实世界；另一方面要打通心智环境、物理环境、技术环境和人际环境。从纵向维度来看，要打通现在和未来。学习环境设计的目标是要形成可迁移的素养，因此，在设计时要考虑以大概念为目标，形成高通路迁移，而不是低通路迁移。（3）支持性。学习环境的设计是为了更好地帮助学生成长，因此，真实性学习环境的设计是在对学生学习规律探索的基础上提供支架，通过扶放有度的教学更好地支持学生的学习。

2. 真实性学习环境设计的三个步骤

从程序上看，真实性学习环境的设计包括以下三个步骤，即目标设计、评价设计和过程设计。其中，主线是心智环境的设计，而物理环境、技术环境和人际环境主要反映在过程设计中。

T3. 学校建筑的10个功能性特点

兰德斯和萨普森在1951年的一项研究中指出了学校建筑的10个功能性特点：

1. 充分（adequacy）

学校场地大小、总的建筑空间要充分满足在其中开展的活动的需要。

2. 适宜（suitability）

能够使用的设备和设施能使学校顺利地开展特定的教育项目。

3. 安全（safety）

学校建筑具有完善的结构，并保护使用者不受交通、火灾以及意外事故的伤害。

4. 保健（healthfulness）

确保学生不受灰尘与噪声的干扰，并配备设备以提供照明、暖气，保证通风、卫生，以及充足方便的水供应。

5. 畅通（accessibility）

学校要靠近学生人口分布的中心，通往学校的道路和街道要有一定的特点，通向教学大楼的主要道路也要有标志。

6. 灵活（flexibility）

建筑的构造和场地的利用要有改建的可能性，一旦教育的计划发生改变，可以满足新的要求。

7. 效率（efficiency）

学生通行是否便捷，管理设施是否便利。能否有效阻隔噪声，以及设备的安放场所是否能获得最大的利用率。

8. 经济（economy）

充分利用自然光，节约暖气和水电，以最低的开支保证设备的正常运转。

9. 扩展（expansibility）

具备扩展学校建筑与场地以满足教育需求的可能性。

10. 外观（appearance）

建筑要美观，色彩须协调，布局要得体，装饰要符合学生的审美需要。

T4. 学校建筑关系图（图3–8）

图3–8 学校建筑关系图[①]

① 0= 没有关系，1= 有一定联系，2= 要求有联系，3= 必须有联系。

T5. 课堂的生态结构（图3–9）

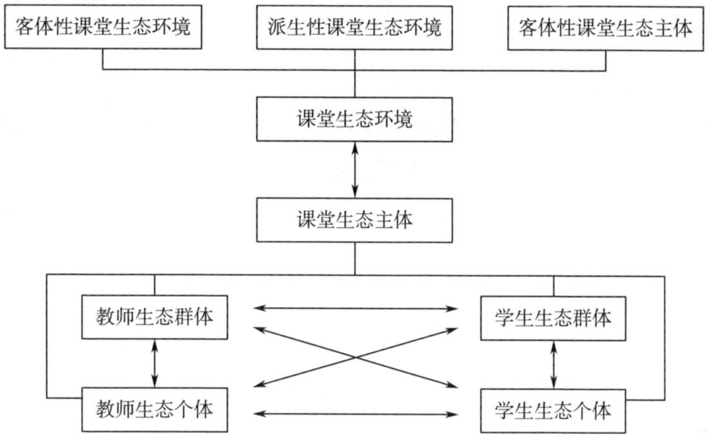

图 3–9　课堂生态结构图

这一结构表现出整体性，协变性和共生性三个生态特征

T6. 小学教室内部色彩的设计原则

在对我国小学教室内部色彩进行设计时，我们应当始终坚持“和谐统一”的设计理念，具体应遵循以下原则：

（一）色彩自身的和谐与统一

在教室内部色彩的设计中，各种色彩的和谐与统一是最根本的一点。和谐是什么？“和谐即为秩序，和谐即为美”，只有将色彩的多样性统一为整体时，才可以产生美的形式。无论教室内部运用多少种色彩，这些色彩之间应该是和谐统一的，而不能给人呈现出一种纷繁、杂乱的感觉。为了取得统一而又富有变化的效果，一般情况下，可以采取以下三种色彩配置法：①单色配置法，即教室内部色彩以某一色相为主，通过明度、纯度的变化来进行配置；②类似色配置法，即选择一组接近的类似色，并通过其明度和纯度变化的配合，从而使得教室内部空间产生一种统一中又富于变化的效果；③对比色配置法，即选择一组对比色如红与蓝、绿，充分发挥它们之间鲜明对比的效果，因而使人看起来红更红、蓝更蓝、绿更绿。

（二）色彩与学生身心发展相和谐

色彩的设计与运用，首先应当考虑使用者的因素。研究表明，小学生已经有了对颜色的偏好倾向。如在红、橙、黄、绿、紫、棕、黑、灰、白等 10 种颜色中，儿童更多偏爱红、绿、黄色，较少偏爱灰、棕黑色。六岁以后，对颜色爱好表现出性别差异。男性最喜爱黄、蓝两色，其次是绿、红两色；女性则最喜爱红、黄两色，其次是橙、白、蓝三色。所以，教室内部的色彩设计要充分考虑到他们的身心发展特点，既要避免色彩的单调、乏味、一成不变，又要避免过分花哨，大红大紫的色彩胡乱搭配，学生在这样的教室内学习，很容易产生一种疲劳感和厌倦感，而且杂乱无章的色彩堆砌，还会分散学生的注意力，学习效率肯定会大打折扣。

（三）色彩与教室内部环境相和谐

教室一旦建成，那么教室的这些物理属性一般也就随之决定了。但是通过色彩的合理搭配，我们能够有效地调节教室的空间感觉。一般来说，运用明亮的色彩、暖色和彩度高的色彩，空间有前进感，看起来比实际距离会近些，而面积则会有膨胀感，看起来比实际面积会大些。

同样，色彩的合理运用对于调节教室光线也具有举足轻重的作用，教室内部的光线适当与否，不仅直接影响学生的视力，还会影响学生的学习效率，而且光线较强的空间能够给人以扩大之感，这一点对于容纳学生较多的教室来说尤为重要，所以教室内部的色彩设计还要与室内光线相协调。

T7. 教室内部色彩的应用

教室内部色彩从结构的角度讲可以分为三部分：一是背景色，常常指的是教室内部固定的地面、天花板、墙壁等的色彩；二是主体色，主要是指教室内部课桌椅的颜色以及储物柜等其他家具的色彩，这两种色是教室内部环境色彩的主要组成部分；三是强调色，主要是指教室内的板报、宣传栏、标语等以及其他装饰品的色彩，一般情况下它都表现为与教室整体色对比强烈的色彩。对于教室内部色彩的具体运用，联邦德国曾在这方面做了大胆尝试，他们在新建的中小学教室内采用了几种不同色彩，使整个教室内部环境更显得生气勃勃。他们在教室内窗一侧，采用草绿色，以帮助学生消除视觉疲劳，增加舒适感。放黑板的一侧涂上白色，把黑板反衬出来，以帮助学生集中注意力。天花板采用淡黄色，既可使光线柔和，又可使教室四周的反光增强。书桌使用洁白的塑胶贴面，既便于擦拭，又增强反光，使人产生清爽的感觉。这些尝试对于我们来说都是有益的借鉴，结合对许多小学教室的实际观察，笔者尝试对我国小学教室内部色彩的实际应用提出一些建议。

1. 天花板

教室天花板一般要有采光和照明效果，而且出于安定的心理需求，人们通常习惯上轻下重，所以教室的天花板宜用无彩色、低纯度或高明度的处理方法，以显示上部空间的轻快和高耸感，形成开敞、轻松的感觉。一般情况下，天花板的色彩要与教室地面、墙壁色彩形成一种梯次渐变的效果，色彩要自下而上逐渐地由浓转淡，给人一种浑然一体的感觉，使学生们能够置身其中地感到空间辽阔，从而减少因学生较多而产生的拥挤之感。

2. 墙面

教室墙面由于面积比较大，而且距离人的视线比较近，故应注意为学生提供消除视觉疲劳、使其感到愉悦的色彩，所以在色彩上要求沉稳、柔和，故可运用亮度比较高的淡色涂刷教室的墙面，这样可以使空间显得更开阔、明远，还可增加教室内的景深，改变空间的压迫感。人们在长期的实践和研究中发现，在众多色彩中，最不易使人眼疲劳的是绿色，特别是那种淡淡的苹果绿，人们称之为“护眼色”。此外，教室内的基色还应与教室的朝向相配合。

3. 门窗

教室的门窗，其主要功能应该是采光和通风，应当能够使得教室内部进来足够的光线和新鲜空气，由于明度高的色彩反射率比较高，所以门窗的色彩也应以明度较高的色彩为主。我们可以采用两种处理方式：一种是求得与壁面色统一，给人一种浑然一体的感觉；另一种是与壁面色形成色差或明度差对比，给人一种眼前一亮的感觉。另外，窗台上还可以摆放一些盆景植物作为教室的绿化色彩，如吊兰、石竹、龟背竹、仙人掌等，既可以起到绿化教室的作用，又能利用绿色植物的光合作用增加室内氧气，促进室内空气流通，而且还能够丰富教室空间环境，创造空间意境，营造一种生活气息。

4. 课桌椅

课桌椅是教室内部的最主要家具，也是学生学习使用的最主要设施，由于学生平时几乎所有的学习活动都在课桌椅上进行，因此课桌椅的色彩对学生的学习及心理产生很大的影响。一般情况下，课桌椅的色彩可以与教室内部的基色相协调，给人一种统一、整体的感觉。由于学生要经常伏在桌子上看书、写字等，桌面距离人的眼睛最近，故桌面可设置成较低纯度的冷色，具有镇静、冷静的作用，从而使学生在长时间的注视下不致产生焦躁、烦闷的情绪，更有利于安静的学习。在实际应用中，课桌椅的色彩可使用淡黄色或暗红色的带有木材纹理的色彩，因为这样可以给人一种结构紧致、细密的感觉。同时，为了消除反射眩光，课桌面还应进行不反光处理，避免用色泽过于光亮的漆涂刷桌面，以免在阳光照射时形成镜面反射，影响学生的视觉活动。

5. 地面

由于教室地面是所有学生进行学习或其他活动的承载体，所以它必须给人一种稳定、安全的感觉。教室地面的色彩一般要保持低明度和低彩度，而且地面的色相不宜过多，以防止色彩的紊乱和喧宾夺主。当然，物体的质感给色彩的轻、重感觉带来的影响也是不容忽视的。

6 . 其他

教室内还有许多其他易于变化更换的小面积色域，如板报、宣传栏、标语或开关套等其他装饰品，这主要是教室内的强调色。可以采用高反差色、对比色等，在色性上往往体现出强烈对比、点缀强调的效果，如板报、宣传栏等可用蓝色、黄色、青色等作为底色；标语或名言警句可以用红、黄、蓝、黑等多种色彩，以显突出之意；开关套或插座套等充满人性化的小设计则可根据儿童心理特点选用一些色彩鲜丽的卡通图案等。另外，需要注意的是，为避免学生上课时分散注意力，一般来说，在学生视线的正前方，应以素雅的基调为主，不宜布置色彩绚丽的装饰物，从而保证上课时学生的视线不被其他刺激物所吸引，从而保持高度的注意力。而教室后面的墙壁，则可充分使用一些悦目的强调色为装饰，讲课时，能鼓舞教师始终保持兴奋的情绪；而课间，学生小憩时，既可调节神经，又可消除疲劳。古语说："室雅何须大，花香不在多。"这一室内装潢的美学原理，对于教室内部色彩的运用也是适用的。

T8. 学校标语的设计和使用

（一）当前教室标语在使用中存在的问题

1. 缺乏特色、千篇一律

当前教室标语在使用中存在的最大问题就是缺乏特色、千篇一律。几乎所有的教室张贴的都是"书山有路勤为径，学海无涯苦作舟""人生能有几回搏，此时不搏待何时"之类的话，校训、班训更是如此，几乎都是"勤奋进取、求实创新""诚信、守时、拼搏、进取"之类抽象概括的话，很少能见到展示本班鲜明特色的、别具一格的标语。

2. 缺乏人性、措辞生硬

有的教室标语在语言使用上缺乏人性关怀，措辞生硬，一副不苟言笑的刻板模样，如"请随手关门！""请勿随地吐痰！""请保持教室卫生"等。

3. 缺乏变换、疏于维护

当前的教室标语缺乏变换性，大多数是“一劳永逸型”的，都是新学期开学的时候贴上，等到下一学期开学的时候才会被换掉，这样的标语在教室里一贴就是一学期、一学年甚至多年，而且疏于维护，甚至有的标语破损了也没人去修补或是更换，任其保持“残缺”的状态。比如有的教室里贴着这样的标语：“自强、奋进、诚实、守信”，时间长了，标语中的“自”字中间一横掉了，变成了“白”，“诚”字的左半边偏旁掉了，变成了“成”，整个标语就变成了“白强奋进、成实守信”。

4. 脱离实际、过度抽象

当前很多的教室标语严重脱离学生实际，不顾学生的接受能力，使用一些过于抽象的词语或是深奥难懂的语句，超出了他们的理解范围。还有的学校的一年级教室里就贴着很多古代圣贤之辞，如“学而不思则罔，思而不学则殆”“博学之、审问之、慎思之、明辨之、笃行之”等，当问及学生这些标语是什么意思时，很少有学生能说对，甚至还有很多学生根本不认识“罔”“殆”和“笃”这几个字。

5. 使用混乱、存在极端

当前教室标语的使用存在两种极端现象：一种极端是使用泛滥，什么标语都往墙上贴，比如说校风校训、班风班训、名人名言、格言警句等等，此外每个教室可能还贴有学生守则、行为规范、课程表、值日安排表、国旗、眼保健操图表等等，整个教室就被布置得像个万花筒；另一种极端就是使用不足，整个教室里光秃秃的，有的教室里除了黑板上方有面国旗外，其他周围墙壁“一穷二白”。学校的魅力就在于它有着丰富的智力背景和深厚的文化氛围。

6. 失于点缀，脱离系统

当前的教室标语在使用中常常只注意到标语的形式或内容，而完全忽略了标语是教室物理环境的一部分，而教室环境是一个有机的整体，教室的布置是一个系统工程。多数教室的标语是白色卷轴式条幅，而教室的墙壁也是白茫茫一片，导致条幅的文字不够醒目。有的教室在门口的墙壁上悬挂着与门、门框几乎相同颜色或质地的标语，丢失了标语所应具有的“万绿丛中一点红”一般的效用。

（二）教室标语使用的优化原则

1. 个性化原则

由于每个学生都是一个生动活泼、个性鲜明的个体，由这些个体组成的每一个班级也是不同的，因此每个班级应该具有不同的班级特色。不是所有的教室里都适合贴名言警句，同一条标语也不是对任何一个教室里的学生都能起作用。对于不同特质的学生，应当给予适合的对待方式，使用适合他们的语言，而不应该是“一刀切”“标准件”。教室标语则是形成班级特色的重要工具，富有个性特色的标语往往会成为该班级与众不同的“名片”，使进入这间教室的每一个人都会对这个班“过目不忘”，这既是学生发展的需求，也是学校教育发展的需求，更是当代社会发展的诉求。

2. 人性化原则

随着学生主体地位的逐步确立，教师和学生的关系不再是简单的“上下级”关系，而是逐渐趋向平等，师生之间由“命令”逐渐转向“对话”。教室标语也应体现出人文关怀，在设计使用中应当减少公式化、教条式的标语，少用一些逼迫性的、警示性的标语，代之以温馨、生活化、亲和性的标语，以“启发”“沟通”等人性化的标语，让学生感觉到自己不是被强迫的，而是受到尊重的，体会到自己和老师之间有了平等的对话权。只有这样，教室标语才能如春风化雨般地滋润到学生的心田，发挥它的作用。人性化原则体现出人们对教师、学生、教室的本真意识、价值认识的回归，反映出当代社会发展基于“以人为本”、赖于“以人为本”的核心理念。

3. 变换性原则

教室标语要定期变换，最好能够随着不同的教学阶段、不同的教学内容或者不同的活动主题设置不同的标语，常换常新，与时俱进，体现时代气息，营造和谐的文化氛围。需要指出的是，教室标语的更换也不要过于频繁，要做到相对稳定，待这条标语已被大家所接受并内化到其思想深处时再适度变换。一般情况下，作为校风校训、班风班训的标语最好布置在教室黑板上方或两侧，保持相对稳定，经常变换的标语一般布置在教室两侧或后面的墙壁上，更换的顺序要根据班级的实际情况而定，不要一次更换所有的内容，要保持适度稳定，而且平时要注意加强维护，一旦发现有破损的地方，一定要及时修补，而不要任其“自生自灭”。

4. 契合学生实际原则

契合学生实际原则是指教室标语要贴近学生的实际生活和学生的身心发展特征。在使用标语时，首先要明确标语的接受主体是谁，不能忽视接受主体的接受程度。教室标语的接受主体是中小学生，是广大儿童和青少年，因此一定要贴近学生的实际生活，服务于学生的社会化和个性化发展。同时，还要根据不同年龄、不同年级的学生的身心发展特点来设计使用不同的教室标语。比如说小学生，特别是低年级的小学生，他们的主要思维方式是形象思维，还处于具体运算水平阶段，理解能力还不是很高，正如俄国著名教育家乌申斯基所指出的：“儿童，如果可以这样说的话，一般地，他是按照形状、颜色、声音和形象来思维的。”因此，针对小学生的教室标语应当尽量选用一些浅显易懂的，重点在表现形式上下功夫，力求表现一种“稚拙美”，即用充满童趣的形式如美术字体、卡通造型等表现出来，更能激起小学生的兴趣。而且由于他们正处于道德、习惯、性格等养成的“关键期”，所以一般选用一些规范小学生言行、有助于良好道德形成的内容。

5. 适量化原则

在使用教室标语时，一定要清楚，教室里的标语不是越多越好，教室是学生学习的地方，主要靠的还是教师的言传身教以及其他同学的影响，“行不言之教”的标语，只是起补充作用，补充着学校教育和班主任教育在时间上和空间上的不足。这些标语就像“隐形”的老师一样在全天候的“注视”和“教导”着学生，有助于维持学校教育和班主任教育的一贯性。因此，在使用教室标语时，一定要精心选择适合本班当前学习与生活的需要，或是能够突出主题、对班级文化、班级特色构建起到画龙点睛作用的标语，切忌标语泛滥。当然，标语使用也不是越少越好，而是要根据班级的实际需要，根据广大学生的身心发展特点，使用具有班级特色、符合学生志趣的教室标语，真正做到“使学校的墙壁也说话”，使教室标语如和风细雨般深入到学生的内心深处，使其在不知不觉中受到激励、引导，从而促进其身心健康和谐发展。

6. 系统化原则

教室的布置是一个系统工程，教室布置需要考虑色彩、光线、温度、湿度、空气、座椅的编排等因素。教室的色彩是一个重要因素，能够影响到教室的温度、光线，更能对学生的身心健康与发展以及教育教学的有效性产生实质性的影响。标语作为教室布置中必要的点缀，其选择和使用要重视教室的色彩，注重教室系统性的形成，进而促进教室系统性的增强，实现教室物理环境对学生影响的全面性、整体性，同时有效突出教室标语对学生影响的鲜明性。

相关政策

P1.《农村普通中小学校建设标准》（节选）

第二条　本建设标准是编制、评估和审批农村普通中小学校建设项目建议书、可行性研究报告、校园规 划设计和建设规划用地的依据，也是项目设计审查和工程监督检查的尺度。

第三条　本建设标准适用于乡（镇）及以下农村普通中小学校的新建、改建和扩建项目。

第四条　农村普通中小学校的建设必须确保师生安全。在抗御重大意外灾害时，学校可作为周边地区的紧急避难疏散场所。

第五条　农村普通中小学校建设应统筹规划、合理布局，先规划后建设。学校的总体规划在满足安全和功能的前提下，应严格执行资源节约的方针政策，注重技术、经济对比分析。

第六条　农村普通中小学校建设，除执行本建设标准外，尚应符合国家现行相关强制性标准的规定。

第七条　农村普通中小学校的建设规模，应根据学制、学校规模、校舍建筑面积指标确定。

第八条　学校规模和班额宜根据生源按下列规定设置：一、小学：非完全小学（指一年级到四年级的小学）为4班，30人/班；完全小学（指一年级到六年级的小学）为6班、12班、18班、24班，近期45人/班，远期40人 /班。二、初级中学为12班、18班、24班，近期50人/班，远期45人/班。

P2.《城市普通中小学校建设标准》（节选）

第八条　学校网点布局

一、城市普通中小学校网点布局应根据城市建设总体规划的要求，结合人口密度与人口分布，尤其是学龄人口数量及其增减的发展趋势，以及城市交通、环境等因素综合考虑，合理布点。新建住宅区内，要根据规划的居住人口及实际人口出生率，建设规模适宜的中小学校。

城市普通中小学校网点布局应符合下列原则：1. 学生能就近走读入学；2. 学校应具有较好的规模效益和社会效益；3. 特殊情况特殊处理。

二、学校服务半径要根据学校规模、交通及学生住宿条件、方便学生就学等原则确定。中小学生不应跨越铁路干线、高速公路及车流量大、无立交设施的城市主干道上学。

第九条　校址选择

一、城市新建的普通中小学校，校址应选在交通方便、地势平坦开阔、空气清新、阳光充足、排水通畅、环境适宜、公用设施比较完善、远离污染源的地段。应避开高层建筑的阴影区、地震断裂带、山丘地区的滑坡段、悬崖边及崖底、河湾及泥石流地区、水坝泄洪区等不安全地带。架空高压输电线、高压电缆及通航河道等不得穿越校区。

二、学校不应与集贸市场、公共娱乐场所、医院传染病房、太平间、公安看守所等不利于学生学习和身心健康，以及危及学生安全的场所毗邻。

第十条　校园规划设计

一、校园的总体规划设计应因地制宜，合理利用地形、地貌，并根据需要适当预留发展余地。教工住宅应纳入城市建设规划统筹安排，不应建在校园内。

二、校园总平面设计宜按教学、体育运动、生活、勤工俭学等不同功能进行分区，合理布局。各区之间要联系方便、互不干扰。教学楼应布置在校园的静区，并保证良好的建筑朝向。校园内各建筑之间、校内建筑与校外相临建筑之间的间距应符合城市规划、卫生防护、日照、防火等有关规定。

三、校园、校舍应整体性强。建筑组合应紧凑、集中，建筑形式和建筑风格要力求体现教育建筑的文化内涵和时代特色。具有优秀历史文化重大价值的校园及校舍应依法保护，并合理保持其特色。校园绿化、美化应结合建筑景观统一规划设计和建设，以形成优美的校园环境和人文景观。

四、体育活动场地与教学楼应有合理的间隔，并应联系便利。设有环形跑道的田径场地、球类场地，其长轴宜为南北方向。

五、校园内的主要交通道路应根据学校人流、车流、消防要求布置。路线要通畅便捷，道路的高差处宜设坡道。路上的地下管线井盖，应与路面标高一致。

六、室外上下水、煤气、热力、电力、通讯等地下管线，应根据校园总体规划的要求合理布置，并按防火规范要求在适当位置设置室外消防栓供水接口。变配电系统应独立设置，规划设计用电负荷应当留有余量。室外多种管线的敷设应用地下管沟暗设。

七、学校主要出入口的位置，应便于学生就学，有利于人流迅速疏散，不宜紧靠城市主干道。校门外侧应留有缓冲地带和设置警示标志。

八、旗杆、旗台应设置在校园中心广场或主要运动场区等显要位置。

九、校园应有围墙，沿主要街道的围墙宜有良好通透性。

第十七条　层高，系指上下两层楼面之间的距离。坡屋顶，系指楼面或地面至屋架下弦的距离。

一、普通教室的层高，小学不宜低于3600mm；中学不宜低于3800mm。

二、专用教室、公共教学用房，进深若大于7200mm，层高不宜低于3900mm。

三、行政办公用房的层高不宜低于3000mm。

四、多功能教室、合班教室、体育活动室等公共教学用房的层高可根据使用要求确定。阶梯教室最后一排的地面到棚顶的净高不应小于2200mm。

第二十七条　室内环境

一、采光。应保证教室、图书阅览室及实验室等主要教学用房的最佳建筑朝向，避免室内直射阳光。教学用房宜双侧采光，主要采光面应位于学生座位左侧，主要采光窗窗台高度宜为900mm。教学及办公用房的采光玻地比（窗户的透光面积与室内楼地面面积之比）不得低于1/6，并应防止眩光。

二、照明。教学、办公用房应采用配用保护角灯罩的荧光灯具，不得用裸灯。教学用房照明灯具的数量、功率、布置方式和悬挂高度必须满足照度均匀度的要求，达到规定的照度标准。灯具悬挂高度距桌面不应低于1700mm。生物实验室的实验桌上宜设局部照明。教学用的照明要能够分楼、分层、分部位控制。各类用房的平均照度不应低于表3-14的规定。

表3-14 各类用房平均照度表

用房名称	平均照度（LX）①	规定照度的平面	照度均匀度
普通教室、音乐教室、实验室、自然教室、劳动教室、劳动技术教室、语言教室、合班教室、多功能教室、地理教室、科技活动室、办公室、卫生保健室	150	桌面	不低于0.7
教室的方黑板	200	黑板垂直面	
计算机教室、图书馆（室）阅览室、美术教室、书法教室、德育展览室	200	桌面	不低于0.7
体育活动室	100	地面	
厕所、走道、楼梯间	20	地面	

① 光照强度是指单位面积上所接受可见光的能量，简称照度，单位勒克斯（Lux或LX），为物理术语。被光均匀照射的物体，在1平方米面积上所得的光通量是1流明时，它的照度是1勒克斯。流明是光通量的单位。

教学、办公楼等应设置适应教学、办公手段现代化的电器插座和分楼、分层或分部位控制的广播线路。劳动教室、劳动技术教室、科技活动室、厨房等用房，宜根据设备运行需要设置动力电源插座。

三、通风换气。教学、办公用房应有良好的自然通风，必须保持室内有良好的空气质量。教学用房应有换气设施，确保室内空气中CO_2的浓度低于1.5‰。炎热地区可采用开窗换气；温暖地区宜采用开窗与开启小气窗相结合的方式换气；寒冷和严寒地区应在外墙（或采光窗上部）和内走廊墙上设置小气窗（或门头采光通风窗），或在室内设附墙竖向排气道换气。外墙上的换气口面积不应小于房间面积的1.67%，设于走廊墙上的换气口面积不应小于房间面积的3.34%。当采用附墙竖向排气道时，排气口应设在每层排气道的顶部（临近天棚处）位置，排气口大小可视具体情况确定，并设调节风门。

化学实验室、药品贮藏室及贮藏柜、合班教室、多功能教室、体育活动室等应根据使用要求设置有效的排气装置。

四、室内温度。必须保持教学和办公用房有适宜的室内温度。寒冷和严寒地区，有条件的城市普通中小学校宜采用热水供暖系统，供暖管道宜纳入地区集中供热管网。过渡地区、非集中采暖工区应因地制宜进行采暖。年日照时数大的地区可利用太阳能采暖。炎热地区应因地制宜设置降温设施。

数据资源

D1. 班级规模对学生发展的影响

1. 格拉斯等人的研究

（1）在对学生学业成绩的影响上，小班优于大班；但大班却未必比更大的班好。也就是说，当班级规模超过一定人数时，班级规模对学生学业成绩不再有明显的影响。（2）班级规模对学生学业成绩的影响程度与教学时间的长短也不无关系：100学时以上的小班教学比不足100学时的教学更能显示出小班教学的优越性。（3）在学生情感方面，小班优于大班①。美国科罗拉多州立大学的博兰德对大学班级与学生动机的调查也证明了这一点。图3-11表明，30人班的学生的情感指数处于第50个百分点上，班额越大，学生的情感指数越低；而少于10人的班级里的学生，在情感方面的收获会更大。此外，将图3-10与图3-11进行比较还可以发现，班级规模影响学生情感的程度大大高于对学生认知发展的影响。这一发现尤为重要。

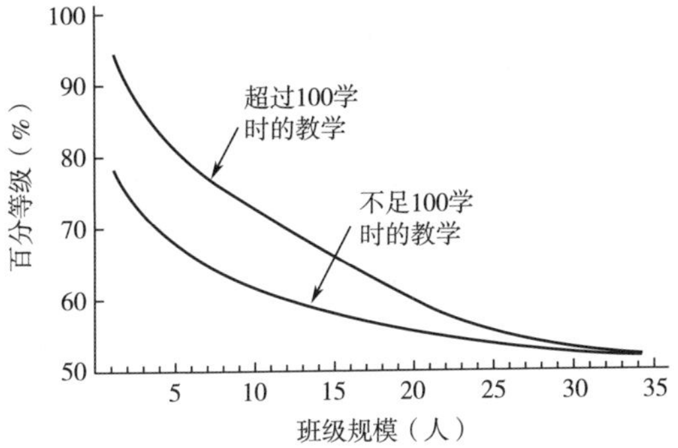

图3-10　班级规模与学业成绩曲线

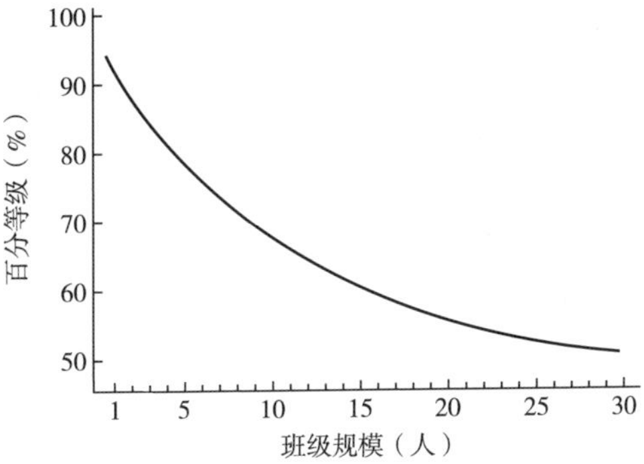

图3-11　班级规模与学生情感关系曲线

2. 我国学者的部分研究成果

（1）在班级授课制的体系下，就多数情况而言，语文、数学等主干课程以一个教师教两个班为宜，即从主干课程教师的合理配置看，班级数量以2的倍数为宜；其他课程一般以一个教师教3至6个班为宜，即从非主干课程教师的合理配置看，班级数量以3或6的倍数为最佳。假设教师均为胜任水平，按照教育部公布的班级合理人数控制指标和合理摆动区域，我们容易计算出合理的学校人数规模参数。

根据国内外多数学者的观点并结合中小学校长的普遍看法，确定了如下的班级规模序列。就小学（每班学生大约在25至40人之间）阶段而言，一个年级只有一个班，每班学生平均为25人，学生数一般在150人以下的学校为超小规模学校；每个年级二至三个班，学生数在150至500人的为小规模学校；每年级四至六个班，学生数在500至1400人左右的为中等规模学校；每年级七个班以上，学生数一般在1500人以上的为大规模学校。

就初中（每班学生在30至45人）阶段而言，每个年级有一至三个班，每班学生平均为30人，学校人数一般在360以下的为超小型学校；每年级四至六个班，学生数在360至800人的为小规模学校；每年级7至12个班，学生数在800至1600人的为中等规模学校；每年级在13个班以上，学生在1700人以上的为大规模学校。

---

① 有关学生情感的因素，涉及学生对教师的态度（attitude toward teachers）、学生对学校或班级的态度（attitudes toward school or the class）、自我观念（self-concept）、对教育计划的态度（attitude toward educational program）、心理健康（mental health）、动机（motivation）、对班级规模的倾向（preference for class size）、对生活的态度（attitude toward life）、课堂讨论的参与（participation in discussions and lessons）、提出问题与回答问题（generation of and response to questions）、对班级工作的兴趣与热情（interest and enthusiasm for classroom）、出勤率（attendance）、学习习惯（study habits）、学生间的约定（student engagement）、学习中的困难（difficulty in learning）、注意（attentions）、以任务为定向的行为（on-task behavior）、发散型（创造型）思维[divergent（creative）thinking]、偏离任务的行为（off-task behavior）、冷淡（apathy）、摩擦（friction）、困难（difficulty）、对成年人的依赖（dependence on adults）、纪律（discipline）、焦虑（anxiety）、好的行为（good behavior）、挫折（frustration）、性格发展（character development）、同伴间的联系（peer group links）以及学生的社会互动（student social interaction）等。

（2）研究发现班级规模对以学生成绩为代表的认知能力存在显著影响。就非认知能力而言，基于中国教育追踪调查（China Education Panel Survey（CEPS）2013—2014 年的实证研究发现，班级规模对学生非认知能力仅在某些维度存在显著性影响：以“中班”（班级规模为 40~58 人的班级）为参照组的准实验研究的估计结果显示，当干预为“学生进入小班”（班级规模为 40 人及以下的班级）时，班级规模仅对学生的“情绪控制”具有显著的正向效应；当干预为“学生进入大班”（班级规模为 58 人以上的班级）时，班级规模仅对学生的“毅力”与“创造性思维”具有显著的正向效应。

（3）基于对我国 9 省 1329 所小学 24722 名四年级学生的调查发现，班额对教师教学行为与学生成绩、学习兴趣的关系具有负向调节作用。随着班额的增加，教师“鼓励学生自主思考与探索”对学生数学学业成绩的预测作用有所减弱；教师“鼓励学生表达与交流”对学生数学学习兴趣的预测作用有所减弱。这一结果验证了大班额环境下教学资源被稀释、学生学习机会减少、学生学习状态变差等结论，说明大班额环境不利于学生的学业发展。

（4）基于国际学生测评项目（Program for International Student Assessment，PISA）中的上海数据分析结果显示，班额对学生成绩有显著正向影响，且随着学生能力分位的上升，班额的正向作用程度有增强的趋势。

（5）对广东省 5 个地区、32 所学校、57 个教学班级的研究发现，班额与学生学习成绩呈现正向关系，且其在对学生成绩产生影响的各项因素中影响效应最大，解释变异量为7.5%。

D2. 教室环境的心理意义

教育者们通常认为，教室环境是一种很微妙的概念，在过去的25年中国内外的调查都热衷于对教室环境心理特点的研究，从20世纪60年代末以来，教育者已经发表了200多篇关于课堂环境学生心理特点的文章，研究地点包括欧美的发达国家以及包括印度、芬兰、巴西等发展中国家。

在一系列研究中，教室环境已经被证实与学生的认知和情感结果有密切的联系，例如，弗若斯特和瓦尔贝尔的研究表明，澳大利亚学生的认知技能和科学态度与教室环境有密切的联系，现实的教室环境与理想的环境越相近学生的成绩就越好；许多研究表明不同种类学校之间，男女共校和男女分校之间的课堂心理环境存在着不同。Bermudo的研究表明在男子学校教师和学生感受到的教室环境很满意，在女子学校教师与学生感受到的教室环境存在不同，教师比学生更加满意这种环境，教师与学生在责任、奖赏、团队意识方面存在不同；另一方面，在男女共校的学校中教师与学生对教室环境都很满意；创造良好的教室环境对提高课堂价值标准是极其有价值的。Brioso对六节生物课的动态案例研究表明学生的参与是很重要的；De la llana 的研究试图通过对学生对周围环境的感受力来展示在专业方向中选择课程的变化性，以及学生对校园生态分析态度的重要性；美国、澳大利亚和以色列的一项关于教师和学生洞察力比较的联合研究表明：首先，教师和学生都期待着比现有教室环境更好的那种教室环境。其次，老师比学生体验到的气氛更加明确，在一项小型的实际操作中，教师运用对学生实际和理想不同的感受力的评估，并通过一系列努力来改善课堂。

在另一项研究中研究者通过课堂观察、问卷、访谈等，修改完善了菲律宾学习环境量表，从随机选择的几所学校中随机选择 72 个班级，从中随机选出 720 名学生进行学习环境量表的测验。

发现学习环境七个要素的状况：（1）学生对化学没有兴趣，他们都不喜欢课堂作业，大多数学生对课堂活动不满意；（2）同学们在实验室里的操作帮助她们对课堂中理论知识的理解，教师对学生进行帮助和关爱，教师要确保实验没有浪费时间，许多学生与其他同学合作，并且她们喜欢团队合作，一些实验设备都良好，各种设备俱全，老师向学生明确说明课堂纪律，老师鼓励学生在课堂中要积极参与，学生在课上可以随时向老师请教问题；（3）同学非常清楚违纪的后果，在课上老师不介意同学们相互说话，在判分的过程中老师存在不公平，教师讲课速度太快，学生认为课堂作业很难，教师分配的作业不明确，任务不明确，教师讲授内容偏题，教师不讲授学生期待的内容；（4）老师缺少对学生的帮助，当学生不知道正确答案的时候，老师便使学生感到非常尴尬，学生不喜欢老师；老师总是从一个话题转向另一个话题就是老师的鼓励；（5）学生在课堂中缺少主动参与，课堂作业的时间太久；（6）教室很闷热，教室通风不好；（7）教师不能为同学提供足够的空间，教室非常拥挤。进一步，可以从表3–15发现学习与环境的相关关系。

表3–15　要素比例

学习环境量表要素	项目陈述	变量所占的比例（%）
1	学生的兴趣	49.46
2	老师的支持	11.30
3	教室中的清晰而公平的规则	9. 36
4	老师鼓励	5. 49
5	学生参与	4. 00
6	教室通风	3. 85
7	教室空间	3. 07
合计		86.53

能力训练

案例 3.3.3

恐怖山村：10万窝杀人蜂夺命不见血

零下 8 度——只有每年最寒冷的时候，人们才会感觉到安全。因为杀手已经隐匿于石缝和土洞。此前，它们夺去了 37 条生命。在凋零的树上，杀手留下了一个个形似葫芦的巢穴——被当地称作“葫芦包”。

高层的指示也是这个冬天到达的。2005 年 11 月 5 日和 12 月 12 日，公安部部长和国家林业局局长相继批示，要求有关部门“严防此类事件再次发生”。在林业部编发的《林业有害生物警示通告》上，在“仅陕西安康一地胡蜂已致使 715 人受伤，36 人死亡”的字样下画了横线。

不久，安康市镇坪县又有一名村民死在胡蜂手中。至此，除白河县外，安康其他 8 县一区均有人被螫死的惨剧发生。

人蜂大战

一度试图主宰万物的人，选择了战斗。

最激烈的人蜂大战发生在 2005 年 8 月 30 日。暑假结束，安康丁河小学校长到校的第一天，就发现一个脸盆粗、约1米长的“葫芦包”挂在离校门不到20米的一棵柳树上。

“学校里大约有 200 多个孩子。”这位年过五旬的校长说。2004 年 9 月，丁河小学二年级学生赵行胜夭折在蜂毒下。这个调皮的男孩在放学途中爬上柿子树，惊扰了“葫芦包”的主人。

校长和一位年轻教师戴上摩托头盔，并裹好了所有可能露出皮肤的地方。灭巢的方法是把烂衣服缠在扫把上，然后浇上汽油，在夜里点火焚烧“葫芦包”——在黑暗中，蜂群不像白天那样活跃。在人们的忐忑中，火焰燃烧跳跃起来，3 个小时才渐渐熄灭。但次日清晨，黑压压的蜂群集结在学校上空。无数杀手扇动翅膀的声音，震得人们耳朵“嗡嗡”作响。而在被烧毁的“葫芦包”上，爬满了胡蜂，它们试图重新筑巢。

校长决定停课，教师们把守在各个路口，通知前来上学的孩子回家。当天夜里，老师们再次用火把焚烧蜂群。“胡蜂见到火光，就不顾一切地俯冲过来，好在它们的翅膀遇火就燎，纷纷落在地上。”一位年轻教师回忆说，“但那种前仆后继的勇猛，让人看了浑身发抖。”

直到第三天夜里，蜂群才完全消失。

死因调查：夺命不见血

2006年1月中旬，望着被废弃的“葫芦包”，校长回忆着杀人蜂给他带来的痛苦。他的岳父在1986年被蜇死，他本人在1988年国庆节也被蜇伤，至今头部和腿部仍留有疤痕。

“你丢石头砸它的窝，它们就猛扑过来，速度和子弹一样”。丁河村一位村民描述其被螫的经历时说，“先是头，接着是脖子，再是手，扎了以后像火烧一样疼。直到 2 里外，蜂群才放过我。”

伤者大多被送到安康市中心医院救治。负责收治蜂伤病人的主治医师说，与蜜蜂不同，胡蜂的尾部长有螫针，刺破人的皮肤后注射毒液，可以多次攻击。

“一些人被送来后，很快就出现无尿，或者尿呈浓茶色、酱油色的症状，特别严重的在 3 个小时内就因中毒性心肌炎而死亡。”医生说，“如果不及时用排毒和抗过敏药物控制，就可能引发病人肝脏、肾脏和心脏等多系统损害，造成急性肾功能衰竭和急性溶血性贫血。”

由于目前还没有专门针对蜂毒的特效药，最直接的治疗手段就是给病人做血液灌流来净化血液、过滤毒素。

村民们用伤痛换来了基本常识：胡蜂夜盲，但嗅觉灵敏；它们能辨析活动的物体，所以，蜂群飞来时不能跑，要蹲下不动；第一个被攻击的人往往受伤最重

缘何杀人尚待破解

而最重要的问题是，为什么胡蜂会杀人?

1970 年，有村民饲养过胡蜂——它们是棉铃虫的天敌，但从来没有发现胡蜂主动攻击人畜。“当时一个最大的暖棚中大约有 5 万只胡蜂，我经常穿着短裤进去喂食。”他回忆说，“开始用镊子夹着棉铃虫，后来直接用手拿着喂，也没被蜇伤过。”

事实上，安康市的伤亡几乎都是源于人有意或无意惊扰了蜂群。本报记者调查了近30位死伤者，有 20 多人是用石块或者火把主动攻击蜂巢遭到报复，余下的则是在放牛时因牛撞击了树干而被蜇伤。只有一个特例，石湾小学一 6 年级学生“完全没有招惹谁，好端端走着路”

而突然被蜇伤。但他在事后得知，他的同学在前一天袭击了那个“葫芦包”。

“胡蜂可能形成了条件反射，一旦有人经过就认为有危险。”村民说。

在当地加大胡蜂防范宣传后，孩子们被反复告知：蜂不犯我，我不犯蜂。村民们路过“葫芦包”时，也蹑手蹑脚，不再大声说笑。

问题与思考

1. 胡蜂对学校及其教育造成影响了吗？如果有，表现在哪些方面？
2. 学校教育对这种影响的对策是什么？
3. 学校教育的对策是如何形成的？

小结

1. 教育的高质量发展必须建立在科学的生态观基础之上：生态环境不仅仅是工具，更是人类存续、教育健康的目的。

教育人口与其环境构成教育生态系统。其中存在着具有教育性特征的物质、能量和信息的流动。微观上，还有学校生态系统、教室生态系统，都是由学生、教师与环境构成的系统。

2. 学校生态环境因子存在阈值或饱和点。因此实施义务教育均衡发展战略是必要的。

3. 教育活动以培养生态环境未来发展所需要的特定人才，形成和改变人的素质，生产相应的精神产品以及建设良好的教育生态系统等方式，影响着生态环境的变化与发展。

4. 教育是能够促进生态发展与社会发展及三者和谐共赢的重要活动。

5. 教育是建设和维护人与自然命运共同体的重要手段，忽视教育必将产生巨大的危害。

6. 当代中国教育的生态功能是通过提高全民族素质，促进环境保护与可持续发展，提升生态文明的层次，促进人与自然命运共同体和人类命运共同体的形成与巩固。

自我评价

1. 简要论述生态文明及其教育的基本内容。
2. 阐述教育与生态环境之间的关系。
3. 阐述教育与人口之间的关系。
4. 简要论述环境要素与环境结构的特征。
5. 论述教育的自然环境功能。
6. 论述自然环境对学校的作用。
7. 论述学校和教室的生态特征。
8. 利用所学原理，探讨学校生态建设的优化策略。
9. 分析案例：运用相关理论分析问题，并进行富有逻辑的阐述。

参考文献

[1] 陈昌清. 推行计划生育 改善生态环境——金寨县实施“少生孩子多栽树”发展思路20年之调查[J]. 人口与经济，2002（05）：24–26.

[2] 刁培萼. 教育文化学[M]. 南京：江苏教育出版社，1992.

[3] 方大春，裴梦迪. 居民二孩生育意愿的影响因素研究 ——基于CGSS2015 数据的经验研究[J]. 调研世界，2018（09）：9–13.

[4] 叶澜. 新编教育学教程[M]. 上海：华东师范大学出版社，1991.

[5] 杨持. 生态学[M]. 北京：高等教育出版社，2008.

[6] 潘永祥，李慎. 自然科学发展史纲要[M]. 北京：首都师范大学出版社，1996.

[7] 穆光宗. 发展水平越高生育意愿越低吗?[N]. 北京日报，2015–12–07.

[8] 刘金菊. 生育代价影响城镇女性生育意愿[N]. 中国社会科学报，2019–07–17.

[9] 侯佳伟，黄四林，辛自强，孙铃，张红川，窦东徽. 中国人口生育意愿变迁：1980—2011[J]. 中国社会科学，2014（04）：78–97.

[10] 王蔚. 中国城市青年生育意愿调查：“养女防老”渐成时兴[N]. 新民晚报，2015–11–23.

[11] 张小玉，侯亚非，马小红. 低生育意愿及影响因素分析——基于北京的研究[EB/OL]. [2015–07–07]. 中国社会科学网.

[12] 全国人民代表大会常务委员会. 全国人民代表大会常务委员会关于修改《中华人民共和国人口与计划生育法》的决定（2021 年 8 月 20 日第十三届全国人民代表大会常务委员会第三十次会议通过）[EB/OL]. [2021–08–20]. 中华人民共和国教育部网.

[13] 韩亚栋. 人口与计划生育法完成修改 规定“一对夫妻可以生育三个子女”生育政策调整的关键一环[N]. 中国纪检监察报，2021–08–23.

[14] 全国人民代表大会常务委员会. 中华人民共和国家庭教育促进法[S/OL]. [2021–10–23]. 中国人大网.

[15] 范国睿. 教育生态学[M]. 北京：人民教育出版社，2000.

[16] 国家统计局. 国家数据：年度人口数据[EB/OL]. [2021–10–23]. 国家统计局网.

[17] 国家统计局，国务院第七次全国人口普查领导小组办公室. 第七次全国人口普查公报（第1、2、3、4、5、6、7、8号）——全国人口情况[EB/OL]. [2021–05–11]. 国家统计局网.

[18] 翟振武. 新时代高质量发展的人口机遇和挑战——第七次全国人口普查公报解读[N/OL]. 经济日报，2021–05–12.

[19] 新京报. 全球人口总数达多少亿人—2021 年全球人口多少亿[EB/OL]. [2021–07–01]. 世界人口网.

[20] 国务院人口普查办公室，国家统计局人口统计司. 中国第三次人口普查主要统计数字[M]. 北京：中国统计出版社，1982：34.

[21] 林富德. 我国生育率转变的因素分析[J]. 人口研究，1987（01）：15–21.

[22] 国家统计局. 第六次全国人口普查汇总数据[EB/OL]. [2011–04–28]. 国家统计局网.

[23] 宋晓梦. 建设生态省从娃娃抓起[N]. 光明日报，2003-07-24.
[24] 徐位毅. 香港：融入中小学课程的环境教育[EB/OL]. [2011-04-28]. 光明网.
[25] 祝怀新. 环境教育论[M]. 北京：中国环境科学出版社，2002.
[26] 中国大百科全书总编辑委员会《环境科学》编辑委员会. 中国大百科全书·环境科学[M]. 北京：中国大百科全书出版社，1983.
[27] 王铭铭. 人类学是什么？[M]. 北京：北京大学出版社，2002.
[28] [德]博尔诺夫. 教育人类学[M]. 李其龙，等，译. 上海：华东师范大学出版社，1999：90.
[29] 李秀林，王于，李淮春. 辩证唯物主义和历史唯物主义原理[M]. 北京：中国人民大学出版社，1990.
[30] 庄孔韶. 人类学概论[M]. 北京：中国人民大学出版社，2006.
[31] 中共中央宣传部. 习近平新时代中国特色社会主义思想学习问答[M]. 北京：学习出版社，2021.
[32] [比]普里戈金，[法]斯唐热. 从混沌到有序[M]. 曾庆宏，沈小峰，译. 上海：上海译文出版社，2005.
[33] 赵莎莎. 3–6 年级小学科学教材中生态文明教育内容的比较研究——以冀教版和苏教版为例[D]. 大连：辽宁师范大学，2020：20–21.
[34] 习近平. 推动我国生态文明建设迈上新台阶[J]. 求是，2019（3）：1–9.
[35] 赵卓昀. 世界第二小国将被大海吞噬[N]. 山西科技报，2006-03-25.
[36] 生活小贴士. 图瓦卢已经移民全国了吗？[EB/OL]. [2021-08-25]. 新浪网.
[37] 历史故事. 图瓦卢将成为世界上第一个举国迁移的国家[EB/OL]. [2019-08-25]. 搜狐网.
[38] 宋凌燕. 联合国报告发出“红色预警”：全球变暖加速，极端天气将增多[N]. 南方都市报，2021-08-10.
[39] 林方舟：平均气温 10. 53℃！2021 年堪称全国“历年最热”[N]. 南方周末，2022-03-09.
[40] 南宝济. 很多人将生不了孩子[N]. 新商报，2004-03-27.
[41] 净水器，马云. 钟南山：10年后中国人将可能生不出孩子！[EB/OL]. [2020-01-17]. 搜狐网.
[42] 新华网. 气候变化绿皮书称雾霾会影响生殖能力[EB/OL]. [2013-11-05]. 新浪网
[43] 魏智勇.“环境教育示范校”的盛与衰[J]，环境教育，2003（04）：23–25.
[44] 赵卓. 两部门实地考察寻求“避撞”方案[N]. 大连晚报，2006-03-07.
[45] [苏]苏霍姆林斯基. 帕夫雷什中学[M]. 赵玮，等，译. 北京：教育科学出版社，1983.
[46] 中华人民共和国建设部，中华人民共和国国家发展计划委员会，中华人民共和国教育部. 农村普通中小学校建设标准[S/OL]. [建标 109—2008]. 中华人民共和国教育部网.
[47] 傅维利，刘伟. 学校规模调控的依据与改进对策[J]. 教育研究，2013(1)：44–52.
[48] 王宏甲. 中国新教育风暴[M]. 北京：北京出版社，2004.
[49] 马治国，田凤梅，杜丽娜. 小学生对教师课堂教学行为品德认知的调查研究[J]. 教育科学，2014（3）：38–43.
[50] 钱晓菲，张斌贤. 现代教育空间组织化的开端：兰卡斯特制的校舍设计[J]. 北京大学教育评论，2021（02）：104–119+190–191.
[51] 赵国志. 色彩构成[M]. 沈阳：辽宁美术出版社，1989.
[52] 刘徽. 中小学课堂学习环境的设计研究[J]. 教育科学研究，2021（10）：90–94.

[53] Landes，J. L. & Sumption，M. R. ，Citizens Workbook for Evaluating School Buildings，1951. 引自Gardner，D. ，Educational Facilities[M]. In Husen，T. ，etal. (eds.)，The International Encyclopedia of Education：Research and Studies，1985，Vol. 3，p. 1572.
[54] Beynon，J. Physical Plant：Planning for Education Use[M]. In Hus è n，T. ，et al. (eds.). The International Encyclopedia of Education：Research and Studies，1985. Vol. 7，p. 390.
[55] 李森. 论课堂的生态本质、特征及功能[J]. 教育研究，2005（10）：55–60.
[56] 马治国，岳建军，李欣，聂莹，孙叶. 小学教室内部色彩的设计原则及其应用[J]. 中小学管理，2008（10）：44–48.
[57] 马治国，田凤梅，岳建军. 教室标语使用中存在的问题及优化原则[J]. 辽宁师范大学学报（社会科学版），2009（04）：50–54.
[58] 中华人民共和国建设部，中华人民共和国国家发展计划委员会，中华人民共和国教育部. 农村普通中小学校建设标准[S/OL]. [建标109—2008]. 中华人民共和国教育部网.
[59] 中华人民共和国建设部，中华人民共和国国家发展计划委员会，中华人民共和国教育部. 城市普通中小学校校舍建设标准[S/OL]. [建标〔2002〕102号]. 中华人民共和国教育部网.
[60] Glass，G. V，Cahen，L S，Smith，M. L& Filby，N. N. ，School Class Size：Research and Policy[M]，1982.
[61] 傅维利，刘伟. 学校规模调控的依据与改进对策[J]. 教育研究，2013（01）：44–52.
[62] 郑力. 班级规模会影响学生的非认知能力吗?——一个基于CEPS的实证研究[J]. 教育与经济，2020（01）：87–96.
[63] 李勉，张平平，葛兴蕾，罗良. 班额对教师教学行为与学生成绩、学习兴趣关系的调节来自大样本研究的证据[J]. 教育学报，2020（06）：108–116.
[64] 唐一鹏. 从上海PISA2012 透视学生能力分位的影响因素[J]. 上海教育科研，2014（06）：15–19.
[65] 方征. 班额调整须与教育发展阶段相适应——班额效应“异常”的思考[J]. 教育发展研究，2015（04）：38–41.
[66] Thelma C. Rivera，Mildred F. Ganaden. 菲律宾教室环境的巩固与发展[EB/OL].
[67] 徐彬. 恐怖山村：10万窝杀人蜂夺命不见血[N]. 山西科技报，2006–01–28.
[68] 习近平. 以美丽中国建设全面推进人与自然和谐共生的现代化[EB/OL]. [2024–12–19]. 求是网.

第四章　教育与人的发展的关系问题

内容提要

人的发展问题是关系人类社会、教育的生存与发展质量、效益的基本问题，教育与人的发展存在着密切的直接关系。所以，研究人的发展是教育的基本任务。

人的发展是教育的对象，教育是促进人的发展的活动。也就是说，从教育的产生到发展，教育与人的发展都是“你中有我，我中有你”的关系。人的发展有其自身的客观规律，受到多种因素的影响。教育对人的发展的作用是主导性的自觉作用。在遵循人的发展规律的前提下，教育能够整合多元力量，促进人的生物性和社会性的发展。而调控和推进人的社会化进程则是教育的主要任务，也是教育最基本的育人功能的构成元素。

关键词

人的发展；育人功能；个性化；社会化；有限主导；合力；张力

学习目标

1. 了解关于人的研究的历史与现状。
2. 识记影响人发展的因素及其作用。
3. 理解人的发展规律及其对教育的作用。
4. 掌握教育的本体功能。
5. 深刻理解“人是唯一需要教育的生物”和“人是可教育的”。
6. 熟读案例分析和思想资源，理解相关观点。
7. 根据分析建议独立完成案例分析。

第一节　人的发展

学习目标

1. 牢记人的发展的涵义。
2. 理解影响人的发展因素及各自的作用性质。
3. 掌握人的发展规律。
4. 理解人的属性及有关人的发展的相关理论。
5. 熟读案例分析和思想资源，理解相关观点。
6. 根据分析建议独立完成案例分析。

观点与原理

1. 人的发展，即个人的身心发展，是指一个人从出生到死亡的整个过程中身体、心理两个方面不断发展、变化的过程。人的发展的客观存在性是人类生物进化的结果。

2. 遗传、人的主观能动力是影响人的发展的两种内部力量，环境和教育是影响人的发展的两种外部力量。这些因素有先天与后天、获得与习得、静态与动态、力量的大小和方向及持续的时间长度和方式等的区别。其中，决定人的发展水平的根本因素是人的主观能动力。

3. 遗传是与生俱来的生理素质，它不仅将人与其他物种区别开来，而且决定不同人的气质类型和潜在的极限发展可能，其影响是自发的。

4. 环境（本章的环境不包括教育）因素包括人口环境、自然环境、社会环境。它以潜移默化的方式、自发地为人的发展提供机遇或产生障碍。

5. 人的主观能动力是人根据自己的意愿、思想，通过自我意识、自我态度及自我控制，主动、自觉地进行认识、实践的活动能力，分为认识能动力和实践能动力。它是解决人的发展中内部矛盾、外部矛盾的根本力量，决定人的发展方向、速度、质量和水平。

6. 教育对人的发展具有主导作用，对人的发展的现实呈现水平具有不可替代的重要价值。

7. 人的发展具有七个客观规律：①人的发展是统一的。②人的发展具有不可逆转的顺序性。③人的发展既是连续的也具有一定的阶段性。④人的发展是不均匀的。⑤人的发展既是稳定的又是可变的。⑥人的发展存在个体差异。⑦人的发展存在互补性。

8. 人的发展的关键是符号系统的构建与完善，重点是认知能力的发展，难点是社会化。

9. 人的属性是自然性与社会性的统一、个性与共性的统一、个体性与群体性的统一、能动性与受动性的统一、工具性与目的性的统一等。

典型案例解读

案例 4.1.1

狼孩与双胞胎

1920 年，辛格博士在印度加尔各答西南部森林的狼穴中救出了两个裸体小女孩。她们中大的七八岁，小的约两岁，大的取名为卡玛那（又译卡玛拉），小的取名为阿玛那（又译阿玛拉）。辛格博士把她们带到米德纳坡尔孤儿院抚养。

刚入孤儿院时，她们每天晚上像狼一样嚎叫许多次，并竭尽全力寻找出路以便逃回丛林。起初，她们用四肢爬行，慢走时用手掌、膝盖着地；快走时半屈着腿，用手掌和脚掌着地。她们害怕强烈的光亮，在黑暗中却很自在，也会辨别方向。她们寻觅食物时，凭嗅迹追踪。她们常常撕破衣服，摆脱毛毯，扔开被子，即使天气寒冷也不怕。但是她们怕水、火，给她们洗澡时，她们竭力挣脱。她们用舌头舔饮生水和流汁，只吃放在地板上的生肉，从来不吃任何人手里的东西，啃骨头也能不用手来帮忙。

卡玛那对阿玛那怀着深厚的感情。她俩像小狗一样互相偎依着睡在一块。一年后，阿玛那去世了，卡玛那流了眼泪，而且两天两夜不吃不喝。十天过后，她还经常嗅阿玛那生前常到的那些地方。但是卡玛那对其他人却怀着敌意，要是有人在她吃食时靠近，她就咆哮起来，显出凶狠的样子。其他的孩子也引不起她的兴趣。

辛格博士下了很大功夫，可是使卡玛那“恢复人性”的工作仍然拖得很久。不过，总还是有了一点成绩。两年以后（即 1922 年），她学会直立，但还得有人扶着。到 1926 年她已经能够单独直立行走了，但还不会跑，当她想走得快些的时候，仍像从前一样，四肢并用。至于在学习语言方面，几乎没有任何成效可言。四年以后，卡玛那只能听懂几句简单的话，仅仅学会了 6 个词；七年过后，她学到 45 个词，并勉强学了几句话。在她生命的最后三年中，卡玛那喜欢并开始适应人类社会了。人类文化的习惯取代了以前野兽生活习惯。她已经习惯于晚上睡觉并开始害怕黑暗了；她吃东西用手拿着，喝水也使用杯子；时钟报时也理解成作息的信号了；她整天喜欢和辛格夫人在一起，还能从晾好的衣服中拣出自己的去熨平……但是在智力发展的水平上，卡玛那根本不能与同年龄的正常孩子相比。在刚被发现（8 岁）的时候，她的智力只相当于 6 个月的婴儿；快到 15 岁时，相当于 2 岁婴儿；她在 17 岁那年死去了，当时的智力才相当于 4 岁小孩的水平。

如果说狼孩有些不可思议，那么下面的事情就发生在我们身边。

想一想吉姆·刘易斯和吉姆·斯宾格这两位双胞胎的情况吧，他们 1940 年出生后刚一个月就分开了，并在俄亥俄州相距约 72 千米的不同的两个家庭里养大。1979 年以前他们根本就不知道对方的存在，当时他们已经有 39 岁了。他们在这年相会了，可并不是碰巧。他们一直被明尼苏达大学的明尼苏达双胞胎收养研究中心的主持人托马斯·布查德教授所追踪，他在进行一项同胞兄弟和双胞胎兄弟分开哺养的研究。吉姆·刘易斯和吉姆·斯宾格除了服饰，在身体上是无法区别的，几乎所有的双胞胎都是这样的。尽管这样的相似总是令人感到惊奇，可是，更令人惊奇的是其他一些类似的地方。两个男人都娶了名叫贝蒂的女人做妻子，都开雪佛莱车，都咬指甲，都养了一条叫托依的狗。

案例分析

吉姆·刘易斯和吉姆·斯宾格这对双胞胎的故事告诉我们，影响人的发展的因素一定有人的遗传素质，它为人的发展提供物质基础，其内在机制包括成熟机制，决定了人的发展的很多方面，如案例中呈现的人的发展特征和规律。由此产生，人的发展的内发论、外铄论和综合作用论等（参见本节T2、T3、T4）。

卡玛那和阿玛那的故事指出，环境和教育是影响人的发展的重要因素。因为，环境为人的社会化提出了基本要求，也提供了基础性条件。人之初，本无性，不仅如此，就连生存如觅食的本能都没有。那么，人的基本的生存能力是从哪里来的？社会化，即在人类生存的环境中，通过借助于教育、交往等方式进行的学习获得能力，形成并发展其社会性，成为社会中正常的成员之一。可是，案例会激发我们产生疑问，为什么没有教育狼或者其他动物成为人的记载？人为什么是可教育的？人类学家是这样解释的，从生物学中获得的一些证据：人有“宫外早年说”——小孩与可比的动物相比大约要早出生一年，而且新生儿全身上下都是“缺陷”——没有毛发，没有尖牙和利爪，没有“千里眼”“顺风耳”，没有翅膀，没有水下生活的器官，等等，证明人的身体素质决定了人不得不增强其感官的功能，实现途径就是教育。人，因为不完美，但能不断使自己完美起来。达尔文的“选择理论”和汤因比的“挑战与应答”理论和阿玛那生命的短暂都支持人类学的解释。在生物性–文化性的整体考察下，这种非特定化或者说“不确定即不定型”（尼采）的人具有了可塑性，由人发展出大脑到发明言语，建立语言系统，从而形成人类独有的概念体系，为人类的思维和交流奠定了基础，即人创造了文化——“除了幼儿的微笑和吮吸反应外，人类行为中别无此举（编者注：此举即本能）。人类不得不学会许多满足人类的欲求的行为。自然使人类具备了某些需要，但文化却告知人类怎样去满足它们。”因为语言学家说，动物的沟通是对某些具体存在的现象产生的反应，它们无法传达不存在的或想象的东西，不会表达否定的意思。人类语言特有的设计特征给世界上的东西（存在的或不存在的、真实的或想象的）取名字，人类可以用这些名字来了解和描述世界。语言使人类得以创造更精致、更复杂的概念体系。所以，“人是唯一必须受教育的造物。”（康德）因此，每个人都是“有反思性”“自决”“自我塑造”“能表现”“教育需要性”的生物（茨齐达尔）。这里也指出了，幼童成为狼孩的主要因素是语言，语言也是她们回归后发展的最大障碍。当然，还需要说明一点，狼孩不是狼，是人。这是至关重要的。“今天的许多科学家都坚持这样的立场，即人类以外的其他灵长目动物不能用符号来进行交流，是因为他们的大脑简单，不足以履行这一职能。光就学习能力而言，在大多数狒狒中都不同程度地具备，但他们的这种能力对于语言和文化来说还远远不够。正如人类学家罗宾斯·布林格在其 1970 年的著作《人的许多声音》中所写：‘其他动物学习，只有人能够接受解释。’”著名社会学家米德也说过，“就人类而言，通过语言而出现的功能性分化使人类获得了一种完全不同的组织原则，这种原则不仅导致了不同类型的个体，而且也导致了不同的社会。”“人类语言能力建立在符号化、抽象思维和运用文化的能力上。”

人的发展是身体发展和心理发展的统一。人的发展具有其特殊的客观规律，如历史与现实的统一性、不可逆转的顺序性、阶段性、稳定性、个别差异性和互补性等。因此，在回到人类社会之后，由于人的发展规律确定了人的发展存在着“阈限”和适宜期，“狼孩”的语言、文字、符号和运算及生活常识等方面的学习速度仍然十分缓慢。案例中，两个狼孩生命长度的差异反映出人的发展的差异性和可变性；卡玛那从狼性到人性表征再到“教育的、受教育的、需要教育的”人的形象（兰格维尔特）的发展过程也揭示出人的主观能动力是影响人的发展的因素中的核心力量。我们也能从中理解，人的发展是一个生物与社会事件所引起的进化过程，发展中包括成熟和偶然事件所带来的影响（埃里克森）。

语言及其运用对于人的发展尤其是智力的发展是一个重要的影响因素。维果斯基认为，人的心理是在人的活动中发展起来的，是在人与人之间的相互交往的过程中发展起来的。人的各种高级心理技能都是这些活动与交往形式不断内化的结果。因此，他指出，人的心理发展有两个过程：自然发展过程和文化历史发展过程。而人的高级心理机能，像人的实践活动以劳动工具为中介一样，也是以各种符号系统为中介而进行的，也就是说人的心理过程是以符号作为工具而实现的。动物是通过机体的自然器官而适应自然的，人则是以他们的人造器官作为工具而改造自然的。这些人造器官是人的自然器官的延伸，是随着社会历史的发展而发展的。他认为，人的心理之所以成为高级的，是因为它是以语言或符号作为中介手段的。这是不同于劳动工具的另一种进行“精神生产”的特殊工具。维果斯基称之为心理工具。这种心理工具或中介手段也是在人类物质生产的过程中所发生的人与人之间的关系和社会文化历史发展的产物。进而，麦克卢汉断言，“媒介是人的延伸”。是不是也可以说，教育是人的延伸？当然了，仅仅有语言是不够的，还必须有语言主体与客体的相互作用，在实践活动中，人获得发展。

从案例中看的最清楚的就是辛格博士所作所为的教育功能，看到了教育与遗传、环境甚至主观能动力对人的影响方式的显著差异。假如辛格博士遇到下面的情况会如何？是否要首先判断对象的属性：人性或者动物性？科学家发现，成年猫鼬也会有技巧地教育幼崽如何捕猎，可谓“优秀教师”。剑桥大学的亚历克斯·桑顿等人在美国的《科学》杂志发表文章，他们观察发现，成年猫鼬会把活的蚱蜢和蝎子等食物带给幼崽，有意识地训练其捕食技巧，还会根据“学生”捕食的熟练程度，对食物进行预先处理，让“学生”能更好地掌握捕食技巧。比如，成年猫鼬带一只活的蚱蜢给“学生”后，一般会在旁边看着“学生”捕捉猎物，一旦“学生”水平不够，蚱蜢要逃走，“教师”会出来把蚱蜢的翅膀打掉，再让“学生”练习。“教师”还会把所捕捉到的蝎子的尾刺拔掉，让“学生”安全练习（可参考本节T1、T2）。

结合案例分析，我们必须清醒地认识，“人是唯一需要教育的生物”并且“人是可教育的”。

思想资源

理论资源

T1　*人是什么？*

1. 哲学中的人

（1）人是世界上唯一具有认识自我的本性，唯一能够认识自我的存在物。……马克思主义哲学把人理解为实践性的存在。在马克思主义哲学看来，人类的社会生活在本质上是实践的。实践是人类的生存方式和发展方式……世界上的一切存在可以分为生命的存在与非生命的存在。生命的存在，可以分为人的生命存在与其他生物的生命存在。人的生命存在方式是生活，其他生物的生命存在方式则仅仅是生存。生活和生存，是人与其他生物的根本区别……生活是有意识的生命创造活动，而生存则是无意识的生命适应活动……人的生命活动是创造性的历史活动。而动物的生命活动则是适应自然的非历史活动……历史性的存在，就是文化的存在……文化是人的存在方式……文化是人的生活世界。

（2）人是不断克服自我、形成自我的动物——这是对人所下的最精确的定义。

2. 人类学中的人

文化指的是将人类与动物区分开来的所有造物和特征……人如果脱离了人造物，就不再具有人的性质了。

3. 社会学中的人

如果没有社会维度的发展，人的有机体发展将变得毫无意义……由于人类不具备其他动物的生物性本能，就只能通过学习来获得能力、获得人格，并使自己成为社会中的正常一员。

4. 心理学中的人

学习是人类一项基本的、习得性的技能功能。比起其他生物来说，人生来就是一个灵活的学习者，主动获取知识和技能的行动者……人具有学习特定领域（知识）的先天素质，幼儿主动地探究他们的世界。

5. 马克思关于人的本质学说

（1）自由的有意识的生命活动恰恰就是人的类特性。

（2）凡是有某种关系的地方，这种关系都是为我而存在的；动物不对什么东西发生“关系”，而且根本没有“关系”；对于动物来说，它对他物的关系不是作为关系而存在的。

（3）人的本质是人的真正的共同体。

（4）因为人的本质是人的真正的社会联系，所以人在积极实现自己本质过程中创造、生产人的社会联系、社会本质。

（5）人的本质不是单个人所具有的抽象物，在其现实性上，它是一切社会关系的总和。

T2　人类学视野下人的发展

童年的早期经历对成人人格的形成产生了深远影响。我们已明了，在某种程度上所有人都具有共同的经历，故我们随之都结合在共同的人性中。我们也深知每个人都有独特的历史，每一种人格在某种程度上又都各相殊异。

在抚养孩子，特别是一些基本训练，如便溺、断奶的训练方面，存在着丰富多彩的文化差异性。在美国，父母就是否亲自哺育新生儿踌躇再三，后来要有意识地决定何时断奶，这大多取决于母亲的便利，当她恢复工作时便给孩子换用奶瓶，或只是按照流行的育儿书上讲的去做。便溺方面的训练同样如此，美国的父母亲从孩子满六个月一直到三岁时都在教他们控制括约肌。从早年起，孩子就要学着控制自己的自然冲动以符合于社会，社会后来将强求人们接受作为生存代价的秩序和一致性。在广泛范围的初民社会中，童年的经历与此有天壤之别。由于缺乏奶瓶喂养技术，所有孩子都靠母乳哺育。断奶通常是一个缓慢和渐进的过程，有时一直迟至孩子三到四岁，甚至五岁。这种社会没有盥洗室，故便溺训练也是若有若无，当孩子已到足够懂事的年龄时，大人就简单地责令他们去户外排泄。这些更简易的社会制度表明社会并不对成人强加苛刻的律令，也不会按严格的等级制组织起来。

孩子当下的体质环境也因文化的差异而各不相同。西非婴儿一般束缚在母亲背上，而绝大多数南美印第安人的母亲把孩子置于肩上的网兜中，需要时婴儿即可移向胸前。而且，孩子睡在母亲的吊床中一直到大约两岁。这与美国的母亲与孩子身体的有限接触、独立的小床和托儿所的形式恰成鲜明对比。因此，抚养孩子的差异造成大量成人人格的差异就无需大惊小怪了。

研究不同文化中抚养孩子和人格之间的关系形成了心理人类学的核心，这曾一度以“文化与人格”领域著称。心理人类学力图理解文化对个人情感和认知发展的影响，并描绘某些文化特有的人格特质簇（cluster），它可以看作共同的抚养孩子的实践所导致的结果。

心理人类学领域还进一步涉及对人们用于应付恐惧、焦虑以及被压抑欲望的文化符号和制度的研究。蒙德鲁库人突然给孩子断奶以便更好地照料新生儿的方式，造成了同胞手足之间的激烈竞争，它的主要表现可见于弑兄的神话中。此外，人们将被压抑的敌对性发泄到被怀疑为巫婆或妖人的人身上，将他们处死。

人们通过把寄托了自己被压抑的愿望的对象作超自然的人格化，从而获得轻松、安全和控制的感觉。然而，由于事实上人们存在普遍的童年经历，而且由于所有人的心理生活受性欲影响很大，故所有人均有心理上的相似性。从这种共同经历产生了爱和依恋的能力，产生了对更为宽广的社会世界的外部指向。两性间的差异并非完全由遗传确定，机制就存在于建立性身份的亲子关系和完满的异性爱的发展之中。人类经历事实上充满了各种危险，人类发展的每一个阶段都充满了斗争以及斗争带来的焦虑和矛盾心理的后果。弗洛伊德从神经官能症和文化两个方面来追溯人类的压抑倾向，不过我对把人定义为高度神经过敏的动物颇持疑问。但我们对有利于社会的种种方式是神经过敏的，我们常常为伟大的创造性而困扰不安。

T3　关于影响人的发展的因素的观点

什么是影响个体发展的基本因素，这不是一个崭新的课题，相反，这是每一个思考教育对人的发展作用的人都关心的问题，是教育学研究中的一个古老而基本的课题。然而，它确是一个尚须进一步探讨的问题，因为人们对它的回答很不相同，甚至对立。

在众多的因素观中，比较有影响的[①]有五种观点。

1. 单因素论

遗传决定论、环境决定论和教育决定论都列在此。这些理论的贡献在于各从一个侧面提出了、论证了该因素对个体发展的意义，其缺陷在于忽视因素间的相互关系以及绝对化的判断，所以它们不可能是全面、正确的，然而这似乎是人们在认识某一复杂问题时的必经阶段。

2. 三因素论

三因素论是在苏联教育家凯洛夫主编的《教育学》（1948 年版）中有关影响人发展的因素理论的简称。其主要论点是：个体的发展受来自遗传、环境与教育三方面的影响，但这些因素各自在发展中所起的作用不同。遗传是个体发展的基础，它为个体发展提供了可能，但是遗传对个体发展不具有决定性意义，因为没有环境的作用，遗传提供的基础不可能实现，人也不可能成为人，世界上“狼孩”的存在就是实证，因此使人发展成为人的决定性因素是环境。其中作为特殊环境的学校教育，对人的发展具有主导作用。在我国初期的《教育学》著作中曾“引进”这一因素观，确认其为马克思主义的观点，并以此作为批判资产阶级因素观的武器。三因素论在我国教育学中的一致公认地位约持续到20世纪80年代初，可以说是对当时的中国教育学理论有深刻影响的一个基本观点。例如，有学者指出，“影响儿童发展的因素很多，但概括起来，不外是先天的遗传和后天的生活条件两个因素。从教育学观点看，人们又把后天生活条件分为环境和教育的因素。现在一般说：遗传、环境和教育是影响人的发展的三个因素。”

3. 二因素论

二因素论首次出现在巴拉诺夫等著的《教育学》中，该书是我国翻译出版的第一本苏联教育学教科书。书中提出了不同于三因素论的二因素论，即把影响人的发展因素分为两大类，一类为生物因素，其中包括人的遗传因素、个体先天特点及生理结构、机制等方面的总

---

① “有影响的”是指两个方面，一是形成学派并被公认的，二是对我国教育理论影响较大，包括教科书中被确认的。

和；另一类是社会因素，其中包括环境与教育等方面，尤其突出环境因素中人的作用。该著作强调生物因素与社会因素的关系并非对立，指出人的发展是在人的活动中实现的。二因素论避免了原三因素论分类上的弊病，并丰富了有关生物因素的内容。但对影响人发展因素的探讨并没有跳出三因素论的模式。

在此还需提到的是早在三因素论之前就存在的西方的二因素论，即“成熟”与“学习”的相互作用理论。成熟可看作是由遗传基因决定的因素，它不以人的意志改变，有自己的规律与路线。学习则是人在后天习得新知识、能力、行为的过程。自 20 世纪中叶始，西方心理学家和教育学家逐渐打破各执一端的局面，着重研究两方面的相互作用。其中有代表性的是斯腾的“辐合论”，他认为“心理的发展并非单纯由于受外界影响，而是内在本性和外在条件辐合的结果”。21 世纪 50 年代瑞士心理学家皮亚杰在他学说中，对这一相互影响的类型和性质作了更细致的分析，并把儿童发展的因素归纳为：成熟、自然经验、社会经验及内部机制的平衡化，更突出了发展主体在相互作用中的作用。

4. 多因素论与综合因素论

近年来，国内理论界提出了四因素论（在三因素论基础上，加一个人的主观心理因素）、五因素论（在四因素基础上再加一个“反馈调节”因素，显然这是受皮亚杰思想启发而来。另一种五因素论为：生理因素、心理因素、自然因素、社会因素和实践活动论）。例如，有学者指出，“个体身心发展的水平受到多种因素的影响，主要是受到遗传、成熟、环境和个人实践活动的影响，学校教育是一种特殊的环境，它对个体的发展有着特殊的意义。”综合因素论则认为影响人发展的因素是多系统、多层次的，它们密切相互作用，很难用几因素的提法描述，关键是应研究因素的综合作用。值得一提的是，多因素论中增加的因素大多为个体内在的非遗传性因素，这反映了人们开始更注意发展主体自身因素对自身发展的影响。综合因素论则强调实际作用的综合性，因素间关系结构的系统性与层次性，这对进一步探讨因素问题显然是重要而富有启发作用的。

5. 二层次三因素论

二层次三因素论是在吸取其他因素论的合理思想和科学材料的同时，在对三因素论中反映的思想方法问题进行科学分析的基础上形成的。三因素论固然存在着分类上的问题，但造成它未能全面揭示影响人发展因素的主要原因还是在其思想方法的形而上学上。因此，在我们看来，要想进一步认识影响人发展的因素问题，不能只在因素分类标准及数量的增减上做文章，而必须突破静态的、形而上学的思维模式，抓住人的发展的特殊性，用动态的、系统的、辩证的思维方式重新认识因素的结构及其在人发展的全过程中的变化模式。

根据对人的发展在实质上是个体生命的多种潜在可能逐渐转化为现实个性的过程这一理解可知，对影响人发展因素的分类首先不应该以因素本身的性质为依据，而应以对人的发展的影响性质为依据。由此，可以把影响人发展的因素分为：对个体发展的潜在可能产生影响的因素（以下简称“可能性因素”）和对个体发展从潜在可能转化为现实产生影响的因素（以下简称“现实性因素”）两大类。这两类因素对发展影响不在一个层次上，故我们称之为“二层次”。在二层次中共含有三大类的影响因素。可能性层次中，可分为个体自身条件（包括先天与后天，后天指每一阶段发展主体已达到的身心发展水平）与环境条件。现实性因素是指发展主体所进行的各种类型的活动。这就是我们所说的二层次三因素论的基本构成。

T4　关于人的发展的动力观

1. 内发论

内发论者一般强调人的身心发展的力量主要源于人自身的内在需要，身心发展的顺序也是由身心成熟机制决定的。孟子可以说是中国古代内发论的代表。他认为人的本性是善的，万物皆备于我心，人的本性中就是恻隐、羞恶、辞让、是非四端，这是仁、义、礼、智四种基本品性的根源，人只要善于修身养性，向内寻求，这些品性就能得到发展。现代西方的内发论者进一步从人的机体需要和物质因素来说明内发论。如奥地利精神分析学派的创始人弗洛伊德（1856—1939），认为人的本能是最基本的自然本能，它是推动人的发展的潜在的、无意识的、最根本的动因。美国当代生物社会学家威尔逊（1929—2021，遗传决定论者）把“基因复制”看作是决定人的一切行为的本质力量，而美国心理学家格塞尔（1880—1961）则强调成熟机制对人的发展的决定作用，他认为，人的发展基因决定特定的顺序支配，完成了一系列顺序后机体达到成熟，教育要想通过外部训练抢在成熟的时间表前面形成某种能力是低效的甚至是徒劳的。格塞尔不仅认为人的机体机能的发展程序受到生长规律的制约，而且，“所以其他的能力，包括道德都受成长规律支配”。

2. 外铄论

外铄论的基本观点是人的发展主要依靠外在的力量，诸如环境的刺激和要求、他人的影响和学校的教育等。对于人自身的因素，有的认为是需要改造的，如我国古代性恶论的代表人物荀子（环境决定论者）就持这样观点。有的认为人的心灵犹如一块白板，它本身没有内容，可以任人涂抹，外部的力量决定了人的发展状况，英国哲学家洛克（环境决定论者）的“白板说”是一个典型的代表。外铄论的另一个典型代表是美国行为主义心理学家华生（教育万能论者）。他甚至这样说，给他 12 个健康的婴儿，不管他们祖先的状况如何，他可以任意把他们培养成从领袖到小偷等各种类型的人。由于外铄论者强调外部力量的作用，一般都注重教育的价值，对教育改造人的本性、形成社会所要求的知识、能力、态度等方面，都持积极乐观的态度。他们关注的重点是人的学习：学习什么和怎样才能有效地学习。

3. 在个体活动中多因素相互作用论

辩证唯物主义认为，人的发展是个体的内在因素（如先天遗传素质、机体成熟的机制）与外部环境（如外在刺激的强度、社会发展的水平、个体的文化背景等）在个体活动中相互作用的结果，人是能动的实践主体，没有个体的积极参与，个体的发展是不能实现的；在主客观条件大致相似的情况下，个体主观能动性发挥的程度，对人的发展有着决定性的意义。因此，我们把实践、把个体积极投入实践的活动，看作内因和外因对个体身心发展综合作用的汇合点，也是推动人身心发展的直接的、现实的力量。根据这样的观点，教育活动中主客体之间的关系、师生之间的关系，激发学生主动积极地参与各种教育活动自然受到特别的重视。

T5　对人的早期语言的研究成果

我们提出这样的观点，即儿童生来便具备理解他们世界的必要手段，包括物质和生物概念。毫无疑问，婴儿也具备学习语言的机制。他们从早期开始便形成了他们的语言环境知识，应用一些具体的机制引导语言发展。

婴儿必须能够区分非语言刺激和语言信息：他们把意义和语言功能归结为词而非狗叫声

或电话铃声。4 个月的婴儿清楚地显示他们更偏爱于聆听词语而非其他声音。他们能够区别语言的变化。例如，当习惯英语句子之后，婴儿能发觉不同语言的转换（如西班牙语）；但他们不能觉察不同英语话语的转换，这表明他们能注意到新的西班牙话语。表 4–1 说明，在美国出生的婴儿，2 个月时对英语话语的反应速度比对法语话语的要快。年幼婴儿学会注意口语的特征，如语调和节奏，这能帮助他们获得语言和意义的关键信息。随着成长，他们把精力集中到与他们母语的结构相符的话语上，忽视那些不相符的。

表 4–1　2 个月婴儿对法语和英语句子的反应时间

反应时间（兆秒）	语言	
	英语	法语
2500		
2400		
2300		
2200		
2100		
2000		
0		

到6个月，婴儿能区分反映直接环境的语言特性。8 ~ 10个月，婴儿不再把口语看作由单纯的声音组成，并开始表征与语言有关的语音对立。例如，库尔等人证明，非常年幼的英国和日本婴儿都能学会“ra”和“pa”音的语音对立，但随后只有与母语相关的语音对立得以保留而其他的对立消失了（如“la”音对立在日本婴儿中丢失了）。这类研究表明学习环境是关键因素，它决定基本学习机制相同时学习的内容。

幼儿开始留意到周围的人所讲的语言。他们被人的面容吸引，尤其是常常观看说话人的嘴唇。他们似乎期望口型与声音之间存在某种协调。当给他们观看人们谈话的录像时，婴儿可能觉察到与声音同步与不同步的口型差异。

幼儿也积极设法理解他们周围的人所讲的语言的意义。罗杰·布朗谈到婴儿与父母亲所玩的初始词语游戏，成功的参与涉及儿童通过注意周围环境推测某些所指。一岁儿童的父母亲报告说他们的子女理解他们对其所说的话，显然有大量的信息儿童确实不理解。例如，刘易斯和弗里道分析了一名 13 个月儿童的理解能力，当给坐在高脚椅上的这名儿童递一个苹果并告诉她“吃苹果”时，这名儿童咬了一口。当给在携带式围栏内玩耍的这名儿童苹果叫她“扔掉苹果”时，她把苹果扔掉。刘易斯和弗里道做这个实验的目的是，测试这名儿童是否真的理解诸如“吃”和“扔”这些词语。他们给坐在高脚椅上的儿童一个苹果，然后叫她“扔掉苹果”，这名儿童咬了一口苹果。后来，当给坐在携带式围栏内的儿童递一个苹果叫她吃苹果时，她反把它扔掉。这名儿童的策略基本上是，她认为应该“做你在这一情境中通常所做的”。这一明智的策略常常是正确的。

在日常情境中，幼儿有大量的学习机会，因为他们能够应用情境去判断某人用不同的句子结构和词语所表达的意思（除非由机智的实验人员测试她，如上述的儿童能够确定“苹果”、“吃”和“扔”的一般意思）。同样地，如果母亲指着地毯上唯一的松软物体——一件衬衫时，这名儿童便明白“取”和“衬衫”的意思。语言习得不可能在缺乏共同的社会和情境的环境中发生，因为后者提供了理解词语和句子结构意义的信息。儿童把意义当作语言的线索而非把语言当成意义的线索。父母和其他照管人在帮助儿童拓展其能力时，既考虑到情境又考虑儿童的现有能力。照管人对儿童认知发展起着特别重要的指导作用，接下来我们将进一步讨论这一点。

语言发展的研究表明儿童的生理能力由环境驱动。这些生理基础使儿童在大约 3 岁时便能流利地使用语言。但如果他们不是处在语言使用的环境中，他们是不可能发展这种能力的。经验很重要，但使用技能的机会——实践——也是不可缺少的。例如，贾内伦·赫顿罗茨证明，他们必须不断实践、主动加工而不能仅依靠被动地观看电视（引自《时代周刊》）。

T6　家庭对儿童的影响

在组成社会的单位或公共机构，如学校、社区、政府机构、俱乐部和家庭中间，人们普遍认为家庭对儿童的发展影响最大。家庭影响，主要表现有八种因素：家庭的职能、职权的等级、家庭的大小、年龄角色、性别角色、监护人角色、出生顺序、各个家庭之间的差异。这八种因素影响的程度是多种多样的。家庭职能不限于抚养儿童的责任。杜瓦尔认为，这种责任至少包括六个职能：①丈夫与妻子之间、双亲与子女之间及上一代与下一代之间的爱；②人身安全及承认每个家庭成员都是独特的个人具有各自的潜力；③感到满意及目的观念；④伴侣关系和联系的连续性；⑤社会安排及社会化；⑥控制措施与是非观念。

关于养育儿童的观点，一般认为家庭的职权有三种意义：第一，儿童一生都要效仿的家庭职权的基本模式是他长大的这个家庭提供的例子；第二个意义涉及社会通常的职权模式迅速变化的结果；第三个含义就是家庭中传统权威的丧失可能会影响学校的权威形式。当年轻人对双亲的权威失去尊重时，这种不尊重可能会传达年轻人在学校的代理双亲（教师和校长）身上，结果使学校教师为实施正规教育计划而需要学校对学生进行的控制减弱了。家庭规模也影响双亲与孩子之间的直接接触，对儿童的学习机会产生影响。这是有利的一面。

年龄角色规定着不同年龄家庭成员的权利与责任。性别角色由家庭里男女不同的职责与特权所规定。照料儿童角色的变化对儿童的发育影响很大。一个儿童所经历的照料方式，能决定他在他（她）的理想和社会相互影响中把什么样的成人或年龄较大的孩子当作效仿的榜样。这同时也帮助儿童决定他将信任哪种人，决定儿童对谁有感情，以及决定这个儿童在以后生活中以何种方式充当家长。

T7　现代人的特征

阿历克斯·英克尔斯是英国研究“人的现代化”问题的著名学者，他从 12 个方面勾画了现代人的特征：①准备和乐于接受自身未经历过的新的生活经验、新的思想观念和新的行为方式；②准备接受社会的改革和变化；③思路广阔、头脑开放、尊重并愿意思考各方面的不同意见和看法；④注重现在与未来，守时惜时；⑤强烈的个人效率感，对人和社会的能力充满信心，办事讲求效率；⑥计划；⑦知识；⑧可依赖性和信任感；⑨重视专门技术，有愿意根据技术水平高低来领取不同报酬的心理基础；⑩乐于让自己和后代选择离开传统所尊敬的职业，敢于对教育的内容和传统做出挑战；⑪相互了解、尊重和自尊；⑫了解生产及过程。

数据资源

D1. 东亚人平均智商冠全球——天生脑容量最大，欧洲人排第二

英国阿尔斯特大学研究人员的一项研究表明，德国人的智商在全欧洲最高，超过英国人和法国人的水准。负责此项研究的林恩教授的《智力的人种差异：进化分析》中也有这样的结论：东亚人智商平均达到105分为全球最高，欧洲人紧随其后，达到100分。

美国有关人口研究专家指出，中国人的智商远超过欧洲人、美国人。专家经过研究后发现，在建筑师、物理学家、博物学家等专家中，智商都以美籍华人为最高，美国人则最低。在其他10个行业智力测验中，也有八个行业美籍华人超过美国人的智商。

D2. 人类未被开发的潜能知多少

人才学、心理学的研究表明：人人都有未被开发的潜能，都有可能比现实的自己更突出、更卓越。然而，事实上人类只发挥了极小部分的大脑功能，一般人整个一生只运用了其总体智慧的4%，即使20世纪最伟大的理论物理学家爱因斯坦也只开发了其全部智慧的15%。伊·叶夫里莫夫指出：如果人类能够发挥一半的大脑功能，将轻易地学会40种语言，背诵整本百科全书，拿12个博士学位。美国心理学家卢果说："我们最大的悲剧不是恐怖的地震、连年的战争，而是千千万万的人们活着然后死亡，却从未意识到存在于他们头脑中未开发的巨大潜能。"

D3. 我国学生体质与健康状况逐年总体改善

2006年12月30日，原国家卫生部公布我国第四次儿童体格发育调查结果。调查结果显示，我国儿童生长发育水平10年来又有明显提高，并呈现逐年加快的趋势，城乡儿童间的生长发育差距逐渐缩小，并且，我国主要城市儿童生长发育平均水平已达到了世界卫生组织提出的儿童生长发育的标准。

2019年，教育部、国家体育总局、国家卫生健康委、国家民族事务委员会、科技部、财政部部署开展了第八次全国学生体质与健康调研工作，在全国31个省、自治区、直辖市和新疆生产建设兵团的93个地市1258所学校进行调研，调研学生374257人，覆盖全日制普通中小学、普通高等学校学生。调研了身体形态、生理机能、身体素质、健康状况共4个方面24项指标。调研结果显示，我国学生体质与健康状况总体改善。相关数据参见表4–2。

表4–2　与2014年相比，2019年全国各年龄组分性别的数据变化（部分）

年龄组	性别	学生体质健康达标优良率	身高增加	体重增加	胸围增加	肺活量增加	1分钟仰卧起坐成绩增加	学生营养不良率下降
7~9岁	男生	5. 1%	0. 52厘米	0. 61千克	0. 53厘米	82.5毫升		2. 1%
	女生		0. 72厘米	0. 70千克	0. 52厘米	105.3毫升	1. 9个	
10~12岁	男生		1. 26厘米	1. 73千克	1. 01厘米	153.6毫升		1. 6%
	女生		1. 24厘米	1. 64千克	1. 03厘米	166.0毫升	1. 9个	
13~15岁	男生		1. 69厘米	2. 52千克	0. 99厘米	209.7毫升		2. 4%
	女生		0. 97厘米	2. 28千克	1. 38厘米	187.2毫升	1. 8个	

续表

年龄组	性别	学生体质健康达标优良率	身高增加	体重增加	胸围增加	肺活量增加	1分钟仰卧起坐成绩增加	学生营养不良率下降
16~18岁	男生	1. 8%	0. 95厘米	2. 52千克	0. 82厘米	161.2毫升		2. 6%
	女生		0. 80厘米	1. 99千克	0. 95厘米	147.0毫升	1. 6个	
19~22岁	男生	0. 2%	0. 81厘米	2. 86千克	1. 54厘米	92.3毫升		2. 3%
	女生		0. 62厘米	1. 67千克	0. 83厘米	102.2毫升	1. 0个	

1. 体质健康达标优良率逐渐上升

2019年全国6~22岁学生体质健康达标优良率为23.8%，优良率较高的地区为东部经济发达和沿海地区。自2014年教育部颁布实施《国家学生体质健康标准》以来，我国学生体质健康达标优良率总体呈上升趋势，13~22岁年龄段学生优良率从2014年的14.80%上升到2019年的17.70%，上升了2.9个百分点，初中生上升最为明显。其中，每天能够保证1小时以上在校体育锻炼时间的学生体质健康达标优良率为27.40%，显著高于体育锻炼时间不足的学生的17.70%。

2. 学生身高、体重、胸围等形态发育指标持续向好

各年龄组男女生身高、体重、胸围等指标均继续呈现上升趋势。

3. 学生肺活量水平全面上升

肺活量显示人的心肺功能，肺活量大的儿童，身体供氧能力更强。近10年来，全国学生肺活量持续增加，初中生增长最为明显。

4. 中小学生柔韧、力量、速度、耐力等素质出现好转

中小学生柔韧、力量、速度和耐力等素质总体出现好转，柔韧素质、力量素质小学生和初中生改善较其他年龄段明显。与2014年相比，2019年各年龄段女生1分钟仰卧起坐成绩提高，7~12岁男生斜身引体增加0.7个。中学生速度素质和耐力素质有所改善。2019年与2014年数据相比，13~15岁、16~18岁男女中学生50米跑成绩有所提升，分别提高了0.09秒和0.01秒；13~15岁女生800米跑成绩提高4.49秒，13~15岁男生1000米跑成绩提高6.50秒。

5. 学生营养不良持续改善

2019年我国6~22岁学生营养不良率为10.20%，近10年来，各年龄段男女生营养不良状况持续改善。

6. 2019年全国青少年学生总体近视率比2018年下降了3.4个百分点

2020年，由于受到疫情的影响，青少年的近视率又上升了2.5个百分点。但是上升之后，跟2018年相比，还是下降了0.9个百分点；其中6岁儿童为14.30%，小学生为35.60%（2002年小学生的视力不良检出率为26.96%，其中男生为24.40%、女生为29.69%），初中生为71.1%（2002年初中生的视力不良检出率为53.43%，其中男生为47.75%、女生为59.23%），高中生为80.50%（2002年高中生的视力不良检出率为72.8%，其中男生为68.57%、女生为77.25%）。将近10%近视学生为高度近视。所以，如果从三年的情况来看，扣除疫情的影响，我们平均每年还是下降了0.5个百分点。其中，每天睡眠充足学生的近视率为47.80%，显著低于睡眠不足的学生的67.80%。但是比较2002年数据，任务还很艰巨。

7. 中小学生超重肥胖率上升，但是总体增长趋势放缓

其中，以低龄段学生肥胖问题放缓最为明显。

8. 农村学生生长发育水平全面提高，健康状况明显改善

农村学生的身高、体重、胸围、肺活量等指标增长明显，缩小了与同龄城市学生之间的差异。比如，7 岁农村男生的身高比城市男生低 1.23 厘米，农村女生比城市女生低 0.46 厘米。农村男生、女生的肺活量仅比城市男生、女生低 38 毫升，几乎持平；农村学生身体素质测试成绩总体表现要优于城市学生。比方说，农村男生立定跳远平均成绩比城市要远 1.37 厘米。在男生的1000米和女生的800米耐力跑上，农村学生分别比城市学生快2.93秒和2.64秒。

D4. 我国青少年心理健康状况

据世界卫生组织统计，自杀已成为 15 到 29 岁的青年群体中第二常见的死因，青少年的抑郁问题已相当严重。

2021 年 3 月 1 日，中国科学院心理研究所发布 2020 版“心理健康蓝皮书”——《中国国民心理健康发展报告（2019—2020）》。报告指出，10 余年间青少年心理健康状况稳中有降，抑郁检出率与10余年前相比保持平稳，但睡眠不足现象日趋严重。

2020 年，青少年抑郁检出率为 24.60%。其中，轻度抑郁检出率为 17.20%，高出 2009 年 0.4 个百分点；重度抑郁检出率为 7.40%，与 2009 年保持一致；其中，女生抑郁高于男生，非独生子女高于独生子女。女生有抑郁倾向的比例为 18.90%，高出男生 3.1 个百分点，重度抑郁的比例为 9.00%，高出男生 3.2 个百分点。非独生子女青少年有抑郁倾向的比例为 17.30%，与独生子女相当；重度抑郁的比例为7.70%，高出独生子女 1.4 个百分点。

随着年级增长，抑郁检出率呈现上升趋势。小学阶段抑郁检出率为 1 成左右，其中重度抑郁检出率为 1.9%~3.3%，初中阶段抑郁检出率约为三成，重度抑郁检出率为 7.6%~8.6%。高中阶段抑郁检出率接近四成，其中重度抑郁检出率为 10.9%~12.5%。

《健康中国行动（2019—2030）》中倡导小学生、初中生和高中生每天睡眠时间不少于 10、9 和 8 个小时。然而本次研究发现，95.50%的小学生睡眠不足 10 小时，90.80%的初中生睡眠不足 9 小时，84.10%的高中生睡眠不足 8 小时。相比 2009 年，各个学段青少年睡眠时长均呈现下降趋势，小学和初中阶段上学日平均睡眠时长减少约 40 分钟，高中阶段减少 10~20 分钟。小学生周末平均睡眠时长减少 10~20 分钟，初一、初二年级减少约 20 分钟，初三以及高中阶段下滑更为严重，减少 40~60 分钟。即初三以及高中学生周末补觉机会也在减少。

心理健康状况的地区、城乡和受教育程度的差异仍然显著。以抑郁调查结果为例，东部地区的抑郁高风险检出率为 13.40%，东北地区的检出率为 12.40%，中部地区的检出率为 20.60%，西部地区的检出率为 20.10%。城市户籍人口的心理健康状况显著优于农村户籍人口，其中，低收入、低学历、无业/失业人群的心理健康问题更为突出。农村户口的抑郁检出率为 16.50%，高于城镇户口的检出率 14.00%。越高学历群体的心理健康水平越高。以抑郁为例，大学本科及以上群体的抑郁高风险检出率为 13.60%，中专/大专群体的检出率为 16.00%，高中及以下群体的检出率为 18.10%。

D5. 性早熟儿童增速惊人

2009 年，中华儿科学会内分泌及遗传代谢病学组副组长杜敏联教授介绍，从 2003 年开

始，中华儿科学会开展了针对包括广州在内的全国九个省会城市四万余名中小学生的生长发育情况的专项调查。根据调查结果显示，我国女孩青春期发育年龄平均为9.2岁（最早7.7岁，最晚10.95岁），比30年前的12.5岁提前3.3岁，男孩平均10.5岁，与国际上青春期发育年龄提前的年代趋势一致。

据统计，1969—1970年国外儿童性早熟发病率为0.6%。上海市1998年显示为1%；重庆市2004年显示：性早熟儿童正以每年20%左右的速度递增，且女孩多于男孩，其中七八岁女孩最易早熟。2019年我国儿童性早熟发病率为0.5%~3%，一些偏远地区发病率较低，但一些发达城市发病率较高。中国健康促进与教育协会公布的调查数据显示我国儿童性早熟约有53万名患儿。儿童内分泌疾病中性早熟位列第二，已仅次于肥胖。另外，记录2002年至2006年9周岁以下儿童性早熟症诊疗现状的健康保险审查评价院的统计显示，接受这方面诊疗的人数在4年内增加了5倍。如果在8岁以前开始乳房发育，10岁以前出现月经初潮，则要诊断为性早熟了。

专家指出，导致儿童发育年龄提前的因素主要有四种，生长发育的长期加速趋势、环境中类激素污染物的影响和摄入含有性激素的食物或药物、大众传媒信息等对儿童心理刺激过早。

D6. 未成年女性性行为调查

原国家卫生计生委发布的《中国家庭发展报告2015》显示，在调查的15~17岁青少年中，性行为发生率为4.1%，发生初次性行为的平均年龄为15.9岁，曾有性行为经历的青少年中，本人或女朋友曾怀孕的比例为25%。

2020年世界避孕日中国调研报告显示，40%的年轻人初次性行为发生在19岁以前，15~19岁的人群中，逾七成曾有过无保护性行为，这大大增加了未成年人感染性传播疾病的风险。2019年7月31日国家卫健委公布了一组数据，2018年我国新发艾滋病14.5万例。我国15~24岁之间的青年学生近年每年报告发现病例一般在3000例上下。尽管青年学生的新发病例占比仅为2%左右，但中国青少年艾滋病感染率近年来不降反升，尤其是感染者低龄化趋势明显。

D7. 全球首位“X性别”的华人

据《澳洲日报》报道，澳洲今年7月承认男女性以外的“X性别”，德国也刚通过容许先天有双重性征的婴儿以“X性别”标示性别状况。据悉，一位变性过程中的中国香港女孩温泽仁可能是第一位取得“X性别”身份的华人。

能力训练

案例4.1.2

幸运的“猪孩”

1983年初春，当人们在辽河河套的一片野地里，发现了那个被传得满城风雨的“猪胎转世、人面猪身、刁钻古怪”的猪小姐时，不是惊讶、兴奋，而是心头顿时像压上了沉重的铅块。

在一群黑白相间、肥头大耳的猪的队伍中，一个与众不同的奇特小怪物出现了。你说她是猪吧，她却披了一身又脏又湿的衣服，整个形体看上去分明是人。你说她是人吧，又满身猪的习性，你看她多合群儿，时而悠闲地捋着青苗叶啃着草皮；时而拼命与小猪崽争夺，拱在老母猪怀里去吮猪奶；时而又懒懒地在墙上蹭痒痒，然后歪躺在草垛边，闭上眼睛晒太阳。如果她一旦发现敌情会像所有的猪一样，机灵地支起身子，弓弓腰，瞪着一双呆愣、惊恐的眼睛瞅着你一动不动。如果她发现你没有伤害她的意思，她就更有意思了，大概为了报答你的友情，她小脸上鼻子、眼睛、眉毛一起生动地错位移动，向你献殷勤，再朝你蹲下身子放肆地“哗哗”撒一泡尿，尔后，惬意地流着口水，发出阵阵愉快的哼哼声……无疑，这个中国猪孩的发现，就像1976年印度发现的10岁狼孩拉穆一样，顿时引起了世界轰动。

中国医科大学和鞍山市心理测量科研所的科学工作者们，发现了这个举世瞩目的猪孩后，立即在全社会的关注和支持下，对猪孩进行了全面的调查研究。调查结果表明：猪孩不是猪胎，她叫王显凤，于 1974 年 12 月 23 日剖腹产于一个偏僻农村家庭。其父为聋哑人，其母患大脑炎导致中度智残。

小显凤出生后，父亲忙于生计，根本没有时间照顾她，小显凤整天饥一顿饱一顿的，经常饿得哇哇大哭。当王显凤会爬以后，为了能够填饱肚子，便开始摸摸索索地四处找东西吃。有一天她从炕上摔下来后，不分东南西北地不知不觉爬进一窝刚出生不久的猪崽儿中间，她本能地与小猪崽儿一起拱在母猪肚皮下吃起奶来。老母猪似乎并不讨厌这个外来的“孩子”。小显凤吃饱喝足后，和小猪崽儿一起，偎在母猪的怀抱中睡着了。晚上，劳累了一天的父亲在猪身边发现了小显凤。他扒拉开猪崽儿，将小显凤抱回了炕上。谁知，第二天小显凤又回到了母猪身边。总之，她终日与猪为伍，看到的是猪的形象，听到的是猪的声音，自然模仿的也是猪的行动与行为。久而久之，她漫长的 11 年关键的生长发育期都是在这种极为特殊的环境里度过，怎能不造成她的心理畸形！无疑，她的一系列科学检验和心理测量的结论也不容乐观：这个 11 岁的猪孩感知世界混沌一片，没有大小、长短、多少、上下、颜色、数的概念，几乎没有记忆力、注意力、想象力、意志力和思维能力，甚至表现的情绪也极为原始简单，只有怨、惧、乐，不见悲伤。当然，很难评价她是否有个性。按吴天敏先生修订的比纳智力表测量表明，她的智力只相当于 3 岁半的小孩。用林传鼎先生修订的WISC—CR测量表明，她的智商为39。而作为正常人最低标准——生活基本自理人的智商应该是70。

怎么拯救猪孩呢？中国猪孩有着重大的新闻价值和科研价值，比方论证一下遗传与环境在人的心理发展中的作用；探讨一下人的心理发展“关键期”错过之后能否逆转；以及研究精神营养与物质营养长期缺乏的儿童所引起的病理性变化等。然而，我们怎么能仅仅考虑她有科研价值，忘记了她是一个人？鉴于外国“兽孩”大多命运不佳的前车之鉴。我国科研人员大胆提出了：猪孩首先是人，要千方百计恢复她的人性，让她回到健康向上、五彩缤纷的大课堂里来，并计划几年内，通过教育实验的各项措施，全面提高她的心理素质，使她克服猪的习性，成为一个日常生活能自理的人。

这种别出心裁的大胆设想不是吹气泡吧？短短的几年王显凤的人性能战胜 11 年的猪性吗？充满信心的科研工作者和日夜陪护辅导她的老师们，很快就失望了。

当老师们按计划把她从肮脏的环境，领到美丽的大海、峻秀的高山、喧闹的街道开眼界、长见识，让她一步步熟悉新的社会环境，培养她衣食住行的生存能力时，她不是茫然无知地表示惊讶、兴奋，就是惬意地发出猪的哼哼声，可偶尔视野中出现猪的形象时，她会情不自禁地发出兴奋的单音：“猪！猪！”特别是每当她一进教室，就会惰性十足地趴在桌子上，不消几分钟，就像猪一样酣然入睡。更有趣的是，有时她半夜突然醒来，一看四处无人，便猪性大发，甩头晃脑吧咂吧咂嘴，小脸上鼻子、眼睛、眉毛、耳朵一起生动地错位移动，再把身子贴在墙上，左蹭右蹭，尔后，悄悄地溜到院子里，去啃草皮，或者干脆跳进猪圈，亲昵地和猪一起打滚……辅导老师们陷入了从未有过的苦闷，为了这个科研项目，许多老师日夜守护监督、记录。全国教育系统先进教师姜云香，尽管家里老少三辈五口人，挤在一间 14 平方米的小屋，上下三层吊铺，她还是在屋里仅有的空间，给猪孩加了一张折叠床，用满腔热情欢迎她加入这个新家庭。在这里，姜老师把她当成自己的孩子，她没有衣物，姜老师把自己女儿的衣服、裤子、鞋给她穿；她没有购粮证，姜老师买议价粮供她吃；她过生日，姜老师给她买来生日蛋糕和小蜡烛……可如今，她们的一切苦心都付之流水，难道王显凤真的不能战胜猪性了吗？一天，王显凤偷偷溜到厨房偷嘴，一见姜老师小女儿正在洗衣服，便耳朵、眉毛、鼻子一起移动学猪态，吓得姜老师小女儿大叫一声，夺路逃跑。姜老师批评她，她又像往常一样用鼻子哼哼满不在乎。没想到姜老师无意中说了一句："你再不改，就别吃晚饭了！"她的眼泪立即扑扑往下掉。姜老师小女儿一旁赌气地说"属猪的，记吃不记打！"姜老师正要责怪小女儿，突然一拍脑门：有了！就像发现了什么无价之宝：对！我何不抓住她贪吃好吃的特点，用食物来强化刺激她！往后，每逢吃饭吃水果之前，为了提高她的感知力，都问她吃什么饭、水果叫什么名字、什么颜色等；为了提高她的注意力和记忆力，就让她把白天学的课程重复几遍；特别是为了提高她的思维能力和想象力，就让她画出昨天见到的鱼、树叶、面包、人物等。同时，为了培养她的语言表达能力，矫正她说话吐字不清用鼻子哼的毛病，每天都让她背儿歌、古诗、谜语等；为了使她手、脚、眼、耳达到协调，让她随录音机唱歌、跳舞；为了培养她的生活自理能力，就教她洗头、梳头、洗衣服、钉纽扣，学蹬缝纫机，淘米洗菜，收拾房间……无疑，矫正和塑造一个新的王显凤是艰难的，但是，细心的老师们发现，猪孩在由浅入深，循序渐进，反反复复的适应社会教育面前"返猪"现象的时间越拉越长，她身上的猪性越来越小……功夫不负有心人，七年过去了，王显凤在社会大课堂耳濡目染，在老师们辛勤培养下，不仅学会了许多知识，而且社会交往能力有了突破性的提高，甚至滋生了许多高级情绪。比如，她见到陌生人能按年龄大小和辈分称呼，并能主动行礼问好；看到教室冬天要安炉子，她能主动寻找铁丝加固炉筒子；看到大个子欺负小孩，她能冲上去把大个子打跑。

经过全面科学的测定：王显凤的智力相当于小学二三年级水平；她的智商也从39的重度智残，达到69，接近于70正常人的最低水准；而她的社会交往能力基本达到了正常人水平。

王显凤是不幸的，她在猪圈里长了 11 年，错过人生智力发育的"关键期"，尽管她改掉了猪的习性，但实践结果表明：她永远不会达到正常人的智力水平了。然而，她又是幸运的，她得到了社会的深切关注。姜云香老师等科研人员和老师们为她的成长呕心沥血，使她站立起来了，使她的人性终于战胜了猪性。

2002年，"猪孩"王显凤当妈妈了！

如果再把王显凤称为"猪孩"实在有些叫不出口，眼前的王显凤穿得干净大方，很是得体，头上的黑发也梳得整整齐齐。

谈起王显凤和李俊来的婚事，憨厚朴实的丈夫李俊来笑着说："这多亏了我的二姐夫，他是我们俩的大媒人。"李、王二人是在认识了半年之后，于1999年12月结了婚。今年快40岁的李俊来一看便是个老实巴交的农民，言谈话语里能听出他对妻子的关心。王显凤平时就喜欢吃鱼和肉，但是他的家境并不富裕，家里有四亩地，农闲时他随着弟弟的拖拉机跟脚拉土，赚点儿钱贴补家用，每次他总是尽量省钱给王显凤改善生活，尤其是在王显凤怀孕的时候，更是百般呵护。在李俊来眼中，王显凤是个好媳妇，“我有三个姐姐两个弟弟，家里人很多。结婚以前，赶上年节大家也常在一起聚一聚，显凤能干活，妯娌、大姑姐也都帮着她，相处得不错。显凤对几个侄女、外甥都挺喜欢。”

王显凤嫁给李俊来已经 3 年，当年那个引起无数人关注的“猪孩”已经成为 29 岁的少妇，李俊来也已 38 岁。两个人都想要个孩子，5 月 2 日，小宝宝就这样在夫妻俩的期盼中降生了。王显凤的孩子比预产期早出生 10 天。5 月 1 日，王显凤出现阵痛，羊水也破了，家里人便赶紧把她送到了镇医院。第二天凌晨，王显凤生下了一个男孩。小宝宝非常健康，就是有点瘦。

细心的王显凤将儿子裹在一个小薄被里，孩子头发又黑又密，皮肤很白，一张可爱的小脸儿非常讨人喜欢。王显凤笑着说：“孩子长得像他爸。”

刚当上妈妈的王显凤既兴奋又有点不知所措。她婆婆说，显凤手重，不会抱孩子，就知道使劲儿往怀里搂，特别使劲，家里人都怕她把孩子伤着，见她一抱孩子，大家就劝：“快放下吧，让孩子好好躺会儿。”

王显凤的婆婆和妯娌说，显凤怀孕初期，她自己不知道，而且一直也没有恶心、呕吐等特别的反应，也不像有的孕妇爱吃点酸的或者辣的，还和过去一样吃啥都行。只是有一段时间变得不太爱动弹，整天懒洋洋的，就爱睡觉。妯娌心细，就带着显凤到医院检查，没想到真是怀孕了。怀孕的显凤没有半点儿娇气，还和过去一样拎着重重的水桶，婆婆不让她干，她还和婆婆生了三天气。

问题与思考

1. 王显凤是如何成为“猪孩”的？
2. 她转变为正常人了吗？为什么？
3. 结合上一个案例，说明“狼孩”与“猪孩”在回到人类社会之后各自发展方面存在的差异及其成因。

第二节　教育与人的发展的关系

学习目标

1. 理解教育在人的发展过程中的作用。
2. 掌握教育在人的社会化方面的作用及途径。
3. 掌握教育的育人功能。
4. 掌握遵循人的发展规律的教育要求。
5. 熟读案例分析和思想资源，理解相关观点。
6. 根据分析建议独立完成案例分析。

观点与原理

1. 人的发展是教育的对象，是决定教育发展能力、水平的因素。在遵循人的发展规律的基础上，教育是形成人的发展基础，促进人的发展的最有效活动。

2. 在影响人的发展的因素中，教育以其鲜明的目的性、计划性和科学性成为影响人的发展方向和发展水平的主导性力量。在现代社会中，教育承担着发掘人的遗传潜力并推进人的发展的巨大责任。实践证明，个体只有通过教育达到了较高的发展水平，其在自然与社会的生存能力才能得以提高，其生活质量才能得到改善，其生命价值才能获得提升。

3.推进学生心理与身体的一般发展和提升其社会化水平是教育促进学生发展的两个最基本的任务。

4.教育可以调控和推进人的发展方向和发展水平——教育可以利用并发挥其目的性、计划性和组织性及系统性，通过学校教育的课程设置与实施，加速人的主观能动力的发现和发挥，整合学校、家庭和社区及社会等影响人的各种因素所产生的力量以形成合力——实现形成人、发展人、改造人和完善人的育人功能。

5.人的社会化是指个人与社会之间互相起作用的沟通过程，人从自然人向社会人转化的过程。在特定活动领域，社会化具体表现为政治社会化、经济社会化、文化社会化、科学技术社会化、学习社会化等。就人的社会化而言，在现代社会中，各国、各民族无一例外地把教育作为调控和推进儿童、青少年社会化的最重要的手段和途径。学校通过确定特定的教育内容、价值体系和实践社会特有的人际关系的方式，调控着儿童、青少年的社会化发展的方向、内容和水平。

6. 通过教育促进学生的良好发展，教育者必须遵循学生的身心发展和学习的客观规律。这些客观规律包括：学生在身心发展中表现出的年龄特征；身体与心理相互制约、协调发展的规律；学生学习的基本规律等。因此，教育对人的发展的主导作用是有限的。

7. 在遵循人的身心发展规律的基础上，教育要实施因材施教，讲究循序渐进，坚持全面发展和终生发展的理念，注重因时制宜，把握关键阶段，强调点面互动。这体现出教育对人的发展的张力——教育主动促进人的发展，充分利用人的“最近发展区”，合理利用影响人发展的诸因素，寻求增强、扩张对人的发展的动力，以提升人在自然条件下发展的速度、质和量。

典型案例解读

案例 4.2.1

教育给予人尊严

一位穷苦家庭的女孩子，经历了两次高考失败，上了一所普通的民办专科学校，却能在未毕业时，被三家世界 500 强级别的跨国公司争抢，让众多名牌大学的毕业生黯然失色。她就是被网友称为“史上最牛大专生”的小曹。

英雄不问出处

小曹出生在四川泸州的一个小镇下面的小山村，一个实实在在的落后地区，交通不发达，各项设施都很落后。小曹的家里也很穷，祖祖辈辈都是地地道道的农民，家里靠几亩地维持生活。

虽然家庭经济窘迫，但曹爸曹妈的思想并不落后，经常有人劝他们女孩子读书无用，早晚都要嫁出去的。但他们不为所动，不仅坚信知识改变命运的道理，也秉承一视同仁的原则，哪怕家里拿不出钱，东拼西凑也要让小曹和弟弟读书，支持姐弟学习知识走出大山，看看外面广阔的世界。

和那些天资聪颖的人不同，小曹并没有过目不忘或者一学就会的天资，她学东西很慢；也没有一个良好的学习环境，每次去上学都得走很远的山路，天不亮就得出发，放学回家后也不能休息，还要帮家里干家务活，照顾年幼的弟弟；课堂上的小曹在老师的鼓励下，自信又活泼。她最喜欢英语课，每次回答问题都是声音洪亮，经常受到老师的表扬。这也让她萌生了一个在那个时候看来有些不切实际甚至好高骛远的想法，未来要去跨国企业工作。

高考遭遇滑铁卢

人的一生，总有些不切实际的梦想，万一实现了呢？为了这个目标，她天天努力学习，背书背知识，成绩也算稳定。高考前她一直是村民眼中的“别人家的孩子”，大家认定她哪怕上不了重点大学，考个普本应该没有问题。

或许是自己给自己的压力过大等原因，小曹第一次高考发挥甚至可以用惨不忍睹来形容，理想大学铁定去不成了，但小曹骨子里有股不服输的劲儿，高考失利的事并没有将她打垮，反而激发了她的斗志，决心复读一年。事与愿违，尽管小曹比去年还要努力，常常天不亮就开始学习，深夜才敢入睡，可是小曹的成绩并没有多大的提升，第二年高考再次失利，只考了 385 分，再次遭遇高考的滑铁卢。她很清楚，这个分数连普本三本都进不去，估计不是出去打工就进个专科，她选择了后者。

天道酬勤终获青睐

虽然专科较本科院校差不止一点点，但她相信只要有书读有学上，她就有绝处逢生翻盘的机会。2006 年她独自一人从四川去到民办的江西先锋软件学院，学习比较热门的专业软件工程。因为从小生活在落后的农村，小曹连软件是什么都不知道，一开始学得很费劲，同学们都觉得她不够聪明，是班上最笨的学生。但就是这份“不够聪明”让小曹知道自己应该“笨鸟先飞”。在别人只知道翘课玩耍谈恋爱的时候，她永远在学习，哪怕周末也不松懈。她把学习放在第一位，积极地学习自己的专业知识和专业技能。勤能补拙，慢慢地她的学习成绩有了明显的提升。

除刻苦勤勉以外，小曹有一个明显的优势就是英语比别人好，她每天还在花大量的时间提升自己的英语水平。为了使自己的口语更加流利，小曹还去竞选并且当选了学习部长，利用闲暇时间带领同学开办英语角。功夫不负有心人，2006 年 9 月，学校创办了外语特色班，凭借着优秀的英文水平和良好的组织能力，她成为班上唯一的一名女生。在这个训练班里，和外教交流最多，配合最默契的就是她，因此她备受青睐，力压本科生，成为那批人中的佼佼者。期间，小曹还凭借自己的努力学习了日语，在实训期间更是充当了日语翻译。2007 年 6 月，她还没毕业就已经是镜头英语的软件工程师，在IBM中国公司实训基地，以一口漂亮的口语在本科生甚至是研究生当中脱颖而出。

两年的专科学习结束后，她选择了自考本科，让自己变得更优秀。同时，她又参加FFS公司的应聘会并获得面试资格，在等待结果时，又向印度公司投递简历，并获得面试资格。当她得知IBM公司发布招聘信息时，她心动了，毕竟这家公司她曾经集训过，熟悉那里的办公，于是她决定一搏。2008年10月，她考上了自考本科，三家跨国公司都向她抛来橄榄枝。

在当时经济危机阴霾下，许多大学生面临着失业，而一个名不见经传的大专生却能坐拥世界500强的三大跨国公司的邀请。这是多少本科生梦寐以求的，她用实力证明了自己。

案例分析

案例鲜明地、肯定地指出，教育能够帮助人提高发展的速度、水平，改变其生存状况，提升生命的质量（参考小节T3）。

虽然时代背景不同、经历不同，但是案例人物在教育与人的发展关系上有许多共同之处。不甘于家庭的贫困和自身境况的不利、地位的低下，勇敢、坚强地选择不断求知。教育圆了她们的理想之梦、人格之梦、尊严之梦。

首先，教育为她们的发展加以引导，提供条件和机会。教育指导她们形成或完善正确的世界观、人生观和价值观，"告诉"她们什么是对的，什么是错的，什么是应该做的，什么是不应该做的，让她们知道如何以健康的心态、顽强的意志、不懈的努力实现理想；事实上是教师在"告诉"，同伴在"告诉"，组织在"告诉"，是专业课教师、辅导教师，是正式组织、非正式组织；教育用什么"告诉"她们？用知识、技能和能力、用态度和价值观；用学科知识、跨学科的知识、经验知识与程序性知识；用认知和元认知技能（如批判性思维、创造性思维、学会学习和自我调节）、社交和情感技能（如同理心、自我效能感和协作能力）和身体和实践技能（如使用新的信息通信技术设备），用尊重、公平、个人和社会责任、正直和自我意识等；用德育、智育、体育、美育、劳动教育构成的全面发展教育。教育给她们创造社会化与个性化的机会，创造求学与就业的机会 ，既能适应当下生活又能面向未来的机会，机会可能在校内也可能在校外。其中，核心任务是提供社会化的机会，方式既有常规教学，也有融合了社会特有的人际交往方式的实践。社会化水平提高的表现之一，她们/他们赢得了大量的创业就业机会。

其次，教育不只是增强个体生存能力的手段，也不仅仅是改善个体物质生活的途径（参考本节D3），它更是提升个体生命价值，完善个体生命意义的宝贵资源。虽然看上去求知是为了谋生，但是教育确实改变了她们的命运，让她们实现生命的价值。马斯洛的需要层次理论指出，生存需要及寻求其满足是基本的也是本能的，人一定还有尊重的需要以及爱的需要等。人的理论也证实了这一点（上一节T1，T2）。教育帮助人汲取人类文明的精华，形成坚韧不拔的个性并树立起远大的生活志向，进而找回做人的尊严；教育帮助人创造条件、把握机会走向成功，证明生命的意义，满足高层次的生命需要。

我国著名教育家顾明远（2020）认为，提高生命的质量和提升生命的价值就是教育的本质。提高生命质量就是个体通过教育提高生存能力，从而生活得有尊严和幸福；提升生命价值即指个体通过教育提高思想品德和才能，从而为社会和人类做出有价值的贡献。著名教育家叶澜（2015）指出，教育是直接点化人之生命的社会实践活动。德国教育思想家雅斯贝尔斯（1977）认为：所谓教育，不过是人与人的主体间灵肉交流活动（尤其是老一代对年轻一代），包括知识内容的传授、生命内涵的领悟、意志行为的规范，并通过文化传递功能，将文化遗产教给年轻一代，使他们自由地生成，并启迪其自由天性。她们没有被挫折打败，她们所追求的正是文化的滋养和生活品位的提高，而教育却能满足她们的要求。

教育可以使人站在更高的层次审视人生和人类社会的存在价值。她们在寻求接受教育中越来越真正体会到生命的神圣不可侵犯，即便面对坎坷仍旧不能停止生命的脚步，于是她们百折不挠地走上进一步求学的道路。不仅如此，教育还激发了她们的潜质，增强了她们的自信。她们明智地将自己人生价值的提升依托于教育，越来越多的在人生旅途中迷失方向的人们也正像她们一样，通过教育找回人生的意义、实现人生的梦想，践行“发展人”与“完善人”的育人功能。也许有人会说，都是“巧合”，都是“运气”，都是“炒作”……这个想法错了！你要相信你也能做到（可参考上一节D2和本节T3等）。

在当前社会历史条件下，教育还必须关注信息技术给人的发展带来的加速化、碎片化等一系列问题（可参考本节T2 和案例 2.5.2），合理应用教育科学、信息技术，以便更健康、更快速地促进人的发展。

最后，目前接受了高等教育的人却未必即时找到对口专业的工作，与案例所呈现的似乎存在矛盾。为什么呢？关于这一点，可以全面运用所学知识深入思考（可参考第二章第三节T1、P、D3）。

案例也揭示出人的主观能动力融合教育能够产生的巨大能量。“励志求知”“天道酬勤终获青睐”和“天生我材必有用”“人生定能出彩”便是明证。

思想资源

理论资源

T1. 关于人的社会化

1. 心理学的观点

社会化的理论有很多变量，主要有文化、家庭和机构。说明同社会化这个题目有关的情况是非常复杂的。社会化进程是产生于我们的文化的每一个细胞的影响和结果相互发挥作用的过程，这些细胞有：家庭、机构、语言及与其他单位的相互作用等。应当指出，已经提出的研究结果不一定能代表所有这些研究的全面成果。

2. 人类学界的探索

20世纪20年代后在弗洛伊德的影响下，人类学开始探讨不同文化中抚育儿童的方式与个性形成的关系，从而使社会化这一概念进入人类学词汇。

在人类学家看来，人类生活的一个基本问题是不同文化的维持与延续。他们把社会化理解为使个体适应社会现存文化类型的过程，强调文化的获得、个体与文化的一致。

美国著名人类学家玛格丽特·米德是最早通过实地考察来研究社会化的人类学家。她非常注意婴幼儿期的经验对人的个性的影响，认为抚养儿童的过程实际上就是把文化传给儿童的过程，不同社会的人之所以有不同的个性是由于他们接受了不同的文化。

3. 社会学的观点

一个没有任何能力的婴儿是如何成为社会中的能动分子。如果系统地看，社会化的过程涉及一系列广泛的个体、群体和机构，其中最重要的包括家庭、学校、同伴群体和大众传媒。

①尽管双亲工作使得孩子照料的模式有了极大的改变，但是家庭在社会化中的主体地位并没有太多的动摇。②在现代社会，儿童走出家庭后的第一个正式场所就是正规教育机构，包括托儿所、幼儿园、小学、中学直到大学的正式教育。因此，学校是人在早期社会化的过程中除了家庭以外最重要的场所。在那里，儿童习得社会的基本规范、文化，获得独立生存的基本技能，开始懂得规则、权威、遵从、合作、关爱和理解等正常人应该具备的品质。

③在人的社会化中，另一个对人格产生重要影响的因素就是同伴。在同伴中，我们具有独立的决策权，甚至可以针对他人进行决策。这就是个体的独立性。在社会化的过程中，在同伴群体中的独立性帮助人找到了自己的位置，并对成年后在社会中寻找独立位置产生了重要影响。④另一个对人的社会化构成潜在影响并伴随人社会化每个阶段的就是大众传媒。因为它们能对人的认知形成最直观的、最直接的影响，为儿童提供了想象世界甚至理解世界的模板。

4. 教育学的观点

正因为社会性是人的本质属性，所以，人的发展要社会化。人的社会化，是个体在其社会文化环境中，通过社会交往活动，学习和掌握知识、技能、语言、社会价值观和行为规范等，适应社会生活，参与社会生活，创造社会新文化的过程。总之，社会化就是个体学习社会规范、承担社会角色、成为社会成员的过程，也就是个体通过社会规范的内化，从一个“自然人”转变为“社会人”的过程。

社会化有很多内容，主要涉及政治社会化、道德社会化、法律社会化、职业社会化、性别角色社会化等。社会化的过程，是学习和内化社会规范的过程。个体通过学习和掌握政治、道德、法律、职业和性别角色的规范，形成符合政治、道德、法律、职业和性别要求的社会角色。角色是一个人的社会担当。一个人一生要担当很多角色，而且角色会不断变化。作为孩子，有孩子的角色要求；作为学生，有学生的角色要求；工作后，承担岗位上的某个角色，有相应的岗位角色要求；为人父母，有父母的角色要求；即便到了退休，适应退休生活，从工作状态转为休闲状态，也需要再次社会化。因此，个体社会化是持续终身的过程。人生活在社会中，不断地适应社会，就需要不断地社会化。

影响社会化的因素很多，如家庭、学校、同伴群体、大众传媒、职业组织、社区等。不同年龄阶段，影响个体社会化的主导因素不同。幼儿阶段以家庭为主，青少年阶段以学校为主，成年阶段以职业或工作为主，退休后以社区和家庭为主。

学校作为青少年生活的主要场所，对青少年的社会化起着重要的作用。法国社会学家涂尔干认为，教育是年轻一代系统地社会化的过程。尽管促进个体社会化的因素不只是学校，但学校在促进青少年个体社会化中发挥着主导作用。这是因为学校教育代表社会，尤其是代表社会主流价值观对青少年提出要求，为青少年的发展提供社会性规范，培养社会所需要的合格成员。教师是社会的代言人，代表社会对学生提出要求，进行有效的规范引导。教育内容，尤其是学校正式的课程，作为一种法定课程和文化，代表着统治阶级的利益和价值观。因此，学校教育具有鲜明的社会性，学校是青少年社会化的重要场所。

T2. 教育与个体的收入：舒尔茨的人力资本理论

西奥多·W. 舒尔茨，自 20 世纪 50 年代中期以后，致力于人力资本理论的研究和著述。1959 年发表了人力资本的第一篇论文，题为《人力资本——一个经济学家的观点》。此后，又发表了大量有关人力资本理论的论著，如《教育和经济增长》(1961)、《教育的经济价值》(1963) 等。这些著作构成了人力资本理论体系，奠定了其在人力资本理论研究中的核心地位。1979年，舒尔茨获得经济学最高成就奖——诺贝尔经济学奖，1980年曾来华作学术演讲，先后在北京大学和上海复旦大学传播其人力资本理论。

舒尔茨认为，全面的资本概念应当包括人和物两个方面，即人力资本和物质资本。所谓人力资本（human capital），指的是凝聚在劳动者身上的知识、技能及其所表现出来的能力。这种能力是生产增长的主要因素，它是给个人和社会带来财富的源泉。

人力资本是由投资的方式产生的，人们用在教育、卫生、医疗以及为了获得就业机会而进行的国内迁移所付出的直接费用，乃至为了获得教育而放弃的收入，都是属于人力资本的投资。其中，教育投资是最主要的部分。简言之，人力资本就是对人的技能的过去投资的现行价值，也就是对提高人的能力而进行投资所形成的一种资本。舒尔茨对人力资本作了如下概括："人们需要有益的技能和知识，这是显而易见的，但是人们却不完全知道技能和知识是一种资本"，这种资本实质上是一种计划投资的产物；这种投资在西方社会以一种比传统的（非人力）投资大得多的速率增长，而且这种增长恰好是该经济体系最为突出的特点。人力资本理论的基本观点如下。

1. 人力资本投资的作用

人力资本投资的作用大于物质资本投资的作用，人力资本的形成是我们这个时代经济中最突出的特征。

舒尔茨认为，物质资本投资和人力资本投资，都是发展经济不可缺少的生产性投资。如果没有人力资本投资，物质资本投资再多也不能发挥其作用，特别是在现代化生产中，人力资本投资的作用更大于物质资本投资的作用。他指出，当代劳动生产率迅速提高正是人力资本的数量不断增加的结果。有的国家在战争中遭受到极大的破坏，如西德、日本的机器设备几乎摧毁无遗，但在战后得到迅速恢复和发展，这正是由于人力资本的长期积累和后来重视人力资本投资的结果。他测定，美国战后农业产生的增长，只有 20% 是物质资本投资引起的，其余 80%主要是由于教育以及与教育密切相关的科学技术的作用，这正是人力资本投资的结果。当代世界经济中最突出的特征，就是人力资本的形成，没有对人的大量投资，就不能享有现代化农业的硕果，也不能拥有现代化工业的富裕。因而，确定人力资本投资和物质资本投资的合理比例是促进经济增长的重要条件。如何确定这个比例，应视收益率高低的情况来调节。一般来说，收益率高的就应该增加投资，收益率低的就应该减少投资。当两者的投资收益相等时，就是最佳的比例。

2. 教育投资是人力资本投资的主要部分

舒尔茨认为教育投资是一种生产性投资。教育活动是使蕴藏在人体内部的能力得以增长的一种生产性活动。教育远不是一种消费活动，相反，政府和私人有意识地投资，为的是获得一种具有生产能力的潜力，它蕴藏在人体内，会在将来作出贡献。而且，作为一种投资，教育显然增加了那种无形的潜力。因此，把教育看成消费活动的观点，或把教育经费看成福利开支的观点，都有极大的片面性。教育是提高人能力的关键，各国人口的先天能力是几乎平衡的、相近的，但后天获得的能力却大不相同。各国人口质量的不同，主要取决于后天的能力。这种后天能力，主要指知识、技能、文化水平、企业精神等，是教育的结果。人们通过学习而获得的知识和技能，是资本的一种形式。

3. 人力资本增长的速度比物质资本增长的速度快得多

投资于教育比投资于物质设备更为有利，按照舒尔茨的计算，从 1900 年到 1957 年的 50 多年间，作为实际的物质资本增加大约是 4.5 倍，而对劳动力进行教育和训练的投资，却增加了大约 8.5 倍。教育投资的增长速度极大地超过物质资本的增长速度，而其利润收益的结果更是惊人。同时，物质资本投资赚回的利润增加了 3.5 倍，而教育投资所增加的利润却达

17.5倍。另有资料表明，第二次世界大战以来，由于人力资源的开发，即提高工人的技术水平、加强经营管理等因素，使人口增长的份额占国民经济增长总额的41%以上，有的国家达到65%。这都说明，教育投资比物质的投资更为有利。

4. 资本积累的重点，应从物质资本转移到人力资本

舒尔茨从教育投资比物质投资在收益方面相对地更高这一事实出发，预计这种趋势还会继续下去。因为，教育本来就是一种基本的经济事实，尤其是在生产日益现代化的条件下，支撑着生产力高度发展的是人力资本的不断积累。随着社会富裕程度的提高，教育投资也会相应地增加。资本积累的重点，必将从物质资本转移到人力资本上来。然而，当前的主要问题，仍然是对教育投资的作用重视不够，主要是受传统偏见的束缚。事实上，学校教育投资并非微不足道，恰恰相反，其数量之大，足以使人们对以往普遍承认的储蓄和资本形成的数量估算为之一变。关于工资和薪金（相对的收入）结构的确定，个人所得的分配以及经济增长的源泉，所有陈腐观点都须重新加以研究。舒尔茨强调，一种“顽固的偏见”，就是认为资本只包括物质资本，因而，最优先受到考虑的是钢厂、民航、辅助工业以及土地开发等，而只把少量资源留给中等和高等教育。长期以来，这种反常的投资减少了生产和盈利的潜力。理想的投资方式，应该是增加那些可能产生最佳预想收益率的资本方式，也就是人力资本投资的方式。

5. 教育投资应以市场供求关系为依据，以人力价格的浮动为衡量信号

舒尔茨认为，我们正处于一个复杂多变的世界，一个国家企图对所需的各种人才作出长远的规划，然后按计划执行实际上是办不到的。只能遵循一条原则，有需求，就供应。对学校教育各阶段的投资，对高等学校各个专业的投资，都不能根据市场需求来安排。但是，教育制度是由一连串的联系方程式组成的，改变一个变量，其余的变量也会随之改变。因此把教育与经济之间的关系过分狭隘地固定化是危险的，整个经济始终是在平衡和不平衡中发展，教育也是在适应和不适应中发展的。特别是技术革新所带来的职业间劳动力的流动增长，要求教育制度应有相应的灵活性，对教育投资的比例也必须有相应的调整。

T3. 其他学科中教育育人功能的观点

1. 社会学中教育的育人功能

在中国文化中，“修身”是一个意义丰富的表述，有人解释道，“修身在正其心”，身有所忿懥，则不得其正；有所恐惧，则不得其正；有所好乐，则不得其正；有所忧患，则不得其正。心不在焉，视而不见，听而不闻，食而不知其味。这是说，修身的宗旨在于让人具有一个社会所需要的品质，使其心正。而完成这样的过程，学校教育是最重要的方式，这就是《三字经》所说的“人不学，不知义”，知书才能达理。对此，帕森斯提出，通过学校教育，个人的人格得以训练。这样，社会化如同发展个人的责任感与能力一样，在个体未来的角色扮演中，是最基本的起点。在美国的研究中还发现，受教育程度对态度和见解有很大的影响，一个人的受教育程度越高，就越有可能抛弃偏见和狭隘的观点。

另一个与修身有关的就是技能的习得。家庭教育所能传授的只是祖传的技能，而学校教育却可以让每一个家庭的子女有机会成为航天员、电脑工程师甚至哲学家。在现代社会，个体的技能已经越来越少地来自家庭的熏陶，越来越多地来自学校教育。与修身和技能相关的知识学习就更是如此，尽管我们可以找到“自学成才”的典型案例，但是，更多的成才者仍

然是学校教育出来的。积累前人的知识是进行知识创新的基础，因此，学校教育更多地为个体进行创新提供了集约式的前提。

当然，个体的社会行动都是在一定的社会环境下发生的，学校教育针对个体的功用同时也是针对社会的。

2. 人类学中教育的育人功能

人类学中教育的育人功能主要体现在“玉不琢，不成器；人不学，不知义”。详见上节T2。

数据资源

D1. 教育与个体社会化水平

阿历克斯·英格尔斯在研究“人的现代性”过程中，选取大量被试来测量他们的“现代性”特质，研究结果发现：在受教育程度很低的人中，具有现代性特质的人的平均比例是13%；而在受教育程度较高的人中，具有现代性特质的人的比例占49%。对此，他解释说，简言之，由于有受到更加正式教育之利，他们的个人性格无疑是现代的。

D2. 教育与升迁流动

美国社会学家布劳在对美国的职业分层和教育资格之间的关系进行了认真的研究后发现，教育与职业地位具有很高的正相关性，相关系数达0.73。1988年中国社会科学院社会学所“中国社会阶级阶层研究”课题组在北京、上海、辽宁、河北、山东、贵州6省市随机抽取并调查了4658户城镇居民和4723户农村居民，对中国社会分层和流动作大规模抽样调查。他们根据这个调查数据分析了父亲职业、父亲教育、本人教育等几个因素对本人职业地位大致的影响程度，发现“无论城乡，本人教育对于确定职业地位都是最重要的”。此外为揭示不同社会发展阶段教育对职业大致的影响程度的变化，他们还把被调查者分成四组：16~27岁、28~38岁、39~55岁和56岁以上。这四组人分别在改革开放年代、1966—1976年、新中国成立初期及1949年以前接受教育和开始工作。结果显示，年代越晚，本人所受教育与本人职业的联系就越紧密。

D3. 教育与个体收入

1. 在美国，学位越高者收入也越高

根据《美国统计摘要》，在20世纪90年代中期，以会计学为例，有硕士学位的就业者比有学士学位的就业者的年收入要高出15%左右；以计算机科学为例，两者之比，高出的比例为30%左右，如果有博士学位，则比硕士学位要高出60%左右。

有研究进一步指出，几乎所有类似的研究都表明，受教育程度越高，职业地位就越高，收入也越多。即使是来自同一类型家庭，原来考试成绩一样、最初职业也相似的人，大学毕业的比高中毕业的人最终获得的职业地位要高。在同样的背景下，念完高中的人比没有念完高中的人，收入要高出约51%；大学毕业生比大学没毕业的人，收入要高出76%；“好”大学的毕业生比一般大学的毕业生，收入要高出28%。有学者根据1991年加拿大人口普查资料的研究，也获得了类似的结果。

研究指出，1987年美国不同教育水平男性的平均收入成正相关。见表4–3。

表4-3　1987年美国不同教育水平男性的平均收入情况　（单位：千美元/年）

教育年限	年龄					
	18~24岁	25~34岁	35~44岁	45~54岁	55~64岁	64岁以上
12年	10.04	19.75	24.75	27.01	25.04	13.12
16年	14.81	28.77	38.03	45.60	41.13	21.14

2. 欧洲的识字水平与收入水平

欧洲的识字水平与收入水平见表4-4。

表4-4　欧洲识字率与收入水平

识字水平与收入位次		人均GNP	
国家	收入位次	1913年	1970年
识字率超过70%			
瑞典	很低	680	3411
丹麦	低	862	2716
挪威	低	749	3495
瑞士	高	964	2661
德国	中等偏下	743	2873
苏格兰	高	965	2284
芬兰	很低	520	2797
荷兰	高	754	3334
识字率约为50%			
英格兰和威尔士	很高	965	2284
比利时	高	894	2654
法国	中等	689	3029
奥地利	中等	498	2168
识字率低于50%			
西班牙	中等偏下	367	1179
意大利	低	441	1694
匈牙利	低	498	1851
罗马尼亚	很低	292	1247
葡萄牙	低	336	1360
希腊	很低	263	1755
俄罗斯	很低	326	1887

3. 菲律宾的教育与个体收入

在菲律宾，1981年那些完成初等教育的人的收入是那些没完成这一级教育者收入的1.23倍；那些完成中等教育的人的收入是没完成初等教育者收入的2.11倍，而那些完成高等教育的人的收入是没完成初等教育者收入的3.9倍。根据世界银行1991年的估算，每增加一年学校教育，在韩国能使人们的收入增加6%，在马来西亚能使男性的收入增加16%，使女性收入增加18%；每增加一年初等教育，在泰国能使男性的收入增加17%，使女性的收入增加13%；每增加一年中等教育，在印度尼西亚能使男性的收入增加8%，使女性的收入增加12%，在泰国则使男女的收入分别增加7%和25%。

4. 中国不同教育阶段的收益

（1）教育对居民主观幸福感具有重要影响

第一，总体来看，教育水平和教育回报均对居民主观幸福感具有显著的正向影响。

第二，分群来看，教育水平提升会显著增加教育水平较低、农村户口、男性三类群体的主观幸福感；收入提高能够显著强化教育水平较低、城市户口及男性居民的幸福体验；而社会交往则会促进所有群体幸福感的显著提升。

第三，教育的物质和非物质回报在教育水平影响居民幸福中的中介作用均较为显著，不过相较于社会交往，代表物质回报的收入在其中所发挥的作用更为明显。

此外，教育水平对居民主观幸福感的影响仍然以直接效应为主，中介效应大小目前尚未达到直接效应三分之一水平。

（2）赖德胜的研究成果　赖德胜（1998）在其博士论文中也对1995年中国城镇职工的教育收益率进行了估算，其结论是教育的平均收益率为5.73%，即教育年限每增加1年，个人收入可增加5.73%。与1988年相比，中国教育投资的收益率有明显提高。

（3）既有的研究已经显示，个体在现代社会中的竞争力与受教育程度有关，作为竞争力的一项指标，个体的收入也与受教育程度密切相关。

根据《中国青年报》的报道，湖北省统计局的一项调查表明，大学本科及以上学历者的年均收入比只有小学文化程度的人高出 7 倍；《生活时报》的报道则指出，大专以上与大专以下学历的收入差距是 2 倍；还有被广泛引用的 1994 年一个专家小组在沪宁线一带的城市群所做的“学历与收入关系”调查，结果显示，小学、初中、高中、中专和大学不同学历毕业的人，收入比为 1：1.17：1.26：1.28：1.80；广州现代教育科学研究中心在广州市所做的类似调查也获得了相似的结果，小学、初中、高中和大学不同学历毕业的人，收入比为 1：1.21：1.28：1.73。

能力训练

案例 4.2.2

成材之路：爱新觉罗家族后裔

王能智是我国在青少年中开展探究性学习的先行者。即使他的名字在今天还不及一个中学生熟悉的歌星那样有名气，我相信他的价值会被越来越多的人认识。

今天，“探究性学习”一词正被越来越多的师生重视，我们也不妨以探究性学习的方式去了解王能智。就是说，也需要探讨、质疑，需要了解他本人的成长和他的困惑……那就让我们先忘掉他是个特级教师，把他还原为一个学生，考查一下这个学生的成长对今天这个王能智究竟有怎样的影响。

王能智生于1942年12月2日。他有个近乎传奇的家世。他是爱新觉罗家族的后裔，姓王从他的爷爷开始。

王能智的爷爷18岁离家出走，给自己取的汉族名叫铁群。那是1906年，清王朝覆灭之前。铁，在汉语中有散失的意思，也有超越的意思。“王铁群”三字，似有离开八旗族群出走之意，也可理解为有“超群”的决心。王能智的奶奶叫章梅英，是蒙古王公的格格，她是私奔出来与王铁群结婚的。

王铁群18岁跑到日本留学，与留日学生蒋介石住在一个宿舍，同班同学还有何应钦。后来蒋介石跟了孙中山，王铁群跟了张作霖。西安事变后，张学良被蒋介石软禁，王铁群也一度被扣，后来去了台湾。

王能智的父亲叫王运实，从不过问政治，曾在日本东京帝国大学攻读工程技术，回国后在当时国民政府建设总署工作。1949年后，其父曾任交通部水利设计院总工程师。王能智的母亲叫陈珣，是上海同济大学西语系的大学生。这是王能智的家庭背景。

王能智6岁就读于北京孔德小学，即今天的东华门小学。家住南池子原张学良公馆，是张学良送给王铁群的。他初中毕业，没考上高中，15岁到北京照相机厂当学徒，学了3年车工，这就18岁了。

1960年，18岁的王能智学徒期满，站在北京照相机厂门口，望着萧条的街市，想着渺茫的前途……谁能想到，2003年北京市会向全市师生推介这位王能智？

那个当年连高中都没有考上的学生，与今天这个“特级教师”王能智，有着多么遥远的距离。王能智怎样走出他的18岁？

由于父亲常常不在家，王能智跟随母亲长大。

我一直很注重父母对孩子的影响，就问他：“在你的童年，母亲给你最深的印象是什么？”

他想了想，说：“母亲很少教训我。”

“为什么这么说？”

“我小时候很贪玩、淘气，不守纪律，不好好完成作业……你想，我都到了高中没考上的程度，不能说不严重，好像哪个母亲都会苛责的，但我母亲很少批评我。”

“不爱你？”

“爱，很爱！”

“那……是溺爱？”

“不能算。”

“为什么？”

“因为我没有做坏事，我只是对学校要求的没有做到。再有，我好发疑问，常常也没有按要求答题。我母亲也知道，她没批评我。”

我隐约能看见20世纪30年代的同济大学和大上海对他母亲的影响，能看见他母亲的见识和文化开启着他童年对没见过的世界的想象力。王能智的好发问和好发疑问，就是在这个背景里出现的……母亲从未训斥他“你不许这么想”“不许这么说”。母亲会反问他：“你怎么想到这个问题？”他至今记得母亲如此反问的神情。母亲不怎么直接赞扬他，也并不总能回答他那些稀奇古怪的问题，但母亲反问的神情已带着欣赏，这就增长了他的自信。我想，也许可以说，他儿时最大的收获，恐怕要算是母亲很好地保护了他好发疑问、爱独立思考的天性。

读完初三，没考上高中，这似乎是人生中一个不小的挫折。但是，爱独立思考的天性已经在他头脑里发育到了15岁，自信心也已经是他体内生长起来确实存在的东西。自信心怕的就是没有发育生长起来，一旦生长起来，这是不容易扑灭的。

“你想去当学徒，你母亲同意吗？”我问。

“她没反对。”

3年学徒期满，他想再读书了。母亲说，那你就再考。

1960年的饥荒，曾经使中国农村流失了大量学生，北京的课堂也宽松起来。就在这年，王能智考上了北京六十五中。

18岁的王能智坐进高中课堂，看起来是个大龄生，但他这时学到的东西是与其他高中生不同的。今天的王能智还认为，他15岁到工厂当了3年学徒，那其实也是他一生中重要的学习阶段。我注意到，他18岁才读高中的经历，也使他当上教师后善待那些学业差的学生，并不轻易地认为他们不行，而确信只要帮助他们建立起信心，他们赶上去并不晚。

王能智是不是很有天赋？我无法简单而言。但我从他身上看到，自信心需要在成长中培养，独立思考却是与生俱来的。若说“天赋”，这“与生俱来”就该是天赋。如果你仔细观察，会发现每个孩子天生就是有个性、有思想的。一个人如果不会独立思考，那不是没有培养出来，而是在成长中被大人们扼杀了。

人生不可能不遭遇挫折，但有了“独立思考”和“自信”这两件东西，才有能力来迎接人生的挫折。

问题与思考

1. 王能智的成才是“天赋”的决定作用吗？
2. 家庭教育对其成才起到了什么作用？如何实现的？
3. 学校教育对其成才起到了什么作用？如何实现的？

小结

人的发展不是一个自然而然的过程，是一个充满了偶然性和必然性的复杂过程，有自然的成熟与快速的成长、偶然的运气与必然的机遇、苦思冥想不得其解与一遭顿悟触类旁通、师父领进门与修行在个人、教育的范围与遗传的极限等。除教育之外的三个影响因素自有其自身的影响机制和“个性”，它们有时和谐“默契”，有时冲突对立。唯有教育是有意识的、主动的、负责任的、有张力的、会沟通的、有使命（感）的，是真正“人性”的。归结个人发展与教育之间的关系有以下几点。

1. 人是制约教育的根本因素，教育是主导人的发展的主要因素，人的发展是教育的对象。也就是说，人在教育中，教育在人中。

2. 教育与人的发展通过物质、能量和信息的交换实现相互作用。其中，主要形式是信息的流动。

3. 教育的本体功能是人的“生产”和“再生产”，其前提是人的发展的规律和教育规律。

4. 教育的三大外部关系反映出教育存在的客观条件。人口系统是构成人类社会生态基础的重要方面；物质生产系统与文化系统（包括教育系统）是人类为维持自己的生存与发展所必须进行的物质产品与精神产品的生产活动。生产活动中内含着教育的本体功能和派生功能。

5. 当代教育的功能是促进人、生态、社会与教育自身的和谐、可持续发展，是促进和维持四者关系平衡的主体部分，因为教育是纽带，是调节器，也是人类发展的目的。

自我评价

1. 分析影响人的发展的因素构成。
2. 论述人的发展的规律。
3. 为什么学校教育在人的发展中具有主导作用？
4. 为什么教育可以改变一个人的命运？
5. 论述学校教育促进人的社会化的措施。
6. 论述教育与人的发展规律之间的关系。
7. 论述教育在人、社会、生态三者中的地位与作用。
8. 分析案例：运用相关理论分析问题，并进行富有逻辑的阐述。

参考文献

[1] 程正方. 野兽哺育的孩子与隔离人世的儿童[M]//瞿葆奎. 教育与人的发展. 北京：人民教育出版社，1989.
[2] [美]墨顿・亨特. 心理学故事[M]. 李斯，王月瑞，译. 海口：海南出版社，2002.
[3] [美]罗伯特・F. 墨菲. 文化与社会人类学引论[M]. 王卓君，译. 北京：商务印书馆，2009.
[4] [俄]弗兰克. 社会的精神基础[M]. 王永，译. 北京：生活・读书・新知三联书店，2003.
[5] 王铭铭. 人类学是什么？[M]. 北京：北京大学出版社，2002.
[6] 邱泽奇. 社会学是什么？[M]. 北京：北京大学出版社，2002.
[7] [美]布兰思福特. 人是如何学习的：大脑、心理、经验及学校[M]. 程可拉，等，译. 上海：华东师范大学出版社，2002.
[8] 马克思恩格斯全集（第3卷）[M]. 北京：人民出版社，2002.
[9] 1844年经济学哲学手稿[M]. 北京：人民出版社，2000.
[10] 马克思恩格斯选集（第1卷）[M]. 北京：人民出版社，1995.
[11] 叶澜. 教育概论[M]. 北京：人民教育出版社，1991.
[12] 孙喜亭. 教育原理[M]. 北京：北京师范大学出版社，2002.
[13] 北京师范大学. 在职攻读教育硕士学位全国统一（联合）考试大纲及指南[M]. 北京：北京师范大学出版社，2003.
[14] 中央教育科学研究所比较教育研究室. 人的发展[M]. 北京：教育科学出版社，1989.
[15] [美]阿历克斯・英格尔斯. 人的现代化——心理、思想、态度、行为[M]. 殷陆君，译. 成都：

四川人民出版社，1985.
[16] 文汇报（香港）. 东亚人平均智商冠全球——天生脑容量最大，欧洲人排第二[N]. 大连日报，2006-03-29.
[17] 黄金旺. 简论学生潜能的开发[J]. 广西教育，2000（03）：6-7.
[18] 原国家卫生部新闻办公室. 我国儿童体格发育呈快速增长趋势[EB/OL]. [2006-12-30]. 中国网.
[19] 教育部体育卫生与艺术教育司. 第八次全国学生体质与健康调研有关情况介绍 [EB/OL]. [2021-09-05]. 中华人民共和国教育部网.
[20] 教育部. 解读《教育部等五部门关于全面加强和改进新时代学校卫生与健康教育工作的意见》和第八次全国学生体质与健康调研结果 [EB/OL]. [2021-09-03]. 中华人民共和国教育部网.
[21] 沐铁城，王琳琳. 去年我国儿童青少年总体近视率为52. 7%[EB/OL]. [2021-07-13]. 新华网.
[22] 中共中央办公厅. 国务院办公厅. 关于 2002 年学生体质健康监测结果公告[EB/OL]. [2023-11-12]. 中华人民共和国教育部网.
[23] 廖浩宇. 24. 6%的青少年患有抑郁，是什么夺走了他们的快乐？[EB/OL]. [2021-05-21]. 网易.
[24] 于遵素，杨雪姣. 2020 版“心理健康蓝皮书”出炉：逾九成小学生初中生睡眠不足[EB/OL]. [2021-03-10]. 人民网
[25] 皮书说. 心理健康蓝皮书：中国国民心理健康发展报告（2019-2020）[EB/OL]. [2021-03-03]. 皮书网.
[26] 杨枫，黄豁. 性早熟儿童增速惊人[N]. 人民日报，2004-06-14.
[27] 中国新闻网. 女孩青春期发育平均年龄 9. 2 岁，比 30 年前早 3. 3 岁[EB/OL]. [2009-04-22]. 中新网.
[28] 中国新闻网. 女孩患性早熟成年患乳腺癌风险加倍[EB/OL]. [2007-10-12]. 中新网.
[29] 李悝，谢鑫名. 7 岁女孩乳房现“硬核”，父母吓一跳[N/OL]. 石家庄日报，2019-03-21[2019-03-25]. 央视网.
[30] 湃客. 未成年女性发生性行为，究竟对身体有多少危害？[EB/OL]. [2021-07-23]. 澎湃在线.
[31] 封面报道. 今天中国人的社会性格[J]. 南风窗，2013（15）.
[32] 中国新闻网. 香港女孩澳洲获男女性以外的X性别或为华人首例[EB/OL]. [2013-11-07]. 中新网.
[33] 关庚寅. 幸运的“猪孩”[EB/OL]. [2002-12-11]. 搜狐网.
[34] 陈琦岩，王世海. 辽宁鞍山女“猪孩”与猪为伍 11 载 如今喜为人母[N]. 辽沈晚报，2002-05-29.
[35] 邓小波. 传奇女子雷运姣中国之最：50岁上大学[N]. 新商报，2003-07-20.
[36] 老杉，曹晓洁. 高考 385 分上技校，还没毕业，就被三家跨国 500 强争抢 [EB/OL]. [2021-09-15]. 百度网.
[37] 王者荣耀空心. 中国最牛专科生曹晓洁：高考 385 分，没毕业就被世界名企高薪录用 [EB/OL]. [2021-04-14]. 网易网.
[38] 鲁洁. 教育社会学[M]. 北京：人民教育出版社，2001.

[39] 邱泽奇. 社会学是什么[M]. 北京：北京大学出版社，2002.
[40]《教育学原理》编写组. 教育学原理[M]. 北京：高等教育出版社，2019.
[41] 张人杰，王卫东. 20世纪教育学名家名著[M]. 广州：广东高等教育出版社，2002.
[42] 刘惠林. 中国的发展与教育[M]. 哈尔滨：黑龙江人民出版社，2000.
[43] 赖德胜. 教育与收入分配[M]. 北京：北京师范大学出版社，2001.
[44] W. E. Becker&D. R Lewis. The Economics of American Higher Education[M]，Boston：Kluwer Academic Publisher，p. 101.
[45] 李嘉. 新“读书无用论”：一个经济根源的剖析[J]. 教育研究，1989（09）.
[46] 袁连生. 教育成本计量探讨[M]. 北京：北京师范大学出版社，2000.
[47] 马和民. 新编教育社会学[M]. 上海：华东师范大学出版社，2002.
[48] 王宏甲. 中国新教育风暴[M]. 北京：北京出版社，2004.

第五章 教育目的问题

内容提要

教育目的是联系教育内部要素及其与社会、生态、人关系的重要纽带。教育目的的学习可以从教育目的的一般知识、我国教育目的的基本理论展开。

人是有意识的，人的活动具有目的性，这为认识教育目的确立了前提条件。教育目的是教育活动的出发点和归宿，与教育的各个元素都存在着内在的、必然的密切联系，是教育外部关系和内部关系相互作用的表现，对教育具有多重功能。制约教育目的的多元因素使我们能够认识到，教育目的是历史的与现实的，是民族的与世界的。教育实践过程中，教育目的有不同层次的表现形式。我国教育目的以马克思主义人的全面发展学说为理论依据，以中国共产党百年教育目的历史演进为事实依据，规定了人的德智体美劳综合素质的全面发展，涵养着鲜明的中国特色社会主义的精神实质。

关键词

教育目的；教育方针；全面发展；优势特长；中国特色社会主义教育；五育并举

学习目标

1. 了解历史上的教育目的观、我国教育目的观演进的历史逻辑。
2. 理解现代教育目的确立的依据。
3. 识记教育目的的界定。
4. 认同并会应用新时代教育目的。
5. 形成对教育目的的认识、分析与应用能力。
6. 熟读案例分析和思想资源，理解相关观点。
7. 根据分析建议独立完成案例分析。

第一节　教育目的概论

学习目标

1. 了解教育方针及其与教育目的的关系。
2. 了解历史上的教育目的观。
3. 理解教育目的的功能。
4. 掌握教育目的的特征。
5. 牢记教育目的的涵义与构成。
6. 熟读案例分析和思想资源，理解相关观点。
7. 根据分析建议独立完成案例分析。

观点与原理

1. 在社会活动层面上，目的是想要达到的结果。教育是人类社会的一种活动，必然是有目的的活动。而且，一项活动的目的蕴藏着至少一种价值取向。这是由人的特性所决定的。这是教育目的存在的客观必然性。

2. 教育目的有广义和狭义之分。广义的教育目的是指教育要达到的预期结果；狭义的教育目的是指一定国家（或执政党）为所属各级各类学校培养人所确立的总体要求。广义的教育目的可以是任何一个人或者团体或组织所有的，狭义的教育目的专指国家或执政党的学校教育目的。

3. 教育方针是指国家根据政治、经济的要求，为实现教育目的所规定的教育工作总方向，是教育政策的总概括，规定着“为谁培养人”“培养什么人”“怎么培养人”三个教育根本问题，内容包括发展教育事业的指导思想和路线、教育目的及实现教育目的的基本途径等。全面贯彻党的教育方针，坚持教育为社会主义现代化建设服务，为人民服务，与生产劳动和社会实践相结合，培养德智体美劳全面发展的社会主义建设者和接班人。

4. 教育目的是教育活动的出发点和归宿，决定着教育的发展方向和质量。

5. 教育目的具有对教育定向、协调、激励和评价等复合功能。

6. 教育目的具有历史性、时代性和民族性与期望性、实践性和因果的统一性等特征。

7. 在不同层次上，教育目的又分别表现为具有国家的教育目的和更具体、更有可操作性的各级各类学校的培养目标、教学目标、课程目标和学习目标。上一级教育目的（目标）是确立下一级目标内容的本源，以下一级目标的实现为前提；下一级目标是上一级教育目的（目标）的具体化、特殊化。

8. 确立教育目的应该依据社会历史条件（生产力、生产关系、政治关系、政治制度、文化等）、生态因子、个人发展规律和教育的可能等标准，以一定的理论为指导。

9. 在微观层面上，教育目的的实现以各级各类学校的培养目标为前提，主要通过师生交往实现。

典型案例解读

案例 5.1.1

古代雅典与斯巴达的教育目的

在奴隶社会的希腊，存在着两种截然不同的教育目的。

古代雅典的教育目的是培养有文化有修养和多种才能的政治家和商人，注重身心的和谐发展，教育内容比较丰富，教育方法也比较灵活。而古代斯巴达的教育目的则是培养统治阶级的强悍军人，强调军事体育训练和政治道德灌输，教育内容单一，教育方法也比较严厉。

为什么雅典确定了如此的教育目的呢？公元前 5 世纪，雅典成为希腊文明的中心。雅典位于希腊东南的阿提卡半岛。雅典人是爱奥尼亚人的一支，公元前 1600 年进入阿提卡。在公元前800年前后建立了国家的雏形。公元前753年，国家政权逐渐转入贵族手中。由于贵族统治使大部分农民因为负债而沦为奴隶，于是出现梭伦改革，促进了私有财产的发展，公民被赋予了政治权利，为民主政治的形成奠定了基础。公元前 506 年以后，克里斯提尼又进一步推进了雅典的政治民主化改革进程。克里斯提尼的改革标志着百余年来雅典平民反对贵族斗争的胜利结束，雅典的民主政治终于战胜了贵族政治。从此，雅典的政治、经济、文化等便以民主制度为基础迅速发展起来。基于雅典所建立的讲究民主的社会制度，雅典人所理解的教育就是不包括强迫儿童做什么，而更多是指导儿童的自发活动，其中既包括教师有计划、有目的的指导和培养，又包括儿童在活动中、在受教育中，身心得到自然而和谐的发展。和谐是雅典教育的一个核心概念、根本内涵，身心的和谐发展是雅典人所理解的教育的最主要内容。雅典教育把国家的意志与青少年的内在需要巧妙地结合了起来，进而将体力与脑力结合起来、高尚的心灵与健美的体魄结合起来、智育与德育及体育和美育等结合起来。在雅典，教育儿童既是国家的义务，也是每个父亲的职责；国家并不干预整个教育的细节，也不对教育进行绝对地控制。这还得归功于梭伦的教育立法：要求每一个男孩都能学习识字和练习游泳。这个依法管理教育的习俗一直沿袭了下来。雅典最高法院除了管理司法工作外，还负责雅典的教育工作。雅典的教育分为学前教育和学校教育两个阶段。在学校教育中，雅典的教育可以分为两大类：体育和音乐教育。儿童在 16 岁以前进角力学校接受体育训练，除一般的坐、立、行等姿势的训练外，还进行体育专项训练，以使得学生不仅有健美的身体，还拥有文雅而得体的行为举止。音乐教育在雅典人的教育中几乎包括了除体育以外的所有的科目，它不仅指节奏、旋律、声调，而且包括诗歌、阅读、写字、算术，甚至包括法律、哲学和自然科学，是凡有关增加知识、陶冶灵性、培养德行的学问都算在音乐教育的范畴之中。而且，雅典人还注意通过体育和音乐教育进行道德教育。

然而，古代斯巴达的教育目的是培养统治阶级的强悍军人，强调军事体育训练和政治道德灌输，教育内容单一，教育方法也比较严厉。这些表明了斯巴达教育突出的军事性。斯巴达有权受教育的儿童七岁后就由国家集中训练。为了培养他们坚韧的性格，一年四季只穿单衣一件，饮食粗劣，还要经常挨鞭打，并不许哀号。为了训练机警和残杀奴隶的本领，组织他们半夜袭击奴隶的居住地，比赛谁杀的奴隶多。即使学习舞蹈和音乐，也是以模仿军事动作的舞蹈和军乐为主。斯巴达的教育目的过分强调军事教育完全是为了奴隶主阶级镇压奴隶的需要。因为，在斯巴达，只有 4500 名斯巴达人，却有 25 万奴隶。为了统治如此多的奴隶，非借助于武力不可。斯巴达人是多利安人的一支，从公元前 12 世纪从北方侵入希腊南部的伯罗奔尼撒并于公元前八世纪成了这块土地的主人。之后，他们还不断地扩张，也在不断地进行着镇压。为了镇压奴隶，从公元前 7 世纪中叶，斯巴达就把全国变成了一座大军营。斯巴达贵族按照军事生活来制订自己的建国大纲，从政治、经济到文化教育无不以强化军事专制为其目的。从此，斯巴达就走上了与希腊其他城邦完全不同的道路。斯巴达人从小就要接受军事训练，没有受过军事训练的人不能享有公民权。事实上，斯巴达人的一生就是军人的一生。表现在教育方面，就是斯巴达立法者为了适应其特殊的社会政治经济生活的需要，建立了一套以培养战士为唯一目的的教育制度。之所以如此，是因为斯巴达为了牢固地维护斯巴达的国家权力和社会政治制度，从而把教育作为治国的最主要的工具。在教育内容方面，忍受劳苦的训练和受鞭打是必修的；体育和音乐及舞蹈也都是围绕着军人的培养和战争的需要来进行的。在智育方面，文化科学知识的学习几乎被否定了。甚至连最基本的读、写、算都不能得到保证。他们对于历史、地理、天文学几乎无知。修辞学在那里受到鄙视，在外国学了修辞学的人回国后要受到惩罚。不过，斯巴达人十分注重训练儿童能用简单扼要的语言表达自己的意思，重视诗歌和记忆。斯巴达的道德训练是其教育的两大杠杆——军事训练和道德训练之一。道德教育贯穿全部教育的全过程之中，贯穿儿童以至少年、青年的整个教育时期。道德教育渗透在体育、音乐舞蹈、军事训练以至于屠杀和凌辱奴隶的罪恶行为之中。道德教育的中心是训练青少年绝对服从，包括绝对忠于祖国、勇敢屠杀以及对奴隶的残忍。

案例分析

教育是人类社会特有的活动，而人是有意识、会思维的生物，因此，人的活动都是有目的的活动，教育目的必然是存在的。

案例反映出古代雅典和斯巴达的教育目的是价值取向不同的教育目的，反映出教育目的观的多样性。古代雅典的教育目的是人本位取向的教育目的观的产物，而斯巴达的教育目的是社会本位的教育目的观的产物。不过，人本位的价值取向和社会本位的价值取向，虽各有一定的道理，但都有其方法上的僵化性和绝对性。其实，一个社会（或国家、民族）教育目的的选择，不只是价值选择确立的问题，还有价值实现的问题；不只涉及整个社会（或国家、民族）教育事业的目的问题，还涉及具体教育实践的目的问题。因此，应以动态的、层次对等的方式来认识和看待教育目的选择中人与社会、生态的关系问题。

首先，就一个社会（国家或民族）整体教育目的而言，在其价值取向上要把满足人的需要和社会需要、生态需要结合起来，把重视人的价值和重视社会价值、重视生态价值结合起来，把人与社会发展、生态发展的互依性、互动性、互利性作为社会整体（包括生态）教育目的的根本价值取向，既有利于避免一个强调社会的教育对人的压抑，也有利于避免教育对人的培养脱离社会和生态的实际与发展的需要。其次，就价值取向的实现过程而言（即教育的实际运行过程），把满足社会需要、生态需要与满足人的需要结合起来，不能僵化理解成三者在实践中“平分秋色”或“分量相等”，应予以动态的、发展的把握。在价值实现过程中，能够从发展变化的实际情况和需要出发，使三种教育价值（见本节H，人本位和社会本位之外的第三种取向是生态本位取向，指以生态环境的利益为根本确立教育目的，人与社会的需求围绕生态环境的需要与发展去适应。）在不同程度上、以不同的方式统一于教育目的或教育过程。这就是说，三种教育价值的结合在实现过程中不应是僵化地以个人或社会、生态的价值作为基点，而是互为基点。最后，就价值实现的实践着眼点而言，要落在人的发展上。因为，教育无论是满足社会需要、生态需要还是满足人的需要，都是要通过人的发展来实现的。没有人的发展，一切都是空话。可见，人的发展是教育的直接目的，是教育的社会价值、生态价值和人的价值实现的着眼点。这样说，并不是要否认教育的社会目的、生态目的，否认教育目的的社会价值或者生态价值。事实上，在社会中，一个人应该怎样发展，不只是有人自身的依据，还有其所在社会、生态的依据。一个人怎样发展，在相当大的程度上是根据社会和生态的发展变化的实际来确定的。不仅个人是如此，教育也是如此，只不过对发展的选择有所不同罢了。总之，雅典和斯巴达虽处于同时期的希腊，却有截然不同的教育目的，反映出教育目的的确立是社会、生态、人的多元因素综合作用的结果——社会（国家、地区或阶级）意志的体现，其中尤以政治的作用突出。

案例还告诉我们，教育目的对于教育乃至国家具有重要的定向功能。毕竟，教育是一个国家、政党实行管理、统治的重要工具。而且，教育目的是教育活动的出发点与归宿。出发点表现为，一切教育的举办和实践都是有目的的，也就是有教育目的的；归宿是指学生评价、教师评价、学校评价、教育评价都是围绕教育目的展开的，特别是各级毕业考试的标准。所以，教育目的能够决定教育发展的方向、质量与水平，对国家的发展产生重大影响。我们还可以说，古代雅典的兴盛与古代斯巴达的衰落都与其各自的教育目的具有密切的关联（见本节T4）。之所以，不同国家会制定并实行不同的教育目的，是因为生态环境的限定性往往使得其不得不做出这样或者那样的选择。毕竟社会或者说人的活动是在地球这样的生态环境下存在的。这不是悲观论也不是环境决定论的论调，而是现在以及未来人类选择的基本思维方式。

思想资源

历史沿革

H. 历史上的教育目的观

1. 教育有目的论与无目的论

有一种教育理论，认为教育无目的，否认教育是人们根据一定的价值追求，对教育对象进行的一种有目的培养活动。杜威的实用主义教育学，就是这种观点的集中代表。在他看来，个人经验的不断扩大、不断积累，是教育过程同时又是教育目的。他认为，教育过程在它本身以外无目的，它就是它自己的目的。一个真正的目的和一个从外面强加给活动过程的目的没有一点不是相反的。他主张教育是发展，它不服从于任何目的，它就是目的本身。这种不超出个人发展的教育目的，失去了它的客观性，因而是不科学的。

2. 人本位、社会本位和文化本位的教育目的观

教育目的选择确立的价值取向，涉及的基本问题是人本位和社会本位的价值取向问题。

（1）人本位的价值取向　即把人的价值看成高于社会价值，把人作为教育目的根本所在的思想主张。其特点是：重视人的价值、个性发展及其需要，把人的个性发展及需要的满足视为教育的价值所在；认为教育目的的根本在于使人的本性、本能得到自然发展，使其需要得到满足；主张应根据人的本性发展和自身完善这种“天然的需要”来选择确立教育目的，按照人的本性和发展的需要来规定教育目的。人本位的价值取向主要反映在自然主义和人文主义的教育思想之中，其主要代表人物是法国思想家卢梭、瑞士的裴斯泰洛齐、德国的康

德、美国的马斯洛、法国的萨特等。

人本位的价值取向，虽然都把人作为选择教育目的的根本依据，把人的价值看得高于社会价值，但在历史发展的过程中，其表现也不尽相同。一是在不同的历史发展时期，各种人本位的价值取向背景和针对性有所不同。古希腊智者派的人本位价值取向基于人是万物的尺度和对人的个性的崇拜……文艺复兴时期的人本位的价值取向……18—19 世纪自然主义（以卢梭为代表）人本位的价值取向……人文主义则以善良意志、理性、自由及人的一切潜在能力的和谐发展为宗旨（以康德和裴斯泰洛齐为代表）二是在对待人与社会的关系上，人本位的价值取向虽都视人的价值高于社会价值，但在其态度上，具有对立与非对立之分，具有激进和非激进之别。激进的人本位价值取向的思想家，从人与社会的对立上来强调人本位的主张。18 世纪法国启蒙思想家卢梭就是典型的代表。非激进的人本位价值取向的思想家则不是从人与社会的对立上来强调人本位的主张，他们不否认人的社会性，不否认人的发展是有其社会需要的。

人本位的价值取向把人视为教育目的的根本，它在历史发展中的每一变化，都具有不同程度的变革性，或面对社会，或面对教育自身。在人类历史的进程中不乏进步意义，特别是在文艺复兴以后的历史条件下，它高扬人的个性自由解放的旗帜，对于打破宗教神学和封建专制对人的束缚，促进人的解放，使教育回归到人间，起了重大的历史奠基作用。在人的自由和个性解放，提升人的价值和地位等方面具有深远的历史意义。直到今天，也不失一定的合理之处。但在变革社会和教育的探讨过程中，不免带有历史唯心主义色彩和过激的观念意识……这种倾向极易在现实中导致个性、自由和个人主义的绝对化。因此，人本位的价值取向在社会发展中带有明显的片面性。

（2）社会本位的价值取向　与上述人本位价值取向相对应，把满足社会需要视为教育的根本价值。这种观点认为，社会是人们赖以生存发展的基础，教育是培养人的社会活动，教育培养的效果，只能以其社会功能的好坏来加以衡量，离开社会需要，教育就不能满足社会的需求。因此这种观点主张，教育目的不应从人的本位出发，而应从社会需要出发，根据社会需要来确定。这种观点，古已有之，但其理论的鼎盛时期是在 19—20 世纪初，其主要代表人物有德国的纳托普、凯兴斯泰纳，法国的孔德和涂尔干等。

社会本位的价值取向虽是 19—20 世纪初一些社会学家的共同特点，但其出发点也有所不同。有的是基于人的社会化、适应社会要求来主张社会本位的价值取向。在他们看来教育要造就社会化的人，就应按照社会需要来培养人……有的是基于社会（国家或民族）稳定或延续的重要性来主张社会本位的价值取向。

社会本位的价值取向重视教育的社会价值，强调教育目的从社会出发，满足社会的需要，具有一定的合理性……但它过分强调人对社会的依赖，把教育的社会目的绝对化，唯一化，甚至认为“个人不可能成为教育的目的”。这种极端的主张，完全割裂了人与社会的关系，极易导致教育对人的培养只见社会不见人，单纯把人当作社会工具，而不是把人作为社会主体来培养，造成对人本性发展的严重束缚和压抑。这种情况在集权式国家的历史发展中已屡见不鲜。

（3）以文化为中心的教育目的论　我们称它为文化中心教育目的论或者文化本位教育目的论。这种教育目的，与其说是培养善于处理当前问题、务实的人，不如说是培养有丰富教养、能在大变革的时代中，不失本质因素和永恒因素的、有教养的人。

3. 教育适应生活说与教育准备生活说

（1）教育适应生活说的代表人物是杜威。杜威认为，学校即社会。他要求把学校办成和现有社会制度一样的环境，以便从中培养能完全适应眼前社会生活的人。他明确提出，应把学校创造为一个小型的社会，一个雏形的社会，使每个学校都成为一种雏形的社会生活以反映大社会生活的各种类型的作业进行活动，当学校能在这样一个小社会的引导和训练每个儿童成为社会的成员，用服务的精神熏陶他，并授予有效的自我指导的工具，我们将有一个有价值的、可爱的、和谐的大社会的最深切和最好的保证，从而使学生在学校就接受服务于大社会的熏陶与训练，从而将来能适应这种社会生活。

（2）教育准备生活说的代表人物是斯宾塞。斯宾塞认为，教育目的是为完满生活作准备。针对古典主义者对古典学科价值的辩解，他认为，最重要的问题并不在于某些知识有无价值，而在于它的比较价值，由于时间有限，我们应该力求把我们的时间用去做最有益的事情。按照重要的程度，人类活动可以自然排列成：①直接有助于自我保全的活动；②从获得生活必需品而间接有助于自我保全的活动；③目的在抚养和教育子女的活动；④与维持正常的社会和政治关系有关的活动；⑤在生活中的闲暇时间用于满足爱好和感情的各种活动。这五种活动与科学有着密切的关系，因此，科学知识，即生理学和解剖学，逻辑学、数学、力学、化学、天文学、地质学、生物学、社会科学，心理学和教育学，历史，文学和艺术，对人类生活最有价值。

理论资源

T1. 关于教育目的的若干定义

1. 我国辞书中教育目的的定义

（1）教育目的是把受教育者培养成为一定社会需要的人的总要求，是教育工作的出发点和最终目标。

（2）一定社会培养人的总要求，是根据不同社会的政治、经济、文化、科学、技术发展的要求和受教育者身心发展的状况确定的……它反映一定社会对受教育者的要求，是教育工作的出发点和最终目标，也是制定教育目标、确定教育内容、选择教育方法、评价教育效果的根本依据。

（3）教育目的规定着把受教育者培养成什么样的质量和规格的人，是教育工作的出发点和归宿，是教育要达到的标准或效果。

（4）教育目的（aims of education）是培养人的总目标，是教育实践活动的出发点。

2. 学者的定义

（1）南京师范大学教育系将教育目的解释为，通过教育把受教育者培养成什么样的质量和规格的人。

（2）王道俊先生和王汉澜先生认为，教育目的是对教育所要造就的社会个体的质量规格总的设想或规定。

（3）叶澜先生认为，教育目的是对教育活动结果的预先规定，即对培养什么样的人的规定。

（4）教育目的是一种关于教育过程预期结果的价值取向。

（5）黄济先生认为，从总的教育目的来看，它集中反映了一定的社会（或一定的阶级）

对于所要培养的人的总的要求，包括了各级各类学校所应当遵循的共同目标，所反映的是对人的一般要求，不受教育对象的具体特点和儿童身心发展规律的影响。

（6）孙喜亭先生认为，简单地说，教育目的是人们在观念上、思想上对教育活动结果的设计以及借助一定教育手段通过一定的教育途径去达到某种结果的设计。人的活动都是有目的的。它根本不同于动物的本能的生命活动，人在创造和实际的建造某个对象之前，人在头脑中已先‘造出’了它。

这正如马克思说的：“蜘蛛的活动与织工的活动相似，蜜蜂建筑蜂房的本领使人间许多建筑师感到惭愧。但是，最蹩脚的建筑师从一开始就比最灵巧的蜜蜂高明的地方，是他在用蜂蜡建筑蜂房以前，已经在自己的头脑中把它建成了。劳动过程结束时得到了的结果，在这个过程开始时就已经在劳动者的表象中存在着，即已经观念地存在着。”

（7）扈中平先生认为，教育目的是各级各类教育的总目标，关系到教育者把受教育者培养成为、受教育者把自己发展成为什么样的社会角色和具有什么样的素质的根本性问题，是教育实践活动的出发点和归宿。

（8）在宽泛意义上，所有团体和个人对教育培养什么样人的期待，即受教育者成为什么样的人，受教育者身心发生什么样的变化，都可以称之为教育目的。狭义的教育目的，即国家对本国教育培养的人才的质量和规格的总要求。国家的教育目的可能由某个人（如政治家、教育家）等提出、倡导，但它是得到国家认可的，由国家机关制定推行的，体现着国家的意志，代表着国家对受教育者的总要求。

从内容上讲，教育目的主要包括两个方面：一是培养为什么社会服务的人，对教育培养人才的社会价值作出定位，明确教育培养人才的社会立场；二是培养什么素质的人，对教育培养人才的身心素质作出明确规定，明确受教育者在哪些方面得到发展，发展的水平要求如何。

（9）杨天平教授认为，教育目的这一范畴在不同场合使用，表示不同的含义。其中，最主要的有以下四种：一是国家、社会、部门、单位办教育的目的；二是教师从事教育工作的目的，即教育者施教育之目的；三是各级各类教育具体的教学目的要求；四是学生受教育的目的。这四种教育目的与教育方针都有联系，但通常人们所讲的教育目的，主要是指与教育方针相并列或相从属的教育目的，也即国家、社会、学校办教育之目的，系指教育培养的人才规格的总的设想或规定。也就是说，教育目的是指培养人的总目标和总要求，它规定的是把受教育者培养成什么样的人的根本性问题。

（10）存在主义者认为教育应发展学生的个人意识，选择自由的、合乎道德的机会，鼓励发展自我认识，发展自我责任感，唤醒个人承诺感等。

（11）马克辛·格林基于社会环境及其存在主义立场对教育问题的哲思，认为教育的目的并非只注重培养学生某种具体能力或技术，而是要唤醒他们的“存在”意识，促使他们“全面觉醒”。她说：全面觉醒者是一个自由的人，一个积极采取行动的人，一个能够从多角度并且能够用批判的眼睛审视生活世界的人。一个把一切看作理所当然的人很难说是一个全面觉醒者。即“全面觉醒”的构成要素有：批判思维、想象力、道德感、实践与自由。所谓“全面觉醒”，格林将其分为三个阶段，即初级阶段、中级阶段和高级阶段。“全面觉醒”的初级阶段是指个体更加了解自己原有经验。他们能听到未曾听到的声音，能够敏锐地观察到先前那些被习以为常所遮蔽的事物。处于中级阶段的人一方面能够知觉到自我的存在，并认同自我的存在；另一方面他还会积极对未来进行探索，同时在这一过程中塑造自我、改造世界。全面觉醒的高级阶段也就是格林所说的一种意识的高度紧张状态。它会使人更具有道德感，更积极地关注社会中的不公平现象，并且有极大的改善世界的动机，对整个人类与社会发展富有责任感。

（12）雅斯贝尔斯认为，人不只是经由生物遗传，更主要是通过历史的传承而成其为人。人的教育重复出现在每一个人身上；在个人赖以生长的世界里，通过父母和学校的有计划教育，自由利用学习机构，最后将其一生的所见所闻与个人内心活动相结合，至此为止，人的教育才能成为人的第二天性。教育正是借助于个人的存在将个体带入全体之中。个人进入世界而不是固守着自己的一隅之地，因此他狭小的存在被万物注入了新的生气。如果人与一个更明朗、更充实的世界合为一体的话，人就能够真正成为他自己。

（13）小原国芳针对当时日本国内单纯的智能施教，为了升学考试的教育，提出了著名的“全人教育思想”，他认为，教育的目的是培养人格，是育成多方面和谐发展的完美的人，而不是单纯的智能施教，更不是为了升学考试竞争……教育内容必须包含人类文化的全部，理想的人必须是全人，要具备文化的全部，即由六个方面组成：学问、道德、艺术、宗教、身体、生活……全人教育就在于培养智（真）、德（善）、美、圣、体（健）、劳（富）全面发展的人。

（14）阿德勒曾说，教育便是改变一个人的心智和品格。

（15）赫钦斯则认为，受过完备教育的人会成为一个具有理性、道德和精神力量的人。

T2. 教育目的的基本类型

在人类社会的发展中，教育目的不仅因其社会发展各历史时期的不同而在性质和内容上有所不同，而且在类型上也有所不同。从其作用的特点看，有价值性和操作性之分；从其要求的特点看，有终极性和发展性之分；从被实际所重视的程度看，有正式决策和非正式决策之分。

1. 价值性教育目的和操作性教育目的

价值性教育目的，是指具有价值判断意义的教育目的，即含有一定价值观实现要求的教育目的，表示人才培养所具有的某种价值取向，是指导教育活动最根本的价值内核。

操作性教育目的，是指具有实践操作意义的教育目的，即现实要达到的具体教育目标，表示实际教育工作努力争取实现的某些具体目标，一般是由一系列短期、中期、长期的具体教育目标所组成。

价值性教育目的是操作性教育目的确立的依据，是确立具体目标的设定原则，奠定了具体目标的价值基础；操作性教育目的是价值性教育目的的体现，受价值目的所规定，是表现价值内核的形式……在实际教育中，必须以人未来发展的利益和社会需要为教育确立具有良好价值的根本目标，同时也要使操作性目的的确立符合价值性目标的要求，使二者相统一。否则，教育活动就难以实现它的价值。当然，在实践中也不能将二者相互代替。缺少操作性目的，价值性目的就无法实现；以操作性目的代替价值性目的或以操作性目的作为最高目的，也无益于教育活动根本价值的真正实现。

2. 终极性教育目的和发展性教育目的

终极性教育目的，也称理想的教育目的，是指具有终极结果的教育目的，表示各种教育及其活动在人的培养上最终要实现的结果，它蕴涵着人的发展要求具有“完人”的性质。

发展性教育目的，也称现实的教育目的，是指具有连续性的教育目的，表示教育及其活动在发展的不同阶段所要实现的各种结果，表明对人培养的不同时期、不同阶段前后具有衔接性的各种要求。每一种目的都不带有终极性，在每一阶段向另一阶段的发展过渡中，具有承前启后的作用，具有不可或缺性，既表示某一阶段的目标，又表示对先前阶段目标的续接性和对以后阶段目标的奠基性。

就二者的关系看，前者是发展性目的的根本性依据，是发展性目的确立不可忽视的一个基本指导思想。后者是前者实现的"必经路线"和必不可少的"具体策略"，是前者的具体体现……在实际教育工作中，依据终极性教育目的来确立各种相互承接的发展性目的是十分重要的，这样才能有效增强其实现的效果；否则将可能导致各种教育及教育活动发展向度的多样化，体现不出人才培养的总体要求和方向。但也不能把这一问题绝对化。

3. 正式决策的教育目的和非正式决策的教育目的

正式决策的教育目的，指被社会一定权力机构确定并要求所属各级各类教育都必须遵循的教育目的。它一般是由国家（或一定地区）作为主体提出，其决策的过程要经过一定的组织程序，常常体现在国家或地区重要的教育文本或有关的法令之中。它表现的层次多种多样，有的是国家或地区所属各级各类教育的总体目的，有的是特指的教育目的，如义务教育、高等教育的目的等。它的实现过程具有权力机构的支持和行政上的要求……成为国家或地区检查、评价所属各级各类教育社会性质和人才培养方向的根本依据，在国家或地区教育体系的建构中处于重要的地位。

非正式决策的教育目的，指蕴涵在教育思想、教育理论中的教育目的，它不是被社会一定权力机构正式确立而存在的，而是借助一定的理论主张和社会根基而存在的。主要有两类：一类是以思想理论为根基而存在，其大多是一些政治家、思想家、教育家基于自己的社会见解或教育见解而提出的；另一类则是基于一定社会单纯的功利观念而存在，它虽没有明确的阐述，但常常借助一定的社会功利心理和观念而起作用，如片面或单纯升学的教育目的。严格来讲，这类教育目的不是教育目的。

正式决策的教育目的和非正式决策的教育目的，虽然处于不同的社会地位，但二者因不同的社会需要常有互为依据的情况，有的非正式教育目的成为国家（或一定地区）正式决策的教育目的的重要来源或重要依据；有的正式决策的教育目的成为非正式决策教育目的提出的重要依据或来源。两者之间的相互影响，有时是一致的，有时是不一致的，有时还带有矛盾性……在实践中，要注意这两种教育目的相互影响的积极与消极的两重性，注意分清各自所具有的不利因素，防止和避免消极影响。

4. 关于教育目的观的价值取向概览

国外部分教育目的观的价值取向见表5–1。

表5–1　国外部分教育目的观的价值取向

分类标准	教育目的价值取向	代表人物
按人的发展层次分类	造就"自然人"的教育目的	卢梭
	造就社会人（"社会我"）的教育目的	涂尔干
	造就精神人格的教育目的	康德
	顺序发展人的自然本性、社会性、精神人格的教育目的	—

续表

分类标准	教育目的价值取向	代表人物
按个人成长过程分类	发展人固有的潜能	福禄倍尔
	使个人在现实社会中完满地生活的教育目的	斯宾塞
	为造就理想人格的教育目的	布德、林德
按社会发展状态分类	再现过去社会状态的教育目的	赫钦斯
	着眼于现实社会生活需求的教育目的	杜威
	预示未来社会状态的教育目的	富尔
教育目的层次的划分	把教育目的分为可能的目的与必要的目的	赫尔巴特
	把教育目的分为一般的目的与适应不同人的需要的目的	涂尔于姆
	培养独特个性的教育目的	卢梭
	共同的教育目的	—

T3. 当代国外的一些教育目的（观）

1. 两种教育目的观

（1）怀特海认为，文化指的是思想活动、审美感受、情感共鸣，而支离破碎的信息与文化毫无关系。我们旨在培养既有文化修养，又在某个特殊方面具有专业知识的人。专业知识将会奠定他们的个人发展基础，而文化修养将会引领他们达到哲学思维的深度和艺术境界的高度。我们必须谨记：最有价值的智力发展应该是自我发展，一般发生在16~30岁之间。

自人类文明开化之初，教育的本质就在于教育的宗教性。时至今日，人们依然应该坚守这一传统教育理念。那么，到底该如何理解教育的宗教性？宗教性的教育在于其培育了人们的责任感和敬畏感。责任感源自人们对事物发展过程的可能掌控，学习知识有助于取得改变，而无视知识则害莫大焉。敬畏感源自人们对当下所有存在的感知，存在于过去与未来之中，存在于时间的永恒之中。

（2）怀特认为，受过教育的人从拓展的意义上考虑他的自身幸福，他把个人幸福推及他人，把幸福融入一种道德高尚的生活之中。这不同于把拥有知识作为受过教育的人之主要特征的观点，它把美德（virtue）放到中心位置。受过教育的人是这样一种人：他倾向于某些行为方式而不倾向于另一些行为方式；他具有诸如审慎、关心个人利益等一般性的品质（也包括派生出的诸如勇气与克制等品质），如果从更广泛的角度来考查，还应该包括那些更具有道德意味的品德如：仁慈、公正、诚实、宽容、讲信用。这要求他是头脑清晰的，能够理清他面对的各种价值冲突，又是富有智慧的，能够对这些冲突进行思考和反省并从各个可能的相关因素的作用来解决这些冲突。真正受过教育的人往往崇尚人的自主性（autonomy），因而他自己就富有主见，并对其他人的独立思想持同情态度。他能使自己从狭隘的目的中超越出来，并运用想象力去理解其他人的思想。如果受过教育的人缺少幽默感，那是令人难以想象的，但在所谓的“受过教育”的人中，却可以发现许多这种缺少幽默感的人。真正受过教育的人应该是一个最有活力的人，用自己的全部热情去追求他所选择的生活，并全力以赴地投入他的生活规划（life-plan）及其包含的各项具体内容中去。我们说，审慎、勇气、克制、仁慈以及明智、思想独立、智慧、幽默和活力等品质是受过教育的人的特征，当然这并不意味着，拥有知识和理解能力这条一般人认定的标准就不重要了，相反，受过教育的人应该通晓所有的知识，区别在于，对他来说，知识是美德的必要前提，而知识本身不是目的。

个人教育的内容之一是对“自身目的”的了解。但这种说法并不是什么自圆其说，或者从直观上来说是对的，它的基本原理建立在教育理论整体结构的基础之上，构成我所定义的“受过教育的人”的必要条件之一。有一种观点认为：以知识本身为目的，追求知识拥有和拥有知识是受过教育的标志，这是对“内在目的”理论的一种理解。

2.《联合国儿童权利公约》中的教育目的

第29条第1款指出，缔约国一致认为教育儿童的目的应是：

（1）最充分地发展儿童的个性、才智和身心能力。

（2）培养对人权和基本自由以及《联合国宪章》所载各项原则的尊重。

（3）培养对儿童的父母、儿童自身的文化认同、语言和价值观、儿童所居住国家的民族价值观、其原籍国以及不同于其本国的文明的尊重。

（4）培养儿童本着各国人民、族裔、民族和宗教群体以及原为土著居民的人之间谅解、和平、宽容、男女平等和友好的精神，在自由社会里过有责任感的生活。

（5）培养对自然环境的尊重。

3. 国际21世纪教育委员会的教育目的：“四大支柱”

20世纪70年代以来，联合国教科文组织发布了两个对当今世界产生重要影响的报告，即《学会生存——教育世界的今天和明天》《教育——财富蕴藏其中》。两份报告对教育目的作了极富指导意义的论述。《教育——财富蕴藏其中》是国际21世纪教育委员会于1996年向联合国教科文组织提交的报告。该报告的核心思想是教育应使受教育者学会学习，即教育要使学习者“学会认知”“学会做事”“学会共同生活”“学会生存”。这一思想一经提出即为世界各国所接受，并被称为学习化社会的“四大支柱”。

（1）学会认知（learning to know）“知”在这里不仅是指“知识”，它还包括个体在社会化过程中需要了解的一切认识对象，因此，“认知”不仅是书本上的、课堂上的，还包括学会学习，学习各种社会规范，掌握学习的工具、求知的手段。这种学习更多的是为了掌握认识的手段，而不是获得经过分类的系统化知识。这就要求革除传统学习过程中一味强调死记硬背的弊端，综合发展人的多方面的认识能力，以使其能够自主地进行学习。所以，学习不能在学校教育中一次完成，求知将是一个不间断的、终身的过程。

（2）学会做事（learning to do） 将以往对掌握某种狭窄的劳动技能的关注，转向对劳动者综合能力的关注。即要求教会学生如何实践所学的知识，或者在不能完全预计到未来工作变化的情况下，如何使教育与未来的工作相适应。因此，学会做事的要旨在于培养诸如交往能力、与他人共处的能力、管理和解决冲突的能力、首创能力等个人能力，使之得以综合发展，保证人在离开学校后，能自主地进行学习，具有适应未来职业变动的应变能力和在工作中的革新能力。

（3）学会共同生活（learning to live together） 在多元的时代背景下，学会如何与人沟通、相处。这就要求首先要了解自身、发现他人、尊重他人。特别是要学会认识他人，只有在认识他人的基础上，才有可能去理解他人。同时也要学会与他人共同工作，做到相安无事，要能够为共同的目标而共同奋斗。为达到此目的，有效途径之一就是参与目标一致的社会活动，学会在各种错综复杂的社会关系中找到新的认同，确立新的共识，并从中获得实际的体验。

（4）学会生存（learning to be） 它是在学会学习、学会做事和学会共同生活的基础上提出的，是教育和学习的根本目标。它强调要关注对人的人格培养，使每个人能通过不断增强自主性、判断力和个人责任感来行动。这就意味着，学会生存的培养目标已经超越了单纯的伦理、道德意义上的"做人"的要求，而是强调要对包括适合个人和社会需要的情感、精神、交际、亲和、合作、审美、体能、想象、创造、独立判断、批评精神等多方面能力的综合发展的关注。

4. 联合国教科文组织（UNESCO）与经济合作与发展组织（OECD）的教育目的

为了应对全球化、技术变革和未来不确定性带来的挑战，国际组织和世界各国纷纷提出对未来教育的改革蓝图或愿景展望。2015 年 11 月 4 日，UNESCO通过《2030 年教育行动框架》(The Education 2030 Framework for Action)，强调教育的可持续发展目标的原则，为未来的教育发展提供了原则指导。作为对联合国 2030 可持续发展全球目标的回应，OECD于 2015 年启动了"教育2030：未来的教育与技能"项目，并于2018年发布《OECD: 未来的教育与技能–教育 2030》(OECD：The Future of Education and Skills– Education 2030)，提出了该项目的首个成果《OECD学习框架 2030》(OECD Learning Framework 2030)，试图回答学习者如何在未来的世界中生存与发展的问题。在此基础上，OECD于 2019 年 5 月发布了《OECD学习罗盘 2030》(OECD Learning Compass 2030)，为全球教育系统和更大的生态系统提供变革的依据和驱动力。UNESCO和OECD对2030年教育蓝图的构想，对世界各国的教育政策和教育发展方向具有指向性意义。

（1）UNESCO的教育目的 《2030年教育行动框架》中确定的首要目标是SDG4（The Sustainable Development Goals，简称为SDGs：the Case of Education–SDG4，可持续发展目标中的教育目标）。UNESCO将总目标分解为 7 个相应子目标和 3 个相应实施方式的具体目标，其核心都体现了教育公平与人文关怀（表5–2）。

表5–2 2030年可持续发展议程的教育目标

SDG4：确保全纳、公平、优质的教育，增进全民终身学习机会						
4. 1	4. 2	4. 3	4. 4	4. 5	4. 6	4. 7
确保所有男女童完成免费、公平和优质的中小学教育，并取得相关和有效的学习成果	确保所有男女童获得优质幼儿发展、保育和学前教育，为他们接受初等教育做好准备	确保所有人平等获得负担得起的优质技术、职业和高等教育，包括大学教育	大幅增加掌握就业、体面工作和创业所需相关技能（包括技术性和职业性技能）的青年和成年人数量	消除教育中的性别差距，确保残障人士、土著居民、处境不利儿童等弱势群体平等获得各级教育和职业培训	确保所有青年和大部分成年人具有识字和计算能力	确保所有学习者都掌握可持续发展所需的知识和技能，具体做法包括开展可持续发展、可持续性生活方式、人权和性别平等方面的教育，弘扬和平和非暴力文化，提升全球公民意识，以及肯定文化多样性和文化对可持续发展的贡献

续表

SDG4：确保全纳、公平、优质的教育，增进全民终身学习机会		
4. a	4. b	4. c
建立和改善兼顾儿童、残疾人士和性别平等的教育设施，为所有人提供安全、非暴力、包容和有效的学习环境	到 2020 年，在全球范围内大幅增加发达国家和部分发展中国家，特别是最不发达国家、小岛屿发展中国家和非洲国家提供的高等教育奖学金数量，包括职业技术教育与培训、工程、科学项目的奖学金	到 2030 年，大幅增加合格教师人数，具体做法包括在发展中国家，特别是最不发达国家和小岛屿发展中国家开展师资培训方面的国际合作

SDG4 包括 7 项针对不同教育阶段质量与平等的目标，前 3 项旨在确保所有儿童和成人，从中小学到职业教育和高等教育阶段都能接受优质的教育；目标4.4旨在提高青少年与成人与工作有关的技能；目标 4.5 则涉及残障人士、原住民与其他弱势群体的教育机会；目标 4.6 旨在确保青少年的读写算能力以及减少成年文盲；目标4.7则涉及教育内容，其目的是促进可持续发展所需的知识和技能的掌握。此外还构建了三个目标作为实现质量与公平的手段，涉及了教育设施与学习环境、提高高等教育机会与增加合格教师的供应这三方面。2018 年，UNESCO进一步将这些目标细分成了可测量的详细指标。

“教育 2030”以终身学习理念为指导，致力于确保教育的公平性和包容性，尤其关注性别平等和弱势群体。UNESCO指出，只有当所有人都达到目标，教育目标才能被视为达成，同时确保教育具备相当的质量，使学习者在发展基础技能的同时也发展高阶技能。UNESCO认为，要理解“教育 2030”，必须将其放在当今的发展背景中，使其切合当下迅速变化的劳动力市场、技术变更、环境退化、失业和贫困的持续扩大等各层次需求。显然，“教育 2030”是为了满足这些需求，从“教育 2030”的目标中可以看出UNESCO非常关注教育公平。

《2030 年教育行动框架》认同教育是可持续发展议程中不可或缺的部分，并且对议程中教育之外的目标也有着推动作用。而SDG4 提出了一个综合、普适的教育议程，以全民教育为基础，注重在终身学习的思路内提高各层面教育的公平和质量。

（2）OECD的教育目的　长期以来，人们谈论教育大多围绕“知识经济”展开，也就是专注于培养学生具备能够促进经济增长、提高生产率和效率的知识与技能。然而今天，以经济增长为目的的视角已经远远无法匹配社会发展的步伐，亟须一个新视角，跳出单纯的经济增长，帮助重新建设能够为个人、社会和环境发展创造更好未来的国家或地区。

OECD始终致力于将发展视角从经济增长转向包容性增长，而这个新视角就是将“福祉（Well-being）”置于发展核心位置。在“OECD学习罗盘 2030”中，OECD为全球设定了 2030 教育的新愿景——迈向我们所追求的未来：个体和集体的福祉，其指向的是更广泛的教育目标，为理想的未来即个人和集体的福祉提供方向。

OECD认为每一个学习者都应该能够发挥潜能，成为一个完整的人，帮助塑造一个建立在个人、社区和地球福祉基础上的共同未来。“OECD学习罗盘 2030”指向的是集体福祉（Collective Well-being），每个人能充分地实现他们的潜力只是实现集体福祉的一半，另外一半需要每个人都学会和平地共同生存、合作（图5-1）。

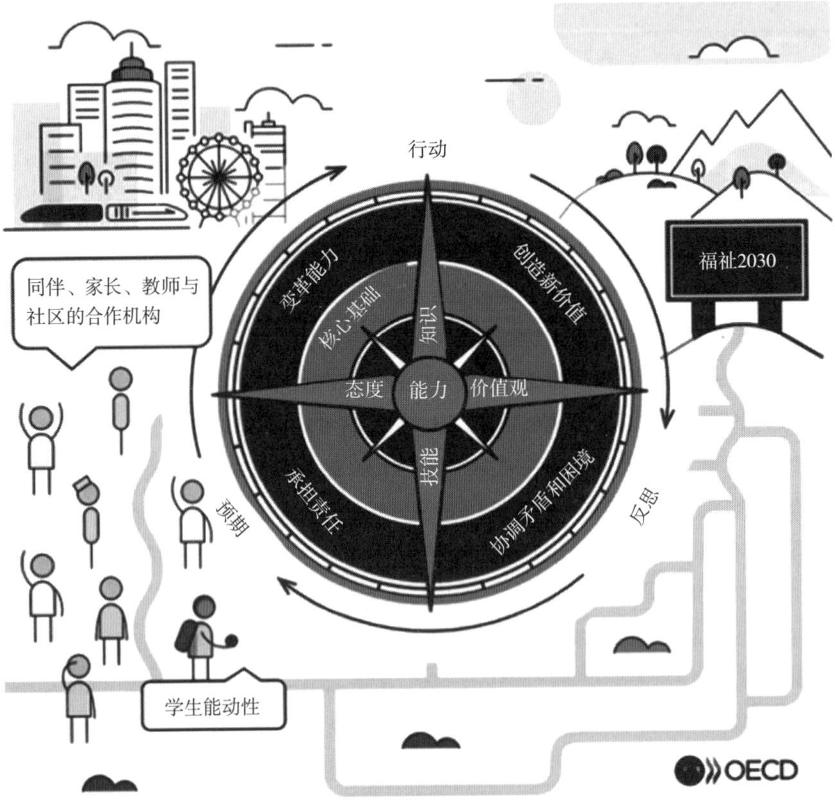

图 5-1 OECD 学习罗盘 2030

1997 年OECD发起的“能力的定义和选择”（Definition and Selection of Competencies，DeSeCo）项目为个人与社会需要什么样的关键能力提供了概念与理论框架。在此基础上，2018 年，OECD开发了《OECD学习框架 2030》，也将能力置于核心。“OECD学习罗盘 2030”是对《OECD学习框架2030》的进一步完善，

在罗盘最外围的是学生能动性（Student Agency，有人译为学生主体性）与合作机构（Co-Agency，有人译为协作主体性），学生能动性强调未来的学习者应该成为一个积极负责的公民，学习怎样去影响他人，改善周围的环境。当学生是学习的推动者时，会表现出更强的学习动力，也更有可能“学会如何学习”。学生在社会环境中学习，而同伴、教师、家庭与社区共同组成了一个“合作机构”，以帮助学生朝着共同的目标迈进。

学习者要想发挥自己的能动性，需要打下牢固的核心基础（core foundations），即认知基础，包括读写能力和计算能力；健康基础，包括身心健康和福祉；社会和情感基础，包括道德、数字素养（digital literacy）和数据素养（data literacy）。尤其随着数字化的不断发展，大数据已经渗透到生活的各个领域，数字素养与数据素养成为 2030 年及未来儿童必须掌握的基础。知识、技能、态度和价值观建立在核心基础之上，这也是个体在 2030 社会中生存与发展所必须掌握的能力。在知识方面，未来学习者除了掌握最基本的学科知识，更需要跨学科的思维、经验知识与程序性知识。这要求学习者拓展自身对学科的知识，并且在实践过程中通过解决实际问题来发展自己的知识与思考能力。在过去的几十年中，人们越来越重视将世界视为相互关联的系统，而不是仅仅作为一系列离散的单元，因此更需要打破学科的界限，学

科知识仍然是重要的基础，跨学科知识可以通过主题学习、项目学习等整合到课程中。态度和价值观是《OECD学习罗盘2030》的关键组成部分，是指在个人、社会和环境幸福的道路上影响一个人的选择、判断、行为和行动的原则和信念。OECD认为，认知和元认知技能（如批判性思维、创造性思维、学会学习和自我调节），社交和情感技能（如同理心、自我效能感和协作能力），身体和实践技能（如使用新的信息通信技术设备）等可以帮助学生在未来不断变化的世界中应用自己的知识，而态度和价值观强调尊重、公平、个人和社会责任、正直和自我意识，以建设更加包容、公正、可持续发展的经济和社会。它们决定了学习者如何使用自己的知识和技能。知识、技能、态度和价值观不是相互竞争的概念，而是相互依存的。随着学校、工作场所和社区在种族、文化和语言上的多样化，它将比以往更强调知识、技能、态度和价值观之间的相互联系。

知识、技能、态度和价值观所组成的能力又进一步聚焦三种“变革能力”（transformative competencies），即“创造新价值”（creating new value）、“协调矛盾和困境”（reconciling tensions and dilemmas）、“承担责任”（taking responsibility）的相关能力。基于OECD的关键能力框架（OECD Key Competencies），OECD学习框架中特别强调“变革能力”（Transformative Competencies）是当前核心素养的重中之重。变革能力是学生为世界作出贡献并使其繁荣、塑造更美好未来所需要的能力。这项变革能力的核心是自我管理，包括自我控制、自我效能、责任感、问题解决与适应性，还包括批判性思维技能、元学习技能、专注、问题解决能力、责任感和风险管理等；创造新价值意味着创新以创造更好的生活。这一变革能力可被解读为适应性/灵活性/敏捷性，创造性/创造性思维，好奇心，全球意识，信息和通信技术的操作技能，与艺术、手工、音乐、体育相关的操作技能，开放性等；协调矛盾和困境意味着要考虑到看似矛盾或不相容的思想在逻辑和立场之间的一些联系，并从短期和长期角度考虑行动的结果。这一变革能力包括解决冲突、共鸣、参与度/沟通技能/协作技能、观点取舍和认知灵活、适应性/抗压性、信任（自我、他人、机构）等；承担责任与考虑自己、道德的和社会的目标，根据自己的经验和教育来反思和评估自己的行为的能力有关。预期、行动和反思的循环（cycle of anticipation，action and reflection，AAR）是一个不断更迭的学习过程，在预期阶段，学习者利用他们的能力来预测行为的长期后果，了解自己的意图和他人的意图——预判能力是通过调动各种认知技能，包括分析和批判性思维，来预测将来可能需要的能力和条件，或者当前行为在未来会产生的后果；行动阶段是学习者为实现特定目标而采取行动，为实现福祉作贡献——行动能力即采取负责任的行动；反思阶段，学习者可以改善思维，加深理解——反思能力即在决策、选择和行动过程中保持批判立场，冷静判断已知的或假设的情境，或从不同角度和立场来审视自己的情境。AAR循环是发展变革能力的催化剂，在调整、反思和采取相应行动的过程中不断改进其思维能力。

而这个学习罗盘最终指向的是福祉，OECD认为衡量幸福有两个指标：一是个人的福祉（包括生活的质量与物质条件）；二是福祉的可持续性（自然资本、人力资本、经济资本和社会资本），两者相辅相成。每个人都有自己的学习罗盘，通往不同的学习途径，指向自己的幸福与社会的福祉。OECD的“福祉”概念不仅仅与获得物质资源（如收入与财富，工作与工资和住房）的机会相关，还与生活的质量（包括健康、公民参与、社会联系、安全、生活满意度及环境等）密切相关。因此，OECD从工作、收入、住房、公民参与、健康、环境、社区、工作与生活的平衡等11个维度对个人和社会的福祉进行了界定，并将它们与联合国2030

可持续发展目标建立联系（表 5–3），强调个人福祉有助于社会整体幸福指数的提高，反之社会幸福指数的提高也将回馈并增强个人幸福感。以上 11 个维度的公平获得才能巩固包容性增长的基础。

表 5–3 OECD的福祉维度与联合国可持续发展目标的联系

OECD对福祉的定义	联合国17项可持续发展目标
1. 工作	8. 体面的工作与经济增长 9. 产业、创新与基础设施
2. 收入	1. 没有贫困 2. 零饥饿 10. 减少不平等
3. 住房	1. 没有贫困 3. 良好的健康与幸福
4. 工作与生活之间的平衡	3. 良好的健康与幸福 5. 性别平等 8. 体面的工作与经济增长
5. 安全	16. 和平、安全与强大的制度
6. 生活满意度	与所有目标相关
7. 健康	3. 良好的健康与幸福
8. 公民参与	5. 性别平等
9. 环境	6. 清洁的水和卫生设备 7. 负担得起的清洁能源 12. 负责任的消费与生产 13. 气候行动 14. 水面以下的生命 15. 生命与土地
10. 教育	3. 良好的健康与幸福 4. 高质量教育 5. 性别平等
11. 社区	11. 可持续的城市与社区 17. 合作实现目标

为实现新的教育愿景，《OECD学习罗盘2030》提出了“未来教育的使命”（表5–4）。

表 5–4 “未来教育的使命”一览表

未来教育目标	目标解读
教育要面向更广阔的目标——幸福2030	不仅包括针对就业与掌握技能的教育，还覆盖了国家和全球层面的“公民”教育，以及数字/数据智能教育
教育要致力于实现共同利益	重申作为一个“人”的社会性质。此外，教育系统不应该只注重卓越和创新，导致脱离弱势群体。教育系统不应加剧现在已存在的社会不平等现象

续表

未来教育目标	目标解读
教育要发展个体的“主体性”	培养学生以负责且有意义的方式采取行动，培养“主动性”也是OECD学习框架的核心概念
教育要塑造全人	包括培养社会和情感技能，陶冶道德价值，而不是单纯强调学业成就
教育要培育终身学习的热情	包括培养自学能力，激发好奇心和内在驱动力
教育要解决真实世界问题	提供从现实生活中开展学习的机会，能够帮助学生发展抓住新机遇、识别新问题的技能与洞察力，并根据特定情境选择解决方案
教师角色从“讲台圣贤”到“俯身指导”的转变	教育系统不应假定教师或教科书可以解决学生在课堂上所遇到的所有问题
重新思考“学生成功”的内涵	从学习结果到学习过程的转变，学生的学习经历或学习过程与学习的结果同等重要

（3）2020年联合国教科文组织发表报告《学会融入世界：未来生存教育——2050年教育宣言》，针对2050年及以后的教育将会是什么样子，反思了人类的昨天和今天，指出，“我们生活在全新世向人类世过渡的关键时刻，人不再仅仅是社会人，要把人理解为生态人。所以，将教育的目标从人道主义宪章转变为生态正义，即人要学习如何与世界融为一体，共同致力于所有人——不仅仅是人类——的共同繁荣，并共同修复我们受损的共同世界。为此，我们提出7项富有远见的宣言，阐述2050年及以后的教育将会是什么样子。这些声明基于三个前提。首先，人类和地球的可持续性是一回事。我们是生态系统不可分割的一部分，我们已经危险地破坏了生态系统的稳定，正如我们所知道的，生态系统现在威胁着地球上的生命。第二，任何通过继续将人类与世界其他地区隔离开来以实现可持续未来的企图都是妄想和徒劳的，即使意图是好的。第三，教育必须扮演一个关键的角色，从根本上重新定义我们在这个相互依存的世界中的位置和作用，以及我们的行为方式。这需要一个完全的范式转变，从了解世界以采取行动，到学习与我们周围的世界融为一体。我们未来的生存取决于我们进行这种转变的能力。”

2050教育宣言如下。

①到2050年，我们已经批判性地重新评估和重新配置了教育和人文主义之间的关系。我们现在保留了教育先前的人文使命——促进正义——的最佳方面，但将其扩展到超越人类或社会框架。

②到2050年，人类植根于生态系统之中的观念将根植人心，我们不仅仅是社会的生物，而是生态的生物。我们已经消除了“自然”和“社会”科学之间的界限，所有的课程和教学现在都牢固地建立在生态意识的基础上。

③到2050年，我们已经不再把教育作为传播人类例外论的工具。我们正在教导——关系的、集体分布的、超越人性的代理方式。

④到2050年，我们已经抛弃了教育的人文发展框架。我们不再拥护个人主义，而是培养集体倾向和乐于助人、善解人意的人际关系，以及超越人际关系的关系。

⑤到2050年，我们已经重新认识到我们生活和学习的世界。我们的教学不再把“外面”的世界作为我们学习的对象。学会融入世界是一种情境实践，是一种超越人类的教学协作。

⑥到2050年，我们重新赋予教育以世界性的使命。这已经远远超出了普遍主义和人类中心主义的人文主义、人道主义和人权观点。

⑦到 2050 年，未来生存教育的目标使我们优先考虑在这个受损的地球上集体休养的伦理。我们现在已经完全重新设想和重新配置了教育——围绕着我们星球的未来生存。

我们相信，实现这些转变的最深刻挑战是从构成其既定人文主义知识传统和教学法的笛卡尔鸿沟中提取教育。这些分歧——例如，精神/身体、自然/文化、主体/客体——确保我们只能从安全和特权的超然距离了解世界。它们强调，一个外部化的世界“在那里”，与我们分离，被动地等待我们“发现”和“管理”。换句话说，这些分歧使我们与我们的生态存在感和归属感脱节——它们阻碍了我们需要继续的生态意识。

如果我们要继续下去，我们同意是时候让人类放弃崇高的自我妄想，回到“脚踏实地”上。现在是时候让我们作为地球人坚定地、充分地基于我们的宇宙政治共同世界，以我们是地球上许多相互依存的生物、实体和力量之一的完整生态意识来重新适应地球人了。只有在这些超越人类共同点的基础上，我们才能敞开心扉，了解教育可能意味着什么，而不仅仅是最初让我们陷入混乱的以人类为中心的自负和短视。只有在这些共同的基础上，再加上地球上所有的人，我们才能学到我们在这个星球上未来生存所迫切需要的协作、集体和相互恢复的经验教训。我们不能单独做这件事。现在是学习与这个世界融为一体的时候了，在这个世界上，我们已经无法摆脱地纠缠在一起，我们将永远受到这个世界的恩惠。2022 年，“教育的未来”国际委员会指出，教育的目标必须是把我们团结起来，为我们提供塑造以社会、经济和环境正义为基础的，全民共享的可持续未来所必需的知识、科学和创新。

5. 日本的教育目的

1890 年颁布的《教育敕语》实际上具有法律的效力，成为日本近代教育的基本法。《教育敕语》重申日本教育的目标是培训天皇忠顺的臣民和父辈的孝子。延续到 1945 年才发生一些变化。

第二次世界大战结束之后，日本于 1947 年颁布《学校教育法》，对小学、初中和高中的培养目标分别做了新的规定。

为了推进 21 世纪教育改革，日本在 20 世纪 90 年代召开了系列教育审议会，提出了一系列的审议报告。在这些审议报告中相继提出了日本面向 21 世纪教育改革的基本目标……培养学生丰富的人性和社会性以及作为在国际社会中生存的日本人的意识……自主学习、独立思考的能力……掌握基础的、基本的东西，充实个性教育。

2011 年，新修订的《教育基本法》仍然规定：教育必须以完善人格为目标，必须培养作为和平民主国家和社会的建设者而具备必要素质的、身心健康的国民。《教育基本法》指出，教育目的是教育发展的长远和根本目标，教育目标是当前教育发展中最重要和最迫切的目的。围绕“完善人格”，新修订的《教育基本法》详细规划了具体教育目标：

（1）掌握广泛的知识，培养追求真理的态度，培养丰富的情操和道德情感。同时，培养健康的身体。

（2）尊重个人的价值，发展其能力，培养其创造性。培养自主和自律的精神。同时，重视职业和生活的联系，培养尊重劳动的态度。

（3）尊重正义与责任、男女平等、对自己和他人的热爱、相互合作。同时，基于公共精神，培养积极参与社会建设并为其发展作贡献的态度。

（4）培养尊重生命、爱护自然、为保护环境作贡献的态度。

（5）尊重传统和文化，尊重其他国家，培养为国际社会的和平与发展作贡献的态度。

在这五个方面的教育目标中，第一方面规定了教育的基本目标即德智体的发展，第二方面规定了与个体自身发展相关的教育内容，第三方面规定了个人与社会之间关系的教育内容，第四方面规定了个人与自然环境之间关系的教育内容，第五方面规定了作为日本人所应具有的素质和与国际社会之间关系的教育内容。

以《教育基本法》为基础，日本政府制定了《学校教育法》等法律法规，对“完善人格”这一教育目的进行更为详细的规划，使上述五方面的教育目标具体贯彻到各级各类教育之中。这些教育目标的推行实施，对日本经济社会发展产生了广泛而深远的影响。

6. 美国的教育目的

2015 年 12 月 10 日，美国总统奥巴马正式签署了《每一个学生成功法案:初等和中等教育进展报告》(ESSA，以下简称《成功法案》)。该法案取代布什政府时期出台的《不让一个孩子掉队法案》，成为指导、规划美国初等和中等教育未来发展的基础法案。该法案继承了美国联邦政府努力践行为所有学生提供高质量教育、推进公平教育以及努力缩小城际差距的传统。美国政府要求只有顺利完成高中学业且达到相应学业标准要求的学生才有资格进入大学深造或选择直接就业。奥巴马政府在新法案中对此方面内容做出了明确规定，帮助所有的学生学会和掌握批判性地思考、适应性、与他人合作、解决问题的能力和创新比传授基础知识更重要。按照奥巴马政府的设想，《成功法案》的意义在于，为每一个美国孩子——无论其出身于何种种族、阶层与家庭背景，都有机会过上自己所期盼的生活，从而帮助人们坚定美国社会所崇尚的自由、平等和公正等信念。学校的价值不是炫耀阅读和数学的分数，而是激发和唤起学生的潜力，让他们有效发挥自己的才能，不管这种才能是什么，这才是学校的作用。尽管公众对该法案能否实现预期目标存在争议，但是《成功法案》对美国基础教育产生了深远影响。

T4. 实现教育目的的条件

1. 社会政治经济条件

教育目的的中心内容应该是使学生成为一个具有道德自主性的人，这个目的的实现依赖于各种必要条件，首要的和最明显的是，学生必须具备某种能力、理解力和气质。但也必须有其他素质。只有在一个生活水平高于温饱层次的，具有丰富的物质产品、充分的卫生和教育设施、良好的工作条件和所有人都能享受闲暇的社会中，这一点才是可能实现的。换句话说，可能存在经济的和其他方面的必要条件驾驭着学生智力上或其他方面的成就。

实现教育目的的整体画面要避免狭隘性。教师还必须作为一名公民而不仅仅作为一名教师来履行自己的职责。一般来说，不是教师（包括父母）的公民可能无法直接培养学生的能力或气质，但他们可以通过政治或其他活动来促进教育目的的实现。教师可承担这两方面的角色。

2. 社会中的文化与精神

社会的文化精神与学校及其课程所起的作用截然不同，社会制度一般说来有助于个人思想意识和道德特征的形成。一个社会的法律、政治体系和其新闻媒介、工业组织、家庭和社会生活的惯例与习俗等等，这些和其他因素，都是教育的或好或坏的潜在因素。

为了抵制职业上的等级制度对个人自主性，包括道德自主性的威胁，必须从根本上建立一个更民主的体制。一个参与性民主制度有利于扩展其参与者对他们从事的事业的理解，并鼓励他们在决策中发挥道德上的自觉性，从而达到对参与者进行教育的目的。我认为理想的工业民主不会如传统的工业组织那样以狭隘的经济目标为前提，而是把工业和大众传播工具作为建立更广泛的社会福利的手段。

必须找到某种方法来抵制高消费、时髦导向型的生活方式的主导地位。我没有任何固定的想法，但是收入分配领域的改革和劳动的民主化也许会有所帮助，首先是削弱金钱在构成美好生活中的突出位置，第二是使在大众传播和广告领域中工作的人少受工业企业的控制，让他们更多地对公众负责，更多地为道义上的目的服务。

能使我们社会的文化精神符合教育目的方案，可能未必牵涉到法律行为，但它们都要求某些政治上的保证。所有这些都意味着，教育进步不应仅仅看作是一个自我封闭的，仅仅与学校、教师、学生有关的过程，它是和工业、政治和社会制度的进步内在联系着的。换一句话说，如果教师们以我所倡导的学生智力和道德上的成就作为目的，那么他们就不应该不关注其他机构能够做些什么来达到同样的目的。教师不能只沉溺于他自己的数字或作品的世界里而把政治驱逐于教育之外。

3. 校园文化与课程

改革学校是帮助实现教育目的的一条途径，它须与其他社会改革相配合，在工业组织中或其他地方也必须改革。但即使其他方面的进步缓慢或根本不存在，学校也并不是一筹莫展的，除非十分极端的社会决定论是正确的，否则这种情况不会发生，然而似乎并没有充分的论据来证明社会决定论的正确性。学校可通过两方面来实现教育目的，一是通过校园文化，二是通过课程学习。

毫无疑问，如果一个学校的教师队伍在教育目的上达成一致并齐心协力地去努力，教育目的就更容易实现。但是危险在于，教师们越来越拘泥于最高的共同目的，而越来越少地把他们的所作所为与根本目的联系起来；教师们只要心中有这些目的，他们就能互相配合来实现这些共同的目的；这些目的应该是在他们的基础上被考虑过并且通过的。不仅教师们需要这种建立在理性基础上的合作来达到他们的目标，学生们，尤其是年长的学生们也应如此；如果某一点在学校的组织过程中被反复强调了，他们应该清楚为什么要这样。

学校组织必须合理地安排，不是随便什么方式都行。

学校，如同其他任何地方，必须是参与性的民主机构——至少在人事上；如果不这样，则不管它的目的有多么理想，它自身的组织也阻碍了它们的实现。

从某种意义上说，课程的决定必须经过社会的民主程序。那种认为课程内容的设定必须一方面要考虑学校和社会的文化精神的教育作用，另一方面要考虑学校后教育的作用的观点与课程由学校当局来决定的错误想法是同出一辙的，应从学校与教师这个角度转而面对更广阔的角度。所有这些反对学校独立决定权的论调并不意味着教师在课程设置上毫无责任，因为它只是就课程的基本框架而言的，在许多具体问题上，教师比其他人更在行。教学内容必须与每个孩子的能力和兴趣紧密联系，只有教师最了解他们的能力与兴趣，知道如何设置相应的课程。他们同时应该具有根据自己的职业判断来解释由民主过程产生的基本原则的最大灵活性。传统的大陆教育制度规定达到各个定期目标的途径的全部细节包括规定定期目标本身，这种做法是不可取的。请注意，只有具体从事教学的教师才有权力来决定这些细节。在教师和民主决策者之间的训导主任之类对于课程并没有进一步的权力，由于这一点及他们在社会地位和民主发展问题上对孩子们的不良影响，应该取消或彻底纠正他们的作用。

4. 其他教育机构

其一，学校后教育机构。如果教育的目的不是“为知识而知识”，那么大学未必总是一种教育机构。相反，它们应该帮助学生们从道德伦理的角度形成一套完整的生活计划。只要不把大学功能看作是专业化教育而是看作形成个人的完整人格，那么它类似于前面所提及的继续性教育机构。这样的话，在资源允许的情况下，要让更多的人接受高等教育。

其二，师范教育机构。对教育目的重新估价对于师范教育院系也同样有意义。首要的一条是，教师不应把自己的工作看作是自我封闭的，与整个社会脱离的，他不该是一个高高在上的文化教师，鼓励别人来到这座为知识而知识的圣殿上来朝拜。从事具体教学的教师需要更多地思考自己的工作。那种迫使教师每个工作日都陷于教育内外职责中的做法是反教育的，其结果是机械性和僵化。如果不仅正常的课堂教学活动，更重要的是与其他教师的讨论激起了更多的思考，那么连课堂工作的细节都会被赋予新的更广阔的意义，并使整体工作建立在共同的理解、信念和态度上。如果一个机体要有效率地工作，其成员必须具有共同的信念和责任，我所主张的就是在这个意义上的“扩展”。教师们应在很大程度上对基本目的有一个共同的认识，这种共同认识会成为校园文化的一部分，同时会对学生有潜移默化的影响。如果教师牺牲一些课堂工作用于思考，这根本算不上是“自私”，因为他的学生会首先从中获益。

其三，家庭。父母是孩子的第一位老师，他们应该与今后教师所进行的幼儿教育工作相配合，家长和教师的工作应该在共同的教育目的和教育观点的指导之下，巨大的分歧将导致孩子们的困惑和无所适从。因而，父母如同教师一样，需要尽可能多地对教育目的进行思考，这并不是一项选择，即让那些受过高等教育的家长可以按照自己的意愿取舍。相反这是一项义务，因为家长有义务为孩子今后的教育打下良好基础，为此他必须对教育的内在问题认真思考。

父母是否有权用自己的政治、宗教信仰和世界观来培养孩子？父母没有这种灌输的权利，必须动用强制性的或说服性的手段或公共舆论来阻止他们这样做。总之，家长承担着教育者的责任，但是他没有作为长辈的独立的权力。在理想化的状态下，每个人都被培养成有文化的，具有道德自主性的人，当他成为父母时，他从自身的经历中可以知道对孩子的教养应该以什么为目的，当然这不等于说他们通晓通向这些目的种种具体途径。社会应该提供机会保证他们获得这种知识。但是目前除了比较正规的要求之外，我们还不能过多地期望社会能发挥多少作用。

T5. 塑造教育精神的艺术教育

在过去，艺术以绘画、音乐和诗的形式感动了整个人类，而人又通过艺术而认识到自己当下的超越层面。就目前而言，艺术似乎在受生活的责难，生活再也不是艺术能找到休憩、自我反省并充实自己的祭坛了。

艺术美是最终起决定意义的因素，因为“美是善的象征”。天才所创造出来的代表作品是无法取代的，因为艺术可以拓展思维方式，通过美的形式收到群体教育的效果，艺术可以培养超验意识，接受道德观念。

艺术可以帮助纯粹观照的内容成为形象。欣赏艺术作品可以带来震颤、神驰、愉快和慰藉，这是理性所根本不能望其项背的。艺术作为完满的观照语言而无懈可击。

悲剧要达到的终极目标是：灵魂的净化。净化到底指的是什么？它是一件关系到人自身存在的事。净化并不只是简单地看看戏而已，而是看过戏后受到的感动，从而产生对存在的新认识，并通过清洗掉我们实存经验的狭隘和虚假的掩饰、阴暗与肤浅，而学会真。

孔子认为礼和乐是教育的最重要的因素，流行的音乐对群体的精神有决定性的影响，是个人再次找到规范其生活的动力，因此，当政者赞助或禁止音乐应有一定的标准："乐则韶舞，放郑声……郑声淫。"（《卫灵公》）

"乐者，通伦理者也""大乐必易，大礼必简，乐至则无怨，礼至则不争。"（《礼记·乐记》，但音乐和礼一样，其本身并非绝对的："人而不仁，如礼何？"（《论语·八佾》）

能力训练

案例 5.1.2

第二次世界大战结束前的日本教育

20 世纪初，日本进入了帝国主义阶段。日本帝国主义不仅带有封建的性质，具有强烈的侵略野心，而且自20世纪20年代起迅速走上了法西斯主义的道路，成为军事封建的法西斯帝国主义。

第一次世界大战期间，日本的垄断资产阶级和大地主阶级大发战争横财，同时还利用帝国主义列强陷于欧战，无暇东顾的时机，在远东太平洋地区极力扩张自己的势力，并加紧对中国的侵略。统治阶级的内外政策给广大人民带来沉重的负担和无穷的灾难，国内阶级矛盾急剧尖锐起来，工农和城市贫民不断发起反对地主资本家和反动政府的斗争。1918年8、9月，在十月革命的影响下，日本爆发了一场持续 57 天、约有全国 1/5 人口参加的广泛的群众斗争。这次斗争虽然被残酷镇压下去，却迫使反动军阀控制的政府下了台。此后，工会和农会相继组织起来，社会主义思想开始传播。

20 年代之初，日本发生了一次经济危机。1927 年春又爆发了金融危机，并波及一些与大银行有联系的工商企业。到 1929 年至 1932 年世界性资本主义经济总危机爆发时，日本又遭到更沉重的打击，工业生产和进出口贸易大幅度下降，大批企业破产，失业人数骤增，农村的贫困日益严重。经济危机又加深和引发了政治危机，威胁着垄断资产阶级和大地主的统治。日本由于资源贫乏、国内市场狭小，对于国外市场有极大的依赖性，处在内外交困形势下的统治阶级、军国主义分子，便不择手段地走上对内实行法西斯专政和对外发动侵略战争的道路。1931 年日本帝国主义侵占中国的东北，1937 年发动了全面侵华战争。差不多在这同一时期里，军国主义分子和法西斯分子勾结靠军火工业起家的新兴财阀，多次策动政变，在政治、经济、思想文化领域全面推行法西斯化的反动政策，使日本走上法西斯主义的道路。1940 年，日本与德、意法西斯公然签订反动的军事同盟条约，次年发动了太平洋战争，酿成第二次世界大战。

日本政府自 20 世纪 20 年代开始，极大地加强了对学校教育的控制。1890 年颁发的"教育敕语"仍被尊奉为教育工作的最高原则，严格实行。一些反动军人或法西斯政府的首脑还直接控制了文部省的权力，如 1938 年至 1939 年间，法西斯军人、陆军大将荒木贞夫任文部省大臣；太平洋战争爆发后，大战犯东条英机以首相身份一度兼管文部省，把日本的教育紧紧拴在侵略的战车上。除此之外，日本政府为了抵制十月社会主义革命的影响和马克思列宁主义的传播，防范日本共产党对教师的影响，在所谓“思想善导”的名义下，强迫广大教师参加“帝国教育会”等反动组织，并对教师进行严密监督，以便通过他们毒害与控制青少年学生。

为了加强灌输法西斯军国主义思想，强化对青少年的思想统治，日本中、小学校开设的修身（道德课）、国语（日语）、历史和地理等课程中，充斥着鼓吹“皇道”、神道、“大和魂”和武士道精神的内容。文部省通过控制编写和审定教科书的制度，强制推行这些反动的思想教育，使国民自幼即深受毒害，从而成为供军国主义驱使的走卒。学校中普遍进行军事训练是法西斯军国主义教育的又一项重要措施。从 1925 年起，日本全国中等以上的学校一律实施军事教育，政府派出 2000 多名军官担任学校的军事教官，同年 4 月还正式发布“在学校中配备陆军现役军官令”，由陆军省监督，按照步兵操典进行严格的训练。

20世纪30年代期间，日本教育的法西斯化随着侵华战争的扩大而急剧加强了。文部省早在1927年设立的“调查部”，经一再扩大后于1934年升格为“思想局”，专门调查青年学生的思想动态，取缔、镇压进步的学生运动。1931 年侵华战争开始后，大学与专科学校里设立了“学生主事”，对学生进行严密的监视，秘密研究共产主义理论或所谓“思想危险”的进步师生，不断遭到开除、清洗和逮捕等野蛮迫害。1936年，又建立了警察对教师的监督制度。

1937 年 7 月日本帝国主义发动全面侵华战争后，9 月即开展所谓“国民精神总动员”运动，大肆鼓吹“举国一致”“尽忠报国”，欺骗人民为侵略战争效力。在这一背景下，日本的教育也全面转入了战时教育体制。12 月，内阁下设“教育审议会”，要求全国各级各类学校的工作，必须进行全面的战时改革，其核心是加强忠于天皇的思想教育，实行法西斯的军事训练，在“校门即营门”的军国主义政策下，使学校“兵营化”。学校中军事训练课最多时竟占全部时数的 1/4。1938 年，军部设立培养青年军人的义务“青年学校”，招收小学毕业生，实际上是以“维持国家秩序养成公民资格”为借口，强迫不能升学的劳动人民子女到这里参加劳动，并接受“准军队”的教育训练。大学里还设立了一套军事指挥课程，要求每个学生在毕业时达到少尉的水平。

侵略战争加深了国内的矛盾，日本的人力不足，粮食、电力、其他工业品和生活物资短缺，经济状况极度困难。为了摆脱困境，日本法西斯政府便采取强制学生从事无偿劳动的措施，使教育为维持侵略战争服务。1938 年 6 月，文部省发布了“实施集体劳动作业运动”的通知，大批学生被驱赶到工厂、农村参加生产活动。1941 年 8 月起，日本全国学校都建立了“学校报国队”，由文部省设立的“学校报国团”本部统一指挥。同年 12 月，又决定强制包括学生在内的14~30岁的男子和14~25岁的未婚女子一律参加“国民勤务报国团”。

从 20 世纪 30 年代初发展至此，日本的教育已经完全法西斯化了，1941 年和 1943 年，日本政府连续颁布教育令，确认它的合法性，使学校成为法西斯势力严密统治之下的军营和劳动营，为缓和日本兵源和劳力严重不足的矛盾服务。

日本帝国主义在加速吞并整个中国和征服东南亚地区的狂妄野心驱使下，于 1942 年专门成立一个所谓“大东亚建设审议会”的咨询机构，制定一系列推行殖民奴化教育和进行文化侵略的计划；对内则公然提出培养“领导地位国民”为日本的教育方针，要求按这一方针改革学制，修订改编教科书，扩大商船学校，成立旨在掠夺亚洲资源的“兴亚工业大学”等等。

1943 年前后，日本帝国主义在中国和太平洋地区战场连续失败后，加紧驱使青年学生补充溃军，实行了“紧急学徒勤劳动员纲要”和“决战教育措施纲要”，从1943年2月起对“学校报国队”进行战术训练；缩短了大学、中学的年限，大部分学生都在“学徒出阵”的名义下被赶到战场无谓牺牲，其余则被遣送工厂从事军火生产。以1944年为例，日本军国主义为征集士兵和劳动力而制定的所谓“国民总动员”计划总数为454万人，其中竟有314万人是从学生中征召的。战争末期，疯狂进行垂死挣扎的日本法西斯统治者，在1945年3月18日还以“敕令”的形式发布“战时教育令”，规定自4月起，除小学低年级外，各学校一律停课，要求所有学生都去为法西斯战争作最后的“奉公牺牲”，日本的法西斯军国主义教育恶性发展到了顶点，也随着日本帝国主义的最终惨败而崩溃、破产。

问题与思考

1. 从案例的描述中概括教育目的。

2. 你认为这个教育目的反映出教育与社会、生态和人之间的相互作用吗？它是通过哪些途径实施的？

3. 结合中学学习的世界历史分析这个教育目的对日本产生的影响。

第二节　我国的教育目的

学习目标

1. 了解我国教育目的的演进的历史逻辑。
2. 理解马克思主义关于全面发展的学说。
3. 理解我国教育目的。
4. 掌握我国教育目的的精神实质。
5. 认同新时代教育目的并能应用理论解释相关的实际教育问题。
6. 熟读案例分析和思想资源，理解相关观点。
7. 根据分析建议独立完成案例分析。

观点与原理

1. 我国的教育目的是依据马克思主义人的全面发展学说制定的。人的全面发展不是片面发展。它指人的充分的、自由的和尽可能多方面的发展，也指身体、心理的和谐发展，也指德、智、体、美、劳等方面的和谐发展。全面发展与个性发展不是对立的，包含着促进人的个人优势潜能和兴趣、爱好得到空前未有的充分发展的主张，两者是辩证统一的。并且，人的全面发展与社会发展、生态环境发展是互依的、互动的、互利的。

2. 我国教育目的规定了人的德智体美劳综合素质的全面发展，要促进学习者成为社会主义的建设者和接班人。

3. 我国教育目的的基本构成是：第一，人才定位，是指培养的人的社会属性；第二，人才规格，是指培养的人的总体质量标准；第三，人才素质结构，是指培养的人要具备的素质构成及其相互关系。

4. 我国教育目的的基本精神是：第一，教育需要培养建设者和接班人；第二，教育需要促进学习者的全面发展；第三，全面发展教育是德育、智育、体育、美育、劳动教育构成的有机整体；第四，适度超前于社会发展现状的要求。

5. 全面发展教育是对学生各个方面素养培养的整体教育的一种概括，包含德育、智育、体育、美育、劳动教育，即全面发展教育是“五育一体”。

6. 德育是帮助学生学习一定社会思想准则、行为规范，形成相应政治思想观念和道德品质的教育活动。

7. 智育是帮助学生学习系统科学知识和技能，发展学生智能、科学精神、创新精神及核心素养的教育活动。

8. 体育是指通过学生的身体活动，帮助学生获得身体运动及保健的知识、技能，增强体质，锻炼意志，发展运动素养的教育活动。

9. 美育是指运用多种美的形态培养学生正确的审美情趣和观点，发展他们感受美、鉴赏美和表现美及创造美的能力，促进其艺术素养发展的教育活动。

10. 劳动教育是指学校通过组织学生亲身参加日常生活劳动、生产劳动和服务性劳动，让学生动手实践、出力流汗，接受锻炼、磨炼意志，获得有关劳动技术的基本知识和技能，培养学生正确劳动价值观和良好劳动品质的教育活动。劳动教育是国民教育体系的重要内容，是学生成长的必要途径，具有树德、增智、强体、育美的综合育人价值。

11. 新时代教育目的是在人类共同利益视野下，增强学生文明素养、社会责任意识、创新能力、实践本领，培养德智体美劳全面发展的社会主义建设者和接班人，他（她）们也必须是堪当中华民族伟大复兴历史使命的时代新人。

12. 我国教育目的的中国特色体现在：全面贯彻党的教育方针，坚持马克思主义指导地位，坚持中国特色社会主义教育发展道路，坚持社会主义办学方向，坚持教育为人民服务、为中国共产党治国理政服务、为巩固和发展中国特色社会主义制度服务、为改革开放和社会主义现代化建设服务，坚持改革创新。

13. 按照约翰·怀特的理论分析（上一节T4），我国现在基本具备了实现教育目的的经济、社会文化和精神、学校文化和课程体系以及三种机构等条件。①

典型案例解读

案例 5.2.1

我国的教育目的

为了保证我国教育的健康发展及其与我国的经济发展和社会发展协调发展，我国的教育

① 从我国经济社会发展状况来看，我国已经跃居世界第二大经济实体，GDP 增速世界领先，人民群众的工作和生活得到了极大改善，人民群众的获得感、幸福感、安全感持续增强；从社会文化与精神的角度来看，十几年来，我们始终大力宣传社会主义核心价值体系，倡导社会主义核心价值观，并要求践行社会主义核心价值体系，全党、全社会和全国人民都在极力地把中国打造成风清气朗、美丽和谐的中国特色社会主义国家；在全社会，无论是公民还是青少年儿童都极力倡导平等、公正、民主、法治的社会主义制度，尤其是帮助青少年认识、理解和认同中华民族勤俭节约、艰苦朴素、智仁勇孝悌等传统美德；从校园文化的角度来看，我们坚持打造阳光、安全、和谐、健康、积极的校园文化。2017 年 9 月，中共中央办公厅、国务院办公厅印发了《关于深化教育体制机制改革的意见》，明确指出，“党和国家高度重视教育工作。党的十八大以来，以习近平同志为核心的党中央，坚持把教育摆在优先发展的战略位置，全面深化教育领域综合改革，一批标志性、引领性的改革举措取得明显成效，教育公共服务水平和教育治理能力不断提升，中国特色社会主义教育制度体系进一步完善，我国教育总体发展水平进入世界中上行列，为 13 亿多人民提供了更好更公平的教育，为经济转型、科技创新、文化繁荣、民生改善、社会和谐提供了有力支撑，中国特色社会主义教育自信不断增强。”

目的一直都是由中国共产党、中央政府制定的。1949 年以来，我国教育目的的表述经历了数次变动。

1949 年 9 月，中国人民政治协商会议第一届全体会议通过的具有临时宪法作用的《中国人民政治协商会议共同纲领》规定："中华人民共和国的文化教育为新民主主义的，即民族的、科学的、大众的文化教育。人民政府的文化教育工作，应以提高人民文化水平，培养国家建设人才，肃清封建的、买办的、法西斯主义的思想，发展为人民服务的思想为主要任务。"

1957 年，在生产资料所有制的社会主义改造基本完成以后，毛泽东同志在最高国务会议上指出："我们的教育方针，应该使受教育者在德育、智育、体育几方面都得到发展，成为有社会主义觉悟的有文化的劳动者"。这就确定了新中国的教育方针，明确了中国教育目的。

1958 年，中共中央、国务院《关于教育工作的指示》说明了，"培养有社会主义觉悟的、有文化的劳动者"即是全面发展的新人，首次直接、正确地解释了全面发展的涵义，是我国教育的目的。这是中华人民共和国成立后对教育目的的第一次明确表述。

1978 年，第五届全国人民代表大会通过的《中华人民共和国宪法》第十三条："国家大力发展教育事业，提高全国人民的文化科学水平。教育必须为无产阶级政治服务，同生产劳动相结合，使受教育者在德育、智育、体育几方面都得到发展，成为有社会主义觉悟的有文化的劳动者。"

1981 年，中国共产党中央委员会发表了《关于建国以来党的若干历史问题的决议》对教育目的有了新的表述："坚持德智体全面发展、又红又专、知识分子和工人农民相结合、脑力劳动和体力劳动相结合的教育方针。"在同年召开的第五届全国人民代表大会政府工作报告中指出，教育目的是"使受教育者在德育、智育、体育几方面都得到发展，成为有社会主义觉悟的有文化的劳动者和又红又专的人才，坚持脑力劳动和体力劳动相结合、知识分子和工人农民相结合。"

1982年，《中华人民共和国宪法》（五届全国人大五次会议通过）中规定："国家培养青年、少年、儿童在品德、智力、体质等方面全面发展。"

1985 年，《中共中央关于教育体制改革的决定》提出："所有这些人才，都应该有理想、有道德、有文化、有纪律，热爱社会主义祖国和社会主义事业，具有为国家富强和人民富裕而艰苦奋斗的献身精神，都应该不断追求新知，具有实事求是、独立思考、勇于创造的科学精神。"人们把这段话简化为"四有""两热爱""两精神"，并把培养这种人才作为教育目的。

1986 年 4 月 12 日《中华人民共和国义务教育法》（六届全国人大四次会议通过）规定："义务教育必须贯彻国家的教育方针，努力提高教育质量，使儿童、少年在品德、智力、体质等方面全面发展，为提高全民族素质，培养有理想、有道德、有文化、有纪律的社会主义的建设人才奠定基础。"在这里，规定了我国义务教育的性质和目的，也第一次把提高全民族素质纳入义务教育的教育目的。

1990 年，《中共中央关于制定国民经济和社会发展十年规划和"八五"计划的建议》把教育方针和教育目的明确表述为："教育必须为社会主义现代化建设服务，必须与生产劳动相结合，培养德、智、体全面发展的建设者和接班人。"

中共中央、国务院 1993 年 2 月印发的《中国教育改革和发展纲要》提出："教育改革和发展的根本目的是提高民族素质，多出人才，出好人才，各级各类学校要认真贯彻‘教育必须为社会主义现代化建设服务，必须与生产劳动相结合，培养德、智、体全面发展的建设者和接班人’的方针，努力使教育质量在二十世纪九十年代上一个新台阶。”

1995 年 3 月 18 日，第八届全国人民代表大会第三次会议通过的《中华人民共和国教育法》对《中国教育改革和发展纲要》提出的教育方针和教育目的作了一些补充。《中华人民共和国教育法》第五条规定：“教育必须为社会主义现代化建设服务，必须与生产劳动相结合，培养德、智、体等方面全面发展的社会主义事业的建设者和接班人。”以十分明确的法律形式规定了我国新时期的教育方针和教育目的。

1999年6月，时任中共中央总书记江泽民在第三次全国教育工作会议上强调：“我们必须全面贯彻党的教育方针，坚持教育为社会主义、为人民服务，坚持教育与社会实践相结合，以提高国民素质为根本宗旨，以培养学生的创新精神和实践能力为重点，努力造就‘有理想、有道德、有文化、有纪律’的，德育、智育、体育、美育等全面发展的社会主义事业建设者和接班人。”

1999 年 6 月，《中共中央国务院关于深化教育改革 全面推进素质教育的决定》把教育目的表述为“以培养学生的创新精神和实践能力为重点，造就有理想、有道德、有文化、有纪律的德、智、体等方面全面发展的社会主义建设者和接班人。”

2001 年 6 月，《国务院关于基础教育改革与发展的决定》明确提出“高举邓小平理论伟大旗帜，以邓小平同志‘教育要面向现代化，面向世界，面向未来’和江泽民同志‘三个代表’的重要思想为指导，坚持教育必须为社会主义现代化建设服务，为人民服务，必须与生产劳动和社会实践相结合，培养德智体美等方面全面发展的社会主义事业建设者和接班人。”

2002 年党的十六大报告中有了新提法，将“社会主义事业的建设者和接班人”，修改为“社会主义建设者和接班人”。此后，这一提法被固定下来。

2006 年 6 月 29 日，第十届全国人民代表大会常务委员会第二十二次会议修订并于同年 9 月 1 日开始实施的《中华人民共和国义务教育法》指出：“义务教育必须贯彻国家的教育方针，实施素质教育，提高教育质量，使适龄儿童、少年在品德、智力、体质等方面全面发展，为培养有理想、有道德、有文化、有纪律的社会主义建设者和接班人奠定基础。”比较而言，增加了“实施素质教育”和“适龄”。

2007 年，党的十七大报告指出，“要全面贯彻党的教育方针，坚持育人为本、德育为先，实施素质教育，提高教育现代化水平，培养德智体美全面发展的社会主义建设者和接班人，办好人民满意的教育。”

2010 年 7 月，《国家中长期教育改革和发展规划纲要（2010—2020 年）》指出：“全面贯彻党的教育方针，坚持教育为社会主义现代化建设服务，为人民服务，与生产劳动和社会实践相结合，培养德智体美全面发展的社会主义建设者和接班人。”

2012 年，党的十八大报告指出：“全面贯彻党的教育方针，坚持教育为社会主义现代化建设服务、为人民服务，把立德树人作为教育的根本任务，培养德智体美全面发展的社会主义建设者和接班人。全面实施素质教育，深化教育领域综合改革，着力提高教育质量，培养学生社会责任感、创新精神、实践能力。”

2017 年，党的十九大报告指出：“要全面贯彻党的教育方针，落实立德树人根本任务，发展素质教育，推进教育公平，培养德智体美全面发展的社会主义建设者和接班人。”

2017年颁布实施的《关于深化教育体制机制改革的意见》指出："全面贯彻党的教育方针，坚持教育为人民服务、为中国共产党治国理政服务、为巩固和发展中国特色社会主义制度服务、为改革开放和社会主义现代化建设服务，全面深化教育综合改革，全面实施素质教育，全面落实立德树人根本任务，系统推进育人方式、办学模式、管理体制、保障机制改革，使各级各类教育更加符合教育规律、更加符合人才成长规律、更能促进人的全面发展，着力培养德智体美全面发展的社会主义建设者和接班人，为实现'两个一百年'奋斗目标、实现中华民族伟大复兴的中国梦奠定坚实基础。"

2018年9月，习近平总书记在全国教育大会上发表重要讲话"坚持中国特色社会主义教育发展道路，培养德智体美劳全面发展的社会主义建设者和接班人"指出："在党的坚强领导下，全面贯彻党的教育方针，坚持马克思主义指导地位，坚持中国特色社会主义教育发展道路，坚持社会主义办学方向，立足基本国情，遵循教育规律，坚持改革创新，以凝聚人心、完善人格、开发人力、培育人才、造福人民为工作目标，培养德智体美劳全面发展的社会主义建设者和接班人，加快推进教育现代化、建设教育强国、办好人民满意的教育。"

2019年，习近平总书记在召开的学校思想政治理论课教师座谈会上对教育目的作了完整表述。他说："新时代贯彻党的教育方针，要坚持马克思主义指导地位，贯彻新时代中国特色社会主义思想，坚持社会主义办学方向，落实立德树人的根本任务，坚持教育为人民服务、为中国共产党治国理政服务、为巩固和发展中国特色社会主义制度服务、为改革开放和社会主义现代化建设服务，扎根中国大地办教育，同生产劳动和社会实践相结合，加快推进教育现代化、建设教育强国、办好人民满意的教育，努力培养担当民族复兴大任的时代新人，培养德智体美劳全面发展的社会主义建设者和接班人。"

2021年3月，中共中央、国务院发布了《中华人民共和国国民经济和社会发展第十四个五年规划和2035年远景目标纲要》，将教育目的表述为"全面贯彻党的教育方针，坚持优先发展教育事业，坚持立德树人，增强学生文明素养、社会责任意识、实践本领，培养德智体美劳全面发展的社会主义建设者和接班人。"

2021年4月29日，第十三届全国人民代表大会常务委员会第二十八次会议通过的《中华人民共和国教育法》明确指出："教育必须为社会主义现代化建设服务、为人民服务，必须与生产劳动和社会实践相结合，培养德智体美劳全面发展的社会主义建设者和接班人。"

社会在变化，国家在发展，教育在进步，教育目的也在发生着变化。其中是不是也有不变的？哪些变了？哪些没变？哪些是渐变的？哪些是突变的？哪些始终不变？

案例分析

案例首先指出，中国的教育目的是沿着中国特色社会主义道路不断前行的，经历了70多年的进化、选择，逐渐形成了中国特色鲜明的新时代教育目的："增强学生文明素养、社会责任意识、创新能力、实践本领，培养德智体美劳全面发展的社会主义建设者和接班人，他（她）们也必须是堪当中华民族伟大复兴历史使命的时代新人。"其次，通过案例，我们能够认识到中国教育目的演变。由初期的以教育方针替代或隐藏教育的目的的方式，逐渐发展为规定明确、表述精准、内容科学、正式发布的教育目的的方式，总体上经历了3个历史时期：社会主义建设时期、改革开放和社会主义现代化建设新时期、中国特色社会主义进入新时代，具体地，经过了以下五个发展阶段。

（1）摸索阶段（1949—1966） 建国伊始，民贫国弱，百废待兴。在这个阶段，教育急需也是社会急需教育为国民经济和社会生活的全面恢复作出贡献，所以，教育部主动确定并逐渐完善教育方针和教育目的，为教育实践确立指南。从 1949 年的“新民主主义教育”发展到 1958 年的“社会主义教育”，开始明确规定教育的社会主义性质，指明培养人才的素质要求。并且 1958 年，首次确定了，我国的教育要培养全面发展的劳动者。“全面发展”的提出树立了一个里程碑，它确立了我国教育发展的指导思想是马克思主义人的全面发展理论，指明了中国共产党领导下的社会主义教育发展方向和实践路径。

（2）恢复阶段（1978—1989） 1978 年之后，教育的地位更加明确下来，并且首次以国家根本大法《中华人民共和国宪法》的形式规定了教育方针、教育目的。可见，国家对教育恢复、改革、振兴的急迫和高度重视。教育目标群体从“有社会主义觉悟的有文化的劳动者”开始转向“社会主义建设人才”。教育目的被写入宪法，表明国家对教育的极端重视。

（3）法定阶段（1990—1998） 这个阶段里，教育目的的内容，一个是从“品德、智力、体质等方面全面发展”改变为“德、智、体全面发展”或者“德、智、体等方面全面发展”；还有就是明确提出“建设者和接班人”的概念，到 1995 年《中华人民共和国教育法》中的“社会主义事业的建设者和接班人”；再者，教育有了自己的根本法也是基本法——《中华人民共和国教育法》，说明教育具有极其重要的地位，国家通过法律的形式增强其强制性和在全社会的宣传、引导作用。“建设者和接班人”的提出也是一个里程碑，更加明确了我国教育所培养人才的质量规格，反映出我国教育研究和教育实践取得了重要进展，对教育功能、教育与社会主义现代化之间关系的认识更加深刻。

（4）科学化确立阶段（1999—2006） 这一时期，人们在思考“四有”的提法是否合适？有学者指出，从逻辑意义上说，“有理想、有道德、有文化、有纪律”是“德、智、体等方面全面发展”的题中之意。人们还在思考，是培养“社会主义事业的建设者和接班人”还是“社会主义的建设者和接班人”？“四育”并重还是存在核心之育？这些理性的思考反映出中国共产党不断总结历史经验和教训，用理论武装自身，国家更加重视知识，更加重视人才，更加重视教育目的研究领域。科学化取得了显著的成就。非常重要的成果就是，①要重点培养“创新精神和实践能力”；②实现当代人的全面发展不仅仅通过生产劳动，还可以通过社会实践，深化了对马克思主义理论的认识，加强了马克思主义的中国化；③提出义务教育阶段“素质教育”的概念；④教育要培养“社会主义建设者和接班人”。“社会主义建设者和接班人”是第三个里程碑，体现出中国共产党的伟大胸襟，中华民族的博大胸怀，把担负人才培养历史使命的教育事业置放于全世界社会主义的发展壮大之中，致力于全人类的文明、富强。

（5）中国特色社会主义教育目的初步确立阶段（2007—2017） 进入 21 世纪以来，中共中央、国务院和全国各界有识之士都更加重视教育发展，更加关注教育改革，特别是教育目的的确立。全社会达成的共识就是教育要为人民服务，国家要办好人民满意的教育，也就是说，教育是重要的民生工程；教育要德育为先。近些年，人们更深刻地认识到，教育不仅仅要培养学生的创新精神和实践能力，还要培养社会责任感；教育的根本任务是立德树人。“立德树人”的提出具有里程碑意义。“德智体美”“德智体”“德育、智育、体育”“品德、智力、体质”等等提法始终不够明确：“三育”或者“四育”并重吗？究竟它们之间是什么关系？习近平总书记站在人类命运共同体的高度明确指出，落实立德树人，人才能全面发展，才能建设教育强国，才能办好人民满意的教育，才能让人民有获得感、幸福感和安全感，才能实现“两个一百年”奋斗目标、实现中华民族伟大复兴的中国梦。早在20个世纪，我们就一直在探索中国特色社会主义教育之路，到今天，对中国特色社会主义教育目的有了比较深刻的认识。上述阐释展示了教育目的比较鲜明的中国特色：立德树人是我国教育的根本任务，必须把立德树人作为检验学校一切工作的根本标准。（可参看本章第一节T3）

（6）中国特色社会主义教育目的基本确立阶段（2018—） 2018年以来，中国特色社会主义理论体系得到了极大丰富，习近平总书记的教育观更加丰富，更加深刻。“教育是提高人民综合素质、促进人的全面发展的重要途径，是民族振兴、社会进步的重要基石。”“建设教育强国是中华民族伟大复兴的基础工程”。这就需要教师“以德立身、以德立学、以德施教”，要成为大先生，做学生为学、为事、为人的示范，促进学生成长为全面发展的人。而且，学生要有好眼睛，还要能跑起来，还要有美相伴。“做新时代的合格建设者和接班人，德智体美劳，一个都不能少。”开创性地提出了“劳动教育”的概念。如何通过生产劳动和社会实践实现人的全面发展？最根本的是要让学生参加生产劳动和社会实践，是要把劳动教育提到应该的地位，所以，教育要“坚持立德树人”“五育并举”。“德智体美劳全面发展”的提出“一锤定音”，体现出我国教育目的鲜明的中国特色，是党和国家对人的深切关照的具体体现，把人民的健康、人民的幸福、人民的利益，尤其是青少年儿童的，放在首位的具体体现。“劳动教育”的提出既是党和国家对中华民族传统美德的大力弘扬，也是党和国家立足于青少年儿童的身心健康、中国精神和担当能力的高瞻远瞩。早在20世纪，我们就一直在探索中国特色社会主义教育之路，到今天，对中国特色社会主义教育目的有了非常深刻的认识。上述阐释指明了，学生要锤炼品格、学习知识、创新思维、奉献祖国；培养德智体美劳全面发展的社会主义建设者和接班人，大力培养担当民族复兴大任的、获得发展自身、奉献社会、造福人民的能力的时代新人。

概括中国的教育目的，能够发现，其基本构成为：第一，人才定位，是指培养的人的社会属性；第二，人才规格，是指培养的人的总体质量标准；第三，人才素质结构，是指培养的人要具备的素质构成及其相互关系。以及我国教育目的的基本精神是：第一，教育需要培养建设者和接班人；第二，教育需要促进学习者的全面发展；第三，全面发展教育是德育、智育、体育、美育、劳动教育构成的有机整体；第四，适度超前于社会发展现状的要求。

虽然2021年4月颁布实施的《中华人民共和国教育法》明确指出了教育目的的内容，但是，面对高速发展的当代社会和快速到来的未来社会以及学生、教师、其他教育工作者不断出现的新技能、新能力、新要求，教育改革必然不断走进深水区，教育目的的研究也在不断被观照，其中代表性观点的有：①教育“要以习近平新时代中国特色社会主义思想为指导，坚持党的教育方针，坚持把立德树人作为教育的根本任务，培养有理想、有学识、有本领、有奉献精神的德智体美劳全面发展的社会主义建设者和接班人。”②“我国教育目的应当修订为：培养德智体美等适度全面协调发展，个人优势潜能和兴趣、爱好自主充分发展的社会主义建设者和接班人。为此应坚持教育与社会实践密切结合；适度全面发展基础上的个性化发展；社会需求与个人发展需求的协调一致。这个修订方案有三个着重点：第一，将人的全面发展和人的个性化发展放到同等重要的位置，彰显时代发展方向和社会主义核心价值观，为教育改革指出发展方向。第二，提出了适度全面发展的新理念。这可以防止多方面过度发展要求带来的过重身心压力，让出足够时间和空间，推进学生个性化的优势潜能和兴趣爱好充分发展。第三，进一步强调了社会需求与个人发展需求协调一致的理念。让多数优势潜质充分发展的人从容顺畅地流动到适合他们的社会工作岗位上，从而大大提高社会的总体效能水平。”③“培养担当民族复兴大任的时代新人，是把握新时代我国教育目的的基本出发点；培养德智体美劳全面发展的社会主义建设者和接班人，是我国教育目的的灵魂；培养创造和享受文明幸福的中国人，是新时代我国教育目的对教育所要培养的人的基本规定性与具体内涵；新时代中国教育的根本指向乃是立德树人，让每个人都能成为具有中国精神、中国价值、中国力量、文明开放、自信豪迈的中国人，这是新时代教育目的的最终指向。”因此，对中国特色社会主义教育目的的探索仍需努力。

此外，我们还能够从案例中发现，我国正式教育目的的制定主体主要是中央政府、教育部和教育界提供主要的智库支持。新中国教育目的演变的历史逻辑也揭示出：教育目的具有历史性、时代性、民族性和实践性等属性。

理解历史，把握新时代。全面理解、认同教育目的，必须反思：如何理解立德树人？习近平总书记提出并多次强调“德智体美劳全面发展，字字千金”。至重的乃是德，德乃大国重器。把“立德树人作为教育的根本任务”，学生才能“成为对社会有用的人，成为国之栋梁”。学生要做“大学生”。“大”在“明德”，“大”在“至善”，“大”在“国之栋梁”，“大”在“人与生态环境命运共同体”和“人类命运共同体”的建设者和接班人。因为“德”是生活秩序、社会秩序健康运行的基础。在中国，就要守“礼”。“礼：礼俗可以保持秩序，领导一个民族的是礼俗而非知识。礼俗培养了整体的精神，反过来，整体的精神又赋予礼俗以灵魂，个人只有实践社会团体的美德才能成为一个人。礼意味着所有人的不断教育，礼又是生活的范式，在整个现存的状况中产生出一种适当的氛围，使人以严肃的态度对待事物、信任和敬意。礼借助于普遍性来控制人，并通过教育使礼成为人的第二天性。这样，就把普遍性看作自我本质的一部分，而不会感觉到在勉强生活。这些范式给予个人的是坚固、安稳和自由。”孔子通过教书育人、研究治国理政，唤醒了社会对礼的意识。“中国礼教的全部世界呈现在眼前：人走路、问候和与人交往的分寸，根据不同的情况都有其特殊的形式；献祭和庆典方式、生死婚丧之礼、管理的规则、工作与一天的安排、季节、生命之阶段、家庭与待客之道、为父者及司祭的责任、宫廷及官员的生活方式。中国的礼教几千年来成为深入一切生活方式的规范，没有一个人能从里面跳出来而不受到伤害的。”而且，孔子主张，“兴于诗、立于礼、成于乐”。因此，“礼”有了充实于形式的原初性，有了人性的价值。“人而不仁，如礼何？”“居上不宽，为礼不敬，临丧不哀，吾何以观之哉！”“吾不与祭如不祭。”所以，礼即是秩序，即是社会规范，即是社会精神。当代的表现为社会主义核心价值观，“立德树人”之“德”。

还可以结合第一节T3中“日本的教育目的”及其演变进一步分析本案例。

思想资源

历史沿革

H. 五育构成的演变

为了跨越教育理论上的这个误区，有必要讨论：教育的构成是怎样形成的？教育可由哪些成分构成？各组成部分在教育总体中的地位发生过怎样的演变？教育构成问题的意义何在等。

尽管任何时代的教育中或多或少都具有各种成分，但严格说，德育、智育、体育的划分基本上是近代的事，尤其是19世纪中叶以后的事。

中国古代教育即教学。“建国君民，教学为先”（《礼记·学记》），其中所谓“教学”当指“教育”。《礼记·中庸》有“天命之谓性，率性之谓道，修道之谓教”之说，“教”即“修道”，把整个教育归结为德育的意向，再鲜明不过。

西方宗教统治的国家长期实施的宗教教育，同中国古代的“道德教育”，在内容上虽有世俗性之别，实无二致。如今“教育”一词的含义虽与古代不同，但“教育”中的一义，即作为“道德教育”同义语的一义，在中国至今依然通用。

在从古代教育向近代教育演变的初期（即17世纪），教育构成的划分已现端倪；18世纪以后，教育构成的划分，眉目越来越清楚。这首先同从作为理性德育基础的智育到具有自身价值的智育的形成过程有关。随着“人本位”教育思潮的扩展，逐步把教育构成的划分问题提上日程。

1. 教育构成的划分，隐约地存在于17世纪著名教育家夸美纽斯与洛克的教育思想中

唯在他们所处的那个时代，智育的意义相当有限，当时还不具备明确分解教育构成的客观基础。洛克虽断言“有健康的身体才有健全的精神”，也对儿童的健康、卫生问题作过细致的分析，但并未把体育列入他所谓教育的“四件事情”之中。所谓“四件事情”系指：德行、智慧、礼仪和学问。其中“智慧”实指在社会关系中善于自处的能力，非指智育，“学问”近于智育，而学问在“四件事情”中“最不重要”。他虽针对传统教育对健康的漠视，甚至摧残，而注意到健康，但又认为教育的真正价值不在于健康的身体本身，而在于健全的精神。主张体育只具有培养健全精神，“使它能够服从并执行精神命令”的工具价值。

其实，在很长时期里，智育的固有价值也相当有限。传授知识的意义不在知识本身，而在于启蒙，即以知识与科学思想作为破除封建与宗教迷信的武器，也可以说，以此为理性的道德的基石。

2. 18世纪法国启蒙运动时期，社会思潮风云激荡，传统教育的格局更加难逃新世纪对它的审视

卢梭以全新的视野观照体育、智育和德育。他力主按人生的不同阶段转移教育的重心：婴儿期以身体养护为重点，儿童期（2岁半至12岁）感觉训练与积累直接经验为主，青年期（即少年期，12~15岁）重心转向智育，直到青春期（15~20岁）才把教育的重点转为性教育、道德教育及宗教教育。这意味着体育、智育、德育各有自身的价值，并在人生不同阶段占有不同的地位。

18世纪末，在法国大革命的急风暴雨中，智育的地位在观念上发生微妙的变化。孔多塞为冲破宗教与封建的藩篱，砸碎人民心灵上的精神枷锁，主张排除国民教育中的情意性的成分，即排除宗教与政治思想成分，只实施智育，谋求国民的启蒙。形式上未把智育作为理性的道德教育的基础。

3. 18世纪是近代教育思想奔放的时代

相对说来，19世纪则是教育思想调整的时期。在作为当时国际教育舆论中心的德国尤其如此。为19世纪教育奠定理论基础的那些思想家与教育家，如康德、赫尔巴特、黑格尔、施莱尔马赫大都为法国革命所震胁，表现出鲜明的“道德主义”教育的意向。赫尔巴特把教育目的分为两个层次，即“可能的目的”与“必要的目的”。前者指“多方面的兴趣”，即“一

切能力的和谐发展”，意思是通过培养儿童“多方面的兴趣”，使其掌握基本知识，作为学生以后从事各种不同职业活动的一般基础。这意味着在一定程度上对智育固有价值的肯定；后者指“道德性格的力量”，是教育的终极目的。在这个意义上称“德行是整个教育目的的代名词”。在他的体系中智育终究还属德育的基础。他不以智育同德育相提并论，虽也提到体育，但不认为体育可与智育、德育并举。

黑格尔把教育理解为使人从原有的天性（自然本性）转变为另一天性（精神本性）的过程，称教育学为“使人合乎伦理的一种艺术”。他也属“道德主义”教育论者。

4. 把教育划分为智育、德育和体育，大抵以斯宾塞为始作俑者

斯宾塞的代表作《教育论》（1861）以“智育、德育和体育”为副标题，可算是开三育并举的先例；不仅如此，他的主导思想在于提高科学在整个普通教育中的地位，确认智育的固有价值，明显地摆脱了“道德主义”的缠绕。其实，斯宾塞本人并未表露把学校教育“工作”分为智育、德育、体育的意向。尽管如此，从那时起，三育的划分确实成为教育思想的定势。

5. 从文艺复兴时期开始，“以复古为解放”，致力于弘扬古希腊民主制时代藉教育使人“身心既美且善”的传统，美育遂日益引人注目

18世纪90年代，席勒（1759—1805）的《美育：书简》奠定了近代美育的理论基础。不过，真正把美育同智育、德育、体育并举，大抵是19世纪晚期的事。

19世纪70年代以后，德国继英、法等国之后，完成了产业革命。随着产业革命的实现，商品经济长足发展，资本主义固有矛盾日益暴露，而德国又成为当时无产阶级革命运动的中心。然而，畏首畏尾的德国“有教养的等级”却把社会的动荡归因于精神文明的失落，对于物质文明的丰裕与传统精神文明衰败所形成的反差甚为敏感。于是，崇尚“真”、“善”、“美”及凌驾其上的神圣宗教（简称“圣”）价值的所谓“价值哲学”、“精神生活理论”、“精神科学”及其教育理论亚种甚嚣尘上。

6. 所谓智育、德育、美育与体育，原是着眼于个人精神（真、善、美）与身体发展而作的划分

从卢梭《爱弥儿》（1762）到斯宾塞《教育论》（1861）跨世纪的整整一百年中，“人本位”教育观占主导地位，教育目的观念同裴斯泰洛齐表述的教育目的基本上一脉相承；19世纪末期，德国“社会本位”“人格本位”“文化本位”等教育观相继勃兴，以真、善、美、圣为社会精神生活的本质，从另一角度提倡各育；至于美国与法国的“社会本位”教育论者（前者以杜威为代表，后者以涂尔干为代表）；则明确指出以“一切能力的和谐发展”为教育目的的局限性，而注重培养学生的“社会性”，对学生进行社会角色的训练。这就是民国政府统治时期所谓“群育”的由来。当时所谓“群育”指的是学生的“社会教育”，实际上是德育的延伸。

7. 20世纪以来，特别是第二次世界大战以后，随着现代技术的发展，生产以及各种社会职能的技术性质发生变化

不仅从自然科学中演化出独立的技术科学层次与工程科学层次，就连社会科学领域也呈现变化趋势。时至当代，具有相当高的文化水平而缺乏足够技术、技能的书生型人物，不仅越来越难以胜任工作和参与社会交往，甚至还面临生活与生存的难题。依此看来，我国最近若干年间，新立“劳动技术”一育甚合时宜。

8. 此外，19 世纪尚有知育、情育、意育以及体育的划分，且有“主知主义”（赫尔巴特）以及针对“主知主义”的“主情主义”（林德）、“主意主义”（纳托尔普）诸种教育倾向

大抵由于智育受知识系统的局限，德育乃适应社会生活中的特定层次（道德）而说，它们均不能代替个人的心理训练与指导；反之，这种划分更代替不了智育、德育、美育之类的划分。所以，它早成过眼云烟。如今我国有心理卫生、青春期咨询与指导的设置，另有“情感教育”的提倡，作为对智育、德育等的补充，可谓切中时弊。

理论资源

T1. 马克思主义关于人的全面发展学说的基本思想及其中国意义

1. 马克思主义关于人的全面发展学说的基本思想

马克思主义关于人的全面发展学说是马克思、恩格斯在经济学的研究中考察社会物质生产与人的发展关系时所提出的关于人的发展问题的基本原理，是马克思主义教育思想的重要组成部分。因为，“工场手工业把工人变成畸形物，它压抑了人的多种多样的志趣和生产才能，人为地培植工人片面的技巧……个体本身也被分割开来，成为某种局部劳动的自动工具。”人的片面发展导致人的异化：“人”不再是人，只是一个扳手，一根电线，一根可以随时丢弃的柴骨棒……所以，1845 年，恩格斯《在爱北斐特的演说》就开始提出“每一个人都无可争辩地有权全面发展自己的才能”。才能是智力和体力的总和。因为，“生产力或一般财富从趋势和可能性来看的普遍发展成了基础。同样，交往的普遍性，从而使世界市场成了基础。这种基础，是个人全面发展的可能性。”而且，“大工业的本性决定了劳动的变换、职能的更动和工人的全面流动性。”“工人尽可能多方面的发展是社会生产的普遍规律。……工人为生产过程而存在，不是生产过程为工人而存在。”并且，大工业“在必要劳动时间之外，为整个社会和社会的每个成员创造大量可以自由支配的时间（即为个人发展充分的生产力，因而也为社会发展充分的生产力创造广阔的余地）。”“人的发展领域包括两个方面，即劳动时间和自由时间。劳动时间创造了人类才能的发展所必需的物质财富，而自由时间就是财富本身。自由时间——不论是作为闲暇时间或从事高级活动的时间——自然都会使他的占有人变成一种全然不同的主体。而他又作为这样一种全然不同的主体重新参加到直接生产过程里面去。对正在成长过程的人来说，自由时间是受教育的时间；对成人来说，自由时间是从事实验科学、在物质上创造发明、实习和使科学物化的时间。在这些人的头脑中存在着积累起来的社会知识。”

概言之，人的发展要与社会生产发展相一致，人必须全面发展，在生产过程中，在创造过程中，实现全面发展。

2. 马克思主义关于人的全面发展的涵义

一种观点是，纵观马克思主义对人的全面发展含义的各种表述，可见人的全面发展具有丰富的内涵：①指人的生产物质生活本身的劳动能力的全面发展，“个人生产力的全面的、普遍的发展”“是各方面都有能力的人，即通晓整个生产系统的人”，正如马克思所说的“全面发展的个人……也就是用能够适应极其不同的劳动需求并且在交替变换的职能中……使自己先天的和后天的各种能力得到自由发展的个人”。这种劳动能力的全面发展，既表现为人的体力和智力的全面发展，又表现为人的才能和志趣的全面发展。②指人的才能的全面发展。正如马克思、恩格斯说的“每一个人都无可争辩地有权全面发展自己的才能”“任何人的职

责、使命、任务就是全面地发展自己的一切能力”。③指人的自由发展，包括“全部才能的自由发展”“各种能力得到自由发展”“个人独创的和自由的发展”“个性的比较高度的发展”等。

还有一种观点是，马克思主义把人的发展归结为社会物质生产实践的产物，因此，以分工来考量人的发展。分工对人的影响有两个方面：一方面，分工使每个人致力于某一个方面的工作，有助于劳动者职能的专门化和生产经验的积累，这是积极的一面。另一方面，分工的专门化，使每个人只做自己的工作，只承担自己的职能，只熟悉和掌握与自己专业有关的知识、技能，对其他方面的职能、知识、经验漠不关心，知之甚少，甚至无知无能，使人的发展只局限于某个方面，越来越片面。

资本主义工场手工业的分工，使人的片面发展达到极端。但工场手工业向大工业的发展，客观上为人的全面发展提出了要求，也提供了可能。大工业生产为消灭旧式分工提供了技术上的可能，也为人的全面发展提出了客观的要求，但大工业的出现并不意味着旧式分工的消灭和个人全面发展的实现。

马克思从大工业生产的要求提出人的全面发展，人的全面发展是指适应大工业的劳动变换、职能更替、工人全面流动所要求的人的劳动能力或才能的全面发展，这是马克思主义人的全面发展的基本含义。马克思把劳动力或劳动能力理解为“人的身体即活的人体中存在的、每当他生产某种使用价值时就运用的体力和智力的总和”。这里的“人”不只是指工人，而是“每个人”“社会的每一个成员”；这里的“能力”，既包括人的体力，也包括人的智力；这里的“发展”是尽可能多方面的、充分的、自由的发展。因此，马克思主义人的全面发展，是指每个社会成员的体力和智力尽可能多方面的、充分的、自由的发展。这是马克思主义以分工考量人的全面发展所得出的最初结论。在这个意义上，马克思所说的“全面发展的人”是“各方面都有能力的人，即能通晓整个生产系统的人”。

因此，需要人的劳动能力的全面发展。社会交往关系的全面发展，要克服不合理社会关系对人的限制，寻求人与人之间普遍的、自由的交往，在广泛的社会关系和社会交往中丰富和发展自身。人的发展是劳动能力和社会关系的全面发展、和谐发展，也是自由发展。自由发展是马克思主义人全面发展的重要方面。

所以，马克思主义关于人类社会的理想就是实现人的全面而自由的发展。共产主义社会是人类社会历史发展的必然，共产主义事业需要全面发展的一代代新人持续创造。这里的“人”，不是某个人，而是每一个人，每一个社会成员。这里的“全面发展”，是人的发展的完整性、多方面性，包括人的智力、体力和社会关系（社会性）。这里的“自由发展”是指人的自觉、自愿、自主的发展，不屈从于任何外在的压力和支配，按照自己的意志，选择适合自己的发展。全面而自由的发展，就是要使每个人按照自己的素质特点，自己的优点和不足，自由发展，形成自己独特的素质结构和个性特点。因此，完整地理解马克思主义人的全面发展的内涵，是指每个人的全面的、自由的、个性的发展。

还有一种观点是，我国著名马克思主义教育理论研究专家厉以贤先生对马克思主义人的全面发展概念的基本内涵作了这样的阐释，指由资本主义生产提供物质基础，人有目的地联合起来控制和发展这一物质基础，并消除其历史造成的自发性和盲目性；消除人的发展中的矛盾，这些矛盾都是以私有制为核心展开的；从而达到人的智力和体力，精神劳动、物质劳动和享受，生存和发展的统一；使人的潜能和天资、兴趣和才能得到空前未有的充分发展；

使人的身心、精神（道德）、才能、个性全面而丰富的发展。

马克思主义人的全面发展的思想体系中，包含着促进人的潜能和天资以及兴趣、才能和个性得到空前未有的充分发展的主张，还包括了十分丰富的促进人自由发展的思想。厉以贤先生对自由发展有更为具体的解读，所谓自由发展，第一，就是说每个人的发展不再屈从于其他任何活动和条件，例如，奴隶般的分工、屈从于他被迫从事的某种活动等；第二，人的发展能为个人所驾驭。

3. 马克思主义人的全面发展学说对我国确立教育目的的意义

马克思主义关于人的全面发展学说确立了科学的人的发展观，指出了人的全面发展的历史必然，对我国的教育目的的确立具有重要的理论指导意义。

（1）为我们科学地认识人的全面发展提出了新的方法论指导。

关于人的全面发展问题，在马克思主义产生以前，亚里士多德、夸美纽斯、卢梭、裴斯泰洛齐等都曾提出过使人的体力、智力和道德等多方面和谐发展的问题。但他们在提出和探讨人的全面发展的过程中脱离社会生产和生活，只是从“神的意志”或“人的本性”出发来说明和解释人的发展。到了19世纪，英国空想社会主义者欧文等人也提出要培养“全面发展的人”，但没能从根本上说清人的发展与社会物质生产、生活条件的关系。马克思主义的产生，为考察和说明人的发展提供了新的科学的方法论。它要求在规定人的发展的时候，不能停留在思辨领域内，不能停留在抽象的人上，不能脱离具体的历史条件，而必须“从人们现有的社会联系，从那些使人们成为现在这种样子的周围生活条件来观察人们”。进而说明，人的发展“既和他们生产什么相一致，又和他们怎样生产相一致”“个人是什么样的，这取决于他们进行生产的物质条件”。用这种科学的人的发展观作指导，有助于我们深刻理解人的发展的社会必要性和社会制约性。在确立和实现教育目的中把人的发展和社会的发展结合起来。

（2）马克思主义所指出的人的全面发展的历史必然性，为社会主义人才培养指明了方向。

马克思主义全面发展学说在从社会生产的发展，特别是社会大工业生产发展对人的影响中，看到了“承认劳动的变换，从而承认工人尽可能多方面的发展是社会生产的普遍规律”。揭示了人的全面发展的历史必然性，有助于我们社会主义教育在人才培养中坚持全面发展的方向，丰富培养人的素质，更好地推动我国的现代化建设。

T2. 义务教育培养目标

义务教育要在坚定理想信念、厚植爱国主义情怀、加强品德修养、增长知识见识、培养奋斗精神、增强综合素质上下功夫，使学生有理想、有本领、有担当，培养德智体美劳全面发展的社会主义建设者和接班人。

1. 有理想

热爱祖国，热爱人民，热爱中国共产党，学习伟大建党精神。努力学习和弘扬社会主义先进文化、革命文化和中华优秀传统文化，理解和践行社会主义核心价值观，逐步领会改革创新的时代精神。懂得坚持走中国特色社会主义道路的道理，初步树立共产主义远大理想和中国特色社会主义共同理想。明确人生发展方向，追求美好生活，能够将个人追求融入国家富强、民族复兴、人民幸福的伟大梦想之中。

2. 有本领

乐学善学，勤于思考，保持好奇心与求知欲，形成良好的学习习惯，初步掌握适应现代化社会所需要的知识与技能，具有学会学习的能力。乐于提问，敢于质疑，学会在真实情境中发现问题、解决问题，具有探究能力和创新精神。自理自立，热爱劳动，掌握基本的生活技能，具有良好的生活习惯。强身健体，健全人格，养成体育运动的习惯，掌握基本的健康知识和适合自身的运动技能，树立生命安全与健康意识，形成积极的心理品质，具有抗挫折能力与自我保护能力。向善尚美，富于想象，具有健康的审美情趣和初步的艺术鉴赏、表现能力。学会交往，善于沟通，具有基本的合作能力、团队精神。

3. 有担当

坚毅勇敢，自信自强，勤劳节俭，保持奋斗进取的精神状态。诚实守信，明辨是非，遵纪守法，具有社会主义民主观念与法治意识。孝亲敬长，团结友爱，热心公益，具有集体主义精神，积极为社会作力所能及的贡献。热爱自然，保护环境，爱护动物，珍爱生命，树立公共卫生意识与生态文明观念。具有维护民族团结，捍卫国家主权、尊严和利益的意识。关心时事，热爱和平，尊重和理解文化的多样性，初步具有国际视野和人类命运共同体意识。

T3. 扈中平的教育目的观：培养“人”

将教育目的定位于培养“劳动者”“人才”“建设者和接班人”“公民”，应该说都各有其特定的合理性，各有其时代性和针对性，而且从这些提法的变化来看，也呈现出不断进步的趋势，但这些提法仍不够理想，内涵不够丰富，外延不够完整，不能完全表达教育总目的的理想和追求。我们认为，作为教育的总目的，定位于培养“人”更具有合理性。

1. 培养“人”更具有终极性

教育的总目的应该具有强烈的人文性，必须有自己的理想和理论上的终极追求，必须高度关注人的发展、人的完善和人的幸福，这应该成为教育始终的信仰。教育如果没有自己的理想和信仰，如果没有对理想和信仰的不懈追求，就很容易丧失自己的根基和起码的独立性，就很容易在纷繁复杂的社会浪潮的挟拥下迷失方向。教育作为一项培养人的事业，教育作为一种与不断发展变化的社会有着千丝万缕联系的活动，教育作为一个在社会强大冲击和影响下处于相对被动和弱势的系统，如果没有自己的理想和信仰，没有自己终极性的价值追求，那是不堪设想的。

2. 培养“人”更具有普适性

教育是十分广泛的，尤其在现代社会，教育面向的几乎是所有的社会成员，因此，教育总目的中所指的培养目标应该具有广泛的涵括性和普适性。显然，“劳动者”“人才”“建设者和接班人”以及“公民”等都不具有这种涵括性和普适性，都只是“人”当中的一种，而且主要作为工具的人，因而不适合作为各级各类教育的总目的。

3. 培养“人”更具有丰富性

作为各级各类教育的总目的，所要培养的“产品”应该具有最大的丰富性，但无论是“劳动者”“建设者和接班人”，还是“人才”与“公民”，都不具有这样的丰富性。人不仅具有最广泛的外延，也具有最丰富的内涵。因此，把培养人作为教育的总目的，不仅能够面对所有的受教育者，也有助于各级各类教育最大限度地追求教育的全面性和丰富性，以促进人的完善和坚持全面发展的教育。

T4. 我国全面发展教育的基本结构

（1）德育的基本内容可概括为如下几个方面：世界观、人生观、价值观教育，爱国主义、集体主义和社会主义教育，社会主义公民意识教育，理想信念教育，道德教育，民主法治教育，民族精神、时代精神和中华优秀传统文化教育。

（2）智育的内容主要包括：语言课程、数学课程、科学课程和社会课程四种课程所包含的内容。

（3）体育的内容包括：运动参与、运动技能、身体健康、心理健康和社会适应五个学习领域的内容。

（4）美育的内容包括：艺术美、社会美、科学美和自然美四个学习领域的内容。

（5）劳动技术教育的内容包括：生产劳动与技术、家政与家务劳动、公益性劳动三个学习领域的内容。

五育之间既相互独立，又相互渗透。

（1）不再把三育、四育或五育的分解作为工作职能分工的基础，确立以下三个基本观念：第一，“全方位教育”观念，即每一育都是教育的一个方位；第二，“全方位德育”“全方位智育”“全方位劳动技术教育”等观念，即每一种教育都不能在单一措施中充分实现；第三，每一位教师都要树立对学生与社会“全面负责”的观念。

（2）在“全方位教育”前提下确立教育重点：如现在根据国内外现实情况，针对前几年教育工作的弊端，不妨以德育为重点，并以相应政策措施加以保证。惟这种措施的重点与其体现为“德育工作”的加码，不如转为对“非德育倾向”的矫正。

T5. 传授知识为了发展智慧

所谓智慧，是“辨析判断、发明创造的能力”。从字典中对智慧的解释，我们可以得知，智慧和能力一样，是专属于个人的，具有主观性。也就是说，当一个人用其已具备的能力创造性地解决一个未知的问题的过程，就是一个智慧的过程。智慧主要包括两个方面，一方面是分析判断能力；另一方面是发明创造能力。这两方面的能力的指向方向是不同的，分析判断能力是对已知事情的综合分析、总结、判断；而发明创造能力则是在对已知事物的分析的基础上对事物发展方向的直觉判断，对任何人而言都是未知的，是一个全新的领域和世界。在本质上，智慧并不表现在经验的结果上，也不表现在思考的结果上，而表现在经验的过程中，表现在思考的过程中；再究其原本，在生存过程中，智慧表现于对问题的处理、对危难的应付，对实质的思考以及实验的技巧等。也就是说，智慧体现在活动的过程中。

智慧并不完全依赖知识的多少，而依赖知识的运用、依赖经验，你只能让学生在实际操作中磨炼，自己去感悟、去积累、去反思。智慧的增长需要的是注重过程、启发思考、总结经验、教会反思，即智慧的增长需要的是过程的教育，即学生探究的过程、思考的过程、抽象的过程、预测的过程、推理的过程、反思的过程等。

相关政策

P1.《中小学德育工作指南》（节选）

为深入贯彻落实立德树人根本任务，加强对中小学德育工作的指导，切实将党和国家关于中小学德育工作的要求落细落小落实，着力构建方向正确、内容完善、学段衔接、载体丰富、常态开展的德育工作体系，大力促进德育工作专业化、规范化、实效化，努力形成全员育人、全程育人、全方位育人的德育工作格局，2017 年教育部制定并颁布实施《中小学德育工作指南》。指南包括指导思想、基本原则、德育目标、德育内容、实施途径和要求、组织实施六个部分。以下节选指导思想、德育目标和德育内容三个部分。

一、指导思想

全面贯彻党的十八大和十八届三中、四中、五中、六中全会精神，深入贯彻习近平总书记系列重要讲话精神和治国理政新理念新思想新战略，始终坚持育人为本、德育为先，大力培育和践行社会主义核心价值观，以培养学生良好思想品德和健全人格为根本，以促进学生形成良好行为习惯为重点，以落实《中小学生守则（2015 年修订）》为抓手，坚持教育与生产劳动、社会实践相结合，坚持学校教育与家庭教育、社会教育相结合，不断完善中小学德育工作长效机制，全面提高中小学德育工作水平，为中国特色社会主义事业培养合格建设者和可靠接班人。

二、德育目标

（一）总体目标

培养学生爱党爱国爱人民，增强国家意识和社会责任意识，教育学生理解、认同和拥护国家政治制度，了解中华优秀传统文化和革命文化、社会主义先进文化，增强中国特色社会主义道路自信、理论自信、制度自信、文化自信，引导学生准确理解和把握社会主义核心价值观的深刻内涵和实践要求，养成良好政治素质、道德品质、法治意识和行为习惯，形成积极健康的人格和良好心理品质，促进学生核心素养提升和全面发展，为学生一生成长奠定坚实的思想基础。

（二）学段目标

小学低年级

教育和引导学生热爱中国共产党、热爱祖国、热爱人民，爱亲敬长、爱集体、爱家乡，初步了解生活中的自然、社会常识和有关祖国的知识，保护环境，爱惜资源，养成基本的文明行为习惯，形成自信向上、诚实勇敢、有责任心等良好品质。

小学中高年级

教育和引导学生热爱中国共产党、热爱祖国、热爱人民，了解家乡发展变化和国家历史常识，了解中华优秀传统文化和党的光荣革命传统，理解日常生活的道德规范和文明礼貌，初步形成规则意识和民主法治观念，养成良好生活和行为习惯，具备保护生态环境的意识，形成诚实守信、友爱宽容、自尊自律、乐观向上等良好品质。

初中学段

教育和引导学生热爱中国共产党、热爱祖国、热爱人民，认同中华文化，继承革命传统，弘扬民族精神，理解基本的社会规范和道德规范，树立规则意识、法治观念，培养公民意识，掌握促进身心健康发展的途径和方法，养成热爱劳动、自主自立、意志坚强的生活态度，形成尊重他人、乐于助人、善于合作、勇于创新等良好品质。

高中学段

教育和引导学生热爱中国共产党、热爱祖国、热爱人民，拥护中国特色社会主义道路，弘扬民族精神，增强民族自尊心、自信心和自豪感，增强公民意识、社会责任感和民主法治观念，学习运用马克思主义基本观点和方法观察问题、分析问题和解决问题，学会正确选择人生发展道路的相关知识，具备自主、自立、自强的态度和能力，初步形成正确的世界观、人生观和价值观。

三、德育内容

（一）理想信念教育

开展马列主义、毛泽东思想学习教育，加强中国特色社会主义理论体系学习教育，引导学生深入学习习近平总书记系列重要讲话精神，领会党中央治国理政新理念新思想新战略。加强中国历史特别是近现代史教育、革命文化教育、中国特色社会主义宣传教育、中国梦主题宣传教育、时事政策教育，引导学生深入了解中国革命史、中国共产党史、改革开放史和社会主义发展史，继承革命传统，传承红色基因，深刻领会实现中华民族伟大复兴是中华民族近代以来最伟大的梦想，培养学生对党的政治认同、情感认同、价值认同，不断树立为共产主义远大理想和中国特色社会主义共同理想而奋斗的信念和信心。

（二）社会主义核心价值观教育

把社会主义核心价值观融入国民教育全过程，落实到中小学教育教学和管理服务各环节，深入开展爱国主义教育、国情教育、国家安全教育、民族团结教育、法治教育、诚信教育、文明礼仪教育等，引导学生牢牢把握富强、民主、文明、和谐作为国家层面的价值目标，深刻理解自由、平等、公正、法治作为社会层面的价值取向，自觉遵守爱国、敬业、诚信、友善作为公民层面的价值准则，将社会主义核心价值观内化于心、外化于行。

（三）中华优秀传统文化教育

开展家国情怀教育、社会关爱教育和人格修养教育，传承发展中华优秀传统文化，大力弘扬核心思想理念、中华传统美德、中华人文精神，引导学生了解中华优秀传统文化的历史渊源、发展脉络、精神内涵，增强文化自觉和文化自信。

（四）生态文明教育

加强节约教育和环境保护教育，开展大气、土地、水、粮食等资源的基本国情教育，帮助学生了解祖国的大好河山和地理地貌，开展节粮节水节电教育活动，推动实行垃圾分类，倡导绿色消费，引导学生树立尊重自然、顺应自然、保护自然的发展理念，养成勤俭节约、低碳环保、自觉劳动的生活习惯，形成健康文明的生活方式。

（五）心理健康教育

开展认识自我、尊重生命、学会学习、人际交往、情绪调适、升学择业、人生规划以及适应社会生活等方面教育，引导学生增强调控心理、自主自助、应对挫折、适应环境的能力，培养学生健全的人格、积极的心态和良好的个性心理品质。

P2.《习近平新时代中国特色社会主义思想进课程教材指南》（节选）

为扎实推进习近平新时代中国特色社会主义思想进课程教材，落实立德树人根本任务，培养德智体美劳全面发展的社会主义建设者和接班人，国家教材委员会制定了《习近平新时代中国特色社会主义思想进课程教材指南》，于 2021 年 8 月颁布实施。指南包括：重大意义、基本原则、总体目标、主要内容、学段要求、课程安排、组织实施七个部分。以下节选重大意义、主要内容两部分。

一、重大意义

党的十九大把习近平新时代中国特色社会主义思想确立为中国共产党必须长期坚持的指导思想并写入党章，十三届全国人大一次会议把这一思想载入宪法，实现了党和国家指导思想的与时俱进。习近平新时代中国特色社会主义思想，是新时代中国共产党的思想旗帜，是国家政治生活和社会生活的根本指针，是当代中国马克思主义、21世纪马克思主义，为实现中华民族伟大复兴提供了行动指南，为推动构建人类命运共同体贡献了智慧方案。

教育是国之大计、党之大计。“培养什么人、怎样培养人、为谁培养人”是教育的根本问题，事关中国特色社会主义事业兴旺发达、后继有人，事关党和国家长治久安。课程教材集中体现党和国家意志，是育人的载体，直接关系人才培养方向和质量。推动我国教育改革创新发展和培养担当民族复兴大任时代新人，必须牢牢坚持以习近平新时代中国特色社会主义思想为指导，将其贯穿于教育教学全过程各环节。全面落实习近平新时代中国特色社会主义思想进课程教材，对引导广大青少年树立马克思主义信仰，坚定中国特色社会主义道路自信、理论自信、制度自信、文化自信，立志听党话、跟党走，形成正确的世界观、人生观、价值观，具有重大意义。

二、主要内容

（一）习近平新时代中国特色社会主义思想的核心要义

课程教材要充分体现“八个明确”和“十四个坚持”的核心内容，系统阐述关于新时代坚持和发展中国特色社会主义的总目标、总任务、总体布局、战略布局和发展方向、发展方式、发展动力、战略步骤、外部条件、政治保证等基本观点，全面介绍习近平总书记对经济、政治、法治、科技、文化、教育、民生、民族、宗教、社会、生态文明、国家安全、国防和军队、“一国两制”和祖国统一、统一战线、外交、党的建设等方面作出的理论概括和战略指引。引导学生树立中国特色社会主义共同理想，深刻认识习近平新时代中国特色社会主义思想是实现中华民族伟大复兴的行动指南。

（二）习近平新时代中国特色社会主义思想的理论与实践贡献

课程教材要深入阐释习近平总书记关于新时代坚持和发展什么样的中国特色社会主义、怎样坚持和发展中国特色社会主义论述的重大理论创新和现实意义，讲述这一理论的原创性贡献涵盖马克思主义哲学、政治经济学、科学社会主义三大组成部分，涵盖党和国家事业的方方面面。引导学生充分认识习近平新时代中国特色社会主义思想是当代中国马克思主义、21世纪马克思主义，增进政治认同、思想认同、理论认同和情感认同。

（三）习近平新时代中国特色社会主义思想的方法论

课程教材要体现习近平新时代中国特色社会主义思想所蕴含的马克思主义思想方法，阐释其辩证唯物主义和历史唯物主义哲学基础，介绍战略思维、辩证思维、历史思维、法治思维、创新思维、底线思维和系统观念的基本内涵。引导学生形成实事求是的科学态度，不断提高科学思维能力，增强分析问题、解决问题的实践本领，依靠学习走向未来。

（四）习近平新时代中国特色社会主义思想的理论品格

课程教材要阐释这一思想所彰显的坚定理想信念、展现的真挚人民情怀、贯穿的高度历史自觉、体现的鲜明问题导向、充满的无畏斗争精神、饱含的深厚天下情怀，阐明习近平新时代中国特色社会主义思想是闪耀着理性光辉和人格魅力的科学理论，集中反映着当代中国共产党人的政治品格、价值追求、精神风范。引导学生树立对马克思主义的信仰、对中国特色社会主义的信念、对中华民族伟大复兴中国梦的信心，在知行合一、学以致用上下功夫，增长知识、锤炼品格。

（五）习近平新时代中国特色社会主义思想的历史地位

课程教材要充分阐明这一思想是从新时代中国特色社会主义实践中产生的理论结晶，是推动新时代党和国家事业不断向前发展的科学指南，是经过实践检验、富有实践伟力的强大思想武器；讲清楚中国发展方位发生的历史性变化需要新时代理论引领，讲清楚我们党执政的社会环境和现实条件发生了深刻变化，迫切需要党的创新理论指导，讲清楚世界正经历百年未有之大变局，全球治理需要中国智慧与中国方案。引导学生理解习近平新时代中国特色社会主义思想与马克思列宁主义、毛泽东思想、邓小平理论、“三个代表”重要思想、科学发展观既一脉相承又与时俱进的关系，以及在马克思主义发展史、中华民族复兴史、人类文明进步史上具有特殊重要地位。

P3.《大中小学劳动教育指导纲要（试行）》（节选）

劳动教育是新时代党对教育的新要求，是中国特色社会主义教育制度的重要内容，是全面发展教育体系的重要组成部分。《中共中央 国务院关于全面加强新时代大中小学劳动教育的意见》（以下简称《意见》，2020 年 3 月 20 日印发），对新时代大中小学劳动教育作了全面部署。为全面贯彻落实《意见》，加快构建德智体美劳全面培养的教育体系，教育部教材局组织研制了《大中小学劳动教育指导纲要》，于 2020 年 7 月印发试行。《指导纲要》重点针对劳动教育是什么、教什么、怎么教等问题，面向各地和学校提供专业指导，主要内容包括劳动教育性质和基本理念，目标和内容，途径、关键环节和评价，学校劳动教育的规划与实施，条件保障与专业支持五个部分。以下节选劳动教育性质和基本理念，劳动教育目标和内容两部分。

一、劳动教育性质和基本理念

（一）劳动教育性质

劳动是创造物质财富和精神财富的过程，是人类特有的基本社会实践活动。劳动教育是发挥劳动的育人功能，对学生进行热爱劳动、热爱劳动人民的教育活动。当前实施劳动教育的重点是在系统的文化知识学习之外，有目的、有计划地组织学生参加日常生活劳动、生产劳动和服务性劳动，让学生动手实践、出力流汗，接受锻炼、磨炼意志，培养学生正确劳动价值观和良好劳动品质。

劳动教育是新时代党对教育的新要求，是中国特色社会主义教育制度的重要内容，是全面发展教育体系的重要组成部分，是大中小学必须开展的教育活动。它具有鲜明的思想性，必须将马克思主义劳动观贯彻始终，强调劳动是一切财富、价值的源泉，劳动者是国家的主人，一切劳动和劳动者都应该得到鼓励和尊重；倡导通过诚实劳动创造美好生活、实现人生梦想，反对一切不劳而获、崇尚暴富、贪图享乐的错误思想。具有突出的社会性，必须加强学校教育与社会生活、生产实践的直接联系，发挥劳动在个人与社会之间的纽带作用，引导学生认识社会，增强社会责任感；同时注重让学生学会分工合作，体会社会主义社会平等、和谐的新型劳动关系。具有显著的实践性，必须面向真实的生活世界和职业世界，引导学生以动手实践为主要方式，在认识世界的基础上，获得有积极意义的价值体验，学会建设世界，塑造自己，实现树德、增智、强体、育美的目的。

（二）劳动教育基本理念

（1）强化劳动观念，弘扬劳动精神。将劳动观念和劳动精神教育贯穿人才培养全过程，贯穿家庭、学校、社会各方面。注重让学生在学习和掌握基本劳动知识技能的过程中，领悟劳动的意义价值，形成勤俭、奋斗、创新、奉献的劳动精神。

（2）强调身心参与，注重手脑并用。把握劳动教育的根本特征，让学生面对真实的个人生活、生产和社会性服务任务情境，亲历实际的劳动过程，善于观察思考，注重运用所学知识解决实际问题，提高劳动质量和效率。

（3）继承优良传统，彰显时代特征。在充分发挥传统劳动、传统工艺项目育人功能的同时，紧跟科技发展和产业变革，准确把握新时代劳动工具、劳动技术、劳动形态的新变化，创新劳动教育内容、途径、方式，增强劳动教育的时代性。

（4）发挥主体作用，激发创新创造。关注学生劳动过程中的体验和感悟，引导学生感受劳动的艰辛和收获的快乐，增强获得感、成就感、荣誉感。鼓励学生在学习和借鉴他人丰富经验、技艺的基础上，尝试新方法、探索新技术，打破僵化思维方式，推陈出新。

二、劳动教育目标和内容

（一）总体目标

准确把握社会主义建设者和接班人的劳动精神面貌、劳动价值取向和劳动技能水平的培养要求，全面提高学生劳动素养，使学生：

树立正确的劳动观念。正确理解劳动是人类发展和社会进步的根本力量，认识劳动创造人、劳动创造价值、创造财富、创造美好生活的道理，尊重劳动，尊重普通劳动者，牢固树立劳动最光荣、劳动最崇高、劳动最伟大、劳动最美丽的思想观念。

具有必备的劳动能力。掌握基本的劳动知识和技能，正确使用常见劳动工具，增强体力、智力和创造力，具备完成一定劳动任务所需要的设计、操作能力及团队合作能力。

培育积极的劳动精神。领会“幸福是奋斗出来的”内涵与意义，继承中华民族勤俭节约、敬业奉献的优良传统，弘扬开拓创新、砥砺奋进的时代精神。

养成良好的劳动习惯和品质。能够自觉自愿、认真负责、安全规范、坚持不懈地参与劳动，形成诚实守信、吃苦耐劳的品质。珍惜劳动成果，养成良好的消费习惯，杜绝浪费。

（二）主要内容

主要包括日常生活劳动、生产劳动和服务性劳动中的知识、技能与价值观。日常生活劳动教育立足个人生活事务处理，结合开展新时代校园爱国卫生运动，注重生活能力和良好卫生习惯培养，树立自立自强意识。生产劳动教育要让学生在工农业生产过程中直接经历物质财富的创造过程，体验从简单劳动、原始劳动向复杂劳动、创造性劳动的发展过程，学会使用工具，掌握相关技术，感受劳动创造价值，增强产品质量意识，体会平凡劳动中的伟大。服务性劳动教育让学生利用知识、技能等为他人和社会提供服务，在服务性岗位上见习实习，树立服务意识，实践服务技能；在公益劳动、志愿服务中强化社会责任感。

（三）学段要求

1. 小学

低年级：以个人生活起居为主要内容，开展劳动教育，注重培养劳动意识和劳动安全意识，使学生懂得人人都要劳动，感知劳动乐趣，爱惜劳动成果。指导学生：①完成个人物品整理、清洗，进行简单的家庭清扫和垃圾分类等，树立自己的事情自己做的意识，提高生活自理能力；②参与适当的班级集体劳动，主动维护教室内外环境卫生等，培养集体荣誉感；③进行简单手工制作，照顾身边的动植物，关爱生命，热爱自然。

中高年级：以校园劳动和家庭劳动为主要内容开展劳动教育，体会劳动光荣，尊重普通劳动者，初步养成热爱劳动、热爱生活的态度。指导学生：①参与家居清洁、收纳整理，制作简单的家常餐等，每年学会 1~2 项生活技能，增强生活自理能力和勤俭节约意识，培养家庭责任感；②参加校园卫生保洁、垃圾分类处理、绿化美化等，适当参加社区环保、公共卫生等力所能及的公益劳动，增强公共服务意识；③初步体验种植、养殖、手工制作等简单的生产劳动，初步学会与他人合作劳动，懂得生活用品、食品来之不易，珍惜劳动成果。

2. 初中

兼顾家政学习、校内外生产劳动、服务性劳动，安排劳动教育内容，开展职业启蒙教育，体会劳动创造美好生活，养成认真负责、吃苦耐劳的劳动品质和安全意识，增强公共服务意识和担当精神。让学生：①承担一定的家庭日常清洁、烹饪、家居美化等劳动，进一步培养生活自理能力和习惯，增强家庭责任意识；②定期开展校园包干区域保洁和美化，以及助残、敬老、扶弱等服务性劳动，初步形成对学校、社区负责任的态度和社会公德意识；③适当体验包括金工、木工、电工、陶艺、布艺等项目在内的劳动及传统工艺制作过程，尝试家用器具、家具、电器的简单修理，参与种植、养殖等生产活动，学习相关技术，获得初步的职业体验，形成初步的生涯规划意识。

3. 普通高中

注重围绕丰富职业体验，开展服务性劳动和生产劳动，理解劳动创造价值，接受锻炼、磨炼意志，具有劳动自立意识和主动服务他人、服务社会的情怀。指导学生：①持续开展日常生活劳动，增强生活自理能力，固化良好劳动习惯；②选择服务性岗位，经历真实的岗位工作过程，获得真切的职业体验，培养职业兴趣；积极参加大型赛事、社区建设、环境保护等公益活动、志愿服务，强化社会责任意识和奉献精神；③统筹劳动教育与通用技术课程相关内容，从工业、农业、现代服务业以及中华优秀传统文化特色项目中，自主选择 1~2 项生产劳动，经历完整的实践过程，提高创意物化能力，养成吃苦耐劳、精益求精的品质，增强生涯规划的意识和能力。

4. 职业院校

重点结合专业特点，增强职业荣誉感和责任感，提高职业劳动技能水平，培育积极向上的劳动精神和认真负责的劳动态度。组织学生：①持续开展日常生活劳动，自我管理生活，提高劳动自立自强的意识和能力；②定期开展校内外公益服务性劳动，做好校园环境秩序维护，运用专业技能为社会、为他人提供相关公益服务，培育社会公德，厚植爱国爱民的情怀；③依托实习实训，参与真实的生产劳动和服务性劳动，增强职业认同感和劳动自豪感，提升创意物化能力，培育不断探索、精益求精、追求卓越的工匠精神和爱岗敬业的劳动态度，坚信“三百六十行，行行出状元”，体认劳动不分贵贱，任何职业都很光荣，都能出彩。

5. 普通高等学校

强化马克思主义劳动观教育，注重围绕创新创业，结合学科专业开展生产劳动和服务性劳动，积累职业经验，培育创造性劳动能力和诚实守信的合法劳动意识。使学生：①掌握通用劳动科学知识，深刻理解马克思主义劳动观和社会主义劳动关系，树立正确的择业就业创业观，具有到艰苦地区和行业工作的奋斗精神；②巩固良好日常生活劳动习惯，自觉做好宿舍卫生保洁，独立处理个人生活事务，积极参加勤工助学活动，提高劳动自立自强能力；③强化服务性劳动，自觉参与教室、食堂、校园场所的卫生保洁、绿化美化和管理服务等，结合“三支一扶”、大学生志愿服务西部计划、“青年红色筑梦之旅”“三下乡”等社会实践活动开展服务性劳动，强化公共服务意识和面对重大疫情、灾害等危机主动作为的奉献精神；④重视生产劳动锻炼，积极参加实习实训、专业服务和创新创业活动，重视新知识、新技术、新工艺、新方法的运用，提高在生产实践中发现问题和创造性解决问题的能力，在动手实践的过程中创造有价值的物化劳动成果。

能力训练

案例 5.2.2

教育目的——小学试题的边界

1998 年 1 月 21 日《中国青年报》发表了一位家长的文章，题目是《10 除以 5，得多少？》，摘录如下：

小儿 7 岁，在北京一所不错的学校读二年级。一次数学测验，有一道题是这样的：“10 除以 5，得多少？”小儿答：10 除以 5 得 2。不料被扣了 0.5 分。请教老师（试卷不由学校出，由学区统一出标准答案），老师说：原因是没有按规定答题，正确答案应是“得 2”。好心的老师惋惜地告诉小儿，你这么写是不应该算错的，但是上边对试卷答案有严格要求，以后做除法答题要从倒数第一个“逗号”开始，问什么，答什么，不要多写。

小儿记住了，但因此又带来一次“错误”。

这次的试题是：“26除以4商几，余几？”小儿答：商6余2。这次又被扣去0.5分。

我问孩子，为什么不按老师说的“从倒数第一个逗号开始答”？他很困惑地说：“总不能不答商，只答余数呀！要不，你说怎么答？”

我明知孩子说得有理，但也猜不透出题者的要求，只好说：“别管这些，按老师说的办法答，就写‘余2’，看看老师怎么改。”

第二天，我们改的题又被判为错。向老师请教，老师也无可奈何地说，这次是试题出得不好，逗号不应放在“余几”处。

小儿说：“我不会答题了。”

更让我没想到的是语文考试也如此。期末考试前，小儿在一次语文测试中又丢了5分。

试题是这样的：把每组词连成句子，写下来，再加标点。给的词是：发明　蒸汽机　瓦特　是　的。

小儿答：“是瓦特发明的蒸汽机。”尽管语句通顺，也符合要求，而且是个正确的强调句式，但小儿没得 1 分，理由是和标准答案不符。原来上面给的标准答案是：“蒸汽机是瓦特发明的”或“瓦特是发明蒸汽机的”。

数次经历让我明白，诅咒与埋怨是没有用的，重要的是不能让孩子被这种僵化的教育毁了。我告诉孩子，你没有写错。小儿马上问我：“那‘发明蒸汽机的是瓦特’，这对吗？”

我说：“很好！”

1999年1月25日的《中国教育报》曾经报道，时任教育部部长的陈至立尖锐地指出：连语文的答案也搞标准化，“齐心协力”就对，“同心协力”就错，这样的教育是一种八股教育，不利于学生创新意识的培养。

许多家长对这种考试都曾经不理解，哭笑不得。但老师如果不对小学生、初中生如此这般严格训练，将来学生中考、高考都会丢分，考不上高中、考不上大学咋办？……进入大学的学生都经过如此训练。

也即是说赞成这样的试题吗？2006年1月14日，是上海市小学考试的阅卷日。上海一所小学四年级语文期末试卷中的一道题目：请以“一”到“十”开头，写十个成语。结果是“二”字开头的成语全年级小学生无一答对。这道四年级的语文考题得分率出人意料的为0。原因是，上海教育出版社出版的《成语词典》中，以“二”字开头的成语仅“二三其德”“二竖为虐”“二姓之好”三个。据出题的老师表示，出这道题的本意恰恰是为了跳出课本知识，考验学生课外阅读面，却没想到杀伤力如此之强。“就连10名教育界的政协委员也无人能答。”

问题与思考

1. 家长的质疑是什么？

2. 家长的质疑是合理的吗？

3. 结合当前教育目的和相关政策分析，案例中小学的教学目标存在什么问题？你对其改善的建议是什么？

4. 同学们与“小儿”曾有同感吗？请写出你们的真实经历。

小结

1. 教育目的是联系教育内部要素及其与人、社会、生态关系的重要纽带。

2. 教育目的体现出一个国家或地区教育的价值追求，使其教育——一种对象性活动一直在教育目的中并且为了教育目的的实现而展开。

3. 教育目的的确立往往以一定的哲学理论为基础，我国教育目的以中国马克思主义人的全面发展理论为指导。

4. 我国教育目的表现出鲜明的中国特色，坚持道路自信、理论自信、制度自信、文化自信，坚持教育与生产劳动和社会实践相结合，坚持心理发展与身体发展相结合，坚持以核心价值引领的德智体美劳全面落实，实现人的全面发展。

5. 纵观当代世界与教育发展状况，通过联合国教科文组织的教育目的、经合组织的教育目的以及发达国家的教育目的，我们可以看到他们既追求全面与个性发展，也强调生态、社会的美好，更强调人与生态、社会的命运共同体关系。因此说，对人素质要求就要融合多种价值期望，要整合过程目标与终极结果。

6. 教育目的不同于教育的目的，不同于教育目标。

自我评价

1. 阐明教育目的的构成与功能。
2. 分析教育目的的层次性以及实施策略。
3. 如何理解教育目的的特征？
4. 简要阐述马克思主义全面发展学说的主要观点。
5. 论述我国教育目的的基本构成与精神实质。
6. 分析案例：运用相关理论分析问题，并进行富有逻辑的阐述。

参考文献

[1] 滕大春. 外国教育史（第一卷）[M]. 济南：山东教育出版社，1989.
[2] 孙喜亭. 教育原理[M]. 北京：北京师范大学出版社，2003.
[3] 全国十二所重点师范大学. 教育学基础[M]. 北京：教育科学出版社，2014.
[4] 王天一. 外国教育史（下）[M]. 北京：北京师范大学出版社，2003.
[5] 吴式颖. 外国教育史教程[M]. 北京：人民教育出版社，1999.
[6] 中国大百科全书出版社编辑部. 中国大百科全书·教育[M]. 北京：中国大百科全书出版社，1985.
[7] 辞海编辑委员会：辞海·教育学、心理学分册[M]. 上海：上海辞书出版社，1987.
[8] 王焕勋. 实用教育大词典[M]. 北京：北京师范大学出版社，1995.
[9] 编委会. 教育大辞典[M]. 上海：上海教育出版社，1998.
[10] 南京师范大学教育系. 教育学[M]. 北京：人民教育出版社，1984.
[11] 王道俊，王汉澜. 教育学（新编本）[M]. 北京：人民教育出版社，1989.
[12] 叶澜. 教育概论[M]. 北京：人民教育出版社，1991.
[13] 陈桂生. 教育原理[M]. 上海：华东师范大学出版社，1993.
[14] 黄济. 教育哲学通论[M]. 太原：山西教育出版社，1998.
[15]《马克思恩格斯全集》（第23卷）[M]. 北京：人民出版社，2002.
[16] 扈中平. 教育目的论[M]. 武汉：湖北教育出版社，2008.
[17]《教育学原理》编写组. 教育学原理[M]. 北京：高等教育出版社，2019.
[18] 杨天平. 中国教育方针论稿[M]. 北京：中国社会科学出版社，2021.
[19] 张善超，靳玉乐. 马克辛·格林的“全面觉醒”教育目的观及其启示[J]. 全球教育展望，2021（02）：14–23.
[20] [德]雅斯贝尔斯. 什么是教育[M]. 邹进，译. 北京：生活·读书·新知三联书店，1991.
[21] 于伟. 教育哲学[M]. 北京：北京师范大学出版社，2015.
[22] [英]怀特海. 教育目的[M]. 靳玉乐，刘富利，译. 北京：中国轻工业出版社，2016.
[23] [英]约翰·怀特. 再论教育目的[M]. 李永宏，等，译. 北京：教育科学出版社，1997.

[24] 国际二十一世纪委员会. 教育——财富蕴藏其中：国际二十一世纪委员会报告[M]. 联合国教科文组织总部中文科，译. 北京：教育科学出版社，1996.
[25] 联合国教科文组织. 学会融入世界：未来生存教育——2050 年教育的远见宣言[EB/OL]. [2020-11-24]. 联合国教科文组织网.
[26] 高教所. 从原则指导到能力导向——UNESCO与OECD面向 2030年的教育蓝图比较[J]. 世界教育信息，2020（12）：8-17+46.
[27] 唐科莉. 指引学习迈向 2030，OECD发布《学习罗盘 2030》[EB/OL]. [2019-12-26]. 上海教育网.
[28] 经合组织. 2030教育学习指南针[EB/OL]. [2019-10-1]. 经合组织网.
[29] 张毓洁. 经合组织发布的《面向 2030 的学习框架》，鼓励学生成为理性的行动派[N]. 中国教育报，2019-01-25（3）.
[30] 王天一. 外国教育史（上）[M]. 北京：北京师范大学出版社，2003.
[31] 国务院教育工作研讨小组办公室. 外国教育基本法选编[M]. 北京：中共中央党校出版社，1989.
[32] 路凯宁. 美国《每一个学生成功法》研究[D]. 长春：吉林大学，2017.
[33] 刘宝存，张伟. 还权与松绑：美国基础教育改革的新风向——《每一个学生成功法案》述评[J]. 中国德育，2016（11）：10-15.
[34] 谷贤林. 破解《每个学生都成功法案》的“成功密码”[J]. 人民教育，2016（05）：70-74.
[35] 胡浩等. 何为教？何为师？读懂习近平的教育观[EB/OL]. [2021-09-10]. 新华网.
[36] 顾明远. 教育要回归本质，坚持核心教育价值观[EB/OL]. [2021-10-07]. 校长派微信公众号.
[37] 傅维利. 新教育目的观如何确立[N]. 光明日报，2015-09-08（14）.
[38] 刘铁芳. 培养担当民族复兴大任的时代新人——论新时代我国教育目的的蕴含[J]. 教育学报，2018（5）：3-12.
[39] 杜尚泽，王乐文，张晓松，朱基钗. “我们是从这里走过来的”——记习近平总书记在陕西榆林考察[N]. 人民日报，2021-09-18（3）.
[40] [俄]弗兰克. 社会的精神基础[M]. 王勇，译. 北京：生活 · 读书 · 新知三联书店，2003.
[41] 马克思恩格斯论教育[M]. 北京：人民教育出版社，1979.
[42] 中华人民共和国教育部. 义务教育课程方案（2022年版）[S]. 北京：北京师范大学出版社，2022.
[43] 中共中央办公厅. 国务院办公厅. 关于印发《中小学德育工作指南》的通知[EB/OL]. [2017-08-17]. 中华人民共和国教育部网.
[44] 国家教材委员会. 国家教材委员会关于印发《习近平新时代中国特色社会主义思想进课程教材指南》的通知[EB/OL]. [2021-08-25]. 中国政府网.
[45] 中共中央办公厅. 国务院办公厅. 关于印发《大中小学劳动教育指导纲要（试行）》的通知[EB/OL]. [2020-07-09]. 中华人民共和国教育部网.
[46] 王宏甲. 中国新教育风暴[M]. 北京：北京出版社，2004.
[47] 劳动报（上海）. 一道小学考题难倒教育专家[N]. 大连晚报，2006-01-16.

第六章 教育制度问题

内容提要

教育制度是规范教育的重要准则，是保证教育正常运行的基础，是教育内部关系的重要“节点”之一。教育制度的学习可以从教育制度概述出发，重点关注学校教育制度。

教育制度是一个国家各级各类教育机构与组织的体系及其管理规则的统一体。它是历史与现实的统一，理论与实践的统一，主观与客观的统一，稳定与变革的统一，强制与可选择的统一。教育制度的状况表现为教育形态系统的状况，内存着教育元素的错综复杂的关系，也是教育外部关系与内部关系作用的主要表现形式。学制是教育制度的基本构成要素，是学校教育系统的概括。历史上，主要（曾经）存在三种类型的学制，经过了 100 多年的发展，已经形成了比较完善的系统。

关键词

教育制度；构成；制约因素；学制；科学化；系统性改革；趋势；优质均衡

学习目标

1. 识记教育制度、教育管理制度、办学制度、学制的界定。
2. 理解制约教育制度的因素。
3. 理解现代教育制度的构成、特点。
4. 理解学制的类型、特征与发展趋势。
5. 知道我国教育制度、学制的基本构成。
6. 熟读案例分析和思想资源，理解相关观点。
7. 根据分析建议独立完成案例分析。

第一节　教育制度概述

学习目标

1. 了解教育制度的制约因素。
2. 了解中外考试制度、升学制度、人事制度的一般知识。
3. 理解教育制度的属性。
4. 牢记教育制度、教育办学制度、教育管理制度等概念。
5. 熟读案例分析和思想资源，理解相关观点。
6. 根据分析建议独立完成案例分析。

观点与原理

1. 一个组织必须存在规则。教育制度是一个国家各级各类教育机构与组织的体系及其管理规则的统一体。它主要包括学校教育制度和教育管理制度。教育管理制度的核心问题是管理权限的结构。教育制度的存在有其客观性。

2. 教育管理制度是指由国家规定并实施的对各级各类教育的管理规则。具体地，它可以分为办学制度、督导制度、人事制度（含职称制度）、经费制度、评估制度、考试制度、升学制度、教学制度、学生制度等。高等学校还有学位制度、学业证书制度、毕业生就业制度等。它还可以分为国家教育管理制度、地方教育管理制度和学校教育管理制度。它主要有三种类型：中央集权制、地方分权制和混合制（伙伴制）。

3. 办学制度是指国家的办学政策及其规定的办学规则。它主要规定办学主体、办学形式两个方面。

4. 制约教育制度的因素主要有政治、经济和文化及教育自身因素。

5. 教育制度是历史与现实的统一，理论与实践的统一，主观与客观的统一，稳定与变革的统一，强制与可选择的统一。

6. 当代教育制度的发展趋势主要有法制化、多元化、国际化、系统化和弹性化。

7. 义务教育是指国家根据法律规定，对所有适龄儿童、少年实施的免费的一定程度的学校教育。

8. 终身教育是指人从出生到死亡的过程中接受的持续一生的教育。

典型案例解读

案例 6.1.1

我国学位制度的探索——国内出现首个“工士学位”

建立“工士”学位制度（试点）是湖北职院为推进现代职业教育体系进行的改革探索。它紧密结合目前高职教育生源多元化及学校实际，借鉴了国外和中国香港地区学位制度中设立第 4 层次学位即副学士学位的做法，为将来构建“工士—学士—硕士—博士”四级学位体系作准备。

设立“工士”学位的提出者、从事中外高等职业教育学位制度设计与比较研究的湖北职业教育发展研究院院长李梦卿说，武汉城市圈是省部共建教育综合改革试验区，有先行先试的条件和政策，湖北职业技术学院率先颁发“工士”学位的试点，为我国高等职业教育学位制度的探索提供了样本、开创了先例。“我们不能否认，专科层次高等职业教育同样也需要被测量和奖励学生的学习成绩，从这个意义上讲，它也应当有自己的学位。”

该院教务处处长李佳圣说，首批获得学位的学生要求达到“三证”“四合格”的标准。“三证”即在校期间获得执业资格证或技能资格证（中级）、英语等级证（三级）和计算机等级证。“四合格”是指思想道德素质合格、学业成绩平均在 70 分以上、毕业设计或调查报告合格、跟岗实习合格。学院成立了有别于本科院校的学术委员会，由包括行业专家在内的双师型教师组成，目的是在学位审核上不仅关注学生学业成绩，同时强调学生的技术技能。

此次获“工士”学位的同学占该校今年毕业生总数的 22%。在学位授予现场，当满面笑容的院长万由祥为汽车学院学生罗章“拨穗”时，罗章激动地说：“院长，我能和你拥抱一下吗？”

李梦卿表示会跟踪这批工士学位毕业生，希望能为国家职业教育学位制度建设提供样本。

案例分析

学位制度是根据受教育者的不同程度授予相应学术头衔的一种法规。在 1980 年建立学位制度之前，我国曾经有两次拟订学位条例的经验。第一次是 1954 年至 1957 年，由林枫同志主持；第二次是 1961 年至 1964 年，由聂荣臻同志主持，但没有得到实施。1980 年 2 月 12 日，五届全国人大常委会第十三次会议审议通过了《中华人民共和国学位条例》（我国颁布的第一部教育法律），学位的设立、授予和管理都是国家层面的行为，任何单位不能独立进行，在学位分级、各级学位的学术标准、严格审定学位授予单位、国家只规定授予学位的基本要求而由各单位自己审查授予学位等方面作了规定。它的出台标志着我国学位制度的建立，对我国独立培养、选拔、使用专门人才，特别是高层次专门人才起了重要作用。目前，我国设立学士、硕士、博士三级学位。一国的学位制度是人才质量、水平的基本体现，也是重要保障，是教育知识、教育研究的重要内容。

建立“工士”学位制度（试点）是湖北职院为推进现代职业教育体系进行的改革探索，为将来构建“工士—学士—硕士—博士”四级学位体系做准备。

不过，针对这一情况，教育部及时作出回应。教育部新闻发言人续梅对此表态：“工士学位”试点是湖北职业技术学院自己的行为，而且其向毕业生颁发的“工士”是荣誉称号，而非学位，更不代表中国学位序列中已经有了“工士”这一学位。学位制度是国家层面的顶层设计。

虽然，职业教育毕业生当时没有学位可得，但是，党的十八大以来，党中央、国务院高度重视职业教育的发展改革，特别注重其地位、质量、效益的提升。2014 年 6 月国务院发布《关于加快发展现代职业教育的决定》明确提出，要加快构建现代职业教育体系。统筹发展各级各类职业教育，引导一批普通本科高等学校向应用技术类型高等学校转型，加强职业教育与普通教育沟通，积极发展继续教育，打通从中职、专科、本科到研究生的上升通道，为学生多样化选择、多路径成才搭建“立交桥”。之后发布的《高等职业教育创新发展行动计划（2015—2018 年）》更明确指出，我国将推进高等学校分类管理，系统构建专科、本科、专业学位研究生培养体系。2022 年发布实施的《中华人民共和国职业教育法》明确规定了，职业教育是与普通教育具有同等重要地位的教育类型，是国民教育体系和人力资源开发的重要组成部分，是培养多样化人才、传承技术技能、促进就业创业的重要途径。国家大力发展职业教育，推进职业教育改革，提高职业教育质量，增强职业教育适应性，建立健全适应社会主义市场经济和社会发展需要、符合技术技能人才成长规律的职业教育制度体系，为全面建设社会主义现代化国家提供有力人才和技能支撑。

这些年，习近平总书记就职业教育作出一系列重要指示批示，为职业教育改革提供了根本遵循。党的十九届四中全会明确提出，完善职业技术教育、高等教育、继续教育统筹协调发展机制。党的十九届五中全会明确提出，加大人力资本投入，增强职业技术教育适应性。国务院印发《国家职业教育改革实施方案》，教育部等九部门印发《职业教育提质培优行动计划（2020—2023 年）》，将开展本科层次职业教育试点作为体现职业教育类型特点的重要任务，健全纵向贯通、横向融通的中国特色现代职业教育体系的重要环节。研制并于 2021 年初发布的《本科层次职业学校设置标准（试行）》是完善职业教育国家教学标准体系、系统加强专业建设、科学有效引导预期、保证本科层次职业教育试点行稳致远的基础性工作。

2019年以来，本科层次职业教育发展更加快速。教育部先后公布23所本科层次职业教育试点学校和4所独立学院转设的本科层次职业学校，组织论证形成涉及16个专业大类的80个试点专业。

职业教育学历体系的建立和完善是加速职业教育发展的重要因素。根据教育部 2021 年 6 月发布的《关于独立学院转设有关问题的说明》等文件精神，职业技术大学在层次上属于本科层次的职业教育，与普通本科高校属于同一个层次，学生毕业后获得本科学历，可以直接报考硕士研究生，既可以攻读专业学位，也可以攻读学术型学位。专业学位是以专业实践为导向，重视实践和应用，培养在专业和专门技术上受到正规、高水平训练的高层次人才，与职业本科教育的培养定位高度一致，有着紧密的接续性。而且，专业学位研究生教育包括专业硕士和专业博士两个层次，为职校本科生向上进阶提供了完整的体系。就专业构成而言，我国职业本科教育专业共涵盖 19 个专业大类、90 个专业类和 247 个专业，根据教育部《学位授予和人才培养学科目录（2018年4月更新）》，我国专业研究生学位共有47个专业类别，从名称上看这些专业类别大多直接对接职业岗位，且基本都能覆盖职业本科教育目录中的相关专业。从发展前景来看，根据教育部等三部委《关于加快新时代研究生教育改革发展的意见》，在未来一段时间内，我国将“大力发展专业学位研究生教育”；而《专业学位研究生教育发展方案（2020—2025）》则进一步明确，到 2035 年，将以国家重大战略、关键领域和社会重大需求为重点，增设一批专业硕士、专业博士学位类别，尤其是“将硕士专业学位研究生招生规模扩大到硕士研究生招生总规模的三分之二左右”。专业硕士的大规模扩招为即将毕业的大批职校本科生提供了非常利好的升学市场。就考生市场来看，近年报考专业学位硕士研究生的考生也有逐年增加的趋势，《2023 全国研究生招生调查报告》显示，部分学校专业学位硕士研究生报考占比均高于学术学位研究生报考人数。供需双方的大好形势表明专业硕士学位将是我国教育领域未来发展的“一枝独秀”，将为职校本科生的升学提供一条非常光明的道路。

不过，重仕轻技，是阻碍职业教育发展的重要因素之一。可见，教育制度是历史与现实的统一，理论与实践的统一，主观与客观的统一，稳定与变革的统一，强制与可选择的统一。在现实性上，职业教育的发展前景问题、职业教育与普通教育的沟通问题，也影响极深。因此，职业教育的振兴也是一个我国新时代教育治理的系统性问题，也体现出世界教育制度发展的大趋势。

案例 6.1.2

均衡教育在日本

日本实施九年义务教育，公立中小学实行免费义务教育，教育质量优良，适龄儿童少年都能就近入学，义务教育阶段学生书费也由国库负担。在完成义务教育阶段学习后，给国民提供了平等的受教育机会，所以在日本义务教育阶段一般不存在择校的社会热点问题。

日本教育较为均衡发展，首先是政府保证了充足的义务教育经费。日本的公共教育经费支出占国民收入的比率居世界前列，近年来受经济不景气的影响有所下降，但也保持在4%左右，人均教育经费达 1203 美元，仍是世界上最高的。校舍的建设费用由国家、都道府县和町村三三开，即使在边远地区、落后的乡村，各校教育条件、教育设施都达到了规范化。特殊教育方面，除设立了盲人学校、聋哑学校、保险学校外，在一般学校还设置了特殊班级。

日本教学管理实行高度中央集权，各学校教育的内容都根据文部省制定的学习指导要领决定。为了保证各师资力量和管理水平相对平衡，日本的教育法规规定：一个教师在同一所学校连续工作不得超过 5 年。另外，日本重视校长的经历，一般到 50 岁左右，才有可能出任校长。校长任期 2 年，连任者，需在校际之间轮换。通过政府机构对教师和校长轮换调整，既保证了各中小学师资力量、教育管理和教学水平的相对均衡性，又有利于各校办学经验的交流。

日本的中小学教师都由高等教育机构培养，并拥有教师资格，公立学校教师属于国家公务员，学校教职人员的费用由中央与地方政府各出一部分，教师的工资逐年增加。名古屋市立中学山田哲郎校长告诉我们，新到教师的工资月薪一般在 18 万日元，30 岁左右的教师月薪一般在 30 万日元，老教师一般是 50 万日元，其余补贴不在内。如果教师自动离开学校后又回来当教师，第一年的工资仍从 18 万元月薪开始，然后再涨上去。这种工资政策，鼓励了老师长期从事教育工作。所以根据教师年龄一般能推算出他的工资收入。山田校长说，他和教务长的工资都没有老教师工资高。

日本重视发展弱势群体学生的发展，每年级设有一个特殊教育班，特殊教育的学生能参加到学校组织的所有活动。如在根据各年级学生的特点开展特别创意活动中，弱势学生的作品和正常学生的作品一起展览，尽管这些作品比正常学生的逊色，但作品布置待遇和正常学生一样，让这些特殊学生在学校逐步学到一些技能，走上社会有谋生的技能。

案例分析

义务教育是指国家根据法律规定，对所有适龄儿童、少年实施的免费的一定程度的学校教育，是人类历史上的最伟大发明之一，它实现了人类进步的飞跃。不过，义务教育是教育系统中规模最大的一部分，关系到一国所有人、所有家庭，因此，义务教育改革是最重要的，也是最艰难的。

在我国不仅东部、西部之间存在着极大的差异，而且在每一个省区内部也普遍存在发展极不平衡现象。即使是在北京、上海等大城市，城区与远郊之间的差距也非常明显。由于城乡差别、各地经济和社会文化的差异、管理体制不顺等原因，已经出现了本已存在的区域之间、学校之间的教育发展不均衡现象进一步加剧的趋势。对比上海和贵州在校生人均教育经费，1998年，小学生人均经费上海是2621.16元，贵州是296.44元，前者是后者的8.8倍；初中生人均经费分别是3523.46元和520.78元，前者是后者的6.8倍。当贵州40%以上地区尚未普及九年义务教育时，上海高中阶段入学率已达97%。如果任其发展，则会导致国民素质差异的扩大，必然会引发新的经济发展不平衡，甚至会造成诸多社会隐患。对此，中央和地方都在研究义务教育阶段学校均衡化发展的对策。

通过以上案例可以看出：①要想真正实现义务教育在全国范围内均衡发展，首先需要国家保证充足的教育经费。日本的公共教育经费支出占国民收入的比率居世界前列，近年来受经济不景气的影响有所下降，但也保持在4%左右，人均教育经费达1203美元，仍是世界上最高的。②义务教育均衡发展还要保证作为重要教育资源的教师和校长的素质的均衡。学校教育是否均衡，关键在于校长和教师两支队伍，日本为了保证校长和教师队伍的均衡，推行校长和教师轮岗制。③义务教育的均衡发展还要关注弱势群体学生的发展。总之，在义务教育均衡发展方面日本为我们提供了许多成功的经验。近年来，国家相继出台了一系列标准、规章、制度，涵盖了学校硬件、教师队伍、教育投入、学校管理、区域内协调等方面，实质性地改善了薄弱学校、冷门学校的综合条件。不过，区域社会的快速发展变化、人口的变化、人民对优质教育日益增长的需求等不断更新的情况，要求义务教育均衡发展要适度弹性化，强化特色化和适度超前设计。

思想资源

历史沿革

H. 我国教育制度发展史概要

一、中华人民共和国成立前的教育制度

中国的教育制度，产生于商、周，发展于秦汉，完善于隋唐两宋。在清末以前，中国古代学校教育体制的基本特征是：①学校教育缺乏系统连贯性，并无像现代学校的初等、中等、高等的层次递进，主要是蒙学和大学两种教育形式，虽偶有中学性质的学校教育，如唐代的府州学与县学，也无严格的升学关系。唐代四门学的学生学得好的可补入太学，太学生可补入国子学，但这种升格并非加深其学业程度，仅表示提高其地位；②入学有等级限制，学校教育不具有普及性；③学校教育以古代文科类内容为主，自然科学类内容不占主要位置。

公元560年，南北朝时期的北齐在中央设立国子寺，作为统辖当时国子学教育的管理机构，开创了我国古代教育管理制度的新形式。至隋代开始设立专门的中央教育行政管理机构——国子监。

我国近代教育督导制度始创于清末。1906年，在确定学部官制时，拟设视学官，官阶五品，专巡京外学务。至1909年10月，学部奏请制订《视学官章程》三十三条，具体规定视学官资格、责任、视学区域、业务范围、视学日期、视学经费，以及视学官与地方教育行政的关系等，从而形成正式的视学制度。

我国的现代学制始创于清末。1902 年，清政府公布了由管学大臣张百熙拟订的《钦定学堂章程》，但并未实施。1904 年又颁布了张百熙、张之洞、荣庆拟定的《奏定学堂章程》，这是我国教育史上第一个实行的现代学制，因在癸卯年制定，又称癸卯学制。这个学制的立学宗旨是"中学为体，西学为用"，反映了当时半封建半殖民地的教育性质。学制存在学习年限过长的弊端：初等教育长达 9 年，儿童 7 岁入学，16 岁才进中学，27、28 岁才能从分科大学毕业。第一个学制产生后至中华人民共和国成立前，进行过多次改革。其中重要的改革有两次，一次是辛亥革命成功后于1913年制定了新的学制，一次是1922年实施的学制改革，所制定的《壬戌学制》，是当时美国六・三・三学制的翻版，这个学制对中华人民共和国成立后新学制的制定具有影响作用。

二、中华人民共和国成立后的教育制度沿革

中华人民共和国成立初期的学校教育制度存在着两个系统：一个是老解放区学制；另一个是接收下来经初步改造的旧学制。因此，中华人民共和国成立伊始，国家就开始了学制的调整、改革与完善。

（一）1951年的学制改革

中华人民共和国成立后，大多数地区仍沿用国民党统治时期的旧学制；它与中华人民共和国社会主义建设不相适应的矛盾，促使实行学制改革。1951 年 10 月 1 日，中央人民政府政务院颁布了《关于改革学制的决定》，指出："我国原有学制（即各级各类学校的系统）有许多缺点"，"不能适应培养国家建设人才的要求"。在此之前，1949 年 9 月 29 日通过的《中国人民政治协商会议共同纲领》中已提出："人民政府应有计划有步骤地改革旧的教育制度、教育内容和教学法"。由此拉开了中华人民共和国成立后学制改革的序幕。

1951 年的《决定》提出了"我国目前时期的学制"，把学校教育分为四个层次，每一层次有各种学校教育机构。第一层次是幼儿教育，实施机构是幼儿园；第二层次是初等教育，实施机构是全日制小学、工农速成初等学校及业余初等学校；第三层次是中等教育，实施机构是全日制中学（分初级与高级二段）、中等专业学校、工农速成中学及业余高级中学；第四层次是高等教育，实施机构是各种高等学校，包括大学、专门学校和专科学校。

新学制是在吸收老解放区的办学经验及旧学制中某些合理因素的基础上制定的，带有一定的过渡性质，1952 年起在全国逐步推行。1953 年 11 月 26 日，政务院在《中央人民政府政务院关于整顿和改进小学教育的指示》中，宣布停办小学五年一贯制，恢复原来的四二制，1955年又宣布停办工农速成学校。

新学制体现的基本精神，是教育面向工农、教育为生产建设服务，反映了中华人民共和国成立初期政治经济的发展特点，在当时起到了积极的作用。

（二）1958年的学制调整

1951 年的新学制只是中华人民共和国成立初期一个过渡性质的学制。1956 年我国完成了生产资料所有制的社会主义改造，开始进入社会主义建设的新时期，要求教育和学制也作相应的变革。1958 年 9 月 19 日，党中央、国务院发布了《关于教育工作的指示》，指出："现行的学制是需要积极地和妥当地加以改革的。"其改革要点是：

（1）提出了党的教育工作方针和教育目的，即"党的教育工作的方针，是教育为无产阶级政治服务，教育与生产劳动相结合。"

（2）制定了发展教育事业的"三个结合""六个并举"的原则，即采取统一性与多样性相结合、普及与提高相结合、全面规划与地方分权相结合的原则；实行国家办学与厂矿、企业、农业合作社办学并举，普通教育与职业技术教育并举，成人教育与儿童教育并举，全日制学校与半工半读、业余学校并举，学校教育与自学（包括函授学校、广播学校）并举，免费的教育与不免费的教育并举。这就是两条腿走路、多种形式办学的方针的体现。

（3）建立并发展三类学校，即全日制学校、半工半读学校和业余学校。1964 年，中央又根据刘少奇同志的提议，强调推行两种劳动制度和两种教育制度，即全日制学校和半工（农）半读学校同时存在，以利于在城乡普及教育。

1958 年的《关于教育工作的指示》发布之后，在具体执行中发生了不少偏差，导致教育质量严重下降。到 1961 年，中央鉴于当时教育的严重状况，出台了“三个条例”，即“高教六十条”“中教五十条”“小教四十条”，遏制中国教育质量的下滑。到 1963 年前后，中国教育又开始步入正轨，教育质量达到历史上的最高水平。

（三）1966—1976年学制的“混沌”

从 1966 年 6 月开始“停课闹革命”，学校再不是昔日育人的摇篮，而变成了“革命”的战场。这一时期提出了“学制要缩短”“教育要革命”的口号，严重破坏了我国学制和教育事业。这表现在：第一，和对待初中延长学制的趋势相反，毫无根据地把中学学制大为缩短，把初高中都缩短到两年；第二，和当代中等教育机构多样化的发展趋势相反，对中专和技校大加砍杀，盲目发展普通高中，使普通教育和职业教育的比例失调；第三，和当代高等教育多层次和多类型的发展趋势相反，把高等教育缩短为三年和一个层次，把很多院校、科系、专业取消，使人才培养比例完全失调；第四，和当代成人教育、业余教育大发展以及发展终身教育的趋势相反，把这类教育形式完全取消，扼杀了职工提高文化科学水平和更新知识的机会等。

（四）1985年的《教育体制改革决定》

1985 年 5 月 27 日，中共中央发布了《关于教育体制改革的决定》，其中有关学制的内容如下。

（1）实行九年制义务教育。义务教育是依法律规定，适龄儿童和青少年都必须接受，国家、社会、家庭必须予以保证的国民教育，为现代生产发展和社会生活所必需，是现代文明的一个标志。《决定》将全国划为三类地区，分步实施九年制义务教育，并明确了义务教育实施中社会、家庭和学生各自的责任和义务，明确了义务教育的重点和难点在农村。1986 年 4 月颁布的《中华人民共和国义务教育法》规定：凡年满六周岁的儿童，不分性别、民族、种族都应当入学接受九年制义务教育。

（2）调整中等教育结构，大力发展职业技术教育。“决定”指出：“社会主义现代化建设不但需要高级科学技术专家，而且迫切需要千百万受过良好职业技术教育的中、初级教育人员、管理人员、技工和其他受过良好职业培训的城乡劳动者。没有这样一支劳动技术大军，先进的科学技术和先进的设备就不能成为现实的社会生产力。”为此，应在小学、初中、高中后进行三级分流，以中等职业技术教育为重点，逐步建立从初级到高级行业配套、结构合理、又能与普通教育相互沟通的职业技术教育体系，从而扭转中等教育结构不合理的状况。

（3）改革高等教育招生与分配制度、扩大高等学校办学自主权。

（4）基础教育权属于地方，学校逐步实行校长负责制。实行基础教育由地方负责、分级管理的原则，除大政方针和宏观规划由中央决定外，具体改革制度、计划的制订和实施，以及对学校的领导、管理和检查，责任和权力都交给地方。在学校逐步实行校长负责制，并逐步建立和健全校务委员会和教职工代表大会等制度。

（五）1993年的《中国教育改革和发展纲要》

为实现党的十四大所确定的战略任务，指导20世纪90年代乃至21世纪初教育的改革和发展，使教育更好地为社会主义现代化建设服务，中共中央、国务院于1993年2月13日印发了《中国教育改革和发展纲要》，其中有关教育制度的内容如下。

（1）到20世纪末教育发展的总目标是：基本普及九年义务教育，基本扫除青壮年文盲；要全面贯彻党的教育方针，全面提高教育质量；要建设好一批重点学校和一批重点学科。简称为“两基”“两全”“两重”。

（2）教育的结构：《纲要》确定了基础教育、职业教育、高等教育、成人教育四种类型。基础教育是提高民族素质的奠基工程，必须大力加强。职业教育是现代化教育的重要组成部分，是工业化和生产社会化、现代化的重要支柱，要积极发展。高等教育担负着培养高级专门人才、发展科学技术文化和促进现代化建设的重大任务。成人教育是传统学校教育向终身教育发展的一种新型教育制度。另外，还要重视和扶持少数民族教育事业，重视和支持残疾人教育事业，积极发展广播电视教育。

（六）1995年的《中华人民共和国教育法》

略，参见本节P1。

（七）1999年《面向21世纪教育振兴行动计划》

1999年1月13日，国务院批准了《面向21世纪教育振兴行动计划》。《计划》在贯彻落实《中华人民共和国教育法》和《中国教育改革和发展纲要》的基础上提出了跨世纪的教育改革和发展的蓝图，指明了我国教育发展的方向。

行动计划的主要目标是：到2000年，全国基本普及九年义务教育，基本扫除青壮年文盲，大力推进素质教育；完善职业教育培训和继续教育制度；积极稳步发展高等教育，高等教育的入学率达到11%；深化改革，建立起教育新体制的基本框架，主动适应经济社会的发展。到2010年，城市和经济发达地区有步骤地普及高中阶段的教育，全国人口受教育年限达到发展中国家先进水平，高等教育规模有较大的扩展，入学率接近15%，基本建立起终身学习体系。

（八）2019年《中国教育现代化2035》

《中国教育现代化2035》提出，推进教育现代化的总体目标是：到2020年，全面实现“十三五”发展目标，教育总体实力和国际影响力显著增强，劳动年龄人口平均受教育年限明显增加，教育现代化取得重要进展，为全面建成小康社会作出重要贡献。在此基础上，再经过15年努力，到2035年，总体实现教育现代化，迈入教育强国行列，推动我国成为学习大国、人力资源强国和人才强国，为到21世纪中叶建成富强民主文明和谐美丽的社会主义现代化强国奠定坚实基础。2035年主要发展目标是：建成服务全民终身学习的现代教育体系、普及有质量的学前教育、实现优质均衡的义务教育、全面普及高中阶段教育、职业教育服务能力显著提升、高等教育竞争力明显提升、残疾儿童少年享有适合的教育、形成全社会共同参与的教育治理新格局。

（九）2021年《中华人民共和国国民经济和社会发展第十四个五年规划和2035年远景目

标纲要》

按照全面建设社会主义现代化国家的战略安排，2035 年远景目标和“十四五”时期经济社会发展主要目标如下。

（1）2035 年远景目标之教育目标：我国将建成文化强国、教育强国、人才强国、体育强国、健康中国，国民素质和社会文明程度达到新高度，国家文化软实力显著增强。人民生活更加美好，人的全面发展、全体人民共同富裕取得更为明显的实质性进展。

（2）“十四五”时期经济社会发展主要目标之教育目标：民生福祉达到新水平。全民受教育程度不断提升，劳动年龄人口平均受教育年限提高到 11.3 年，乡村振兴战略全面推进，全体人民共同富裕迈出坚实步伐。

相关政策

P1. 我国教育基本制度

1995 年颁布，经过三次修正的《中华人民共和国教育法》（1995 年 3 月 18 日第八届全国人民代表大会第三次会议通过，2009 年 8 月 27 日、2015 年 12 月 27 日、2021 年 4 月 29 日第十三届全国人民代表大会常务委员会第二十八次会议《关于修改〈中华人民共和国教育法〉的决定》第三次修正），2021 年 4 月 30 日起施行。《中华人民共和国教育法》规定了我国教育基本制度。

第十七条　国家实行学前教育、初等教育、中等教育、高等教育的学校教育制度。

国家建立科学的学制系统。学制系统内的学校和其他教育机构的设置、教育形式、修业年限、招生对象、培养目标等，由国务院或者由国务院授权教育行政部门规定。

第十八条　国家制定学前教育标准，加快普及学前教育，构建覆盖城乡，特别是农村的学前教育公共服务体系。

各级人民政府应当采取措施，为适龄儿童接受学前教育提供条件和支持。

第十九条　国家实行九年制义务教育制度。

各级人民政府采取各种措施保障适龄儿童、少年就学。

适龄儿童、少年的父母或者其他监护人以及有关社会组织和个人有义务使适龄儿童、少年接受并完成规定年限的义务教育。

第二十条　国家实行职业教育制度和继续教育制度。

各级人民政府、有关行政部门和行业组织以及企业事业组织应当采取措施，发展并保障公民接受职业学校教育或者各种形式的职业培训。

国家鼓励发展多种形式的继续教育，使公民接受适当形式的政治、经济、文化、科学、技术、业务等方面的教育，促进不同类型学习成果的互认和衔接，推动全民终身学习。

第二十一条　国家实行国家教育考试制度。

国家教育考试由国务院教育行政部门确定种类，并由国家批准的实施教育考试的机构承办。

第二十二条　国家实行学业证书制度。

经国家批准设立或者认可的学校及其他教育机构按照国家有关规定，颁发学历证书或者其他学业证书。

第二十三条　国家实行学位制度。

学位授予单位依法对达到一定学术水平或者专业技术水平的人员授予相应的学位，颁发学位证书。

第二十四条　各级人民政府、基层群众性自治组织和企业事业组织应当采取各种措施，开展扫除文盲的教育工作。

按照国家规定具有接受扫除文盲教育能力的公民，应当接受扫除文盲的教育。

第二十五条　国家实行教育督导制度和学校及其他教育机构教育评估制度。

P2. 我国义务教育制度

2018年修订，2006年9月1日起就实施的《中华人民共和国义务教育法》规定。

第二条　国家实行九年义务教育制度。

义务教育是国家统一实施的所有适龄儿童、少年必须接受的教育，是国家必须予以保障的公益性事业。实施义务教育，不收学费、杂费。国家建立义务教育经费保障机制，保证义务教育制度实施。

第四条　凡具有中华人民共和国国籍的适龄儿童、少年，不分性别、民族、种族、家庭财产状况、宗教信仰等，依法享有平等接受义务教育的权利，并履行接受义务教育的义务。

第七条　义务教育实行国务院领导，省、自治区、直辖市人民政府统筹规划实施，县级人民政府为主管理的体制。

县级以上人民政府教育行政部门具体负责义务教育实施工作；县级以上人民政府其他有关部门在各自的职责范围内负责义务教育实施工作。

第八条　人民政府教育督导机构对义务教育工作执行法律法规情况、教育教学质量以及义务教育均衡发展状况等进行督导，督导报告向社会公布。

第十一条　凡年满六周岁的儿童，其父母或者其他法定监护人应当送其入学接受并完成义务教育；条件不具备的地区的儿童，可以推迟到七周岁。

第三十条　教师应当取得国家规定的教师资格。

国家建立统一的义务教育教师职务制度。教师职务分为初级职务、中级职务和高级职务。

P3.《中华人民共和国职业教育法》（节选）

第一章　总则

第二条　本法所称职业教育，是指为了培养高素质技术技能人才，使受教育者具备从事某种职业或者实现职业发展所需要的职业道德、科学文化与专业知识、技术技能等职业综合素质和行动能力而实施的教育，包括职业学校教育和职业培训。

第三条　职业教育是与普通教育具有同等重要地位的教育类型，是国民教育体系和人力资源开发的重要组成部分，是培养多样化人才、传承技术技能、促进就业创业的重要途径。

国家大力发展职业教育，推进职业教育改革，提高职业教育质量，增强职业教育适应性，建立健全适应社会主义市场经济和社会发展需要、符合技术技能人才成长规律的职业教育制度体系，为全面建设社会主义现代化国家提供有力人才和技能支撑。

第四条　职业教育必须坚持中国共产党的领导，坚持社会主义办学方向，贯彻国家的教育方针，坚持立德树人、德技并修，坚持产教融合、校企合作，坚持面向市场、促进就业，坚持面向实践、强化能力，坚持面向人人、因材施教。

实施职业教育应当弘扬社会主义核心价值观，对受教育者进行思想政治教育和职业道德教育，培育劳模精神、劳动精神、工匠精神，传授科学文化与专业知识，培养技术技能，进行职业指导，全面提高受教育者的素质。

第五条　公民有依法接受职业教育的权利。

第十条　国家采取措施，大力发展技工教育，全面提高产业工人素质。

国家采取措施，支持举办面向农村的职业教育，组织开展农业技能培训、返乡创业就业培训和职业技能培训，培养高素质乡村振兴人才。

国家采取措施，扶持革命老区、民族地区、边远地区、欠发达地区职业教育的发展。

国家采取措施，组织各类转岗、再就业、失业人员以及特殊人群等接受各种形式的职业教育，扶持残疾人职业教育的发展。

国家保障妇女平等接受职业教育的权利。

第十一条　实施职业教育应当根据经济社会发展需要，结合职业分类、职业标准、职业发展需求，制定教育标准或者培训方案，实行学历证书及其他学业证书、培训证书、职业资格证书和职业技能等级证书制度。

国家实行劳动者在就业前或者上岗前接受必要的职业教育的制度。

第十二条　国家采取措施，提高技术技能人才的社会地位和待遇，弘扬劳动光荣、技能宝贵、创造伟大的时代风尚。

国家对在职业教育工作中做出显著成绩的单位和个人按照有关规定给予表彰、奖励。

每年5月的第二周为职业教育活动周。

第二章　职业教育体系

第十四条　国家建立健全适应经济社会发展需要，产教深度融合，职业学校教育和职业培训并重，职业教育与普通教育相互融通，不同层次职业教育有效贯通，服务全民终身学习的现代职业教育体系。

国家优化教育结构，科学配置教育资源，在义务教育后的不同阶段因地制宜、统筹推进职业教育与普通教育协调发展。

第十五条　职业学校教育分为中等职业学校教育、高等职业学校教育。

中等职业学校教育由高级中等教育层次的中等职业学校（含技工学校）实施。

高等职业学校教育由专科、本科及以上教育层次的高等职业学校和普通高等学校实施。根据高等职业学校设置制度规定，将符合条件的技师学院纳入高等职业学校序列。

其他学校、教育机构或者符合条件的企业、行业组织按照教育行政部门的统筹规划，可以实施相应层次的职业学校教育或者提供纳入人才培养方案的学分课程。

第十六条　职业培训包括就业前培训、在职培训、再就业培训及其他职业性培训，可以根据实际情况分级分类实施。

职业培训可以由相应的职业培训机构、职业学校实施。

其他学校或者教育机构以及企业、社会组织可以根据办学能力、社会需求，依法开展面向社会的、多种形式的职业培训。

第十七条　国家建立健全各级各类学校教育与职业培训学分、资历以及其他学习成果的认证、积累和转换机制，推进职业教育国家学分银行建设，促进职业教育与普通教育的学习成果融通、互认。

第三章　职业教育的实施

第二十条　国务院教育行政部门会同有关部门根据经济社会发展需要和职业教育特点，组织制定、修订职业教育专业目录，完善职业教育教学等标准，宏观管理指导职业学校教材建设。

第二十一条　县级以上地方人民政府应当举办或者参与举办发挥骨干和示范作用的职业学校、职业培训机构，对社会力量依法举办的职业学校和职业培训机构给予指导和扶持。

国家根据产业布局和行业发展需要，采取措施，大力发展先进制造等产业需要的新兴专业，支持高水平职业学校、专业建设。

国家采取措施，加快培养托育、护理、康养、家政等方面技术技能人才。

第三十条　国家推行中国特色学徒制，引导企业按照岗位总量的一定比例设立学徒岗位，鼓励和支持有技术技能人才培养能力的企业特别是产教融合型企业与职业学校、职业培训机构开展合作，对新招用职工、在岗职工和转岗职工进行学徒培训，或者与职业学校联合招收学生，以工学结合的方式进行学徒培养。有关企业可以按照规定享受补贴。

企业与职业学校联合招收学生，以工学结合的方式进行学徒培养的，应当签订学徒培养协议。

第三十六条　职业学校应当依法办学，依据章程自主管理。

职业学校在办学中可以开展下列活动：

（一）根据产业需求，依法自主设置专业；

（二）基于职业教育标准制定人才培养方案，依法自主选用或者编写专业课程教材；

（三）根据培养技术技能人才的需要，自主设置学习制度，安排教学过程；

（四）在基本学制基础上，适当调整修业年限，实行弹性学习制度；

（五）依法自主选聘专业课教师。

第三十七条　国家建立符合职业教育特点的考试招生制度。

第四十四条　国家保障职业教育教师的权利，提高其专业素质与社会地位。

县级以上人民政府及其有关部门应当将职业教育教师的培养培训工作纳入教师队伍建设规划，保证职业教育教师队伍适应职业教育发展的需要。

第四十五条　国家建立健全职业教育教师培养培训体系。

各级人民政府应当采取措施，加强职业教育教师专业化培养培训，鼓励设立专门的职业教育师范院校，支持高等学校设立相关专业，培养职业教育教师；鼓励行业组织、企业共同参与职业教育教师培养培训。

产教融合型企业、规模以上企业应当安排一定比例的岗位，接纳职业学校、职业培训机构教师实践。

第四十六条　国家建立健全符合职业教育特点和发展要求的职业学校教师岗位设置和职务（职称）评聘制度。

职业学校的专业课教师（含实习指导教师）应当具有一定年限的相应工作经历或者实践经验，达到相应的技术技能水平。

具备条件的企业、事业单位经营管理和专业技术人员，以及其他有专业知识或者特殊技能的人员，经教育教学能力培训合格的，可以担任职业学校的专职或者兼职专业课教师；取得教师资格的，可以根据其技术职称聘任为相应的教师职务。取得职业学校专业课教师资格可以视情况降低学历要求。

第四十九条　职业学校学生应当遵守法律、法规和学生行为规范，养成良好的职业道德、职业精神和行为习惯，努力学习，完成规定的学习任务，按照要求参加实习实训，掌握技术技能。

职业学校学生的合法权益，受法律保护。

第五十条　国家鼓励企业、事业单位安排实习岗位，接纳职业学校和职业培训机构的学生实习。接纳实习的单位应当保障学生在实习期间按照规定享受休息休假、获得劳动安全卫生保护、参加相关保险、接受职业技能指导等权利；对上岗实习的，应当签订实习协议，给予适当的劳动报酬。

职业学校和职业培训机构应当加强对实习实训学生的指导，加强安全生产教育，协商实习单位安排与学生所学专业相匹配的岗位，明确实习实训内容和标准，不得安排学生从事与所学专业无关的实习实训，不得违反相关规定通过人力资源服务机构、劳务派遣单位，或者通过非法从事人力资源服务、劳务派遣业务的单位或个人组织、安排、管理学生实习实训。

第五十一条　接受职业学校教育，达到相应学业要求，经学校考核合格的，取得相应的学业证书；接受职业培训，经职业培训机构或者职业学校考核合格的，取得相应的培训证书；经符合国家规定的专门机构考核合格的，取得相应的职业资格证书或者职业技能等级证书。

学业证书、培训证书、职业资格证书和职业技能等级证书，按照国家有关规定，作为受教育者从业的凭证。

接受职业培训取得的职业技能等级证书、培训证书等学习成果，经职业学校认定，可以转化为相应的学历教育学分；达到相应职业学校学业要求的，可以取得相应的学业证书。

接受高等职业学校教育，学业水平达到国家规定的学位标准的，可以依法申请相应学位。

第五十三条　职业学校学生在升学、就业、职业发展等方面与同层次普通学校学生享有平等机会。

高等职业学校和实施职业教育的普通高等学校应当在招生计划中确定相应比例或者采取单独考试办法，专门招收职业学校毕业生。

各级人民政府应当创造公平就业环境。用人单位不得设置妨碍职业学校毕业生平等就业、公平竞争的报考、录用、聘用条件。机关、事业单位、国有企业在招录、招聘技术技能岗位人员时，应当明确技术技能要求，将技术技能水平作为录用、聘用的重要条件。事业单位公开招聘中有职业技能等级要求的岗位，可以适当降低学历要求。

第六十九条　本法自2022年5月1日起施行。

P4. 建设高质量教育体系的举措

2021年发布实施的《中华人民共和国国民经济和社会发展第十四个五年规划和2035年远景目标纲要》第四十三章指出：建设高质量教育体系。

全面贯彻党的教育方针，坚持优先发展教育事业，坚持立德树人，增强学生文明素养、社会责任意识、实践本领，培养德智体美劳全面发展的社会主义建设者和接班人。

第一节 推进基本公共教育均等化

巩固义务教育基本均衡成果，完善办学标准，推动义务教育优质均衡发展和城乡一体化。加快城镇学校扩容增位，保障农业转移人口随迁子女平等享有基本公共教育服务。改善乡村小规模学校和乡镇寄宿制学校条件，加强乡村教师队伍建设，提高乡村教师素质能力，完善留守儿童关爱体系，巩固义务教育控辍保学成果。巩固提升高中阶段教育普及水平，鼓励高中阶段学校多样化发展，高中阶段教育毛入学率提高到92%以上。规范校外培训。完善普惠性学前教育和特殊教育、专门教育保障机制，学前教育毛入园率提高到90%以上。提高民族地区教育质量和水平，加大国家通用语言文字推广力度。

第二节 增强职业技术教育适应性

突出职业技术（技工）教育类型特色，深入推进改革创新，优化结构与布局，大力培养技术技能人才。完善职业技术教育国家标准，推行“学历证书+职业技能等级证书”制度。创新办学模式，深化产教融合、校企合作，鼓励企业举办高质量职业技术教育，探索中国特色学徒制。实施现代职业技术教育质量提升计划，建设一批高水平职业技术院校和专业，稳步发展职业本科教育。深化职普融通，实现职业技术教育与普通教育双向互认、纵向流动。

第三节 提高高等教育质量

推进高等教育分类管理和高等学校综合改革，构建更加多元的高等教育体系，高等教育毛入学率提高到60%。分类建设一流大学和一流学科，支持发展高水平研究型大学。建设高质量本科教育，推进部分普通本科高校向应用型转变。建立学科专业动态调整机制和特色发展引导机制，增强高校学科设置针对性，推进基础学科高层次人才培养模式改革，加快培养理工农医类专业紧缺人才。加强研究生培养管理，提升研究生教育质量，稳步扩大专业学位研究生培养规模。优化区域高等教育资源布局，推进中西部地区高等教育振兴。

第四节 建设高素质专业化教师队伍

建立高水平现代教师教育体系，加强师德师风建设，完善教师管理和发展政策体系，提升教师教书育人能力素质。重点建设一批师范教育基地，支持高水平综合大学开展教师教育，健全师范生公费教育制度，推进教育类研究生和公费师范生免试认定教师资格改革。支持高水平工科大学举办职业技术师范专业，建立高等学校、职业学校与行业企业联合培养“双师型”教师机制。深化中小学、幼儿园教师管理综合改革，统筹教师编制配置和跨区调整，推进义务教育教师“县管校聘”管理改革，适当提高中高级教师岗位比例。

第五节 深化教育改革

深化新时代教育评价改革，建立健全教育评价制度和机制，发展素质教育，更加注重学生爱国情怀、创新精神和健康人格培养。坚持教育公益性原则，加大教育经费投入，改革完善经费使用管理制度，提高经费使用效益。落实和扩大学校办学自主权，完善学校内部治理结构，有序引导社会参与学校治理。深化考试招生综合改革。支持和规范民办教育发展，开展高水平中外合作办学。发挥在线教育优势，完善终身学习体系，建设学习型社会。推进高水平大学开放教育资源，完善注册学习和弹性学习制度，畅通不同类型学习成果的互认和转换渠道。

数据资源

D1. 各国义务教育年限

据联合国教科文组织的统计，目前全球 200 多个国家和地区中有 170 多个已经实现了不同程度的免费义务教育（图 6–1）。发达国家大多普及了 10 年以上（含 10 年）义务教育，其中经合组织国家义务教育年限基本在12年左右，并且正在向15年义务教育迈进。在美国，成年人的平均受教育年限为 12.2 年。即使在许多发展中国家，10 年以上义务教育也正在被越来越多国家实行，如中国的近邻不丹实行 11 年义务教育，其教育支出占GDP的 5.2%（世界平均水平为4.8%，中国为4%），学校不仅不收学杂费，还免费提供食宿。

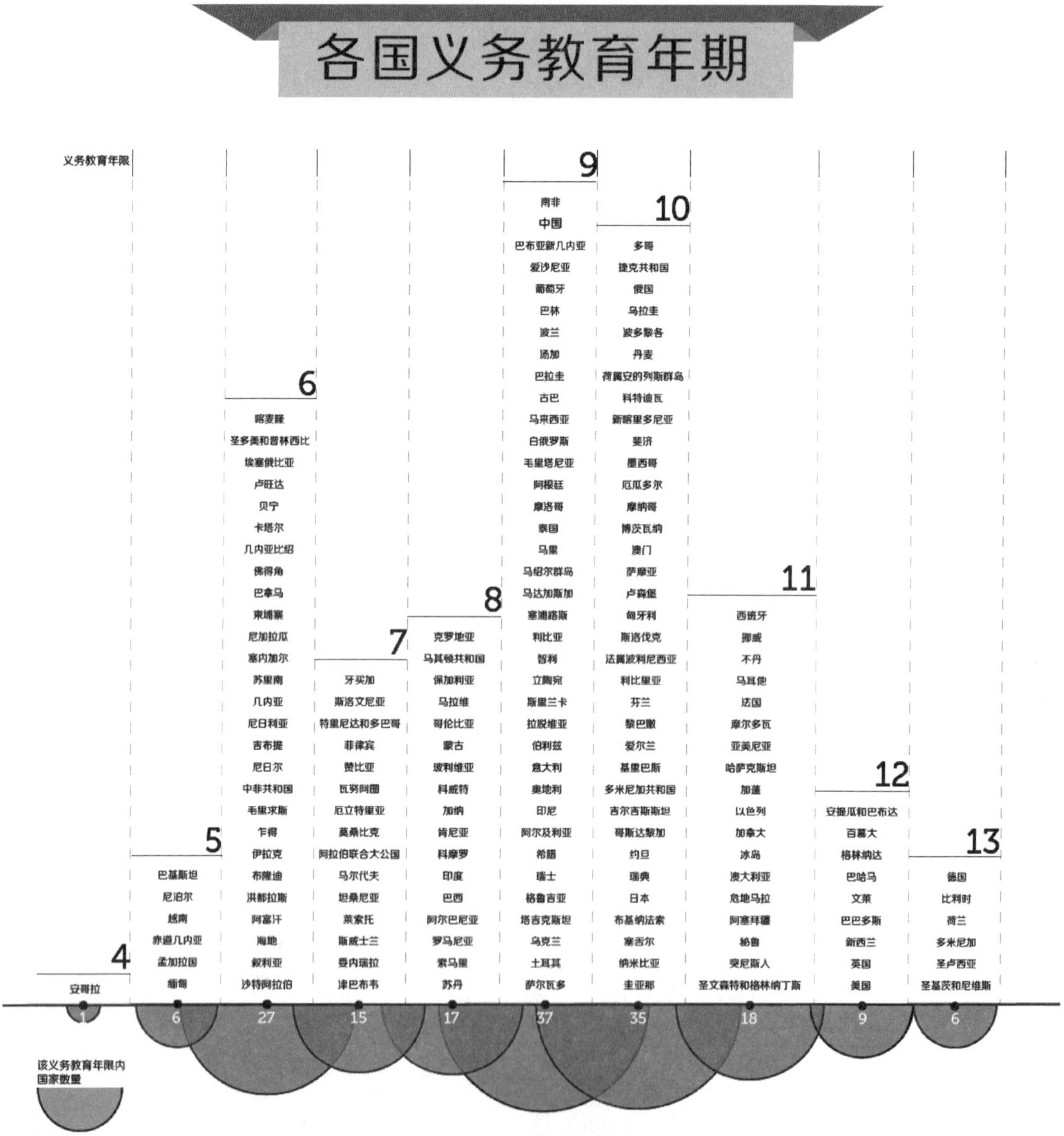

图 6–1　各国义务教育年限

D2. 2019年全国教育经费执行情况

教育部、国家统计局、财政部于2020年10月23日发布的《2019年全国教育经费执行情况统计公告》指出，2019年，全国教育经费总投入为50178.12亿元，比上年的46143.00亿元增长8.74%。其中，国家财政性教育经费（主要包括一般公共预算安排的教育经费，政府性基金预算安排的教育经费，国有及国有控股企业办学中的企业拨款，校办产业和社会服务收入用于教育的经费等）为40046.55亿元，比上年的36995.77亿元增长8.25%。

2019年全国一般公共预算教育经费（包括教育事业费，基建经费和教育费附加）为34648.57亿元，比上年增长8.30%。其中，中央财政教育经费5322.32亿元，比上年增长6.28%。全国一般公共预算教育经费占一般公共预算支出238858.37亿元的比例为14.51%，比上年的14.48%提高了0.03个百分点。

据统计，2019年全国国内生产总值为990865.1亿元，国家财政性教育经费占国内生产总值比例为4.04%。

比较2002年，全国教育经费为5480.03亿元。其中，国家财政性教育经费为3491.40亿元，国家财政性教育经费占国内生产总值比例为3.41%，教育经费增加接近9倍。

D3. 普通高校学生转学举例

（1）普通高校学生申请转学有关情况如表6-1所示。

表6-1　普通高校学生申请转学有关情况

序号	姓名	考生号	转出学校	转出专业	高考成绩	拟转入学校	拟转入专业	录取分数线	备注
1	刘××	1521××××××0341	大连外国语大学	日语	542	鞍山师范学院	日语	486	患病
2	王××	1837××××××0429	锦州医科大学	动物医学	444	辽宁农业职业技术学院	动物医学	220	因转出学校培养条件改变

（2）2015年秋季新疆维吾尔自治区普通高校本专科学生转学申请（备案）公示如表6-2所示。

表6-2　2015年秋季新疆维吾尔自治区普通高校本专科学生转学申请公示

序号	姓名	高考成绩	转出学校情况				转入学校情况					校内公示情况	转学原因
			学校名称	专业名称	层次	学科门类	学校名称	专业名称	层次	学科门类	专业最低分数		
1	马××	486	新疆医科大学	护理学	本科	护理学类	湖北科技学院	护理学	本科	护理学类		无异议	因病
2	迪××尔·艾××	519	天津医科大学	医学检验技术	本科	公共卫生与预防医学类	新疆医科大学	口腔医学	本科	公共卫生与预防医学类	509	无异议	因病

续表

序号	姓名	高考成绩	转出学校情况				转入学校情况					校内公示情况	转学原因
			学校名称	专业名称	层次	学科门类	学校名称	专业名称	层次	学科门类	专业最低分数		
3	巴××提·巴×尔	397	西北民族大学	口腔医学	本科	口腔医学类	新疆医科大学厚博学院	临床医学	本科	临床医学类	388	无异议	因病
4	刘××	405	新疆工程学院	测控技术与仪器	本科	仪器类	许昌学院	电气工程及其自动化	本科	电气类		无异议	因病

（3）河北省教育厅关于拟对李某圆同学申请转学予以备案的公示。

按照教育部办公厅印发的《关于进一步规范普通高等学校转学工作的通知》（教学厅〔2015〕4号）和我省普通高校学生转学工作有关要求，近日我处收到李某圆（考生号1313××××××2329）同学转学申请，该生因患病申请转学，转学理由正当；该生申请由浙江大学城市学院转入河北经贸大学经管学院，本人高考成绩高于拟转入学校拟转入专业相同生源地录取最低分，符合分数基本要求；学校已履行转学有关程序，材料齐全，符合教育部和我省有关规定。经研究，我厅拟对李×圆同学转学申请予以备案，现进行公示。

D4. 三十所高校被限制招生

教育部网站4月24日公布2009年具有普通高等学历教育招生资格的高等学校名单，有24所学校因办学条件不达标而被限制招生，另有6所学校因违规、违纪招生也被限制招生规模。

名单按学校所在地、办学类型、科类等排列，分为4部分，第一部分是普通本科院校（共770所）；第二部分是普通高职院校（共1207所）；第三部分是经国家批准设立的独立学院（共318所）；第四部分是经国家审定的分校办学点（共85个）。不含军事院校和港澳台高校。

教育部要求，主管部门必须严格控制“黄牌”学校今年的招生规模，切实加强管理，督促24所学校增加投入、充实办学条件，监督6所学校加强规范招生、办学秩序。

教育部表示，除本次公布的高等学校名单外，其他任何机构（包括经批准筹建的高等学校）均不具备普通高等学历教育的招生资格。对于违规招生的单位，其所招学生的学籍、发放的毕业证书国家均不予承认。请今年参加普通高等学校统一招生考试的考生在报名前注意查询本名单，以免失误。

D5. 高等学校清退学生统计

2019年以来，为了响应国家高等教育“严进严出”口号，把关学生毕业质量，保证培养的人才质量，根据国家、地方和学校的相关管理制度，高校清退了一批不合格本科生、硕士生和博士生。

据不完全统计，2019年，还包括清华大学、南京大学、中国政法大学、中国传媒大学、四川大学、天津大学、湖南大学、中山大学等在内的学校清退的学生足足高达1000多名。

2020年，武汉大学清退25名研究生，北京交通大学清退59名博士生，至少已经有近30多所高校公示清退本、硕、博同学。

2020年6月28日，上海师范大学对125名超期学习的研究生作退学处理。8月21日，西安电子科技大学在官网公示了部分清退学生名单，名单中涉及33位无法联系的博士生，大部分都已读博超过15年；吉林大学20多个学院累计超期研究生超过了100人；四川大学对多个学院发布了退学公告，超300多名研究生被清退；11月6日，武汉大学对该校25名超期学习的研究生作退学处理；11月中旬，南昌航空大学官网发布公告，一次性清退了21名“超期”学生；西南交大有9名同学进入退学预警期，且近期已有6名同学被予以退学；11月23日，广西师范大学、北京工商大学分别发布给予本科生退学处理的公告，共计70人。其中，广西师范大学拟给予黄某城等46名在学校规定最长学习年限内未能完成学业的全日制普通本科学生退学处理。据名单显示，这46名“超限”本科生来自商务英语、数学与应用数学、化学、运动训练等专业，除4名拟退学本科生的会计学（职教师资）（专升本）、会计学（中职师资专升本）、环境设计（专升本）、动画（专升本）专业学制为4年外，其余专业最长学习年限为6年。在这其中，来自职业技术师范学院学前教育（中职升本）专业的李某群6年期间仅修得学分6分，而这一专业结业学分要求144分，毕业学分要求160分；北京工商大学决定对刘某某等24名本科生予以退学处理。其中，人工智能学院清退8名学生，人数最多。其次，商学院清退4名学生，传媒与设计学院清退3名，经济学院、电商与物流学院各清退2名学生，数学与统计学院、化学与材料工程学院、生态环境学院、法学院、经济学院均有1名学生被清退。除经济学院、人工智能学院均有1名学生清退缘由为“未经批准连续两周以上未参加学校规定的教学活动”外，其余学生均因为“休学期满未申请复学”被清退；11月24日，中国石油大学（华东）远程教育学院对超过最长学习年限的1869名网络教育学生给予退学处理。

2021年，北京航空航天大学、南开大学、大连理工大学等高校也相继清退不合格研究生，其中北航清退研究生达404人。2021年7月，同济大学公示了拟进行退学/结业处理的10名研究生，有8人来自医学院，有的是超最长学习年限，有的是学业成绩未达要求。

美国学生信息中心NSC追踪了2011年秋季入学的学生，以确定有多少人能在六年内获得学位证。结果发现，12%的学生尚未完成大学学业仍注册在读，31%的学生辍学。

能力训练

案例6.1.3

普通高中和中职校可双向转学

2014年6月，广西壮族自治区教育厅印发了《广西壮族自治区普通高中学籍管理实施办法》，首次提出允许学生在普通高中和中等职业学校之间双向转学。

实施办法进一步规范了广西普通高中学生学籍管理，提高学籍管理水平、规范办学行为。学生学籍管理实行“分级负责、属地管理、学校实施”的管理体制。对学生的入学、注册；考勤、评价；升级、留级；休学、复学；转学；退学、借读；奖励、处分；毕业、结业、肄业等都作出明确规定。

实施办法对转学作了新规定，允许学生在普通高中和中等职业学校之间双向转学。高中学生可转入广西任意一所中职校，中职学生限转入中考所在设区市的高中。转学需经双方学校及县（市、区）、市教育行政部门确认，涉及广西直属中职校的需经自治区教育行政部门或人力资源和社会保障部门确认。

问题与思考

1. 普职双体系的关系是什么？
2. 双向转学带来的好处是什么？
3. 结合职业教育相关政策、理论，分析双向转学的操作问题。

第二节　学校教育制度

学习目标

1. 牢记学校教育制度的涵义及类型。
2. 理解学校系统的构成。
3. 理解学校教育制度的发展趋势。
4. 掌握中外学校教育制度的特点。
5. 熟读案例分析和思想资源，理解相关观点。
6. 根据分析建议独立完成案例分析。

观点与原理

1. 学校教育制度，简称学制，是指一个国家各级各类学校的系统及其管理规则，它具体规定各级各类学校的性质、任务、入学条件、修业年限及其相互之间的关系。

2. 学校系统的级别构成为幼儿教育机构、小学、初中、高中、高职（专科）学校、大学、研究生教育学校；学校系统的类别构成为普通教育学校、职业教育学校，或者未成年人教育学校（一般教育学校、特殊教育学校）、成人教育学校；公办学校、民办学校。

3. 中外历史上，学制主要有三种类型：双轨型学制、单轨型学制和分支型学制。

4. 学制发展的一般特征：

①从纵向学校系统分析，双轨型学制向分支型学制和单轨型学制方向发展。

②从横向学校系统分析，每个阶段，无论是高等教育还是中小学教育都不断发生变化。

③由学校教育的施教机构系统向终身教育施教机构系统转变。

典型案例解读

案例 6.2.1

2024年全国各地高考时间表

2023年底2024年初，全国各地陆续通过教育厅（教育委员会）或者教育考试院等官方通道公布2024年高考时间表，明确各省、自治区、直辖市的考试科目、时间。具体信息如下。

1. 上海考试时间（表6-3）

表6-3　上海考试时间

时间	6月7日		6月8日		6月9日
	9:00–11:30	15:00–17:00	9:00–11:30	15:00–17:00	8:00起
科目	语文	数学	—	外语笔试(含听力)	外语听说测试

注：2017年开始实行此方案，为“3+3”和“6选3”考试模式。全部考试科目都自主命题。统一高考科目为语文、数学、外语3门，不分文理。秋季统一高考外语科目考试实行一年两考，选择其中较好的一次成绩计入高考总分，考试时间分别为1月和6月，其中1月的外语科目考试即为2021年春季考试外语科目考试。外语科目的考试语种分设英语、俄语、日语、法语、德语、西班牙语等6种，由报考学生任选1种，两次外语科目的考试语种必须一致。从物理、化学、生物、政治、历史、地理等6门学科中，选出3门作为高考选考科目，这3科以高中学业水平等级考试成绩计入高考总分，从第五层到A+、A、B+、B、B−、C+、C、C−、D+、D、E常见的11水平，分别占5%、10%、10%、10%、10%、10%、10%、10%、10%、10%、5%。在…之间，A+满分70分，E为40分。两个相邻阶段之间的区别是3分。

2. 浙江考试时间（表6-4）

表6-4　浙江考试时间

时间	6月7日		6月8日	
	9:00–11:30	15:00–17:00	9:00–10:30	15:00–17:00
科目	语文	数学	技术	外语

时间	6月9日			6月10日		
	8:00–9:30	10:30–12:00	15:00–16:30	8:00–9:30	10:30–12:00	15:00–16:30
科目	物理	政治	化学	历史	生物	地理

注：2017年开始实行此方案，为“3+3”和“7选3”考试模式。外语由教育部命题，其他科目为自主命题。外语和选考科目提供2次考试机会，成绩当年有效，考生自主选用其中1次成绩。2020年外语和选考科目成绩仍可适用于2021年普通高校招生录取。外语首次考试“一考两用”，成绩既用于评定学业水平等级又可用于高考，第2次报考仅用于高考。

3. 北京考试时间（表6-5）

表6-5　北京考试时间

时间	6月7日		6月8日	
	9:00–11:30	15:00–17:00	15：00–16：40	15:00–17:00
科目	语文	数学	英语（笔试）	其他外语（含听力）/海南、山东考英语

时间	6月9日（学考等级考）			6月10日（学考等级考）		
	8：00–9：30	11：00–12：30	15：30–17：00	8：00–9：30	11：00–12：30	15：30–17：00
科目	物理	思想政治	化学	历史	生物	地理

注：2020年开始实行此方案，为“3+3”和“6选3”考试模式。北京考试科目全部自主命题，外语听力考试与笔试分离，一年两次考试，取听力最高成绩与笔试成绩一同组成外语科目成绩，计入高考总分。英语听力实行计算机考试，第一次考试于2020年12月12日进行，第二次考试于2021年3月20日进行。其他外语（非英语）考试使用全国卷，听力考试一年两考，第一次考试于2021年1月8日进行，第二次考试于2021年6月8日进行。北京高考科目包括，统考科目语文、数学、外语3门，每科目满分150分。普通高中学业水平等级性考试科目为思想政治、历史、地理、物理、化学、生物6门，由考生自主选择3门参加考试，选考科目成绩按照考生原始成绩划定A、B、C、D、E五等，分别占各科目考试人数的15%、40%、30%、14%和1%，在五等基础上，进一步细化为21级，按最接近的累计比例划定，每级分差为3分，起点赋分40分，每科目满分100分；山东和海南的统一高考科目试题由教育部统一命制。选择性考试科目试题由各省自主命制，成绩折算与北京的类同。外语（听力）考试安排在1月8日上午，连续组织两次，每次考试时长约20分钟，考试成绩取两次中的高分计入外语科目成绩。

4. 天津考试时间（表6–6）

表6–6 天津考试时间

<table>
<tr><td rowspan="2">时间</td><td colspan="3">6月7日</td><td colspan="3">6月8日</td></tr>
<tr><td colspan="2">9:00–11:30</td><td>15:00–17:00</td><td colspan="2">15:00–16:40</td><td>15:00–17:00</td></tr>
<tr><td>科目</td><td colspan="2">语文</td><td>数学</td><td colspan="2">英语（笔试）</td><td>其他外语（含听力）</td></tr>
<tr><td rowspan="2">时间</td><td colspan="3">6月9日（等级考）</td><td colspan="3">6月10日（等级考）</td></tr>
<tr><td>8:30–9:30</td><td>11:00–12:00</td><td>15:00–16:00</td><td>8:30–9:30</td><td>11:00–12:00</td><td>15:00–16:00</td></tr>
<tr><td>科目</td><td>物理</td><td>思想政治</td><td>化学</td><td>历史</td><td>生物学</td><td>地理</td></tr>
</table>

注：2020年开始实行此方案，为“3+3”和“6选3”考试模式。全部科目采取自主命题。高考英语科目考试实行“一年两考”。第一次笔试与两次听力考试于3月19日同场举行，第二次笔试在6月8日全国统一高考时举行。英语听力考试分值为20分，笔试分值为130分。高考英语科目成绩取笔试和听力各两次考试中较高的分数，计入考生的英语科目考试总分。

5. 河北、江苏、福建、湖北、湖南、广东、重庆、吉林、安徽、江西、广西、贵州等地考试时间（表6–7）

表6–7 河北、江苏、福建、湖北、湖南等地考试时间

<table>
<tr><td rowspan="2">时间</td><td colspan="2">6月7日</td><td colspan="2">6月8日</td></tr>
<tr><td>9:00–11:30</td><td>15:00–17:00</td><td>9:00–10:15</td><td>15:00–17:00</td></tr>
<tr><td>科目</td><td>语文</td><td>数学</td><td>历史/物理</td><td>外语</td></tr>
<tr><td rowspan="2">时间</td><td colspan="4">6月9日</td></tr>
<tr><td>8:30–9:45</td><td>11:00–12:15</td><td>14:30–15:45</td><td>17:00–18:15</td></tr>
<tr><td>科目</td><td>化学</td><td>地理</td><td>思想政治</td><td>生物学</td></tr>
</table>

注：2021年开始实行此方案，为“3+1+2”考试模式。统一高考科目为语文、数学、外语3门，其中，外语科目分为英语、俄语、日语、德语、法语、西班牙语等6个语种，考生任选其中1个语种参加考试。统一高考科目试题由教育部统一命制。

选择性考试科目为思想政治、历史、地理、物理、化学、生物6门，考生须从历史、物理2门首选科目中选择1门，再从思想政治、地理、化学、生物4门再选科目中选择2门参加考试。选择性考试科目试题由我省自主命制。

吉林、安徽、江西、广西、贵州自2024年起实行此方案。

6. 海南考试时间（表6–8）

表6–8 海南考试时间

<table>
<tr><td rowspan="2">时间</td><td colspan="3">6月7日</td><td colspan="3">6月8日</td></tr>
<tr><td colspan="2">9:00–11:30</td><td>15:00–17:00</td><td colspan="2">9:00–10:30</td><td>15:00–17:00</td></tr>
<tr><td>科目</td><td colspan="2">语文</td><td>数学</td><td colspan="2"></td><td>英语</td></tr>
<tr><td rowspan="2">时间</td><td colspan="3">6月9日</td><td colspan="3">6月10日</td></tr>
<tr><td>8:00–9:30</td><td>11:00–12:30</td><td>15:30–17:00</td><td>8:00–9:30</td><td>11:00–12:30</td><td>15:30–17:00</td></tr>
<tr><td>科目</td><td>物理</td><td>政治</td><td>化学</td><td>历史</td><td>生物</td><td>地理</td></tr>
</table>

注：2017年开始实行此方案，为“3+1+2”考试模式。

7. 山东考试时间（表6–9）

表6–9　山东考试时间

时间	6月7日		6月8日	
	9:00–11:30	15:00–17:00	9:00–11:30	15:00–16:40
科目	语文	数学		外语（笔试）

时间	6月9日			6月10日		
	8:00–9:30	11:00–12:30	15:30–17:00	8:00–9:30	11:00–12:30	15:30–17:00
科目	物理	思想政治	化学	历史	生物	地理

注：2017年开始实行此方案，为“3+1+2”考试模式。

8. 辽宁、甘肃、黑龙江考试时间（表6–10）

表6–10　辽宁、甘肃、黑龙江考试时间

时间	6月7日		6月8日	
	9:00–11:30	15:00–17:00	9:00–10:15	15:00–17:00
科目	语文（汉语）	数学	历史/物理	外语（英、日、俄/听力）

时间	6月9日				6月10日
	8:30–9:45	11:00–12:15	14:30–15:45	17：00–18：15	9:00–11:30
科目	化学	地理	思想政治	生物学	民族语文（朝鲜语文/蒙古语文/藏语文）

注：辽宁、黑龙江、甘肃自2024年实行此方案。

9. 河南、山西、陕西、内蒙古、四川、西藏、青海、新疆、宁夏考试时间（表6–11）

表6–11　河南、山西、陕西、内蒙古、四川、西藏、青海、新疆、宁夏考试时间

时间	6月7日		6月8日	
	9:00–11:30	15:00–17:00	9:00–11:30	15:00–17:00
科目	语文 [内蒙古：语文/朝语文/蒙古语文（甲）]	数学 （内蒙古：文科数学/理科数学）	文科综合/ 理科综合	外语 (听力测试/笔试)

西藏	时间	科目
	6月9日 9：00–11：30	藏语文

10. 云南考试时间（表6–12）

表6–12　云南考试时间

时间	6月7日		6月8日		
	9:00–11:30	15:00–17:00	9:00–11:30	15:00–16:40	15:00–17:00
科目	语文	数学	文科综合/理科综合	英语(不含听力)	外语

然而，2003 年时，全国主要高考科目是“3+文科综合/理科综合”“3+文理科综合”“3+2

（理化生和政史地中各选一科）”三种类型。

案例分析

招生考试制度是学制的关键要素，是教育方针、教育目的的重要体现，关系着学校教育教学实践、学校治理和学校系统的运行。

回顾21世纪高考制度的变迁，我们可以看到，自从1999年在广东省首次进行“3+X”高考制度改革试点以来，经过反复的研究、长期准备和推广试点，我国的高考制度改革积累了丰富的经验、取得了重要成就，到2003年的时候，“3+X”形式的高考科目设置已在全国全面推广实行，其中“X”也更加丰富，有的是文科综合或理科综合、有的是文理科综合、有的是“2”，广东、广西、河南等还另外增加了一个“1”。但是，高等教育入学考试关系到中国特色社会主义健康发展，关系到国家命运，关系到人民切身利益，关系到中华民族伟大复兴，党和国家始终把办好人民满意的教育当作头等大事。党的十八大以来，中央政府就要求教育部开展高考、中考制度改革研究，以国务院印发《关于深化考试招生制度改革的实施意见》为标志，从2014年正式启动（参见本节P1）到2017年上海第一个公布“新高考”改革方案并于2017年高考中实施（参见本节P3）再到2021年全国14个省市全面实施“新高考”方案，到安徽、广西、贵州、甘肃、黑龙江、吉林、江西发布通知2024年实行“新高考3+1+2”模式，全国21个省、自治区、直辖市已完成新一轮高考改革。我国的高考制度体现了鲜明的中国特色社会主义特色，坚持教育为人民服务的宗旨，体现出教育的育人育才功能、经济建设功能、治国理政功能等，更加科学，更加注重人的全面发展与个性发展的协调统一。这场自1977年恢复统一高考以来最全面、最系统、最深刻的一轮高考改革，造就了最科学的一系列新方案，是“弘扬中华民族优秀传统文化”“扎根中国大地”“办人民满意教育”等新理念的重要体现，是中华民族伟大复兴的基础工程之一。可以说，与社会主义中国同步，我国高考模式全面进入新时代——“3+3”时代——固本强基、应答大势。第一个“3”代表语文、数学、外语，第二个“3”有三个意思：“6选3”“7选3”和“1+2”。模式详见案例6.2.1。

从案例中还可以看到：①我国的高考科目设置体现了多样性——综合测试与单科测试并举，针对地域差异选择不同考试科目及组合；②我国的高考科目设置体现了基础性——语、数、外是基础学科，是学生成长、发展的基石（参见本节P4）；③我国的高考科目设置体现了个性化——教育要培养全面发展的人，国家经济社会建设需要全面发展的人，同时也需要，优势特长领域得到充分自由发展的人投入各个行业领域的发展建设之中，特别是基础理论研究与创新离不开专业兴趣浓厚、专业知识深厚的人才，而且“3+1+2或者6选3或者7选3”模式给学生的全面发展与个性发展更多的选择，体现出学生的选择权和学校对学生的选择权的一种均衡。这是尊重学生权利的重要体现。“学生选择权的增加带来了多重积极变化：一是学生发展更全面，文科思维与理科思维碰撞融合，有助于提升综合素质；二是成长路径更多元，选科组合强调个人兴趣特长，志愿填报也由学校导向转为专业导向；三是未来志向更明确，学生选定选考科目的同时也基本确定了报考专业范围，学习动力被有效激发”；④我国的高考科目设置是一个“新的全能指挥棒”——指引基础教育全面深入实施素质教育。“高中教育教学改革，一方面，为适应新的科目组合，高中阶段选课走班、分层教学等新常态应运而生，改变了原来行政班‘齐步走’的教学模式。另一方面，中学阶段的学业与进入高校选择的专业，甚至日后安身立命的职业紧密结合，在高中开展职业生涯教育和学科专业认知的重要性凸显。”新高考也与“双一流”建设形成合围，引导高校在学科布局上突出自身特色，注重内涵建设。可见，改革后，我国高考科目的设置注重了多样性与一致性的统一、基础性与个性化的统一、真实指挥棒的全面实效性，也反映出教育制度的发展性与灵活性。

随着高考制度改革的深化，从高考科目的设置表中可以发现高校在人才选拔方面有了更多的选择机会，选拔到更合适的优秀人才。反观前些年的“3+X”模式以及部分高校一定限额的自主招生，在一定历史时期发挥了相当的积极作用，但是不能适应时代的要求，未来社会对人才的需要。另外，在进行“大综合”试点的省份，高校和学生普遍反映无法考查学生的特长。因此，深刻影响我国教育以及社会全面发展的新高考改革，不论从学生特长的发展角度看，还是从高等教育的特点看，都值得充分地肯定。当然，我们还需要不断审视高考制度落实过程中的新问题，不断认识国内外教育和经济社会发展的新情况、新需求，不断完善各级各类招生考试制度。

案例 6.2.2

35 分钟挑战教与学

新学期起，小学阶段每节课的课时由 40 分钟改为 35 分钟，面对这一变化，不少教师感觉时间不够用，设计教学过程有难度，完成教学任务有困难。而对学生来说，适应新课时和新教法，形成自己的新学法，同样充满挑战。

知道小课制吗？知道一期课改曾实行过小课制吗？知道 35 分钟的上课时间并非刚性的吗？

小课制梅开二度

1993 年上海市进行一期课改时，全市所有小学的部分学科都实行过一种小课制，每节课的上课时间只有 20 分钟，在孩子快要坐不住时结束课程。35 分钟上课时间是二期课改规定的，并不是硬性规定，而是一个弹性的选择，即每节课不一定只能上 35 分钟。每个学校可根据情况自行调整上课时间，只要能完成总的教学量，每节课上多少时间，每个学段上多少课时，想怎么安排就怎么安排。学校不必担心每节课上 40 分钟就会加重学生负担，老师完全可以多设计些活动内容，只要符合学生身心特点，不向他们硬灌知识，即使上 40 分钟，学生也学得很快乐。

数学、英语可选择小课制

虹口区某小学盛校长介绍，一期课改时，该校曾在英语、数学两门课实行小课制，当时主要考虑低年级孩子注意力集中时间较短，且英语和数学课比较枯燥，知识性比较强，学校根据孩子的生理规律和课程特点，安排了大小课结合的上课方式，在孩子快坐不住时结束课程，该校低年级的数学课就安排了一周上三节小课和两节大课。

盛校长也指出，并不是每门课程都适合小课制，比如语文的阅读内容多，20 分钟时间肯定不够。在具体做法上，传授新知识的课往往较枯燥，时间不宜太长，一般可上小课，而像练习课和手工制作课一般会选择上大课，还有体育、美术等课程，时间不仅不缩短，还应该加长，让学生有更多时间去动、去玩。

盛校长绍，实行小课制在休息时间的安排上存有困难，由于高年级仍上大课，20 分钟后的休息铃就没法打，一半同学休息一半同学上课，上课的班级也没法安心上课。当时的做法是上完20分钟后，马上再上20分钟别的课，把40分钟的大课分成两门20分钟的小课，以调换学科的形式继续上课。

虽然35分钟是个弹性的选择，但是，由于高年级可以上40分钟，低年级可以上小课，什么时候打铃成了学校头痛的事，多数学校只能一刀切地统一上35分钟课。显然，如何适应新的课时，上好35分钟课，成了各校当前必须解决的问题。

激发兴趣教学方法很重要

虹口区某小学盛校长认为，不能简单地衡量上课时间的长短，关键要看教学方法是否符合学生的认识规律、身心特点及年龄特征，老师要根据学生的身心规律，科学安排一些生动的教法。不然，课程时间再短，若教法枯燥，学生也是不爱学的。他认为，不管是上35分钟的课还是上小课，首先在时间上要予以保证，必须让学生有充分的时间学习和休息。其次，教学中要“动”“静”结合，让学生在“动”中学，而不能仅仅让他们坐在教室里进行接受式的学习。比如，英语课上讲到学习数字这一课时，就可以安排学生走出课堂到操场上去，用排队叫口令的方式来学习数字one、two、three……

他指出，教低年级的学生须根据这个年龄段孩子的特点，把对学生兴趣的培养、学习习惯的培养放在首位。比如，上枯燥的课一定要用些肢体语言，上数学课一定要与学生的生活实际结合起来，在传授知识的同时培养学生的能力。他强调，教低年级学生的关键是激发他们的兴趣，要让孩子“乐学”“会学”，绝对不能满堂灌。

生动地教主动地学

某学校小学部夏主任认为，35分钟是对原有教学观念与方法的新挑战，习惯的教学思路、陈旧的方法是无法适应的。新学期来该校在学习中提高、实践，达到了“聚焦课堂，提高教学效果”的效果。该校教师是从两方面提高认识和进行操作的。

首先，确立学生主体地位。学生变要我学为我爱学、我要学、我会学。其次，激活课堂。摒弃传统式的说教、公式化的烦琐、机械式的重复练习。该校采用激趣法，用各种教学手段激趣；采用激情法，如一个学生读课文时，教师让其他学生为他拍手鼓劲。教师生动活泼、形象直观地教学，学生积极主动地学，以此激发学生的学习兴趣、培养良好学习习惯。

静安区某学院附校语文组的顾老师认为最关键的是提高课堂效率，保证上课质量。教师必须充分备课，做大量题目，尤其是要布置给学生做的题目，都要自己先做一遍，看看是否适合学生做。要让学生对上课的内容产生兴趣，就要充分调动学生的积极性，让每个学生的眼睛看着老师，思维跟着老师走。

顾老师表示，把课上得生动有趣才能调动学生积极性，比如一年级的学生认为语文课有趣，因为课上能听着磁带念儿歌；认为英数活动课有趣，因为可用英文来学数学。老师要设法调动学生的积极性，尽量不留回家作业，当堂听懂、完成作业，形成一个良性循环。

该附校英语组的李老师认为，课前要准备大量教具，设计大量教学活动，且教学思路一定要清晰，知道该如何一步步地教下来。学校要求每两周教一个单元，他就提前两周备好课，在教学中发现问题，就及时和其他老师切磋，进行调整和总结。他在教学模式的设计中，在有限的小组活动中，强调让学生用口说，比如教单词pencil，他会鼓励学生说一句句子，让学生用学过的句子组织一段话，然后互相交流，发展学生的思维能力。

低年级的孩子会在老师的指令帮助下，在生动活泼的教法中逐渐适应。教师不能光让他们读、写，还要设计多种教学方法，比如可以通过角色表演、做游戏、看图说话等方法调动课堂气氛，还可以进行小组讨论等。

该附校数学组的王老师认为，培养学生抓紧时间的习惯很重要。数学课既有做又有讲，做要有效率，学生拿到题目就该抓紧时间专心做，做完就结束，养成一种好习惯。如果效率低，上课时间有50分钟也完不成，但若把要点扣住了，时间再少也没问题。

王老师说，她上课时总不停观察学生，提醒他们集中注意力，并不停地和学生说："小眼睛都看着老师，还有谁的眼睛没看着老师啊。"当然光靠这样还不行，教法上必须吸引学生，教师要引导学生自己找规律，让学生发表意见，这样才能使学生的注意力保持集中。数学知识是靠积累的，那些有连续性的知识就要让学生自己去讨论去说，培养学生的逻辑思维能力，然后老师再把学生零碎地说串成一条线，这是很必要的。老师布置作业时要慎重考虑，能做5道题解决问题的绝不做6道题。特别要关注做作业速度较慢的学生，培养他们一点点地加快速度，而这关键是靠课堂的培养，老师提高效率教，学生提高效率学，老师不仅要教知识，更要教习惯。

案例分析

学制规定了修业年限，规定了学年学习时间，也对学校作息时间给出了规定。修业年限由总的年限和分阶段的年限以及各年限内的具体时间等构成。上海市的小课制是学制在操作层面上进行改革的有益尝试。

案例指出，课堂教学时间的变化：由 45 分钟缩减为 35 分钟，必然带来教与学的改变。这说明，学制对于学校教育、教学的开展具有重要作用。学制是联系学生与教学、教师与教学、教师与学生、教师和学生与课程和教学的重要纽带，是学校健康发展的重要保证。上海市围绕着基础教育课程改革进行的课堂教学时间的改革，透射出学校教学时间制度与社会、教育的发展之间存在着紧密的联系，二者之间十分有必要保持适当的协调。当代社会提倡高效率，讲究做事情的方法，尤其是特别鼓励自主、创新。这些社会变化势必在学校教育领域以多种方式表达出来，例如还有取消入学年龄限制的情况，学生和家长的个性化需求满足问题，家长对优质教育资源需求与资源有限的矛盾，等等。

回归学制理论，课时不仅仅是修业年限的问题，也是学校性质问题、学校任务问题。我们国家是社会主义国家，我们的学校必须是中国特色社会主义的学校，要为党育人、为国育才。"人"和"才"就是社会主义建设者和接班人，是堪当中华民族伟大复兴历史重任的时代新人，他们/她们必须是身心健康的人。这就需要科学设计学校生活的时间。而且，在科学设计学校任务的前提下，分阶段、分任务、分学科灵活设计学校作息时间也是合理的、可行的。

思想资源

历史沿革

H. 我国高考科目设置的演变

高等教育招生考试，简称高考，一直以来都受到社会各界的高度关注，它衡量着一代又一代人的素质，是国民素质水平的综合反映。

1949 年后，党中央、国务院都非常重视高等院校人才的培养和选拔，对高考制度进行了相对持续的建设和完善。高考科目设置的演变大致经历了八个阶段，从不分文理到文理分科再到文理综合到当下的文理选修，在不断改革、完善高考制度的历史进程中，实现着高等教育由精英型向大众型到普及型的发展。

第一阶段：1952—1953年，完全统一的全国高考。

1952 年，全国高等学校统一招生的考试科目为：政治常识、国文、外国文（俄文或英文）、中外史地、数学、物理、化学、生物。报考体育、音乐、美术等类系科的考生，还要加试术科。工农青年、革命干部、少数民族学生、中等专业学校和中等技术学校毕业生持有毕业后服务满两年证件者以及其他未曾学习外国语者，可以免试外国语。

第二阶段：1954—1965年，分类设置高考科目。

1954 年，高等教育部、教育部规定：为适应各系科专业对考生学业成绩的不同要求，考试科目分作两大类：①理科、工科、卫生科、农科、林科等类专业考试科目：本国语文、政治常识、数学、物理、化学、生物、外国语。②文科、政法科、财经科、体育科、艺术科等类专业考试科目：本国语文、政治常识、历史、地理、外国语；音乐、美术、戏剧、体育等系科招收新生，除考试上述科目外，得另行加试各该科的专业科目；报考财经科各专业者，除考试上述科目外，并加试数学。工农速成中学毕业生、中等专业学校毕业生、在职人员、转业军人，可免试外国语。

为了使报考青年能够系统地温课备考，1954 年起，高等教育部会同教育部颁发各科考试大纲。

1955 年高等教育部、教育部规定考试科目分为 3 类：①工科、理科（包括师范的理科）各类专业，农林科的农业生产机械化、森林采伐及运输机械化、木材机械加工、水利土壤改良等专业的考试科目：本国语文、政治常识、数学、物理、化学。②医科、农林科各类专业，生物科学（包括师范的生物系）各专业，心理、体育等专业的考试科目：本国语文、政治常识、达尔文主义基础、化学、物理。③文、史、政法（包括师范的文史、政治、教育各类专业）、财经各类专业的考试科目：本国语文、政治常识、历史、地理。1958 年，考试科目仍分3类。但各类都要考试外国语。没有学过外国语的考生，可申请免试。

1964 年，考虑到医、农、林科等类专业不考数学，影响培养人才的质量，考试科目又改为两大类。教育部规定：参加全国统一招生的学校，按招生专业的不同性质，分理工农医和文史两大类举行考试。理工农医类，考试科目为：本国语文、政治常识、数学、物理、化学、外国语；文史类，考试科目为：本国语文、政治常识、历史、外国语。报考哲学、财经各专业的考生，要加试数学，考试成绩不计入总分，只作为参考。参加过两年以上工农业生产和其他体力劳动的知识青年、退伍军人和在职人员（包括中小学教师），报考文史类专业的，可以申请免试外国语，但报考外国语专业的不得免试。少数民族聚居地区的少数民族考生，可以申请免试外国语（报考外国语专业的不得免试）。报考外国语专业的考生，应该进行外语口试。

第三阶段：1966—1976年，名存实亡的十年。

1966—1972 年高等学校招生中断了 6 年。1972 年起，大多数学校开始招生，招生对象规定为：坚持选拔具有 2 年以上实践经验的优秀工农兵入学，不招收应届高中毕业生。文化条件规定为：具有相当于初中毕业以上的实际文化程度，取消了文化考试，实行“自愿报名，群众推荐，领导批准，学校复审”的办法。选拔学生的标准规定为：“把政治表现路线觉悟放在首位，注意选拔批林批孔的积极分子。充分重视实践经验，坚持选拔具有2年以上实践经验的优秀工农兵入学”，甚至把“白卷英雄”为样板。由于实行推荐上大学的制度，结果是“各地招生工作中程度不同地存在着‘走后门’现象，有些地区和单位情况比较严重。据反映，有少数干部，利用职权，违反规定，采取私留名额，指名选送，授意录取，甚至请客送礼，弄虚作假，将自己、亲属和老上级的子女送进高等学校”，败坏了党的优良传统和作风。高等学校新生的质量严重下降，破坏了工人阶级知识分子队伍的建设，造成了各条战线专业人员青黄不接的严重状况。

第四阶段：1977—1986年，分类设置高考科目。

1977年8月，邓小平副主席在科教工作座谈会上提出改革招生制度的重要建议，接着中共中央正式作出了改革招生制度的决定。废除了推荐制度，恢复了文化考试制度，实行德智体全面考核择优录取的原则；规定考生必须高中毕业或具有同等学力；恢复了从应届高中毕业生中招生；修改了政审标准，贯彻了“主要看本人政治思想表现”的原则；严格考试制度，抵制和反对营私舞弊、“走后门”等不正之风。

从1978年起，全国统一考试科目规定为：文史类考政治、语文、数学、历史、地理、外语。理工农医类考政治、语文、数学、物理、化学、外语。外语考试，分英、俄、日、法、德、西班牙6个语种，由考生任选一种。外语考试成绩，考虑到城乡中学开设外语的实际情况，采取逐年提高计分比例的办法。1978年不计入总分，作为录取的参考；1979年按10%计入总分；1980年按30%计入总分；1981年按50%计入总分；1982年按70%计入总分；从1983年起全部计入总分。报考专科学校的考生，外语考试成绩是否计入总分，由各省、自治区、直辖市确定。

从1981年起，理工农医类增加生物，考试成绩按30%计入总分；1982年生物满分为50分。报考外语院校或外语系（科）、专业的考生，外语除笔试外，还进行口试；笔试成绩全部计入总分。数学成绩作为参考分。从1983年起，数学成绩全部计入总分。民族自治区用本民族语文授课的高等学校或系，由自治区命题、考试和录取，不参加全国统一考试。用本民族语文授课的民族中学毕业生，报考用汉语文授课的高等学校，应参加全国统一考试。汉语文由教育部另行命题，考题不翻译，并须用汉文答卷；其他各科（包括外语试题的汉语部分）翻译成少数民族文字，考生须用本民族文字答卷。在考汉语文的同时，由有关省、自治区决定也可以考少数民族语文，并负责命题，汉语文和少数民族语文的考试成绩分别按50%计入总分；但汉语文成绩必须达到及格水平方能录取。

1984年，全国普通高等学校招生考试仍然分为两大类：文史类和理工农医类。其中，理工农医类考试科目有语文、数学、政治、英语或俄语、物理、化学、生物，文史类的考试科目有语文、数学、政治、英语或俄语、历史、地理。另外，对于少数民族地区的少数民族考生设置少数民族汉语文考试科目。

1985年，经教育部批准，上海市大学入学考试单独命题，为今后实行高中毕业会考，进而改革大学入学考试办法积累经验。教育部还决定，广东省大学入学考试中理科的数学和英语进行标准化考试的试验，由广东省按标准化考试的要求组织命题考试。

1986年，全国普通高等学校招生考试仍然分为两大类：文史类和理工农医类。其中，理工农医类考试科目有语文、数学、政治、英语或俄语或日语、物理、化学、生物，文史类的考试科目有语文、数学、政治、英语或俄语、历史。

在1985年广东省试行的高考英语和数学两科标准化考试试验的基础上，1986年试验科目扩大到英语、数学、物理；英语科的试验范围扩大到广东、山东、辽宁、广西四省区共20多万考生。

第五阶段：1987—1998年，分地方设置高考科目。

《普通高等学校招生暂行条例》对考试科目进行了规定："文史（含外语）类考政治、语文、数学、历史、地理、外语。理工农医类考政治、语文、数学、物理、化学、生物、外语。"还指出"上述两类的外语考试分英、俄、日、法、德、西班牙六个语种，由考生任选一种。高等学校录取新生不应限语种。报考外语院校、系（科）、专业的考生，外语除笔试外，应进行口试。语文、数学满分为120分，生物满分为70分，其他各科满分为100分。数学（理工农医类）、物理、化学、生物将按中学教学的较高要求增加若干附加题，生物附加题为5分，其他各科附加题为10分，不计入总分，但重点高等学校录取时应适当参考。""第二十四条，民族自治地方用本民族语文授课的高等学校或系（科）招生，由自治区或省招生委员会另行命题，组织考试。用本民族语文授课的民族中学毕业生，报考用汉语授课的普通高等学校，应参加全国统一考试。汉语文由国家教育委员会另行命题，不翻译成少数民族文字，并用汉文答卷；其他各科（包括外语试题的汉语部分）可翻译成本民族文字，用本民族文字答卷。在考汉语文的同时，由有关省、自治区决定，也可以考少数民族语文，并负责命题（试题、参考答案、评分标准报国家教育委员会备案）。汉语文和少数民族语文的考试成绩分别按50%计入总分，但汉语文成绩必须达到及格水平，方能录取。"

上海市从1985年起，开始探索如何在全市普通高中全面会考的基础上，改革普通高校招生考试制度。经过1985、1986年两年的准备，建立了上海教育考试中心，不参加全国统一的高等学校招生考试，由上海市单独命题、单独组织高考。

为了逐步实现改革目标"在普通高中阶段实行全市统一的全面会考的基础上，根据高校不同专业的特点进行两至三门相关科目的选拔考试"，上海市将改革工作分为三个阶段进行。1987年为过渡阶段，在高中政治、物理、化学、生物、历史和地理6门学科进行统一会考的基础上（由于中学教学计划来不及调整语文、数学和外语学科来进行会考），高校招生考试的科目减少为语文、数学、外语3门，并将高中会考的高考的成绩，大体按1∶1的比例计入高校招生录取总分，供高校择优录取。在这个阶段，基本实现了在高中会考的基础上减少高考科目的目标。1988年至1990年为试行阶段。在这个阶段，高中学生必须参加9门学科的全市统一的高中会考。会考的内容不超过国家教委颁发的《全日制中学教学大纲》的范围，命题着力于考核学生对基本知识、基本技能的掌握程度和运用能力，既面向学生的大多数，又有适当的区分度。高中会考按学完一科考一科的原则进行。高一年级考历史；高二年级考语文、地理、生物；高三年级考政治、数学、外语、物理、化学。各学科会考以后，只向考生本人公布成绩等级，每门学科分为A、B、C、D、E5个等级。在全体考生中，大体上A级占10%，B级占20%，C级占30%，C级以下及格为D级，不及格为E级。9门学科会考全部合格者，发给《上海市普通高级中学会考合格证书》，以作报考普通高校资格的依据之一。应届高中毕业生报考高校还须体育合格和社会实践合格。上海市还规定，从1988年起，各类中等职业技术学校从高中毕业生中招生，一律根据高中会考成绩录取。

在普通高中实行全面统一的会考以后，普通高校招生考试科目设置为6个组，每组4门学科，即①语文、政治、数学、外语；②语文、历史、数学、外语；③语文、地理、数学、外语；④语文、物理、数学、外语；⑤语文、化学、数学、外语；⑥语文、生物、数学、外语。各高校根据各自的专业类别的要求，分别选择一组科目作为招生考试的科目。考生报考时，首先根据各自的基础、爱好及特长确定自己所要报考的专业，选择一个相应的高考科目组；然后根据自己高考的情况具体填写报考专业志愿。为了便于高校录取时调剂和适当扩大考生填报志愿的范围，在专业性质相近的情况下，高校各专业可以提出兼收其他科目组考生的要求；同时也允许考生相应兼报其他科目组的招生专业。

1988 年，国家教育委员会颁布的《普通高等学校招生统一考试管理规则》规定：高考于每年七月七、八、九日举行。其中，考试科目设置规定为：①必考、选考科目：必考科目：语文、数学；选考科目：政治、外语、物理、化学、生物、历史、地理。各高等学校根据其专业特点，提出 1~2 门选考科目建议。国家教委在综合各校建议的基础上，将高考科目编排为若干组，供高等学校暨专业招收新生考试时选用。②考试根据报考学校的要求，参加指定科目组的考试。报考考试科目不同的学校、专业，须参加相应科目组的考试。③艺术、体育院校及系科招生，在普通高中会考合格的考生中，加试术科。④普通高等学校招生考试为选拔性考试，由国家教委依据全日制普通高中教学大纲命题。⑤从 1990 年开始，高考各科考试科目在时间安排上全部单独排列。已实行普通高中会考的省、自治区、直辖市按本办法考试；未实行会考的省、自治区、直辖市，仍按现行办法考试。自 1994 年起，高考全部按新的科目设置组织实施。

1990 年在广泛调查研究、充分论证基础上，国家教委公布了高考科目的设置原则及试行方案，并决定 1991 年在湖南、云南、海南三省试行。1991 年三省高考科目设置试行方案：第 1 组：政治、语文、历史、外语；第 2 组：数学、语文、物理、外语；第 3 组：数学、化学、生物、外语；第 4 组：数学、语文、地理、外语。

就选拔与考试，各高等学校依据其所设系、科、专业的特点，在既定的 4 组高考科目组中选择招生考试的组别。为适当规范，国家教委提出了选组建议：①中文、历史、哲学、法律、外语、艺术等学科可考虑选第 1 组为考生应试科目。②医药、医学、农林、生物、化学、体育等学科选第 3 组为考生应试科目。③财经、管理（经济）、地质、地理、勘探等学科可考虑选择第 4 组为考生应试科目。④其他理工类学科可考虑选择第 2 组为考生应试科目。

1992 年，总结近几年在上海、湖南、云南、海南的试点经验，形成了在高中会考基础上的高考科目设置改革方案。新的方案根据高校专业的文、理化倾向，设置两个科目组，其中第一组（文）设：语文、数学、历史、政治、外语；第二组（理）设：语文、数学、物理、化学、外语。两个组的语文和数学在试题内容方面各自应适当加以区别。高校在录取时，在同等情况下可参考考生的高中会考成绩。

1993 年，在总结上海、湖南、云南、海南等省市高考科目设置改革试点经验基础上，继续推广在高中会考基础上的高考科目设置改革。组织北京、湖北、湖南、云南、贵州、海南 6 省市按新的高考科目设置方案进行了改革试点。

1994 年，在入学考试改革方面，根据考试的科目设置近期改革方案，有 24 个省份实行高中毕业会考基础上的新的科目设置方案，另外 5 个省份为 1995 年实行这个方案做了准备，上海市则结合“自主招生”考虑新的改革试验。

在 1995 年高考中，在上海市试行高考开设高中 9 门文化课，具体科目由招生的高校自行选择的办法。

从 1994 年 7 所高校扩大到 1995 年 17 所高校，学校在国家招生政策的宏观指导下，可自主确定考试科目、录取标准和录取办法，进行自主录取。

1997 年广东省率先试行普通高考英语科目增加听力测试，测试成绩暂不计入总分，只作录取参考。

第六阶段：1999年之后，“3+X”模式开始实施。

1998年，教育部批复同意广东省自1999年起试行高考“3+X”科目设置。“3+X”科目设置：“3”指语文、数学、外语为每个考生必考科目，数学不分文理科、英语增加听力测试；“X”指由高等学校根据本校层次、特点的要求，从物理、化学、生物、历史、地理、政治 6 个科目中自行确定一门或几门考试科目；考生根据自己所报高等学校志愿，参加高等学校（专业）所确定科目的考试。广东省为“3+X”科目改革做了大量的工作，报名、考试、阅卷、录取等各环节进展平稳。“3+X”科目改革扩大了高校对考试科目设置的选择权，相应地增加了考生的选择权，对高中教学改革起了很好的促进作用。另外，山西、吉林、江苏、浙江 4 省在充分酝酿的基础上，确定了“3+X”的实施方案，具体为“3+理科综合（物理、化学、生物）”，已在当地公布方案，于 2001 年正式启动。批复还同意，2000 年北京、上海、安徽部分高校试行春季高考命题由教育部考试中心负责，考试科目、考试内容和难度与全国统一高考相当。

2000年全国普通高校招生统一考试于7月7、8、9日举行。由于广东省“3+X”高考科目设置方案中综合能力测试和高中九门文化课全部开考，考试时间多一天。具体考试时间如表6–13所示。

表6–13　实行“3+2”高考科目设置方案的省（自治区、直辖市）的考试时间表

	7月7日	7月8日	7月9日
9:00—11:00	语文（11:30结束）	数学	外语
15:00—17:00	化学/政治	物理/历史	—

山西、吉林、江苏、浙江四省 2000 年进行“3+X”高考科目设置改革试点的考试时间如表6–14所示。

表6–14　实行“3+X”高考科目设置改革试点的考试时间

	7月7日	7月8日	7月9日
9:00—11:00	语文（11:30结束）	数学	外语
15:00—17:30	文科综合/理科综合	—	—

广东省2000年进行“3+X”高考科目设置改革试点的考试时间如表6–15所示。

表6–15　广东省2000年进行“3+X”高考科目设置改革试点的考试时间

	7月7日	7月8日	7月9日	7月10日
9:00—11:00	语文（11:30结束）	数学	外语	综合能力测试
15:00—17:00	政治	物理	13:00—15:00地理 16:00—18:00化学	13:00—15:00生物 16:00—18:00历史

上海市试行单独命题、实行“3+1”高考科目设置方案的考试时间如表6-16所示。

表6-16　上海市试行单独命题、实行“3+1”高考科目设置方案的考试时间

	7月7日	7月8日	7月9日
9:00—11:00	语 文（11:30结束）	数 学	外 语（11:30结束）
15:00—17:00	化学/政治/生物	物理/历史/地理	

2000年广东、山西、吉林、江苏、浙江五省试点进行了高考“3+X”科目设置、考试内容和形式改革。教育部考试中心共命制了7套试卷，包括全国“3+2”科目试卷；天津、江西新课程“3+2”科目试卷；广东省“3+X”科目“文理综合”及单科试卷；浙江、江苏、吉林三省“3+X”“文综、理综”试卷；山西新课程“3+X”科目“文综、理综”试卷；保送生综合能力测试卷和北京、安徽春季招生考试试卷等。

2001年，高考“3+X”科目设置改革，扩展到18个省（自治区、直辖市）。其中，广东、河南、上海3省市试行“3+综合能力测试+考生选考1门”，山西、吉林、江苏、浙江、天津、内蒙古、辽宁、黑龙江、安徽、福建、湖北、湖南、海南、四川、陕西15个省（自治区、直辖市）试行“3+文科综合或理科综合”。

2001年，普通高等学校招生全国统一考试试卷有5种形式，包括：“3+2”试卷（北京等13省、市使用）、新课程“3+2”试卷（江西使用）、广东、河南省的“3+文理综合（6科综合）+1”试卷（大综合卷）、“3+X”试卷（浙江等13省使用），新课程“3+X”试卷（山西、天津使用）。

2002年全国普通高等院校招生统一考试改革进一步进行了深化。广东省、江苏省、广西壮族自治区和河南省进行了与全国其他省份不同的高考科目设置。

针对广东省的“3+X”科目设置中，高等院校本、专科普通类专业（含外语专业）的“X”由“综合+1”的考试科目组成。即“综合”为所有本、专科普通专业必须选考的科目，“1”由学校在其他“X”科（术科除外）中选择。高等学校可根据专业特点和生源情况对专业指定若干个选考科目组，供考生选择。如专业选考科目组为两个或两个以上，各选考科目组之间为并列关系。

江苏省实行“3+文理大综合”模式，“3”包括语文、数学、外语，各科满分均为150分；文理大综合包括对政治、历史、地理、物理、化学、生物六门学科的考查，总分为300分。

2002年，广西实行本、专科考试、录取分离的办法。报考本科院校的考生，必须参加由教育部命题的普通高等学校招生全国统一考试。考试科目为“3+X”，除必考的语文、数学、外语3门外，还必须在物理、化学、生物、政治、历史、地理和文理大综合等7门中任选2~3门参加高考。考生填报志愿时可填报与自己考试科目组对应的院校和专业。本科统考成绩仅用于本科录取。2002年报考专科院校或专业的考生，必须参加自治区招生考试委员会组织命题的普通高等学校招生专科统一考试。专科统考包括普通专科、电大普通科、高职、小教大专班等所有专科层次，除必考的语文、数学、外语3门外，考生可在物理、化学、生物、政治、历史、地理、综合能力测试等7门中任选1门或2门作为选考科目参加考试。河南省高考科目设置为“3+大综合+X”，“3”指语文、数学、外语，为必考科目；“大综合”即文理综合，属必考科目，包括对政治、历史、地理、物理、化学、生物六门学科的考查；“X”指物理、化学、生物、政治、历史、地理和体育、音乐、美术等术科，考生可根据自己的特长、爱好及报考院校的要求选考其中一科或几科。河南高考模式中除“大综合”满分为300分外，其他科目满分均为150分。语文、数学、外语、大综合四门统考总分为750分，选考科目不计入总分，但作为录取参考，由招生单位根据招生专业要求自主确定录取标准。

除广东、广西、河南、江苏等地区外，全国大部分省、自治区、直辖市均实行“3+文科综合/理科综合”高考模式。“3”指语文、数学、外语三科，各科分值均为150分；文科综合（包括对政治、历史、地理学科的考查）、理科综合（包括对物理、化学、生物学科的考查）分值各为300分。

2003年时，全国主要高考科目是“3+文科综合/理科综合”“3+文理科综合”“3+2（理化生和政史地中各选一科）”三种类型。

2004年高考，单独组织高考命题的省市数量进一步增加。其具体实施情况如表6-17所示。

表6-17　2004年单独组织高考命题的省市

省市	单独命题科目	教育部考试中心命题科目
北京市	语文、数学、英语、文科综合、理科综合	
天津市	语文、数学、英语	文理综合
辽宁省	语文、数学、英语、文科综合、理科综合	
上海市	语文、数学、英语；综合能力测试；物理、化学、生物；政治、历史、地理	
江苏省	语文、数学、英语；物理、化学、生物；政治、历史、地理	
浙江省	语文、数学、英语	文科综合、理科综合
福建省	语文、数学、英语	文科综合、理科综合
湖北省	语文、数学、英语	文科综合、理科综合
湖南省	语文、数学、英语	文科综合、理科综合
广东省	语文、数学、英语	文理综合；物理、化学、生物；政治、历史、地理
重庆市	语文、数学、英语	文科综合、理科综合

2005年高考，上海、广东实行“3+综合+1”：语文、数学、综合能力测试、外语和政治、历史、地理、物理、化学、生物。江苏实行的是“3+文理科综合”：语文、地理、化学、数学、外语、物理、历史、生物、政治。

高考全国卷实行“3+文科综合/理科综合”：语文、数学、文科综合/理科综合、外语。

2006年全国高考科目及时间没有变化，2007年山东省新增基本能力测试一科，海南省考试科目为“3+文科综合/理科综合”，它的文科综合和理科综合分别是单独的三门。

第七阶段：个性化高考模式的探索

2009年在2008年的基础上，有两个省新增了一科考试：青海的民族汉考三级和浙江的自选模块。而新疆的实验班英语改为了双语班英语。2009年高考时间如表6–18所示。

表6–18　2009年高考时间表

省（市）	6月7号		6月8号		6月9号	
	9:00–11:30	15:00–17:00	9:00–11:30	15:00–17:00	9:00–11:00	15:00–17:00
山东	语文	数学	文综/理综	外语	基本能力测试	
新疆	语文	数学	文综/理综	外语		实验班英语
上海	语文	数学	综合测试 9:00–11:00	外语	政治/历史/地理/物理/化学/生物	
江苏	语文（选测历史增30分钟）	数学（选测物理增30分钟）		外语	物理/历史 9:00–10:40	化学/生物/政治/地理 15:00–16:40
广东	语文	数学	文科基础/理科基础	外语	物理/历史/生物	化学/政治/地理
海南	语文	数学	政治/物理 9:00–10:30	外语	历史/化学 9:00–10:30	地理/生物 15:00–16:30
其他	语文	数学	文综/理综	外语		

2010年高考在2009年的基础上广东省为“3+X”，其中X叫文科基础/理科基础。浙江省的自选模块考试时间从2009年的9:00–11:00改为9:00–11:30。

2011年、2012年高考趋于稳定，与2010年的一样，2013年上海取消综合测试，将原来的六选一改为文理科六门的综合。2013年高考时间如表6–19所示。

表6–19　2013年高考时间表

省份	6月7号		6月8号		6月9号	
	9:00–11:30	15:00–17:00	9:00–11:30	15:00–17:00	9:00–11:30	15:00–17:00
山东	语文	数学	文综/理综	外语	基本能力测试 9:00–11:00	
新疆	语文	数学	文综/理综	外语/汉语		双语班英语
青海	语文	数学	文综/理综	外语		民族汉考
上海	语文	数学	文理科综合 9:00–11:00	外语		
浙江	语文	数学	文综/理综	外语	自选模块	
江苏	语文	数学		外语	物理/历史 9:00–10:40	化学/生物 政治/地理 15:00–16:40
海南	语文	数学	政治/物理 9:00–10:30	外语	历史/化学 9:00–10:30	地理/生物 15:00–16:30
其他	语文	数学	文综/理综	外语		

第八阶段，全面推行新高考改革

为贯彻落实党的十八大精神，全面深化教育体制机制改革，2014 年 9 月，以国务院印发《关于深化考试招生制度改革的实施意见》为标志，我国开启了自 1977 年恢复统一高考以来最全面、最系统、最深刻的一轮高考改革。

高等教育入学考试关系到中国特色社会主义健康发展，关系到国家命运，关系到人民切身利益，关系到中华民族伟大复兴，党和国家始终把办好人民满意的教育当作头等大事，党的十八大以来，就要求教育部开展高考、中考制度改革研究。2014 年 9 月，以国务院印发《关于深化考试招生制度改革的实施意见》为标志，我国开启了自 1977 年恢复统一高考以来最全面、最系统、最深刻的一轮高考改革。当年，上海、浙江率先启动高考综合改革试点；2017 年，北京、天津、山东、海南四地加入第二批试点行列；2018 年，第三批新增河北、辽宁、江苏、福建、湖北、湖南、广东、重庆 8 个省市。7 年来，高考综合改革在“推进素质教育、促进教育公平、科学选拔人才”的期许中，由东部向中西部稳妥推进。到 2021 年 9 月，新高考方案在 14 个省市均已平稳落地，甘肃、黑龙江、吉林、安徽、江西、贵州、广西 7 个省、自治区发布深化高等学校考试招生综合改革实施方案，宣布从 2021 年秋季入学的高一新生开始进入“3+1+2”的新高考模式，2024 年起高考不分文理。新高考采取“3+1+2”模式，“3”即语文、数学、外语 3 门统一高考科目；“1”和“2”为选择性考试科目，其中“1”是从物理或历史科目中选择 1 门，“2”是从思想政治、地理、化学、生物学中选择 2 门。满分为 750 分。考试招生制度改革带动了一系列教育变革。2024 年，第四批新增 7 个省正式实施新高考方案。

宁夏将改革考试科目设置，增强高考与高中学习的关联度，构建基于普通高等学校招生统一入学考试成绩、普通高中学业水平考试成绩、参考综合素质评价“两依据一参考”的招生录取机制。统一高考科目为语文、数学、外语 3 门，不分文理科，分值不变，语数外 3 门合计 450 分，其他选择的 3 门考试共计 300 分，高考总分 750 分。高考外语考试每年举行两次，一次安排在全国统一高考时间，另一次考试时间根据教育部确定的时间安排。新的高考方案赋予学生考试科目的选择权，学生可以根据报考高校的要求和自身特长，在思想政治、历史、地理、物理、化学、生物 6 个科目中自主任意选择 3 门参加高考。

最早实行自主命题的是上海市，自 1985 年以来一直自主命题，从未使用过全国命题试卷。2002 年北京改为自主命题，2004 年天津、辽宁、江苏、浙江、安徽、福建、江西、山东、湖北、湖南、广东、重庆共计 12 个省市改为自主命题，2006 年四川、陕西改为自主命题，也即“由统入分”改革。由此形成了“16 省自主命题、15 省全国命题”的接近对半划分的命题形势，这种形势一直保持到了 2014 年。

自 2014 年 9 月国务院要求增加全国命题省份后，2015 年辽宁、江西改回全国命题，2016 年福建、湖北、湖南、广东、重庆、安徽、陕西改回全国命题，2017 年四川、2018 年山东也先后改回全国命题，也即“由分入统”的改革。2019 年，仍然进行自主命题的省市仅剩上海、北京、天津、江苏、浙江 5 省市。在改革过程中，辽宁、安徽、福建、江西、山东、湖北、湖南、广东、重庆、四川和陕西共 11 省市经历了“由统入分”又“由分入统”的两次改革，河北、山西、内蒙古、吉林、黑龙江、河南、广西、海南、贵州、云南、西藏、甘肃、青海、宁夏、新疆共 15 省（自治区）一直使用全国命题试卷。2021 年，江苏省开始使用全国卷；2022 年，浙江省开始使用全国卷。2024 年，自主命题的只有北京、上海和天津三地。

理论资源

T1. 当代学制发展趋势

历史发展到当代社会，科学技术成为制约社会发展的重要因素，教育发展程度成为一个国家综合国力的重要标志之一。科技进步、经济增长和社会发展越来越取决于劳动者素质的高低。为此，许多国家十分重视教育发展，重视人口质量的改善，从而使得学校教育制度更加完善，显示出一些新的发展趋势。

（一）教育社会化与社会教育化

教育社会化，即是教育对象的全民化。现代教育体系的发展，不仅在时间上将扩展到全人生，而且在空间上将扩展到全社会，使每个社会成员都有受教育的机会，而不受社会成分、经济状况、家庭地位等的限制。当然，并不是说，所有人都要接受完全相同的教育，而是指以社会需要、个人才能和兴趣为依据，能够随时随地接受不同类型和程度的教育。要实施教育社会化，就需要增加教育投入，扩充教育设施，逐步扩大教育规模。

社会教育化，不仅表现在正规学校向社会开放，更主要的是整个社会都将担负教育的职能。随着现代教育体系的发展，不仅整个社会，而且从中央到地方的各级机构和基层单位、公众服务机构都应该在行使各自的分工职能的同时，自觉考虑并发挥教育的作用，使社会成为一所学校，努力向儿童和青少年、男人和妇女、婴儿和老年，即所有具有学习能力并有志于学习的人敞开，实现社会教育一体化。

（二）重视早期智力开发和学前教育

儿童的早期教育问题历史上虽早有研究，但真正成为人们广泛关注的热点还是近二三十年间的事。第二次世界大战以后，人口的增长加剧了社会职业的竞争，家长望子成龙的心理使得早期教育日益深入人心。国际间科技竞争的加剧，也使得许多有识之士积极倡导人才的早期培养，对脑资源的开发给予格外的关注，实行英才教育。

从群众要求看，随着生活水平的普遍提高，家庭对儿童的早期发展也特别重视，有力地推动了幼儿教育事业的发展。各国在建立与完善现代教育体制过程中，普遍把幼儿教育纳入学制体系。可见，重视幼儿教育，将其纳入学校教育体系，与初等教育相衔接，已成普遍趋势。

重视早期智力开发，还表现于许多国家积极为智力超常儿童的发展创造条件，在学制上做出若干弹性规定，对有特殊才能的儿童，允许提前入学，允许跳级，设立特殊学校和特殊班级，实行因材施教。

（三）初等教育入学年龄提前，义务教育年限延长

在当代学制改革中，许多国家规定儿童入学年龄有所提前。据联合国教科文组织《1960—1982年世界教育统计概述》介绍，在199个国家和地区中，绝大多数都规定儿童入学年龄在5~7岁，规定为7岁的占56.80%，比以前提早一两年。

义务教育制度是伴随大工业生产的发展逐渐实行的。进入当代社会以后，各发达国家不但普遍实施了义务教育普及，而且其年限在不断延长。义务教育年限的长短是一国教育发展程度的标志之一。

（四）寻求普通教育、中等教育与职业技术教育的最佳结合

中等教育结构改革的核心问题是处理普通教育与职业技术教育的关系，两者相结合，加强职业技术教育成为当代中等教育结构改革的趋势。在现代经济发展中，大批新兴产业均属

技术密集型产业，其劳动力需要经过严格职业培训。因而，培养熟练工人与初级技术人才成为中等教育阶段重要任务之一。在第二次世界大战后，适应经济发展的要求，各国在学制改革中，提高了职业技术教育的地位，使普通中学与职业技术学校相沟通。

各国在学制改革中，处理中等教育阶段普通教育与职业技术教育的关系，但两者相互渗透、趋于结合的方向是共同的，即所谓“职业教育普通化，普通教育职业化”，向综合统一的方向发展，乃是基本趋势。

（五）高等教育出现多级层次，学校类型多样化

在新技术革命浪潮推动下，高等教育获得空前发展，打破了传统高等教育的结构与体制，大多数国家形成了高等学校的三级体制：初级层次是学习 2~3 年的初级学院，中级层次是学习 4~5 年的综合大学及文、理、工、商、医等各种学院，是高等学校的基本部分，保持学术上严格要求，培养科技与学术的高级专门人才。高级层次指大学的研究生院、设置硕士、博士学位课程、分别攻读3年或2年即授予学位，培养科学研究的高级人才，以及“博士后教育”，表明高等教育形成多级层次。

（六）以终身教育思想为指导，实现教育制度一体化，发展继续教育

首先提出终身教育理论的是联合国教科文组织成人教育局局长保罗·朗格朗。他对终身教育的解释是：人在一生中所受的各种教育的总和。它改变了传统的教育观念，实行教育制度的一体化，认为教育应包括学前教育、学校教育、成人教育、继续教育等。其中既有学校教育，又有社会教育；既有正规教育，又有非正规教育。教育不仅是授予学生走向生活所需要的知识，而且要发展学生的自学能力，以便将来走向社会能够独立获取知识。1965 年，联合国教科文组织国际成人教育促进委员会讨论终身教育提案，决定把终身教育作为全部教育工作的指导思想。1972 年，联合国教科文组织出版《学会生存》一书，使终身教育思想广泛传播。

在终身教育思想推动下，继续教育被日益重视，成为学制体系中的重要组成部分。继续教育是指在接受完基础教育和职业技术教育之后，为适应知识与技术不断发展的要求，而继续进行的教育与训练。现代科学技术迅猛发展，要求人们接受教育不断延伸。据统计，按一个人一生工作 45 年计算，他所用的知识大约 20%是职前在学校学的，其余的 80%是在职后通过各种方式学习获得的。可见继续教育的重要。

T2. 个别发达国家学制

（一）美国的学校教育制度

美国的学校教育分为连续的四级，即学前教育、初等教育、中等教育和高等教育。这个学制于19世纪末20世纪初形成并延续至今。

1. 学前教育

美国十分重视学前教育的发展，强调早期教育的重要性，普遍设立学前教育机构。学前教育机构分保育学校和幼儿园，招收 3~5 岁的儿童。保育学校主要是养育，幼儿园为儿童提供安全、有教育意义和社会化的环境，以使儿童幸福快乐地成长。

2. 初等教育和中等教育

美国的初等教育主要指小学教育，中等教育指中学教育。美国儿童 6 岁开始接受小学教育。小学和中学修业年限总体规定为 12 年，均属义务教育阶段。由于美国学校教育管理主

要由自治州政府和学区负责，在修业年限的具体规定上，各州可以自行决定，因而中小学的学制呈现出多样化的状况，有“六三三制”“四四四制”“六六制”“五三四制”等。其中，“六三三制”为最主要的学制，在美国居主导地位。

3. 高等教育

美国的高等学校大体可分为三类。①初级学院或社区学院。这类学院学制为 2 年，学生学完 2 年课程后可获得副学士学位。初级学院或社区学院又提供两种类型的教育：一类是一般性的教育，学生学习相当于四年制大学的一二年级的课程，学生毕业后可凭所得学分申请转入四年制大学的三年级继续学习；另一类是职业教育，主要为学生就业做准备。②四年制学院。这类学院重点进行本科教育，学生毕业时授予学士学位。③大学。美国大学通常是若干种学校的集合体，包括本科学院、专业学校和研究生院。研究生院进行硕士阶段和博士阶段的教育，学生毕业时授予硕士、博士两种学位。

（二）英国的学校教育制度

英国的学校教育制度具有一定的地方差异。从总体上看，英国的学校教育包括学前教育、小学教育、中学教育、继续教育和大学教育。

1. 学前教育

英国的学前教育机构包括托儿学校和初等学校附设的托儿班，对 5 岁以下的儿童进行看护与教育，重点是为 4 岁的儿童提供良好的早期教育。英国虽然鼓励学前教育的发展，但学前教育不属于义务教育。

2. 小学教育和中学教育

英国的小学教育和中学教育均属于义务教育，总年限为 11 年。小学招收 5~11 岁的儿童入学，学制为6年。中学招收11~16岁的学生，学制5年。从办学主体的角度看，英国的中学分为公立中学和私立中学；从学校类别的角度看，英国曾设有文法中学、现代中学和技术中学。文法中学是服务于精英教育的学校，现代中学是以完成义务教育为目的的学校，技术中学是进行职业教育的学校。随着教育民主化和教育机会均等化的发展，英国出现了中学综合化的趋向。英国综合中学有一贯制综合中学、两级制综合中学和三级制综合中学，其中以一贯制综合中学为主体。

3. 继续教育

按照英国教育法律规定，16~18 岁全日制教育、16 岁以后的非全日制教育以及 18 岁以后攻读大学学位课程以外文凭的全日制教育均划归继续教育的范畴。继续教育分职业教育和普通教育。实施继续教育的机构为综合中学、继续教育学院等。16~18 岁的全日制教育主要由综合中学实施。

4. 大学教育

英国的大学教育含本科教育、硕士教育和博士教育。本科教育学制一般为 3 年。一年级末有资格考试，通过才可升入二年级。三年级末有毕业考试，通过可获学士学位。硕士教育分授课式硕士教育和研究式硕士教育，学制为1~2年。博士教育学制为1~4年。

（三）法国的学校教育制度

法国在教育方面实行中央集权制，地方教育行政单位是大学区。法国具有较为统一的学校教育制度。

1. 学前教育

实施学前教育的主要机构是幼儿学校（或称母育学校）。学前教育虽不属于义务教育，但在法国很受重视。学前教育按孩子的年龄段分为三种班级：2~4 岁的小班；4~5 岁的中班；5~6 岁的大班。法国的学前教育已基本实现普及化。

2. 初等教育

实施初等教育的机构为小学，招收 6~11 岁的学生入学。小学属于义务教育的初级阶段，学制5年。小学第一年称预备阶段，第二、三年称基础阶段，第四、五年称中级阶段。小学教育的任务是使儿童掌握认识的基础工具，发展智力、艺术灵感和手工以及运动机能，与家庭共同进行道德与公民教育。

3. 中等教育

中等教育分初中、高中两个阶段。初中 4 年，分两个阶段。前两年为第一阶段，称观察阶段；后两年为第二阶段，称指导阶段。在指导阶段，学生能够在几种不同类型的学习方向中进行选择。高中主要分为普通高中和职业高中。普通高中又称长期高中，学制 3 年，主要为学生升学服务。职业高中学制也是3年，主要为学生就业服务。

4. 高等教育

高等教育机构主要有大学、高等专科学校、短期技术大学。

大学教学分三个阶段。第一阶段为 2 年，学基础课程，学业结束经考核合格授予大学普通教育文凭（DEUG）。第二阶段为 2 年，学专业课程。其中，第一年学习结束考试合格者授予学士学位，第二年合格者授予硕士学位。第三阶段主要进行科学研究，第一年考试合格者授予深入学习文凭（DEA），第三年通过论文者授予博士或工程博士学位。法国的最高学位为国家博士，需经5~10年或更长时间的准备，并在科学研究中成果突出，方可获得。

高等专科学校是法国高等学校中的一种特殊类型，其特点是：规模小、招生要求高、师资和设备比一般大学优越，教学专业性强。例如，著名的巴黎高等师范学校、巴黎综合技术学校等。高等专科学校学制3~5年，一般不授予学位，只发本校毕业文凭。

短期技术大学也称大学技术学院，学制2年，主要培养高级技术人员。

（四）德国的学校教育制度

德国的学校教育以各州自治为主，联邦政府拥有少数的管理权限，通过一些协调机构参与教育事业的管理。德国的学校教育制度在整体上由州政府确立，相互之间通过文教部联席会议进行协调。

1. 学前教育

德国的学前教育机构主要是幼儿园。幼儿园分三种：普通幼儿园、特殊儿童幼儿园和学校附设幼儿园（或学前班）。普通幼儿园和特殊儿童幼儿园分别招收 1~6 岁的儿童和特殊儿童入园。德国幼儿园主要由民间团体、普通慈善机构和教会开办。学前教育不属于义务教育范围，儿童入园采取自愿原则。

2. 初等教育

初等教育机构为小学，招收年满 6 周岁的儿童入学，学制一般为 4 年。小学是整个教育体系的共同基础，传授读、写、算的基本技巧，进行自然科学和社会科学的入门教育。

3. 中等教育

中等教育的机构有文理中学、实科中学、综合中学和主体中学。文理中学强调严格的学术教育，为学生提供进入大学学习的预备性教育，学制 8~9 年。实科中学是初级中学的一种形式，修业年限一般为6年，在实行6年制小学的联邦州为 4 年。实科中学毕业生一部分升入高级文理中学高年级学习，大多数进入职业学校系统接受高一级的职业教育。综合中学是教育改革的产物，它把原有的不同中学综合在一起，兼具各类中学的职能。主体中学提供职业预备性教育，学制5~6年。

4. 职业教育

在德国具有较完备的学校职业教育系统。学校职业教育系统由部分时间制和全时制的各种职业教育学校组成，主要包括职业学校、职业专科学校、职业进修学校、专科高中和专科学校等不同类型的职业学校。

5. 高等教育

德国的高等教育形成了多样化的结构。依据高等教育人才培养方向及其办学层次，德国的高等教育机构可分为以下四种类型：一是综合性大学及与其同等级别的高校（如科技高校或科技大学、高等师范学校、高等神学学校）；二是应用科学大学（即高等专业学院）；三是高等艺术与音乐学院；四是职业学院。德国不同类型的高等教育机构，虽然有着明确的分工，但在教学、科研和社会服务等方面又有着紧密合作的关系。

相关政策

P1.《关于深化考试招生制度改革的实施意见》（节选）

2014 年 9 月 3 日，国务院颁布实施了《关于深化考试招生制度改革的实施意见》，由总体要求、主要任务和措施、加强组织领导三部分内容组成。

一、总体要求

（一）指导思想。高举中国特色社会主义伟大旗帜，以邓小平理论、“三个代表”重要思想、科学发展观为指导，全面贯彻党的教育方针，坚持立德树人，适应经济社会发展对多样化高素质人才的需要，从有利于促进学生健康发展、科学选拔各类人才和维护社会公平出发，认真总结经验，突出问题导向，深化考试招生制度改革，为办好人民满意的教育、建设人力资源强国提供有力保障，为实现“两个一百年”奋斗目标和中华民族伟大复兴的中国梦提供强有力的人才支撑。

（二）基本原则

坚持育人为本，遵循教育规律。把促进学生健康成长成才作为改革的出发点和落脚点，扭转片面应试教育倾向，坚持正确育人导向，践行社会主义核心价值观，深入推进素质教育，培养德智体美全面发展的社会主义建设者和接班人。

着力完善规则，确保公平公正。把促进公平公正作为改革的基本价值取向，加强宏观调控，完善法律法规，健全体制机制，切实保障考试招生机会公平、程序公开、结果公正。

体现科学高效，提高选拔水平。增加学生选择权，促进科学选才，完善政府监管机制，确保考试招生工作高效、有序实施。

加强统筹谋划，积极稳妥推进。整体设计从基础教育到高等教育考试招生制度改革，促进普通教育、职业教育、继续教育之间衔接沟通，统筹实施考试、招生和管理制度综合改革，试点先行，稳步推进。

（三）总体目标

2014 年启动考试招生制度改革试点，2017 年全面推进，到 2020 年基本建立中国特色现代教育考试招生制度，形成分类考试、综合评价、多元录取的考试招生模式，健全促进公平、科学选才、监督有力的体制机制，构建衔接沟通各级各类教育、认可多种学习成果的终身学习“立交桥”。

二、主要任务和措施

（一）改进招生计划分配方式

①提高中西部地区和人口大省高考录取率。②增加农村学生上重点高校人数。③完善中小学招生办法破解择校难题。

（二）改革考试形式和内容

（1）完善高中学业水平考试　学业水平考试主要检验学生学习程度，是学生毕业和升学的重要依据。考试范围覆盖国家规定的所有学习科目，引导学生认真学习每门课程，避免严重偏科。学业水平考试由省级教育行政部门按国家课程标准和考试要求组织实施，确保考试安全有序、成绩真实可信。各地要合理安排课程进度和考试时间，创造条件为有需要的学生提供同一科目参加两次考试的机会。2014年出台完善高中学业水平考试的指导意见。

（2）规范高中学生综合素质评价　综合素质评价主要反映学生德智体美全面发展情况，是学生毕业和升学的重要参考。建立规范的学生综合素质档案，客观记录学生成长过程中的突出表现，注重社会责任感、创新精神和实践能力，主要包括学生思想品德、学业水平、身心健康、兴趣特长、社会实践等内容。严格程序，强化监督，确保公开透明，保证内容真实准确。2014 年出台规范高中学生综合素质评价的指导意见。各省（区、市）制定综合素质评价基本要求，学校组织实施。

（3）加快推进高职院校分类考试　高职院校考试招生与普通高校相对分开，实行“文化素质+职业技能”评价方式。中职学校毕业生报考高职院校，参加文化基础与职业技能相结合的测试。普通高中毕业生报考高职院校，参加职业适应性测试，文化素质成绩使用高中学业水平考试成绩，参考综合素质评价。学生也可参加统一高考进入高职院校。2015 年通过分类考试录取的学生占高职院校招生总数的一半左右，2017 年成为主渠道。

（4）深化高考考试内容改革　依据高校人才选拔要求和国家课程标准，科学设计命题内容，增强基础性、综合性，着重考查学生独立思考和运用所学知识分析问题、解决问题的能力。改进评分方式，加强评卷管理，完善成绩报告。加强国家教育考试机构、国家题库和外语能力测评体系建设。2015年起增加使用全国统一命题试卷的省份。

（三）改革招生录取机制

（1）减少和规范考试加分　大幅减少、严格控制考试加分项目，2015 年起取消体育、艺术等特长生加分项目。确有必要保留的加分项目，应合理设置加分分值。探索完善边疆民族特困地区加分政策。地方性高考加分项目由省级人民政府确定并报教育部备案，原则上只适用于本省（区、市）所属高校在本省（区、市）招生。加强考生加分资格审核，严格认定程序，做好公开公示，强化监督管理。2014 年底出台进一步减少和规范高考加分项目和分值的意见。

（2）完善和规范自主招生　自主招生主要选拔具有学科特长和创新潜质的优秀学生。申请学生要参加全国统一高考，达到相应要求，接受报考高校的考核。试点高校要合理确定考核内容，不得采用联考方式或组织专门培训。规范并公开自主招生办法、考核程序和录取结果。严格控制自主招生规模。2015年起推行自主招生安排在全国统一高考后进行。

（3）完善高校招生选拔机制　高校要将涉及考试招生的相关事项，包括标准、条件和程序等内容，在招生章程中详细列明并提前向社会公布。加强学校招生委员会建设，在制定学校招生计划、确定招生政策和规则、决定招生重大事项等方面充分发挥招生委员会作用。高校可通过聘请社会监督员巡视学校测试、录取现场等方式，对招生工作实施第三方监督。建立考试录取申诉机制，及时回应处理各种问题。建立招生问责制，2015 年起由校长签发录取通知书，对录取结果负责。

（4）改进录取方式　推行高考成绩公布后填报志愿方式。创造条件逐步取消高校招生录取批次。改进投档录取模式，推进并完善平行志愿投档方式，增加高校和学生的双向选择机会。2015年起在有条件的省份开展录取批次改革试点。

（5）拓宽社会成员终身学习通道　扩大社会成员接受多样化教育机会，中等职业学校可实行注册入学，成人高等学历教育实行弹性学制、宽进严出。为残疾人等特殊群体参加考试提供服务。探索建立多种形式学习成果的认定转换制度，试行普通高校、高职院校、成人高校之间学分转换，实现多种学习渠道、学习方式、学习过程的相互衔接，构建人才成长“立交桥”。2015年研究出台学分互认和转换的意见。

（四）改革监督管理机制

①加强信息公开。②加强制度保障。③加大违规查处力度。

（五）启动高考综合改革试点

（1）改革考试科目设置　增强高考与高中学习的关联度，考生总成绩由统一高考的语文、数学、外语 3 个科目成绩和高中学业水平考试 3 个科目成绩组成。保持统一高考的语文、数学、外语科目不变、分值不变，不分文理科，外语科目提供两次考试机会。计入总成绩的高中学业水平考试科目，由考生根据报考高校要求和自身特长，在思想政治、历史、地理、物理、化学、生物等科目中自主选择。

（2）改革招生录取机制　探索基于统一高考和高中学业水平考试成绩、参考综合素质评价的多元录取机制。高校要根据自身办学定位和专业培养目标，研究提出对考生高中学业水平考试科目报考要求和综合素质评价使用办法，提前向社会公布。

（3）开展改革试点　按照统筹规划、试点先行、分步实施、有序推进的原则，选择有条件的省（市）开展高考综合改革试点。及时调整充实、总结完善试点经验，切实通过综合改革，更好地贯彻党的教育方针，全面实施素质教育，增加学生的选择性，分散学生的考试压力，促进学生全面而有个性的发展。2014 年上海市、浙江省分别出台高考综合改革试点方案，从 2014 年秋季新入学的高中一年级学生开始实施。试点要为其他省（区、市）高考改革提供依据。

P2.《关于普通高中学业水平考试的实施意见》（节选）

2014 年 12 月 10 日，教育部颁布实施了《关于普通高中学业水平考试的实施意见》，内容包括重要意义、基本原则、考试科目与内容、考试对象与时间、考试成绩呈现与使用、组织保障六个方面。

一、重要意义

学业水平考试是根据国家普通高中课程标准和教育考试规定，由省级教育行政部门组织实施的考试，主要衡量学生达到国家规定学习要求的程度，是保障教育教学质量的一项重要制度。考试成绩是学生毕业和升学的重要依据。实施学业水平考试，有利于促进学生认真学习每门课程，避免严重偏科；有利于学校准确把握学生的学习状况，改进教学管理；有利于高校科学选拔适合学校特色和专业要求的学生，促进高中、高校人才培养的有效衔接。

二、基本原则

坚持全面考核，促进学生完成国家规定的各门课程的学习。坚持自主选择，为每个学生提供更多的选择机会，促进学生发展学科兴趣与个性特长。坚持统筹兼顾，促进高中改进教学，服务高校选拔学生，减轻学生过重课业负担和学习压力。

三、考试科目与内容

（1）考试科目 《普通高中课程方案（实验）》所设定的科目均列入学业水平考试范围。语文、数学、外语、思想政治、历史、地理、物理、化学、生物等科目考试，由省级教育行政部门统一组织。艺术（或音乐、美术）、体育与健康、通用技术、信息技术考试，可由省级教育行政部门制定统一要求，确定具体组织方式。

在实行高考综合改革的省（区、市），计入高校招生录取总成绩的学业水平考试 3 个科目，由学生根据报考高校要求和自身特长，在思想政治、历史、地理、物理、化学、生物等科目中自主选择。学生可以在完成必修内容的学习，对自己的兴趣和优势有一定了解后确定选考科目。

（2）考试内容 各省（区、市）根据国家发布的普通高中课程方案和课程标准的规定及要求确定考试内容。要对相关科目的实验操作、外语听力和口语的考试提出要求。命题应紧密联系社会实际与学生生活经验，在全面考核学生基础知识和基本技能的基础上，注重加强对能力的考查。

四、考试对象与时间

（1）考试对象 普通高中在校学生均须参加学业水平考试。高中阶段其他学校在校生和社会人员也可报名参加。

（2）考试时间 学校要均衡安排每学年的授课科目，统筹确定每个年级的学生参加考试的科目数量，原则上高一年级 2 个科目左右，高二年级 6 个科目左右，高三年级 6 个科目左右。各省（区、市）每年组织安排的考试要覆盖所有科目，满足不同学生选考的需要，考试时间一般安排在学期结束时。各省（区、市）要积极创造条件，为有需要的学生参加同一科目两次考试以及更换已选考的科目提供机会。

各省（区、市）要提前公布学业水平考试的报名时间、开考科目、考试时间、报名方式等，便于学校安排教学及学生报名考试。

五、考试成绩呈现与使用

（1）考试成绩呈现方式 考试成绩以“等级”或“合格、不合格”呈现。计入高校招生录取总成绩的学业水平考试 3 个科目成绩以等级呈现，其他科目一般以“合格、不合格”呈现。

以等级呈现成绩的一般分为五个等级，位次由高到低为A、B、C、D、E。原则上各省（区、市）各等级人数所占比例依次为：A等级 15%，B等级 30%，C等级 30%，D、E等级共25%。E等级为不合格，具体比例由各省（区、市）根据基本教学质量要求和命题情况等确定。

（2）考试成绩使用 学业水平考试成绩合格，作为普通高中学生毕业以及高中同等学力认定的主要依据。要将学生学业水平考试所有科目成绩提供给招生高校使用，具体要求和使用办法由各省（区、市）及高校确定。

P3.《中国高考评价体系》（节选）

2020年教育部发布了《中国高考评价体系》，主要内容如下。

（1）中国高考评价体系主要由“一核”“四层”“四翼”三部分内容组成。其中，“一核”为核心功能，即“立德树人、服务选才、引导教学”，是对素质教育中高考核心功能的概括，回答“为什么考”的问题；“四层”为考查内容，即“核心价值、学科素养、关键能力、必备知识”，是素质教育目标在高考中的提炼，回答“考什么”的问题；“四翼”为考查要求，即“基础性、综合性、应用性、创新性”，是素质教育的评价维度在高考中的体现，回答“怎么考”的问题。

（2）中国高考评价体系紧密衔接高中育人方式改革。一是明确高考的核心功能为“立德树人、服务选才、引导教学”，以立德树人统领服务选才和引导教学，更加强调招、考、教、学的有机统一，促进学生德智体美劳全面发展。二是为实现对核心素养的有效测量打下坚实的理论基础，将高中课程标准核心素养理念和学业质量标准切实落实到高考当中，促进教考衔接、同向同行。三是在考查要求上，高考评价体系突出基础性、综合性、应用性、创新性，促进高中教学方式改革，助力发展素质教育。例如，高考注重基础性，强调基础扎实，促进学生系统掌握各学科基础知识、基本技能、基本方法，从而促进教学回归课堂教材，夯实学生成长的基础。又如，高考通过开放性、探究性情境的设计，加强学生创新意识和创新思维能力的考查和培养，有助于高中积极探索基于情境、问题导向的互动式、启发式、探究式、体验式等课堂教学，有助于高中积极开展验证性实验和探究性实验教学，助力培养学生的创新思维和实践能力。

（3）中国高考评价体系如何指导各学科的考试内容改革？以高考评价体系为指导，各学科结合自身特点，将高中课程改革新理念和高校人才选拔新要求持续融入高考命题，推动考试内容改革的具体要求落地落实。

P4.《关于进一步减轻义务教育阶段学生作业负担和校外培训负担的意见》（节选）

一、总体要求

（1）指导思想 坚持以习近平新时代中国特色社会主义思想为指导，全面贯彻党的教育方针，落实立德树人根本任务，着眼建设高质量教育体系，强化学校教育主阵地作用，深化校外培训机构治理，坚决防止侵害群众利益行为，构建教育良好生态，有效缓解家长焦虑情绪，促进学生全面发展、健康成长。

（2）工作原则 坚持学生为本、回应关切，遵循教育规律，着眼学生身心健康成长，保障学生休息权利，整体提升学校教育教学质量，积极回应社会关切与期盼，减轻家长负担；坚持依法治理、标本兼治，严格执行义务教育法、未成年人保护法等法律规定，加强源头治理、系统治理、综合治理；坚持政府主导、多方联动，强化政府统筹，落实部门职责，发挥学校主体作用，健全保障政策，明确家校社协同责任；坚持统筹推进、稳步实施，全面落实国家关于减轻学生过重学业负担有关规定，对重点难点问题先行试点，积极推广典型经验，确保“双减”工作平稳有序。

（3）工作目标　学校教育教学质量和服务水平进一步提升，作业布置更加科学合理，学校课后服务基本满足学生需要，学生学习更好回归校园，校外培训机构培训行为全面规范。学生过重作业负担和校外培训负担、家庭教育支出和家长相应精力负担1年内有效减轻、3年内成效显著，人民群众教育满意度明显提升。

二、全面压减作业总量和时长，减轻学生过重作业负担

（4）健全作业管理机制　学校要完善作业管理办法，加强学科组、年级组作业统筹，合理调控作业结构，确保难度不超国家课标。建立作业校内公示制度，加强质量监督。严禁给家长布置或变相布置作业，严禁要求家长检查、批改作业。

（5）分类明确作业总量　学校要确保小学一、二年级不布置家庭书面作业，可在校内适当安排巩固练习；小学三至六年级书面作业平均完成时间不超过60分钟，初中书面作业平均完成时间不超过90分钟。

（6）提高作业设计质量　发挥作业诊断、巩固、学情分析等功能，将作业设计纳入教研体系，系统设计符合年龄特点和学习规律、体现素质教育导向的基础性作业。鼓励布置分层、弹性和个性化作业，坚决克服机械、无效作业，杜绝重复性、惩罚性作业。

（7）加强作业完成指导　教师要指导小学生在校内基本完成书面作业，初中生在校内完成大部分书面作业。教师要认真批改作业，及时做好反馈，加强面批讲解，认真分析学情，做好答疑辅导。不得要求学生自批自改作业。

（8）科学利用课余时间　学校和家长要引导学生放学回家后完成剩余书面作业，进行必要的课业学习，从事力所能及的家务劳动，开展适宜的体育锻炼，开展阅读和文艺活动。个别学生经努力仍完不成书面作业的，也应按时就寝。引导学生合理使用电子产品，控制使用时长，保护视力健康，防止网络沉迷。家长要积极与孩子沟通，关注孩子心理情绪，帮助其养成良好学习生活习惯。寄宿制学校要统筹安排好课余学习生活。

三、提升学校课后服务水平，满足学生多样化需求

（9）保证课后服务时间　学校要充分利用资源优势，有效实施各种课后育人活动，在校内满足学生多样化学习需求。引导学生自愿参加课后服务。课后服务结束时间原则上不早于当地正常下班时间；对有特殊需要的学生，学校应提供延时托管服务；初中学校工作日晚上可开设自习班。学校可统筹安排教师实行“弹性上下班制”。

（10）提高课后服务质量　学校要制定课后服务实施方案，增强课后服务的吸引力。充分用好课后服务时间，指导学生认真完成作业，对学习有困难的学生进行补习辅导与答疑，为学有余力的学生拓展学习空间，开展丰富多彩的科普、文体、艺术、劳动、阅读、兴趣小组及社团活动。不得利用课后服务时间讲新课。

（11）拓展课后服务渠道　课后服务一般由本校教师承担，也可聘请退休教师、具备资质的社会专业人员或志愿者提供。教育部门可组织区域内优秀教师到师资力量薄弱的学校开展课后服务。依法依规严肃查处教师校外有偿补课行为，直至撤销教师资格。充分利用社会资源，发挥好少年宫、青少年活动中心等校外活动场所在课后服务中的作用。

（12）做强做优免费线上学习服务　教育部门要征集、开发丰富优质的线上教育教学资源，利用国家和各地教育教学资源平台以及优质学校网络平台，免费向学生提供高质量专题教育资源和覆盖各年级各学科的学习资源，推动教育资源均衡发展，促进教育公平。各地要积极创造条件，组织优秀教师开展免费在线互动交流答疑。各地各校要加大宣传推广使用力度，引导学生用好免费线上优质教育资源。

四、坚持从严治理，全面规范校外培训行为

（略）

五、大力提升教育教学质量，确保学生在校内学足学好

（16）促进义务教育优质均衡发展　各地要巩固义务教育基本均衡成果，积极开展义务教育优质均衡创建工作，促进新优质学校成长，扩大优质教育资源。积极推进集团化办学、学区化治理和城乡学校共同体建设，充分激发办学活力，整体提升学校办学水平，加快缩小城乡、区域、学校间教育水平差距。

（17）提升课堂教学质量　教育部门要指导学校健全教学管理规程，优化教学方式，强化教学管理，提升学生在校学习效率。学校要开齐开足开好国家规定课程，积极推进幼小科学衔接，帮助学生做好入学准备，严格按课程标准零起点教学，做到应教尽教，确保学生达到国家规定的学业质量标准。学校不得随意增减课时、提高难度、加快进度；降低考试压力，改进考试方法，不得有提前结课备考、违规统考、考题超标、考试排名等行为；考试成绩呈现实行等级制，坚决克服唯分数的倾向。

（18）深化高中招生改革　各地要积极完善基于初中学业水平考试成绩、结合综合素质评价的高中阶段学校招生录取模式，依据不同科目特点，完善考试方式和成绩呈现方式。坚持以学定考，进一步提升中考命题质量，防止偏题、怪题、超过课程标准的难题。逐步提高优质普通高中招生指标分配到区域内初中的比例，规范普通高中招生秩序，杜绝违规招生、恶性竞争。

（19）纳入质量评价体系　地方各级党委和政府要树立正确政绩观，严禁下达升学指标或片面以升学率评价学校和教师。认真落实义务教育质量评价指南，将“双减”工作成效纳入县域和学校义务教育质量评价，把学生参加课后服务、校外培训及培训费用支出减少等情况作为重要评价内容。

六、强化配套治理，提升支撑保障能力

（20）保障学校课后服务条件　各地要根据学生规模和中小学教职工编制标准，统筹核定编制，配足配齐教师。省级政府要制定学校课后服务经费保障办法，明确相关标准，采取财政补贴、服务性收费或代收费等方式，确保经费筹措到位。课后服务经费主要用于参与课后服务教师和相关人员的补助，有关部门在核定绩效工资总量时，应考虑教师参与课后服务的因素，把用于教师课后服务补助的经费额度，作为增量纳入绩效工资并设立相应项目，不作为次年正常核定绩效工资总量的基数；对聘请校外人员提供课后服务的，课后服务补助可按劳务费管理。教师参加课后服务的表现应作为职称评聘、表彰奖励和绩效工资分配的重要参考。

（21）完善家校社协同机制　进一步明晰家校育人责任，密切家校沟通，创新协同方式，推进协同育人共同体建设。教育部门要会同妇联等部门，办好家长学校或网上家庭教育指导平台，推动社区家庭教育指导中心、服务站点建设，引导家长树立科学育儿观念，理性确定孩子成长预期，努力形成减负共识。

（22）做好培训广告管控　中央有关部门、地方各级党委和政府要加强校外培训广告管理，确保主流媒体、新媒体、公共场所、居民区各类广告牌和网络平台等不刊登、不播发校外培训广告。不得在中小学校、幼儿园内开展商业广告活动，不得利用中小学和幼儿园的教材、教辅材料、练习册、文具、教具、校服、校车等发布或变相发布广告。依法依规严肃查处各种夸大培训效果、误导公众教育观念、制造家长焦虑的校外培训违法违规广告行为。

七、扎实做好试点探索，确保治理工作稳妥推进

（23）明确试点工作要求　在全面开展治理工作的同时，确定北京市、上海市、沈阳市、广州市、成都市、郑州市、长治市、威海市、南通市为全国试点，其他省份至少选择 1 个地市开展试点，试点内容为第24、25、26条所列内容。

（24）坚决压减学科类校外培训　对现有学科类培训机构重新审核登记，逐步大大压减，解决过多过滥问题；依法依规严肃查处存在不符合资质、管理混乱、借机敛财、虚假宣传、与学校勾连牟利等严重问题的机构。

（25）合理利用校内外资源　鼓励有条件的学校在课余时间向学生提供兴趣类课后服务活动，供学生自主选择参加。课后服务不能满足部分学生发展兴趣特长等特殊需要的，可适当引进非学科类校外培训机构参与课后服务，由教育部门负责组织遴选，供学校选择使用，并建立评估退出机制，对出现服务水平低下、恶意在校招揽生源、不按规定提供服务、扰乱学校教育教学和招生秩序等问题的培训机构，坚决取消培训资质。

（26）强化培训收费监管　坚持校外培训公益属性，充分考虑其涉及重大民生的特点，将义务教育阶段学科类校外培训收费纳入政府指导价管理，科学合理确定计价办法，明确收费标准，坚决遏制过高收费和过度逐利行为。通过第三方托管、风险储备金等方式，对校外培训机构预收费进行风险管控，加强对培训领域贷款的监管，有效预防"退费难""卷钱跑路"等问题发生。

八、精心组织实施，务求取得实效

（略）

（27）全面系统做好部署。

（28）明确部门工作责任　教育部门、宣传部门、网信部门、机构编制部门、发展改革部门、财政部门、人力资源社会保障部门、市场监管部门、政法部门、人民银行、银保监、证监部门、其他相关部门，按照各自职责负起责任、抓好落实。

（29）联合开展专项治理行动　对违法违规行为要依法依规严惩重罚，形成警示震慑。

（30）强化督促检查和宣传引导。

各地在做好义务教育阶段学生"双减"工作的同时，还要统筹做好面向 3 至 6 岁学龄前儿童和普通高中学生的校外培训治理工作，不得开展面向学龄前儿童的线上培训，严禁以学前班、幼小衔接班、思维训练班等名义面向学龄前儿童开展线下学科类（含外语）培训。不再审批新的面向学龄前儿童的校外培训机构和面向普通高中学生的学科类校外培训机构。对面向普通高中学生的学科类培训机构的管理，参照本意见有关规定执行。

数据资源

D1.中国教育数字化战略行动发展现状

随着新一轮科技革命和产业革命深入发展，数字技术愈发成为驱动人类社会思维方式、

组织架构和运作模式发生根本性变革、全方位重塑的引领力量，为我们创新路径、重塑形态、推动发展提供了新的重大机遇。

放眼全球，教育数字化转型已成为共识。联合国教育变革峰会把教育数字化变革列为五大重点行动领域之一，不少国家纷纷出台数字化发展战略，并将教育作为其中的重要组成部分。

党的二十大对推进教育数字化作出专门战略部署，明确提出："推进教育数字化，建设全民终身学习的学习型社会、学习型大国。"

一组数据见证了我国教育数字化的蓬勃之势：建成世界第一大教育教学资源库，发布一系列教育数字化的标准规范，慕课建设和应用规模成为世界第一……国家智慧教育平台数字技术的叠加、倍增、溢出效应充分显现。

基础教育方面，国家中小学智慧教育平台持续建设覆盖德智体美劳等方面的优质数字教育资源，目前累计注册用户突破1亿，浏览量超过367亿次，访客量达25亿人次，平台资源总量达到了8.8万条，一年翻一倍，进一步丰富了多版本教材的课程资源，覆盖教材版本由2023年初的30个共446册次增加到年底的65个共565册。

高等教育方面，中国慕课已上线超过7.68万门，不仅服务了国内12.77亿人次的学习，而且通过实施"慕课出海"行动，让中国慕课走出国门，为世界高等教育作出中国贡献。

职业教育方面，升级改造国家智慧教育公共服务平台职教板块，加强数字资源开发与供给，新增"企业资源""工匠精神""智慧教研室"等专栏，2023年新接入虚拟仿真、在线精品课、专业教学资源库等2.8万个，累计汇聚各类优质资源727万余条。

国家老年大学成立后，已成立40家老年大学分部、3000个老年学习中心、5.5万个老年学习点。全国老年教育公共服务平台围绕"德学康乐为"5个类别上线课程43.6万门，总时长408.9万分钟，线上注册用户234.1万人，服务5640万人次学习。

智能技术如何融入课程之中，实现对传统课堂的改造和革新？在上海卢湾高级中学的"纯碱工业"公开课上，学生在VR眼镜的辅助下，足不出户就能"走入"工厂，沉浸式感受纯碱的制作过程。屏幕上生动呈现了"联合制碱法"的具体步骤，借助科技，学生完成了以前的"高危实验"。

近年来，上海持续建设了30所数字化转型赋能示范校和200余所信息化应用标杆培育校。元宇宙、数字孪生、AI等先进技术、虚拟仿真教学空间和数字化学习空间……为教师教研能力提升和学生个性化、多元化学习与健康快乐成长赋能。

D2. 全国开展课后服务情况统计

截至2021年5月底，全国共有10.2万所义务教育学校开展了课后服务，6496.3万学生、465.6万教师参与了课后服务。其中，城区学校覆盖率为75.8%，学生参与率为55.4%，教师参与率为62%，部分大城市课后服务学校覆盖率超过90%，课后服务工作取得重要进展。

D3. "双减"成效与困难

问卷调查覆盖全国31个省、自治区、直辖市和新疆生产建设兵团的213个区县、3564所学校，其中小学2078所，初中965所，九年一贯制学校384所，十二年一贯制学校22所，其他学校115所。2021年12月20~28日采用在线问卷调查系统进行调查，回收有效问卷校长3564

人、教师229361人、学生375325人、家长1079052人，合计有效样本总量168.9万。2022年1月24~28日进行个别访谈，一对一访谈12个省份、36个区县的105位校长、316位家长。

一、“双减”改革取得的主要成效

（1）“双减”政策受到普遍赞同。校长、教师、家长和学生表示赞同“双减”政策的比例分别是96.8%、92.8%、90.5%和96.0%。“双减”政策得到了普遍赞同，尤其是得到学生和校长高度赞同。

（2）学生作业负担有效减轻。88%以上教师自觉严格控制书面作业总量，75.3%的学生感受到作业量比上学期减少，83.4%的学生基本能在学校完成书面作业或完成大部分书面作业。

（3）学校作业设计质量明显提高。减负是为了提质，提质才能促进减负。53.2%学生认为教师“能根据我的学习情况布置针对性的作业”，47.8%的学生认为“增加了需要动脑思考的作业”，45.9%的学生认为“增加了科学、体育、艺术类等活动作业”等。

（4）课后服务总体满意度较高。89.0%的学生对课后服务满意，其中64.2%非常满意；88.4%的家长对课后服务满意，其中48.3%非常满意。85.8%的学生参与了课后服务，超74%的学生每周参加5天课后服务。学校课后服务平均每天120分钟。学校课后服务内容丰富，超过91%的学校提供作业辅导和各类兴趣课程。各省学校课后服务均以作业辅导和各类兴趣课程为主。

（5）学生对学校学习生活满意度高。86.5%的学生喜欢学校学习生活，其中，四年级、六年级、八年级学生喜欢学校学习生活的比例分别为90%、88.1%、79.9%。

（6）学生居家学习活动内容发生积极改变。75.5%的家长认为周一至周五孩子在家阅读、运动、劳动、社会实践总时间增加，其中28.2%的家长认为增加了2小时以上，增加了1~2小时的比例为35.9%，增加了1小时以内的比例为11.4%。

（7）学生的睡眠时间增加。68.2%的家长认为孩子的睡眠时间明显增加，小学平均睡眠时间为9.3小时，初中为8.5小时。

（8）学生校外培训负担有效减轻。83.5%的学生未参加校外学科培训，63.3%的学生未参加非学科类培训。参加校外学科培训的学生中，31.5%的家长认为孩子参加学科类培训班的数量减少了。

（9）家校社协同育人机制初步建立。95.2%的家长认为学校开展了家庭教育指导工作，56.2%的“学校有家庭教育网络平台”，促进了家长科学育人能力提升。

二、“双减”改革面临的困难和挑战

（1）教师高质量作业设计能力亟待提高。74.3%的教师表示，“双减”后“作业设计要求更高了”。近五成教师认为，设计高质量作业面临“作业素材与相关资源不够”和“设计分层、弹性、个性化作业的能力不强”的困难。

（2）课后服务经费保障机制尚未健全。12.7%的学校反映，课后服务教师补贴没有任何经费保障，涉及73个县（市区），占34.2%；19.5%的教师参与课后服务未收到报酬；建立课后服务经费保障机制的学校，每课时课后服务津贴平均为57元，各省学校之间平均为24~86元；乡村学校课后服务经费来源于财政补助的比例不足20%。

（3）校外培训机构仍存在违规行为。一些地方学科类培训仍然存在“提前学学科知识”“占用法定节假日、周末进行培训”，以及打着非学科培训的名义搞学科培训等问题；还存在非学科培训盲目扩张、变相制造教育焦虑、价格虚高等现象。

（4）教师工作压力和负担加重。47.2%的教师每周纯工作时间超过40小时。60.3%的教师认为课后服务后工作量加大，70.9%的教师呼吁减轻非教学负担。

（5）家长教育期望值较高。91.2%的家长希望孩子将来能取得本科或本科以上的学历，其中，希望硕士、博士的比例分别为25.0%、22.5%。50%以上的学生认为家长期望太高是学习压力的最大来源；高收入与低收入两端的家长参加校外培训的占比高，社会经济地位高的家庭担心孩子成绩的比例高达93.7%；32.6%的家长为让孩子上好学校常常感到很焦虑，30.2%的家长不愿意自己的孩子上职业学校，等等。

案例6.2.3

中小学的暑期托管

“同学们现在依次排队去洗手，回到教室就准备吃午饭了。”2021年7月19日中午12点，记者来到位于成都市金牛区的沙河源小学。在结束体育锻炼、自习等上午课程后，同学们正排队洗手准备就餐。午餐为两荤一素，有番茄牛肉、烂肉粉丝和炒白菜。

2021年暑假，成都市面向各区（市）县小学阶段在校学生试点开展托管服务，在工作日为上班族家长解决孩子暑假“看护难”的问题。当天是小学生暑期托管服务开班第一天，托管运行情况如何？记者走访多个点位进行探访。

有需求：管理有序，家长放心

作为试点机构之一，锦江区外国语小学的小学生暑期托管班当天正式开班。该学校首期托管班为7月19~30日，分为小学1~3年级和4~5年级两个班级，每个班人数上限为45人，收费为一期400元，午餐费为150元，学生在校内食堂用餐。

该小学李副校长告诉记者，第一期最终报名人数超过60人，其中三分之二来自本校，三分之一来自锦江区其他学校。此外，目前第二期预报名人数也已超过60人，“托管班需求是非常大的，主要来自双职工家庭。”

家长尹女士选择把5年级和2年级的两个孩子都送到沙河源小学参加暑期托管的原因，也是看中学校“在常规管理、纪律管理等方面都更让人放心”。沙河源小学教导处副主任石老师表示，学校的进出管理很严格，不仅要扫天府健康通，还会做好外来人员登记，学生在食堂用餐，食品安全也有保障。

有特色：玩学结合，内容丰富

记者发现，各试点学校都对托管内容进行了精心设计，力求让学生在玩耍和学习中找到平衡，度过快乐又充实的暑期时光。

成都市鼓楼小学是青羊区开展托管服务的11个点位之一。记者在该学校二楼的一间教室看到，19名同学正坐在教室里，或看书，或做作业。教室的墙上贴着假期托管期间的日程表，涵盖经典阅读、暑假作业、休息、体育锻炼、书法绘画等内容。

沙河源小学校长季志彬表示，暑期托管班的日程内容与日常课程有很大区别，“更注重五育并举。”该校上午以体育锻炼和自习课为主，设有乒乓球、攀岩等内容。下午则以观看红色电影、学习非遗竹编等特色课程为主。

锦江区东湖街道翡翠城社区选择与培训机构合作，将托管班设在社区党群服务中心内。

托管内容也很丰富，既有暑期作业、阅读等基础选项，又有国学、绘画、书法等拓展课程。

有保障：教师志愿上岗，培训机构参与

锦江区外国语小学音乐教师陈老师告诉记者，自己特别想挑战做班主任，“参与暑期托管服务，就是个尝试的机会。”该校托管班每个班配有一名班主任和3名专业教师，均为教师志愿上岗。

沙河源小学则有20多名任课教师志愿报名参加暑期托管，每天每个班都有两名老师搭配轮值。

同样积极参与的，还有各学校的后勤服务系统。在鼓楼小学，食堂师傅们为学生们准备了美味的两菜一汤。为保障托管学生午休，该校还腾出一间教室，摆上一排排小床垫。

与培训机构合作的锦江区翡翠城社区、沙河社区等，则依托培训机构的专业师资为学生们提供丰富的学习体验。

在锦江区东湖街道翡翠城社区党群服务中心内，记者看到，近30名小学生正整整齐齐坐在课桌前，在书法老师的指导下练习书法。

上海市规划的暑假托管班全名为上海市爱心暑托班，已于6月21日开始报名。全市共开设办班点543个，覆盖所有街道、乡镇，受益学生家庭将达4万。此项目已列入2021年上海市为民办实事项目。上海团市委发布的消息，爱心暑托班覆盖七八月，第一期为7月5~23日，第二期为7月26至8月13日，具有上海小学学籍的学生均可报名参加（不包含幼升小学生）。各暑托班为小学生提供公益性暑期看护服务，开展符合小学生身心发展特点的拓展活动。每个班招生不超过50人，原则上按师生比1∶5左右配备辅导人员，预计今年共将招募超过12000名学生志愿者加入暑托班工作中。暑托班各教学点原则上按照600元/人·期（3周）的收费标准向学生收费。对于家庭困难的学生，相关费用可适当减免。

武汉市的“青少年暑假社区托管班”已于6月30日开始报名，7月5日正式开放。全市共开办193个市级暑假社区托管室和82个区级暑假社区托管室。服务区域范围内的武汉学籍小学生都可以报名，优先考虑假期农村留守儿童、外来务工人员子女、中低收入双职工子女群体，无户籍限制；而幼儿园及幼升小阶段学生不在服务之列。

对于暑期托管服务，网友一片叫好声。网友“大红红”：真的很有必要啊，特别是小学生，自律性差的一个暑假下来太懒散了！我也是每年暑假就近找个机构报个暑假营，一天的课程，老师也安排得很好，做作业、预习一下新课、下午画画、3D打印……孩子还是很喜欢的。网友“shirley”：挺好的，政府想得很周到，有些家庭暑假真的没办法看孩子。

网友“我家有个鲁大嘴”：好事啊，什么时候我们也轮得上，总比暑假让她一个人在家玩手机电脑好，大人都上班，没法管。网友“惠”：这个服务好！适当收取费用也合理吧，毕竟需要有人付出才能把这个服务搞起来。网友“月色如水”：这个暑假托管服务好，接地气。能够解决家长的后顾之忧，缓解上班与全天候管理放假小学生的压力。同时小学生也不至于整天处于放羊模式。网友“啦啦”：对于家长来说，确实不错。但是对老师也不能不公平，搞摊派值班就不好了。网友“SWY”：建议让家长志愿者、社区工作人员、大学生志愿者来管理，让老师再管真心吃不消。

问题与思考

（1）学校教育对于学生也就是家里的孩子具有什么样功能？学校是课后育人的主渠道，

为什么？

（2）学校教育对于课后的学生具有什么义务？

（3）课后的学生与课内的学生是否具有相同的权利和义务？

（4）学校教育的这种方式是被强加的还是自身内在的需求？如何建设和完善课后服务制度？

小结

1. 制度是规则与体系的统一体，集中体现于管理层面。教育制度建设是当前推进教育高质量发展的重要内容。

2. 当代教育制度突出体现人本化，日益体现权利的保障与维护。

3. 当代教育制度呈现出灵活性、多样性等特征。

4. 我国教育制度与国家政治制度具有高度的一致性。

5. 教育制度是维护教育活动健康开展的保证，而教育方针和教育目的指明了方向和划定了路线。社会、生态环境则为教育活动提供必要条件。

6. 从学制的演变历程发现，学制系统性增强，学校教育的阶级性转化为公民性，入学条件由身份等级变为基础学力，修业年限更柔性，以及制度的生命力在于执行。

自我评价

1. 论述教育制度的构成。

2. 论述教育制度的类型与特征。

3. 阐述学制的构成与类型。

4. 为什么说教育制度是理论与实践的统一？

5. 学制的一般特征是什么？

6. 分析案例：运用相关理论分析问题，并进行富有逻辑的阐述。

参考文献

[1] 谢湘. 湖北职院毕业生穿上“工士”学位服[N]. 中国青年报，2014-06-21(1).

[2] 国务院. 关于加快发展现代职业教育的决定[EB/OL]. [2014-06-22]. 中华人民共和国教育部网.

[3] 教育部. 关于印发《高等职业教育创新发展行动计划（2015—2018 年）》的通知（教职成〔2015〕9号）[EB/OL]. [2015-10-21]. 中华人民共和国教育部网.

[4] 全国人民代表大会常务委员会. 中华人民共和国职业教育法[S/OL]. [2022-04-21]. 中华人民

共和国教育部网.
[5] 教育部. 坚持本科层次职业教育类型定位 高标准高起点推进专业建设[EB/OL]. [2021-01-29]. 中华人民共和国教育部网.
[6] 陈鹏. 职校本科生也有升学通途[N]. 中国教育报，2021-09-24(4).
[7] 席实文. 落实“以县为主”管理体制是保证基础教育健康发展的治本之策[J]. 湖北教育，2002（2）：32-33.
[8] 张学敏. 关于两个贫困县义务教育经费投入的调查[J]. 中国教育学刊，2003（01）：24-27.
[9] 南方记. 打着火把去上学[N]. 南方周末，2011-02-25(A30).
[10] 晚报记. 最简陋小学：学生坐棺材上上课[N]. 大连晚报，2011-04-27(C8).
[11] 朱建民，丘耘，李伟. 均衡教育在日本[N]. 中国教育报，2003-10-12(3).
[12] 顾树森. 中国历代教育制度[M]. 南京：江苏人民出版社，1981.
[13] 孙培青. 中国教育管理史[M]. 北京：人民教育出版社，1996.
[14] 陈焕章. 教育原理[M]. 上海：上海教育出版社，2000.
[15] 柳海民. 教育原理[M]. 长春：东北师范大学出版社，1998.
[16] 马健生. 现代教育制度与思想[M]. 北京：高等教育出版社，2004.
[17] 中共中央，国务院. 中华人民共和国国民经济和社会发展第十四个五年规划和 2035 年远景目标纲要[EB/OL]. [2021-03-13]. 中国政府网.
[18] 中共中央，国务院. 中国教育现代化 2035[EB/OL]. [2019-02-23]. 中华人民共和国教育部网.
[19] 全国人民代表大会常务委员会. 中华人民共和国教育法[S/OL]. [2021-04-29]. 中华人民共和国教育部网.
[20] 全国人民代表大会常务委员会. 中华人民共和国义务教育法[S/OL]. [2018-12-29]. 中华人民共和国教育部网.
[21] 全国人民代表大会常务委员会. 中华人民共和国职业教育法[S/OL]. [2022-05-01]. 中华人民共和国教育部网.
[22] 教育部. 中华人民共和国国民经济和社会发展第十四个五年规划和 2035 年远景目标纲要[EB/OL]. [2021-03-13]. 中华人民共和国教育部网.
[23] 吴文侃，杨汉青. 比较教育学[M]. 北京：人民教育出版社，1999.
[24] 亓俊国. 美英中小学教师聘任管理模式的探讨[J]. 外国中小学教育，2001（06）：22-27.
[25] 李海燕，田雅茹. 基于国际义务教育年限延长趋势观照我国义务教育发展[J]. 教育导刊，2023（03）：7-9.
[26] 滕珺，龚凡舒，高晨辉. 世界主要国家百年学制变革的历史逻辑、核心关切与主流趋势[J]. 中国教育学刊，2024（03）：33.
[27] 教育部，国家统计局，财政部. 2022 年全国教育经费执行情况统计公告[EB/OL]. [2023-12-02]. 中华人民共和国教育部网.
[28] 教育部，国家统计局，财政部. 2017 年全国教育经费执行情况统计公告[EB/OL]. [2018-10-15]. 中华人民共和国教育部网.
[29] 辽宁省教育厅. 辽宁省教育厅关于普通高校学生申请转学公示 [EB/OL]. [2021-03-26]. 辽宁省教育厅网.

[30] 新疆维吾尔自治区教育厅. 2015 年秋季新疆维吾尔自治区普通高校本专科学生转学申请(备案)公示 [EB/OL]. [2015-11-06]. 新疆维吾尔自治区教育厅网.
[31] 河北省教育厅. 河北省教育厅关于拟对李妙圆同学申请转学予以备案的公示[EB/OL]. [2016-09-23]. 河北省教育厅网.
[32] 焦新. 三十所高校被限制招生[EB/OL]. [2009-04-25]. 中华人民共和国教育部网.
[33] AEIC学术交流中心. 大动作！2020 年高校总清退 1000 多位学生，这所双一流高校清退最多[EB/OL]. [2020-11-29]. 百度网.
[34] 高联教育. 70 名本科生被清退！“到了大学就轻松了”这句话毁了多少大学生?[EB/OL]. [2020-12-03]. 百度网.
[35] 郭振. 清退不合格学生，让“严进严出”成为常态[EB/OL]. [2021-07-08]. 人民网.
[36] 李帅，星日马，阿呆. 清退 2019，中国大学生已疯[EB/OL]. [2019-12-03]. 百度网.
[37] 周仕敏. 普通高中和中职校可双向转学[N]. 中国教育报，2014-06-12(1).
[38] 郎朗. 2021 高考倒计时 1 个月！这些新变化考生要了解[EB/OL]. [2021-05-26]. 中国新闻网.
[39] 高毅哲，高众. 重磅！七省份公布高考改革实施方案！[N]. 中国教育报，2021-09-16(3).
[40] 王娇妮. 35 分钟挑战教与学[N]. 新闻晨报，2004-09-24.
[41]《中国教育年鉴》编辑部. 中国教育年鉴（1949-1981）[M]. 北京：中国大百科全书出版社，1984.
[42]《中国教育年鉴》编辑部. 中国教育年鉴（1982-1984）[M]. 长沙：湖南教育出版社，1986.
[43]《中国教育年鉴》编辑部. 中国教育年鉴（1985-1986）[M]. 长沙：湖南教育出版社，1988.
[44]《中国教育年鉴》编辑部. 中国教育年鉴（1988）[M]. 北京：人民教育出版社，1989.
[45] 教育部. 2000 年全国普通高校招生统一考试时间表[N]. 中国教育报，2000-07-06(1).
[46] 王瑜琨. 2002 年全国普通高等院校招生统一考试时间安排[N]. 中国教育报，2003-07-03(5).
[47] 焦新. 今年新增九省市单独组织高考命题——招生录取政策、招生计划安排和招生考试日程均保持不变[N]. 中国教育报，2004-02-20(1).
[48] 张首登，郭丛斌. 高考命题：全国统一还是分省自主?[EB/OL]. [2021-07-15]. 搜狐网.
[49] 陈晓东. 宁夏 2019 年启动高考综合改革[N]. 中国教育报，2016-08-18（3）.
[50] 国务院. 国务院关于深化考试招生制度改革的实施意见[EB/OL]. [2014-09-03]. 中华人民共和国教育部网.
[51] 中华人民共和国教育部. 教育部关于普通高中学业水平考试的实施意见［EB/OL］. [2014-12-10]. 中华人民共和国教育部网.
[52] 教育部. 教育部关于进一步推进高中阶段学校考试招生制度改革指导意见［EB/OL］. [2016-09-20]. 中国教育在线网.
[53] 教育部考试中心. 将立德树人融入考试评价全过程——教育部考试中心负责人就《中国高考评价体系》答记者问[EB/OL]. [2020-01-07]. 中华人民共和国教育部网.
[54] 中共中央办公厅，国务院办公厅. 关于进一步减轻义务教育阶段学生作业负担和校外培训负担的意见[EB/OL]. [2021-07-24]. 中国政府网.
[55] 滕珺，龚凡舒，高晨辉. 世界主要国家百年学制变革的历史逻辑、核心关切与主流趋势[J]. 中国教育学刊，2024（03）：29-35.
[56]《教育学原理》编写组. 教育学原理[M]. 北京：高等教育出版社，2019.

[57] 北京市教育委员会. 北京市开展学生暑期托管和课后服务情况介绍［EB/OL］. [2021-07-13]. 中华人民共和国教育部网.

[58] 教育部基础教育司. 深入推进课后服务支持探索暑期托管，切实发挥学校课后育人主渠道作用[EB/OL]. [2021-07-13]. 中华人民共和国教育部网.

[59] 评论员. 浙江2007-2012年发展综述[EB/OL]. [2012-06-18]. 浙江日报网.

[60] 北京师范大学中国教育与社会发展研究院教育国情调查中心. 速看！“双减”成效究竟如何?全国范围的调查数据来了[EB/OL]. [2022-03-03]. 中国教育学会微信公众号.

[61] 寇炳灿等. 澳大利亚的教育[N]. 教育时报，2003-08-23.

[62] 胡渊等. 直击成都暑期托管第一天：上午打球攀岩，下午学非遗竹编[N/OL]. 四川日报，2021-07-20[2021-07-20]. 人民网.

[63] 佚名. 暑期学校托管！全国已有这3地启动[N/OL]. 齐鲁晚报，2021-07-03[2021-07-03]. 杭州网.

第七章　教育内容问题

内容提要

教育内容是教育的基本要素之一，是教育内部关系的主要“节点”。教育内容的研究可以从教育内容的一般知识、教育内容的选择与设计开展。

教育内容是为了促进学习者的发展经过专家、教师和学生等共同收集、整理、加工的知识，是教育产生的必要条件，是联系教师和学生的基本元素，也是沟通教育外部关系的基本纽带。教育内容的构成丰富多样，含纳了人类多元文化的诸种精华成分，从而在教育过程中，也具有了多元价值和多重功能。在我国，以全面发展观为指导，教育内容包括德育、智育、体育、美育、劳动教育——“五育一体”——的内容。为保证教育的效益和质量，在选择和设计教育内容的过程中，任何一个主体都要遵循以人的身心规律为基本原则的原则体系。

关键词

教育内容；选择；编制；文化的精华；意义；节点

学习目标

1. 了解当前世界教育内容改革的现状与趋势。
2. 识记教育内容的界定。
3. 理解教育内容在教育要素中的地位与作用。
4. 理解教育内容的特征。
5. 掌握我国教育内容的基本构成、选择与设计要求。
6. 熟读案例分析和思想资源，理解相关观点。
7. 根据分析建议独立完成案例分析。

第一节　教育内容概论

学习目标

1. 了解历史上的知识观。
2. 牢记教育内容的涵义与构成。
3. 理解教育内容在教育基本要素中的地位与作用。
4. 理解教育内容的特征。
5. 掌握教育内容的功能。
6. 熟读案例分析和思想资源，理解相关观点。
7. 根据分析建议独立完成案例分析。

观点与原理

1. 教育内容是人类文化精华的一部分，是为了促进学习者的发展经过专家、教师和学生等共同收集、整理、加工的知识。它与教育媒介一起构成教育中的客体性基本要素，是教育活动中教育者与学习者共同认识、掌握和运用的对象。

2. 教育内容是联系教育内部要素诸种关系的基本纽带，是教育活动取得成效的重要保证，是确定教育质量优劣的重要条件之一。

3. 教育内容的组成丰富多彩，具体表现在涉及的范围、价值、表现形态等方面。一般地，教育内容可以划分为德育内容、智育内容、体育内容、美育内容和劳动教育内容，或者学前教育内容、小学教育内容、中学教育内容、大学教育内容，或者自然科学内容、人文社会科学内容，或者反映物质文明的知识、反映精神文明的知识、反映制度文明的知识，或者以教科书为表现的学科知识、教师补充内容和学生补充内容，或者预设性内容、生成性内容，也可以划分为基础性内容、拓展性内容，或者单一学科内容、交叉学科内容（同类学科交叉内容、异类学科交叉内容）。

4. 教育内容具有显著的特点：①明确的目的性；②构成的全面性；③客体纯粹性；④价值多元性；⑤功能多元性；⑥发展性（稳定性与灵活性、即时性与延时性）；⑦预定性与生成性共在；⑧专门性；⑨趋向一体化。

5. 从宏观上看，教育内容具有育人功能——为人的发展提供知识、技能、能力建构基础，文化功能——传播、延续文化，社会功能——反映并衡量社会发展水平；从微观上看，教育内容能够体现并落实教育目的，指导课程、教学活动，沟通教育主体，整合教育空间、设施、手段等于学生的发展之中。

6. 在我国，教育内容由德育、智育、体育、美育和劳动教育等五方面内容构成。“五育”内容构成全面发展教育内容，是各育之间既相互联系又互相区别、既各自独立又互相依赖的有机整体。

典型案例解读

案例 7.1.1

我们的课堂

在学校教育中，课堂教学是主要的教育活动。在课堂上，教育表现出多种多样的现象。

这些现象有助于我们清楚地认识教育内容。

1. 别出心裁的语文课

2002年11月，在东风路小学六（1）班的一堂语文课上，谭老师在教学生“折纸桥”。她给每个学生发一张A4白纸，教大家折成一个折扇形的纸桥，纸桥可以载重，能放上5本以上约2千克重的书。在做的过程中，谭老师引导孩子们分工合作，让他们边做边思考分析力学原理，然后让孩子们就此写作文。通过亲自动手再动笔，孩子们有了切身体会，作文就写得生动具体了。

2. 数学课不像数学课?

2003年夏天，山东某小学年轻教师小张想按照“课改”思想设计一堂新颖的数学课。他授课的内容是10以内的加法：5+3=8。他把学生分成两组，一组学生将黄的、红的橡皮泥分别搓成小球，然后将5个黄球和3个红球穿成一串，要连续穿20串。另一组在一筐玻璃球中捡出5个蓝色的和3个绿色的装成一袋，连续装20袋。学生们情绪很高，度过了一段非常愉快的时光。教导主任看完课后，评价这一段教学为“这种课不像数学课，倒像手工课，是四不像的课。教学目的不明确，教学重点不突出。”小张很委屈，也很困惑。

3. 轮轴与瓶子

1998年春天，四川省某中学物理教师江天华教《轮轴》时，设计了一个游戏：看谁力气大，手劲好。他故意挑选了身高相近的男女同学各一名，请他们上讲台掰手腕。女同学胆小，不肯和男同学掰手腕，引起部分同学的议论和笑声，都认为不用比赛，肯定女同学输了。然后，他拿出一个啤酒瓶，再请这两位同学比试一下，男同学握住瓶子的颈口部分，女同学握住瓶身部分，各自用力向两个方向旋转，结果女同学赢了。这一下，课堂里炸锅了，引起了同学们的哄堂大笑和议论。这时，江老师问学生：“为什么力气大的男同学反而比不过力气小的女同学？”通过这个游戏，同学们的兴趣一下子被激发了起来。

4. 铅丝制作工艺品

2002年12月，刘老师在上海市高桥保税区实验小学二年级一班上了一堂颇具特色的美术课。这堂课的内容是让学生用铅丝制作《站立的动物》。课前刘老师要求学生先了解自己喜欢的动物的特征，上课时刘老师先拿出自己做好的铅丝模型——一匹马，然后开始指导学生如何缠绕弯曲的铅丝，固定形状，随后分析动物的大结构。十分钟后，学生们开始动手按照自己的设想用铅丝制作模型，刘老师只在旁边作适当指导，不给学生设置过多的要求，让他们追求个性。一节课下来，班上的30多位同学做出了20多种动物模型，每位学生都认为这样的课特别有意思。

5. 互联网+教学

2016年开始，青岛二中同时取消传统班级制，建设特色MT（Magnet Team）制度，即建设吸引力团队，培养拔尖创新人才。学生根据个人兴趣和特长加入不同的“吸引力团队”——人文、外语、数学、经济、理工、生化等，每个MT内部根据学生自选情况划分成若干微团队。MT运行按照“首席全权负责，集体统一管理，职能项目运行，团队自主发展”的原则，建构“管理、课程、学术、社团、基地”五位一体的MT管理模式。这一模式进一步打通了基础教育与高等教育一体化育人的渠道。

2019年开始，学校进行长短、大小课时改革，将课间改为7分钟，上午6节课，下午一节体育课，全面推行“每天一节体育课”，让学生在一天忙碌的学习之后得以放松身心。

6. 表达式学习

表达式学习的基本策略包括：把课堂笔记变成作文，把学习问题变成作文，把师生对话变成作文，把课后作业变成作文，倡导学生写预习作文、复习作文、听记作文、学习报告、知识童话等，让学生在学习和相互分享表达中自然进入写作，提高学习效果。表达式学习提出让学生读进去、学实在、说清楚、写明白。表达式学习认为，真正能体现学生学习能力的是看学生如何说、如何写、如何做。要评价学生的如何说、如何写、如何做，就需要学生学会与他人对话，与社会对话，与自我对话，学会分享，学会表达，在分享和表达中达成学习行为，表达式学习是深度学习的最好方式。

7.“创中学”教学改革

跨学科的“创中学”校本课程是教师在某个学科知识的基础上，结合某个生活问题、某种技艺、某个热点专题等开发而成，以项目化学习、创意学习等方式进行，指向更复杂的问题解决和跨学科知识的应用。

8. 336学本课堂

此岸与彼岸是河南省禹州市启航集团对课堂教学改革的形象比喻。此岸重在育分，彼岸重在育人；此岸教师以讲授为主，彼岸教师则以学生自主学、合作学、展示学为主。启航人认为，从教到学是一个从此岸走向彼岸的过程。教师不能只做摆渡者，还要做挑战性任务的设计者和问题解决的激发者，激发学生学习的动机。从此岸到彼岸需要教师观念的更新，需要认知的升级，更需要基于开放性问题的教学设计，需要相关学习策略和工具的支持。

案例分析

这是发生在当代中国学校课堂上的一些事情。这些事情为我们提供了关于教育内容的一般性知识。

首先，学校课堂教学的多样性反映出教育内容构成的多样性：既有间接经验的，也有直接经验的；既有语言文字的，也有符号动作的；既有语文，也有数学、物理，还有美术。之所以学校教育内容是丰富多样的，是因为人类文化是丰富多样的；是因为学校教育既要为学生的生存奠定基础，也要为学生的终身发展建设基石；是因为学校教育既要提供给学生理论知识，还要为学生技能与能力的形成与发展创造机会与条件；是因为学校教育的目的是旨在促进学生的全面发展的。

其次，学校教育内容具有多方面功能。第一，教育内容是教育目的的基本表现形式，能够指导教学活动。教育是有目的的活动，而目的的实现需要相应的内容的支持。一定的内容又为活动的进行提供了具体的导向。第二，教育内容能够沟通学生与教师。教育的两个主体之间的相互作用是为了有效完成学生主体的发展，因此，教师主体就需要为学生的发展提供必要的资源。在这些资源中，主要的是教育内容。通过教育内容的联系，学生与教师存在的意义表现了出来。第三，教育内容能够整合教育方法。一定的教育方法必须存在于相应的教育内容之中才显示出其价值与作用。第四，教育内容是评价课堂教学的主要依据。课堂教学的评价是对学生发展的评价，也是对教师工作的评价。因此，评价课堂教学就要以连接二者的教育内容为基本依据，来评价教育内容的完成情况，以确定课堂教学的质量与效益。

此外，我们还能够发现，教育内容是课堂教学过程中学生与教师实现创造的重要条件。学生是具有创造力的人，教师也是具有创造力的人。而学生与教师在课堂教学过程中的创造离不开一定的媒介，即教育内容。毕竟，教育内容是他们共同的认识对象。而且，在学习过程中，学生通过对教育内容的多元化理解，以及不断增加自主性内容，促进创造力的形成与发展（还可以参考案例3.2.1：环境教育在中国）。

案例 7.1.2

婚姻教育在美国

20 世纪 60 年代的美国经历了一场“嬉皮士”运动。运动的主体是青少年学生，他们以“反叛”为突出特征，摒弃一切传统。在学校里他们随意逃课，在家庭中顶撞父母，小小年纪就开始同居生活。与此同时，社会上青少年犯罪率与日俱增，青少年吸毒、堕胎现象屡见不鲜。美国社会各界齐声叹息：美利坚合众国的明天可能就葬送在这一代人身上。对此，美国社会，尤其是教育界进行了一系列的尝试。有些州降低了教学内容和考试的难度，希望以此将学生重新吸引到学校中来；有些地区公开给学生发放避孕套以减少流产和堕胎的数量；一些学校选择了将婚姻教育搬到课堂，以此来增进学生对于婚姻的理解，增强他们的社会责任感。佛罗里达州规定，婚姻教育是学生拿到高中毕业文凭的必修课之一。在加州的纳特马斯高中，学生们选择和自己的某一位同学进行“模拟婚礼”。在这一过程中，学生们要起草自己的婚礼誓言，制订蜜月计划，还要共同安排婚后生活。而在亚利桑那州的学校，学生们则在课堂上谈论夫妇对于对方和孩子应负有财政和法律责任。在芝加哥的瑞德兰高中举行的“模拟婚礼”上，每个学生都有一位“模拟伴侣”，并与这位“模拟伴侣”共同计划家庭的预算，讨论生养小孩的教育理念，探讨生活中的琐事，以及如果遇到婚姻危机——例如一方有外遇该怎样沟通等。有意思的是，学校教师虽然不能确定该课程是否可以帮助学生的婚姻生活，但他们已经发现，参与过这门课的学生，谈话时会更有逻辑推理的能力，在争执中也不会大吼大叫或诅咒对方。一些单亲家庭的孩子还通过这些课程走出了“是自己造成父母离婚”的阴影，因为他们了解了婚姻关系的复杂程度并不像自己想象的那样单纯。

案例分析

从本质上讲，教育的功能就是帮助个体学会生存，并度过幸福而有意义的一生。传统教育强调学生对于基础知识和基本技能的掌握。其基本假设是学生掌握了这些内容，就能够主动将其运用到未来的生活中，从而转化为自身的生存能力。但是，随着社会的不断发展，社会生活的日益丰富，单纯的读、写、算能力已不足以帮助孩子们应付纷繁复杂的社会问题：互联网的广泛使用，令他们一时间无法区分现实与虚拟；父母婚姻的失败，使他们找不到感情的归宿；世界文化的“多元”趋势，又让他们辨不清是非与真伪……于是，有小小年纪成为网络黑客的，也有尚未走完青春历程，在小小的坎坷面前选择轻生的……

面对上述问题，教育尤其是以培养个体生存能力为本的基础教育不能不作出应答。教育再不能想当然地将知识的传授视为提高个体生存能力的唯一法宝。教育应当从孩子生活实际出发，帮助他们勇于正视生活，掌握生存的基本技能，树立积极的人生态度。

案例中美国佛罗里达州和加州等地开设的“婚姻教育”也正体现了教育培养个体生存能力的这一宗旨。处于青春期的孩子们都会产生对异性的向往和对婚姻的神秘感，如果在这个时期，他们没有得到正确的引导则可能做出一些违背道德的行为甚至犯罪。美国佛罗里达州和加州等地的学校正是从学生的心理发展特点和现实生活出发，开设了旨在引导他们正确看待婚姻问题的课程。学生通过阅读名人关于爱情的论著和集体讨论等方式加深了对于爱情的理解；学生通过亲手制定蜜月计划和婚后安排，了解到婚姻并非只意味着甜美，更有许多“缠人”的琐事和责任；学生通过谈论婚姻中的人际相处，会清楚婚姻中除了爱还有忍让。经过“婚姻课程”的学习，孩子们对人生中的婚姻问题有了更深刻的认识，正如案例中所讲的那样，一些单亲家庭的孩子走出了“是自己造成父母离婚”的阴影。教育就需要这些贴近学生生活的新内容，而美国一些州开展的婚姻教育也的的确确成为教育培养个体生存能力的有效途径。也就是说，教育内容不仅要为人的未来做准备，也要满足人当下生活、社会与生态当下发展的需求。

思想资源

历史沿革

H1. 我国古代教育内容概要

1. 六艺教育

在西周，不论是国学或是乡学，不论是小学或是大学，都是以“六艺”为基本学科，只是在要求上有层次的不同。六艺教育起源于夏代，商代又有发展，西周在继承商代六艺教育的基础上，使它更为发展和充实。

（1）礼乐　奴隶主贵族的礼和乐是密切配合的，凡是行礼的地方，也就需要有乐，礼乐贯穿整个社会生活活动，体现宗法等级制度，对年青一代思想政治、道德品行的培养有重大作用。礼乐教育成为六艺教育的中心。

礼的内容极广，凡政治、伦理、道德、礼仪皆为其包括，以至社会生活的各方面都不能没有礼。

乐教受到高度重视，内容包括诗歌、音乐、舞蹈。王国维有《周大武乐章考》一篇，阐述极为详确。

乐教是当时的艺术教育，艺术教育过程寓有多种教育因素在其中，它包含了德育、智育、体育、美育的要求，具有实施多种教育的作用。

（2）射御　射，指射箭的技术训练。御，指驾驭马拉战车的技术训练。射御是必不可少的军事训练项目。以射选士，水平高低决定射者在贵族中的地位，故射箭的教练深受重视。

西周的武装力量，以战车为主，武士必须有驾驭战车的技术，青年达到一定年龄就要受训练。学御要经过严格的训练，才能达到五项标准要求，既学习了武事，又锻炼了身体。

（3）书数　“书”指的是文字，“数”指的是算法。西周的文字应用已广，数量也比商代增多，其字体为大篆，书写的材料通常为竹木，所用的工具为刀笔。小学进行文字教学，史籍说西周已有字书，供小学文字教学之用。西周的文字教学可能采取多种方法，其中之一是按汉字构成的方法，以六书分类施教，使知字音、字形、字义。

数学知识到西周有更多的积累，为较系统地教学创造了条件。对儿童进行数的教学，逐步得到提高。先学数的顺序名称及记数的符号，然后应用于学习甲子记日法，知道朔望的周期，再进一步是学习计数的方法，掌握十进位和四则运算，培养初步的计算能力。

书数是文化基础知识技能，作为“小艺”，安排在小学学习。大学比小学程度提高，学习的课程内容也有变化，大学列入计划的是《诗》《书》。《礼记・王制》：“春秋教以礼乐，冬夏教以《诗》《书》”，正是大学课程不同于小学课程的体现。

西周的教育内容可以总称为六艺教育，它是西周教育的特征和标志。六艺教育包含多方面教育因素。它既重视思想道德，也重视文化知识；既注意传统文化，也注意实用技能；既重视文事，也重视武备；既要符合礼仪规范，也要求内心情感修养。六艺教育有符合教育规律的历史经验，可供后世借鉴。在历史发展过程中，有的教育家想借助六艺教育的经验，解决当时教育的某些弊端，因此把六艺教育当作理想模式来强调，为自己的主张作历史论证。特别是在儒家思想居于支配地位时期，六艺教育就被奉为标准。凡有所主张，要从六艺教育寻找论据，有所批判，则指斥异端背离六艺教育传统，可见六艺教育思想产生的深远历史影响。

2. 清朝的教育内容

（1）国子监的教育内容　主要是“四书”“五经”《性理》《通鉴》等书，学生“兼通《十三经》《二十一史》，博极群书者，随资学所诣”。此外，还要学习清朝有关的诏、诰、表、策论、判，每日临摹晋、唐名帖数百字。

（2）府、州、县学教育内容　据《清朝文献通考·学校考七》记载：顺治九年（1652年）规定：“嗣后直省学政将《四子书》《五经》《性理大全》《资治通鉴纲目》《大学衍义》《历代名臣奏议》《文章正宗》等书，责成提调教官课令生儒诵习讲解。”此外，还须学习《卧碑文》《圣谕十六条》《御制训饬士子文》《圣谕广训》和《大清律》等。

3. 民国初期（1922年）的教育内容

新学制课程标准委员会于1922年10月、12月拟定了中小学毕业标准和中小学各科课程要旨，反复请专家讨论草拟各种课程纲要，于1923年6月确定并刊布了《中小学课程标准纲要》。

新的课程纲要规定：小学取消修身课本，增加公民、卫生课，将手工改为公用艺术，图画改为形象艺术；又将初小的卫生、历史、公民、地理合为社会科；设自然园艺科；将国文改为国语（包括语言、读文、作文、写字），体操改为体育。小学上课以分钟记：初小前两年每周至少1080分钟，后两年每周至少1260分钟，高小每周至少1440分钟。

初级中学课程设社会、言文、算学、自然、艺术、体育6科。其中社会科含公民、历史、地理；言文科含国语、外国语；艺术科含图画、手工、音乐；体育科含生理卫生、体育。初中始上课以学分记，每学期每周上课一小时为一学分，初中修完180学分才能毕业。除必修科164学分外，余为选修他种科目或补习必修科目。

高级中学分普通科和职业科。普通科分文学、社科和数理三类，又分为两组，第一组注重文学和社会科学，第二组注重数学和自然科学；职业科分农、工、商、商船四类。课程分为公共必修科目、分科专修科目、纯选修科目三种，每一种又有若干门课程，以各种课程学分计算，修满150学分为毕业。三部分课程中，公共必修科目约占学分总额43%，纯选修科目部分不得超过学分总额20%。

H2. 中华人民共和国教育内容

1. 中华人民共和国成立后，我国经历了七次较大的基础教育课程改革

（一）第一次课程改革

新中国成立初期，全国没有统一的教学计划，但是各地方教育行政部门都以1941年根

据第三次全国教育会的决议制定的《六年制中学各科课程标准草案》为蓝本，进行了一些必要的修改并实施。1950 年以教育部的名义颁发了《中学暂行教学计划》和《中等学校暂行校历》。1951 年 8 月政务院颁布了改革学制的命令，重新规定了中小学的学制，规定小学实行五年一贯制，取消初高两级分段制，中学修业年限为六年，分初高两级，各三年。这个决定规定的学制当时完全统一实现还有困难，所以，1952 年 2 月教育部又颁发了《四、二旧制小学暂行教学计划》。1952 年，经中央人民政府核准，《小学暂行规程》《中学暂行规程》公布，这是新中国成立以后颁发的第一个全面规范中小学课程的政府文件，它明确了中小学的性质、任务及培养目标，规定了学校的课程设置、组织管理体制、教学计划、教学原则或教材、升留级制度等，初步奠定了新中国中小学课程的框架。这个计划受苏联中小学课程影响较大，课程设置为单一的必修课，实行全国统一的教学要求。

（二）第二次课程改革

1953 年我国开始执行国民经济“一五”计划。毛泽东主席主持中共中央政治局会议讨论教育工作，决定抽调大批干部编写教材，并成立语文和历史两个教学问题委员会，分别研究语文、历史教学和教材的编写方针和原则，如语言和文学分编教材问题，中国历史分期问题等。根据颁布的中小学学制、培养目标、教学计划及有关规定，人民教育出版社于 1954 年开始编写新的中小学教材，1956 年，这套教材编写完毕，于同年秋季开始出版发行，适用学制为 12 年制。1957 年根据教育部指示，这套教材内容作了精简。1953 年至 1958 年，教育部几乎每年都要颁发一个新学年的教学计划（主要内容是课程表和说明，见下表 7-1、表 7-2、表 7-3)，根据当时社会政治、经济形势的变化对课程做一些调整，变动最多的是政治和外语。

表 7-1　小学教学计划　（1955年9月）

科目	各学年每周上课时数						总计		
	一	二	三	四	五	六	初级	高级	合计
语文	12	12	12	12	9	9	1632	612	2244
数学	6	6	6	7	6	5	850	374	1224
历史	—	—	—	—	2	2	—	136	136
地理	—	—	—	—	2	2	—	136	136
自然	—	—	—	—	2	3	—	170	170
体育	2	2	2	2	2	2	272	136	408
唱歌	2	2	2	1	1	1	238	68	306
图画	1	1	1	1	1	1	136	68	204
手工劳动	1	1	1	1	1	1	136	68	204
合计	24	24	24	24	26	26	3264	1768	5032

说明：

（一）每学年实际上课时间总计34周计算。

（二）上课时间每节为45分钟，每次课休为10分钟。

（三）语文教学总时数中包括写字教学时间，一、二年级每周3小时，三、四年级2小时，五、六年级1小时。

（四）算术内的珠算在四、五年级内教学，每周各1小时。

表7–2　初级中学教学计划　（1953年7月）

学科名称	第一学年		第二学年		第三学年		授课时数
	上18周	下18周	上18周	下18周	上18周	下17周	
	每周授课时数						
语文	7	7	7	7	6	6	714
算术	7	7	—	—	—	—	252
代数	—	—	3	3	3	3	213
几何	—	—	2	2	2	2	142
物理	—	—	3	2	2	2	160
化学	—	—	—	—	2	3	87
植物	2	2	3	—	—	—	126
动物	—	—	—	3	2	2	124
卫生常识	1	1	—	—	—	—	36
世界古代史	3	3	3	—	—	—	162
中国古代史	—	—	—	3	3	3	159
自然地理	3	3	—	—	—	—	108
世界地理	—	—	2	3	—	—	90
中国地理	—	—	—	—	3	2	88
中国革命常识	—	—	2	2	2	2	124
外国语	3	3	3	3	3	3	321
体育	2	2	2	2	2	2	214
音乐	1	1	1	1	1	1	107
图画	1	1	1	1	1	1	107
总时数	30	30	32	32	32	32	3352

表7–3　高级中学教学计划　（1953年7月）

学科名称	第一学年		第二学年		第三学年		授课时数
	上18周	下18周	上18周	下18周	上18周	下17周	
	每周授课时数						
语文	6	6	6	6	5	5	607
代数	3	3	2	2	2	2	250
几何	2	2	2	2	2	2	214
三角	—	—	2	2	2	2	142
物理	3	3	2	2	4	4	320
化学	2	2	2	2	3	3	249
人体解剖	2	2	—	—	—	—	72
达尔文主义基础	—	—	2	2	—	—	72
世界近代史	3	3	3	3	—	—	162
中国古代史	—	—	—	—	3	3	159
中国经济地理	2	2	—	—	—	—	72
外国经济地理	—	—	2	2	—	—	72
社会科学基本知识	2	2	2	2	—	—	144
共同纲领	—	—	—	—	2	2	70
外国语	4	4	4	4	4	4	428
体育	2	2	2	2	2	2	214
制图	1	1	1	1	1	1	107
总时数	32	32	32	32	30	30	3354

（三）第三次课程改革

1959年5月17日，中共中央转发了教育部党组《关于编写普通中小学和师范学校教材的意见》。教育部决定重新编写中小学通用教材。1960年下半年开始，人民教育出版社根据缩短学制、提高程度的指示精神，编写10年制中小学教材。这套教材从1961年起陆续出版发行，供试行10年制的学校选用。

（四）第四次课程改革

1963年，在总结了1958年“教育大革命”的经验教训后，中共中央颁发了《全日制小学暂行工作条例（草案）》和《全日制中学暂行工作条例（草案）》，教育部根据这两个条例，重新制定了教学计划，即《全日制中小学教学计划（草案）》，新的教学计划对文化课、政治课和生产知识课，对生产劳动和假期，都作了必要的安排，确立了以“双基”（基础知识和基本训练）为重点的课程模式。各学科根据编写的教学计划，制定了教学大纲，编写新教材。但新的教学计划以及各科的教学大纲、教材，并没有全面实行。

（五）第五次课程改革

1978年，教育战线拨乱反正。教育部制定了《全日制十年制中小学教学计划试行草案》，规定中小学实行十年制，小学五年，中学五年。这个试行草案以及相配套的教学大纲和教材，吸取了国际中小学课程改革的经验和教训，进行了教学内容现代化的改革。这套教材开始编写于1977年，各科教材第一册从1978年秋就开始面向全国供书，适用学制为10年制。这套教材，对于拨乱反正、正本清源、提高教育质量、稳定社会秩序，作出了不可磨灭的贡献。

（六）第六次课程改革

1981年，教育部对《全日制十年制中小学教学计划试行草案》中的小学部分作了修订，调整了教学时间和课程设置，将“政治课”改为“思想品德课”，恢复地理和历史课，增设了劳动课，外语课改为有条件的学校在四、五年级开设。1984年教育部提出了“关于全日制六年制小学教学计划的安排意见”，并分别颁发了《全日制六年制城市小学教学计划（草案）》和《全日制六年制农村小学教学计划（草案）》，对城市小学和农村小学的数学、外语、自然常识、劳动课程分别提出了不同的要求。

根据邓小平同志“要办重点小学、重点中学、重点大学”的精神，1981年教育部颁发了《全日制六年制重点中学教学计划》，这个教学计划规定，从高中二年级开设选修课，并将劳动技术教育列入正式课程。这个计划首次提出分科性选修，分为侧重于文科、理科的两类教学计划，高二分流。从此时起，开始形成高中文、理分流的办学模式。在当时的情况下，该教学计划对恢复正常的教育秩序，提高教学质量，起了积极的作用。

（七）第七次课程改革

1986年，全国人大通过了《义务教育法》，规定全国分期分批普及义务教育。刚成立的全国中小学教材审定委员会审查并通过了修订后的18个学科的教学大纲。根据新大纲的规定，各科教材又做了一次大修订，有些教材重新编写，适当降低难度。1988年国家教委颁发了《义务教育全日制小学、初级中学教学计划（试行草案）》，1992年在广泛征求意见的基础上进行了修改，并将“教学计划”更名为“课程计划”。这个课程计划第一次将小学和初级中学的课程统一设计，并且根据各学校学制的不同情况，将课程计划中的课程表分为“六三制”和“五四制”两种。在课程表中将全部课程分为两大类：学科类和活动类，课程表中还留有空间让地方安排课程。

根据 1988 年颁发的教学计划，国家教委组织编订了各学科的教学大纲（初审稿），这些教学大纲都通过了全国中小学教材审定委员会的审议。同年，国家教委对教材编写工作做了规划，一些地区和单位按大纲初审稿编写了多套教材，在教材试验的基础上，又对大纲作修改，形成了 24 个学科义务教育教学大纲（试用），1992 年与修订后的课程计划同时由国家教委正式颁布。

由于实行九年义务教育后，初中课程已从原有的中学课程体系中分离出去，而且原中学教学计划中高中的课程结构也不够合理，一些学科的教学要求偏高，虽然各学科教学大纲已经作过调整，但学生课业负担仍比较重，所以国家教委于 1990 年颁发了一个《现行普通高中教学计划的调整意见》，作为新的普通高中教学计划颁发前的过渡性教学计划。这个调整计划注意克服原计划文理科课程比例不够合理的情况，减少一些教学内容，并加大了选修课的比重。

国家教委于 1996 年颁发了同义务教育课程计划相衔接的《全日制普通高中课程计划（试验稿）》。同时基础教育司制定颁发了各学科的教学大纲，人民教育出版社编写了教材，从 1997 年秋季开始在天津、江西、山西进行试验。2000 年 1 月，为贯彻落实《中共中央国务院关于深化教育改革全面推进素质教育的决定》，加快普通高中课程改革，在对试验中存在的问题进行分析与研究的基础上，教育部颁发了《全日制普通高中课程计划（试验修订稿）》，并在全国 10 多个省市试验。2002 年，根据《基础教育课程改革纲要（试行）》的精神，教育部对 2000 年修订的两省一市高中课程改革实验方案进行了再修订，并在全国范围内实施。

H3. 新时代中国教育内容

（1）“五育并举”。要在加强品德修养上下功夫，教育引导学生培育和践行社会主义核心价值观，踏踏实实修好品德，成为有大爱大德大情怀的人。要在增长知识见识上下功夫，教育引导学生珍惜学习时光，心无旁骛求知问学，增长见识，丰富学识，沿着求真理、悟道理、明事理的方向前进。要在培养奋斗精神上下功夫，教育引导学生树立高远志向，历练敢于担当、不懈奋斗的精神，具有勇于奋斗的精神状态、乐观向上的人生态度，做到刚健有为、自强不息。要在增强综合素质上下功夫，教育引导学生培养综合能力，培养创新思维。要树立健康第一的教育理念，开齐开足体育课，帮助学生在体育锻炼中享受乐趣、增强体质、健全人格、锤炼意志。要全面加强和改进学校美育，坚持以美育人、以文化人，提高学生审美和人文素养。要在学生中弘扬劳动精神，教育引导学生崇尚劳动、尊重劳动，懂得劳动最光荣、劳动最崇高、劳动最伟大、劳动最美丽的道理，长大后能够辛勤劳动、诚实劳动、创造性劳动。

（2）完善思想政治课程　办好思政课，就是要开展马克思主义理论教育，用新时代中国特色社会主义思想铸魂育人，引导学生增强中国特色社会主义道路自信、理论自信、制度自信、文化自信，厚植爱国主义情怀，把爱国情、强国志、报国行自觉融入坚持和发展中国特色社会主义、建设社会主义现代化强国、实现中华民族伟大复兴的奋斗之中。

要把统筹推进大中小学思政课一体化建设作为一项重要工程，坚持问题导向和目标导向相结合，坚持守正和创新相统一，推动思政课建设内涵式发展。要针对不同学段，根据思想政治理论教育规律和学生成长规律科学设置具体教学目标，抓好教学目标设计、课程设置、教材编写、教学改革、教师培养、考核评价等环节，既不能揠苗助长、操之过急，又不能刻舟求剑、故步自封。课程设置要相对稳定，坚持大中小学纵向主线贯穿、循序渐进，各类课程横向结构合理、功能互补的原则，确保教材的政治性、科学性、时代性、可读性。

H4. 14—18世纪欧洲教育内容构成

欧洲教育内容构成如表7–4所示。

表7–4　14~18世纪欧洲的学科分化与发展

14世纪以前	文法			修辞学	辩证法		算术		几何学						天文学				音乐
文艺复兴时期	文法	文学	历史	修辞学	辩证法		算术		几何		地理学				天文学	天文学			音乐
17~18世纪	文法	文学	历史	修辞学	论理学	伦理学	算术	代数学	三角学	几何学	地理学	植物学	动物学	机构学	天文学	机械学	物理学	化学	音乐

理论资源

T1. 关于教育内容的概念

教育内容是教育活动中教育者与受教育者共同认识、掌握、运用的对象，是教育活动中的纯客体。

教育内容有广义和狭义之分。广义的教育内容既包括校内教育（正规的）和校外教育（非正规的）的内容，也包括非正式的教育和“平行教育”的内容。狭义的教育内容特指学校教育内容。学校教育内容按照活动的途径可分为课堂教学内容、课外活动内容、校外活动内容等；按照对受教育者影响的性质可分为智育内容、德育内容、美育内容、体育内容等。教育内容是教育活动中传授给学生的知识技能、思想观点、行为习惯等的总和。它包括对学生进行德、智、体、美、劳等各育的内容。

T2. 关于教育内容的构成

1. 文化的构成：参见第二章表2–5：领域与内容角度的文化构成。

2. 教育内容的组成

教育内容的组成十分丰富多彩，从其涉及的范围来说，包括人类社会各种领域活动的知识、经验和技能技巧；从其价值来说，它具有发展人的智慧、品德、体力、审美能力和劳动能力等方面的作用；就其表现形态来说，有物质的、符号的、精神的、行为的。因此，不要把教育内容与学校的课程所包含的内容等同起来，更不能把教育内容看作就是教材，后者被包含在前者之中，前者的内涵与外延要比后者丰富得多。由于教育活动的多样性和各类教育活动具体教育目标的不同，教育内容有着各种不同类型的组合。

3. 永恒主义

永恒主义认为：教育是生活的准备，学生应该知道在文化遗产中什么是最好的东西，以便他能认识这种遗产的价值并且他自己或许也能为已有的成就作贡献。

（1）应该教给儿童一定的基础科目，这些科目将使他熟知世界的永久性。不应迫使儿童急于学习仅在当前似乎是重要的科目，也不应该让他学习只在某一年龄阶段才能特别引起他注意的科目。中学基础课程应该包括英语、语言、历史、数学、自然科学、美术和哲学。

此外，学校的任务不是进行专门职业的训练，而是培养有多方面兴趣和能力的、能应付世界上的事情的人。职业训练最好是留给工作本身，即在工作中去进行。

（2）教育应该通过使学生学习文学、哲学、历史和自然科学方面的名著，把其中所叙述的人类普遍关心的问题介绍给学生。这些著作描述了人对事物的本质以及人自己的本性最细致的洞察。因为这些洞察是不变的，所以过去的启示、教训、预言、要旨、寓言永不过时，学生在学习这些著作的时候，就学习了发展人的心智的各种思想。他学到的真理比他单凭自己的兴趣或无目的地对当代实际生活瞎碰所能发现的任何真理重要得多。

因为通过教育所教的基本真理记录在这些著作中，所以教育的方法主要是通过语言文字来教授。

4. 英国的教育内容

20 世纪 80 年代开始，在英国掀起了有关教育问题的大讨论。1988 年，英国颁布《1988 年教育法》。该法的颁布被视为英国教育改革的里程碑，在很大程度上改变了英国的办学思想与管理模式。英国的基础教育改革的目标主要有以下几点。

（1）课程目标应当促进学生在精神、道德、社会和文化领域的发展。具体内容包括：①学生精神的发展，包括自我意识的成长、发展自己的潜能、认识自身的优缺点和具有实现目标的意志。②学生道德的发展，包括明辨善恶、理解道德冲突、关心他人和采取正确行动的意志。③学生社会性的发展，包括理解作为家庭和社会的一员，他应当享有的权利与责任，处理人际关系的能力，为了共同的利益与他人协作的能力。④学生文化的发展，包括理解文化传统，具有欣赏美和表达美的能力。他们尊重自己的文化和别人的文化，表现出对别人行事方式的兴趣和对差异的好奇。

（2）课程目标应当推动学生个人、整个社会的健康与公民教育。

（3）课程目标还应注重发展学生的技能。包括：交流、数据的处理、信息技术、合作、改进学习、解释问题六项技能。

（4）课程目标还应促进学生其他方面的发展。包括理财、经营、可持续发展与工作相关的学习几方面。

5. 澳大利亚的教育内容

近年颁布的《澳大利亚基础教育国家课程（8.0 版）》以八大学习领域、七大通用能力、三大跨课程优先事项为主体框架，全方位、多维度构建了国家课程三维模型。强调以能力培养为核心，包括读写能力、数学能力、信息通信技术能力、批判和创造性思维能力、个人与社会交往能力、民族认同感以及跨文化理解的能力。将学习领域及涉及的学科作为能力培养和跨课程优先实施的主要载体，从而全面实现未来教育发展目标，明确未来人才培养的方向。

T3. *人类社会三种知识形态*

人类社会三种形态的知识包括经验形态的知识、原理形态的知识、信息技术支撑的交叠形态的知识。相应地，在经验形态的知识基础上发展出原理形态的知识，在原理形态的知识基础上发展出信息技术支撑的交叠形态的知识；在某种意义上，也许第三种形态的知识是前两种形态知识的合体。由此，知识形态演进可以分三个层次：经验形态的知识主要面对的是宏观物体的机械运动，主要靠初等数学并且通过日常经验来验证；原理形态的知识是微观物理运动、化学过程和生命机理的认识，主要靠理论假设和模型来表达并且通过实验加以验证；第三个层次是信息技术介入的复杂科学或“大科学”，需要利用计算机进行大量的模拟计算，并且以一定的算法阐释人的行为科学，包括经济学类、管理学类等，这就需要人们通过大量的数据挖掘、计算和分析，来处理各种自然或社会的复杂问题。交叠形态的知识在微观上更深入，借助技术人们可以深入到事物更加内在的微妙之处；在宏观上更辽远，知识的思考可以把地球上的变化与遥远的星体运行关联起来。当“纳米”与“光年”联手时，科学知识也就在层次上综合起来，人们希望从多种层次上融贯地理解世界。作为思想观念中把握的世界，知识也许永远无法实现与世界的真正同一。但是，对这种绝对同一性目标的追求，使知识生产永远具有主观上的内在动力。

数据资源

D1. 学生负担知多少

中小学生学习负担过重在全国普遍存在，在某些地方尤为严重，主要表现在“六多六少”：书多、课程多、作业多、考试多、补习多、竞赛多；睡眠时间少、文体活动少、德育活动少、与生活能力培养相关的活动少、自主性活动少、创造性活动少。第一本中国少年儿童蓝皮书显示，有 47%的中小学生没有达到国家规定的睡眠标准 9 小时。重压之下，不少学生体质下降，患神经衰弱、脊柱弯曲、近视眼等疾病的中小学生不断增加。调查表明，学生近视发病率，已由 20 世纪 70 年代的 15%，上升到 20 世纪 90 年代末的 55%~80%；我国学生近视发病率在全世界的排名，已从 1998 年的第 4 位，上升到第 2 位，青少年的身高已经落后于日本。同时，重压之下，不少学生出现心理异常现象。有报道说，在对东北 76 所学校万余名学生进行心理检测中发现，35%的中学生具有心理异常表现，近 30%的小学生心理素质处于不及格水平，而优秀或良好者仅占 8.2%。

D2.“双减”成效显著

截至 2021 年 5 月底，全国共有 10.2 万所义务教育学校开展了课后服务，6496.3 万学生、465.6 万教师参与了课后服务。截至 2021 年 9 月 22 日，全国有 10.8 万（21.08 万）所义务教育学校（不含寄宿制学校和村小学）已填报课后服务信息，其中 96.3%的学校提供了课后服务；有 7743.1 万（1.56 亿）名学生参加了课后服务，学生参加率 85%，其中有 71.2%的学生每周 5 天全程参加；534.5 万（1029.49 万）名教师参与课后服务工作，占这些学校教师数的 86.2%，另聘请了 20.6 万名校外专业人员参与课后服务工作。另据中国人民大学调查，2021 年秋季学期，全国 65.6%的义务教育阶段的学校提供了课后服务。这部分学校中有 44.5%的是本学期第一次开始提供课后服务的。对于家长接孩子有困难的学生，有 58.3%的学校提供了延时托管服务。再有教师坦言，“对于课后服务，大多数老师们都有自己的想法，只是家长们热情很高，这属于典型的擀面杖吹火一头热。”“局里对课后服务还没有统一意见。”

第一位因“双减”被开除的教师在班级家长群里，一开始心平气和地建议家长不要上晚托班，并列举了各种晚托班的种种弊端，最后还特意强调："如果不心疼自己的孩子，就来托管吧！"这个段落让家长们看得很不解，上晚托班怎么变成不怜悯孩子？这不是用晚托班来缓解家长的压力吗？在父母发表了自己的意见之后，这位班主任瞬间被激怒了："来晚托班的孩子怕不是家里没有人或者单亲家庭吧。"

能力训练

案例 7.1.3

一堂"经典教学"课

北京，某校。上课铃声在校园里响出共鸣。

铃声止息，所有的走廊都静悄悄。

这是一所很好的学校。这是学校里一个很好的班，学生们已坐得整整齐齐。

大家坐定，教课的老师走进来了。

同学们起立后坐下，老师侧立于黑板前。他的目光没有去巡视全班同学，而是望向窗外。老师的头上已有不少白发，黑板衬出他侧立的剪影，这时刻，你发现，当学生连窃窃私语都没有时，教室里也并非完全安静。

你还能听到翻动书包的声音，一支笔从谁的手上放到桌面……老师仍然侧立，望着窗外，好像在酝酿什么。就这片刻，你听到，静了，更静了，一切声音都没有了，世界静到连听课的外国专家也仿佛不存在了。

这时，老师转过身来从容说道："现在开始上课。"

老师语言精练，没有废话。老师教态从容，板书时大家听到粉笔在黑板上行走的声音。板书非常漂亮，极有条理。老师提问，学生回答踊跃，而且答得相当有水平。

老师间或又在黑板上写出若干字。黑板上的字渐渐丰满起来，那字大小不一。有些字，老师大笔一挥画上一个圈，或一个框，或一个大三角，看起来错落有致，鳞次栉比，像一个框架图。

整堂课，老师没有擦一下黑板，也不必学生上去擦黑板。板书上没有多余的字，写上去的就是重点，就是学生该抄到笔记本上去的。老师继续提问，学生解答仍然踊跃，仍然不乏精彩。

整个教学过程非常流畅。最后老师说："今天要讲的就讲完了，同学们回去做一做课本上的习题，巩固一下。"

铃声响了。

下课。

整堂课无懈可击。

这是一位特级教师，他露出了笑容。同学们都很高兴。

然而，来听课的外国专家听了却说不出话来。

"或许他们也很惊叹？等到了会议室再听他们的意见吧！"中方人员想。

到了会议室，我们虚心地请外国同行提意见。

外国同行说话了，他们说：不理解。

我们问：为什么？

他们说：学生都答得很好，看起来学生们都会了，为什么还要上这堂课？

这个问题把中国同行都问住了。

问题与思考

1. 外国专家对教育内容的质疑是什么？
2. 请你回答“为什么还要上这堂课？”

第二节　教育内容的选择与设计

学习目标

1. 了解我国教育内容的选择与设计的一般形式。
2. 掌握教育内容选择的依据。
3. 掌握教育内容编制的原则。
4. 理解我国现行教育内容。
5. 熟读案例分析和思想资源，理解相关观点。
6. 根据分析建议独立完成案例分析。

观点与原理

1. 教育内容的选择与设计是建立在确定的教育目的基础之上的，是由国家、地方和学校三级组织来实施的，是由学科专家、教育学专家、心理学专家和教师及学生等集体完成的。

2. 教育内容的选择要依据适应性（包括对社会政治、经济、科技、文化发展、生态环境发展和学生的身心发展的适应以及教育自身发展）、效率性（包括实用性和可重复利用性）、影响程度（包括对青少年身心发展影响的水平和实际价值）等基本标准。

3. 教育内容的设计原则有：①均衡性原则——中小学教育内容是为学生终身学习打基础的，要给学生全面发展留有充分的空间。因此，教育内容的编制要考虑“均衡”，即不同教育内容的各个领域，在教学时间上要保持适当的比例，不应当使一个领域的负担过重。②适切性原则——社会需要应当是教育内容编制的基本依据，而社会需要在同一时期的不同地区可能有很大差别。因此，教育内容要适应地区间文化的差异，给地方和学校开发教育内容留有余地。③发展性原则——学生的发展是一切教育内容的核心目标。因此，教育内容编制首先要考虑学生身心发展的水平与特征。中小学学生的学习能力、接受程度，主要受年龄和智力发展程度的限制。中小学的教育内容标准应该是绝大多数学生通过努力能达到的。其内容和要求应该是基础的，有限的，而不能被任意扩大、拔高。④联系经验原则——教育内容的选择，要从儿童的经验出发，联系儿童的生活实际。我们的教育要通过教育内容实施，培养学生终身发展必备的基础知识和基本技能，为学生的未来生活做准备。那么在编制教育内容的同时，一定要关注学生的学习兴趣和经验，让学生真正体会到学习的兴趣和实用性。

4. 我国教育内容主要通过课程标准、课程计划和教科书等形式呈现，表现为语言与文学领域学科（语文、外语）、数学学科、人文与社会领域学科（政治、历史、地理）、科学领域学科（物理、化学、生物）、技术领域学科（信息技术、通用技术）、艺术领域学科（艺术或音乐、美术）、体育与健康学科、综合实践活动（研究性学习、社区服务、社会实践）。其中，外语又分为英语、日语、俄语、德语、法语、西班牙语，政治课经历从《品德与生活》到《品德与社会》《思想品德》《思想政治》，最后是《政治》的演进。

典型案例解读

案例 7.2.1

“祝你一路顺风，半路失踪！”

北京麦先生日前带小孩到机场送朋友，道别时，4岁的儿子忽然大声说：“祝你一路顺风，半路失踪！”麦先生慌忙喝止。事后得知，这些顺口溜都是现在校园里流行的童谣。某小学三年级学生阿明一口气说了好几段：“天天不起早，日日不洗脚，要问为什么，蚊子不叮臭虫不咬……”据调查，一些传统童谣已被一些搞笑式的灰色童谣所代替。

案例分析

为什么会出现如此的现象？因为，我们的教育内容的选择出现了问题。这种现象反映出我国教育内容存在的成人化倾向，其选择与设计脱离了学生身心发展的特征。正如有学者所指出的：“中国传统的儿童歌谣总是口耳相传的，若落实为文字，应该被列入低幼读物的范畴，而其内容在相当长的时期里则多为政治斗争和道德教化的反映，其深奥难解的程度完全显示出成人文学、政治文学的特性。但必须指出，塾师将童谣引为教材，似不多见。编给儿童吟咏的童谣中却很少有甚至没有儿童，编写童谣的目的就显然不是为了儿童，这就是中国古代童谣中的悖论，而这，又十分典型地表现了中国传统的儿童观——中国传统的社会是个成人占据主导地位并以成人为中心的社会，儿童只是成人的附庸、成人的工具！”还有类似的例子，有学者调查发现，语文教材中和电视广告中，性别角色是有明显差异的，男性常以强壮、勇敢、睿智现身，女性则担任服务的角色，带着柔弱的特征。

案例告诉我们，第一，教育内容的选择与设计必须适应学生的身心发展特征与规律，有效解决知识逻辑与学生的认知逻辑之间的矛盾，理论的抽象、空洞与学生学习需要的多彩、真实之间的矛盾，为学生提供切实的学习材料。因此，必须深入研究“汗滴禾下土”“先天下之忧而忧，后天下之乐而乐”“为中华之崛起而读书”进头脑、进心灵的有效机制、办法。第二，教育内容的选择与设计必须遵循发展性原则，以促进学生的当下和终身发展为旨归。第三，正确认识当下社会中存在的一些现象，如“学生作家”“超女现象”灰色校园民谣与歌曲等，以发现教育中存在的问题，从而切实解决教育问题，丰富、完善学生发展的教育资源条件。第四，教育内容必须正确处理继承与批判的关系，纠正历史遗留的错误，比如，性别歧视、意识形态领域的摇摆等现象，继承、弘扬中华民族优秀传统文化，促进其进学校、进教材、进课堂、进大脑。

思想资源

理论资源

T1. 关于我国教育内容的选择

（一）从文化资料到教育资料经历的三度筛选过程

1. 从一般文化中选择有文化价值的文化

在渗透着价值规范文化的各种文化中，往往是精华与糟粕并存，即使是同一种精神产品所包容的文化价值，也有瑕瑜互见的情形，此外，精神产品的品位尚有文野之分。

抉择精神产品的公认原则为剔除其糟粕，吸收其精华，去伪存真，除恶扬善、避丑向美，取有用之文化，舍无用之文化；问题在于真善美与假恶丑、有用与无用、精华与糟粕的区分既是绝对的，又是相对的。

2. 从有文化价值的文化中选择合乎社会需求的文化

一定的文化固然有自身的价值，如文野之分便是，而一旦涉及真善美与假恶丑、有用与无用的辨别，又同文化所依托的社会条件有关，尤其同反映一定阶级利益的经济关系与政权性质有关。前面提到的文化价值颠倒的情形，其根源也在这里。

一定社会的教育体系中所吸取的文化，主要是反映统治阶级根本利益（至少不与其冲突，或其冲突未达到尖锐程度）的文化。因此这种抉择的性质，取决于社会占统治地位的生产关系与政权的性质。

其实，即使对文化中的"阳春白雪"与"下里巴人"的选择，也不能一概而论。如在发展中国家、落后地区，以一般群众为对象的教育，暂时选择适合普及的"下里巴人"文化较之高级的"阳春白雪"文化更合乎时宜。

3. 从适合特定社会需要的有价值的文化中挑选适合教育过程的文化

由于教育过程受到教育时间和教育对象原有发展水平与文化基础的限制，即使对于合乎社会需要的文化中的精华，仍须加以选择与提炼。

在有限的教育时间内，传递的文化信息过量，有导致受教育者食而不化之虞；即使适量的文化信息，要被受教育者内化，仍须经过必要的提炼与加工。这是由于文化资料原先都是从人们的实践过程中逐步形成的，客观化、形式化的文化一旦形成，同未参与文化创造过程的对象是脱节的。只有被受教育者体验了文化创造过程并纳入其人格的文化，即真正被他们内化了的文化，才堪称有教育价值的文化。而只有经过教育者特殊的选择、提炼的文化，才可能使受教育者内化。人类发现二项式定理曾经花了很长时间，而学生在一小时内就能学会二项式定理。这固然是由于这种场合属于"科学再生产"过程，可以直接运用科学生产过程的结果（教育者"内化"了二项式定理）而节省了科学探索时间。然而，已有的文化成果能在如此短的时间内被学生内化，同教育者对原有文化成果进行深入浅出的提炼有关。

尽管几乎任何教育主管当局无不对价值—规范文化的抉择慎之又慎，然而，不为主流文化所取的种种非主流文化（虽然有些被淘汰，以至湮没）也会有自发与自觉的流传。尤其是在主流文化尚不成熟的情况下，非主流文化的影响往往更大，而自觉地传播非主流文化，往往同文化思想领域中的阶级斗争有关。所以，非主流文化常在教育过程之外，甚至也在教育过程之中影响教育对象。

（二）课程内容应遵循的基本原则

（1）思想性　坚持辩证唯物主义和历史唯物主义，加强中国特色社会主义教育，充分反映习近平新时代中国特色社会主义思想，全面落实社会主义核心价值观的基本内容和要求，提升道德修养，有机融入中华优秀传统文化、革命文化、社会主义先进文化、法治意识、国家安全、民族团结和生态文明等教育，充分体现中国特色。

（2）时代性　充分反映马克思主义中国化最新成果、当代社会进步、科技发展和学科发展前沿，充分体现先进的教育思想和教育理念，紧密联系学生生活经验，及时更新教学内容。

（3）基础性　面向全体学生，依据学生发展核心素养，精选学生终身发展必备的基础知识和基本技能，打牢学生成长的共同基础。注重培养学生的学习兴趣、学习能力和探索精神，注重培养分析问题、解决问题的能力。合理控制学生的课业负担。

（4）选择性　适应国家人才培养需要，在保证每个学生达到共同基本要求的前提下，充分考虑学生不同的发展需求，结合学科特点，遵循学习科学的基本原理，分类分层设计可选择的课程，满足学生不同学习需要，促进学生发展。

（5）关联性　注重学科内容选择、活动设计与学生发展核心素养养成的有机联系。关注学科间的联系与整合。增强课程内容与社会生活、高等教育和职业发展的内在联系。

T2. 德智体美劳是构成人的全面发展的基础素质

五育并举就是在学校教育中全面实施德育、智育、体育、美育和劳动教育，不能有所偏废。五育并举的提出与有效实现我国的教育目的是密切关联的，两者是目的和手段的关系。我国教育目的的核心内容是培养德智体美劳全面发展的社会主义建设者和接班人，为了达成这一目标，各级教育特别是基础教育必须切实把推动五育并举的工作落实到教育工作的各个方面、各个环节中，否则教育的过程就与培养目标相脱离，培养全面发展的人这一目的就会落空。

要把保证每个学生在五育的每个方面都达到合格的标准当作学校工作的基本任务，并在这个意义上理解一个都不能少、一个方面都不能少的道理。如果一遇到考试不考或少考的情况，就把德育、体育、美育、劳动教育等放到一边，说明我们的教育还没有真正摆脱传统教育价值观的束缚，学校仍是“科举考试”的附庸和工具，而不是培养全面发展的人的基地。

近些年，我国在推进素质教育方面举步维艰，其中一个重要的原因，就是过度依赖升学考试对教育改革的“指挥棒”作用。目前一些地方推进五育并举也同样遵循用升学考试拉动的思路。不少人坚持认为：“既然中考、高考能导向应试教育，那么设计良好的中考、高考方案为什么不能导向素质教育？”我认为这种想法最终会落空。因为用升学考试拉动应试教育属于功能契合关系，在实施中具有很强的针对性和可操作性；而用升学考试引导素质教育是功能冲突关系，在实施中必然陷入各种矛盾冲突的怪圈之中。比如，减轻学生学业负担与升学考试强调难度和区分度、追求选拔效率的矛盾；控制考试的总体时间和科目与增加考试科目、全面考查学生各方面发展水平的矛盾；学生创新能力和实践能力所表现出的丰富性与多样性等不确定性特征与为了保证考试的公平性和公正性，试题答案必须具有确定性特征的矛盾。也就是说，由于人的能力与个性的形成、发展和表现方式极其复杂，中考、高考这种短时间集中测试的方式只能测评出学生的某些能力，而不可能准确测评出学生全面发展的水平。就目前的考试技术来看，以升学考试来推动五育并举目标的实现，确实存在着“考不过来”和“考不出来”的问题，它对推进五育并举的作用是有限的。这说明推进五育并举的前提是全面转变教育观念，紧紧围绕着全面发展的教育目的和立德树人的根本任务进行综合改革，考试改革只是新观念指导下的改革举措之一。

T3. 中国精神

伟大建党精神是中国共产党的精神之源。我们党之所以历经百年而风华正茂、饱经磨难而生生不息，就是凭着那么一股革命加拼命的强大精神。一百年前，中国共产党的先驱们创建了中国共产党，形成了坚持真理、坚守理想、践行初心、担当使命，不怕牺牲、英勇斗争，对党忠诚、不负人民的伟大建党精神，这是中国共产党的精神之源。一百年来，中国共产党弘扬伟大建党精神，在长期奋斗中构建起中国共产党人的精神谱系，锤炼出鲜明的政治品格。历史川流不息，精神代代相传。我们要继续弘扬光荣传统、赓续红色血脉，永远把伟大建党精神继承下去、发扬光大。

我们要永远把46个中国精神继承下去、发扬光大：伟大建党精神、井冈山精神、苏区精神、长征精神、遵义会议精神、延安精神、抗战精神、红岩精神、西柏坡精神、照金精神、东北抗联精神、南泥湾精神、太行精神、大别山精神、沂蒙精神、老区精神、张思德精神、抗美援朝精神、“两弹一星”精神、雷锋精神、焦裕禄精神、大庆精神、红旗渠精神、北大荒精神、塞罕坝精神、“两路”精神、老西藏精神、西迁精神、王杰精神、改革开放精神、特区精神、抗洪精神、抗击“非典”精神、抗震救灾精神、载人航天精神、劳模精神、青藏铁路精神、女排精神、脱贫攻坚精神、抗疫精神、“三牛”精神、科学家精神、企业家精神、探月精神、新时代北斗精神、丝路精神。

相关政策

P1. 我国现行课程方案

（一）义务教育课程方案

1. 2001版和2022版义务教育课程设置实验方案

课程方案：见表7–5、表7–6。

表7–5　义务教育课程设置表（2001版）

<table>
<tr><td>年级</td><td>一</td><td>二</td><td>三</td><td>四</td><td>五</td><td>六</td><td>七</td><td>八</td><td>九</td></tr>
<tr><td rowspan="14">课程门类</td><td colspan="9">语 文</td></tr>
<tr><td colspan="9">数 学</td></tr>
<tr><td colspan="9">外 语</td></tr>
<tr><td>品德与
生活</td><td></td><td colspan="4" rowspan="4">品德与社会
历史与社会或
历史
地理</td><td colspan="3">思想品德</td></tr>
<tr><td></td><td></td><td></td><td></td><td></td></tr>
<tr><td></td><td></td><td></td><td></td><td></td></tr>
<tr><td></td><td></td><td></td><td></td><td></td></tr>
<tr><td></td><td colspan="4" rowspan="3">科学
物理
生物
化学</td><td colspan="3">科学或</td><td></td></tr>
<tr><td></td><td></td><td></td><td></td><td></td></tr>
<tr><td></td><td></td><td></td><td></td><td></td></tr>
<tr><td></td><td colspan="7">综合实践活动</td><td></td></tr>
<tr><td colspan="6">体育</td><td colspan="3">体育与健康</td></tr>
<tr><td colspan="9">艺术（或音乐、美术）</td></tr>
<tr><td colspan="9">地方与学校编制的课程</td></tr>
</table>

表7–6　义务教育课程类别与科目设置（2022版）

<table>
<tr><th>类别</th><th>科目</th><th>年级</th></tr>
<tr><td rowspan="12">国家课程</td><td>道德与法治</td><td>一至九年级</td></tr>
<tr><td>语文</td><td>一至九年级</td></tr>
<tr><td>数学</td><td>一至九年级</td></tr>
<tr><td>外语</td><td>三至九年级</td></tr>
<tr><td>历史、地理</td><td>七至九年级</td></tr>
<tr><td>科学</td><td>一至六年级</td></tr>
<tr><td>物理、化学、生物学（或科学）</td><td>七至九年级</td></tr>
<tr><td>信息科技</td><td>三至八年级</td></tr>
<tr><td>体育与健康</td><td>一至九年级</td></tr>
<tr><td>艺术</td><td>一至九年级</td></tr>
<tr><td>劳动</td><td>一至九年级</td></tr>
<tr><td>综合实践活动</td><td>一至九年级</td></tr>
<tr><td>地方课程</td><td colspan="2">由省级教育行政部门规划设计</td></tr>
<tr><td>校本课程</td><td colspan="2">由学校按规定设置</td></tr>
</table>

2. 说明

（1）表7–7每门课的课时比例有一定弹性幅度。

（2）九年总课时按每学年35周上课时间计算。机动时间2周，由学校视具体情况自行安排，如学校传统活动、文化节、运动会、远足等。复习考试时间2周，初中最后一年的第二学期毕业复习考试增加2周。寒暑假、国家法定节假日共13周。

（3）科目设置说明。

表7–7　义务教育课程设置及比例（2001版）

<table>
<tr><th>年级</th><th>一</th><th>二</th><th>三</th><th>四</th><th>五</th><th>六</th><th>七</th><th>八</th><th>九</th><th>九年课时总计（比例）</th></tr>
<tr><td rowspan="10">课程门类</td><td>品德与生活</td><td>品德与生活</td><td>品德与社会</td><td>品德与社会</td><td>品德与社会</td><td>品德与社会</td><td>思想品德</td><td>思想品德</td><td>思想品德</td><td>7%~9%</td></tr>
<tr><td></td><td></td><td></td><td></td><td></td><td></td><td colspan="3">历史与社会（或选择历史、地理）</td><td>3%~4%</td></tr>
<tr><td></td><td></td><td>科学</td><td>科学</td><td>科学</td><td>科学</td><td colspan="3">科学（或选择生物、物理、化学）</td><td>7%~9%</td></tr>
<tr><td>语文</td><td>语文</td><td>语文</td><td>语文</td><td>语文</td><td>语文</td><td>语文</td><td>语文</td><td>语文</td><td>20%~22%</td></tr>
<tr><td>数学</td><td>数学</td><td>数学</td><td>数学</td><td>数学</td><td>数学</td><td>数学</td><td>数学</td><td>数学</td><td>13%~15%</td></tr>
<tr><td></td><td></td><td>外语</td><td>外语</td><td>外语</td><td>外语</td><td>外语</td><td>外语</td><td>外语</td><td>6%~8%</td></tr>
<tr><td colspan="6">体育</td><td colspan="3">体育与健康</td><td>10%~11%</td></tr>
<tr><td colspan="8">艺术（或选择音乐、美术）</td><td></td><td>9%~11%</td></tr>
<tr><td></td><td></td><td colspan="7">综合实践活动</td><td></td></tr>
<tr><td colspan="9">地方与学校编制的课程</td><td>16%~20%</td></tr>
<tr><td>周总课时数（节）</td><td>26</td><td>26</td><td>30</td><td>30</td><td>30</td><td>30</td><td>34</td><td>34</td><td>34</td><td>274</td></tr>
<tr><td>学年总课时数（节）</td><td>910</td><td>910</td><td>1050</td><td>1050</td><td>1050</td><td>1050</td><td>1190</td><td>1190</td><td>1122</td><td>9522</td></tr>
</table>

说明：以上各表按“六三”学制安排，“五四”学制可参考确定。

表7-8　各科目安排及占九年总课时比例（2022版）

<table>
<tr><th>年级</th><th>一</th><th>二</th><th>三</th><th>四</th><th>五</th><th>六</th><th>七</th><th>八</th><th>九</th><th>九年课时总计（比例）</th></tr>
<tr><td rowspan="12">国家课程</td><td colspan="9">道德与法治</td><td>6%~8%</td></tr>
<tr><td colspan="9">语文</td><td>20%~22%</td></tr>
<tr><td colspan="9">数学</td><td>13%~15%</td></tr>
<tr><td colspan="9">外语</td><td>6%~8%</td></tr>
<tr><td></td><td></td><td></td><td></td><td></td><td></td><td colspan="3">历史、地理</td><td>3%~4%</td></tr>
<tr><td colspan="6">科学</td><td colspan="3">物理、化学、生物学（或科学）</td><td>7%~9%</td></tr>
<tr><td></td><td></td><td colspan="6">信息科技</td><td></td><td>1%~3%</td></tr>
<tr><td colspan="9">体育与健康</td><td>10%~11%</td></tr>
<tr><td colspan="9">艺术</td><td>9%~11%</td></tr>
<tr><td colspan="9">劳动</td><td rowspan="5">14%~18%</td></tr>
<tr><td colspan="9">综合实践活动</td></tr>
<tr><td colspan="9"></td></tr>
<tr><td>地方课程</td><td colspan="9">由省级教育行政部门规划设计</td></tr>
<tr><td>校本课程</td><td colspan="9">由学校按规定设置</td></tr>
<tr><td>周总课时数（节）</td><td>26</td><td>26</td><td>30</td><td>30</td><td>30</td><td>30</td><td>34</td><td>34</td><td>34</td><td></td></tr>
<tr><td>学年总课时数（节）</td><td>910</td><td>910</td><td>1050</td><td>1050</td><td>1050</td><td>1050</td><td>1190</td><td>1190</td><td>1122</td><td>9522</td></tr>
</table>

小学开设英语课程的起始年级一般为三年级。各省、自治区、直辖市教育行政部门可结合实际，确定本地区小学开设英语课程的工作目标和步骤。初中阶段开设外语课程的语种，可在英语、日语、俄语等语种中任选一种。外国语学校或其他有条件的学校可开设第二外语。民族地区的中小学校，外语课程的设置由省级教育行政部门决定。

体育课和体育与健康课，均应贯彻“健康第一”的原则。7~9年级可结合相关体育活动，使学生了解一些体育健康知识，但必须充分保证学生参加体育活动的时间。

小学阶段的课程以综合课程为主，初中阶段设综合或分科课程，供地方和学校自主选择。初中阶段的学校在选择分科与综合相结合的课程时，若选择科学、历史、地理，可相应减少自然地理的内容；若选择历史与社会、生物、物理、化学，则应安排自然地理的内容。

艺术课程九年一贯开设，学校可以选择综合课程“艺术”也可以选择分科课程“音乐”、“美术”，综合课程与分科课程只能择其一，不可兼选。

综合实践活动是国家规定的必修课，其具体内容由地方和学校根据教育部的有关要求自主开发或选用。综合实践活动的课时可与地方、学校自主使用的课时结合在一起使用，可以分散安排，也可以集中安排。为培养学生的创新精神和实践能力，各门课程普遍增加了实践活动，学校在做学年教学安排时，应根据活动的性质和内容，统筹合理安排。

（4）晨会、班队会、科技文体活动等，由学校自主安排。

（5）各门课程均应结合本学科特点，有机地进行思想道德教育。环境、健康、国防、安全等教育应渗透在相应的课程中。

（6）省级教育行政部门可根据本省不同地区社会、经济、文化发展的实际情况，制定不同的课程计划；学年课时总数和周课时数应控制在国家所规定的范围内；根据教育部关于地方课程、学校课程管理与开发的指导意见，提出本省地方课程、学校课程管理与开发的具体要求，并报教育部备案。

（7）民族学校、复式教学点、简易小学等学校的课程设置，由省级教育行政部门自主决定。

比较表7-2和表7-3，表7-4和表7-5，2022年版义务教育课程方案的主要变化如下。

一是完善了培养目标。全面落实习近平总书记关于培养担当民族复兴大任时代新人的要求，结合义务教育性质及课程定位，从有理想、有本领、有担当三个方面，明确义务教育阶段时代新人培养的具体要求。

二是优化了课程设置。落实党中央、国务院“双减”政策要求，在保持义务教育阶段九年 9522 总课时数不变的基础上，调整优化课程设置。将小学原品德与生活、品德与社会和初中原思想品德整合为“道德与法治”，进行一体化设计。改革艺术课程设置，一至七年级以音乐、美术为主线，融入舞蹈、戏剧、影视等内容，八至九年级分项选择开设。将劳动、信息科技从综合实践活动课程中独立出来。科学、综合实践活动起始年级提前至一年级。

三是细化了实施要求。增加课程标准编制与教材编写基本要求；明确省级教育行政部门和学校课程实施职责、制度规范，以及教学改革方向和评价改革重点，对培训、教科研提出具体要求；健全实施机制，强化监测与督导要求。

详述具体变化内容如下。

每学年 39 周，一至八年级，新授课时间 35 周，复习考试 2 周。九年级新授课时间 33 周，第一学期复习考试 1 周，第二学期毕业复习考试 3 周。机动时间可安排劳动、科技文体活动等。学校机动时间未变。小学每课时按 40 分钟计，初中 45 分钟。

历史、地理在初中阶段开设，实行“五四”学制的地区，可从六年级开设地理。

小学阶段开设英语，起始年级为三年级；有条件的地区和学校可在一至二年级开设，以听说为主。初中阶段开设外语，可在英语、日语、俄语等语种中任选一种。

科学在一至九年级开设（初中阶段可选择分科开设物理、化学、生物学）。初中阶段若选择开设科学，需统筹科学和地理中自然地理学习内容。

信息科技在三至八年级独立开设。

艺术在一至九年级开设，其中一至二年级包括唱游·音乐、造型·美术；三至七年级以音乐、美术为主，融入舞蹈、戏剧（含戏曲）、影视（含数字媒体艺术）相关内容；八至九年级包括音乐、美术、舞蹈、戏剧（含戏曲）、影视（含数字媒体艺术）等，学生至少选择两项学习。

综合实践活动侧重跨学科研究性学习、社会实践。一至九年级开展班团队活动，内容由学校安排。

地方课程由省级教育行政部门规划设置，原则上在部分年级开设。校本课程由学校按规定设置。

专题教育以渗透为主，融合到相关科目中，原则上不独立设课。

有关科目的教学时间具体要求：书法在三至六年级语文中每周安排 1 课时；劳动、综合实践活动每周均不少于 1 课时；班团队活动原则上每周不少于 1 课时；地方课程不超过九年总课时的 3%（使用地方课程课时在小学一至二年级开设外语的，不超过 4%）；劳动、综合实践活动、班团队活动、地方课程与校本课程课时可统筹使用，可分散安排，也可集中安排。

各地各校要统筹课内外学习安排，有效利用课后服务时间，创造条件开展体育锻炼、艺术活动、科学探究、班团队活动、劳动与社会实践等，发展学生特长。

（二）《普通高中课程方案（实验）》（节选）

1. 课程方案

普通高中课程实验方案于2003年颁布，将于2004年开始实验。（参见图7-1、表7-9）

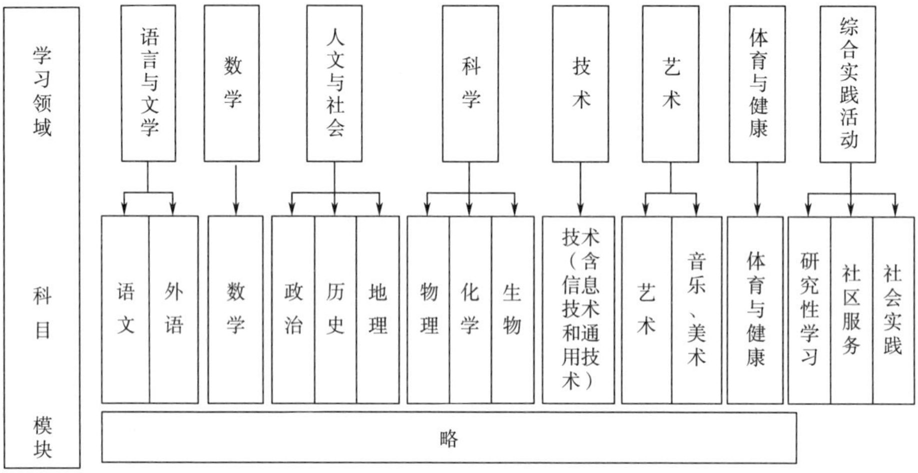

图7-1 普通高中课程体系与结构

表7-9 课程设置与学分配置

学习领域	科目	必修学分（共计116学分）	选修学分Ⅰ	选修学分Ⅱ
语言与文学	语文	10	根据社会对人才多样化的需求，适应学生不同潜能和发展的需要，在共同必修的基础上，各科课程标准分类别、分层次设置若干选修模块，供学生选择	学校根据当地社会、经济、科技、文化发展的需要和学生的兴趣，开设若干选修模块，供学生选择
	外语	10		
数学	数学	10		
人文与社会	思想政治	8		
	历史	6		
	地理	6		
科学	物理	6		
	化学	6		
	生物	6		
技术	技术（含信息技术和通用技术）	8		
艺术	艺术或音乐、美术	6		
体育与健康	体育与健康	11		
综合实践活动	研究性学习活动	15		
	社区服务	2		
	社会实践	6		

2. 课程设置及其说明

普通高中学制为三年。课程由必修和选修两部分构成，并通过学分描述学生的课程修习状况。具体设置如表7-9所示。

（1）每学年52周，其中教学时间40周，社会实践1周，假期（包括寒暑假、节假日和农忙假）11周。

（2）每学期分两段安排课程，每段10周，其中9周授课，1周复习考试。每个模块通常为36学时，一般按周4学时安排，可在一个学段内完成。

（3）学生学习一个模块并通过考核，可获得2学分（其中体育与健康、艺术、音乐、美术每个模块原则上为18学时，相当于1学分），学分由学校认定。技术的8个必修学分中，信息技术和通用技术各4学分。

（4）学生毕业的学分要求：学生每学年在每个学习领域都必须获得一定学分，三年中获得116个必修学分（包括研究性学习15学分，社区服务2学分，社会实践6学分），在选修II中至少获得6学分，总学分达到144方可毕业。

三、2020年版普通高中课程方案修订的主要内容和变化：

（一）关于课程方案

1. 进一步明确了普通高中教育的定位。我国普通高中教育是在义务教育基础上进一步提高国民素质、面向大众的基础教育，任务是促进学生全面而有个性的发展，为学生适应社会生活、高等教育和职业发展作准备，为学生的终身发展奠定基础。普通高中的培养目标是进一步提升学生综合素质，着力发展核心素养，使学生具有理想信念和社会责任感，具有科学文化素养和终身学习能力，具有自主发展能力和沟通合作能力。

2. 进一步优化了课程结构。一是保留原有学习科目，调整外语规划语种，在英语、日语、俄语基础上，增加德语、法语和西班牙语。二是将课程类别调整为必修课程、选择性必修课程和选修课程，在保证共同基础的前提下，为不同发展方向的学生提供有选择的课程。三是进一步明确各类课程的功能定位，与高考综合改革相衔接：必修课程根据学生全面发展需要设置，全修全考；选择性必修课程根据学生个性发展和升学考试需要设置，选修选考；选修课程由学校根据实际情况统筹规划开设，学生自主选择修习，学而不考或学而备考，为学生就业和高校招生录取提供参考。四是合理确定各类课程学分比例，在毕业总学分不变的情况下，对原必修课程学分进行重构，由必修课程学分、选择性必修课程学分组成，适当增加选修课程学分，既保证基础性，又兼顾选择性。

3. 强化了课程有效实施的制度建设。进一步明确课程实施环节的责任主体和要求，从课程标准、教材、课程规划、教学管理，以及评价、资源建设等方面，对国家、（省、自治区、直辖市）、学校分别提出了要求。增设“条件保障”部分，从师资队伍建设、教学设施和经费保障等方面提出具体要求。增设“管理与监督”部分，强化各级教育行政部门和学校课程实施的责任。

（二）关于学科课程标准

1. 凝练了学科核心素养。中国学生发展核心素养是党的教育方针的具体化、细化，为建立核心素养与课程教学的内在联系，充分挖掘各学科课程教学对全面贯彻党的教育方针、落实立德树人根本任务、发展素质教育的独特育人价值，各学科基于学科本质凝练了本学科的核心素养，明确了学生学习该学科课程后应达成的正确价值观、必备品格和关键能力，对知识与技能、过程与方法、情感态度与价值观三维目标进行了整合。课程标准还围绕核心素养的落实，精选、重组课程内容，明确内容要求，指导教学设计，提出考试评价和教材编写建议。

2. 更新了教学内容。进一步精选了学科内容，重视以学科大概念为核心，使课程内容结构化，以主题为引领，使课程内容情境化，促进学科核心素养的落实。结合学生年龄特点和学科特征，课程内容落实习近平新时代中国特色社会主义思想，有机融入社会主义核心价值观、中华优秀传统文化、革命文化和社会主义先进文化教育内容，呈现经济、政治、文化、科技、社会、生态等发展的新成就、新成果，充实丰富培养学生社会责任感、创新精神、实践能力相关内容。

3. 研制了学业质量标准。各学科明确学生完成本学科学习任务后，学科核心素养应该达到的水平，各水平的关键表现构成评价学业质量的标准。引导教学更加关注育人目的，更加注重培养学生核心素养，更加强调提高学生综合运用知识解决实际问题的能力，帮助教师和学生把握教与学的深度和广度，为阶段性评价、学业水平考试和升学考试命题提供重要依据，促进教、学、考有机衔接，形成育人合力。

4. 增强了指导性。本着为编写教材服务、为教学服务、为考试 服务的原则，突出课程标准的可操作性，切实加强对教材编写、教学实施、考试评价的指导。课程标准通俗易懂，逻辑更清晰，原则上每个模块或主题由“内容要求”“教学提示”“学业要求”组成，大部分学科增加了教学与评价案例，同时依据学业质量标准细化评价目标，增强了对教学和评价的指导性。

本次修订是深化普通高中课程改革的重要环节，直接关系育人质量的提升。普通高中课程方案和课程标准必须在教育教学实践中接受检验，不断完善。可以预期，广大教育工作者将在过去十余年改革的基础上，在丰富而生动的教育教学实践中，不断提高课程实施水平，推动普通高中课程改革不断深化，共创普通高中教育的新辉煌，为实现国家教育现代化、建设教育强国作出新贡献。

毕业学分要求：学生完成相应课程规定课时的学习并考试（考核）合格，即可获得相应学分。学生毕业学分最低要求为 144 学分。其中，必修课程 88 学分，选择性必修课程 42 学分，选修课程14学分。

P2.《普通高等学校教材管理办法 》(节选)

第五条　在国家教材委员会指导和统筹下，高校教材实行国务院教育行政部门、省级教育部门和高校分级管理。

第九条　高校教材实行国家、省、学校三级规划制度。各级规划应有效衔接，各有侧重，适应不同层次、不同类型学校人才培养和教学需要。

第十三条　教材编写依据教材建设规划以及学科专业或课程教学标准，服务高等教育教学改革和人才培养。教材编写应符合以下要求：

（一）以马克思列宁主义、毛泽东思想、邓小平理论、“三个代表”重要思想、科学发展观、习近平新时代中国特色社会主义思想为指导，有机融入中华优秀传统文化、革命传统、法治意识和国家安全、民族团结以及生态文明教育，努力构建中国特色、融通中外的概念范畴、理论范式和话语体系，防范错误政治观点和思潮的影响，引导学生树立正确的世界观、人生观和价值观，努力成为德智体美劳全面发展的社会主义建设者和接班人。

（二）坚持理论联系实际，充分反映中国特色社会主义实践，反映相关学科教学和科研最新进展，反映经济社会和科技发展对人才培养提出的新要求，全面准确阐述学科专业的基本理论、基础知识、基本方法和学术体系。选文篇目内容积极向上、导向正确，选文作者历史评价正面，有良好的社会形象。

（三）遵循教育教学规律和人才培养规律，能够满足教学需要。结构严谨、逻辑性强、体系完备，能反映教学内容的内在联系、发展规律及学科专业特有的思维方式。体现创新性和学科特色，富有启发性，有利于激发学习兴趣及创新潜能。

（四）编排科学合理，符合学术规范。遵守知识产权保护等国家法律、行政法规，不得有民族、地域、性别、职业、年龄歧视等内容，不得有商业广告或变相商业广告。

第十八条　高校教材实行分级分类审核，坚持凡编必审。

国家统编教材由国家教材委员会审核。

中央有关部门、省级教育部门审核本部门组织编写的教材。高校审核本校组织编写的教材。专家学者个人编写的教材由出版机构或所在单位组织专家审核。

教材出版部门成立专门政治把关机构，建强工作队伍和专家队伍，在所编修教材正式送审前，以外聘专家为主，进行专题自查，把好政治关。

P3.《习近平新时代中国特色社会主义思想进课程教材指南》（节选）

为扎实推进习近平新时代中国特色社会主义思想进课程教材，落实立德树人根本任务，培养德智体美劳全面发展的社会主义建设者和接班人，制定本指南。

一、重大意义（参见第五章第二节P2）

二、基本原则

（一）坚持系统安排，（二）实现全面覆盖，（三）结合学科特点，（四）注重适宜实效。

三、总体目标

习近平新时代中国特色社会主义思想进课程教材的整体布局与分科安排科学有序，学科学段环节全面覆盖，思想内涵充分阐释，学习要求循序渐进、螺旋上升，全面提升课程教材铸魂育人功能，教育引导学生树立共产主义远大理想和中国特色社会主义共同理想，坚定"四个自信"，厚植爱国主义情怀，把爱国情、强国志、报国行自觉融入建设社会主义现代化强国、实现中华民族伟大复兴的奋斗之中。

四、主要内容（参见第五章第二节P2）

五、学段要求

习近平新时代中国特色社会主义思想进课程教材应结合不同学段学生的特点，遵循学生认知规律，统筹安排，系统有效实施。

（一）小学阶段

小学阶段重在启蒙引导，在幼小心灵里埋下爱党爱国爱社会主义的种子。主要通过讲故事和描述性语言，运用生动具体、形象直观的方式，注重体验教育，通过"看到什么""听到什么"，让学生知道中国共产党是为中国人民谋幸福、为中华民族谋复兴的党，知道中国共产党是中国人民和中华民族的主心骨，知道习近平总书记是全党全国人民的领路人，知道中华民族伟大复兴的奋斗目标和新时代"两步走"战略安排，知道只有坚持中国共产党领导才能实现全体人民共同富裕和中华民族伟大复兴的目标，增强国家认同感，从小立志听党话、跟党走。

（二）初中阶段

初中阶段重在感性体验和知识学习相结合，促进形成基本政治判断和政治观点，打牢思想基础。主要以具体事实、鲜活案例、生活体验和基本概念，引导学生进行初步理性思考，通过呈现中国共产党带领全国各族人民取得的历史性成就和创造的“两大奇迹”，从“是什么”的角度帮助学生初步理解习近平新时代中国特色社会主义思想的核心要义，增强学生集体荣誉感、社会责任感、民族自豪感，引导学生热爱党、热爱祖国、热爱人民。

（三）高中阶段

高中阶段重在实践体认和理论学习相结合，促进理性认同，提升政治素质。主要运用观察、辨析、反思和实践等形式，引导学生从“怎么做”的角度理解坚持和发展中国特色社会主义的行动纲领，把握习近平新时代中国特色社会主义思想精神实质，帮助学生知其言更知其义，树立共产主义远大理想和中国特色社会主义共同理想，增强“四个自信”。

六、课程安排

习近平新时代中国特色社会主义思想进课程教材要根据不同学科专业特点和学科专业内容，按照系统讲述与分领域分专题阐释相结合的方式，把握总论与分论、理论与现实、宏观与微观、显性与隐性的关系，做到科学编排、有机融入、系统展开。

（一）思政课程

（二）哲学社会科学课程

教育学类课程教材要系统阐释习近平总书记关于教育的重要论述。讲清楚教育改革发展必须坚持的“新理念新思想新观点”，即“坚持党对教育事业的全面领导，坚持把立德树人作为根本任务，坚持优先发展教育事业，坚持社会主义办学方向，坚持扎根中国大地办教育，坚持以人民为中心发展教育，坚持深化教育改革创新，坚持把服务中华民族伟大复兴作为教育的重要使命，坚持把教师队伍建设作为基础工作”。使学生认识到习近平总书记关于教育的重要论述开创了马克思主义教育思想新境界，为加快推进教育现代化、建设教育强国、办好人民满意的教育、培养德智体美劳全面发展的社会主义建设者和接班人提供了行动指南。

（三）其他课程

P4.《新时代学校思想政治理论课改革创新实施方案》（节选）

二、课程目标体系

（一）小学阶段重在培养学生的道德情感。

（二）初中阶段重在打牢学生的思想基础。

（三）高中阶段重在提升学生的政治素养。

三、课程体系

（一）小学、初中阶段

小学、初中阶段开设“道德与法治”必修课程，课程教学内容主要包括中国特色社会主义、品德、法律常识、中华文化、心理健康等，课时占小学、初中阶段九年总课时的6%~8%。

（二）高中阶段

1. 普通高中课程设置

立足学习习近平总书记最新重要讲话精神，普通高中开设“思想政治”必修课程和选择性必修课程。

必修课程教学内容包括中国特色社会主义、经济与社会、政治与法治、哲学与文化，共6学分。

选择性必修课程围绕当代国际政治与经济、法律与生活、逻辑与思维等开展教学，共6学分。

2. 中等职业学校课程设置

中等职业学校（含技工学校）开设“思想政治”必修课程和选修课程。

必修课程教学内容包括中国特色社会主义、心理健康与职业生涯、哲学与人生、职业道德与法治，共144学时。

围绕时事政策教育，中华优秀传统文化、革命文化、社会主义先进文化教育，法律与职业教育，国家安全教育，民族团结进步教育，就业创业创新教育，公共卫生安全教育等教学内容，开设选修课程，不少于36学时。

四、课程内容

在各学段现有课程内容基础上，重点强化习近平新时代中国特色社会主义思想进课程进教材，培育和践行社会主义核心价值观，推进法治教育、劳动教育、总体国家安全观教育、公共卫生安全教育等方面内容的全面融入，实现学段纵向衔接、逐层递进，学科、课程协同联动。

（一）小学课程。以学生的生活为基础，主要讲授学生与自我、家庭、班级、社会、国家、世界、自然等的关系，结合“看到什么”“听到什么”，了解中国特色社会主义的由来与发展，懂得当代中国怎样从站起来、富起来到强起来的奋斗历程，初步了解新时代“两步走”战略安排，帮助小学生从情感上认同伟大祖国、中华民族、中华文化、中国共产党、中国特色社会主义。

（二）初中课程。以学生的体验为基础，主要讲授个人和集体、自我和时代、社会规则和社会秩序、社会责任和社会担当、宪法和法律、国家利益和国家目标、中国和世界等内容，通过呈现党和国家事业在各方面取得的历史性成就，引导学生明确“是什么”，树立“四个自信”。

（三）高中课程。以学生的认知为基础，讲授中国特色社会主义的开创与发展，习近平新时代中国特色社会主义思想的丰富内涵、思想精髓和理论意义，帮助学生理解社会主义基本经济制度、中国特色社会主义政治发展道路、中华优秀传统文化、革命文化和社会主义先进文化等内容，引导学生理解“为什么”，坚定“四个自信”。中等职业学校（含技工学校）课程还要体现职业教育特色，加强对学生的心理健康与职业道德教育。

五、教材体系建设

（一）完善教材编审制度。

（二）健全一体化教材建设机制。

（三）加强教材研究。

（四）构建立体化教材体系。

数据资源

D1. 小学生态文明教育内容统计分析

1. 冀教版小学科学教材中生态文明教育内容总量统计

冀教版小学科学教材每年级有两册，3~6 年级共 8 册，将符合生态文明教育的内容挑选出来，进行单元数、节数、页数的统计，得到图 7–2。

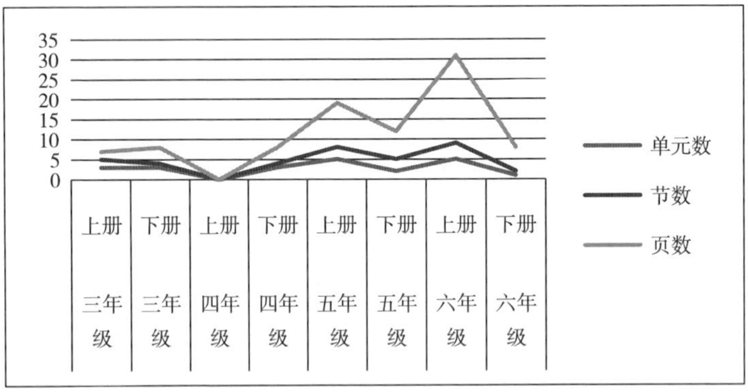

图 7–2 冀教版生态文明教育内容总量统计图

由图可见，①从单元数方面来看，可以看出冀教版科学教材中每册教材中所包含生态文明教育内容的单元数相差不大，基本在 5 单元以内，但依然呈现三、四年级内容偏少，五、六年级内容偏多现象。②从章节数方面来看，生态文明教育呈现三、四年级内容少，五、六年级内容多的现象。③从页数方面来看，基本呈现内容随年级升高而增多的现象。综合以上可以看出冀教版生态文明教育内容总体呈现随年级升高而增多的趋势，符合学生随年龄增长认知能力提升的身心发展状况。但是四年级上册生态文明教育内容缺失，生态文明教育易出现中断，不利于生态文明教育的连贯性。

2. 苏教版小学科学教材中生态文明教育内容总量统计（图 7–3）

苏教版小学科学教材每年级有两册，3~6 年级共 8 册，将符合生态文明教育的内容挑选出来，进行单元数、节数、页数的统计，得到如下统计图。

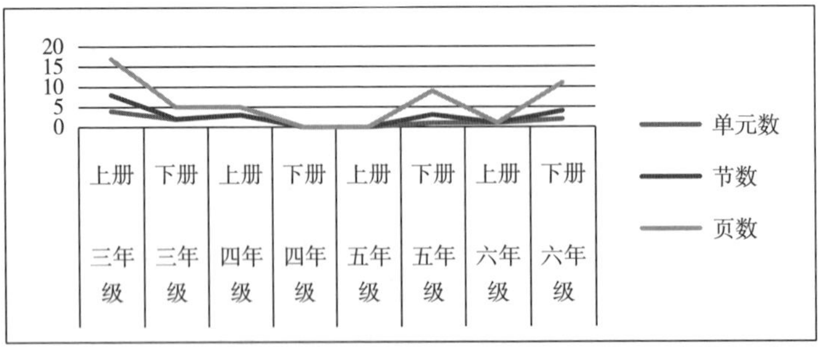

图 7–3 苏教版生态文明教育内容总量统计

从图可以看出，①从单元数方面来看，苏教版科学教材中每年级教材中所包含生态文明教育内容的单元数差距较大，三年级最多为6单元，四、五、六年级基本相同，均为2单元左右。②从节数方面来看，生态文明教育呈现三、六年级内容多，四、五年级内容少的现象，并且存在四年级下册、五年级上册没有的情况，呈现两端多中间少的U型现象。③从页数方面来看，波动最大，总体呈现两端多中间少的现象。可以看出，四年级下册、五年级上册生态文明教育内容缺失，出现生态文明教育断层，不利于学生生态文明教育的连贯性。

3. 两版科学教材生态文明内容总量的比较（表7-10）

表7-10 两版科学教材中生态文明教育内容总量统计表

年级 冀教版		单元数		节数		页数	
		苏教版	冀教版	苏教版	冀教版	苏教版	冀教版
三年级	上册	3	4	5	8	7	17
	下册	3	2	4	2	8	5
四年级	上册	0	3	0	3	0	5
	下册	3	0	4	0	8	0
五年级	上册	5	0	8	0	19	0
	下册	2	1	5	3	12	9
六年级	上册	5	1	9	1	31	1
	下册	1	2	2	4	8	11
合计		22	13	37	21	93	48

注：冀教版每册后面有“评价表”单元，在统计过程中没有统计在内；苏教版每册后面有“活动记录”单元，在统计过程中没有统计在内。

通过上面的数据分析，可以看出的结果是：①从单元数来看，可以看出这两个版本科学教材中每本教材中所包含生态文明教育内容的单元数是不同的，但基本相差不大。此外，每版教材中各个年级所包含的单元数基本相对稳定，但都存在一个年级特别少的情况，比如冀教版的四年级和苏教版的五年级。②从章节数来看，可以看出苏教版和冀教版两版教材中所包括生态文明教育的章节数差别很大，冀教版的章节比苏教版多出 17 节。另外，从三年级到六年级整个过程看，章节数随着年级的升高，差距也越来越明显，五六年级差异最大。③从页数来看，可以看出两版教材中冀教版的“厚度”远大于苏教版的“厚度”，且“厚度”随着年级的增加“厚度”差异也变大。并且，通过对表分析可以看出，四年级两版本教材的生态文明教育内容都较少，是生态文明教育的薄弱时期。因此在教材编订时应注意填补这一漏洞，使生态文明教育内容贯穿教学的始终。

通过上述分析，可以发现冀教版科学教材在生态文明教育内容编排过程中，采用“纵向稳定发展，横向稳步增加”的方式。纵向与横向生态文明教育知识持续增加相结合，使学生循序渐进地接受知识。苏教版科学教材在生态文明教育内容编排过程中，采用“纵向稳定发展，横向先减少后增加”的方式，不能满足随学生身心发展，对知识的需求量。

4. 两版教材中生态文明教育内容总量与《科学生态文明教育标准》内容总量的定量比较

为了分析两个版本教材中生态文明教育内容含量的合理性，及与《科学生态文明教育标准》的相关性，将对两个版本中生态文明教育内容的知识量与《科学生态文明教育标准》进行定量比较，具体统计结果如表7-11

表7-11 两版教材生态文明教育内容总量与标准的比较表

	冀教版	苏教版	科学生态文明教育标准
总量	156	160	100
含有数量	37	20	24
比例	23.13%	14.74%	24.00%

以《科学生态文明教育标准》为依据，将冀教版和苏教版统计数据与《科学生态文明教育标准》相比，可以看出冀教版生态文明教育内容比例与《科学生态文明教育标准》相接近，仅差0.87%，说明冀教版科学教材中生态文明教育内容含量基本符合标准，有利于提升小学生生态文明意识。苏教版与《科学生态文明教育标准》相差很大，低于标准9.26%，说明苏教版生态文明教育内容有很大缺失，没能满足标准的要求，应在教材编排时适量增加生态文明教育的内容，以达到标准的要求。

D2. 学生的课本在发生变化

数学课本内容趣味性增强是为了吸引孩子学习的兴趣，很多孩子不喜欢学习数学，就是因为数学比较枯燥，有很多公式需要记忆。

语文内容的变化，之前我们课本中主要放的是革命烈士的事迹，还有古代英雄的诗文，更有一些小英雄的故事，还有一些当代、近代、古代名人写的一些有代表性的诗文，让我们学习后可以明事理的一些文章、诗篇现在都不见了，取而代之的是很多现代的明星的故事，网络红人说的话，还有很多网络语言。而且，课文里，霍去病没了，鲁迅没了，明星出现很多。

能力训练

案例7.2.2

课程综合的路径：打破学科壁垒

曹某彦这年29岁，升任学校副校长，仍承担地理课教学。这年一开学，王某智同她设计了一个课题《今年春游去哪里》，希望吸收数学、语文、外语、历史、生物、计算机、政治，包括地理，共8个科目的老师参加，试图通过这样的活动，打破学科之间的壁垒，在初中学生中开展“多学科融合的探究性学习”。

各学科的老师对王某智都挺尊重，但觉得这地理课把腿伸到野外尚可理解，为什么还要把腿伸到这么多学科里来呢？讨论时，老师们也各有说法。比如，数学老师说，对旅游点做客流量趋势分析，需要用到“数学建模”，但初一刚学代数，高中的学生都不见得能运用这一方法。语文老师说，要说服大家为什么去某地春游最好，这需要议论文的本领，但初一上的是记叙文，初三才上议论文，现在怎么讲议论文呢？……老师们都跟曹某彦关系不错，于是说，我们可以配合你，但这毕竟是你地理课的事，要让我们当成自己的事来做是不现实的。总之，愿意“友情接受”，不愿有多大的投入。

“开完这个会的那天黄昏，老师们都走了，我和王老师坐在黑暗中。能说老师们固守在自己原有的心智模式上吗？他们说教学要循序渐进，难道没有道理？我不知道下一步该怎么走了。王老师说，先干起来吧，把题目告诉学生。理论上还说不清的事，实践会告诉你。”曹某彦这样回顾道。

于是她告诉学生，自由组合小组提出方案，最后大家投票，得票最多的入选。学生们听明白后立刻兴奋起来。

有小组7个同学选择了沿着北京城中轴线考察的旅游方案，这条线从最南端到最北端，承载着北京城历史上最重要的各大建筑，他们去论证，皇帝没有用标语说皇权至高无上，但用建筑体现了皇权至上。在这些建筑中凝聚着怎样的历史内涵和建筑知识？他们知识不够，就去请教历史老师、政治老师。要用数学方法分析故宫的客流量趋势，不会，就去请教数学老师。他们还在电脑上做出网状的图来表达线路选择的优势，试图用定量的方法来说明他们的观点。起初，这也不会，就去请教计算机老师。

“老师，求求您，教我们吧！”

各科老师都突然“遭遇”到同学们空前的求学热情。老师们感动了，固有的心智模式开始动摇，被学生的热情融化。奇景出现了，老师被学生发动起来。

语文老师开始辅导学生说服别人的技巧，生物老师开始教给学生如何制作植物标本，还有的同学要求英语老师帮助他们增添英文解说，以增添吸引力……有些知识，有些方法，老师自己还未必懂，那就赶紧学，学了好教给学生。

所有的组都学会了在电脑上制作软件，公认这是将来发表方案时最基本的竞争平台，否则你就“免谈”。如此一来，计算机老师“会不会累死？”不会。有小组学会在电脑上作图了，其他组的同学都去向他们学，大家就都会了。

孙某霄问：“两人一组行吗？”

老师说行吧。

孙某霄就与郭某铃两人一组。他们选择去密云区看司马台长城，认为司马台长城是“奇、险、峻”之最，此去还包括考察密云水库，参观“京都第一瀑”，时间两天一夜。他们在软件里插入了动画，设计出几点从学校出发，电脑里就出现了小汽车，走到哪儿是第一站，标示出路途多长，需多少时间，几点几分到达……动画的引入立刻在班上引起轰动。

很快，别的组也学会了，大家都插入了动画。

一天，羡辛同学给软件加进了声音，大家又去向她学，都加进了声音。

大家都学会了合作，而且不仅是小组内部的合作。不仅是8个学科的老师教学生，同学间也有无穷的交叉联系，总在互相学习。“同学们并不像我们想象的那样会由于竞争的原因而保密，而是乐意告诉别人，也乐意向同学学习。”

为这次春游，他们准备了一个多月，学到了过去几个学期都未必能学到的知识，比如他们再看手里那本计算机课本，就说是小儿科了。

曹某彦说：“我除了给他们一个题目，就只做了两件事，一是给他们钥匙，我办公室的电脑、电话，让他们随便用。二是不断告诉他们某个组的新创造，说完你就不用管了，他自己就会去找那个同学学习。整个过程中，老师只是组织者、促进者、帮助者。”

小董提出了一个去延庆考察“天漠”的方案，她说那地方周围都是绿地，中间出现一块沙漠，那是从天上飞来的？她说我们想去探究那片“天漠”的成因，并把出游设计得充满神话般的迷离色彩。

全班51个同学分成7个小组，提出7个方案，每一个方案都凝聚着同学们的心血，包括家长的智慧，每一个方案都很有吸引力，如何决断还真是个难题。

投票的时刻终于到来，教室静得就像考场，只有笔和纸接触的声音。结果揭晓，只有两个人的孙某霄、郭某铃小组获胜。两个同学蹦起来，叫着，快乐得无法形容。

“接下来我只做一件事，就是给他们一张某个旅行社的名片。”曹某彦说。

此后，孙某霄先从网上查出密云区所有宾馆、招待所和旅游景点，然后逐个打电话，了解设施条件和价钱……做完了这些，才使用老师交给他的那张名片，给旅行社打电话。后来旅行社的人告诉老师，你这个学生太厉害了，宾馆里要能洗澡，大巴上要有电视，该有的都有了，哪里哪里，什么价格，他比我们还清楚。我们拉你们这一回，几乎就没有钱赚。

出游之日到来了。过去，老师会担心学生吃得好不好，有什么不安全，会不会不守纪律，这次，到哪儿要注意什么问题，孙某霄都嘱咐了，看上去，他好像比大人更怕出事。以前，早上什么时候起床，都是老师叫学生，这次都是学生叫老师：老师，该出发了！老师，该吃饭了！

“这次大家投他的票，他非常珍惜。”曹某彦评价孙某霄时不知不觉地从说他是个男孩说到他的成人，“他那么负责，我敢说他将来成家后一定是个很负责任的男人。”

就这一次经历，孩子们真的长大了许多。今天他们已进入高中，仍久久挂念着还有 6 处没有去的路线。家长也说，孩子都说总有一天还要聚在一起，那 6 种方案都要去走一趟。到那时，我们也跟孩子一块去。

学校的老师们都被感动了。汇报会上，许多老师都没想到自己会为一次春游活动流下眼泪，他们要求学生们把 7 个春游方案软件都放到校园网上去。学生们放上去了，老师们相继把这些方案拷贝到自己的计算机里去细细品味。

“理论上还说不清的事，实践会告诉你。”现在想想王某智这句话，多么有力。

静心一想，这次春游活动便是一堂大综合课，在游玩中综合了 8 个学科的知识，并进行综合运用。在这过程中，主持课程的曹某彦老师并不是在“教”，而是在“导”。教给学生知识的也远不是曹某彦一人，而是8个科的老师，还有家长和旅行社、宾馆的工作人员。

问题与思考

1. 课程的综合带来教育内容的哪些变化？
2. 你认为案例中的做法值得提倡吗？为什么？
3. 学生们心中尚存缺憾说明了在教育内容方面存在什么问题？

小结

1. 教育内容与文化、课程、教学具有密切的关系。
2. 教育内容是建立和维系教育内部关系及教育与其外部关系的基本纽带。
3. 教育内容问题是关系人的发展、社会的进步和生态环境的健康以及教育自身生存与发展质量、效益的基本问题。
4. 教育内容是教育目的与教育制度及教师的存在、学生的存在意义的基本体现。

5. 教育内容理论与实践的重点在于选择与设计。

6. 我国当下的教育内容必须服务于全面发展教育和培养堪当中华民族伟大复兴历史重任的时代新人。

自我评价

1. 教育内容的功能是什么？为什么？
2. 论述教育内容的价值。
3. 阐述教育内容的特征。
4. 如何理解教育内容的编制原则？
5. 论述教育内容的设计原则。
6. 分析案例：运用相关理论分析问题，并进行富有逻辑的阐述。
7. 结合案例和所有知识，对命题“教育内容是中介/纽带”做出分析判断。

参考文献

[1] 汤南，陈明等. 语文课教学生“折纸桥”[N]. 教育文摘周报，2003-01-08.

[2] 新课程实施过程中培训问题研究课题组. 新课程与教师角色转变[M]. 北京：教育科学出版社，2001.

[3] 四川省教育委员会师范处. 教学技能[M]. 成都：成都科技大学出版社，1999.

[4] 文记. 美术课上制作工艺品[N]. 教育文摘周报，2003-01-08.

[5] 褚清源，钟原. 2021年课堂改革十大样本[N]. 中国教师报，2021-12-29(5).

[6] 文记. 美国中小学：婚姻教育是必修课[N]. 教育文摘周报，2003-04-30.

[7] 孙培青. 中国教育史（修订版）[M]. 上海：华东师范大学出版社，2000.

[8] 习近平. 坚持中国特色社会主义教育发展道路，培养德智体美劳全面发展的社会主义建设者和接班人[N]. 人民日报，2018-09-11（1）.

[9] 习近平. 思政课是落实立德树人根本任务的关键课程[J]. 求是，2020（09）：4-16.

[10] 曹孚. 外国教育史[M]. 北京：人民教育出版社，1979.

[11] 叶澜. 教育概论[M]. 北京：人民教育出版社，1991.

[12] 柳海民. 教育原理[M]. 长春：东北师范大学出版社，1998.

[13] 黄济. 教育哲学通论[M]. 太原：山西教育出版社，1998.

[14] 经合组织. 2030教育学习指南针[EB/OL]. [2019-10-1]. 经合组织网.

[15] 韩震. 知识形态演进的历史逻辑[J]. 中国社会科学，2021（06）：168-185，207-208.

[16] 祁占勇，余倩怡，张杰英. “双减”背景下学生作业负担缓解了吗——基于中国西部11省1786份的实证调查[J]. 中国电化教育，2023（10）：74-75.

[17] 王学男. 减负与校外培训治理的可能——北京市普通高中学生课业负担的多群体调查[J].

上海教育科研. 2019(08)：57–58.

[18] 教育部 基础教育司. 深入推进课后服务支持探索暑期托管，切实发挥学校课后育人主渠道作用［EB/OL］. [2021–07–13]. 中华人民共和国教育部网.

[19] 教育部. 99. 6%的家长反映本学期老师未给家长布置作业 [EB/OL］. [2021–09–23]. 搜狐网.

[20] 王卫东. 落实“双减”工作有成效 回归教育本质，让孩子全面健康成长[N]. 光明日报，2021–10–26(13).

[21] 教育部. 2020 年全国教育事业统计主要结果发布[EB/OL］. [2021–03–01]. 中华人民共和国教育部网.

[22] 王宏甲. 中国新教育风暴[M]. 北京：北京出版社，2004.

[23] 中育记. “祝你一路顺风，半路失踪！”[N]. 中国教育报，2004–03–28（2）.

[24] 陈桂生. 教育原理[M]. 上海：华东师范大学出版社，1993.

[25] 中华人民共和国教育部. 普通高中课程方案（2017 年版 2020 年修订）[EB/OL］. [2020–06–03]. 中华人民共和国教育部网.

[26] 傅维利. 推进五育并举与教育观念的变革[J]. 中国德育，2021（22）：45–50.

[27] 中国精神[EB/OL］. [2022–2–1]. 共产党员网.

[28] 钟启泉，崔允漷. 新课程的理念与创新——师范生读本[M]. 北京：高等教育出版社，2003.

[29] 中华人民共和国教育部. 义务教育课程方案（2022年版）[M]. 北京：北京师范大学出版社，202.

[30] 教育部. 教育部关于印发《中小学教材管理办法》、《职业院校教材管理办法》和《普通高等学校教材管理办法》的通知[EB/OL]. [2019–12–19]. 中华人民共和国教育部网.

[31] 国家教材委员会.《习近平新时代中国特色社会主义思想进课程教材指南》发布[EB/OL]. [2021–07–23]. 中华人民共和国教育部网.

[32] 中共中央宣传部，教育部. 新时代学校思想政治理论课改革创新实施方案[EB/OL]. [2020–12–18]. 中华人民共和国教育部网.

[33] 上海市教育委员会. 关于印发上海市中小学 2021 学年度课程计划及其说明的通知[EB/OL]. [2021–07–12]. 上海市教育委员会网.

[34] 赵莎莎. 3~6 年级小学科学教材中生态文明教育内容的比较研究——以冀教版和苏教版为例[D]. 大连：辽宁师范大学，2020：26–29.

[35] 缥缈孤史. 课本里鲁迅、霍去病没了，可是明星们却越来越多[EB/OL]. [2021–08–22]. 百度网.

第八章　教育媒介问题

内容提要

教育媒介是教育基本要素之一，是承载教育内容，实现师生有效沟通，达成教育目的的必要性教育要素，是认识教育的重要基础。

教育媒介是指教育活动中所使用的语言、文字、电子媒介和数字媒介等在教师和学生之间传递信息的媒介。教育媒介经历了漫长的历史演变进程，形成了当代丰富多彩的壮丽景观。在教育、教学过程中，教育媒介的选择与使用要以心理学、传播学、艺术理论等科学理论为依据，遵循教育性等原则，综合运用教育媒介的复合性，来促进学生的健康、持续、快速发展。

关键词

教育媒介；选择；使用；原则

学习目标

1. 了解教育媒介的发展历史与现状。
2. 了解有关教育媒介的理论。
3. 掌握教育媒介的内涵与外延。
4. 理解教育媒介的功能和特征。
5. 理解选择与使用教育媒介的基本原则。
6. 熟读案例分析和思想资源，理解相关观点。
7. 根据分析建议独立完成案例分析。

第一节　教育媒介概述

学习目标

1. 了解教育媒介的发展历史与现状。
2. 了解有关教育媒介的理论。
3. 掌握教育媒介的内涵与外延。
4. 理解教育媒介的功能和特征。
5. 熟读案例分析和思想资源，理解相关观点。
6. 根据分析建议独立完成案例分析。

观点与原理

1. 媒介是使双方发生关系的人或事物。教育媒介是指教育活动中所使用的语言、文字、电子媒介和数字媒介等在教师和学生之间交换信息的媒介。

2. 一种媒介产生后，往往要经过一段时间以后才能成为教育媒介。这段时间的长短呈现出日益缩短的趋势。

3. 教育媒介由语言（口头、肢体）、文字、符号（音符、标点）、数字媒介、电子媒介（图片、影像、动画）、色彩、实物等构成。

4. 在教育中，教育媒介处于必不可少的中介地位。

5. 教育媒介的特征是：教育性、存在形态的多元性、教育影响的层次性、运用的复合性与艺术性、功能的整体性、运用过程中的流动性、构成的多样性、存在的依赖性。

6. 教育媒介的功能是促进教育功能的发挥，具体表现为有效沟通教师与学生，实施人要素与物要素的整合，提升教师教学艺术水平，提高教育教学效率，促进学生的全面发展。发挥的机制在于教育媒介的选择和使用。

7. 在政治、经济、文化和科学技术以及教育等社会因素的综合作用下，教育媒介经由语言→语言+文字→语言+文字+电子媒介→语言+文字+电子媒介+数字媒介，从而产生了当代教育媒介多元化、复合化的现状与发展趋势。

典型案例解读

案例 8.1.1

教学不是变魔术

这是一堂化学课，某教师从盒子里取出一张白纸，像魔术师一样把纸的前后翻动给学生看，然后把白纸钉在黑板上，用喷雾筒喷洒碱液，“学好化学”四个红色大字跃然而现。学生由惊奇、兴奋到渴望知道其所以然，教师使用生动形象的语言解释红字出现的原因。

接着教师又取出一块普通棉花和一块硝化棉，学生误认为都是棉花，教师把它们分别装入试管，在试管上松松地塞上橡皮塞，放在酒精灯上加热，“嘭”的一声！硝化棉爆炸，橡皮塞冲得老高，而普通棉花除了有点燃烧外，很少变化……

五光十色的化学实验把学生带进了奇妙的化学世界，这种多姿多变的教学确实具有强烈的艺术魅力。

也许有人认为，化学课本身就像魔术一样，容易变，其他课则难以变化。事实并非如此，任何一门学科，只要教师精心追求教学艺术，同样可以创造出像变魔术一样变化无穷的教学艺术来。

如有位数学老师，在讲“点的轨迹”时，教科书上的“具有某种性质的所有点组成”的图形，叫作“具有这种性质的点的轨迹”的定义，学生很费解。这位老师便把定义略加改动为：“一个点按照一定规律运动时所留下的痕迹，就叫作具有这种性质的点的轨迹。”为了让学生更深刻地理解，他又作了一个形象生动的比喻，扬起右手，手中拈着一颗蓝色的粉笔头，神秘兮兮地说：“同学们，我这里有一个刚刚从墨水瓶里爬出来的‘小虫子’，”学生都聚精会神地盯着他的手，好像在看魔术表演，“现在，这只小虫子在距离定点A30厘米处爬行，爬呀，爬呀，身后留下点点墨迹，这就是‘小虫子’运动的轨迹……”学生由于真正理解了轨迹的定义，一个个都心领神会地笑了。

案例分析

教育媒介不仅仅指语言、文字，还包括色彩、实物等元素。在案例中，化学老师有机地整合了色彩与文字，将化学反应生动地展示给学生。他/她又将实物作为教育媒介向学生诠释了物质爆炸的原理。这些现象向我们揭示了教育媒介的重要教育功能。而且，这些教育功能是其他教育基本要素无法替代的。“五光十色的化学实验把学生带进了奇妙的化学世界，这种多姿多变的教学确实具有强烈的艺术魅力。”也恰如数学老师所演示给我们的——抽象的概念、原理被活灵活现地演变成了学生极其易于感知的，极为有利于学生知识意义的自主建构。

这两位教师确实是在从事教育工作，不是变魔术。但是，他们/她们充分地运用了教育媒介的独特性——易于产生魔术般的教育效果。事实上，魔术师善变，常常变出各种各样的魔术，是为了迷惑观众，取得成功。教师要想在教学艺术上征服学生，也得学会善变的本领。江南胜景莫干山，论险峻不及黄山，论秀丽不及庐山，论巍峨不及泰山，但它四季四时瞬息多变。春，竹林解箨拔节；夏，山间豪雨晴岚；秋，林荫朝雾夕露；冬，树杪霜雪冰凌，给人以无穷的艺术情思和强烈的艺术感染力。

以自然界的奇妙变化，推论一下那些具有精湛教学艺术的教师们所创造的各种丰富多彩的多姿多变的教学形式，我们可以发现，他们的教学艺术也同样给人们以无穷的艺术情思和强烈的艺术感染力。所以，我们教师应该像上述两位老师那样，对教学艺术不懈追求，不断探索，日新月异，时刻在变，使自己教学永远对学生保持诱人的艺术魅力。当然，话得说回来，教师在教学艺术上固然要善变，但同时又要保持自己独特的教学风格，教学风格虽然也是发展变化，但对于一个成熟的教师来说，又是相对稳定的。如果一味求变，变得连自己的教学风格也不存在，那就未免矫枉过正了。

故此，教育媒介具有重要的教育功能，它能够促进或者阻碍学生的发展，促进或者阻碍教师及其与学生关系的发展，提高或者压制教育质量的水平，促进或者阻碍教育多元功能的发挥。案例所体现的是促进、提高的功能，用学生所喜见的教育媒介激发学习兴趣，引发理解，用生动形象解析抽象的理论，引导快乐成长。

思想资源

历史沿革

H1. 媒介的演变历程

1. 语言的诞生

人类和现代的类人猿有着共同的祖先，即古代的类人猿。人类的语言是在类人猿向人类进化过程中形成的。生物进化史和人类学知识告诉我们，五亿年前地球上就出现了生物，两千多万年前就有了森林古猿。在地质学上的第三纪中期，一些古猿为了寻找食物，逐渐学会了用两脚直立行走，这就完成了从猿到人的第一步。随之，前肢被解放出来，从事其他的活动。进而，手变得越来越灵巧，并发展到了能够制造工具。与此同时，肢体的各个部分也都得到了相应的发展，大脑和各种感觉器官也日益发展。大约377万年前，早期猿人出现。

2. 印刷文化的出现

（1）文字的诞生　语言作为人类历史上最伟大的发明之一，为人类的进步作出了巨大的贡献。但是，由于语言所能够承载的经验会随着个体人有机体的死亡而丧失，所以文字出现之前的“声教”都离不开人的亲授。

基于语言的无法克服的弱点，促使人类继续寻找、创造能够更长久、不受个体生命的死亡影响的记录信息的方式。经过物件记事、结绳记事、刻画记事和图画记事等记录信息的方式的演进，人类发明了文字。

书面语言和文献记录是从长期形成的跟踪记录与交易和种植、收获有关的信息方法中，逐渐出现的。通过在石头上涂上或画上符号或在松软的泥土里按出符号，古代文明里的农夫、商人和公务员，开始定期记录有关收获、河流的季节性流动、税收、货物交易、社会和国家谐和的训令等信息。

据考古发现，人类历史上最早的文字出现在中国。迄今所知的最早的原始文字遗迹，在20世纪初发现于中国西安附近的半坡村。半坡出土的彩陶和黑陶上既有类似于图画文字的绘画，也有已经不是图画的刻画符号。据现代科学方法测定，这些有刻画符号的彩陶是属于公元前4000年甚至4000年以上的文物。郭沫若判定：“可以肯定地说这就是中国文字的起源。”而现存最早实物记载的数字首推出土于伊拉克和伊朗泥版上的刻铭，约产生于公元前三四千年，所记载的是早期苏美尔人（Sumerian）和埃兰人（Elamian）日常生活中的各种账目和收据，其中不乏数目符号。

公元前30世纪前后，在其他文明古国也相继诞生了文字。埃及最初的文字是象形文字（用于公文等）。在古埃及，公元前三千五百年左右，埃及就有了象形文字。后来有些图形逐渐变成表示意思和发音的符号。大约到古王国时，象形文字简化为草体文字（被僧侣使用）。后来到新王国时，又演变为简易文字（在世俗生活中使用）。从此，埃及是三种文字并存。“埃及象形文字（hieroglyphic，意为‘圣刻’——神圣的雕刻）产生于公元前3500年左右，约公元前2500年被简化为一种更易书写的‘僧侣文’（hieratic），后又发展成所谓的‘通俗文’（domotic）。”古埃及文字体系中有二十四个辅音符号，类似字母，但它一直没有发展成字母。不过那二十四个辅音符号，对后来（约公元前1500年）腓尼基人创造的字母文字产生了巨大影响。在腓尼基字母的基础上，辗转发展出现在世界上大多数国家所使用的字母。

巴比伦和亚述约在公元前3200年左右，就产生了最古的象形文字，它是后来楔形文字的前身。

苏美尔文字来自图画文字。人们用方头芦秆笔在泥版上压出一排排符号，符号呈楔形，故西方学者称它为楔形文字。公元前六世纪中晚期，楔形文字被波斯人改造成字母文字。

从世界上最古老的这些文字可以发现，它们有着相同的特点：它们都是象形文字，来自对人、物、活动的摹画，由复杂的线条构成。这一特点，使得早期的文字的习得相当不易。而且，文字的演进，无论在东方还是在西方，无论在中国还是在外国，都经历了漫长的历史岁月，比如汉字就经历了从甲骨文、金文、小篆、楷书等的几千年的演进历程。这些都隐含着文字阶段教育历史的漫长。

（2）造纸术和印刷术的诞生　第一，人类对纸与印刷的需求。当人类发明了文字以后，人类文化的发展加速了，人类社会进步的步伐加快了，人类自身的进化又跃上了一个新的台阶。虽然，学校和社会上有了简策（相当于今天的书籍）。但是，由于它一方面制作过程复杂，另一方面携带不便，对于知识的传播和创造非常不利。这也是古代社会发展缓慢的一个原因。

由于文字记录方式的繁杂、文字材料携带的不方便，而与此相反的是，学校教育却加速着知识的传播与创造，推动着人类文化的积累，由此产生了需求与满足之间的一种矛盾。

为解决这个矛盾，人类一直不间断地寻找、创造更简便、更快捷的文字记录方式，不断简化文字的书写形式。人类也在不间断地寻找和创造记录信息的新材料。伴随着人类文明的进步，终于，造纸术和印刷术被发明创造出来。当然，这一过程经历了一个漫长的历史时期。

第二，造纸术和印刷术的发明。造纸术是中国人的发明。之前，古代埃及人大量使用的记载材料是纸草；古代印度的书写材料通常是用当地盛产的桦树皮或棕树叶；两河流域（底格里斯河与幼发拉底河）的居民（主要是苏美尔人）则用尖芦管在湿泥版上刻写楔形文字，然后将泥版晒干或烘干加以保存。而在西汉时期（公元前 206—8），中国人就已经开始用麻造纸，但韧性和致密度均较差，不易书写和保存。而后又从漂絮工序中发现了丝绵可用于书写，但同样强度很差，不易保存。蔡伦在总结前人造纸经验的基础上，于公元 105 年采用树皮、破布、麻头和旧渔网为原料制成最早的一批质优价廉、便于书写和保存、质地较细的植物纤维纸。中国的造纸术在公元 8 世纪左右经阿拉伯传入西方，“直到 18 世纪，造纸的工艺方法基本上保持不变。”纸的发明为文字的书写方式提出了新的要求，经过近一千年的探索，中国人毕昇（？—约 1051）于 1041—1048 年间发明了胶泥活字版，创造了世界上最早的活字印刷术。活字印刷大大地提高了“书写”的速度。公元 1297—1298 年间，活字印刷术的改进者王祯创制了一套木活字。此后，木活字在中国历代都曾采用。15 世纪末，铜活字开始出现。在毕昇发明活字印刷术四百多年以后，德国人古登堡（约 1390—1468）于 1439 年制成了木质印刷机械来代替手工印刷。1450 年前后，他用所制造的活字模浇铸出铅合金活字，为铅活字印刷的发展奠定了基础。活字印刷在 1465—1487 年间由德国先后传播到意大利、法国、荷兰、比利时、波兰、西班牙、英国、瑞典、挪威和葡萄牙等欧洲各国，1539年传入墨西哥，1561年传入印度，1807年铅活字印刷术又传入中国。

3. 电子设备的诞生

自从 19 世纪初人类开始进行电流试验起到 20 世纪末因特网诞生为止，人类走过了一百多个年头。在这一百多年里，电子设备不断地刺激着人类的视觉和听觉等感觉，改造着人类的大脑。

（1）电报的发明 1837年，美国人塞缪尔·莫尔斯在助手的帮助下，经过六年多的努力，发明了莫尔斯电报机。随着电报线路横跨大陆、横跨海洋，人们获得的信息更快、更丰富多样。毕竟，电报“延伸”了人的书写，也“延伸”了人的视觉，使书写可以“跨越”千山万水，视觉可以“穿越”草原、沙漠，从而实现了信息传播障碍的进一步突破，推动了人类社会的发展、变化。

（2）电话的诞生 电话的出现，进一步摧毁了限制人们交往的时空身心障碍。1876 年，出生于英格兰的美国科学家亚历山大·格雷厄姆·贝尔发明了电话。1877 年，美国在波士顿创建了第一个电话局。电话的发明延伸了人的听觉，人的耳朵成了“千里耳”；电话延伸了人的声带，人际之间的语言交流开始能够“穿越”千山万水，山川大河不再是人际语言沟通的障碍。

1864 年，英国物理学家J.C. 麦克斯韦从理论上论证了电磁波的存在。1888 年，德国物理学家H.R. 赫兹通过实验证明了麦克斯韦的理论。1895 年，意大利无线电工程师古戈利尔莫·马可尼和俄国工程师A.C. 波波夫分别发明了无线电发射和接收装置。无线电的出现使人们可能有一天会通过天空——几乎没有任何限制地进行瞬间的信息传播，这个想法简直太令人兴奋了！

（3）20世纪电子设备的发展 电子设备真正地快速发明、应用主要还是在20世纪。1920 年 11 月 2 日，世界上第一个广播电台——美国皮兹堡KDKA开始播音。1926 年，美国全国广播公司成立，并在20世纪30年代发展起来了商业无线电广播。当无线电广播发展的时候，电视也在迅速地发展着。第二次世界大战之后，由于电视相对于广播和电报的优越性——同时传播声音和图像、同时延伸了人的视觉和听觉，电视业迅速地发展。到 1965 年，美国电视机的年销售量已经超过100万台。

在19世纪的西方发明热潮作用下，电影的发明与革新也在紧锣密鼓地进行着。

不断诞生并快速投入人类社会生活的电子设备，逐渐地改变了人类的生活方式、工作方式乃至人的思维方式。进而，电子设备也为人类教育——人类增加认识和积累、创造文化的一种手段创造了新的发展空间。

4. 计算机网络的诞生与发展

计算机网络的诞生开辟了人类历史的新纪元，从此人类社会的交流媒介不再仅仅有语言、文字和电子设备，还有了数字媒介。计算机网络的诞生标志着人类社会数字文化时代的真正来临。

（1）计算机网络的诞生 计算机网络源于计算机与通信技术的结合，始创建于20世纪50年代。它是“冷战”的产物，是“卫星震撼”的产物。1957 年，苏联成功发射了人类历史上第一颗人造地球卫星斯普尼克（Sputnik），对世界造成了巨大的震动。美国等西方国家认识到了一种军事威胁和自动化技术的落后，遂高度重视科学、技术，美国则率先开发、创建了计算机网络。

以单个计算机为中心的联机系统——面向终端的计算机网络标志着计算机网络的诞生。1951 年，美国麻省理工学院林肯实验室开始为美国空军设计称为SAGE的半自动化地面防空军事系统。这个系统最终于 1963 年建成。SAGE被认为是计算机技术和通信技术结合的先驱。在计算机通信技术应用于民用系统方面，最早的当数美国航空公司与IBM公司于 20 世纪 50 年代初开始联合研究的、20世纪60年代初投入使用的飞机订票系统SABRE-1。

计算机网络的诞生平衡了这种压力。计算机网络的出现也证明了人类社会交流媒介演化的选择与创造的基本法则：交流媒介是选择的结果也是创造的结果；选择和创造造就了人类社会，也造就了人类社会交流媒介的不断丰富。而且，选择和创造还隐喻了适应和变革。

（2）计算机网络的发展 自从原始的、最初的计算机网络诞生以来，在近半个世纪里，计算机网络得到了迅猛发展。这些发展表现在了计算机网络的发展所经历的三个阶段之中：第一，广域网的诞生；第二，网络体系结构的标准化；第三，局域网的产生与发展。

（3）因特网的产生与发展 第一，因特网的产生。因特网，也有人称其为国际互联网，是在NSFNET的基础上发展起来的，其诞生的标志是TCP/IP协议的出台。

1983年，ARPANET被分割为两个相互连接的网络，即NSFNET和MILNET，它们之间仍然可以进行通信和资源共享。这个互联网络最初被称为DARPA Internet，但是不久以后就被简单地称为Internet。

因特网是现代科学技术的结晶。在因特网的产生过程中，分组包交换技术、TCP/IP技术、WWW和Mosaic、浏览器技术以及电邮技术和电子公告板技术等都起到了关键作用。

第二，因特网的发展。经过世界各国科学家的共同努力，因特网成了军事、科研、教育和培训的有力工具，因特网为人际交流创造了更广阔的空间。借此，因特网也获得了飞速地发展。

自1983年因特网建立以后，加入因特网中的用户、计算机和网络就以指数形式增长着。采用因特网的历史的步伐是它之前的任何媒介都无法比拟的（Huber，1997）。收音机广播涵盖五千万人花费了38年，电视则用了13年，然而，互联网却仅仅用了4年就涵盖了五千万人。

H2. 网络教育起源于虚拟课堂

网络教育起源于“虚拟课堂”。何谓“虚拟课堂”？据虚拟课堂技术的发明者希尔茨介绍，虚拟课堂（the Virtual Classroom®）是一个专门制作并加强了的、旨在学习与交流的、以计算机为媒介的交流系统。虚拟课堂的学生通过一种计算机和软件与他们的教授、同学共同分享他们的思想、问题和回答，这种计算机和软件使他们能发布和接收讯息、与教授和同学互动、读和评论、讲演材料、参加考试、在不用参加课程表安排的课的情况下而接收反馈。虚拟课堂的学习可以在任何地点、时间进行——用一台在家里或工作的地方的电脑。

从1985年到1987年，新泽西技术学院使用主要来自Annenberg/CPB计划的基金建立了最初的虚拟课堂的原型，提供完全或部分在线的许多种课程。学生和教授们使用他们的个人电脑通过一个巨大的中央计算机进行一对一的交流，这台计算机运行着一种被支持教育传送的特殊软件增强了的、称为EIES®（Electronics Information Exchange System）的、以计算机为媒介的交流系统。

理论资源

T1. 媒介的传播效果原理

1. 共同经验原理

在媒介传播中，沟通双方进行着传送与交换教育信息，但是，沟通双方必须把沟通建立在双方共同经验的范围内。如果用两个圆圈各代表甲与乙的已有经验范围，其间重叠的地方是他们具有的共同经验，是可以沟通的地方。要让学生了解一件事物，教师必须用学生经验范围能够理解的比喻，引导他们进入新的知识领域。当甲与乙没有共同的直接的经验时，可以通过媒体，如幻灯、电影、电视等媒体，用画面与声音去呈现事物的运动状态与规律，可以使学生获取间接的经验，在此基础上，引申到下一阶段高层次的知识介绍。

2. 抽象层次原理

抽象是把事物的个别特征去掉，取其共同点，代表或说明同一类的事物。学生的学习必须从具体到抽象，只有形象，没有抽象，不能把学生获取的信息加工为知识与能力。因此编制教学媒体选取素材必须在学生能明白的抽象范围上进行，并且要在这范围内的各个抽象层次上下移动。如用文字或语言解说，把形象、现象上升为概念与原理，得出抽象的要点，再用具体事物来支持。

3. 重复作用原理

重复作用是将一个概念在不同的场合或用不同的方式去重复呈现，以达到好的传播效果。这里讲的重复使用有两层含义。一是将一个概念在不同的场合重复呈现。有人做过这样的研究，学习外语要牢固掌握某个生词，必须在 8 个不同的场合不断接触它，才能达到长时记忆。因此，编制教学媒体，概念在不同场合的重复是必要的。重复作用的第二层含义是将一个概念用不同的方式去重复呈现。比如，同时或先后由文字、声音或图像去呈现某一概念，用媒体中不同的符号去重复事物的特性，加强学生的理解，加深符号之间的联系，从而获得好的传播效果。

4. 信息来源原理

传播学研究证明了有信誉的和可靠的信息来源对人们有较佳的传播效果。比如，录音教材用权威人士或优秀教师的原音录制；电影、电视教材用著名优秀教师任编导和电视教师，素材尽可能采用典型可靠的真实现象，多采用长镜头拍摄，反映历史事实尽可能用历史资料素材等。

5. 最小代价律原理

研究人类的语言，有一个法则叫“最小代价律”：“最常用的字笔画最少，最常用的文字，能用最少字数去构成词组表达更多的意义，这就是以最小的努力去达到最大的收获。”教学媒体的编制，同样要遵循这一原理。

根据“最小代价律”，可以得出一条教学媒体编制的选择率法则，用公式可表示为：

可能得到的教学效果/需要付出的代价=媒体编制利用选择率

公式表示：若多种媒体都能达到同样的教学效果，要选择编制和使用成本低、付出努力少的媒体。比如，投影片能胜任的教学内容和开展的教学活动，使用多媒体计算机去实施，显然是一种浪费。

T2. 麦克卢汉的媒介本质观

加拿大学者马歇尔·麦克卢汉 1964 年出版了一本研究媒介的专著《媒介通论：人体的延伸》，他在论证人类进入电子时代的同时，对传播媒介的性质、特点、作用和分类提出了全新的观点和概念，一时间他的著作和观点在西方世界广为流传，形成风靡一时的“麦克卢汉热”。

麦克卢汉关于传播媒介的主要观点如下。

1. 媒介就是信息

“媒介就是信息”是麦克卢汉学说的中心论点。媒介传递的真正“信息”是它本身对传递者的刺激和“按摩”，而不是它所传递的内容。换言之，一种新的传递媒介一旦出现，无论它将传递什么样的具体内容，这种媒介本身就会给人类社会带来某种信息，引起社会的某种变革。媒介本身带来信息，媒介就是信息。

2. 媒介是人体的延伸

面对面的交谈（最古老的媒介）是五官的延伸，印刷品是眼睛的延伸，广播是耳朵的延伸，电视则是耳朵和眼睛的同时延伸。每一项新媒介的出现，每一项新的延伸，都会使人的各种感官的平衡状态产生变动，使某一种感官凌驾于其他感官之上，造成“心理上和社会上的影响”。

3. 媒介有“冷”“热”之分

麦克卢汉认为，媒介有“冷”“热”之分。“冷”媒介和“热”媒介之间存在着根本的区别。

所谓热媒介，就是能够“高清晰度”地延伸人体某个感官的媒介。而所谓“高清晰度”，则指的是媒介提供的信息充分、完善的程度。就视觉而言，照片就是“高清晰度”的（人们一看就明白）；漫画是“低清晰度的”，因为它提供的视觉信息很少（人们看了还得琢磨、联想）。电话是冷媒介，或者说是“低清晰度”的媒介；演讲是一种“低清晰度”的冷媒介；电影，特别是电视也属于冷媒介，热媒介需要受者参与其中的程度比较低，而冷媒介则需要受者积极参与其中并加以补充。因此，作为热媒介的广播与冷媒介的电话对于用户的影响就大不相同了。麦克卢汉之所以把媒介分为冷与热，是为了有区别地运用它们。

T3. 人类的语言与沟通

人之所以异于禽兽，主要是因为人类有创造并运用象征符号的能力。语言使人类得以超越许多生物性的限制，也使人类得以构成其文化模型并传诸后世。

要了解人类及其本质就必须先了解语言。这不仅因为语言促成了人类的文化，也造成我们在大自然中独一无二的地位。而且也因为语言是文化本身的基础，语言主要是由一套无意识但极复杂的“规则”和设计所构成的体系，它包含了人类对世界的知识以及行动的原则。它也是文化中被探讨最多、描述最完善的部分，因此提供了一套关键性的线索，让我们知道人类是如何了解、如何整理其所知所信的东西的。然而，至今一切分析的努力仍未能解开这个奇妙的谜，语言现象仍不很清楚；因此语言之谜就跟语法理论本身一样，只能告诉我们一些有关人类的知识。

当我们与别人交谈时，这件事本身就是一个寻常的奇迹：所谓寻常，是因为我们毫不费力地这么做；所谓奇迹，是因为尽管对这一现象的研究很多，我们怎么讲话还是个谜。

让我们考虑一下我们与别人交谈时说话和了解的一些层面。

第一，我们不只是创造并了解以前听过的语句，我们还创造从未听过的语句，而且很多语句从来没有人用过。

第二，理解我们听到的语句的意义。对于某一语句，我们几乎是一听就能体会出其意义，而这里具有极端复杂的分析性技能。请试就以下两句英文的语句加以比较：

Time flies like an arrow.[光阴似箭]

Fruit flies like bananas.[果蝇喜欢香蕉]

即使这两句形式上非常类似，但我们还是写上可以辨别出其不同的意义模式。

第三，即使实际的说话是连续不断的声音，我们还是可以听出那是由不同声音“间隔”所构成的语句。而且我们还知道，即使同样的字或句子在不同的场合或不同的人发出时，在发音上都不可能完全一样，可是我们听起来还是会认出它们来自同样的字或句子。

第四，当我们听到语音时，并不只是从这些语音中选择相关的特征和元素而不顾其他。实际上，我们所听到的往往是不完美的或支离破碎的声串，但我们却能重组出所听到的语句图式，弥补不全的部分，而这只能通过认识结构来完成。

第五，个人对自己的语言知识几乎完全是潜意识的。

每个孩子在学习语言时，一定都用大人所说的、很有限并且不完美的样本，在潜意识里建立一套有关语言符码的“理论”。语言学家想要描述的就是这种说同一种话的人或多或少共享的理论。索絮尔是第一位区别实际说话和基础符码的人，他称为说话的是指实际说话行为，他称为语言的是指基础符码。近年来诺姆·乔姆斯基将这种对比称为表现和本领。

语言本领是关于一种语言的知识（就其定义来说，语言学家永远无法直接观察到），是一个理想化的说话人和听话人（也就是一个完全了解语言的人），用来产生语句并理解语句的知识。语言表现是实际的说话行为，包括停顿、“哼哼哈哈”“结结巴巴”、错误的开始、不合语法的语串以及无穷无尽的变异等。在这里，我们将把这种对比称为本领或表现，或者更广泛地只当作语言（概念性符码）和说话（语言的实际行为和语音中的展现）间的对比。

T4. 语言的结构

一套语言可以认为是由于无限多的语句所构成的。每个语句均由一串语音组成，表达一个命题（即陈述、疑问等）。也就是说表达意义，即一套关系。例如：“约翰打球”这个句子里提出了主语“约翰”和宾语“球”之间的关系。语言学家目前想要达成的工作可从下述方面来加以了解。假设一套语言中语法上可能的语音串都放在甲集合中，而它们表达的一切意义或命题都放在乙集合中。语言学家自定的任务就是写出一套形式规则，即语法，这套语法必须满足以下各项要求：

（1）将甲集合中的每个语音串和乙集合中配合的意义或命题联结起来。

（2）完全标明每一连接的逻辑步骤；这些步骤的存在是要将一个语音串逐步变成对应的意义（反之亦然，将意义变成对应的音串，我们可以认为这个规则的活动是可逆的）。换句话说，甲集合的每个元素和乙集合中对应的元素之间的联结必须用明确的形式完全表达出来，而不需要一些直觉跳跃过程的介入。这些直觉跳跃过程就是语言学家想要理解的。

（3）这些规则也必须能解释：为什么在一套语言中我们可以想出许多语音和词汇的组合，而在乙集合中却找不到对应的任何元素。换言之，这些组合是无意义的或不合语法的，如“约翰狗打”。

这种说明使我们能够看得更清楚，甲集合中的一些元素可以搭配乙集合中两个或两个以上的元素，也就是说，甲集合的这个元素是有歧义的。“我要炒饭”这句话可能是说“我要吃炒饭”，也可能是说“我要去炒饭”。请注意，也可能有两个或两个以上的语句能表达同样的意义，也就是说甲集合中两个或两个以上的元素对应于同一个乙集合中的元素，如：“食人者吃掉约翰”相当于“约翰被食人者吃掉了”。这两句话的语法虽然不同，可意义完全一样。

T5. 符号的类型

教学媒体用符号去表征事物运动状态与规律的信息。随着社会进步与科技发展，使用的符号越来越多，有人把它分为两大类：语言符号与非语言符号；也有人把它分为三大类：数序符号、形态符号和模拟符号。下面分别做简单介绍。

（一）语言符号

语言是由词汇和语法构成的符号系统。广义的语言符号包括有自然语言和人工语言两种。

1. 自然语言

自然语言是指在人类历史发展中，在社会成员的长期生活交际中而逐步形成的各种民族语言，它有口头语言和书面语言两种表现形式。

（1）口头语言　自然语言，最早就是用说出来的话这一种表现形式，它就是我们日常所说的“口头语言”。语言学家认为：语言的诞生，首先是有声的语言，并不是用“手势”的语言。语言是在劳动中产生的，劳动促进了人的思想交流、相互协作，劳动使人的发声器官得到改造，因而产生了口头语言。由于语言只是一种符号，是一种人们共同的约定的符号，这种约定只能在人们集居的一定范围里有效。因此，不同的地方和不同的民族都有他们各自约定的语言符号，因而产生了世界上多种多样的民族语言。

（2）书面语言　在口头语言诞生了几十万年之后，约在公元前3000年左右，产生了语言的文字符号。文字符号可以说是口头语言的符号，它是属于自然语言的一种文字表达形式。世界上，每一个民族都有它本身的口头语言，但有少数的民族没有自己民族的书面文字符号。我国有些少数民族，在政府的支持与帮助下，才建立起自己的文字符号系统。

2. 人工语言

人工语言是根据科学技术发展的需要而人为编制的符号系统。如专业符号语言、计算机程序语言等，就是属于人为编造的人工语言符号系统，它们同样具有词汇形式、语法规则、语句结构和语义内容等。

（二）非语言符号

除语言符号外，还有非语言的符号，如在人际交流中，符号可以是姿势、微笑、搭在肩上的手、哈哈大笑，或者一阵沁人欲醉的香水气味……研究体态传播的著名学者伯德惠斯特（R. Birdwhfstell）指出，二人进行传递“信息”时，有65%是用非语言符号来传递的。可见非语言符号在传播活动中所处的重要地位与作用。下面将介绍几种有代表性的非语言符号。

1. 动作性符号

动作性符号包括人利用自身的器官和物件去呈现出来的传播的符号，如：象征性动作符号，它是用某种特定的动作与物件去代替某种语言符号的一种动作性符号，聋哑人用的手势语，它是用特定的手势代替语言符号；指挥航海的旗语是用物件去转换特定语言的符号。又如：一些感情性的适应动作符号，微笑、挤眼、瞪目、招手、踢腿等动作都在有意无意地传递了一定信息含义。总之，存在于传播空间的一切人与物，无论是颜色、衣着、房间摆设等，都可看作是动作性符号，都是传递信息内容的一种符号。

2. 音响符号

特定的音响，也可作为表达意义的符号，如汽车喇叭声、工人上下班、学生上下课的钟声、铃声，自然界昆虫的鸣叫声，等等，它们都在传递着一定的信息含义。

3. 图像符号

画出来的图画，拍摄出来的图像，包括通过幻灯机放映出来的静止图像和电影、电视放映出来的活动图像都是一种图像符号，这类符号仍具有原来人或物的形态，但它已不再是原物，只是一种代表的符号了，它们具有直观形象的特点。

4. 目视符号

这类目视符号已没有原来事物的形态，但象征性地代表了特定的意义。如：地图中的圆圈代表了城市，一些线条代表了铁路、公路，一些线条却表示河流、省界，等等。又如：国徽、国旗代表了一个国家，一些企业的征记、产品的商标代表了企业单位与产品，等等。

（三）数序符号、形状符号和模拟符号

（1）数序符号（digital） 包括口头语言、书写与印刷的文字符号。因为语言与文字是有先后顺序，不能打乱，如同数序一样，所以称数序符号。

（2）形状符号（iconic） 包括图画、图表、地图等，它是一种实际事物的抽象符号。

（3）模拟符号（analogne） 包括音乐或动作的符号，模拟符号又可分为视觉模拟符号（如动作和事物的活动图像）和听觉模拟符号（如音乐和音响）。

数序符号也称语言符号。形状符号和模拟符号也称非语言符号。

T6. 人的感知规律

1. 刺激强度规律

作用于感觉器官的事物与现象必须达到一定的刺激强度，才能被人们清楚地感知。

2. 整体规律

人们在同时接受繁复众多的刺激时，总会按接近、相似、闭合、连续等形式将它构成整体，或按部分主要特征以旧知识经验将它组成为整体。

3. 对比规律

在性质或强度上对比的刺激物同时或相继地作用于感觉器官时，往往能使一个人对它们的差异感知得特别清晰。

4. 主体对象与背景的相关规律

主体对象和背景在颜色、运动、强度等方面的差别越大，被知觉的对象就越清晰地显现出来，应善于处理好视听媒体背景与主体对象的相互关系。

5. 言语引导规律

画面的直观图像加以文字字幕或解说语言的引导，能够促进人的知觉理解，唤起人大脑皮质两种信号系统的协同活动，使他们更好地理解画面。

T7. 说的功能

在教学活动中，教师说的手段，扮演的是维持教学活动的开展与传达教学的信息的角色。在维持与传达的过程中，说的手段对于表现教师的内心世界有一种宣泄功能，对于展示教学内容有一种转化功能，对于引导学生学习有一种启迪功能，对于传达教学信息有一种承载功能。这四大功能之中，承载功能与转化功能属于本能性功能，宣泄功能与启迪功能属于潜质性功能。

1. 承载功能

教学活动的实质是师生之间教学信息的交流。教师说的手段，是信息交流的一种方式。教师的说，无论是说话，还是唱歌，说穿了就是通过说话与唱歌，靠发出的声音来承载教的信息，实现对学生的信息传达。教师说时发出的声音是承载教的信息的载体，也是装载所要传达的教的信息的物质形式。声音在其中起着承载与传达的作用。教师采用说的手段，就是希望让自己的声音来代表自己，向学生提供介绍、解释、启发、激励等种种服务，从而实现对学生的指导与引导。

2. 转化功能

教师的说，在教学活动中，能起到几个方面的转化作用。第一种转化作用，是把教材内容里的死的文字、符号、数字与图形，转化成活的口头语言或歌声，使死的变活，并让学生借助听到的活的语音与歌声去理解与掌握教材里的死的内容。第二种转化作用，是把教师对于教学内容的理解与掌握，转化成学生对于教学内容的理解与掌握。第三种转化作用，是把教材内容里抽象概括、冷静客观的述说方式，转化成说话与唱歌这种生动形象、趣味横生的述说方式，从而有助于对学生学习积极性的激发。这三种转化作用，都是由说的手段本身的特性决定的。

3. 宣泄功能

宣泄，即表现，指表现教师的内心世界与人格魅力。教师的说，固然受制于一定的教学内容与教学对象，但如何说，说到什么程度，能否全身心地投入等因素，却是因人而异，由教师的个性与人格决定的。教师在课堂上说话与唱歌的时候，表面上是在展现教学的内容，实际上，同时也把自己暴露无遗地展示在学生面前。从教师说的字里行间，从教师说的方法技巧，从教师说的动作表情，均能体现教师的思想意识、思维方式、情感心态、价值观念，其性格的优点与缺陷也会一一呈现出来。因此，教师的说，无异于自我的宣泄，是表现自我的最佳机会。学生对于一个教师的印象，是否可亲，是否可敬，看问题是否深邃，审美观是否正常，在听教师说的过程中会逐渐形成。而且，不同的学生会对同一位教师形成大同小异的印象，道理也在这里。常言道，身教重于言教，教师说的手段的宣泄功能却能同时实现身教与言教。教师可以利用说的宣泄功能来塑造自己的形象。

4. 启迪功能

教师的说话与唱歌，许多的成分都是为了启迪学生，引导学生。如讲解、提问、答疑等说话类型，就是直接为启迪学生服务的，讲述也是间接为启迪学生服务的。说的根本特征就是启迪学生。教师运用的说的手段，启迪功能显而易见。这样的启迪，还包括激励的成分。教师用评价的方式说，就是一种激励的措施。当然，通过激励，促进学生学习的兴趣与热情，学生在教师采用其他说的方式时受到的启迪也会更大。从启迪功能可看出，教师的说，无论其方式如何，都应讲究说法，不说则已，一说便说到刀刃上，开启学生的思维与智慧。

数据资源

D1. 语言的多余度

语言的多余度是指处于某种上下文前后关系中的字母与词所含有的不同程度的新信息。一个词若有100%的多余度就等于无信息；一个词的多余度是“0”就是有全新的信息。例如一则古代制鼓词原有20个字：“紧紧蒙鼓皮，密密钉上钉，天晴和落雨，打起一样音”后来在传诵中被删成“紧蒙密钉，晴雨同音”。从 20 个字提炼成 8 个字，仍不失原意。那么被删掉的 12 个字就有 100%的多余度，剩下的 8 个字的多余度是“0”，则提供给我们全新的信息。

D2. 记忆的比率

有关记忆比率的研究表明，学习一份同样的材料，采用口授的方法，让学生只用耳听，3 小时后，能记住 60%；单纯用眼看，能记住 70%；视听觉并用，能记住 90%。3 天后，3 种学习方法的记忆比率分别为 15%、40%、75%。由此可见，视听觉并用的记忆比率远远超过纯听觉或纯视觉的记忆比率。

能力训练

案例 8.1.2

微笑

这几天来，为了一些私事，我的心情糟透了。上了课，动不动就发脾气，弄得学生莫名其妙，私下里悄悄地互相询问：“老师这是怎么了？变得这样凶！”

这天课外活动时，我心烦意乱地坐在办公桌前，懒懒地拿起笔，无精打采地批改作业。第一本作业是班长柏柔的，我胡乱地翻开，意外地发现里面有一张折叠得板板正正的纸条。好奇地打开，几行娟秀清丽的字展现在我的眼前：

“老师，已经好几天不见你的微笑了，是我们惹你生气了吗？看着你愁眉苦脸的样子，听着你讲课时发出的微微叹息，我们也没有精神听课了，学习起来也不那么带劲了。同学们都盼望你的微笑！”

后面的署名是全体学生。

我读着这充满真挚情感的话语，心中的那团疙瘩，那份郁闷，那份焦烦奇迹般地烟消云散了。同时，一股暖流涌遍全身；一种惭愧和不安袭上心头。我暗暗责备自己的自私，为了一点小事而闹情绪，且把这坏情绪带到班级里去，朝同学们无缘无故地发火，学生又有什么过错呢？有什么理由迁怒于他们呢！

于是，我打起精神，饱蘸墨水，认真地批改起作业来：

“你进去问，快点！”

“我可不敢。这几天老师总阴着个脸，怪吓人的！”

“怕什么，老师又不吃人……”

我忽然听到办公室门口有几个学生压低声音叽喳着。不由在心里笑了。是笑自己呢，还是在笑这些可爱的娃娃？“你们有什么事？快进来吧。”我笑着说。孩子们像一群小鸟一样飞了进来，亲热地拥围在我的身边，欢快地笑着，叽叽喳喳地议论着。

“老师，你笑了，我们真高兴！”

“老师，我们有好多问题要问你呢。这几天，看你不高兴，都不敢问了……”

“老师……”

我心里暖融融的，脸却悄悄地红了，那份自责和内疚啊！

至今，我深深地告诫自己，不要把坏情绪带到学校，带进课堂，传染给学生；进教室要面带微笑，不能发火，不应叹息。孩子们是稚嫩的花朵，只能生活在明丽灿烂的阳光里。而老师发自内心的微笑，就是照亮他们心灵的阳光啊！

问题与思考

1. 为什么学生都盼望老师的微笑？
2. “老师发自内心的微笑，就是照亮他们心灵的阳光啊！”怎样理解这句话的含义？
3. 微笑是教育媒介吗？是教师有必要经常使用的教育媒介吗？

第二节　教育媒介的选择与使用

学习目标

1. 了解教育媒介及其构成要素的相关理论。
2. 理解选择与使用教育媒介的理论依据。
3. 理解选择与使用教育媒介的基本原则。
4. 熟读案例分析和思想资源，理解相关观点。
5. 根据分析建议独立完成案例分析。

观点与原理

1. 选择与使用教育媒介的主要理论依据：教育学、心理学、传播学、艺术理论。

2. 选择教育媒介需要遵循：发展性原则、目的性原则、适应性原则、艺术性原则、科学性原则和复合性原则。

3. 教育媒介的使用原则有：教育最优化原则、艺术性原则、整体性原则、发展性原则、适切性原则、经济性原则。

典型案例解读

案例 8.2.1

此时无声胜有声

有位语文老师上课时，尽管预备铃早就响过，但教室里还是闹哄哄的。由于上节课是数学测验，学生中有成功的喜悦，有失败的叹息，“x”“y”还在左右着学生的情绪，学生互相交头接耳，你一言，他一语，议论纷纷。一见此情景，这位老师一声不吭地走到黑板前，大书“秦晋之好”四字。刹那间，喧闹的教室立即安静下来。学生不知老师葫芦里卖的什么药？目光都集中到黑板上，于是教师因势利导：“这是个成语，谁能解释它的意思？”一个学生发言：“指两户人家建立姻亲关系。”教师表扬学生答得正确，又进一步问；“谁能讲讲它的出典？”学生中无人回答，显然不知道。教师便恰到好处地通过阐释该成语的出典，导入新课《崤之战》：“当时秦晋两国的联姻，实际上是一种政治手段的延续和变异；今天是亲家，婚宴上觥筹交错，祝愿声声；明天就可能是敌人，战场上刀光剑影，杀声阵阵。何以见得，《崤之战》一课就足以证明这一点。”

案例分析

这位老师无声大书“秦晋之好”，胜过有声用高八度的声音来维持课堂纪律。教师用高八度声音训斥学生，固然也能使教室安静下来，但师生之间感情难以和谐，导入也显得过于生硬。教师无声大书“秦晋之好”，实际上是一种教学艺术，可以立即引起学生的注意；将学生的心理活动和兴奋中心有效地集中和指向到教学活动中来。而且还可以激发学生学习兴趣，为教师下面正常授课创造了有利条件。

教师对教育媒介的选择要基于学生的身心发展规律和特征，通过对具体情境中学生的心理状况的深入研究来确定。遵循关注听众的经验基础的传播原则，只有用能够引起学生足够注意的教育媒介，给予、教学活动的开展才可能顺利、有效。再有一点就是，选择、使用教育媒介必须重视教学情境，要适应情境，充分利用情境。当然，还有一些原则需要遵守，参见理论资源。

《扬州画舫录》里一段关于著名艺人吴天绪的说书记载，很有意思。讲吴天绪表演张飞板桥喝退曹兵时，先作欲叱咤之状，当听众洗耳倾听时，则唯张口努目，以手作势，不出一声，而满室中如雷霆喧耳。

真是此时无声胜有声，吴天绪认为张飞声音，不易仿效，但可“状其意，使声不出于吾口，而出于各人之心，斯可肖矣”。可见吴天绪很了解听众心理。在艺术创造过程中，技艺高超的说书人，总是善于分析听众心理，善于调动听众想象，使表演深深吸引听众。许多优秀教师的教学，也同样如此，也同样能掌握学生的心理，善于分析和研究学生心理，使自己的教学深深地吸引、感染学生。

教育媒介的选择与使用也是一种艺术，可以借鉴多种语言艺术的手法和技巧，以促进教育、教学质量的提高，加速学生的全面发展。

思想资源

理论资源

T1. 教学语言的运用原则

为了保证教学语言艺术恰当地处理教学信息输出与教学信息接收之间的关系，达到教学信息交流的目的，在教学语言艺术的实际运用中，必须遵循：善意尊重原则；可接受性原则；协调一致原则。

1. 善意尊重原则

教学语言艺术运用过程中，善意尊重原则是对教学语言运用者提出的最基本原则。善意尊重原则包括两个构成层次，一是善意原则，二是尊重原则。

（1）善意原则　善意原则是教学语言艺术的目的原则。要求教学信息的输出者对教学信息的接收者必须抱着善良美好的目的，为了关心、爱护、帮助对方，使之掌握知识、增长才干、提高素质，而传输有关的教学信息。善意原则规定了教学信息输出的目的和动机。它不仅规定教学信息输出者的主观动机，也规定着教学信息接收者的切实感受，也就是使教学信息接收者能切身感受或觉察到教学信息输出者的美好善良的主观愿望，从而喜闻乐见、心悦诚服地接收来自教学信息输出者传递过来的教学信息。

实践证明，是否以善意原则作为教育教学活动的起点，不仅体现了教育本身的性质，也决定着教育教学活动的效果。以善意原则为基点向学生传输教学信息，则决定教学信息本身是健康有益的，有利于提高学生的身心素质。从善良美好的目的和动机出发，所传达的教学信息，则会被教学信息接收者所接受并引起思想感情上的起伏与共鸣；相反从恶意伤害的目的和动机出发所使用的教学语言，则会引起教学信息接收者的反感、思想感情上的拒斥态度以及逆反心理。所以，教学语言艺术必须建筑于善意原则这块基石上。善意原则是其他一切原则的基石，失去善意原则这块基石，教学语言艺术犹如沙滩上的高层建筑或空中楼阁，就失去了坚固的物质基础。失去了善意原则这个出发点，教学语言艺术就成了花言巧语，也不会收到什么好的教学效果。因此，教学语言艺术所遵循的首要原则，就是善意原则。

（2）尊重原则　尊重原则是教学信息交流中的态度原则。要求教学信息输出者必须对教学信息接收者持尊重的态度。这种尊重原则是由教育信息交流本身的性质和目的所决定的。教学信息交流的道理：一是必须尊重交际对象的人格；二是只有尊重对方的人格，交流活动才得以顺利进行。

在教学活动中，运用教学语言艺术进行教学信息交流，教学信息输出者对教学信息接收者的尊重体现在诸多方面。

其一，教学信息传输者在进行教学信息交流之前必须有良好的心理状态（心绪）。

其二，教学中，教师对学生是否持尊重的态度，常常从教学语言的运用上体现出来。

其三，教学语言艺术贯彻尊重原则，教师应做到“心境—言词—语调”三位一体，语调亲切和蔼，使人身心舒服。

其四，随时调整失误。

2. 可接受性原则

所谓可接受性原则是指教学语言必须使受教者能够接受、不拒绝。教学语言是教学双方进行信息交流的工具，教学语言只有被受教者所接受，教学信息的交流的目的才能实现。教学语言艺术贯彻可接受性原则，必须把握住以下几点。

（1）教学语言必须切合教学对象的特点。

（2）教学语言必须通俗易懂。

（3）教师要善于调控教学内容的深度和难度。

（4）教学语言要规范。

3. 协调一致原则

教学是教师与学生的双边活动。要想使教学活动正常进行并取得最佳的教学效果，则需要教学双方协调一致。怎样才能使教学双方协调一致呢？通常的手段是运用教学语言来传递教学信息，从而使教学双方做到认识一致，思想同步，行为一致。

教学语言艺术遵循协调一致原则，要注意以下几个问题。

（1）教学双方的心理动机要相契合。

（2）教学双方建立立体交叉式的信息双向网络。

（3）教学信息输出要与学生认识规律相符合。

（4）教学信息的多种传递媒体相互配合。

T2. 教学有声语言的美学标准

1. 形象美

语言能唤起美的形象。杜甫的诗："两个黄鹂鸣翠柳，一行白鹭上青天。"从色彩上看有黄色对绿色，白色对青色；结构景物就更形象了，"黄鹂""白鹭""翠柳""青天"；数量上"两个"对"一行"；动作上"鸣"对"上"。整个意境色彩鲜明，有动有静，动静结合，给人以艺术形象的享受。加之黄鹂的鸣叫声，更是绘声绘色。这就是用形象的语言，唤起美的形象。在教学上，教师也要用形象的语言，启发学生的形象思维，产生丰富的联想。

2. 节奏美

现代生理学研究证明，人在一种单调的声音刺激下，大脑皮层容易进入抑制状态。因此，教师的教学语言必须打破单调的催眠刺激而具有节奏感。所谓节奏，并不意味着"物的重复出现"，而是"重复中心的变化"。语言的节奏主要是通过句式的整、散，句型的长短错落，语言的响亮程度，以及语调的抑扬顿挫来获得的。因此教学语言首先要做到音调和谐，强弱得当，既不偏高也不偏低，以全班学生都听得清楚、听得舒服为标准。其次要变化适度，急缓快慢恰到好处；切忌过快或过慢，语言没有停顿，连珠炮似地放出去，那就容易使学生来不及思索而失去放松的情绪。顿拖太长，像铜壶滴漏似的，那就不易培养学生快速思维的能力，也会减少课堂教学的容量。一般来说，教师的教学语言在起始阶段以舒缓徐进为好，这样容易使学生排除课间休息时间带来的杂念而进入教学情景；在课堂教学进入高潮时，可以逐渐紧凑高亢，这样让更多的内容进入学生心田；课堂教学结束时，宜微昂稳收，这样容易使学生收到余音绕梁、意味不尽之感，在回味之中形成联想。

3. 和谐美

古代汉语特别是古典诗歌在语言的声律音韵上极其讲究和谐协调、朗朗上口。现代汉语许多音节的复合词在语义结构和音节结构上，也具备独特的声音美和语义美。当然，我们并不要求教师的教学语言像古典诗歌那样工整，但是，必须做到舒缓流畅。如果一位教师说话句不连贯，词不达意，就会大大减弱学生接收信息的效率。

4. 情意美

"言为心声"，要使教学的语言美，首先就要做到说话人的心灵美。《易经》中就有："修辞立其诚"之说。"心明，言才明；心善，言才善。"所谓心明，就是要对所教的内容深思熟虑，只有烂熟胸中，才能"运于掌，婉于言"，有声有色地加以发挥；所谓心善，也就是带着情感去运用语言，要在"知识的活的身体里畅流情感的血液"。庄子说："真者，精诚之至也。不精不诚、不能动人。故强哭者虽悲不哀；强怒者虽严不威；强亲者虽笑不和。真悲无声而哀，真怒未发而威，真亲未笑而和。真在内者，神动于外，是所以真贵也。"教师要在语言上达到真切，首先要饱含对学生的满腔热情，这样才能情动于衷而言溢于表，语言也会句句成为情感之词而让学生丝丝入扣。

5. 丰富美

汉语词汇非常丰富，同义（近义）词十分惊人。据统计"看"这个动词竟多达三百多个，甚至可以分为 22 套。其他同义词也很多。如形容动物叫声的就有："吠""嗥""吼""嘶""啸""啼""鸣""噪""嚎"等。正因为汉语的丰富性，才使我们能够准确地表达各种极细微极复杂的差别。教师语言不能单调重复、枯燥乏味。

6. 谐趣美

语言现象是心理现象的一种外化。语言是在生理和心理基础上产生的一种表情达意的交际工具。人的情感形态多种多样，语言的表达方式也千差万别，婉约、豪放、平、奇、雅、俗都因人而异。教学语言的谐趣，首先决定于教师的心理。教师心胸旷达，热爱学生，教学诙谐之语也自然会出自其中。

教师在授课时，如果只说理而很少趣味，语言便容易流于生硬虚玄，学生的心境就会如“无风水面”一样，平淡无奇。在教学中，要打破这种平板的局面，而造成生动活泼的语言气氛，教师必须随时准备“趣味之盐”，适时适度地在教学中添加撒放，使学生听起来兴趣盎然。这样，课堂气氛的“无风水面”就会成为“一泓春水吹皱”，学生的思维就会活跃起来，记忆也随之加深。当然，课堂教学中的谐趣，应当是谐而不俗，谐中有理，谐中有情，如果过分滑稽可笑，对教学也有消极作用。

T3. 语言的“善”与“恶”

1. 通过语言传承而成为人

要成为人，须靠语言的传承方能达到，因为精神遗产只有通过语言才能传给我们。即使受过教育的聋哑人证实了可把部分发声语言之内容转换成其他感官形式的沟通，但聋哑人在思考和了解上还存在着难以克服的困难，而且哑语的传达似乎失去了创造语言的精神活力。

学习语言可以在无形中扩大个人的精神财富。俗话说得好：语言替我而思。因此为了我们精神性的不断完善，通过学习富于语言创造力的思想家和诗人的作品，以掌握丰富的语言是理所当然的。而科技方面的文章，即或是名家的著作或某种专门知识的经典，由于其语言的贫乏，都会减少甚至毫无教育意义。即使一个人的外语基础不好，也能很容易地阅读一本外文的专业书籍和报纸上的日常用语，但若要增广我们的精神领域，就必须研读独具创见的思想家所呕心沥血写成的充满智慧火花的著作。

2. 语言的欺骗作用

人可以借助语言的表达把人整个地歪曲了。通过语言人可以创造一个世界，因此在人与周围的存在之间增加了一个由语言所独创的世界。起初人们煞费苦心地创造出来的语言，却在后人口中变成了惯用语而不知其意，那些深邃的表达方式也变成了实用性语言。结果一大堆空洞无物、歪曲原意的语言控制住人类：人就让这种语言操纵着，而忘记真正的自我和周围实在的世界。因此他们的教育只是为了语言能力的获得而非对事物认识能力的提高；只是习得一堆习惯用语，而没有去探究事物的本质。实存的、粗糙的、未被照亮的种种现实性就遮蔽在习惯用语之下，而没有自我构造。语言的欺骗功能使非现实的情况存在，却让现存的现实性粉碎在绝望的深渊里。

T4. 教学语言运用“八忌”

一忌呆板的长篇大论和空洞说教，使学生兴味索然。

二忌拖泥带水，含糊其词，使学生不得要领。

三忌不留间隙，放连珠炮，使学生无法思考。

四忌语调过于高亢或过于低沉，使学生精神紧张或精力分散。

五忌节外生枝、矫揉造作，使学生无所适从。

六忌闲话废语，哼哈连声，使学生心绪烦乱。

七忌流于庸俗，失之怪诞，使学生哄堂大笑。

八忌目光呆滞，表情麻木，使学生情绪低落。

T5. 三种传播理论

1. 信息处理模式

研究者逐渐认识到，要将信息的理解过程与信息的处理过程分离开来基本上是不可能的。在一定程度上，关注理解的研究已经为集中于认知的信息处理过程的研究所取代。人类的信息处理过程似乎是分阶段发生的，研究者已经提出了许多模式，确认了这种过程的一些关键的组成部分。许多这类模式建立于电脑操作的基础上。以下段落是心理学家基尔斯绰姆写下的，提供了信息处理模式（models of information processing）的一种有用范例。

有关人类认知的信息处理的经典思想，是按现代高速计算机的模式建立的，这种模式包括一系列信息存储结构以及一系列信息处理过程，在这个过程中，信息从一种结构向另一种结构转化。在这个模式中，从环境中得来的各种信息被感觉接收器变为一种中性类型的脉冲，信息在传感记录仪上作短暂保留，每种样式有一种形式，然后，传感记录仪上的信息经过分析处理，称作特征检测和样式认知。经过注意，被确认为对当前目标有意义和有关系的信息于是被转移到叫作初级或短期的记忆结构中，在这里它经过进一步处理。在这一阶段，新感知的信息被结合到追溯出来的第二级或称长期的记忆中。初级记忆只有极为有限的容量，它被认为是认知系统活动的舞台，在这里进行判断、推理和解决问题等信息处理的过程。信息在初级记忆中只保存到再次被回忆的时候。在分析输入刺激意义的基础上，某些反应于是被抽象出来。最后，事件的轨迹被编码，并永久保留在第二级记忆中。

众多的信息处理模式已经开发出来。各自适合一种不同的目标。这种工作多数发生于认知科学的跨学科领域。

2. 概略理论

有一个概念可能有助于我们了解人们是如何处理来自大众传播的信息的，这就是概略理论（schema theory），也称图解观点。虽然学者们对概略究竟是什么意见并不完全一致，但下面的定义也许是有用的：简言之，概略是一种认知的结构，它由组织好的从以往经验中抽象出的对情境及个人的知识所组成。概略被用来处理新的信息，并追溯已有的信息。概略的概念被心理学家、认知科学家、政治科学家和传播研究者广泛应用，因为它对了解人们处理信息的方法明显管用。

菲斯克和金德用这样的话形容概略方法：对处理复杂事物虽不完善但有助益的工具。他们认为，人是“认知的吝啬鬼”，他们对处理复杂信息的有限能力迫使他们奉行“认知的经济学”，即形成简单化的思维模式。

格雷伯曾完成一项研究，发现在处理新闻时，人们倾向于从证据中得出结论，并将结论储存起来，而不是将证据本身储存起来。她认为，通过概略的方式处理新闻是应付信息超载的有效方法。最后，格雷伯指出，将新闻故事与概略方法配合起来的做法受到了线索的影响，并注意到，大众传播媒介是一种主要的信息线索来源。这样，上述有关校车的例子，新闻媒介可以通过标题、图像、字幕等方式，帮助确定该则新闻是否应视为对公共教育的中断，或达到多元社会的目标。这类线索也可能影响概略方式的发展，以至于当下一则有关校车的新闻出来时，人们便很容易地将它与“对公共教育的中断”“达到多元社会的目标”这些概略方式联系起来。

总之，概略的观念可以帮助我们理解，人们如何可能处理那么多的新闻。他们似乎通过很多不同的匹配策略企图将一则新闻中的信息纳入某种现有的概略中。如果配合的策略可以找到，信息的某些部分或来自信息的推论便很可能以一种修改后的概率形式储存起来；如果配合的策略找不到，则该信息很可能一闪而过而无法被吸收。

3. 说服理论

最新的说服模式强调，说服是一个过程。3个主要的过程模式分别是麦圭尔的信息处理理论、安德森的信息整合理论与佩蒂和卡西欧皮的精心的可能性模式。

这些模式有下列一些共同的特征。

（1）它们将态度的改变，或说服，表现为一个过程，这些过程分成几个阶段，并且，说服作用经过一段时间才发生。

（2）它们都强调认知的作用，或者说信息处理的作用。

（3）与更早的理论对说服和态度改变的理解不同，它们将接收者视为处理信息的代表，赋予他们更加积极的角色作用。

其中，麦圭尔的信息处理理论（information processing theory）提出，态度改变包含6个阶段或步骤，每一阶段都成为下一阶段的必要前提。这些阶段是：说服性消息必须得到传播，接收者将注意这个消息，接收者将理解这一消息，接收者接受和服膺所陈述的观点，新接受的立场得到维持，期望的行为发生。麦圭尔注意到，在传播环境中，任何独立的变量都能对这6个阶段中的任何一个产生效果。

T6. 教师体态语言运用的原则

1. 辅助性原则

有一位研究者曾搞过一个以实物完全替代语言的实验。被试被要求：当需要表达什么的时候，即以相应的实物来代替。如：“我要一把刀。”不用口头语言表达，而是从装实物的袋子里拿出一把刀示意。结果，两个交谈者没用多久，便每人背了一个巨大的装满各种物品的袋子，而且表达交流也进行得越来越艰难——因为要从袋子里找一件实物实在是太困难了。这个例子生动地证明了语言在人类交流中的重要性。这种重要性在课堂教学中同样存在而且更为突出。教师的体态语言虽然也发挥着重要的作用，但是它却不能完全取代言语行为而成为课堂教学的主要手段，否则，便如聋哑学校的教师给学生上课一样，比比划划，有许多麻烦与不便。由此可见，体态语言在课堂教学中只是一种重要的辅助手段，虽然它也能在特定情境下独立地向学生传递信息，但其作用的发挥更主要的是体现在与言语行为的配合上。

2. 准确性原则

准确，是体态语言的“生命”。如果体态语言失去了准确性，便没有任何交流作用。因此教师在课堂教学中必须遵循准确性原则来运用体态语言。具体地说，这一原则有三方面要求：首先，表露情感应准确。对某个学生满怀喜爱，脸上却冷如冰霜；开展批评，却喜笑颜开，这都属于对体态语言运用的严重失误。其次，象征性动作应准确。竖起大拇指表示赞扬，点点头对学生表示肯定或应允，这些象征性体语的意义都是固定的。而如果竖起除拇指外的其他某个指头表示赞扬，歪头表示肯定，那么学生则会如坠五里云雾中，不知师之所云。最后，说明事物应准确。这主要是针对说明性体态语而言。如果模拟说明不确切，则会把学生的认识引向一个错误的方向，得出错误的结论。

3. 适宜性原则

不同的教学内容，应选择不同的体态语言；不同性格、性别、不同智力水平、不同学习成绩的学生，应选择不同的体态语言；不同的教学时机，应选择不同的体态语言；不同的教育教学情境，应选择不同的体态语言……这些都是适宜性原则的具体要求。如果违背了这些要求，体态语言就不能发挥积极的效应，起不到应有的作用。

4. 精简性原则

这一原则是由辅助性原则派生而来的。因为体态语言是教学的辅助手段，因此它不能喧宾夺主，必须本着“少”而“精”的原则，使之在课堂上发挥画龙点睛的作用。如果一节课中教师的体态语言运用过于频繁，手舞足蹈，结果必然是教师忙于比划，学生眼花缭乱，不但起不到辅助教学的作用，反而分散了学生的注意力，影响了课堂教学效果。

5. 稳定性原则

稳定性原则的基本要求主要有以下两个方面：首先，教师用来组织教学的一些基本的体态行为应当是稳定的。例如，教师对目光的运用，一般开始上课前先环视一圈再开讲，讲课过程中则采取环视与个别注视相结合，这种模式应是基本稳定的。如果教师这节课开讲前运用环视，下一节课则低头走进教室，不环视而直接开讲，再下一节课又正视前方、目不旁及开始教学，这样没有规律的变化让学生很难适应，对于组织教学会产生不利影响。其次，教师的表情常态应是稳定的。学生的心灵非常稚嫩，教师稍有不慎便会对其造成伤害，因此，教师在教育教学活动中的表情常态应是和颜悦色、自然亲切，这一点也要相对稳定。假如教师一会儿面带微笑，和蔼可亲；一会儿又面色峻厉，凛然可畏；一会儿嘻嘻哈哈，一会儿而又脸色阴沉……这种表情常态的不稳定性会对教师的威信产生不利影响，在某种程度上妨碍师生间情感的沟通，因为学生感到老师喜怒无常、捉摸不定，自然会敬（畏）而远之。

6. 灵活性原则

稳定不等于死板，稳定是在灵活基础上的稳定；稳定中应有变化，这就是教师体态语言运用的另一原则——灵活性原则。

灵活性原则是教师教育机智、教学灵感的体现。所谓教育机智，是指对学生的敏感性，以及能根据教学中新的意外的情况，快速作出反应，及时采取恰当措施的能力。所谓教学灵感，是指教师在教学活动中因思想高度集中、情绪高涨而突然表现出来的创造力。

7. 情感性原则

教师运用体态语言，应做到有感而发；情之所至，才能“舞之、留之”。我们可从以下两个方面来理解这一原则：首先，教师与学生进行情感交流时的体态语言必须真切诚挚。对学习较好的学生，目光中要充满真诚的赞扬与鼓励；对学习较差的学生，目光中要充满真切的关注与期待。学生对教师的感情变化是非常敏感的，教师的真情实感会令学生感动，同时回报老师以赤诚的情怀；而虚情假意、矫揉造作则会让学生厌恶、疏远老师；冷若冰霜、无动于衷又会给学生的心底投下阴影甚至造成伤害。其次，运用体态语言再现课文中的情感要真切。教师只有自己先被课文内容所打动，才能真切地而不是做作地在体态语言上表现出来，并通过这种表现打动学生的心灵，引导学生进入课文所描绘的情境中去，受到感染和教育。

8. 善意尊重原则

善意尊重原则是指教师运用体态语言时应以善意尊重为主，而不应随意使用否定性体态语言，更不能使用蔑视甚至敌视性体态语言。例如，对于学习较差的学生白眼相待，对犯错误的学生横眉冷对，对于各方面表现平平的学生视而不见……这些做法都违背了善意尊重原则，严重损伤了学生的自尊心和自信心，不利于学生身心的健康发展；同时，也影响了教师形象，学生会认为教师傲慢、苛刻、偏心眼，从而与教师产生对立情绪。

9. 美感性原则

美感性原则是指教师在教育教学活动中所做出的姿势，动作应优美、规范。教师运用体态语言虽然与演员在舞台上的表演不同，但追求的效果都是相同的，那就是要给学生以美的享受与熏陶。因此，教师在课堂上，一举手，一投足；一颦，一笑，都应准确恰切，优美规范。具体有这样几方面要求：应干净利落，而不能拖泥带水；应简洁优美，而不能烦冗丑拙；应新颖多姿，而不能陈旧单调；应谐调一致，而不能杂乱无序。

T7. 教师不宜使用的象征性体态语言

斥责性食指点动，蔑视性伸出小指，蔑视性斜挑拇指，轻佻性捻动拇指，讽刺性鼓倒掌，渲怒性以掌击物，耳语性喇叭手势，威胁性挥动拳头，渲怒性以拳击物，拨浪鼓式摇头，拒绝性撇头，排斥性低头。

T8. 九种活跃课堂气氛的幽默方法

一名好的教师，不仅要把课讲得好，而且还要善于调控课堂气氛。授课的过程中，当学生昏昏欲睡时，当学生思想开小差时自然而巧妙地“加塞”上一段幽默语言，能解除学生的疲劳，并能在欢快的气氛中集中学生的注意力。

1. 修饰姓名

学生的姓氏和名字，本来都是很平常的。但是，如果老师细心的话，在需要点到学生的姓名时，以一种特别的方式来修饰、点缀，往往就能引出一种幽默的效果。有一年，教育家吴宓教授上课的班级上有一个女生名叫金丽珠，吴教授上课点名点到她的名字时，故意拖长声音说:“金——丽——珠！”接着他又用英语说:“Very beautiful, very romantic, isn’t it?”（多么美丽、多么浪漫的名字！）他笑了，同学们也笑了。

2. 故设悬念

学生有很强的探求欲，老师先设置一个悬念，引导学生思考，然后不失时机地点出意料之外又在情理之中的结果，学生就会恍然大悟，就会获得松弛后的愉悦。有一位新调来的年轻老师面对陌生的学生说道：“同学们，我们班新来了一位成员，他姓李，男性公民，希望大家以后多多关照他。”学生们一下子懵了，相互张望。老师接着说：“告诉大家，他就是我。”

3. 转俗为雅

上课时，老师针对学生的一些世俗偏见、陋见，利用自己的生活经历、审美观念等巧妙地和学生交流，转俗为雅，也能达到幽默的效果。有一位身材矮小的老师，第一次给学生上课时遭到嘲笑，这位老师微笑着说：“同学们，今天我能博得大家开心一笑，证明我们之间的感情交流已经迈出了可喜的一步。在今后的教学中，我将取你们之长来弥补我之短，提高提高自己！”

4. 言大于意

这种方法就是指教师不言明说话的真正意思，而是以一种曲径通幽的方式表达出来。如从似乎与表达意图毫不相干的角度发问，让学生在不明其宗旨的情况下顺着老师设计的思路走，直至到达豁然开朗的境地。有一位老师走进教室上课，但学生们喧哗不止，便问：“请问大家一个问题，辛弃疾的词‘稻花香里说丰年’的下句是什么”，学生们异口同声地回答说：“听取蛙声一片。”随即明白了老师的意图，便在开心地笑后，马上安静下来。

5. 巧设悬念

老师在上课时，结合有关知识，通过联系设置一个悬念，然后再“顺理成章”地说出理由，就能造成一种“出其不意”的幽默感。有一位老师在讲家蚕的有关内容时，对学生们说：“蚕是伟大的‘爱国者’，它的价值远远超过它自身，它以不辞辛苦的默默劳作，为我们伟大的祖国争了光、添了彩！”看着学生们疑惑不解，老师接着说：“不是吗？我们的祖先最早养蚕织绸，开辟了丝绸之路，促进了东西方文化的交流，极大地提高了中华民族的世界声誉。这能不说蚕是伟大的爱国者吗？”

6. 揭示哲理

老师在讲授有关知识时，蕴含幽默、揭示哲理，可以加深学生对知识的理解。有一位老师在课上说到，“遗传和变异同等重要，少了哪一个都不行。试想，如果没有遗传，我们的下一代说不定像什么东西，如果没有变异，恐怕我们今天还是拖着长长尾巴的那个猴子样！由此可见，遗传和变异是进化的两个方面，是相辅相成、对立统一的两个方面。”

7. 假痴不癫

假痴不癫不是故意搞笑，而是在笑中含有目的地让学生明白某种道理。有一位老师在教《游园不值》时，一个学生“砰”的一声破门而入，径直入座。老师未予理会，继续就诗句问其他学生：“‘小扣柴扉久不开’，诗人拜访朋友，为何用‘小扣’，而不用‘猛扣’呢？”学生答道：“因为诗人有教养、懂礼貌。”然后老师轻声问“无礼”的学生：“你说大家说得对吗？”这位老师只是以之为契机，既巧妙地教育了迟到的学生，又活跃了课堂气氛。

8. 善用修辞

在教学中，恰当地运用拟人、比喻等修辞手法，也能造成幽默感，给学生以趣味横生的感觉。一位老师在讲到人体内白细胞不怕自身死亡吞噬病菌、保护人体健康时，使用拟人手法设计了如下一段话：“可不要小看白细胞这位‘人体卫士’，当人体某处受伤、病菌入侵时，他们就会闻风而动，纷纷冲出毛细血管，与病菌展开殊死搏斗，直到将病菌消灭为止。一些白细胞由于吞食了大量病菌，自己也壮烈地牺牲了，表现了舍己为人的献身精神和可歌可泣的英雄气概！”

9. 巧设疑点

老师在上课时，可以结合教学内容设计出既幽默风趣又带有某种知识的问题，这能让学生于轻快中长见识。有一位老师在上课时出了一个小题目：“张三廉价购进了一批质地优良的汗衫，准备去阿拉伯沙漠地区出售，请问张三这趟买卖大约要付出哪几项成本？”同学们随口应答：“本金、运费、房屋租赁费、食宿费等。”老师微笑着，似乎还在期待着什么。同学们窃窃私语，又勉强列出税金、意外损耗等几种“成本”。最后老师说：“同学们，有谁见过阿拉伯人穿着汗衫到处跑的？那儿的太阳很毒，外出的人基本上是一袭长袍，头上还扎着布——别以为热的地方，人们就一定得穿汗衫。”同学们恍然大悟：那就滞销啦，卖不掉！老师说：“所以，最大的成本你们没有说，那就是——无知！

T9. 青年网络语言传播范式的转变

青年是网络语言传播的重要主体，自媒体时代，青年网络语言传播范式出现新转向，表现为网络部落的圈群范式、融合消解的复合范式、自由组合的开放范式。新范式为青年网络语言传播带来新挑战，青年圈群交往容易造成价值迷失、多元主体造成监控压力变大、碎片化表达弱化了语言的受众黏性。要顺应传播范式转变，必须树立多元的互联网思维，掌控议程设置权、主导舆论方向，打造“微平台”阵地、让网络语言传播多元化。

数据资源

D1. 教学语言的节奏性

一般说教学语言的声音强度应在65~72分贝；语速在每分钟可讲100~200字（汉语每个音节一般音长为0.2~0.4秒）；音高方面，男教师声带长而厚，基频为60~200赫兹，女教师声带短而薄，基频为150~300赫兹。人耳能听到的频率范围在16~20000赫兹之间。音色是由发音体、发音方法、共鸣器形状相互作用决定的。教师应根据教学内容、教学对象、教学环境等具体界定语声的强弱快慢，既要从确立语声要素各自的“量度性”出发，又要妥善处理相互之间的“协调性”，使教学语言的宏观节奏和微观节奏和谐统一。

D2. 教师的教态调查

有人曾以《教态对课堂教学效果的影响》为题，向100名不同文化层次的学生做了问卷调查。调查表明学生十分注重教师的教态，普遍认为教态对教学效果会产生重要的影响，这100份问卷对教态问题的回答情况是：①当新教师走进教室，你首先注意的是什么？有62%的学生注意新教师的眼睛，35%的学生注意新教师的衣着气质，3%的学生注意新教师讲话是否标准。②当教师在课堂上看着你讲课时，你是否喜欢正视老师的目光？58%的学生答不喜欢，38%的学生回答喜欢，4%的学生答有时喜欢。③当你回答教师提出的问题时，是迎着教师的目光还是把脸扭开？答迎着教师目光的有66%，答躲避教师目光的占34%。④在什么情况下你喜欢更多地看着教师？有64%的学生答“听讲时”，28%的学生答“回答问题时”，3%的学生答“不喜欢瞧着教师”，1%的学生答“在教师被问倒的时候”。⑤当你答完问题时，是否瞧着教师，以求教师对你的回答作一评价？80%的学生希望教师作评价，17%的学生不希望作评价，3%无所谓。

D3. 人的体态的数量

兰说：“面部的表情是多少世纪培养成功的语言，比嘴里讲的更复杂到千百倍的语言。”伯德惠斯戴尔说：“光人的脸就能做出大约25万种不同的表情。”文学作品中关于面部表情的描写也有2万种以上。戈登·修斯指出，人体大约可以做出1000种平稳的姿势。

能力训练

案例 8.2.2

剪刀的妙用

几乎不同年代、不同国家和地区的学生，在某一年龄阶段学习某种知识时，总会出现同样的错误。为此，教师伤透了脑筋，有的老师便自我解嘲，认为这是规律性的错误，无法可治的。

其实，教师如果根据学生的年龄特征和心理特点，讲究教学艺术，上述诸如此类的错误是完全可以纠正的。

学生学习小数加减法时，得数末尾的“0”总是有意无意地留了下来，这种错误使许多老师都感到头痛。然而，有位老师的纠正学生不自觉地把得数末尾的“0”留下来的错误的方式方法便很新颖别致，很有成效。上课时，他有意让学生在小黑板上的硬纸板上板演：4.82+1.68=？当学生写成：4.82+1.68=6.50 时，他在订正时，突然从讲台上摸出一把明晃晃的大剪刀，问学生：“谁知道老师要用这把剪刀做什么？”学生都愣住了，教师接着说：“我要给这个得数剪尾巴。”咔嚓一声，把纸板上的“0”剪掉了。这时学生恍然大悟，全都笑了，自此之后，学生常犯的这种错误再也没有出现过。

这位老师教学艺术高超之处，在于把剪刀作为一种特殊教具，加以妙用，给学生留下了鲜明的印象。我们知道，学生之所以在学习某种知识时出现相同的错误，是因为对这种错误没有引起重视所致，或者说大脑皮层对这种错误处于抑制状态。当教师别出心裁妙用剪刀剪尾巴时，学生大脑皮层立即处于兴奋状态，在大脑记忆中枢留下了深刻的痕迹，故学生不再重犯此错误。

问题与思考

1. 老师使用的剪刀是教育媒介吗？
2. 如果是，请说明选择与使用教育媒介的依据。

案例 8.2.3

一堂“哑巴课”的启示

一次重感冒，我的嗓子疼痛难忍，不能说话。但为了不落下课程，便坚持上了一堂课——讲授小学语文第八册第九课《古诗三首》。

开始上课，我在黑板的最上边写下这样一行字：请原谅，今天我嗓子疼，无法说话，请大家同我配合好。同学们见了都自觉地端坐好，教室里出奇地静。

我板书完课文题目后，便伸出手掌示意一名学生站起来。他马上站起：“背吗，老师？”我会意地点点头（凡讲古诗，我必先在讲解前检查背诵）。他很快背了下来，我满意地点头让他坐下。接着我又朝大家举起了手，很快地，能背诵的同学都举起了手。我在黑板上将诗的定义和分类及第一首古诗的作者等知识性东西写了下来。大家记得格外认真，速度也格外地快。我把诗的头两句“移舟泊烟渚，日暮客愁新”工整地板书下来（字距拉大），然后我朝大家环视一下，右手食指点住“舟”字，左手执教鞭指一名基础较好的同学，他马上站起来回答：“舟，船的意思。”于是，我在“舟”的下面写了一个“船”字，用箭头连接起来……就这样，诗句中逐个字的意思解释通了，我便在诗句下面划了一道曲线，冲着大家举了举手。静了一会，马上有学生站起来，边思考，边总结，解释着整句话的意思。在这个过程中，我时而侧首倾听回答，时而点头微笑。之后，我把补充完整的诗意写在黑板上……一首诗就这样顺利地讲完了，我感到无比高兴，颔首向同学们表示感谢，教室里响起一阵热烈的掌声。同学们很兴奋，纷纷要求继续“讲授”下一首。可是，下课的铃声响了，同学都望着我，不无惋惜。

这堂课留给我的印象太深刻了，我感到这堂课的教学效果是比较好的。学生们都尽自己最大的努力同我配合，神情认真、专注。这不由让我想起平时我和某些同行们的课堂教学来。教师使出浑身解数，累得喉咙破嗓子哑，而学生眼睛虽瞪得不小，却往往是“身在教室心在外”，充耳不闻，无动于衷。以后和同学们交谈时，他们说：在这堂课上，大家精力集中，格外动脑，想得快，记得也牢。虽然隔了一段时间了，他们连老师的每个细微动作和情态及其示意都记忆犹新。

由此可知：在课堂教学中，教师只顾一味地灌注，即便知识再渊博，嗓门再大，也是收不到好效果的。关键的是引导学生动脑，启发学生思考，使教与学默契配合，使学生积极主动地去获取新知，才能收到事半功倍的奇妙效果，这应成为我们每位教师研究的重要课题和在课堂教学中努力的方向。

当然，我这并不是倡议同行们在课堂上“只动手不动口”，事实上这样做也是不可能的。重要的是，我希望能从这堂课中得到一些有益的启示，悟出一些道理，从而指导和改进我们的小学语文教学，以提高课堂教学质量。

问题与思考

1. 该教师在哪些教育媒介之间进行了选择？选择的理由是什么？
2. 该教师实际运用的教育媒介是成功的吗？为什么？

小结

1. 媒介是关系到人类社会、生态环境、教育世界以及三者之间相互沟通的基本元素。

2. 研究教育媒介是教育研究的基本任务，包括媒介的特征、传播与沟通条件、教育功能以及选择与使用的原则、方法和技巧等方面。

3. 教育媒介与教育内容之间是形式与内容、工具与目的、符号与意义、物质与精神、共性与个性的关系，二者具有目的（目标）的一致性。

4. 教育媒介与教育内容构成教育主体认识、使用的主要客体，是促进人的发展的基本要素。

自我评价

1. 阐述教育媒介的种类与特征。
2. 论述教育媒介的功能。
3. 结合实际分析教育媒介的选择原则。
4. 结合实际分析教育媒介运用的原则。
5. 试举例说明教师运用体态语言的不当之处。
6. 分析案例：运用相关理论分析问题，并进行富有逻辑的阐述。

参考文献

[1] 汪刘生，白莉. 教学艺术论[M]. 南昌：江西教育出版社，1996.
[2] 马治国. 网络教育本质论[M]. 大连：辽宁师范大学出版社，2006.
[3] 李运林，徐福荫. 教学媒体的理论与实践[M]. 北京：北京师范大学出版社，2003.
[4] [加]马歇尔・麦克卢汉. 理解媒介——论人的延伸[M]. 何道宽，译. 北京：商务印书馆，2000.
[5] 北辰. 当代文化人类学[M]. 杭州：浙江人民出版社，1986.
[6] 张良田. 教学手段论[M]. 长沙：湖南教育出版社，1999.
[7] 汤永建，杜仁智. 声像媒体技术[M]. 北京：华夏出版社，1998.
[8] 庄锦英，李振村. 教师体态语言艺术[M]. 济南：山东教育出版社，1993.
[9] 刘显国. 语言艺术[M]. 北京：中国林业出版社，2001.
[10] [德]雅思贝尔斯. 什么是教育[M]. 邹进，译. 北京：生活・读书・新知三联书店，1991.
[11] [美]沃纳・赛佛林，小詹姆斯・坦卡德. 传播理论：起源、方法与应用[M]. 郭镇之，等，译. 北京：华夏出版社，2000.
[12] 东南教科院. 教师必看：优秀教师活跃课堂气氛的 9 种幽默方法！[EB/OL]. [2022-10-26]. 搜狐网.
[13] 詹捷慧. 青年网络语言传播范式转变及其应对[J]. 人民论坛，2022（01）：102-104.

第九章　师生关系问题

内容提要

师生关系是教育的最基本关系，是决定教育质量的主要因素。师生关系的认识依赖于对学生、教师的研究。

教育是人的活动，其中的人主要由学生和教师构成，师生关系是其最基本的关系，师生的互动是其最基本的活动。为保证教育的质量、效益，认识学生、教师及其相互关系是基本的条件。学生是教育中接受教育、寻求发展的人，是权利与义务的统一体。教师是教育中提供教育条件和资源、促进发展的人，也享用着权利和承担着义务。并在完成教育、教学任务的过程中，以促进人的发展为宗旨，推进着自身的专业发展。建立和发展良好的师生关系，往往要采用一定的策略。

关键词

学生；教师；师生关系；教师专业化；权利；义务；属性

学习目标

1. 了解学生的特征与发展。
2. 了解教师的培养、选拔和任用制度。
3. 理解学生的本质与属性。
4. 理解教师的本质、属性和专业化的理路。
5. 掌握师生关系的本质与构成。
6. 熟读思想资源，理解相关观点。
7. 根据分析建议独立完成案例分析。

第一节　学生

学习目标

1. 理解学生的涵义与属性。
2. 掌握学生的权利和义务。
3. 了解有关学生的法律规定。
4. 了解青少年儿童的年龄特征。

观点与原理

1. 学生是教育中接受教育、寻求发展的人。虽然，学生是不成熟的个体，但是，他/她是权利与义务的统一体，是人类发展的共性与个体发展的个性的统一体，会成长为德智体美劳全面发展的建设者和接班人，会成为堪当中华民族伟大复兴历史重任的时代新人。

2. 学生的发展关键是符号系统的构建，重点是认知能力与水平的提高，难点是社会化。

3. 学生的权利包括生存权、受教育权、受尊重权、安全的权利等。

4. 学生也是多角色的人，要承担多项义务，包括学校中的义务（学习、尊敬、团结与关心、遵守、参与管理、清洁与保持）、家庭中的义务（孝敬、爱护、分担）、社会中的义务（遵守、爱护、珍爱）等。

5. 学生之间的关系是丰富多样的，有学习与生活方面的，合作与竞争方面的，平等与不平等方面的、主体与客体方面的、善与恶方面的。其形成的途径也是多样化的、复杂的，有经过学习的、活动的途径，有学校的、家庭的与社会的等途径，进而形成学生文化。

典型案例解读

案例 9.1.1

给学生选择教育的权利

有着百年历史的晋元高中是上海市 11 所现代化寄宿制高中之一。走进校园，绿色的植被和宽敞大气的建筑浑然一体，使人置身其间，顿有一种愉快释然的感受。而唤起我们极大兴趣的，还是学生的“走班制”上课方式。

每天上课铃一响，晋元中学各个班的学生便会根据自己各科的学习能力和兴趣去相应不同层次的班级上课，而原有的行政班则保持不变。这就是所谓的“走班制”教学。

原来，晋元中学对每年初进校门的高中生都要举办学习方法、学校课程、自主选择方法、研究性学习等内容的讲座，并在拓展型、研究型、社会实践课程中正式开设走班教学。在学生逐步熟悉、适应高中学习环境的基础上，在期中考试后，对数、理、化、英语、计算机、体育六门基础课程进行选择走班教学。根据学生的选择，学校将4至5个班级的学生看成一个“班级”，分成ABC层，几个班同时开展同一科目的教学活动，其余教育教学活动则在原行政班进行。各学习层次和教学班级动态组合，一个学期微调一两次，保证学生在一个较适合自己的层面学习。

按校长的话来说，过去，由于学校“批量生产”的是“标准件”，遏制了学生的个性发展，培养出来的人才也不能适应社会需要。而知识经济时代最鲜明的特征就是个性化。高中是一个人个性形成的黄金时期，要发展个性，必须承认学生的发展的不平衡性和差异性，承认学生有选择和发展权，承认学生有选择课程的权利。在此思想指导下，晋元构建了学生在全面发展的基础上实现个性发展和充分学习的“套餐式”学校课程结构，让每个学生都有适合自己发展的课程表。

案例分析

学生的权利是指学生在教育活动中享有的各种权利。学生的权利是与其身份和法律地位紧密相连的。在教育领域，学生有二重身份：其一，他们是国家公民；其二，他们是正在学校接受教育的公民。学生的双重身份，特别是学生是正在接受教育的公民的身份决定了他们享有权利的特殊性。作为公民，他们享有宪法所规定的公民应享有的各项权利。作为学生，在受教育过程中，他们享有其他公民不具有的权利：参加教育教学活动权，获得奖学金权，获得公正评价权，申诉、起诉权以及《中华人民共和国教育法》允许学生享有的其他法律法规规定的权利。

对学生人格和权利的尊重，是现代社会人的主体性得到尊重的一个表现。学生权利的概念是20世纪60年代在美国首次提出的，1989年11月20日，联合国大会通过了《儿童权利公约》。《公约》中明确指出：儿童有权享受特别的照顾和帮助、有权自由发表言论、有权享受法律保护等。这标志着儿童的权利被国际社会所承认。我国也相继通过并颁布了《中华人民共和国义务教育法》《中华人民共和国未成年人保护法》等法规来保护学生的权利。学生，特别是中小学生，他们大多未满18周岁，是无民事行为能力和限制行为能力人，他们的身心和社会性发展尚不充分，不能完全准确地辨别是非和保护自己，因此，法律对其权利必须给予特别的保护。这就要求家长和教育工作者既要尊重他们，又要同时约束自己的行为，以防伤害他们未充分发育的心灵。

在以上案例中，学生的受教育权得到了校方的充分尊重，学校努力创设环境来保证学生的各项权利得到实现。虽然在班级授课制的集体中，学生自由选择的余地是有限的，但只要学校和教师充分尊重学生，他们的各项权利就能在最大程度上得到保障。这个案例说明，尊重学生的权利对于学生的自主发展是极为重要的。当学校充分尊重了学生的选择权，学生的学习目的就会更加明确，学习的积极性也会更高。除了受教育权，教育者还应该尊重学生发表意见的权利，尊重他们的隐私权等。在保护他们这些权利的同时，还要唤醒学生的“维权意识”，大胆地让他们知道自己所拥有的权利，这是尊重、维护学生权利最为直接、有效的做法。

学校既是专门从事教育活动的场所，也是保护学生权利的主要部门。但令人遗憾的是，由于种种原因，学生的权利常常被某些学校、教师所忽视，有的学校、教师甚至否认学生的某些权利，因此，常常出现侵犯学生权利的事情，以至于被学生送上被告席。这一方面表明了某些学校、教师对学生权利的无知和无视，另一方面也表明了学生及其监护人已经有了较强的法律意识，开始懂得运用法律武器保护自己的合法权益。由此可见，明晰学生的权利，并采取措施保护学生的权利，乃是减少对学生的伤害，使学生健康成长的必要措施。此外，由于家长的特殊地位，在家庭中忽视学生权利的现象在我国也十分普遍。实际上，不论是家长还是学校，都应该站在学生的角度，以学生的健康成长为出发点，尊重并保护学生的各项权利，还给他们本属于自己的天空。

维护学生权利的现实状况揭示出教师和学生常常会陷入公平与效率、教师权利与学生权利等相冲突的两难困境，这是极为考量教师机智的，这也指明了教师的正确教育目的观的关键性。

总之，讨论学生的权利还要回到学生的发展。因为学生的发展是教育的对象，学生的发展目标——立德树人——也是“教育生命”延续的“氨基酸”。理解、维护和运用学生的权利，要充分认识到学生有着巨大的发展潜能。同时，也要兼顾学生的义务。学生是权利与义务的统一体，认识、认同、履行义务也是对权利的尊重和维护。

若与案例6.2.1结合起来思考，你或许能燃起更多的思想火花。

案例9.1.2

孩子，我宁愿你没那么善良

山西永济黄河边。一场争分夺秒的援救，在持续了86个小时后，依旧没有结束。

那是7月7日下午4点。8个放了暑假的孩子，相约去城西舜帝坝黄河边（岸边有警示牌）游泳。但，没有任何家长陪同。其中两个孩子，没有下水。一个年纪尚小，留在岸上给哥哥们看衣服；另一个因身体原因，不方便下水。于是，两个孩子，目睹了这场无声又绝望的悲剧。

7月的黄河，正值汛期，水位升高了不少。当地河段中，还有大量黏稠的泥沙。平时连会水的成年人都不敢去，因为陷进去，就再难出来。6个少年，很快被卷进了湍急的水流中。最后全部被河水吞没。这些孩子，大多是十五六岁的初三学生。好不容易中考完，放了暑假，以为可以肆无忌惮地享受夏天。兴奋地扎进水里，毫不在意地游向深处，全然不知，死神正潜伏在不远处。

7月7日晚上9点半，永济市公安局接到报案，立即前往现场搜寻失踪少年。当地组织了6支专业救援队，调集了直升机、无人机、声呐以及水下搜救设备，共出动了1500多人进行搜救。终于在20小时后，搜寻到一名少年，但已无任何生命体征。之后，又花了23小时，也就是到了7月9日下午4点多，才又找到另外4个孩子的遗体。最后一个孩子，至今没被找到。

而报道中的另一个细节，更让人心痛：据当地村民说，岸边的孩子目睹了全过程，他们看到，其中两个溺水的孩子，曾成功逃生。可脱离危险的他们，看到还有4个小伙伴在水中拼命挣扎，虽惊魂未定，却放不下尚未躲过死神的朋友。他们赶紧返回水中救人，结果又被河水吞噬，再也没有回来。

每年夏天，有多少年轻的生命被永远定格在水中？每一场逝去的背后，都伴随着一个家庭堕入深渊。特别是那两个曾躲过一劫的孩子。

看过央视一组数据：我国每年约有5.7万人死于溺水。其中，95%以上都是未成年人。溺水，竟成了青少年意外死亡的一大主要原因。在搜集资料、盘点未成年人溺水案例的过程中，我又发现了一个令人揪心的真相：绝大多数悲剧，竟都是多个孩子集体溺亡。

一个多月前，河北沧州在村边坑塘溺水的5个孩子；两个多月前，江西上饶在学校附近河里溺水的3个孩子；一年前，重庆潼南区江河坝水域溺亡的8个孩子；两年前，六安史河里相继溺水的4个男孩……

集体溺亡频频发生，很大一部分原因，是小小的孩子，在危险面前奋不顾身想挽救自己的小伙伴。

我不能忘记去年重庆潼南区8名孩童溺水事件，那字字剜心的报道：7个女孩，1个男孩，十二三岁的年纪，才上小学6年级。其中一个孩子，失足落水。另外7个孩子，一个接一个赶上前施救。结果，无人生还。

我更不能忘记前年四川宜宾4个小学女生溺亡事件中，那让人痛心的一幕：弯弯曲曲的黄沙河，平静得几乎看不见流动。4个即将升入初中的女孩，到这里踩水玩。却全部落水溺亡。参与搜救的老渔民目睹打捞上来的遗体时，泣不成声："3个娃娃，你抓着我，我逮着你，孩子们出水那一刻，我的眼泪'唰'的一下就滚出来了。"他推测，其中一个孩子溺水，另外3个孩子手挽手想要帮忙。可再多的孩子，也敌不过深水的恐怖力量。

还有8年前，母亲节的前一天，广东惠州5个母亲永远失去了自己的孩子。那是5个才上初二的男孩。他们平时感情很好，相约在东江边烧烤。其中一男生误踩江边砂石滑入水中，4个朋友，手牵手施救。一个拉一个，通通沉入水中。

作为成年人，我们可能会理智地认为，同伴落水，应该呼救、报警，评估自身能力，不能错误营救。可孩子毕竟是孩子。他们有奋不顾身伸出援手的善意，有一瞬间什么都敢抛之脑后的孤勇，还有对一切危险都未察觉的无知。

看着这些单纯无私、却付出惨烈代价的孩子，除了心痛和遗憾，我们更需让孩子明白：仗义诚可贵，但你的生命，才最重要。

水下救人，体力下降的速度远超你的想象，慌乱和恐惧带来的影响也比你想象中的骇人。

救人于危难是正义，做好事不求回报是无私。在他们单纯的心里，播下一颗颗高尚的种子，让他们明白什么叫乐于助人，什么叫仁慈慷慨，什么叫见死不救，什么叫自私懦弱。却偏偏忘了告诉他们，一切善良的前提，是爱自己的生命。尽可能地帮助别人，不是牺牲自己。重义气，不是消耗自己的生命，去为别人的失误买单。

见义勇为，应该是见义智为。

请不止一次地、郑重地告诉你的孩子：没有大人，不要私自或结伴下水；不要野泳；不要去陌生水域玩耍。

请告诉孩子们：如果有小伙伴玩水遇到危险，正确的做法是：要么丢给落水者触手可及的救援工具，要么大声呼救，并打110、120。这是在提醒孩子，比起见义勇为，好好活着才最重要。

案例分析

痛定思痛。我们必须厘清认识。学生拥有安全的权利，参考P1。权利蕴含着义务，生命无比珍贵，因此学生必须珍爱生命。这也是《中小学生日常行为规范》《小学生守则》《中学生守则》做出相应"珍爱生命保安全"规定的科学性、必要性所在。所以，"关怀生命可以成为当代中国学校教育价值的一种新取向"。关怀生命，意味着当代中国学校教育要直面生命存在，以"自我"的身份担当承担自身的时代责任；关怀生命，意味着当代中国学校教育以"生命"为本体性前提，以积极的关怀作为基本的行为方式；关怀生命，意味着当代中国学校教育以培养具有积极的生存方式、主动健康发展的个体为己任；关怀生命，意味着当代中国学校教育以整体的、深层次的眼光进行自我改造，以建设性的方式促进生命的成长。

学生作为不成熟的、发展中的人，作为好奇心和"初生牛犊不怕虎"比较强的人，抽象地强调权利和义务远远不够，必须加强知信行的一体化教育。第一，学校要让学生理解安全。安全是没有危险，不受威胁的意思。①从主体角度来说，生命安全意味着行为主体自身具有某些素质或能力，可以解除或应对外在危险或内在疾患带来的生命威胁，从而达到生命安全的状态；②从客体角度来说，生命安全是指与主体安全相关的对象或生存环境没有对主体生命造成安全隐患的特征、表现或行为，从而保障主体生命安全。只有具备了以上两个特征，我们才能说某主体达到生命安全。第二，学校要帮助学生认识清楚生命安全素养的内涵。作为人胜任基本安全生活的必备素养，生命安全素养是人们能动地、自觉地或者自动化地在安全警觉意识的监控下，伴随着生命安全情感的发展和安全行为规范认同的形成，运用所学的生命安全知识与生存技能，识别和分析不同情境中的不安全因素、安全隐患或安全危机，做出基于安全的行为判断，形成相应的行为倾向，并按此践行的稳定的生理与心理因素的总和。第三，学校还要让学生理解生命安全素养本质属性价值引领性、对象的不可再生性、指向性、实践性。第四，学校应该牢牢把握生命安全素养的基本构成要素及其互动机制，促进学生生命安全素养的提升。在生命安全情感的全程参与和不断升华的条件下，重视提高学生的安全警觉意识，巩固生命安全知识，训练生存技能，强化安全行为规范认同，为安全行为稳定而持久的实践和彻底内化提供价值观层面的保证。只有形成真正的生命安全素养，才能够切实做到“珍爱生命，不吸烟，不喝酒，不滥用药物，拒绝毒品。不参加各种名目的非法组织，不参加非法活动”和“珍爱生命，注意安全，防火、防溺水、防触电、防盗、防中毒，不做有危险的游戏”。

理论资源

T1. 学生应该具有的形象

受过教育的人从拓展的意义上考虑他的自身幸福，他把个人幸福推及他人，把幸福融入一种道德高尚的生活之中。这不同于把拥有知识作为受过教育人之主要特征的观点，它把美德（virtue）放到中心位置。受过教育的人是这样一种人：他倾向于某些行为方式而不倾向于另一些行为方式；他具有诸如审慎、关心个人利益等一般性的品质（也包括派生出的诸如勇气与克制等品质），如果从更广泛的角度来考查，还应该包括那些更具有道德意味的品德，如：仁慈、公正、诚实、宽容、讲信用。这要求他是头脑清晰的，能够理清他面对的各种价值冲突，又是富有智慧的，能够对这些冲突进行思考和反省并从各个可能的相关因素的作用来解决这些冲突。真正受过教育的人往往崇尚人的自主性（autonomy），因而他自己就富有主见，并对其他人的独立思想持同情态度。他能使自己从狭隘的目的中超越出来，并运用想象力去理解其他人的思想。如果受过教育的人缺少幽默感，那是令人难以想象的，但在所谓的“受过教育”的人中，我们却可以发现许多这种缺少幽默感的人。真正受过教育的人应该是一个最有活力的人，用自己的全部热情去追求他所选择的生活，并全力以赴地投入他的生活规划（life-plan）及其包含的各项具体内容中去。

T2. 三种学生观

（1）叶澜认为，①认识学生成长的可能性与主动性。首先，学生成长的可能性是一切教育活动得以存在和发展的基本前提。其次，教师需要尊重学生发展的主动性。②认识学生的具体性。首先，每个学生都是有自己生命追求与生命尊严的价值主体，不容他人代替他做出人生的价值选择。其次，学生之间是相通而不同的，相互的差异性是学生个体成长不可缺失的资源。再次，学生存在于学生群体之中。群体构成学生成长的新生态，并各自保持着自身的独特性。③认识学生成长的综合性。首先，学生的成长是多方面，不是简单地获得知识、获得某种情感的满足，而是包含着拓展知识、深化思维、丰富感情、锻炼意志等多方面的发展。其次，学生的成长内容之间是多维度、多层面综合互动有机构成的整体。④认识学生成长过程的复杂性。首先，学生成长是在具体的历史、社会、文化条件下实现的，成长着的学生“全息”着历史与时代的相关信息。其次，学生成长是在与外部世界的交往中实现，既不是个体潜在因素的自然生长过程，也不是外部强制灌输的被动对象。再次，学生个体的成长本身，尤其是其自主发展意识与自主发展能力的形成，是个体成长中关键性的力量。

（2）学生观是教师对学生的基本认识，这种基本认识对教师的教育教学活动有着重要的影响。马克思关于人的本质和人的发展的观点，是对人自身认识最精髓的概括，是我们确立理想学生观的理论依据。①学生是自我发展的主体。人的主体性，是人作为主体在与活动的对象客体的相互作用过程中所表现出来的积极主动的特性。②学生是发展着的个体。人既然是社会关系决定的，社会关系又是历史的、变化的，那么由社会关系决定的人的本质，也就自然是历史的、变化的。③学生应当获得全面的发展。人的发展包括身体和心理两个方面：身体的发展包括肌体的正常发育和身体素质的健康成长；心理的发展包括知识、技能和能力的发展以及思想品德和审美能力的发展。④学生发展应当具有个性化。马克思主义的个性观强调在人的全面发展的基础上发展人的个性，人的全面发展的真谛就是使每个人的个性都获得丰富全面的发展。

（3）学生的本质特征：学生的特征主要是指学生个体“存在”的特征，具体的有，①以系统学习间接经验为主。学生进入教育过程的前提是要缩小个体知识经验与人类认识之间的差距，不断地实现个体社会化。学生之所以以间接经验的掌握为主，是由教学活动的任务、学生学习的时间、学生个体的成熟期决定的。②具有主体性。学生不是被动的加工对象，他具有主体性。所谓主体性，就是指学生在教学中的主观能动性。其具体包括以下方面：独立性、选择性、调控性、创造性、自我意识性。③具有明显的发展特征。学生的发展，特别是青少年学生的发展是人生发展最明显的时期，不仅表现在身体的发展上，而且表现在心理的发展上；不仅表现在发展的速度上，而且表现在发展的广度、深度上。

T3. 学生文化的主要特征

从学生文化形成的因素就可以了解到它的特征 。

1.学生文化具有不断被濡化和生成涵化性

（1）学生文化的生成性　学生文化是一种在吸收成人文化过程中不断生成和发展的动态的生活方式，体现学生不断濡化和涵化的历程。

（2）学生文化的调适性　学生文化又成了社会理想和社会现实之间的冲突点，需要不断地调整和适应。

2. 学生文化具有过渡性

（1）学生文化的过渡性　学生文化是一种介于儿童世界和成人世界之间的文化现象，是学生群体从儿童迈向成年的一种过渡性、阶段性的产物。

（2）学生文化的时代性　学生文化与主流文化之间并不是截然对立的，而是并行不悖的，具有一定的时代合理性。

（3）学生文化的社会感　学生文化中蕴含着年轻一代强烈的社会责任感。

3. 学生文化具有情境性和多样性 。

（1）学生文化的主题发展性　学生文化的主题会随活动和时代变化而变化。

（2）学生文化的情境性差异　无论是形式还是内容上学生文化都会随时代的变化而差别。城市和乡村的学生文化也有差别。

在总体上，学生文化的意义是由学生所提供的，是符合学生身心和认知特点的。

T4. 小学生品德特点

1. 分化性

小学生的品德认知存在较明显分化。分化性产生的原因主要是学生社会化发展水平存在分化，一个人对某种行为的认知与本人对情境的判断——往往因人而异——相关。

2. 多样性

教师课堂教学行为即使是单一的言语行为或动作行为往往也具有多种道德意义。

3. 弱公正性

学生对公正的认知水平相对较低。我们认为，这可能源于小学生对受教育权利与义务的意识还比较模糊。我们认为主要的原因有，教师对公正的理解和运用还不到位、现实中比较普遍存在的教育权滥用现象等。当“滥用”被普遍化，学生反而会认为不公正的一些做法是合理的。

4. 向善性

虽然学生在民主倾向行为中认知度不高，但是在与其对应的专断倾向行为中认知度却较高。这说明，相对而言，学生更能认知到专断的恶，也就是说，学生能够区分善恶，并且，学生更加喜欢向善的民主倾向行为。

5. 亲诚性

亲诚性是指小学生对诚信具有特别的期望。学生对教师的诚信和欺骗方面的行为更加敏感、更为关注，倍加赞赏或者深恶痛绝。这是因为，人有对安全、平等的内在根本需求。小学生也不例外。从一定意义上说，这进一步证实诚信具有重要的社会价值和人际交往价值。

6. 一致性

民主倾向行为更易被认知到善德，专断倾向行为更易被认知到恶德。这也说明，小学高年级学生具备了基本的分辨善恶的能力，也具有了趋利避害的普通人性特征。

T5. 青年文化

《教育文摘周报》2021 年第三季度开办了一个栏目“青年发展系列文摘”，转载了 16 篇文章：《网络流行语的生成与传播机制》《网络流行语的形成特点》《大学生怎样看待网络流行语》《网络流行语对青年价值观构建的消极影响》《“尼特族”的四大特征》《尼特族现象全球同时兴起的原因》《当代青年亚文化的多样态》《“隐形贫困”青年群像》《新时代青年文化景观的形成轨迹》《小镇青年成消费市场主力军》《青年“佛系人格”的利与弊》《青年消费》《戏精文化的都市狂欢》《“985 废物”的心态之废》《网络“丧文化”对大学生的影响》《“丧文化”折射当前青年的社会心态》，对青年群体中的流行文化进行比较全方位的介绍。

T6. 大学生的自由与责任

大学生是未来的学者和研究者。即使他将来选择实用性的职业，从事实际的工作，但在他的一生中，将永远保持科学的思维方式。

原则上，学生有学习的自由，他再也不是一个高中生，而是成熟的、高等学府中的一分子。

通过一连串考试，一步一步地抵达目的地，这种方式对不能独立思考的芸芸众生来说是十分有利的，而对有创造精神的人来说，考试则意味着自由学习的结束。大学应始终贯穿这一思想观念：即大学生应是独立自主，把握自己命运的人，他们已经成熟不需要教师的引导，因为他们能把自己的生活掌握在手中。他们有选择地去听课，聆听不同的看法、事实和建议，为的是自己将来去检验和决定。谁要想找一位领导者，就不该进入大学的世界，真正的大学生能主动地替自己订下学习目标，善于开动脑筋，并且知道工作意味着什么。大学生在交往中成长，但仍保持其个性，他们不是普通人，而是敢拿自己来冒险的个人。这种冒险既是现实的又必须带有想象力。同时，这也是一种精神上的升华，每一个人都可以感觉到自己被召唤成为最伟大的人。

最后一关是考试，而考试只是在证实已经发生的事情：学生运用他的自由对自我作出选择。如果经过严格条件挑选出来的大学生，在整个学习期间仍要走一条由学校规定、控制的安稳之路，然后达其终点，这就不成其为大学了。高等学府的本质在于，对学生的选择是以每个人对自己负责的行动为前提，他所负的责任也包括了到头来一无所成、一无所能之冒险。在学校里让学生在精神上做这样的选择是最严肃的事情。精神贵族与社会贵族迥然相异，每一个有天赋的人都应该寻求读书的机会。不论何处，精神贵族都是珍品。而进入大学学习的年轻人便是全国民众中的精神贵族。

T7. 家庭背景与学业成就的关系

詹姆斯·科尔曼（1996）指出，家庭背景与教育成就之间存在着一种紧密而持续的联系，家庭背景因素相对于学校教育质量而言与在校学生的相关性更大，调查发现不同学校之间的差别几乎对教育成就没有什么影响，但家庭却从环境和动机等方面影响学生的学习成就。布劳·邓肯认为，人们的教育获得与其父辈的社会阶层特征和教育水平有着极为显著的相关关联。英国曼彻斯特调查（Manchester Survey）也得出相同结论：影响学业成绩的主要因素在家庭环境，家庭因素的重要性二倍于社区和学校两项因素的总和。

思想资源

相关政策

P1.《联合国儿童权利公约》（节选）

回顾联合国在《世界人权宣言》中宣布：儿童有权享受特别照料和协助……

兹协议如下：

第1条　为本公约之目的，儿童系指18岁以下的任何人，除非对其适用之法律规定成年年龄低于18岁。

第2条　2. 缔约国应采取一切适当措施确保儿童得到保护，不受基于儿童父母、法定监护人或家庭成员的身份、活动、所表达的观点或信仰而加诸的一切形式的歧视或惩罚。

第3条

1. 关于儿童的一切行动，不论是由公私社会福利机构、法院、行政当局或立法机构执行，均应以儿童的最大利益为一种首要考虑。

2. 缔约国承担确保儿童享有其幸福所必需的保护和照料，考虑到其父母、法定监护人或任何对其负有法律责任的个人的权利和义务，并为此采取一切适当的立法和行政措施。

第6条

1. 缔约国确认每个儿童均有固有的生命权。

2. 缔约国应最大限度地确保儿童的存活与发展。

第 8 条　1. 缔约国承担尊重儿童维护其身份包括法律所承认的国籍、姓名及家庭关系而不受非法干扰的权利。

第 9 条　1. 缔约国应确保不违背儿童父母的意愿使儿童与父母分离，除非主管当局按照适用的法律和程序，经法院审查，判定这样的分离符合儿童的最大利益而确有必要。在诸如由于父母的虐待或忽视，或父母分居而必须确定儿童居住地点的特殊情况下，这种裁决可能有必要。

第11条　1. 缔约国应采取措施制止非法将儿童移转国外和不使返回本国的行为。

第12条　1. 缔约国应确保有主见能力的儿童有权对影响到其本人的一切事项自由发表自己的意见，对儿童的意见应按照其年龄和成熟程度给以适当的看待。

第13条　1. 儿童应有自由发表言论的权利；此项权利应包括通过口头、书面或印刷、艺术形式或儿童所选择的任何其他媒介，寻求、接受和传递各种信息和思想的自由，而不论国界。

第14条　1. 缔约国应尊重儿童享有思想、信仰和宗教自由的权利。

第15条　1. 缔约国确认儿童享有结社自由及和平集会自由的权利。

第16条　1. 儿童的隐私、家庭、住宅或通信不受任意或非法干涉，其荣誉和名誉不受非法攻击。

第17条　缔约国确认大众传播媒介的重要作用，并应确保儿童能够从多种的国家和国际来源获得信息和资料，尤其是旨在促进其社会、精神和道德福祉和身心健康的信息和资料。

第18条　1. 缔约国应尽其最大努力，确保父母双方对儿童的养育和发展负有共同责任的原则得到确认。父母或视具体情况而定的法定监护人对儿童的养育和发展负有首要责任。儿童的最大利益将是他们主要关心的事。

第 19 条　1. 缔约国应采取一切适当的立法、行政、社会和教育措施，保护儿童在受父母、法定监护人或其他任何负责照管儿童的人的照料时，不致受到任何形式的身心摧残、伤害或凌辱，忽视或照料不周，虐待或剥削，包括性侵犯。

第23条　1. 缔约国确认身心有残疾的儿童应能在确保其尊严、促进其自立、有利于其积极参与社会生活的条件下享有充实而适当的生活。

第 24 条　1. 缔约国确认儿童有权享有可达到的最高标准的健康，并享有医疗和康复设施，缔约国应努力确保没有任何儿童被剥夺获得这种保健服务的权利。

第25条　缔约国确认在有关当局为照料、保护或治疗儿童身心健康的目的下受到安置的儿童，有权获得对给予的治疗以及与所受安置有关的所有其他情况进行定期审查。

第26条　1. 缔约国应确认每个儿童有权受益于社会保障、包括社会保险，并应根据其国内法律采取必要措施充分实现这一权利。

第27条　1. 缔约国确认每个儿童均有权享有足以促进其生理、心理、精神、道德和社会发展的生活水平。

第28条

1. 缔约国确认儿童有受教育的权利，为在机会均等的基础上逐步实现此项权利，缔约国尤应：

（a）实现全面的免费义务小学教育；

（b）鼓励发展不同形式的中学教育、包括普通和职业教育，使所有儿童均能享有和接受这种教育，并采取适当措施，诸如实行免费教育和对有需要的人提供津贴；

（c）以一切适当方式根据能力使所有人均有受高等教育的机会；

（d）使所有儿童均能得到教育和职业方面的资料和指导；

（e）采取措施鼓励学生按时出勤和降低辍学率。

2. 缔约国应采取一切适当措施，确保学校执行纪律的方式符合儿童的人格尊严及本公约的规定。

第29条

1. 缔约国一致认为教育儿童的目的应是：

（a）最充分地发展儿童的个性、才智和身心能力；

（b）培养对人权和基本自由以及《联合国宪章》所载各项原则的尊重；

（c）培养对儿童的父母、儿童自身的文化认同、语言和价值观、儿童所居住国家的民族价值观、其原籍国以及不同于其本国的文明的尊重；

（d）培养儿童本着各国人民、族裔、民族和宗教群体以及原为土著居民的人之间谅解、和平、宽容、男女平等和友好的精神，在自由社会里过有责任感的生活；

（e）培养对自然环境的尊重。

第30条　在那些存在有在族裔、宗教或语言方面属于少数人或原为土著居民的人的国家，不得剥夺属于这种少数人或原为土著居民的儿童与其群体的其他成员共同享有自己的文化、信奉自己的宗教并举行宗教仪式或使用自己的语言的权利。

第31条　1. 缔约国确认儿童有权享有休息和闲暇，从事与儿童年龄相宜的游戏和娱乐活动，以及自由参加文化生活和艺术活动。

第32条　1. 缔约国确认儿童有权受到保护，以免受经济剥削和从事任何可能妨碍或影响儿童教育或有害儿童健康或身体、心理、精神、道德或社会发展的工作。

第33条　缔约国应采取一切适当措施，包括立法、行政、社会和教育措施，保护儿童不致非法使用有关国际条约中界定的麻醉药品和精神药物，并防止利用儿童从事非法生产和贩运此类药物。

第34条　缔约国承担保护儿童免遭一切形式的色情剥削和性侵犯之害。

第36条　缔约国应保护儿童免遭有损儿童福利的任何方面的一切其他形式的剥削之害。

第38条

1. 缔约国承担尊重并确保尊重在武装冲突中对其适用的国际人道主义法律中有关儿童的规则。

2. 缔约国应采取一切可行措施确保未满15岁的人不直接参加敌对行动。

3. 缔约国应避免招募任何未满15岁的人加入武装部队。在招募已满15岁但未满18岁的人时，缔约国应致力首先考虑年龄最大者。

4. 缔约国按照国际人道主义法律规定它们在武装冲突中保护平民人口的义务，应采取一切可行措施确保保护和照料受武装冲突影响的儿童。

第39条　缔约国应采取一切适当措施，促使遭受下述情况之害的儿童身心得以康复并重返社会：任何形式的忽视、剥削或凌辱虐待；酷刑或任何其他形式的残忍、不人道或有辱人格的待遇或处罚；或武装冲突。此种康复和重返社会应在一种能促进儿童的健康、自尊和尊严的环境中进行。

第40条　1. 缔约国确认被指称、指控或认为触犯刑法的儿童有权得到符合以下情况方式的待遇：促进其尊严和价值感并增强其对他人的人权和基本自由的尊重。这种待遇应考虑到其年龄和促进其重返社会并在社会中发挥积极作用的愿望。

P2.《中小学生守则（2015年修订）》

1. 爱党爱国爱人民。了解党史国情，珍视国家荣誉，热爱祖国，热爱人民，热爱中国共产党。

2. 好学多问肯钻研。上课专心听讲，积极发表见解，乐于科学探索，养成阅读习惯。

3. 勤劳笃行乐奉献。自己事自己做，主动分担家务，参与劳动实践，热心志愿服务。

4. 明礼守法讲美德。遵守国法校纪，自觉礼让排队，保持公共卫生，爱护公共财物。

5. 孝亲尊师善待人。孝父母敬师长，爱集体助同学，虚心接受批评，学会合作共处。

6. 诚实守信有担当。保持言行一致，不说谎不作弊，借东西及时还，做到知错就改。

7. 自强自律健身心。坚持锻炼身体，乐观开朗向上，不吸烟不喝酒，文明绿色上网。

8. 珍爱生命保安全。红灯停绿灯行，防溺水不玩火，会自护懂求救，坚决远离毒品。

9. 勤俭节约护家园。不比吃喝穿戴，爱惜花草树木，节粮节水节电，低碳环保生活。

P3.《北京市中小学生日常行为规范》(2016年修订)

一、爱党爱国爱人民。了解党史国情，珍视国家荣誉，崇敬英雄模范。热爱祖国，热爱人民，热爱中国共产党。尊敬国旗、国徽。升降国旗脱帽、肃立，行注目礼，少先队员行队礼。会唱国歌，声音洪亮。传承中华优秀传统文化，理解民族传统节日的含义。

二、勤奋学习。学习态度端正，有适合的学习方法，专心听讲，学会独立思考，乐于科学探索。有良好的阅读习惯，在文艺、体育、科技等方面培养自己的兴趣、爱好。

三、健康身心。培养运动兴趣，养成锻炼习惯。按时作息，合理饮食，讲究卫生。读、写、坐、立、行姿势正确。乐观向上，了解自我，有学习、生活目标。善于和他人沟通合作，遇到困难和挫折积极面对。

四、勤俭自立。热爱劳动，珍惜劳动成果，生活不攀比。自己事情自己做，学会管理个人生活，掌握基本的劳动、生活技能。

五、珍爱生命。热爱生活，懂得生命的宝贵。掌握基本的自护自救方法。未经父母或监护人同意，不在外边留宿。不接受陌生人赠予的物品。拒绝烟酒，远离毒品。

六、遵纪守法。遵守校规校纪，了解个人成长、社会生活必需的法律法规，依法规范自身行为。明辨是非，有正义感，学会运用法律方式维护自己的权益。

七、孝敬父母。体谅父母辛劳，关心父母健康，积极承担力所能及的家务劳动。听从父母的教导，主动与父母交流，礼貌回答问话。外出和回到家时主动与家人打招呼。

八、尊敬老师。见到老师行礼，主动问好。回答老师问题要起立，进入办公室要经过老师同意。接受老师的帮助和教育，正确对待老师的批评和建议，知错就改。

九、团结同学。热爱集体，关爱同学。同学之间相互尊重，互相帮助。善于发现、乐于学习同伴的长处和优点，分享彼此的成长进步。发生矛盾时多做自我批评。

十、诚实守信。真诚待人，信守诺言。不说谎，不作弊。答应别人的事努力做好，借别人的东西按期归还，拾到他人的财物及时交还。

十一、举止有礼。衣着得体，行为端庄。自觉使用礼貌用语及体态语。尊重他人隐私，不妨碍他人的工作、学习和休息。尊重不同民族风俗习惯。尊重世界各地文化差异，在国际交往中真诚友好，大方自信。

十二、遵守规则。认识并遵守交通标志、标线和信号灯。乘坐公交车、地铁及购物时自觉排队，主动给老幼病残孕人士让座，公共场所靠右行走。观看演出或比赛时，遵守场馆要求。在图书馆阅览或博物馆参观时保持安静。

十三、爱护环境。热爱大自然，保护动植物。出行尽量选择步行、骑车和公共交通工具。节约资源，水龙头随手关紧，不用灯时随手熄灭，用餐不剩饭和菜。爱护公共财物，维护环境卫生，自觉进行垃圾分类。

十四、热心公益。乐于奉献，有社会责任感。关心和帮助有困难的人。主动进行实名志愿者注册，积极参加校内外公益活动和志愿服务。

十五、文明上网。合理使用网络，浏览健康内容。利用网络资源提高学习与生活质量。以规范、文明语言发表网络言论，传播正能量。

P4.《中华人民共和国教育法（2021修订版）》对学生权利与义务的规定：

第三十七条　受教育者在入学、升学、就业等方面依法享有平等权利。

学校和有关行政部门应当按照国家有关规定，保障女子在入学、升学、就业、授予学位、派出留学等方面享有同男子平等的权利。

第三十八条　国家、社会对符合入学条件、家庭经济困难的儿童、少年、青年，提供各种形式的资助。

第三十九条　国家、社会、学校及其他教育机构应当根据残疾人身心特性和需要实施教育，并为其提供帮助和便利。

第四十条　国家、社会、家庭、学校及其他教育机构应当为有违法犯罪行为的未成年人接受教育创造条件。

第四十三条　受教育者享有下列权利：

（一）参加教育教学计划安排的各种活动，使用教育教学设施、设备、图书资料；

（二）按照国家有关规定获得奖学金、贷学金、助学金；

（三）在学业成绩和品行上获得公正评价，完成规定的学业后获得相应的学业证书、学位证书；

（四）对学校给予的处分不服向有关部门提出申诉，对学校、教师侵犯其人身权、财产权等合法权益，提出申诉或者依法提起诉讼；

（五）法律、法规规定的其他权利。

第四十四条　受教育者应当履行下列义务：

（一）遵守法律、法规；

（二）遵守学生行为规范，尊敬师长，养成良好的思想品德和行为习惯；

（三）努力学习，完成规定的学习任务；

（四）遵守所在学校或者其他教育机构的管理制度。

第四十五条　教育、体育、卫生行政部门和学校及其他教育机构应当完善体育、卫生保健设施，保护学生的身心健康。

数据资源

D1. 2021年全国学生主要数据统计

参见第一章第一节数据资源。

D2. 2020年国家义务教育质量监测德育状况监测结果（节选）

本次监测在全国31个省、自治区、直辖市和新疆生产建设兵团331个样本县、市、区的4012所小学、2523所初中开展，共对116328名五年级学生和78856名九年级学生进行了测查。全国学生总体抽样误差控制在1.0%以内，此样本能代表全国五年级和九年级学生的情况。同时，监测还抽取了样本学校校长，参测学生在四年级、八年级时相应的德育教师和班主任教师参加问卷调查，实际参测的四年级、八年级德育教师分别为11097名、5761名，四年级、八年级班主任教师分别为15943名、19496名，小学、初中校长分别为4009名、2522名。具体监测指标与工具见表9–1。

表9–1　德育状况监测指标与监测工具

监测指标		监测工具
学生品德发展状况	价值观、行为规范、国情常识 中华优秀传统文化、法律素养(仅八年级)	德育测试卷 学生问卷
道德与法治课程教学状况	课堂教学、教师队伍	学生问卷 道德与法治教师问卷 校长问卷
学校德育实践与育人状况	德育实践活动，家庭、学校、社会协同育人	学生问卷 班主任问卷 校长问卷

本次监测主要发现如下。

（1）学生普遍具有积极的人生价值观　本次监测测查了学生对获得成功的最重要因素的看法。从全国来看，个人努力是学生认为获得成功的最重要因素，四年级学生认为获得成功较重要的前三位因素是个人努力、目标或理想、家庭背景；八年级学生认为获得成功较重要的前三位因素是个人努力、目标或理想、受教育程度。

本次监测测查了学生的奋斗观念。从全国来看，学生普遍具有积极向上的奋斗观，92.6%的四年级学生和95.0%的八年级学生同意“幸福是奋斗出来的”，96.5%的四年级学生和

97.1%的八年级学生同意“为梦想奋斗是一件让人觉得幸福的事情”。

（2）85%以上学生行为规范表现较好，与 2017 年相比有所提升　本次监测通过学生问卷调查的方式，从勤劳节约、诚实守信、团结友善、遵守公德四个方面来了解学生行为规范的日常表现状况，根据学生作答情况，将学生以上方面日常表现状况划分为表现好、表现较好、表现有待提高三种类型。监测结果显示，四年级学生在勤劳节约、诚实守信、团结友善、遵守公德方面表现好和较好的比例之和分别为 94.6%、94.9%、91.3%、96.9%，分别比 2017 年高出 7.1 个、5.7 个、10.3 个、3.3 个百分点；八年级相应比例分别为 96.9%、96.5%、85.9%、98.4%，分别比2017年高出 1.9 个、1.2 个、4.8 个、1.1 个百分点。

（3）学生对国情常识的了解得分与2017 年大体相当。

（4）学生对中华优秀传统文化的了解得分与 2017 年大体相当；40%以上学生对中华优秀传统文化内涵与价值的理解处于中上水平及以上。

（5）学生法律素养得分与 2017 年大体相当；85%以上学生运用规则的相关知识解决生活中实际问题的能力处于中等水平及以上。

（6）80%以上学生喜欢上道德与法治课；90%以上学生喜欢学校开展过的德育活动。

D3. 学生的需求

“其实，我同样期盼能拥有一次夜幕星辰的邂逅，雨中漫步的一次回眸，年轻的生命需要懂得去爱和被爱。在那里，激情、热爱、温情都能被释放。”

“她应该是梦想起航的地方，她应该是我心灵寻找归宿的地方，她是一个生命变得更有价值和丰富的地方。我想象她有一个漂亮的外衣，有一双清澈透亮的眼睛，这双眼睛能够帮我寻找未来前进的方向。她有一双温柔厚实的双手，将我紧紧地拥在怀里，我能够在她怀里感觉出生命的喜悦。她有一个聪明理性的头脑，她能够毫无保留地教我生存和生活的道理……”

“怀有年轻人应有的梦想，踌躇满志着自己的未来，辛勤耕耘，用心生活，大学会给予我知识、动力、情怀和人性的伟大感慨！”

“大学，每一个莘莘学子向往的地方，为何有这么多的人为了进入大学不惜拼搏 12 年？难道只为了一张大学文凭？难道只为了毕业后能进入一个好的企业，有一份好的工作，有一段美好的生活？我心目中的大学是一个丰富多彩的地方。她可以完善一个人的人格，丰富一个人的知识，积淀一个人的文化底蕴，塑造一个人的修养。她可以让你看起来有内涵，有文化，有竞争力。在大学中有太多美好的我们未曾涉足的世界。”

D4. 中小学生社会主义核心价值观认知

党的十八大以来，我国中小学校开展社会主义核心价值观教育已有数年。对全国 3932 位小学生、4545 位初中生、4210 位高中生的问卷调查结果显示，我国中小学生对社会主义核心价值观的总体认知水平很好，国家、社会和个人三个层面社会主义核心价值观在认知与理解、情感与体验、意愿与行动三个维度的总体表现良好，这表明一段时间以来我国中小学生的社会主义核心价值观得到了发展，中小学校的社会主义核心价值观教育富有成效。中小学生在各层面社会主义核心价值观上的表现存在学阶、父母学历背景和地区差异：中学生的表现弱于小学生；父母为专科及以下学历的中小学生的表现弱于父母为本科、硕士及以上学历的中小学生；中西部地区中学生的表现弱于东部地区的中学生。研究结果为改进中小学校社会主义核心价值观教育提供了实证依据，并依据结论为中小学校的核心价值观教育提出了加强认识、突出学段特点、坚持协同性原则、强化实践育人、关注地区差异等方面的建议。中小学生总体认知得分及在各层面核心价值观的综合得分描述性统计及差异如表9–2所示。

表9–2　中小学生总体认知得分及在各层面核心价值观的综合得分描述性统计及差异

指标	组别	平均数	中位数	标准差	平均秩次	H值	科恩值
总体认知	小学生	13.818	15	2.262	6556.64	25.44	0.086
	初中生	13.744	15	2.176	6222.08		
	高中生	13.727	15	2.349	6277.02		
国家层面	小学生	59.133	61	5.514	6904.87	158.3122	0.223
	初中生	58.067	60	6.186	6276.25		
	高中生	57.586	59	6.138	5893.31		
社会层面	小学生	63.623	66	6.801	6899.28	146.089	0.214
	初中生	62.183	64	7.734	6233.75		
	高中生	61.762	63	7.669	5944.41		
个人层面	小学生	76.944	79	7.314	6791.13	117.495	0.192
	初中生	76.077	78	7.781	6357.08		
	高中生	75.327	77	7.86	5912.28		

注：*P<0.05，**P<0.01，***P<0.001

D5. 打投、氪金、竞拍，这些圈子为何如此“烧钱”？

沉迷、厌学、旷课，是“新圈子”还是“旧恶习”？

对喷、谩骂、拉踩，“祖安文化”何时悄然蔓延？

近来，“饭圈”乱象引发社会关注，然而，未成年人网络不良社交行为和不良文化问题不仅仅局限在“饭圈”。随着饭圈、绘圈、游戏圈等一系列青少年亚文化圈子不断涌现，有部分青少年过度沉迷于追星、网聊、游戏等，一些虚拟空间中的乱象蔓延至线下，甚至影响到了青少年的身心健康。记者就此采访了部分“圈中人”和相关专家学者，以期了解他们的所思所感，透视个中原因，探讨治理之道。

说脏话、易成瘾、烧钱多——一些亚文化圈子乱象层出不穷

“粉丝只有购买一定数量的专辑，才能得到活动现场明星周边的机会。”回忆起第一次参加某明星线下应援活动的经历，粉丝购买的专辑数量让自称“散粉”的浙江大学大三学生王茜茜（化名）感到惊讶，“最少的也买了7张，许多粉丝一次就会买上百张乃至上千张同份专辑。”按照每张专辑3元的价格计算，一个粉丝在一张专辑上花费的金额就超过千元。

“我不会在游戏里‘氪金’（花钱）。”中部地区某中学初二学生方元（化名）从小学二年级接触游戏开始，就沉迷于游戏带来的“放松感和满足感”。

此外，一些圈子里的语言暴力现象也屡见不鲜。作为一名资深游戏玩家，杭州电子科技大学大三学生陈自强（化名）对游戏圈里的“玩家粉丝对喷”“群体性骂战”习以为常。

“饭圈”女孩张一（化名）和陈自强有相似的感受。某音乐排行榜的打榜活动让她身心俱疲。“这个活动时间久、战线长，很多粉丝互相攻击对方‘买水军’‘买数据’，各家的‘大名广场’更是乌烟瘴气，有许多谩骂、拉踩、嘲讽甚至人身攻击。”

作为一个活跃在动画、漫画、游戏爱好者平台的“透明小绘师”，东部某高校的大二学生丹丹（化名）告诉记者，圈子中每月金额上万元的交易，既无需凭证也无需合同，绘师所得也不用缴纳个人所得税。“绘圈的交易就缺乏有效的监管和治理，有种处在灰色地带的感觉。在这里，法律好像‘隐身’了。”

D6. 我国儿童、青少年诚信观发展现状

诚信观是个体关于“诚信”的含义、价值及其判断标准的系统性认识。我国儿童、青少年基本上能够对诚信的含义有准确的把握，其诚信观在对己、对他两个范畴上存在显著的差异性；在诚实观上，男女学生的对己诚实观存在显著的性别差异，女生高于男生，在对他诚实维度上不存在显著的性别差异。在守信观上，不存在显著的性别差异；在诚信对象的选择上，具有依亲情的亲疏程度选择个人诚信对象的倾向性。

D7. 15 岁学生幸福感调查

学生幸福感是重要的教育结果之一，是青少年全面发展的重要指标。PISA（国际学生评估项目）2018 的结果显示，高阅读素养国家（地区）的学生的生活满意度普遍较低，这可能是因为学生学习压力、学习负担较大所致。中国四省市初中学校语文、数学、科学的周课时数分别为 7.3 节/周、7.7 节/周、8.5 节/周，其中数学、科学均远超过规定的课时数。有研究者通过对参与PISA2012 的多个国家数据进行分析，发现没有教育系统能同时兼顾学生的认知发展和学生心理健康发展——东亚国家和地区成功地促进了学生学业成就，奥地利、挪威和西班牙等则在促进学生归属感上更为成功。由此可见，如何在取得高水平学业表现的同时使学生获得较高的幸福感，不仅对我国教育系统是一个挑战，同时也是世界性的难题。

D8. 小学生对教师课堂教学行为品德认知

小学生的品德发展必然受教师行为，尤其是课堂教学行为的影响，既有言语行为方面的，也有动作行为方面的，还有复合行为方面的；既有民主倾向行为方面的，也有专断倾向行为方面的。通过运用问卷调查研究的方法，我们发现，民主倾向教学行为能够被学生更多地认知到公正、尊重、平等、宽容、诚信和谦虚等品质，专断倾向教学行为则“反其道而行之”。而且，学生的品德认知存在高度、中度和低度认知的差异。营造教师课堂教学行为因子促进学生品德发展，教师需要做到，对其课堂教学行为强化与优化并举、“续暖”与“御寒”兼行及重视灵活使用复合行为。

能力训练

案例 9.1.3

理解学生：心里话大声说

基于当今学习压力从小学开始就很大，某学校小学部开展了“心里话大声说”的活动。这个活动是请每个学生把心里最想说的话大声说出来，别憋在心里，别等出问题了再去问为什么。可是，怎么能让孩子说出来呢？

小学部女校长李某军决定给孩子们创造一个隆重的机会。老师们把全体小学生集中在大操场上，再把小学生逐一请到学校最高一层楼的阳台上，让孩子独自面对着大操场上的全体同学，使劲说出心里最想说的话。

要让操场上的每个同学都听见，就真的要大声说，甚至大声喊。当孩子站在高高的阳台上，头顶辽阔的蓝天，俯瞰着操场上的全体同学，把积压在心底的话大声喊出来，那是什么情景?

这项活动开展得有点名气，中央电视台来拍他们的活动了，我现在记述的就是这次电视采访的部分镜头。

那天，前来采访的节目主持人叫欣欣。采访车开进学校后，李校长与师生们迎出来，场面立刻就很热烈。

活动开始，欣欣在学校最高一层楼的阳台上主持节目，说话的学生一一来到这儿，站在栏杆后一个安全的位置去“大声说”。

学生来了。第一个是男孩，他站上去了，接着就冲楼下大操场的同学们大声喊道：“同学们，你们好！我叫刘博远（化名），是三（1）班的同学。我想对我们班的季然（化名）说，我跟你老发生矛盾，我想跟你说声‘对不起’，希望你能够跟我和好！”

他的话音刚落，楼下操场传来一个孩子更加使劲的喊声：“我—也—这—样—想—”这孩子就是季然。季然张大嘴巴使劲喊，以至于把眼睛都闭上了。

第二个男孩没报班级没报姓名，上去就说：“我现在写作业很慢，我以后想当一名记者。”说完他就下来了。主持人欣欣上前采访他：“你干吗想当记者，你认为记者是什么样的？”

男孩说：“我特别佩服记者，因为只要有人说句话，记者马上就能记下来。我要是有记者的本领，考试就不会来不及了。”

接着上去的是一个女孩，她没报姓名，只说：“我是二年级（1）班的学生，我想对刘小双（化名）说，刘小双谢谢你！我是新来的，你每次都对我特别好，我希望能和你做一生的好朋友。”

操场上掌声雷动，掌声传到了高高的阳台。

又一个男孩上去说：“大家好！我是三（2）班的张丰豪（化名），那天竞选小队长，我觉得我能行，我就毛遂自荐，可是最后我没被选上。我下学期一定要当上小队长，你们能选我吗？”

操场上许多小嘴巴齐声喊道：“能—”

老师们也乐了：你看这孩子多聪明，他用这机会拉选票！

又一个男孩上来了：“我是二（2）班的鞠爱国（化名），我想对我的妈妈说，今天的作业我不想星期五全部写完，能让我星期五、星期六两天写完吗？”

欣欣上前采访鞠爱国：“你为什么不想星期五写完？星期五写完了，星期六、星期天可以去玩儿呀！”

鞠爱国说：“阿姨，我没时间玩儿。星期五我回家老困，我写一些作业可以，老写老写我写不好。”

欣欣问：“是不是因为学了一周，到星期五很累了？”

鞠爱国说：“是。”

请你留心，他是二年级学生，到周五他很累了，双休日是他该休息、该玩的，但现在他请求让他把作业分周五和周六两天做完。周日他要做什么，没说，只说他没时间玩。

欣欣这时似乎意识到了，她主持的其实是个有点沉重的节目。所谓童言无忌，孩子把心里话简简单单地说出来，你如果能体会到，便能感觉到一种忧伤。欣欣说："妈妈正看节目，妈妈能听到你的请求。来，你看看妈妈，冲妈妈笑笑！"

接着是一对双胞胎兄妹一起站到了高高的讲台上。哥哥先说："我是三（1）班的李仁杰（化名），我想对我妹妹说，让我妹妹以后听我的话，我妹妹以前老不听我的话。"妹妹接着说："我是三（1）班的李仁笑（化名），我想对我的哥哥说，我想当他的姐姐，不想当他的妹妹，让他听我的。"

这妹妹的心里话把大家都说乐了。接着欣欣采访这对双胞胎，问当哥哥的比妹妹大多少，男孩说："我比她大一刻钟。"

孩子们的心里话各种各样，起初能听到孩子说，"我希望我的学习成绩能提高，长大后如愿以偿""我想对我的爸爸说，多给我买些书，让我多长知识"，说到后来，孩子们似乎越说越大胆，越说越真切，看来是真把积压在心底的话说出来了。比如一个女孩，当中央电视台播出她的心里话时，观众看到画面上的她孤零零地站在阳台上大声说："我想对我爸爸妈妈说，求你们以后别再吵架了，行吗？"

女孩最后那句"行吗"，听起来像哭，这画面和声音通过中央电视台向全国播出去了，让人感到一种强烈的震撼。

问题与思考

1. 该校的做法体现了什么样的学生观？
2. 站在学生的角度，你如何认识该校做法的科学性？

第二节 教师

学习目标

1. 了解国家、政府、学校关于教师的人事制度。
2. 理解教师的涵义与职业性质。
3. 掌握教师的权利与义务。
4. 理解教师专业化发展的基本理念和新时代要求。
5. 理解教师的角色和任务。
6. 熟读案例分析和思想资源，理解相关观点。
7. 根据分析建议独立完成案例分析。

观点与原理

1. 教师是教育中提供教育条件和资源、促进学生和自身发展的人。同时，教师也是国家的专业人员，要接受严格的培养和必要的培训并具备专业知识、教育知识、职业道德和身体素质等多方面条件。

2. 教师具有多种功能，表现在多个方面或者多个元素上，其中，主要的是：借助内容、媒介、方法、设施设备等，促进学生发展的功能；通过协调教育因素、维持与延续教育"基因”，促进教育发展的功能。因此，教师有多元角色：文化传播者、成就裁判、榜样、教育研究者、心理导师、规则维护者等。这也说明教师劳动具有复杂性、探索性和风险性。

3. 教师必须承担执政党、国家、教育所赋予的权利和义务。

4. 教师拥有教学权、科学研究权、指导与评定学生权、享受待遇权、参与学校的民主管理权、参加培训权。

5. 教师需要履行一般义务和特殊义务。一般义务是教师作为公民和家庭成员应尽的义务，如爱党、爱国、遵纪守法、守公德、参政议政等；特殊义务是教育义务，包括遵守、完成、教学、管理、督促、保护、提高等。

6. 教师不仅仅要促进学生的发展，更加要注重自身的发展。教师专业发展是指教师不断强化专业性，其内容包括专业理念、专业知识、一般文化知识、专业能力、专业道德、专业自我和身心素质。加速专业发展，需要首先充分理解运用成人身心发展特征，清楚认识教师专业发展的一般规律，以师德修炼为核心，以深化认同教育方针为关键，不断追求自身专业发展的新阶段。

7. 教师之间的关系是社会人际关系在教育领域的表现，有其社会一般性和教育独特性。教师之间的关系可以分为同辈关系与异辈关系、同性关系与异性关系、同科关系与异科关系等类型，它主要通过教学、备课、教研、校内或校际活动等形成。

8. 新时代教师必须掌握课程思政的“八个统一”：坚持政治性和学理性相统一，坚持价值性和知识性相统一，坚持建设性和批判性相统一，坚持理论性和实践性相统一，坚持统一性和多样性相统一，坚持主导性和主体性相统一，坚持灌输性和启发性相统一，坚持显性教育和隐性教育相统一。

典型案例解读

案例 9.2.1

教师重塑课堂

2002 年，合肥十中对高一学生进行了一次有关新教材课外读本的阅读情况的调查。在 600 名学生中，能够认真全部阅读的仅占 5%，勉勉强强读过的占 18%，2/3 以上的学生完成情况很不理想。这一数字让语文老师们十分震惊。如何改变这种“高耗低效”状况？几名有经验的老教师都认为，学生们不愿看课外读本，是因为他们的兴奋点不在那里。学生们的爱好很广泛，而课外读本上的内容却十分有限，所以大家宁愿在操场上打球，也不想翻开课外读本。但是，如果不扩大知识面，单靠课本上的材料，怎么能全面提高学生们的语文水平呢？

一部分教师认为，应该改革阅读教学模式，更多地发挥学生的主动性。王国文老师还设计了“语文课进阅览室”的具体模型：学生在阅览室阅读自己喜欢的刊物，并组成兴趣小组，阅读与研究、交流相结合；搭建“语文课进阅览室交流平台”，以学生为主持人发表同学们的“荐杂志”“知类文”“赏奇文”“谈方法”“说感悟”，让学生们在阅读中发现问题，激发学习的成就感。模型提出以后，教师们都觉得这是个不错的办法，但它要求任课教师要花更多的心血来备课和提高自身的文学修养。这对于已经非常繁忙的教师来说，无疑是个重负。毕竟这个创意听起来很吸引人，学校领导对此给予了很大的支持，并选择了高一、高二年级的 5 个班进行每周在阅览室上一节语文课的实验。

既然是实验，就要有比较。王国文老师有意在自己任课的两个班中确定一个语文成绩差一点的理科班为实验班，还把进阅览室的时间安排在下午第三节课，而且第二节是体育课。一段时间下来，王老师惊讶地发现两个“没想到”：一个是没想到课堂秩序会这么好，原来体育课后上语文课，刚刚进行剧烈活动的学生要有一段时间才能平静下来。现在进了阅览室，大家立刻各就各位，而且很快进入阅读环节；第二个“没想到”是见效这么快。半个学期的10多节课下来，学生们的阅读能力和作文水平普遍有了改观，期中考试，语文成绩也明显进步。

实验进行了一个阶段后，学生们都说喜欢这种新的上课方式。用他们的话讲，就是“上课可以光明正大地看‘闲书’，再也不必担心被‘老板’活捉。”几位教师虽然觉得很辛苦，但学生们的进步足以让他们感到满足。

信息技术的快速渗透，让过去的课堂——一本教案、三尺讲台——随着微博、微信、微电影等“微时代”产物逐渐普及，“微”风也吹进了课堂。部分中小学已开始尝试“微课堂”“微论坛”“微早会”“翻转课堂”等新事物。

“哇，这是我们的同学耶！”近日，在泉州市第二实验小学的一节语文课上，四年三班杨某仪同学的“微讲坛”被搬上了课堂，同学们都觉得很新奇，顿时来了精神。原来，这是一则视频资料，杨某仪讲的是《不要相信命运》的励志故事，老师把她的演讲录制下来，短短十分钟，作为教学资料在课堂上播放。

同样让该校同学们感到新奇的是，在班级早会上播放的《变废为宝，让生活更精彩》的微视频。在短短十几分钟的视频中，同学们在环保实践活动中的金点子、作品、心得体会，以及家长对孩子的环保教育理念等都一一呈现出来。

学校已经录制了十几个学生“微讲坛”视频、数个“微早会”视频，采集学生经典诵读、演讲比赛的现场视频，还将视频放在学校的网页上，供学生观赏。

教师“微课堂”，课后辅导也能“在线”。学生当上了“微讲坛”的主角，老师也当上了“微课堂”的主角。市第二实验小学的老师们把自己课堂中的精华部分录制下来，作为教学资料。该校每个教研组一学期录制的微课堂数量不少于6个，从教学设计、教学实施、后期制作等方面都精益求精。学校尝试开展“微课堂”研究和“微课堂网络展播”，力求充分体现新课程改革的理念，促进学生全面而有个性的发展。无独有偶，泉州九中也正进行“微视频”教学研究。他们的“微视频”主要讲解碎片化的知识点、考点或作业题、考试题、模拟题，其主要作用为“解惑”。它目前用于在线课后辅导，尚未代替课堂的新知识教学。“微课”时间严格控制在5到8分钟以内，最长不超过10分钟。

“翻转课堂”，看教学视频与老师“论道”。“翻转课堂”即教师创建视频（10分钟以内），代替课堂新知识的教学，学生在家中或课外观看视频中教师的讲解，回到课堂上师生面对面交流和完成作业的这样一种教学模式。“翻转课堂”的出现让学生脱离传统教学模式的禁锢。“翻转课堂”的备课时间是传统教学备课的4~5倍，老师做前期准备工作得更加用心。

案例分析

我国传统的教育体系过分强调知识的灌输，把传授知识作为唯一的教学目标，忽视学生的主体作用，使学生成了单纯的知识容器，压抑了学生创造精神、创造能力和实践能力的发展。因此，新时代课程强调教师角色的转变，要求教师在教学中引导学生不仅摄取知识，而且加强目的性思维，并且激发学生勇于思考，勇于质疑，勇于提出不同的观点和方法，培养学生分析问题和解决问题的能力和社会责任感。

新时代课堂上的教师们的可贵之处，正是他们在教学实践中，善于交给学生思维的主动权，让学生在教师精心设计的问题情境中积极思考，通过“语文课进阅览室”实验让学生学得生动活泼，在愉悦的环境中，享受着学习知识的乐趣；“微”教学也推动学生主动、乐于学习，在实质性参与过程中，展示学生个人的智慧、优势特长领域和魅力。由此，我们可以看到，在教学实践中，由教师角色的转变引起了学生学习行为的转变，从而有效促进了教学效率的提高，也顺应了使学生“增权”和“增能”的教育发展趋势。

案例中的课堂，与以往相比，主要发生了两个方面的变化：第一，教师由单纯的知识传授者转为学生学习的促进者；由管理者转化为引导者。传统意义上的教师教和学生学，不断地让位于师生互教互学，彼此形成一个真正的“学习共同体”。教学过程不只是忠实地执行课程计划的过程，而且是师生共同开发和丰富课程的过程。教学变成一种动态的、发展的和极具个性化的创造过程。第二，学生的学习方式发生实质性转变。新课堂打破了教师“一言堂”的局面，建立了一个宽松的课堂气氛。教师从培养学生的学习兴趣、激发学生的学习动机出发，为学生创造有利于他们获取信息、相互交流、主动思考的环境。在拓展语文教学的外延和丰富其内涵的过程中，学生的综合素养得到全面提高。这些变化也反映出教师的多元素质——专业理念、专业知识、一般文化知识、专业能力、专业道德、专业自我和身心素质和多元功能——促进学生和教育发展。

立足教师的理论，案例还展示了教师角色多样性以及教学之本的回归。教师角色是多样的，不只是“授业”者，也是“传道”者：传知识之“道”、快乐之“道”、探究之“道”、合作之“道”、赋能之“道”、增效之“道”、传学习之“道”、发展之“道”、成人之“道”。教师还是组织者、管理者、学生的朋友，既独立于学生群体之外，也融于学生群体之中。多样化的角色应该始终坚守教师的教育性，牢牢把握教学之本，引领学生奋发前行、行稳致远。

思想资源

理论资源

T1. 威腾伯格、格兰布斯、林生传、吴康宁的教师角色分类观点

威腾伯格提出教师角色包括的内涵有：①社会模范的代表，道德概念的典范。②给予学生正确的评价与判断。③确立学生认同与模仿的目标与方向。④帮助学生学习知识。⑤指导学生学习知识与科学，并指导其发现学习方法及学习过程。⑥协调、仲裁学生之间的争论。⑦规则的制定与监督者。⑧帮助学生建立自信及成为自我支持者。⑨奠定团体学习气氛及做好团体领导角色。⑩作为学生的父母代理人，照料学生，指导其态度及行为。⑪给予学生鼓励与支持，反对成人给予学生挫折感。⑫与学生建立温暖的关系并分享信赖。⑬情感的目标：给予学生希望，考虑学生心理、情感的需要。

美国学者格兰布斯（Grambs，J.D.）则将教师角色分为两大类，一类是学习指导者，具体包括七种角色，即学生成绩的评判者、知识与技能的择定者、纪律的维持者、儿童的保护者、道德气氛的创造者、教育机构的成员、学校教育传统的支持者；另一类是社会文化传播者，具体包括中产阶级文化的恪守者、青年人的楷模、理想主义者、思想界的先锋、有文化

教养的人、社区事务参与者、社会的公仆等九种角色。

我国台湾学者林生传（1991）认为教师在现代社会中至少扮演着五种重要角色：传道者的角色、授业者的角色、选择者的角色、辅导者的角色及协商统合者的角色。

吴康宁则认为教师在学校中的角色主要有两个，一是“社会代表者”，二是“同事”，对学生而言是代表者，对其他教师（包括学校中各级领导）而言是同事。社会代表者与同事是每个教师每天在学校中都随时扮演的双重角色，或可谓教师的永恒的双重角色。吴康宁认为，与林生传和格兰布斯提出的种种角色不同，社会代表者与同事并不是教师在同一时间里同时扮演的两种角色，而是在不同时间里交替扮演的双重角色。从某种意义上来说，教师的学校生活过程就是周而复始地轮流扮演双重角色的过程。

T2. 习近平的教师素养论

1.“四有”论

2014 年 9 月 9 日，在第 30 个教师节即将到来之际，习近平总书记要求全国广大教师做“有理想信念、有道德情操、有扎实学识、有仁爱之心”的“四有”好老师，为发展具有中国特色、世界水平的现代教育，培养社会主义事业建设者和接班人作出更大贡献。

2.“四个引路人”论

第 32 个教师节前夕，习近平总书记在北京市八一学校考察并发表重要讲话，强调广大教师要做学生锤炼品格的引路人，做学生学习知识的引路人，做学生创新思维的引路人，做学生奉献祖国的引路人。

做好学生“引路人”，理想信念是根本。在这个价值取向多元的年代，一个有坚定理想信念的老师才能引导学生面对各种诱惑系好“人生的扣子”。这就要求广大教师要主动学习、深入研究、自觉加强对社会主义核心价值观的认同，做到真学真懂真信，要结合学生身心特点，将其创造性地融入日常教育教学工作中，使学生真正入耳入脑入心入行。

做好学生“引路人”，道德情操是前提。教师的职业特性决定了教师必须是道德高尚的人群，合格的老师首先应该是道德上的合格者。《论语》有言：“其身正，不令而行”。

做好学生“引路人”，扎实学识是基础。广大教师要积极面对挑战，树立终身学习理念，既努力提升自身学识能力，又要学会在具体的教育情境之中创造性地应用知识、解决问题，时刻保有理论、知识、技能的源头活水。

做好学生“引路人”，仁爱之心是关键。教育是“仁而爱人”的事业，爱是教育的灵魂，没有爱心的人不可能成为好老师。无论是殷雪梅、张丽莉在车轮前的奋身一扑，还是徐本禹、石兰松对大山里孩子的郑重承诺，都源自于根植其内心深处的浓浓仁爱。做时代的好老师，不仅要传道授业解惑，更要用宽广的胸怀去尊重、包容、欣赏每一个学生，与学生共同成长。

T3. 新型教师的基本素养包括基础性素养和专业素养

1. 基础性素养

基础性素养主要有三方面构成。①个人价值取向和发展的内在动力，集中表现在教师的事业心、责任心、爱心和自我发展的内在追求。②宽厚、扎实的文化底蕴。教师宽厚、扎实的文化底蕴的养成，首先取决于有超越直接服务于专业范围的广泛阅读的兴趣。宽厚、扎实的文化底蕴在内容上至少包括文、史、哲、艺的基本人文素养和科学技术的基础素养。③实践创生的思维能力，即敏于探究、善于策划、强于反思和重建、敢于开拓。

2. 专业素养

专业素养包括学科专业素养和教育专业素养。学科专业素养至少要包括：熟练掌握承担教学的学科的知识体系与结构、学科发展的历史与趋势；熟悉相关学科的知识范围、性质；了解学科知识与人类各种实践（从社会、生产、研究到生活、人生发展）的多重关系，以及它在实践中的多种表现形态；掌握进一步学习和研究所教学科的基本途径与方法，适应知识更新、满足培养学生创造意象的能力的要求。教育专业素养只有转化为教师对学校教育、教学实践和学生的内在认识，并用这种内在认识去研究、策划和改进、创造自己的学科教学的实践和行为时，它对于教师的专业发展和教育、教学质量的提升，才具有真正的意义和价值。

T4. 我国教师职业道德规范的基本体系和内容

根据教师职业道德规范的基本功能、理想主义与现实主义相结合的原则以及古今中外构建教师职业道德规范的基本经验和历史教训，我们按照四种基本关系范畴和三个基本层次，构建我国教师职业道德规范的基本体系和内容。

1. 对待教育事业的道德

在这一关系方面，教师应遵循的基本职业道德规范如下。

（1）理想层次　忠诚并献身于人民的教育事业，志存高远，甘为人梯，乐于奉献。

（2）原则层面　忠于职守，爱岗敬业，高度负责，全面贯彻国家的教育方针；依法执教；为人师表；积极进取，不断提高专业素养和教育教学水平。

（3）规则层面　要注意以下几个方面。

不准有违背国家法律、方针政策的言行，不准参与和支持有损于国家利益的活动。

不得在申请或晋升某一专业职务或职位时出示虚假的专业资格证明或做虚假的陈述。

不准利用专业职务或专业工作（如招生、考试等）的便利收受他人的财物。

不准做污染或破坏教育的物质环境和精神环境的事，如故意损坏教学仪器设施、说脏话等。

不准在工作时间内做与教育、教学工作无关的事（如炒股等）。

不准旷课、随意调课以及在备课、上课、批改作业、辅导学生等方面敷衍塞责。

不准在课堂上抽烟和使用移动电话、寻呼机等。

不准弄虚作假，虚报、篡改个人工作效绩。

不准掩盖、篡改出现的重大教育事故。

不准衣冠不整。

2. 对待学生的道德

全面促进学生的发展是教师的基本任务，因此，教师与学生的关系是教师职业道德面临的最重要的关系。在这一基本关系方面，教师应遵循的基本职业道德规范如下。

（1）理想层面　关爱学生，诲人不倦。

（2）原则层面　尊重学生人格，平等、公正、民主地对待学生；保护学生安全，关心学生健康，维护学生权益；因材施教。

（3）规则层面　要注意以下几个方面。

不准体罚或变相体罚学生。

不准以任何借口讽刺、挖苦、歧视、侮辱学生或使用威胁性语言对待学生。

不准以民族、性别、地域、家庭背景、是否有残疾、学习成绩以及身心发展水平为由偏袒或歧视学生。

不准以奖惩学生等由教师专业职务所给予权力或其他由师生关系带来的便利，谋求诸如有偿补课或辅导、推销商品特别是书籍、参考资料等私利。

不准以任何借口向学生索要财物或接受学生的馈赠。

不准超范围、超程度、超时间增加学生学业负担。

不准以个人的好恶，取消、取代或操纵学生正常的自治团体的活动。

未经学生本人的允许，不准以任何借口查阅学生的日记和私人信件。

如果不是出于令人信服的教育目的或法律的要求，不得泄露教育过程中获得的有关学生及其家庭的信息，特别是隐私方面的资料。

不准因个别或少数学生不轨而责备或处罚全班学生。

不准因学生违反纪律而加罚与违反纪律无关的任务（如因违反课堂纪律而加罚作业等）。

不准以分数作为评价和奖惩学生的唯一标准。

不准利用教师的优势地位和便利条件与学生谈恋爱。

3. 对待其他教师和教师群体的道德

在现代社会中，单个的教师已经很难完成对学生全面教育的任务。因此，每一个教师都必须处理好与其他教师和教师群体的关系。在这一基本关系方面，教师应遵循的基本职业道德规范如下。

（1）理想层面　坚持教师集体和其他教师的利益和需要高于个人的利益和需要。

（2）原则层面　相互信任和尊重；团结协作；共同发展。

（3）规则层面　要注意以下几个方面。

不得以任何借口在公开场合或学生面前采取造谣中伤或诽谤等方式诋毁其他教师或教师集体的人格、声誉、威信和工作效绩。因为一个教师的声誉直接影响他在学生中的威信和工作效绩。在一定意义上，损坏了一个教师的声誉，就等于损伤了他的教育生命。

不得抄袭、剽窃、贬低他人的学术、科研和教育成果。

不得利用职务的便利和影响，妨碍其他教师的正常工作。

无正当理由，不得违反教育集体共同作出的决定或制定的规则，擅自行动。特别是在个人意见与教师集体的意见发生冲突时，虽然个人享有保留意见和向上一级教育机构反映的权利，但在行动上要服从教师集体所作出的决定，以免造成学校教育工作的混乱。

不得帮助明知在品格、教育资质或其他有关品质上不合格者混入教师队伍或晋升高一级专业职务或职位。

4. 对待学生家长或其他社会人员的道德

影响学生发展的有学校、家庭和社会三方面因素。要把这三方面合成一股有利于学生成长的力量，真正做到三位一体，教师就必须处理好与学生家长及其他与学生有关的社会人员的关系。在这一关系方面，教师应遵循的基本职业道德规范如下。

（1）理想层面　热情相待，积极参与。

（2）原则层面　主动沟通，平等相待。

（3）规则层次　要做到以下几个方面。

不准向学生家长或有关人员提出非教育问题的批评，也不准因学生的原因，训斥、侮辱家长和其他相关人员。

不准暗示家长体罚或变相体罚学生。

不准向学生家长或相关人员索要钱物或谋求其他方面的方便和好处。

不准以民族、性别、地域、经济状况、职务、职业、是否残疾及相貌等原因偏袒或歧视学生家长及相关人员。

T5. 教师职业道德的独特品性

教师职业道德是一般社会道德规范的角色化和行业化。在现代社会中，教师职业具有区别于其他职业的显著特征，这决定了教师职业道德具有不同于其他职业道德的特殊性。基于三个维度上的比较，教师职业道德的独特品性：中小学教师职业有一个从半专业职业向专业职业发展的历史过程，与非专业职业和半专业职业规范相比较，教师职业道德具有日益鲜明的内在生成性；与律师、医生、工程师等其他专业道德相比较，教师职业道德具有直接促进教师职业功能有效释放的价值；与纪律、法律相比较，教师职业道德的规约效能是有限的，它既构成健康有序教育工作的宽厚规范基础，又期望在遇到严重违规问题时得到纪律和法律的强有力支持。

当前，我国教师职业道德建设面临推动教师职业道德健康发展的内源性动力不足、对职业道德的价值与功能认识不充分、教师职业道德缺少教师道德外烁行为的强有力支持、对教师不良职业行为缺乏有效及时监管等问题。推进教师职业道德的价值实现应提高教师群体职业道德的内源性发展动力，构建各方协同参与的教师职业道德治理体系，推进教师道德内修与外烁行为协调发展，提高职业道德修养水平，勇于并善于解决职业道德难点问题。

T6. 教师胜任力

1. 教师的全球胜任力美国模型

全球胜任力认证（Global Competence Certificate，简称GCC）课程的核心概念是全球胜任力，即理解全球性问题并对之采取行动的意向与能力，也就是对全球性问题的理解力和围绕全球性问题有所作为的行动力为主体构成的有机整体。具体内容如表9-3所示。

表9-3　GCC课程的全球胜任力矩阵

核心观念 · 全球性的事件与问题是复杂且相互依存的 · 当下的世界体系源于历史因素的作用 · 个人自身的文化与经历对于理解自身与他人的关系至关重要 · 多样化的世界力量、事件、状况和问题受到多种因素的深刻影响

续表

技能	态度与价值观	行为
·通过提出问题、分析并综合相关证据、得出引发进一步探索的合理推论来审视世界 ·对不同角度的理解进行识别、表述和运用 ·挑选、运用合适的工具和策略开展有效的交流与合作 ·积极倾听、参与广泛的对话 ·熟练掌握21世纪数字化技术 ·在新环境中表现出高逆商 ·运用批判、比较和创造性的思维与问题解决方法	·对新的机会、观点和思维方式采取开放的态度 ·渴望与他人建立关系 ·对身份和文化具有自我意识，感知并尊重差异 ·推崇多元视角 ·对模糊和不熟悉的环境无不适之感 ·在更广阔的层面思考情境和人生的意义 ·对普遍接受的假设采取质疑的态度 ·适应力与敏捷思考的能力 ·同理心 ·谦逊的态度	·在解决问题和决策中寻找并运用不同角度的理解 ·基于探究和所得证据形成观点 ·致力于不断地学习和反思 ·共担责任，采取合作行动 ·分享知识，鼓励对话 ·将观点、关心和所得结果转化成以改善状况为目标的恰当且负责任的个人行为或集体行为 ·以合作的方式思考和解决问题

2. 中学教师胜任力

中学教师胜任力由内在胜任力和外在胜任力组成。具体内容如表9–4所示。

表9–4　中学教师胜任力模型

维度		内容
内在胜任力	个性特征	耐心、细心、宽容理解、热情、自信
	职业道德	热爱职业、以身作则、责任心
	成就动机	持续学习、进取心
	情绪管理	控制自我、调节情绪
外在胜任力	人际互动	沟通能力、了解学生
	管理能力	日常工作管理能力、课堂管理能力、公平性、决策力
	教学智能	教学技能、专业知识
	外界支持	社会认同、社会支持

T7. 基于学术特质的高校教师专业发展论

高校教师是一种学术性专门职业，学术性是高校教师的最基本特质，是高校教师职业生涯的核心，也是衡量高校教师专业发展水平的重要价值向度。高校教师专业发展的目标在于通过自我反思、合作以及必要的专业引领和政策支持，不断提升其教学、研究及服务社会的学术品位、学术修养和批判精神，进而提升整体教育质量。实现高校教师专业发展的愿景，须为其提供专业学术发展的政策导向和政策立法；开展专业对话，形成合作的教师文化；形成专业自我，建立关于教育的哲学体系。

T8. 教师的教育生活

生活，为生、为活，人之生命的生存活动是其基本含义，也是生活的本性。教育生活是其中的一种特殊生活，而且是一种最直接、最普遍、最具生活情趣和价值的生活，教育生活是一种共生式的，生活主体（教师与学生）间的关系较之普通生活更紧密，生活主体在教育生活中的目标指向也更明确。而教师作为“传道授业解惑”者，对教育生活的质量有着决定性的影响。审视教育生活的视角不同，教育生活也就表现出不同形式的丰富样态。如就教育主体而言，有教师的教育生活和学生的教育生活；就教育的场域而言，有家庭的教育生活、学校的教育生活和社会的教育生活；就主体生活的类型而言，有物质的教育生活和精神的教育生活；就主体生活的性质而言，有专业的教育生活和非专业的（日常的）教育生活……

反思教师的教育生活，也因偏执“超验”或“经验”而出现诸多缺失，既有性质上的偏差，也有内容上的分离，还有形式上的固化。教师的教育生活应以“生命自觉”为价值信念和根本追求，将“超验”“经验”因素交汇于人之生命共同影响教育生活的质量，以“成事成人”为教育生活的本原性质，以“生命关怀”为教育生活的核心主题，追求“生命自觉”的教育生活样式。“生命自觉”的教师最终将在共生共长的过程中提升整个教育生活的意义与价值。

T9. 教师权威的边界与经营

1. 在权威中自由生存

教育帮助个人自由地成为他自己，而非强求一律。教育诉诸自由，而不是人类学上的自然事实，教育以从自由中不断获得的东西为其内容。如果教育变成了权威，那它就失败了。

因此，我们必须尊重儿童的自由，让他们自己明白学习的动机，并不是出于服从而学习，同时允许他们轻视不行的教师。在学习的过程中，他们将心甘情愿地尊重能令他们学到知识的教师，并且敬爱那些以德服人而不滥用权威的教师。

对权威的信仰首先是教育的唯一来源和教育的实质。单个的人是在他生存的有限性中而开始其生命历程的。在成长过程中，他为了习得传承的内涵而与权威联系起来。这些权威向他不断地开放着空间，在这个空间里，存在从四面八方向他涌来。没有权威的不断生成，即便他已掌握了渊博的知识，成为语言和思维的主人，但他却仍处在被弃置的空无一物的可能性空间，在这个空间里只有虚无紧紧尾随着他。

对单个的人而言，只有成年以后，自我本源在其思考和经验中才成为现实。只要权威还保持自身的原貌，那么权威的内涵总是富有生命力的，但当权威并非如此，而是变成了陌生的面孔时，自由就挺身出来反对它。自由只允许那些成为自己、而不是与自己相背离的东西存在。曾经一度抓住权威的自由，反过来也可以抗拒权威（出现在一些现象中），并经由权威而返回自身，那么个体才能在权威中长大成熟。

2. 用爱经营权威

爱把生命提升到真正存在的境界，它超越了感官的直观。爱迫不及待地要在世界、教育和人类实践中表现出来，并把所看到的本质画像刻印在此中；根据柏拉图的观点，爱就是美的证人。

为了实现人的最大潜力，爱只会在相同的水准上与爱相遇；爱在与爱的交往中而成为自己。

升华、实现潜能、成为你自己是爱的三个维度，同时又是爱在成为自己的过程中不可分割和不可缺少的部分。

爱的施予，例如在教育中对年轻一代的爱护并非降低格调——除非你被统治欲迷住或是为图利的目的去教育——而是达到自我升华。爱在彼此存在中实现，一个真实的自我和另一个真实的自我在彼此互爱中联系起来，这样，一切事物才能在存在的光辉中敞亮。一个真实的自我与另一个真实的自我之间的爱的沟通，包括了对一切事物、对世界和对上帝的爱。随着相互沟通所包含的内容越多，沟通本身越加进展，沟通的达成有赖于客观的内容，而这些只有通过互爱的人才变得实在起来。

T10. 教师的身心发展特征

1. 成年早期阶段

成年早期阶段在 18~35 岁。此阶段开始的几年主要特征是独立、追求和准备。以后的几年投身尝试并加以检验。一般地一个人从离家到独立、选择职业方向及做一生事业的准备需要五年左右的时间。同时由于职业的关系，年轻人开始为自己学习，不大关心其他的事，并且他们也考虑将来家庭生活的方式。埃里克森描写过在这些年当获得认同感时便不再迷茫，力求向前奔。当获得亲密感觉时便不再孤独。

在此阶段以后的十年中，年轻人在事业中和人际关系中验证并建立个人身份和地位，这将成为成人生活以后阶段的基础。这时关于工作、价值观念和家庭关系所作的决定虽不是永久不变的，但这已是成形的。这时虽不是一个人选择方向或考虑亲密朋友的含义的最终时刻，可是，这些年将为他（她）向人生下一阶段迈进打下基础。

一个生活模式贯穿在成年的每个阶段。年轻人的行为总是从考查、追求和尝试开始，其后较为全力以赴。随之而来的是重新检查的过渡阶段。通常这是一个澄清价值观念的时期或者是肯定事业某一具体方面的时期。如希伊所称的“抓住 30 岁”的转变时期，一些年轻人发现他们的职业或婚姻的选择并非最佳，在陷入较深的窘境之前，采取行动转向另外的选择。其他一些青年人可能已经简单地试演各种角色。对这些青年来说，在 30 岁左右自顾反省，可将已开始的行动和事业更加持久。在接近 35 岁时，30 岁左右所产生的问题开始得到解决，或撇在一边，每人开始进入新的、繁忙的时期，通常也是一生中生产效率最高时期，成人中年时期到来了。

2. 中年阶段

这是一段在职业、家庭和社会事业上完全专注的时期。中年人认识到现在是把他们的踌躇、怀疑抛在一边而去证实他们的能力及潜力的时候。从 35~45 岁，是成年生活阶段压力最大的阶段。这些压力包括在职业上的进取，照顾家庭所需的时间及对社会所肩负的责任。

埃里克森的发展的阶段，成长与停滞，标志此阶段具有增长的潜力。成长包括发展了照顾别人的能力，对儿童、成人、文化及社会的继续发展。这就意味着个人的成熟的发展，所以人们不再把自己当作待哺的儿童或寻求良师认可的年轻人。莱文森认为在青年时期有良师（榜样和指导）为以后自己发展成熟打下感情基础是很重要的。成长和停滞相对成为中年期的主要任务，较早完成的发展，例如亲昵行为，则要求按照新的发展和环境的原则重新安排。

中年阶段是一个过渡时期，有人把它划为中间变化。中间变化好比青春期，因为此时，生理上的各种变化令人不安（例如绝经期），同时出现了决定个人未来的新责任。维系成年人世界的种种情况不再是固定的了。由于孩子准备离开家以及他的工作的职务已达到顶峰，

45 岁左右的丈夫面临着去创造新的或者重新肯定原来生活的使命，这关系到他将成为什么样的人及今后如何发展。对妇女也同样，但是某些方面情况更复杂。大量研究表明当其孩子离开家，“空窝”的前景，使妇女有一种混杂的预感。有人可能认为是对她们身份和生存理由的威胁，另有些人可能认为对她们是建立新身份的机会。这些妇女无论是单身与否，到这个生活时期更加明显地愿意离家去找工作，追求事业的心情更强烈，对她们这种现象含义的研究刚刚开始。教育在这个时期的意义在于让中年后期（45~50 岁）的男人和妇女有机会思考家庭的交往、第二职业的选择、他们自己的和其年老双亲的身体健康情况等，这都是很重要的。实力团体、自发的讨论会、资助和教育团体对寡妇和离婚进行调节指导说明在人生这个时期需要教育发展措施。

3. 壮年期

成人到这个时期从工作的奋斗中开始走向老年状态，即 50 多岁。长期的生活经历和社会变迁使得成人有能力经历新的社会和心理的变动。把从 35 岁到 65 岁看作一个阶段称为中年期的想法是合理的。然而，40 岁与 50 岁在主要方面有很大的差异。为了标明一个独特的阶段，称壮年是完全有道理的。成人在此阶段比一生中任何阶段都享有更大的自由和权利。

T11. 常见的变态心理和变态行为

由于各种压力，教师在社会中可能会产生一些不健康的心理和行为，具有严重影响的变态心理及行为主要有以下六种。

1. 焦虑

教师产生焦虑的原因主要有：工作任务繁重；自己身体状况欠佳、体弱多病；子女的就业与再就业很困难；大龄而未寻到中意的伴侣；人际关系紧张；个人的兴趣与职业发生矛盾等。

适度的焦虑是正常的，它有利于人们冷静地分析问题、处理问题，激发人的斗志。但如果焦虑的时间持续过久，就会影响人的各种能力的发展，还会伴随神经系统功能紊乱。

调节教师消极性焦虑的措施：①改变对教师评价的模式，全面评价教师的教育效果；②培养良好的教师集体，建立轻松和谐的人际关系；③关心教师生活，解决教师生活中的实际困难；④鼓励教师参加各种有益的活动；⑤引导教师调控自己的情感，增强其心理防卫能力。

2. 自卑

自卑心理的形成既与家庭环境和父母对子女的教养方式有关，也与当事人的某种心理创伤有关。同时，教师自己不太注意克服性格中的弱点以及身体上有缺陷都有可能使教师产生自卑心理。

自卑的心理状态会导致人对许多刺激物保持反应过敏状态，对别人评价过高，对自己否定过多，对困难估计过大，从而阻碍教师个人前途的发展。

调节教师自卑心理的措施：①扬长避短，做与自己能力相应的工作，以增强自信心；②不要过分强调自己的荣誉感和自尊心，减少心理包袱；③以勤补拙，以最大毅力和决心去克服自己的缺陷，磨炼自己的意志。

3. 多疑

教师的职业特点决定了多疑是教师中一种常见的心理问题。教师往往爱面子，对自己的言行首先考虑的是别人的评价，做事时总会产生诸如“我成功了别人会嫉妒、失败了别人会嘲笑”的想法。因此，做事总是瞻前顾后，犹豫不决，这是产生多疑的第一个原因；产生多疑的第二个原因，是以往经受了精神创伤；第三个原因是消极的心理作怪，往往看到事物的阴暗一面多，光明一面少，从而产生多疑。

教师的疑心太重，不仅会影响人际关系，阻碍教学工作的顺利进行，还有可能发展为疑病性神经官能症。

消除多疑心理，教师应做到：①保持开朗的状态和愉快的心情；②经常参加集体活动，陶冶情操；③不要自寻烦恼和纠缠于往日的回忆；④遇事多作自我剖析，避免对正常事情产生错觉。

4. 抑郁

教师产生抑郁心理的原因除心理受到挫伤外，主要有三个原因：一是生活过于单调，较少与人交往，思想闭塞，再加上社会对教师的不公正待遇，使教师情绪受到压抑，没有充分发泄；二是工作力不从心，人际关系不协调，意志消沉；三是体弱多病，或家庭遭到巨大的不幸，或因体内生物性因素造成情绪低落。

抑郁型的教师容易把小事或得失加以夸大，因此而为之烦恼；也可能对一切事物不感兴趣，精神萎靡，倦怠无力。长期发展下去，会导致抑郁性精神病。

消除教师抑郁心理的方法：①学校多关心他们，积极配合其疾病的治疗；②创造一个良好的愉快的环境，丰富他们的心理世界；③帮助他们树立正确的人生观、价值观，正视过去、憧憬未来、把握现在；④让他们从事一定量的工作，在工作中体验到快乐，心情舒畅。

5. 嫉妒

导致教师产生嫉妒心理的主要原因：一是由于学校不同程度地存在赏罚不公，不适当地引入竞争机制；二是教师气量狭小，不允许别人超过自己；三是教师工作具有“个体性”特点，协作精神差，集体荣誉感不强。

嫉妒别人的教师，常常会表现为出言不逊，甚至诋毁别人，对自己的形象造成很坏的影响。由于嫉妒心理的存在，还会伴随产生身体上的一些疾病。

克服嫉妒心理，要培养教师的协作精神，让教师正确对待别人的成就与荣誉，充分认识到每个人都有自我实现的需要。

6. 孤独

教师产生孤独心理的主要原因：一是许多教师生性安静，与子女、同事、亲友接触少，或是不愿与其交往，久而久之，便产生了孤独心理；二是面对社会上的不正之风，教师虽然痛恨却又无能为力，只好抱着“眼不见，心不烦”的态度，回避更多的交往；三是一些中老年教师的家庭结构发生变化，子女成年后开始独立生活，使家庭成员减少，从而造成这些教师感到孤独。

强烈的孤独感，会导致教师长期处于一种恐慌状态，使教师无法理智地驾驭自己的行为，从而引发其他身心疾病。

学校应帮助有孤独感的教师进行自我心理调节，让他们多参加集体活动，使他们感受到别人的关心。

T12. 教师继续教育模式

德国教师的继续教育最近采用了“校本培训”模式。“校本培训”的含义，按照欧洲教师教育协会的有关界定是：源于学校发展的需要，由学校发起和规划的，旨在满足学校每个工作者需要的校内培训活动。这种培训的特点在于既能切合学校的工作目标和实际情况，又能充分利用和挖掘学校自身的潜力，还能见缝插针地安排活动、与学校和各项工作结合起来进行科学管理。

德国教育学家米勒博士认为，校本培训从全局来看有三个具体指向。

1. 使教师“更加优秀”

增强教师的人格；加强教师的责任心；扩大教师的教育职能范围；提高教师的教学水平；培养教师的激发动机能力和改革创新能力。

2. 进一步改善同事间的相互关系、改进工作的合作形式

促进校内的人际交往与合作；建立与扩大学校的内部组织；在全体教师的共同参与下探讨和处理学校问题：介绍和汲取教师从中心级、地区级和地方级培训中带回的经验。

3. 使内部改革转化为组织的全面发展

改进工作、教学和学习过程：制定本校的教育方案；赢得良好的形象，使学校具有鲜明的特色。

校本培训主要是探讨和处理本校和本校教师的特殊问题，共同探索解决的办法，介绍和巩固各级教师培训活动的成果，并妥善地应用到本校的教学工作中。

下面是德国巴伐利亚州校本培训课题所涉及的几个具体范围：

1. 课堂中的教与学

学习方法和课堂教学法的改革；学习技巧；家庭作业问题；成绩评定；学习动机的激发；特殊的学习建议。

2. 教育和教育问题

如何对待差生；教育的内外在关系；学校惩罚的各种途径；如何消除学生的恐惧感；共同的行为准则；社会能力的培养。

3. 人际交往与合作

共同相处；解决冲突；进行交谈；日常合作；放松和减轻工作、学习负担。

4. 学校、校园生活和校园文化

改善学校的工作和学习环境；进一步发展校园文化；加强对外联系；加强学校生活；加强与家长的合作。

T13.跨界课例研究中的教师学习

“课例研究”是目前国际上比较流行的旨在提高教师课程开发和课堂教学水平、促进教师专业发展、改进学生学习质量乃至重构学校文化的一种途径。教师通常会组成3~5人小组，相互合作（有时有外来学者和教研员支持），通过多次做课或同课异构，对“课”（一个有目的的教学概念单位）进行有结构的、长时段的（通常为半年或一年）持续探究和改进。与其他国家相比，将“课”作为分析单位，聚焦一个教学重点或学生学习难点，重在提高教师教学水平，是我国课例研究的特色。

如果学校邀请外来学者参与（通常是提供专业指导），此时的课例研究便成了“跨界课

例研究”。根据文化历史活动理论，外来学者与一线教师处于不同的活动系统。作为不同的主体，即使共同做一件事情，他们所认为的矛盾、客体、中介、共同体的规则和分工等往往都不一样。如果共同开展课例研究，双方需要了解彼此的期待和诉求，调整各自看问题的视角，共同做出一个符合特定情境的、双方都满意的结果。

“跨界学习”指的是：位于不同活动系统的参与者，跨越自己日常工作的边界，与其他活动系统的参与者互动而发生的正面变化。跨越边界通常会促使参与者重新检视自己之前的惯常假设及长期的专业实践，进而引发深度学习以及思想观念和行为系统的变化。具有伙伴关系的跨界学习，与教师内部的校本研修相比，更能够拓展教师的学习情境，具有更大的开放性、包容性和对话空间。“跨界学习机制”指的是：引发并维持跨界人员正面变化的要素（行动、过程和结果）之间的关系和运行方式。如前所述，与“获得模式”“参与模式”不同，跨界学习遵循的是“拓展模式”，强调横向的、来自不同活动系统参与者之间的相互学习。因此，本文中的“跨界学习机制”指的是：在拓展模式下，推动教师在跨界课例研究中学习的要素及其关系和运行方式。

本次课例研究的程序比以往更为细致、完备、系统。在我国，教师开展的课例研究程序通常为如下四步：（1）教师小组共同设计教案；（2）一位教师授课，其他教师观课；（3）教师小组课后集体反思；（4）改进教案，再次上课。如此循环往复，直至满意为止。（图 9–1）

本次课例研究采用八步课例研究循环（图 9–2）：（1）教师小组对学生实施前测，确定学习目标；（2）设计课，形成教案；（3）设计对课进行研究的方案和工具；（4）一位教师授课，其他教师观课，收集资料；（5）教师集体分析资料；（6）对上次课进行修改，形成新的教案；（7）再次上课；（8）实施后测，分析结果，写报告，开全校分享大会。之所以采用这八个步骤，是因为本次课例研究的内容和过程都很复杂，需要细化。而且，每个步骤都是群体在场，有利于形成具有共同体感觉的心理场，更能激发和促进教师的学习动机和热情。

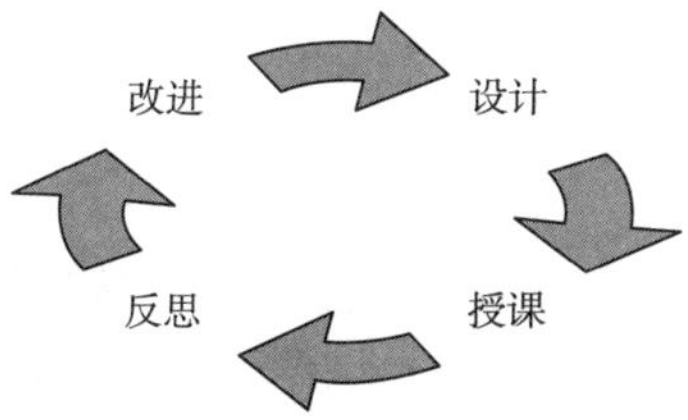

图 9–1　一般课例研究循环

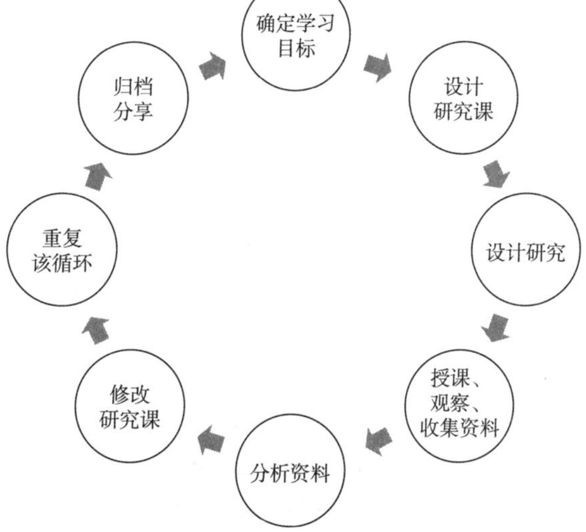

图 9–2　八步课例研究循环

相关政策

P1. 有关教师的法律规定

1.《中华人民共和国教育法（2021修订）》（节选）

第四条　教育是社会主义现代化建设的基础，对提高人民综合素质、促进人的全面发展、增强中华民族创新创造活力、实现中华民族伟大复兴具有决定性意义，国家保障教育事业优先发展。

全社会应当关心和支持教育事业的发展。

全社会应当尊重教师。

第十三条　国家对发展教育事业做出突出贡献的组织和个人，给予奖励。

第三十三条　教师享有法律规定的权利，履行法律规定的义务，忠诚于人民的教育事业。

第三十四条　国家保护教师的合法权益，改善教师的工作条件和生活条件，提高教师的社会地位。

教师的工资报酬、福利待遇，依照法律、法规的规定办理。

第三十五条　国家实行教师资格、职务、聘任制度，通过考核、奖励、培养和培训，提高教师素质，加强教师队伍建设。

第三十六条　学校及其他教育机构中的管理人员，实行教育职员制度。

学校及其他教育机构中的教学辅助人员和其他专业技术人员，实行专业技术职务聘任制度。

第八十三条　违反本法规定，侵犯教师、受教育者、学校或者其他教育机构的合法权益，造成损失、损害的，应当依法承担民事责任。

2.《中华人民共和国教师法》（节选）

第二章　权利和义务

第七条，教师享有下列权利：（一）进行教育教学活动，开展教育教学改革和实验；（二）从事科学研究、学术交流，参加专业的学术团体，在学术活动中充分发表意见；（三）指导学生的学习和发展，评定学生的品行和学业成绩；（四）按时获取工资报酬，享受国家规定的福利待遇以及寒暑假期的带薪休假；（五）对学校教育教学、管理工作和教育行政部门的工作提出意见和建议，通过教职工代表大会或者其他形式，参与学校的民主管理；（六）参加进修或者其他方式的培训。

第八条，教师应当履行下列义务：（一）遵守宪法、法律和职业道德，为人师表；（二）贯彻国家的教育方针，遵守规章制度，执行学校的教学计划，履行教师聘约，完成教育教学工作任务；（三）对学生进行宪法所确定的基本原则的教育和爱国主义、民族团结的教育，法制教育以及思想品德、文化、科学技术教育，组织、带领学生开展有益的社会活动；（四）关心、爱护全体学生，尊重学生人格，促进学生在品德、智力、体质等方面全面发展；（五）制止有害于学生的行为或者其他侵犯学生合法权益的行为，批评和抵制有害于学生健康成长的现象；（六）不断提高思想政治觉悟和教育教学业务水平。

第九条，为保障教师完成教育教学任务，各级人民政府、教育行政部门、有关部门、学校和其他教育机构应当履行下列职责：（一）提供符合国家安全标准的教育教学设施和设备；（二）提供必需的图书、资料及其他教育教学用品；（三）对教师在教育教学、科学研究中的创造性工作给予鼓励和帮助；（四）支持教师制止有害于学生的行为或者其他侵犯学生合法权益的行为。

第三章　资格和任用

第十条，国家实行教师资格制度。中国公民凡遵守宪法和法律，热爱教育事业，具有良好的思想品德，具备本法规定的学历或者经国家教师资格考试合格，有教育教学能力，经认定合格的，可以取得教师资格。

第十一条，取得教师资格应当具备的相应学历是：

取得幼儿园教师资格，应当具备幼儿师范学校毕业及其以上学历；

取得小学教师资格，应当具备中等师范学校毕业及其以上学历；

取得初级中学教师、初级职业学校文化、专业课教师资格，应当具备高等师范专科学校或者其他大学专科毕业及其以上学历；

取得高级中学教师资格和中等专业学校、技工学校、职业高中文化课、专业课教师资格，应当具备高等师范院校本科或者其他大学本科毕业及其以上学历；取得中等专业学校、技工学校和职业高中学生实习指导教师资格应当具备的学历，由国务院教育行政部门规定；

取得高等学校教师资格，应当具备研究生或者大学本科毕业学历；

取得成人教育教师资格，应当按照成人教育的层次、类别，分别具备高等、中等学校毕业及其以上学历。不具备本法规定的教师资格学历的公民，申请获取教师资格，必须通过国家教师资格考试。国家教师资格考试制度由国务院规定。

第十二条，本法实施前已经在学校或者其他教育机构中任教的教师，未具备本法规定学历的，由国务院教育行政部门规定教师资格过渡办法。

第十三条，中小学教师资格由县级以上地方人民政府教育行政部门认定。中等专业学校、技工学校的教师资格由县级以上地方人民政府教育行政部门组织有关主管部门认定。普通高等学校的教师资格由国务院或者省、自治区、直辖市教育行政部门或者由其委托的学校认定。具备本法规定的学历或者经国家教师资格考试合格的公民，要求有关部门认定其教师资格的，有关部门应当依照本法规定的条件予以认定。取得教师资格的人员首次任教时，应当有试用期。

第十四条，受到剥夺政治权利或者故意犯罪受到有期徒刑以上刑事处罚的，不能取得教师资格；已经取得教师资格的，丧失教师资格。

第十五条，各级师范学校毕业生，应当按照国家有关规定从事教育教学工作。国家鼓励非师范高等学校毕业生到中小学或者职业学校任教。

第十六条，国家实行教师职务制度，具体办法由国务院规定。

第十七条，学校和其他教育机构应当逐步实行教师聘任制。教师的聘任应当遵循双方地位平等的原则，由学校和教师签订聘任合同，明确规定双方的权利、义务和责任。实施教师聘任制的步骤、办法由国务院教育行政部门规定。

第四章　培养和培训

第十八条，各级人民政府和有关部门应当办好师范教育，并采取措施，鼓励优秀青年进入各级师范学校学习。各级教师进修学校承担培训中小学教师的任务。非师范学校应当承担培养和培训中小学教师的任务。各级师范学校学生享受专业奖学金。

第十九条，各级人民政府教育行政部门、学校主管部门和学校应当制定教师培训规划，对教师进行多种形式的思想政治、业务培训。

第二十条，国家机关、企业事业单位和其他社会组织应当为教师的社会调查和社会实践提供方便，给予协助。

第二十一条，各级人民政府应当采取措施，为少数民族地区和边远贫困地区培养、培训教师。

第五章　考核

第二十二条，学校或者其他教育机构应当对教师的政治思想、业务水平、工作态度和工作成绩进行考核。教育行政部门对教师的考核工作进行指导、监督。

第二十三条，考核应当客观、公正、准确，充分听取教师本人、其他教师以及学生的意见。

第二十四条，教师考核结果是受聘任教、晋升工资、实施奖惩的依据。

第八章　法律责任

第三十七条，教师有下列情形之一的，由所在学校、其他教育机构或者教育行政部门给予行政处分或者解聘。（一）故意不完成教育教学任务给教育教学工作造成损失的；（二）体罚学生，经教育不改的；（三）品行不良、侮辱学生，影响恶劣的。教师有前款第（二）项、第（三）项所列情形之一，情节严重，构成犯罪的，依法追究刑事责任。

P2.《中学教师专业标准（试行）》（征求意见稿）（节选）

中学教师是履行中学教育工作职责的专业人员，需要经过严格的培养与培训，具有良好的职业道德，掌握系统的专业知识和专业技能。《专业标准》是国家对合格中学教师的基本专业要求，是中学教师开展教育教学活动的基本规范，是引领中学教师专业发展的基本准则，是中学教师培养、准入、培训、考核等工作的重要依据。

一、基本理念

（一）学生为本

尊重中学生权益，以中学生为主体，充分调动和发挥中学生的主动性；遵循中学生身心发展特点和教育教学规律，提供适合的教育，促进中学生生动活泼学习、健康快乐成长，全面而有个性的发展。

（二）师德为先

热爱中学教育事业，具有职业理想，践行社会主义核心价值体系，履行教师职业道德规范。关爱中学生，尊重中学生人格，富有爱心、责任心、耐心和细心；为人师表，教书育人，自尊自律，以人格魅力和学识魅力教育感染中学生，做中学生健康成长的指导者和引路人。

（三）能力为重

把学科知识、教育理论与教育实践相结合，突出教书育人实践能力；研究中学生，遵循中学生成长规律，提升教育教学专业化水平；坚持实践、反思、再实践、再反思，不断提高专业能力。

（四）终身学习

学习先进中学教育理论，了解国内外中学教育改革与发展的经验和做法；优化知识结构，提高文化素养；具有终身学习与持续发展的意识和能力，做终身学习的典范。

二、基本内容

维度	领域	基本要求
专业理念与师德	（一）职业理解与认识	1. 贯彻党和国家教育方针政策，遵守教育法律法规。 2. 理解中学教育工作的意义，热爱中学教育事业，具有职业理想和敬业精神。 3. 认同中学教师的专业性和独特性，注重自身专业发展。 4. 具有良好职业道德修养，为人师表。 5. 具有团队合作精神，积极开展协作与交流。
	（二）对学生的态度与行为	6. 关爱中学生，重视中学生身心健康发展，保护中学生生命安全。 7. 尊重中学生独立人格，维护中学生合法权益，平等对待每一个中学生。不讽刺、挖苦、歧视中学生，不体罚或变相体罚中学生。 8. 尊重个体差异，主动了解和满足中学生的不同需要。 9. 信任中学生，积极创造条件，促进中学生的自主发展。
	（三）教育教学的态度与行为	10. 树立育人为本、德育为先的理念，将中学生的知识学习、能力发展与品德养成相结合，重视中学生的全面发展。 11. 尊重教育规律和中学生身心发展规律，为每一个中学生提供适合的教育。 12. 激发中学生的求知欲和好奇心，培养中学生学习兴趣和爱好，营造自由探索、勇于创新的氛围。 13. 引导中学生自主学习、自强自立，培养良好的思维习惯和适应社会的能力。
	（四）个人修养与行为	14. 富有爱心、责任心、耐心和细心。 15. 乐观向上、热情开朗、有亲和力。 16. 善于自我调节情绪，保持平和心态。 17. 勤于学习，不断进取。 18. 衣着整洁得体，语言规范健康，举止文明礼貌。
专业知识	（五）教育知识	19. 掌握中学教育的基本原理和主要方法。 20. 掌握班集体建设与班级管理的策略与方法。 21. 了解中学生身心发展的一般规律与特点。 22. 了解中学生世界观、人生观、价值观形成的过程及其教育方法。 23. 了解中学生思维能力与创新能力发展的过程与特点。 24. 了解中学生群体文化特点与行为方式。
	（六）学科知识	25. 理解所教学科的知识体系、基本思想与方法。 26. 掌握所教学科内容的基本知识、基本原理与技能。 27. 了解所教学科与其他学科的联系。 28. 了解所教学科与社会实践的联系。
	（七）学科教学知识	29. 掌握所教学科课程标准。 30. 掌握所教学科课程资源开发的主要方法与策略。 31. 了解中学生在学习具体学科内容时的认知特点。 32. 掌握针对具体学科内容进行教学的方法与策略。
	（八）通识性知识	33. 具有相应的自然科学和人文社会科学知识。 34. 了解中国教育基本情况。 35. 具有相应的艺术欣赏与表现知识。 36. 具有适应教育内容、教学手段和方法现代化的信息技术知识。
	（九）教学设计	37. 科学设计教学目标和教学计划。 38. 合理利用教学资源和方法设计教学过程。 39. 引导和帮助中学生设计个性化的学习计划。
	（十）教学实施	40. 营造良好的学习环境与氛围，激发与保护中学生的学习兴趣。 41. 通过启发式、探究式、讨论式、参与式等多种方式，有效实施教学。 42. 有效调控教学过程。 43. 引发中学生独立思考和主动探究，发展学生创新能力。 44. 将现代教育技术手段渗透应用到教学中。

续表

维度	领域	基本要求
专业能力	（十一）班级管理与教育活动	45. 建立良好的师生关系，帮助中学生建立良好的同伴关系。 46. 注重结合学科教学进行育人活动。 47. 根据中学生世界观、人生观、价值观形成的特点，有针对性地组织开展德育活动。 48. 针对中学生青春期生理和心理发展特点，有针对性地组织开展有益身心健康发展的教育活动。 49. 指导学生理想、心理、学业等多方面发展。 50. 有效管理和开展班级活动。 51. 妥善应对突发事件。
	（十二）教育教学评价	52. 利用评价工具，掌握多元评价方法，多视角、全过程评价学生发展。 53. 引导学生进行自我评价。 54. 自我评价教育教学效果，及时调整和改进教育教学工作。
	（十三）沟通与合作	55. 了解中学生，平等地与中学生进行沟通交流。 56. 与同事合作交流，分享经验和资源，共同发展。 57. 与家长进行有效沟通合作，共同促进中学生发展。 58. 协助中学与社区建立合作互助的良好关系。
	（十四）反思与发展	59. 主动收集分析相关信息，不断进行反思，改进教育教学工作。 60. 针对教育教学工作中的现实需要与问题，进行探索和研究。 61. 制定专业发展规划，不断提高自身专业素质。

P3.《新时代教师职业行为准则》

师德师风是评价教师队伍素质的第一标准，制定教师职业行为准则，明确新时代教师职业规范，针对主要问题、突出问题划定基本底线，是对广大教师的警示提醒和严管厚爱，是深化师德师风建设，造就政治素质过硬、业务能力精湛、育人水平高超的高素质教师队伍的关键之举。

《新时代高校教师职业行为十项准则》

一、坚定政治方向。坚持以习近平新时代中国特色社会主义思想为指导，拥护中国共产党的领导，贯彻党的教育方针；不得在教育教学活动中及其他场合有损害党中央权威、违背党的路线方针政策的言行。

二、自觉爱国守法。忠于祖国，忠于人民，恪守宪法原则，遵守法律法规，依法履行教师职责；不得损害国家利益、社会公共利益，或违背社会公序良俗。

三、传播优秀文化。带头践行社会主义核心价值观，弘扬真善美，传递正能量；不得通过课堂、论坛、讲座、信息网络及其他渠道发表、转发错误观点，或编造散布虚假信息、不良信息。

四、潜心教书育人。落实立德树人根本任务，遵循教育规律和学生成长规律，因材施教，教学相长；不得违反教学纪律，敷衍教学，或擅自从事影响教育教学本职工作的兼职兼薪行为。

五、关心爱护学生。严慈相济，诲人不倦，真心关爱学生，严格要求学生，做学生良师益友；不得要求学生从事与教学、科研、社会服务无关的事宜。

六、坚持言行雅正。为人师表，以身作则，举止文明，作风正派，自重自爱；不得与学生发生任何不正当关系，严禁任何形式的猥亵、性骚扰行为。

七、遵守学术规范。严谨治学，力戒浮躁，潜心问道，勇于探索，坚守学术良知，反对学术不端；不得抄袭剽窃、篡改侵吞他人学术成果，或滥用学术资源和学术影响。

八、秉持公平诚信。坚持原则，处事公道，光明磊落，为人正直；不得在招生、考试、推优、保研、就业及绩效考核、岗位聘用、职称评聘、评优评奖等工作中徇私舞弊、弄虚作假。

九、坚守廉洁自律。严于律己，清廉从教；不得索要、收受学生及家长财物，不得参加由学生及家长付费的宴请、旅游、娱乐休闲等活动，或利用家长资源谋取私利。

十、积极奉献社会。履行社会责任，贡献聪明才智，树立正确义利观；不得假公济私，擅自利用学校名义或校名、校徽、专利、场所等资源谋取个人利益。

《新时代中小学教师职业行为十项准则》

一、坚定政治方向。坚持以习近平新时代中国特色社会主义思想为指导，拥护中国共产党的领导，贯彻党的教育方针；不得在教育教学活动中及其他场合有损害党中央权威、违背党的路线方针政策的言行。

二、自觉爱国守法。忠于祖国，忠于人民，恪守宪法原则，遵守法律法规，依法履行教师职责；不得损害国家利益、社会公共利益，或违背社会公序良俗。

三、传播优秀文化。带头践行社会主义核心价值观，弘扬真善美，传递正能量；不得通过课堂、论坛、讲座、信息网络及其他渠道发表、转发错误观点，或编造散布虚假信息、不良信息。

四、潜心教书育人。落实立德树人根本任务，遵循教育规律和学生成长规律，因材施教，教学相长；不得违反教学纪律，敷衍教学，或擅自从事影响教育教学本职工作的兼职兼薪行为。

五、关心爱护学生。严慈相济，诲人不倦，真心关爱学生，严格要求学生，做学生良师益友；不得歧视、侮辱学生，严禁虐待、伤害学生。

六、加强安全防范。增强安全意识，加强安全教育，保护学生安全，防范事故风险；不得在教育教学活动中遇突发事件、面临危险时，不顾学生安危，擅离职守，自行逃离。

七、坚持言行雅正。为人师表，以身作则，举止文明，作风正派，自重自爱；不得与学生发生任何不正当关系，严禁任何形式的猥亵、性骚扰行为。

八、秉持公平诚信。坚持原则，处事公道，光明磊落，为人正直；不得在招生、考试、推优、保送及绩效考核、岗位聘用、职称评聘、评优评奖等工作中徇私舞弊、弄虚作假。

九、坚守廉洁自律。严于律己，清廉从教；不得索要、收受学生及家长财物或参加由学生及家长付费的宴请、旅游、娱乐休闲等活动，不得向学生推销图书报刊、教辅材料、社会保险或利用家长资源谋取私利。

十、规范从教行为。勤勉敬业，乐于奉献，自觉抵制不良风气；不得组织、参与有偿补课，或为校外培训机构和他人介绍生源、提供相关信息。

《新时代幼儿园教师职业行为十项准则》

一、坚定政治方向。坚持以习近平新时代中国特色社会主义思想为指导，拥护中国共产党的领导，贯彻党的教育方针；不得在保教活动中及其他场合有损害党中央权威和违背党的路线方针政策的言行。

二、自觉爱国守法。忠于祖国，忠于人民，恪守宪法原则，遵守法律法规，依法履行教师职责；不得损害国家利益、社会公共利益，或违背社会公序良俗。

三、传播优秀文化。带头践行社会主义核心价值观，弘扬真善美，传递正能量；不得通过保教活动、论坛、讲座、信息网络及其他渠道发表、转发错误观点，或编造散布虚假信息、不良信息。

四、潜心培幼育人。落实立德树人根本任务，爱岗敬业，细致耐心；不得在工作期间玩忽职守、消极怠工，或空岗、未经批准找人替班，不得利用职务之便兼职兼薪。

五、加强安全防范。增强安全意识，加强安全教育，保护幼儿安全，防范事故风险；不得在保教活动中遇突发事件、面临危险时，不顾幼儿安危，擅离职守，自行逃离。

六、关心爱护幼儿。呵护幼儿健康，保障快乐成长；不得体罚和变相体罚幼儿，不得歧视、侮辱幼儿，严禁猥亵、虐待、伤害幼儿。

七、遵循幼教规律。循序渐进，寓教于乐；不得采用学校教育方式提前教授小学内容，不得组织有碍幼儿身心健康的活动。

八、秉持公平诚信。坚持原则，处事公道，光明磊落，为人正直；不得在入园招生、绩效考核、岗位聘用、职称评聘、评优评奖等工作中徇私舞弊、弄虚作假。

九、坚守廉洁自律。严于律己，清廉从教；不得索要、收受幼儿家长财物或参加由家长付费的宴请、旅游、娱乐休闲等活动，不得推销幼儿读物、社会保险或利用家长资源谋取私利。

十、规范保教行为。尊重幼儿权益，抵制不良风气；不得组织幼儿参加以营利为目的的表演、竞赛等活动，或泄露幼儿与家长的信息。

P4.《新时代基础教育强师计划》（节选）

目标任务

到2025年，建成一批国家师范教育基地，形成一批可复制可推广的教师队伍建设改革经验，培养一批硕士层次中小学教师和教育领军人才。

到2035年，适应教育现代化和建成教育强国要求，构建开放、协同、联动的高水平教师教育体系，建立完善的教师专业发展机制，形成招生、培养、就业、发展一体化的教师人才造就模式，教师数量和质量基本满足基础教育发展需求，教师队伍区域分布、学段分布、学历水平、学缘结构、年龄结构趋于合理，教师思想政治素质、师德修养、教育教学能力和信息技术应用能力建设显著加强，教师队伍整体素质和教育教学水平明显提升，尊师重教蔚然成风。

具体措施

（一）提升教师思想政治素质。全面加强中小学教师思想政治建设，落实意识形态工作责任制。坚持教育者先受教育，将习近平新时代中国特色社会主义思想融入教师培养培训课程，将习近平总书记关于教育的重要论述作为首要必修课程，开展常态化的学习教育，引导广大教师深刻领悟“两个确立”的决定性意义，增强“四个意识”、坚定“四个自信”、做到“两个维护”，坚持“四个相统一”，争做“四有”好老师，当好“四个引路人”。

（二）加强和改进师德师风建设。常态化推进师德培育涵养，将各类师德规范纳入新教师岗前培训和在职教师全员培训必修内容。

（三）建设国家师范教育基地。

（四）开展国家教师队伍建设改革试点。

（五）建立教师教育协同创新平台。

（六）实施高素质教师人才培育计划。持续实施卓越教师培养计划。支持在职教师学习深造，提升学历。

（七）实施中西部欠发达地区优秀教师定向培养计划。

（八）深化精准培训改革。

（九）改进师范院校评价。

（十）进一步完善教师资格制度。严把教师入口关，全面推开中小学教师资格考试和定期注册制度改革。

（十一）优化义务教育教师资源配置。

（十二）优化教职工编制配置。

（十三）深化教师职称改革，完善岗位管理制度。

（十四）加强教师工资待遇保障。加大经费保障力度，切实解决拖欠义务教育教师工资和欠缴社会保险费、职业年金、住房公积金等问题，全面落实义务教育教师平均工资收入水平不低于当地公务员平均工资收入水平要求，落实好公办幼儿园教师工资待遇政策，确保及时足额发放，民办幼儿园参照公办幼儿园合理确定教师工资收入水平。

（十五）推进教师队伍建设信息化。

P5. 国外教师从业标准（表9–5）

表9–5　五国教师从业标准比较

国家	具有大学学历	完成一定的教育课程	获得相应资格证书	试用或入职的进修
美国	文理大学 4~5年 综合大学 4~5年	初等教师：一般教育60学分；专业教育及教职教育69学分（教育实习9学分） 中学教师：一般教育60学分；专业教育及教职教育75学分以上（教育实习9学分） 高中教师：一般教育60学分；专业教育及教职教育80学分以上（教育实习9学分）	初等学校教师证书 中等学校教师证书	进修一年左右 由校长、实习教师等组成的审查委员会通过授业观察对作为教师的素质能力作出评价；根据评价结果，进行指导和建议，判断能否成为正式教师
英国	高等教育机构教师培养课程（4年），教职专门课程（学完学士课程通常3年之后1年），中小学设一年制教职专门课程	初等教师：四年制培养课程包括教育实习32周以上，学科专业教育（全国统一核心学科即数学、英语、理科）各150课时以上，学科教育无特别规定；教职专业课程包括教育实习18周以上，学科专业教育和学科教育同前 中等教师：四年制培养课程包括教育实习32周以上，学科专业教育（两门学科以内）2年，学科教育1–3年；教职专业课程包括学科专业教育（两门学科以内），学科教育只有实施规定，无时间分配规定	教师合格证书	地方教育当局实施适当的“引导”，“引导”内容是老教师的指导、参加其他学校教学、新任教师之间交换意见等

续表

国家	具有大学学历	完成一定的教育课程	获得相应资格证书	试用或入职的进修
法国	教师教育大学中心（学完大学3年课程之后2年，其中1年是试用），大学教职课程（学完大学3年课程之后1年）	初等教师：课程（2年），总课时1500~1700课时，教育实习500课时（18~19周）；学科教育第一学年占教育实习以外的60%，第二学年占教育实习以外的50% 教职专业教育：第一学年占教育实习以外的40%，第二学年占教育实习以外的50%（包括毕业论文） 中等教师培养：课程（2年），教育实习300课时以上，学科教育400~700课时，教职专业教育300~450课时	初等教育教师证书 初等体育教育教师证书 中等教育教师证书 中等体育教育教师证书 中等技术教育教师证书 高级中等教育教师证书 职业国立中学教师第一种证书 职业国立中学教师第二种证书	以教师资格考试合格者为对象（第一次），在教师教育大学中心（简称IUFM）接受1年的指导
德国	大学（3~4年）	由教育科学（教育学、心理学等）、专业学科（至少两门学科，包括学科教学法）、教育实习三个领域组成 基础学校教师资格证书：总课时98课时，其中，教育科学22~28课时、专业学科70~76课时 高级中学教师资格证书：总课时138课时，其中，教育科学8~18课时、专业学科120~130课时	基础学校教师证书 实科学校教师证书 高级中学教师证书 初等阶段教师证书前期 中等阶段教师证书 后期中等阶段教师证书	试用1年半至2年，试用结束后参加第二次国家考试。以合格者为对象办理选考手续
日本	综合性大学（4~6年） 教育大学（4~6年）	小学教师一种许可证： 基本资格：学士 学科科目：18学分 教职科目：41学分 初中教师一种许可证： 基本资格：学士 学科科目：40学分 教职科目：19学分 高中教师专修许可证： 基本资格：硕士 学科科目：40学分 教职科目：19学分 有关的学科及教职的科目：24学分	普通许可证： 小学教师许可证（专修、一种、二种） 初中教师许可证（专修、一种、二种） 高中教师许可证（专修、一种）等 临时许可证： 小学、初中、高中临时教师（代课教师）许可证 特别许可证： 颁发给小学、初中以及高中教师特别许可证	新教师任用后第一年进行实践性进修，如接受校内指导教师的帮助和到校外教育中心听讲座等

数据资源

D1. 2023年全国教师主要数据统计

参见第一章第一节数据资源。

D2. 教师职业道德问题

中国社会调查所于2002年对北京、天津、上海、成都、武汉、广州等地区的学生及其家长做了一次有关教师职业道德的大规模调查。调查结果显示出以下几个问题。

1. 师爱最为公众期待

在调查公众对教师的期望值时，78%的被访者认为，教师应该热爱教育事业，热爱学生，主动经常与学生沟通交流，愿意与学生成为朋友，建立起平等和谐的师生关系，遇事冷静，不随便发怒，不以威压人，处事公平合理，不抱偏见，对自己所有的学生一视同仁，树立较高的威信。77%的被访者提出，教师要重视对《中小学教师职业道德规范》《中华人民共和国教师法》《中华人民共和国未成年人保护法》等教育法规的学习，具有依法执教意识，以及对违法违规行为的辨识力，要尊重学生，不得变相体罚。62%的被访者提到教师应重视自身的道德形象，追求人格完美，重视教师职业的特质修养和个性魅力，有更高的人文目标。如教师的形象，既要“德才兼备”“严格负责”，又要“幽默风趣”“热情活泼”；对教师素质，要注意培养学生喜欢的“幽默”“热情”“机智”等特质；对自身形象的追求，既要“自然”“文明”，又要有“举止优雅”“谈吐高雅”等较高素质修养层次的追求。58%的被访者提到教师要注意提高自己的思想修养。教师要严格要求自己，自觉遵守学校的规章制度和有关规定，以身作则，洁身自好，以德服人，以身立教，为学生树立起楷模的形象。

2. 热爱学生的老师最受欢迎

经调查发现，学生渴望的不仅仅是从老师那里获得知识，更重要的是得到老师的关爱。喜欢渊博知识型老师的学生占31%；而喜欢具有师爱型的学生达到53%，他们希望自己的老师温和、可亲，具有爱心。

3. 学生和家长认为教师中需要减少的现象主要有四种

调查显示：学生和家长认为教师中需要减少的现象中摆在前四位的依次是体罚、敷衍学生、收礼和向家长分派任务。公众对这些与教师有关的不良现象产生的原因进行了分析。其中，38%的被访者认为是学校氛围对这些不良现象有着严重影响。79%的被访者认为这些现象跟教师的个人素质有关。42%的被访者认为社会风气也是教师产生不良行为的影响因素之一。

调查样本中，就体罚对学生的身心产生影响的问题，65%的人认为影响很大，27%的人认为有点影响，另外8%的人表示不清楚，没有人认为体罚不会对学生产生影响。

有些教师敷衍学生的行为原因是多方面的。调查显示，教师责任心不强因素位居首位，占46%；其次是教师待遇因素，占36%。他们认为有些教师的确是因为劳动所得抵不上付出，就忙起了第二职业，投在教学上的精力变得有限。还有人认为学生学习热情不高也是教师敷衍学生现象产生的原因，占29%。他们认为有些孩子顽固不化，采取任何教育方式都不见成效，就是厌学，让老师无计可施，也无可奈何。12%的人认为不良的社会风气也在一定程度上导致了一部分教师不认真教学。

D3. 目前教育最大的问题是很多老师已经躺平了

比如延时服务，老师们可以上课，但很多老师是不会管学生的，只要孩子们没打架没受伤，老师就不管。一节课怎么上？上多少内容？其实完全取决于老师。所以老师的积极性很重要，如果老师对教学失去了热情，就算她每天上12小时班，对学生也没什么意义。

真相很残酷，但真的是如此，躺平的老师太多了，没办法！

评论区（节选）：

许某的小宝贝：我是老师，也是家长，但我没有给我的孩子报名课后延时，一到放学，我就让我的孩子去托管班！原因在于，老师不是铁人，他们也需要休息，只要你在这个岗位，你才能知道这个岗位有多累人！第一，早上6点多爬起，7点多到校，抓早读，上课，批改作业，中午陪餐，照管孩子休息，下午2∶30孩子醒了，我就开始准备上课，批改作业，下午放学，虽然已经很累了，还得强撑精神上课后延时，上完差不多6∶30，还得收拾，送孩子出校门，回到家正好7点多，煮饭，吃饭洗澡，收拾家里，洗衣，帮助孩子预习，一天下来，我真正陪我家孩子就半小时，9∶30孩子就睡觉了，我忙完一切差不多凌晨1点。

疯丫头t2cO1：理解，老师有的时候确实很辛苦，我带的大班有几个学生家长就是老师，她们有时忙得都顾不上自己家孩子，种别人家田，不顾自己家的苗，尤其是带毕业班的老师更辛苦，每个行业有每个行业的辛苦，他也就看着老师有假期了。

咩咩羊毛any：可惜啊，很多人眼红双休寒暑假。却看不到人家老师的辛苦。觉得老师是躺着舒服的，却不知道百分之七八十的老师都患有咽喉炎。

京梦安8S：我是教师，我更担忧孩子们每天11点半吃午饭，八点吃晚饭，时间长了会影响他们健康。// @轻轻地飘7601：害孩子还是谈不上，只是可能耽误一部分在学校吃不饱的孩子。

能力训练

案例9.2.2

一位教师的教育生活

李某霞，师范院校毕业后即来到石家庄外国语学校，从教27年来，她始终坚守在思政课堂第一线，创新思政教学方式，以党建带团建、带队建，打造了幼小初高“四阶梯”育人理念、课程体系、活动体系衔接的“三衔接”思政教育模式。她实施创新人才培养模式改革，形成了“四自主四环节”新模式。她倾情教育扶贫，7年来坚持深入山区送教，带领团队累计送教送培17.75万课时，惠及6县31乡镇5万多个家庭，学校因此获评“全国脱贫攻坚先进集体”。她热心慈善，将第三届明远教育奖的10万元奖金全部捐给山区学校。

德育为先，当好学生成长的引路人

在学生教育过程中德育为先，在学生价值观形成的初高中阶段，价值观的培养仅仅通过思政课本是远远不够的，在李某霞的带领下，学校开发了德育校本课程，主要包括主题德育课、“我爱石家庄”社会实践课、少年法庭课、人民代表大会制度课和党课，这些都是学生的必修课。从2009年开始，学校每年针对全体初一学生开展“我爱石家庄”社会实践活动，围绕石家庄的公共基础设施、城市发展等与民生相关的40个选题进行社会调查。这为学生们提供了大量的社会实践机会，在社会实践的过程中了解社会。

在社会实践过程中，李某霞发现学生们需要更多了解我们国家的社会主义制度，增强制度自信，于是，2019年，李某霞在学校建立起河北省首个中学人大代表联络站，开设人民代表大会制度课程，让学生通过参与体验人大代表履职过程，亲身感受“人民当家作主”，增强制度自信。

12年来，石外集团学生“我爱石家庄”社会实践形成421份调研报告，有58份学生社会实践报告被全国、省、市、区四级人大代表转成人大建议。从石家庄外国语学校出去的学生身上充满正能量，据李某霞调查，学生们在大学担任学生会干部、干事以及参与各种公益社团的学生占到了95%以上。

山区教育扶贫从庄里走向全国

从2014年开始，石家庄外国语教育集团与石家庄市的平山、行唐、灵寿、赞皇、井陉、元氏等6个山区县12所中小学结对帮扶，李某霞冲在了教育扶贫一线，担起了山区教育帮扶工作的重任。

李某霞说："最初对于帮扶学校的印象是，校舍崭新，校园却显空旷，学生少，音体美器材都有，就是少有专业老师上课。"石外就通过对教师培训，提高教师专业素养的途径改变这一状况。此后每个暑期，山区教师会集中到石外进行集中培训。针对帮扶过程中遇到的问题，李某霞创新培训内容和形式，从暑假的一次培训拓展到三四次的分类培训，针对性更强。

7年多来，李某霞带领石外集团教师送教下乡，给山区学校教师培训累计达17.75万课时。帮扶的6个山区县12所中小学教育教学质量持续提升，被帮扶学校92%的初中毕业生升入普高或职高学校。教师的教学水平也得到明显改善，帮扶学校的教师获得了"一师一优课"国家级优秀课荣誉。

石外的帮扶效果吸引了全省甚至全国各地山区学校主动赶来，请求结对帮扶，截至目前石外已与承德、保定、云南等地的学校结成帮扶学校。

为学生点亮一盏梦想的心灯

"饮其流者怀其源，学其成时念吾师。"这是李某霞的朋友圈里转发的关于教师节的一句话。"一个人遇到好老师是人生的幸运。"在李某霞的成长过程中，她很幸运地遇到了指引人生的老师为她点亮了心里的那盏灯。

"我上小学的时候，我的数学老师点亮了我心里的教师梦。当时我的数学老师总是鼓励我勇敢尝试自认为不能做到的事情，那个时候，我就在心里暗暗萌生了以后要当一个老师的念头，长大了要成为像老师一样用温暖去鼓励学生，帮助学生，让学生敢于尝试、不断进步的老师。到了初中，我的英语老师也对我有很大的影响。当时在县里，学生的英语发音都不是非常标准，英语老师坚持每天提着一台录音机，让同学们跟着磁带读练习发音。迄今我在国际交流过程中的英语发音自信都源于当时英语老师的认真和坚持，后来我还进修了英语专科课程学习。高中的语文老师对我选择专业起了风向标的作用，最终我选择了进入师范大学读中文专业，实现了小时候的教师梦。大学时教育哲学老师对我影响深远，让我看问题更理性更通透。当教师最大的快乐和幸福是：发现孩子，看着孩子们天天长大，发生变化、不断产生向上力量的感觉！"李某霞说。

传递梦想，温暖成长之路

实现了教师梦的李某霞继续着教师的使命，在教育领域里点亮学生的梦想照亮他们的成长之路。

在山区教育扶贫的过程中，李某霞特别关注家庭贫困的学生。灵寿县有个学生叫段某敏，她有个脑瘫的弟弟，在她上小学四年级的时候，妈妈因为过度操劳病逝，10岁的段雪敏此后一年多时间几乎不说话。李某霞了解到这个孩子的情况后，特意邀请她来石外集团参加"手拉手共成长"元旦联欢活动。

那段时间里，段某敏在学校跟石外的学生一起上课，一起排练节目，一起演出。晚上，她就住宿在石外学生的家里。她和石外的学生们交了朋友。从五年级到九年级，段某敏每年都要来石外参加"手拉手共成长"活动，每一次，她都会有新的变化。石外校园不仅使她变开朗了，还给了她自信和发奋学习走出大山的决心。如今，她已经以优异成绩考入了正定中学。

山区教育扶贫过程中，石外学生参与的“阳光小讲台”志愿支教活动不仅改变了山区孩子，也影响了石外学生，许多石外校友在进入大学后仍然惦记着那些山区的孩子们。谷某萱是石外 2017 年保送到清华大学的校友，她经常会利用节假日回石家庄的机会，再去曾经支教的行唐实验中学看望孩子们。李某霞非常支持石外校友们帮扶志愿精神的传承，她每年都要利用五一假期带领山区孩子到清华大学与谷某萱等校友们进行励志主题研学活动。

期待着教育未来的变化

今年教育部出台了一系列教育改革政策，开学之初，学校组织教师们认真研讨双减政策，采取一系列措施落实在双减政策下学校怎样为学生们减轻课业负担，保障学生身心健康成长。高中课程标准已经发生变化，课程标准指向了学生的核心素养。李某霞说，义务教育新的课程标准正在修订中，我们期待着看到新课程标准改变给学生的成长带来的变革。

在山区教育帮扶方面，李某霞说：“距离我们的山区教育帮扶十年计划结束还有三年时间，我们已经为帮扶学校制定了三年高质量发展行动计划，期望在三年后我们帮扶的这些山区学校能够真正成为当地的一所优质学校，实现我们帮是为了不帮的目标，并通过他们来带动辐射当地教育教学水平的整体提升。”

问题与思考

1. 这位教师的教育生活是你期望的吗？为什么？
2. 不是思想政治课教师就可以不用像李老师那样？为什么？
3. 何为教师扶贫？
4. 假设你是教师，面对如此情况会怎么做？

第三节　师生关系

学习目标

1. 了解师生关系的类型。
2. 了解历史上的师生观。
3. 牢记师生关系的涵义。
4. 理解师生关系的属性与历史逻辑。
5. 掌握建立与发展良好师生关系的策略。
6. 熟读案例分析和思想资源，理解相关观点。
7. 根据分析建议独立完成案例分析。

观点与原理

1. 师生关系是指教师与学生之间存在的教学、管理等方面的关系，是教育的最基本关系。

2. 在本质上，师生关系是一种特殊的人际关系。在属性上，师生关系主要表现为知识上的授受关系、人格上的平等关系、社会道德上的互相促进关系等。

3. 师生关系演变的历史逻辑是教师的绝对控制——教师的有限控制——师生的兼容性控制。

4. 建立健康的师生关系，首先要树立正确的学生观，其次应该引导学生正确理解、对待教师，最后应该重视师生交往中目标的一致性、情境的和谐性和过程的双向性。

5. 发展健康师生关系的策略主要有交往策略（合理交往、相互依赖）、赏识策略（善意、信任、多通道、最近发展区）、暗示策略（快乐放松、有意识与无意识相统一、暗示相互作用）。

典型案例解读

案例 9.3.1

课堂上的"师道尊严"

2003 年 9 月的一天，松山小学三年级的学生刘勇（化名）上学迟到了。方老师很生气，罚他当天打扫教室。放学后，刘勇忍着同学们"幸灾乐祸"的讥笑扫完了教室。他感到十分委屈。从小到大，爸爸、妈妈和老师一直说，劳动是最光荣的，可是今天，他觉得劳动是一种耻辱。回到家里，刘勇躲在房间里写了一篇题为《劳动可耻吗？》的日记，他想以日记的形式向老师表达他心中的疑惑与苦恼。第二天，日记本交到老师的手里。方老师看后很生气，在课堂上狠狠地批评了他一通。方老师在批评刘勇时，当着全班的面说，"在我们的班上就得有点'师道尊严'。你们现在很小，许多道理和规矩都不懂，老师和家长有责任管理和教育你们。否则，出了大问题，谁都负不了责任。"接着，方老师命令刘勇当着全班同学的面撕掉这篇日记。刘勇噙着眼泪，慢慢地，慢慢地将日记撕得粉碎……

案例分析

方老师的做法在我国是有一定代表性的。方老师批评教育迟到的学生本身并没有错，但他把劳动当作一种惩罚的手段，就容易引导学生对劳动本身产生不正确的看法。随后，他又让这个小男孩当着全班同学的面撕掉那篇日记，可谓是"错上加错"。教师在学生面前有一定的权威，这有利于班级和教学的管理。但教师权威的获得，不能仅仅靠由职务带来的地位优势，更多地还要依靠教师的才学、管理工作的得当以及对学生真挚的关爱。像方老师那样一味地提出"师道尊严"的样子，迟早会把师生关系搞得很僵，最后必定走到无法开展教育和管理工作的地步。在我国师生在交往中往往存在着许多的障碍和困难，分析起来，原因如下。

（1）文化根源　中国历来就有尊师的传统。教师具有社会所赋予的职业权威和角色权威。在教育实践中教师往往把自己的这一权威扩大化。在处理师生关系的问题上，教师很少能从学生的角度考虑问题。案例中的那位教师处理问题的出发点就是不平等的，他只考虑到了自己的"师道尊严"，而完全不考虑是否伤害了学生的自尊心以及由此产生的教育效果。实践证明，过度关注个人的权威地位与形象，是导致师生关系紧张和不平等的主要心理障碍。

（2）动机冲突　教师总是按照社会的要求来培养学生的各种品德。学生是接受教育的对象，他们现有的认识水平和行为水平与社会对他们的期望水平之间存在着很大的差距，这本身就构成了一对很难调和的矛盾。教师在教育学生的时候，往往有一种“恨铁不成钢”的情感掺杂其中。就本案例而言，方老师的出发点是好的，是为了改变学生的不良生活习惯和态度。但他忽略了刘勇只是一个孩子，他还不能认识到老师的用心这个事实。于是，方老师采取了更加过度的处理方法，使教育效果走到了相反的方向。

既然教师与学生的交往存在着困难和障碍，作为教育者，教师应该正确面对和解决这一问题。

（1）要把学生置于师生交往中的主体地位（正确的学生观） 教师需要客观地看待自己的角色地位，合理运用社会赋予的权威力量。承认学生的主体地位，就意味着要重视师生间的情感沟通。教师对学生进行疏导和耐心的教育，师生双方就容易产生积极的合作态度；反之，就容易形成师生交往的对立状态。教师在与学生的交往过程中，应使学生在人格上受到尊重，在情感上得到满足。如果在非合情合理的交往中，比如案例中的师生交往状况，教师霸道的权威只能造就学生对教师的反抗，甚至是对教育的抵触。

（2）运用合理的交往方法 教师在与学生的交往中，应采取积极的交往态度，主动与学生进行情感沟通。首先，教师应设身处地为学生着想，进行换位思考，体验学生的心理感受，这样做容易营造平等的气氛，淡化教师动用权威的意向，使师生交往合情合理（交往过程的双向性）。我们所说教师与学生的行为应当是可逆的，说的也是这个道理。即当教师把握了这样一种行事标准，“自己对待学生的态度与行为，也允许学生同样的态度和行为对待自己”。教师如果在内心世界中建立起这样的行事标准，平等师生关系就容易建立起来了。其次，教师应尊重学生，一般情况下，不应当众指责学生（交往情境的和谐性）。教师与学生沟通，应多用商量的口气，善于机智而敏锐地发现和保护学生的自尊心，在和谐的情境中形成和谐的师生关系。再有，教师应该在行动上给予学生表达自我的机会，认真彻底地了解问题产生的原因（交往目标的一致性）。比如案例中刘勇可能是由于遇到了什么困难。教师应了解清楚，并给予学生适当的帮助，而不应把自己的意志强加给学生，不分青红皂白地批评学生。师生之间如果有了平等对话的机会，便有利于双方达成一致的目标，师生间交往困难就容易化解。

此外，“劳动可耻吗？”警示教师要对教育负功能、隐性功能保持敏感性、预见性。新时代教育大力弘扬“劳动光荣”，因此，教师的“狠狠地批评”和“当着全班同学的面撕掉这篇日记”的做法颇为不妥。如果教师对学生能够客观以待，能够发现并巧妙利用动机冲突，注重暗示性、赏识性等，开展诸如劳动是什么、劳动的意义是什么等的讨论、征文等活动，可能事半功倍，收获意外之喜也未可知。

案例 9.3.2

是我改变了他的人生吗？——沟通错位，终身遗憾

我想从一个故事开始说起。做了五年的班主任工作，谁都说我与孩子们相处得是那么融洽，那么和谐。可却没有人知道我的一次管理失误曾酿成一个无法弥补的严重后果，正是它时时警示着我后来的每一项工作。

5 年前，我毕业分配到斜塘中心小学任语文老师。一节课上，当我让学生将生字新词在

练习本上默写时，突然发现最后一排一个男生嘴里叼着一根白色的“烟卷”望着我。我顿时怒从心起，厉声吼道：“把你嘴里的东西扔到地上！”他一愣，随即扔了。紧接着，我又不失时机地“教育”了学生们一大通。

第二天，我一进教室就发现满地都是粉身碎骨的粉笔，心想，肯定是他干的，真可恶！不容分说，我把昨天“肇事”的男生揪到前面，一顿讽刺挖苦，并责令他明天上课前必须赔偿1盒粉笔。第二天，他果真买来了1盒粉笔。我又让他在班里做了检查，写了保证书。此后，班里风平浪静，再也没人闹事。我心想：谁都怕厉害的！

正当我自鸣得意的时候，一件意想不到的事发生了。那天自习课上，我正给那名男生前面的一名女生解答问题，突然发现另一名女生看着我的脸露出惊讶的神情。我看了看四周，没有发现什么异常。下课后回到办公室，同事奇怪地问：“谁甩了你一身钢笔水？”我一下子明白了。急急忙忙跑回教室，果真查出又是他干的。这次真把我气坏了，决心好好治治他。向同行请教，都说：“先叫他家长来，再联手一起管他。”一天过去了，家长没来，我警告他说：“再不叫家长来，就不管你了。”此后，家长始终没有来，我彻底放弃了他，任其放纵。

过了一段时间，我调到斜塘小学，偶然碰到原先教过的学生，说到了我当年的严厉，也说到了“他”，说他当初第一次挨训只不过是因为嘴里叼了支白色圆珠笔，而我却从此对他另眼相看。

我惊诧不已，也痛惜不已。我第一次清晰地看到了一个教师的举动对学生命运的影响有多大，如果当初我能够对他多一点点关爱，这个孩子是不是会有另一种人生呢？我不敢想，但是又不得不反思，但愿不是因为我改变了他本该阳光灿烂的人生。在后来的教师生涯中，当班主任也好，担任语文老师也好，我都会常常想起这个原本让我讨厌的学生。

案例分析

首先，就交往本身来看，主角教师对交往结构、交往规律的认识不清。

教师要引导学生形成师生一致的价值目的。价值关系是交往结构得以成立和维持的深层原因。交往主体与交往客体（另一意义上的主体）的互相联结、互相置换、互相交流，内在地隐含着主体之间的需要和被需要、满足与被满足的价值关系。现实的交往过程，其实就是这种价值关系的实现过程。而这种价值的实现，又是交往的主体各以一定的手段相互作用完成的。

交往活动总是在一定的主体之间进行的，它具有明显的互主体性（或主体间性）特征。交往双方互为主体，并同时以对方为客体开展交流沟通，这无疑是对双向互动规律的实质的有力解释和说明。所谓双向互动，就是参与交往活动的双方（个体或群体）在彼此联结成的信息传播沟通的网络回路中相互影响，相互作用。在这里，交往双方的角色不断进行着转换，每一方都同时既是信息的传输者，又是信息的接受者，彼此之间通过反馈机制实现各自行为的全面控制和适时调整，从而达到及时、准确和灵敏的传播沟通效果。

其次，就教育沟通来看，师生之间沟通机制不畅，教师沟通策略运用不当甚至过于简单。

一方面，教育沟通是“沟”“通”整体作用的过程。只建立在“沟”意义上的教育是传递的、接收的、知识本位的教育，是工具性的、一半的、忽视本质属性凸显关系属性的教育。“通”是在“沟”的基础上进行的意义体验、理解、建构的过程，它是哲学的、心理性的、相对终端的、生成性的和个人化的过程，遵循哲学原理和心理学原理。它强调信息在信宿终端的加工、整理与合成的过程，对处在信源起始的发送者而言，同样面临这样的信息整合过程。这是教育沟通心理层面的发生机理。

沟通是在尊重差异、多元存在的基础上，共同掌握信息、扩大共同的经验领域的过程。这样的教育过程具有循环性、协商性和开放性。

教育沟通就是在传播机理基础上进行的意义建构和生成的过程。诸多的哲学原理和心理学原理会给我们有益的指点。

一方面，有效教育沟通必须运用合理的沟通策略。有效教育沟通需要运用多种策略，其中，和本案例关系密切的主要体现在权变策略、心理相容策略上。

运用权变策略：权变策略即教师权力运用的变化策略，指向教师课堂领导方式和控制风格的变化。教师和学生权力的面相多种多样，每一种面相和形势都有自己的特点和作用。在此需要重申两个事实，一是教师在赢得权威的过程中，会经常依据具体情势灵活变换自己的权力面相，不可以断定哪种模式和做法是最好的。但就效果而言，考虑学生心理需要的权力策略有助于教育沟通的顺畅进行和学生的健康成长。另一事实是学生权力和学生势力的大小的确是由教师所决定的，教师的低姿态和角色退让可以让学生有自主的感觉和权力的体验。无论哪种权力形式，沟通主张的是人际中心的工作态度，即考虑学生的心理需要和成长需要。案例中的教师恰恰反其道而行，每次都是“高调出场”，如“傲慢的公主”一般，充分显露出学生的卑微、无力和逃离。

运用心理相容策略：心理相容策略主要是对教师的情感和态度提出真诚性的要求，它是指师生之间相互认同、相互接纳、相互尊重、相互信任和相互支持的一种心理沟通态势，也可以称其为同理心。同理心包括三个条件：站在对方的立场上去理解对方，了解导致这种情形的因素，把这种对对方设身处地的了解让对方了解。但同理心不等于了解和认同，它是沟通方暂时放弃自身的主观参照标准，尝试从对方的参照标准来看待事物，像感受自己一样感受对方的内心世界，由此产生共鸣同感。它是建立师生良好沟通的首要心理条件。心理相容准则包括如下策略：一是教师和学生的换位策略；即一种将心比心的体验做法。二是理解策略，即在了解学生情况的基础上，师生之间的交往追求坦诚相见与心理相容，做到相互知心、相互尊重，交往双方彼此认同和接纳，形成默契、融洽的师生关系。案例中的教师，没有展示出全面认识学生、理解学生，自然就没有同理心的“在场”，导致师生心理距离的日渐拉大，师生关系破裂，教师的教育失败就是必然结果。

抱憾终生，于事无补！毕竟每个人的人生都不能重来！师生关系的健康和谐之价值，可以说无法估量，所以，教师要形成并不断发展教育机智，尤其是新教师必须在教师教育阶段就要形成初级教育机智。

案例 9.3.3

师生关系的“一叶知秋”之妙

黄江一中有两个风格迥异的老师，一个是黄老师，一个是文老师。

高三年级一共有 8 个班，一班和二班是重点班。黄老师与文老师分别担任一班和二班的班主任。开学了，第一节课是班会。黄老师面目慈祥地站在讲台上说：“同学们，明年你们就要站起来，接受祖国的挑选了，希望大家努力学习，把握这来之不易的学习机会，以优异的成绩接受祖国和人民的挑选。当然了，如果高考失利，那也没有什么关系，条条大路通罗马，在平凡的岗位上，我们照样可以做出不平凡的事业。”二班的学生们找到自己的座位坐定，文老师突然指着最后一排和最前一排的两个学生说：“余某、林某，请你们想象一下，如果余某骑着自行车，和开着‘大奔’的林某在高速公路上相遇，那么，谁应该给谁让路？”余某和林某都直溜溜地站在那里，不知如何回答。“你们回答不出是吧，我来给你们答案。余某应该给林某让路，为什么呢？因为高速公路是为汽车修建的，你一个骑自行车的，没有资格在这条路上奔跑。这虽然是想象，但有一天可能就是事实，它可能发生在二班的每一个人身上！显然，骑自行车的是在高考中的失败者，开‘大奔’的是高考中的胜利者！”文老师又说：“大家或许注意到了，你们的座位都被我划定好了，请原谅我不给有些同学面子，我对座位排列的标准是，成绩好的坐前面，成绩差的坐在后面。当然，如果你想坐到前面，离这辆‘大奔’近点，你就必须战胜一个个对手，让他们灰溜溜地坐到后排的自行车旁边。”高考如期来临。二班以绝对优势战胜了一班，全班 56 人，55 人达线，唯有余某一个人名落孙山，上全国重点大学的有 32 个人；而一班虽然也只有高某一个人落榜，但达重点线的只有 10 个人。

一晃 15 年过去了，同学聚会的时候，二班的学生中有三个人没有来，一个是林某，身为副市长的他为了确保坐上市长的宝座，竟然买凶杀人，将另外一位副市长刺杀，现已被拘留审查；第二个是陆某霞，她因为窃取另外一家公司的核心技术机密触犯了法律，进了监狱；最后一个是余某，这 5 年里，他左突右奔，还是没有出人头地，连个“大奔”的司机也没有混上，他焦虑、他愤恨，终于，他的精神崩溃了，住进了精神病院。一班有两个人没有来，一个是杨某，年初，这位刚正不阿的大记者，因为曝光一个黑社会团伙，被人暗杀，以身殉职；第二个是高某，去年，德国一家自行车制造公司看中这个技术精湛的修车匠，高薪聘请他去了德国，做高级技工，天高路远，他实在没有时间飞回来聚会。

聚会散后，黄老师说：“文老师，不是所有的人都必须成为英雄，平和的生活和工作是大多数人的人生状态。我更想说的是，英雄不是建立在将对手踩在脚下的基础上——英雄不是打出来的。”文老师抬起头来，已是泪眼婆娑。

案例分析

新时代的教育当以立德树人为根本任务，德者，才之帅也。有时却事与愿违。“成绩好的坐前面，成绩差的坐在后面”是人为、刻意地强化“人以群分，物以类聚”，是不合适的。因为学生是发展中的人，是不成熟的人。这时就贴上标签“落后者”“贫穷者”“失败者”，不是激励，而是伤害，甚至是教育抛弃。虽然，“全班 56 人，55 人达线，唯有余某一个人名落孙山，上全国重点大学的有 32 个人”和“只有高某一个人落榜，但达重点线的只有 10 个人”，足以说明高考成绩十分优异。但是，这不是教育的成功，反而是彻头彻尾的教育失败。因为，曾经引以为傲的“出息”者却“买凶杀人”和“窃取另外一家公司的核心技术机密触犯了法律、进了监狱”，为了“大奔”者“住进了精神病院”。与黄老师的教导相比，“三个人”和“两个人”是鲜明的比照，可见一斑。

在教师的素质构成之一——教师信念中，起决定作用的是对教育事业的信念，而对教育事业的信念又取决于对教育目的的信念。教育目的的作用是教育学者们达成共识了的：导向功能、激励功能、调节功能、评价功能。

教育是人类有意识的社会活动，每一位教师的实践方向，都蕴藏着他或她的教育目的——学生的预期发展结果，以及培养目标和教学目标，制约着他/她的一言一行。“当前教育领域中所有的主要观点：一些人认为教育应当从其自身出发提高学生的理解力（或者知识，推理能力以及智力）；另一些人则认为，教育应当帮助每个学生充分发挥自己的潜力。有些人把‘个性’和‘自治’看作头等重要的东西。有些人相信全面发展，相信在理论知识和实践成就之间，在艺术和科学之间达成某种平衡；另外一些人则更重视在一些专门领域中取得杰出成绩。还有一些人提倡社会的需求，倡导确保为社会提供一支人数众多的有文化的劳动大军以及确保有知识分子参与的民主制度。一些人强调艺术与文化，另一些人强调人的道德品质。总之，教育目的之多几乎无穷无尽。所有上述目的对教师来说都是熟悉的，要么是他在培训可接受的原则，要么是他教学经验的总结。然而，我怀疑只有相当少的教师有机会对这些目的进行耐心的筛选，仔细的权衡，找出它们之间存在何种联系，然后再得出一个合理的结论以决定哪些是最终值得采用的目的。”

任何一位教师，如果不能认同或者不清楚教育目的，结果是极其危险的，因为他们培养的人才质量肯定会遭受巨大的损失。据统计，2021 年我国有在校生 2.91 亿人，专任教师 1844.37 万人。面对关系到国家民族命运的数量巨大的几代人，“巨大的损失”不是危言耸听。所以，“任何一个老师都应该有鲜明的道德准则：对教育目的一定要深思熟虑——假如你认为是正当的教育目的实际上全都出于误解而学生们则对此都一本正经地坚信不疑，那么他们多年的学生生涯很可能要毁于你手。”

理论上，我们允许每一名教师都有自己对教育的认识，对教育目的的认识。但是，教育目的的国家性、统一性是强制性的，国家鼓励和支持教师底线思维下的精益求精，但不允许纯主观理解和擅作主张。案例中文老师的学生所出现的致命危险，恰恰应验了这个客观规律，也可以说没有遵循这个教育原则。此外，案例中文老师的做法所鼓励的，也与我国大力倡导的社会主义核心价值观相背离。敬业——岗位生命即是个人生命，其意义可能就在于一颗小小的螺丝钉，敬业不是发财至上，不是当官至上。如，“技术精湛的修车匠”；诚信——价值观、良心、立身之本，不是可以变通的处世之术，不是为了升学就可以先放一放的东西；有了“大奔”，讲诚信才有意义。这是违反马克思主义的历史唯物主义的，也是容易产生历史虚无主义思想的源头之一。平等——你待我如何，我亦如何待你，不是以貌取人，不是以“金”“势”“利”择人而交；自由——为人类的联合体而奋斗的自由，有底线的自由，不是不择手段，行走在“高压线的边缘”。“当上市长”，就能够实现更大的人生价值。这也是人的“异化”。和谐——和而不同，不是人为的隔离：以成绩的“不同”，掩盖了自由、平等、公正理想信念的“同”。这与种族主义本质上是无差别的，与人类命运共同体理念完全背道而驰。

受过教育的人终将成为有信仰的人——信仰中国共产党、马克思主义的伟大理想和爱国、敬业、诚信、友善的社会主义核心价值观，成为有追求的人——追求全面建成自由、平等、公正、法治的社会主义中国，成为有奋斗的人——终将为富强、民主、文明、和谐的中国特色社会主义而奋斗。这也是教育目的的应有之义。当然，人的发展有差异，有人升学或落榜，有人从政或经商，有人当记者或司机，诸如此类。因此，因材施教是遵循教育规律的正确选择，但是，教育内容、教育过程的方向、目标、道路、手段必须是善的、真的、美的，方能体现出教育目的的精神实质和质量规格要求。教师内心对教育目的的认同、信仰是决定性。这决定了，教师的每一堂课、每一句讲解、每一句评语、每个手势、表情和动作都能决定教育的质量和效益。

概言之，师生关系“海纳百川”，有“一叶知秋”之妙。师生关系是教育关系的关键一环，制约着学生的发展的质量和水平，教师发展的质量和水平，教育事业发展的质量和水平。建立和发展健康和谐的师生关系，必须深刻认识领悟师生关系的根本属性——教育性而不是单一的量化属性，特别需要教师确立正确的社会主义国家观念、科学的教育目的观和学生观。需要深刻领会这样的一些观点：雅斯贝尔斯认为，教育的根本在于丰富健全人的精神世界；怀特说，教育要使儿童得到幸福以及创造社会利益；福泽谕吉说，教育要为国家社会的文明服务，就是为人的智德服务；经合组织认为，教育在于发展个人和集体的、可持续发展的福祉。

我们自当时刻反思，学生的毕业水平与未来发展的方向、道路和质量、水平、结果存在必然联系吗？互动的内在机制是什么？学校培养出的毕业生创造的社会利益用什么来衡量？学校教育该如何为学生的终身负责？教师该如何构建和合理利用有利于彼此的师生关系？

思想资源

理论资源

T1. 理解是“交往合理性”的核心

在哈贝马斯看来，交往行为之所以具有合理性，不仅因它关涉三个“世界”，而且更为主要的在于它是一种以“理解为导向的行为”，是“以理解为目的的行为”。一句话，理解是交往的核心要素或本质特征。

在《交往与社会进化》一书中，他指出：“理解最狭窄的意义是表示两个主体以同样方式理解一个语言学表达；而最宽泛的意义则是表示在与彼此认可的规范性背景相关的话语的正确性上，两个主体之间存在某种协调；此外还表示两个交往过程的参与者能对世界上的某种东西达成理解，并且彼此能使自己的意向为对方所理解。”这就是说，无论从狭义上还是广义上，哈贝马斯都把理解看作是一种展开于主体之间的交互性的意识活动。

理解是借助于语言媒介而实现的。哈贝马斯看到人们之间的交往、交流和理解常常是通过语言来实现的，因此认为语言即是那服务于理解的“沟通媒介”，而且这种作为交往中介的语言不是独自式的形式语言，而是对话式的日常语言。因为日常语言具有使个体通过在对话关系中的普遍范畴得以理解的结构，从而使诸主体在交往中既能通过相互之间的认同，相互了解和相互承认而在某些普遍的方面取得一致，又能够在相互之间保持一定的距离，维持其自我同一性。总之，由于语言（特别是日常语言）的对话性特征才使其能够成为不同的交往主体之间的达成理解沟通的中介和手段。

那么，语言又是如何使交往行为合理化的呢？

哈贝马斯认为，这只有通过参与者在相互作用中达到对他们相互提出的有效性声明的交互主体性认可，理解才能以协调行动的动机起作用。鉴于以往语言哲学仅仅从静态上对语言做逻辑分析（研究如何从句法、语法上正确构造一个句子）的缺陷，他则强调应从动态，也就是从语言运用的角度做功能分析（研究如何运用它表达思想、情感、欲望和事实情况等）。

T2. 交往结构（见图9–3）

图 9–3 交往的一般结构图

价值关系是交往结构得以成立和维持的深层原因。交往主体与交往客体（另一意义上的主体）的互相联结、互相置换、互相交流，内在地隐含着主体之间的需要和被需要、满足与被满足的价值关系。现实的交往过程，其实就是这种价值关系的实现过程。而这种价值的实现，又是交往的主体各以一定的手段相互作用完成的。

以价值关系为轴心把各种静态的交往要素联结起来并形成一个有机结构，无疑具有一定的科学性和合理性。因为事实上在各种各样的交往类型中，的确都渗透着价值关系，它是交往双方相互联结、相互交流的本质原因和隐形要素，是揭示主体和客体之间关系的更高的哲学范畴。马克思说："'价值'，这个普遍的概念是从人们对待满足他们需要的外界物的关系中产生的"。外部世界作为人生存和发展的客观条件，具有满足人的需要的属性，人通过自己的实践把客体及其属性变成能够直接满足人的需要的现实形态，但这并不是这种价值关系的终极实现。

T3. 教育沟通的发生机理

教育者和受教育者之间的矛盾和差异力量使势能转变成动能，教育沟通就发生了。教育沟通形态主要有两种，传递意义上的单向沟通和建构意义上的互动沟通。教育是一个由传递客观符号到主观意义的理解和建构并达成共识的过程。就是说，教育沟通首先是教育信息的传递过程，然后才是意义的理解与建构的过程。因此，我们在"沟"与"通"二分体的意义上从动态过程的截面上观察教育沟通（包括单向传递和互动沟通等形式）的发生机制及其原理。

其一，"沟"的机制。

沟即信息的传递和流通，在这里它是与"传递"和"传播"在同一意义上使用的概念，主要指教育信息的传递、流通过程。"沟"是单向的、物理性的、技术性的、传导性的和客观化的过程，力求保证信息和信号的客观性和本真性（原始意义），以免误沟通的发生。它遵循传播原理。这是教育沟通技术层面的发生机制，主要指向教育信息传递的运行过程。

只建立在"沟"意义上的教育是传递的、接收的、知识本位的教育，是工具性的、一半的、忽视本质属性凸显关系属性的教育。就教育的实然状态而言，一个时段内的教育形态是传递和沟通两种或多种模型的综合，只不过以某种模型为主而已。

教育信息的传递过程，是"求同"和"求异"沟通的基础过程，其机制涵盖在传播机理之中。同时，传播学的机制还可以为沟而未通、无效教育等诸多问题提供解释性答案。传播学新的进展表明，信息传递过程越来越发现和重视人的价值。其标志是：一是从对参与者的普遍影响的理论，转向承认人际交往在信息传递和意义扩展中起着中介作用；二是从重视公开的内容的研究转向重视内隐含义、无意识内容和后的研究；三是越来越强调接收者作为传递链环的发起者、解释者的地位，越来越关注效果及其非线性的影响因素。

其二，“通”的机理。

“通”是在“沟”的基础上进行的意义体验、理解、建构的过程，它是哲学的、心理性的、相对终端的、生成性的和个人化的过程，遵循哲学原理和心理学原理。它强调信息在信宿终端的加工、整理与合成的过程，对处在信源起始的发送者而言，同样面临这样的信息整合过程。这是教育沟通心理层面的发生机理。

沟通是在尊重差异、多元存在的基础上，共同掌握信息、扩大共同的经验领域的过程。这样的教育过程具有循环性、协商性和开放性。

其实，“通”是建立在“沟”的基础上的，是涵盖了“沟”（传递）的。建立在“通”的意义上的教育就是沟通合体意义上的教育，它是完整的，价值理性的，以人为本的，成长的，非线性的，因人而异的，指向和关注有效性的。教育沟通就是在传播机理基础上进行的意义建构和生成的过程。诸多的哲学原理和心理学原理会给我们有益的指点。

T4. 交往规律

1. 双向互动

交往活动总是在一定的主体之间进行的，它具有明显的交互主体性（或主体间性）特征。交往双方互为主体，并同时以对方为客体开展交流沟通，这无疑是对双向互动规律的实质的有力解释和说明。它不仅揭示了交往过程中主体双方的地位接近、人格平等，而且还特别强调双方主观能动性的发挥是这种互动性交往关系得以维持并继续向前发展的根本保证。

所谓双向互动，就是参与交往活动的双方（个体或群体）在彼此联结成的信息传播沟通的网络回路中相互影响，相互作用。在这里，交往双方的角色不断进行着转换，每一方都同时既是信息的传输者，又是信息的接受者，彼此之间通过反馈机制实现各自行为的全面控制和适时调整，从而达到及时、准确和灵敏的传播沟通效果。

2. 施报平衡

人们的交往行为始终都是有目的的。这个目的简单地说，就是为了获取回报。即便是那种迫不得已的从众行为，也首先是在保全自己利益不受伤害，或者至少是尽可能少受伤害的指导思想的前提下做出的。一点主观目的都没有的行为可能也有，但那只是盲从。

回报是指交往行为的接受者一方对施予者一方所引发的传播沟通行为的回答、反映、报偿、酬谢。一般来说，只要是头脑清醒、神志正常、诚实守信、具有基本的心理品格并受过起码的文化教育或传统熏陶的人，都会对他人所施予的交往意向和行为作出相应的反应。这种反应就是回报。回报的性质有两种，一种是积极的、正面的、合乎交往行为施予者目的和愿望的；另一种则是消极的、负面的、不合乎交往行为施予者的心理和意愿的。

3. 和而不同

所谓“和而不同”，这既指交往双方在处理相互之间的关系时所持的一种态度和立场，也指交往活动的最终结果。从前者来讲，这就是和谐而不雷同，和睦而不盲从，和气而有个性，和平展开竞争，双方共居于一个矛盾对立统一体之中，相互联结、相互理解、相互影响、相互作用。从后者来讲，交往并不意味着主体双方个体性的消失或差异性的无原则的趋同。任何规范正常的交往活动都必然会表现为对立统一、求同存异这样一种结果，反过来，这种交往结果又成为人类社会保持蓬勃旺盛的生机和活力的重要原因。

在人们的交往关系中，和与同有着本质上的差别，二者的关系也是辩证的。和是积极的、平等的、具有创造性潜力的；而同则是消极的、不平等的、泯灭个性趋向齐一的。以同求和和不可得，以和求同同则新生。只要我们切实掌握了这一规律，并灵活运用，就能在复杂多变的日常生活交往中得心应手，始终立于不败之地。

T5. 师生相处之道：教师的教育机智

教育机智做什么呢？教育机智做那些对孩子好的和恰当的事。可是，我们怎么知道什么对孩子好和正确呢？假如你不能上升到道德和批判性的理论高度去以一种概括性的方式寻找答案的话，那么你就需要下到日常生活体验的具体层次中去观测机智在具体的情境和环境中做什么。我们从与孩子生活的体验中知道什么样的行动是在教育机智的范围之内的。教育机智能做以下的事：保留孩子的空间，保护那些脆弱的东西，防止受到伤害，让破碎的变成整体，巩固好的品质，加强孩子的独特之处，支持个性成长。

第一，机智保留了孩子的空间：成长和学习需要空间。

一个机智的教育者能够分辨出孩子身上那些积极的但可能起初却是孩子的弱点的品质。机智决不粗暴地或轻率地对待这样的情境，相反，机智要求成人以“看见了却不去注意它”或“分享秘密”的方式来对待这样的情境，回避这样的情境。成人常常很难做到这一点。不如说，那些重新回到大学拿额外的资格证或高级学位的老师，在参加考试或者在大学课堂里要在他们的同学面前表演时，常常体验到自身的脆弱性。然而，同样是这些成人可能对他们自己的学生的极其脆弱性却十分地不敏感。

第二，机智防止伤害：要使伤害变得可以忘记

我们寻常的学校经历可能会变成这样具有创伤的记忆，令我们后来将其看作是“对某些似乎很难的事情做不好的恐惧”“害怕数学”“讨厌科学课”“憎恶诗歌”等。我们当中一些人没有把这些记忆发展成不连续的记忆，这要归功于我们的一些重要老师的智慧性机智。

第三，机智将破碎的东西变成整体：机智使伤口愈合。

机智必须处理孩子体验中的客观和主观方面。老师们可能希望不理睬学校孩子当中的这些看起来很微小而琐碎的矛盾冲突。一个观察很仔细的老师知道，在孩子的学校生活中，孩子们是如何将这些“小”问题体验为巨大的障碍的。接受感或拒绝感很可能比老师为这个上午准备的数学或科学课的知识对孩子具有更大后果。

第四，机智使好的品质得到巩固和加强：对孩子信任就是给孩子以力量。

教育者需要信任孩子。尤其是对他或她所负有责任的具体孩子的潜力和善良充满信任。我对孩子的信任给孩子以力量——自然，这要在孩子体验到我的信任是真实的、积极的时候。一个成人说，“让我来替你做”，可能只是想帮帮孩子而已。但是，可能孩子会觉得这是对他的能力和独立性的冒犯。“我要自己来做！”孩子可能会这样说。另外一个孩子可能会将“我来替你做”理解为缺乏信心，因而反应更加地消极。他或她可能会对自己的能力缺乏信心。不信任或疑惑使得真正的教育几乎不可能。那些不能显示对孩子充分地信任的成人，不能成为真正意义上的老师或作为教育者的父母。这些可能就是那些他们自己对世界和对他人的信任受到打击的成人的情况。

第五，机智加强孩子的独特之处：时刻要注意孩子的独特性。

机智能够识别孩子的独特性和差异性，并加强它。相反，一个没有机智的老师看不到孩子的差异。一个没有机智的老师用同样的方式来对待所有的学生，错误地认为这样的方法符合平等、公平和一致性原则。其实，所有的孩子在性格、能力和背景的方面都不一样。注重公平地对待孩子仍然包括老师能够看到孩子们的独特性和差异性。教育机智知道如何去识别和评价差异性。教育机智旨在巩固这些差异性，这些在孩子的成长和发展过程当中所存在的差异。每一个教师应当不断地问自己这样一些问题：这个孩子在哪些方面与我和其他人不一般？孩子怎么会有这样的差别？这个孩子是如何地想与别人不一样？我能够做些什么来帮助这个孩子认识到自己的与众不同呢？

第六，机智促进孩子的学习和个性成长：个性成长就是深层次的学习。

儿童和年轻人学习在这个世界上生活以及与这个世界的主要方面进行交流的活动，来进行反思。我们需要越过一堂课的表面上的品质来观察老师在孩子面前的方式。我们将看到对课程内容的选择和老师教授这个内容的机智的方法两者几乎都能产生学习和成长的后果，这将影响孩子的性格和反思以及批判性地理解世界的能力。教育机智促使年轻人形成学习研究的个人责任感。

T6. 影响师生关系的因素

影响师生关系的因素既有主观的方面，也有客观的方面；既有教育内部的，也有教育外部的；既有直接的，也有间接的。归纳起来主要有以下几个方面。

1. 教师方面

（1）教师对学生的态度　学生受教师的评价影响很大。教师对学生的评价往往通过语言暗示、表情等反映。教师偏爱优生、忽视中间学生，厌恶“差生”，就会使学生与教师产生不同的距离。罗森塔尔等人（1968）的实验不仅证明了教师态度与学生成绩的关系，而且证明了教师态度对师生关系的直接影响。

（2）教师领导方式　教师领导方式有专制型、民主型、放任型三种。大量事实表明，在民主型领导方式下，师生关系民主、平等、融洽，而在专制型领导方式下，师生关系对立。

（3）教师的智慧　教师的智慧不仅表现在学识上，而且表现在教师的创造性上。学识渊博是学生亲近老师的重要因素之一。

（4）教师的人格因素　教师的性格、气质、兴趣等是影响师生关系的重要原因。那种性格开朗、气质优雅、兴趣广泛的教师最受学生欢迎。

2. 学生方面

学生受师生关系影响的主要因素是学生对教师的认识。许多调查表明：与教师关系好就喜欢上这个老师的课，主动亲近老师；自认为教师瞧不起自己，就会主动疏远老师。

3. 环境方面

影响师生关系的环境主要是学校的人际关系环境和课堂的组织环境。学校领导与老师的关系、教师与教师的关系、教师与家长的关系必然影响师生关系。课堂的组织环境主要包括教室的布置、座位的排列、学生的人数等。我国中小学课桌的排放多呈“秧田式”，教师讲台置于块状空间的正前方，这种格局阻隔了师生之间的交往及生生之间的交往，有的地方尝试取消讲台，拉近师生关系。目前许多国家都在探讨圆桌式、马蹄形、半圆形、“蜂巢式”等便于交往和交流的座位排列方式。

T7. 师生关系的类型

（一）观点一

师生之间的现实关系是不断变化和丰富多样的，可以从哲学、教育学、心理学、文化学、管理学、社会学、政治学等学科视角进行研究。从哲学认识论角度看，师生之间存在主体与客体关系、主体间关系；从教育学角度看，师生之间是教育和被教育关系；从心理学角度看，师生之间存在认知、情感、个性相互作用关系；从文化学角度看，师生之间存在文化交流、共享和创新关系；从社会学角度看，师生之间存在角色关系、互动关系；从管理学角度看，师生之间存在管理与自我管理关系，等等。

师生关系随着主体需要的不同，联系的环节、内容、方式不同、环境的差异而呈现出不同的特点。对此，有的学者认为，师生关系包括为完成教育任务而发生的工作关系，以满足交往而形成的人际关系，以组织结构形式表现的组织关系，以情感、认识等交往为表现形式的心理关系；有的学者认为师生关系包括直接关系和间接关系；还有的认为师生关系包括正式关系和非正式关系。这些分类表明师生关系的复杂性。从对师生关系的意义及稳定性等的综合分析，师生关系主要有以下几方面。

1. 以年轻一代成长为目标的社会关系

师生之间的社会关系是教师作为成人社会的代表与学生作为未成年的社会成员在教育教学过程中结成的代际关系、政治关系、道德关系、法律关系等。师生的社会关系是规范性的，是人与人的各种社会关系在教育教学中的反映。

2. 以直接促进学生发展为目的的教育关系

师生的教育关系是指教师和学生在教育教学活动中为促进学生的整体发展和自主发展而结成的教育与被教育、组织与被组织、引导与被引导等主体间关系。它是师生现实关系的体现，它是形成性的。

3. 以维持和发展教育关系为目的的心理关系

师生关系的建立与发展不仅受社会需要、社会文化传统、现实制度和教育目的、任务的制约，也受教师和学生心理活动规律的制约。师生间的心理关系是指教师和学生为了维持和发展教育关系而构成的内在联系，包括人际认知关系、情感关系、个性关系等。

综上所述，师生关系可分为社会关系、教育关系和心理关系。其中教育关系是一种基本关系，其他师生关系皆服务于这一关系。社会关系是一种背景关系，是教师和学生作为社会人的身份和角色在教育教学中的直接反映，具有规范性、稳定性特点，常以比较强硬的方式投射到师生之间教育关系和心理关系之中。心理关系是教育关系基础和深化，常以内隐方式、感性方式反映社会关系并直接影响教育关系，与前两种关系相比，它具有情景性、弥散性等特点。

（二）观点二

1. 师生之间是尊重与被尊重的人际关系

教师与学生的关系不是高位与低位、权威与平庸框架下的等级关系，而是真正意义上的人与人的关系。

2. 师生之间是爱与被爱的朋友关系

教学过程是一种多边合作过程，只有教与学“合作”默契，才可能有高的教学效率。教、学合作的必要条件之一是教师主动与学生建立一种相互信任的朋友关系。

3. 师生之间是服务与被服务的工作关系

从职能上讲，教师劳动的价值体现在教学效果上，而教学效果又主要表现为学生对学习内容内化的程度上。也就是说，从一个角度看，教师的教学行为决定学生的学习过程与学习效果，从另一个角度看，学生的学习效果是衡量和评价教师教学水平和教学能力的标准。为了树立良好的形象、实现自己的人生价值，每一个教师都希望自己具有高质量、高效率的教学效果。为此，“教”必须针对“学”。从这个意义上讲，教师只有把学生视为服务对象，并全心全意地为学生服务，才能有高效率的教学效果，才能最终实现自己的人生价值。

树立为学生服务的意识，也是社会主义现代化教育对教师提出的一项基本要求。

4. 师生之间是指导与被指导的教育关系

教与学的关系是师生关系的内涵。但现代教学中的“教”已不再单指“传道、授业与解惑”了，它包含着多方面的意义。

①学高为师。②身正为范。③指导学生个性健康发展。④强化学生人格建构意识，促进人格结构不断完善。

以上四种关系融为一体，共同构成了现代师生基本关系。相互尊重是现代师生关系的基础，教与学是师生关系的内容与核心，服务与被服务既是师生关系的表现形式，又是现代师生关系的实质，而爱与被爱、相互信赖的朋友关系则是现代师生关系的根本。建立一种尊师爱生、民主平等、师生和谐亲密、相互配合的氛围，以达成教学中的以共创共享，教学相长为目标的理想的师生关系。

T8. 网络师生关系

既然网络教育媒介具有明显的特殊性，而且，网络学生和网络教师都与传统学校教育的学生、教师又有明显的区别，这必然导致网络教育中出现新的师生关系。网络师生关系是一种“我与你”的关系。

“我—你”关系是一种什么关系呢？马丁·布伯指出，“人置身于二重世界之中，因之他拥有两种截然不同的人生。人筑居于‘它’之世界。这意思是：为了自我生存及需要，人必得把他周围的在者——其他人，生灵万物——都当作与‘我’相分离的对象，与我相对立的客体，通过对他们的经验而获知关于他们的知识，再假手知识以使其为我所用……人也栖身于‘你’之世界。在其间他与在者的‘你’相遇，或者说，与作为‘你’的在者相遇。此时，在者于我不复为与我相分离的对象。这里包含着两层意思；①当我与‘你’相遇时，我不再是一经验物、利用物的主体，我不是为了满足我的任何需要，哪怕是最高尚的需要（如所谓‘爱的需要’）而与其建立关系。因为，‘你’便是世界，便是生命，便是神明。我当以我的整个存在，我的全部生命，我的真本自性来接近‘你’，称述‘你’。②当存在者以‘你’的面目呈现于我，他不复为时空世界中之一物，有限有待之一物，……对‘我—你’关系而言，一切日常意义的因果必然性皆是偶然性，因为它匮乏超越宿命的先验的根。”正是以‘我—你’关系，“‘我’与‘你’同时升华了自己，超越了自己。人于对‘它’之世界的反抗中走向超越，人于关系中实现了超越！”所以，“‘我—你’关系是一种亲密无间、相互对等、彼此信赖、开放自在的关系”，故此，网络师生关系之本质是人的关系，也就是说，“我—你”关系把网络教师和网络学生看作人：网络学生既非容器，也非机器；而是，网络教师和网络学生都是完整的人——既是物质的也是精神的；并且，网络教师和网络学生都是独立的人。“伫立于关系的人享有实在，即领有既非绝对专属于他也非绝对外在于他的存在”。

从此，网络教师不再是通过传统面对面课堂教学中的命令控制学生，而是靠知识来“赚取”来自学生的尊重和对学生的“命令”。网络师生关系具有整体性、虚拟性、直接性、交互性、平等性的特征。

相关政策

P. 无锡禁止教师与异性学生独处

2006 年 3 月，无锡市教育局出台了《2006 年全市学校安全及综合治理工作要点的通知》，要求教师不得与异性学生在僻静场所单独谈话。

无锡市教育局官员称，该规定是出于爱护学生，将潜在的安全隐患消灭在萌芽状态。

但无锡市一名中学教师则认为这一规定“过分”，对教师来说是一种侮辱。因为有时考虑到学生的心情，老师会采取单独谈心的方式与之交流，以增加学生的信任感。

数据资源

D1. 学生的教师角色期待

（1）从总体上我们可以发现高中生的教师角色期望比较高，学生不再受到传统意义上的教师角色的吸引，对教师的综合素质要求更高。

（2）不同性别高中生的教师角色期待存在显著差异，高中生中女生在口头语言符号、文字符号、外显符号、内隐符号上的期待显著高于男生。

（3）不同年级高中生的教师角色期待存在显著差异，从总体上看高二学生的教师角色期待值高于高一学生的；从具体维度上看，高二学生在文字符号、外显符号、内隐符号三个维度上高于高一学生的，高一学生在口头语言符号上的期待高于高二学生的。

（4）不同职位学生的教师角色期待存在显著差异，从总体上学生干部的教师角色期待值高于普通学生的，而在具体维度上期待值的变化与总期待值相同。

（5）不同学习成绩的学生的教师角色期待存在显著差异，从总期待值上，学习成绩在前 25%的学生期待值最高，其次是前 100%，之后是前 75%和前 50%的学生。在具体维度方面，文字符号维度期待值的排名是前 25%>前 100%>前 50%>前 75%，而在口头语言符号、外显符号以内隐符号维度期待值排名是前 25%>前 100%>前 75%>前 50%。

D2. 师生交往的记忆

学生所写的事情 60%几乎涉及抄袭、作弊、上课睡觉、逃学、逃避劳动、违反纪律等不良问题发生的处理，结果是教师帮助其克服弱点的教育行为让学生印象深刻。例如：

“高一历史课上，老师课前提问，问到我同桌，她一无所知，一脸茫然，出于同桌及朋友感情，我将课本打开放到了她可以看见的地方，历史老师没有当堂批评，只是走过来合上了书本，在下课时告诉我，‘帮助用到该用的地方’，当然不是在全班同学面前，我明白了‘尊重’两个字的重量。”

“高中时逃课，欺骗老师说我肚子疼，后来老师知道了，批评了我，以后我情愿承担错事的后果，也不敢再撒谎了”。

能力训练

案例 9.3.4

认识师生关系：学生走上去，老师走下来

进入21世纪，石景山区委、区政府专项拨款近百万元，由王某智领衔，建立了一个面向全区各学科中青年骨干教师的研习班，这是一个融合了13个学科的教师培训组织。

京源学校的历史教师安某萍是学员之一，她珍藏着两本连环画笔记。我问缘由，她说是学生画的。

其中一个学生叫季某。安某萍说他上课爱说话，爱画小人，就是不爱记笔记。以往老师碰到这种情况，通常是把学生画的东西没收上来。安丽萍琢磨，有没有更好的办法？一天，她发现季某又在课堂上画小人，就问他：

“你为什么不记笔记？”

“我都记住了。”

“哎，你画得不错。要不，你就用画来记笔记，行不？”

季某果然用画图代替笔记。

安某萍说，我看了眼睛一亮。虽然画得比较粗糙，但构思不错，很有趣，这种形式在班上独一无二。我赞扬了他，同时对他说：就是文字表述太少，关键的时间、地点、人物、事件，要是在图上有所提示，没学过历史的人一看就知道是怎么回事。多少年后，你自己再拿起来一看，这就是历史。

“那天他特别虚心，特别诚恳地接受了我的意见。从那以后，他坚持了下来，越画越好。”安某萍说。

又一天，安某萍对季某说：“就用你画的笔记，一页一页给同学们讲讲，怎么样？”

季某同意了。安某萍说，我至今记得那天他讲的情景，班上特别静，大家都听得非常专注。我一边听，一边想，当他构思这些图时，并不是机械地抄我的板书，而是把那些历史事件在他心中反复酝酿，变成了“酒”，是知识内化了之后才产生这些图的。所以他讲得都很到位，也很简洁。他这么一页一页地讲下来，等于以非常形象的形式，带着全班同学复习了一遍，同学们一看一听都记住了。

“我喜欢。我记得特别牢。”有同学说。

安某萍说，这是学生对我的教育，孩子自身有很好的学习能力，有无穷的创造力，你让他发挥出来，不得了！

又一天，在另一个班，有学生对我说：“老师你看鲁西不听课，在画小人呢！”我一看，我都讲到后面了，他还在画前面。我对他说：“你可以把画补充得更完整一些，把情节连续起来，但现在你先收一收，课后再干。”

后来，我索性问大家，班上有没有人喜欢画画的？请举手。一看，举手的有五六个，有

男孩有女孩。我说，你们既然喜欢，就可以用画画代替记笔记。不久把笔记本收上来一看，春秋五霸、战国七雄，5个同学画同一内容就有5种样子，绝不雷同。我真是眼界大开，从这里我再一次看到孩子的思维特别敏捷，如何让学生自己动起来，真是太重要了。

这些孩子的学习都非常好，初中读完相继考到市重点高中去了。学生毕业前夕，安某萍对季某说："把你的笔记留一本给老师做个纪念好吗？"季某就把他受到鼓励的那"第一本"送给了老师。

"这是我们京源学校第一本连环画笔记，我会向下一届、再下一届的同学展示。你是开创先河的！"

"安老师，谢谢你！"

"我谢谢你！"

那以后，安某萍不仅利用学生喜欢画画的特点让他们记笔记，还让学生以这样的表达方式做单元小结。她说，从前我做小结时对我认为比较容易的问题比较忽略，但学生的小结就能针对他们自己的弱项在小结中体现出来。也有我认为是比较难的，一些学生却认为不是难点。让学生自己做小结，可以发现学生的不同情况，再针对不同情况帮助他。

安某萍表述的已经是一种"个性化教育"。她说最让她赏心悦目的还是学生们那些个性化的图说笔记、图说小结，有绘画的、图表的、结构图的。结构图比较难，但通过结构图，把事件之间的内在联系和逻辑——谁跟谁有关系，谁引出谁——描绘出来，一目了然。安某萍就选那些最精彩、最精辟的，让同学上讲台去讲解，这叫"优质资源，全班共享"，也等于让学生带着学生再复习一遍，大家都印象深刻。

再后来，安某萍不但让学生带着学生复习，有些课就直接让学生去讲。比如初三的世界史，安某萍问学生，对"第二次世界大战"这一块了解比较多的有哪些同学？举手的多是男生。

同学推荐，"安老师，让孟某讲吧，孟某讲得好！"

"孟某，你愿意讲吗？"安老师问。

"我怕没人听。"孟某说。

"大家想听吗？"

"想听。"

"你看，大家都这么要求，你还不讲？"

于是孟某没做任何准备，上去就讲。安某萍坐在孟某的座位上听，非常惊讶，孟某从作战计划、各国的实力对比，到武器装备、武器型号，以至战争过程，谁打谁，在哪里发生，一口气讲下来，头头是道。安某萍说，他比我知道得多，根本用不着我讲导火索、经过、结果、意义。全班同学听得津津有味，他向大家展示了，中学生的脑子里就能装着多么丰富的一个世界。

后来，安某萍在她教的每个班都进行这样的实验，"学生走上去，老师走下来"，让许多同学都上去讲。当然，为了让更多的同学受益，她让大家都学习备课，分学习小组，各组先在课外时间讨论，在讨论中发现谁讲得好，就由各组推荐他到大课上给全班同学讲。

于是同学们上图书馆、上网查找资料，写教案，做课件。每个班都有大背投、大屏幕，学生在电脑上做的课件，现在点一下鼠标，屏幕就换一个画面，主讲的学生就据此讲述。一个空前的学习和探究兴趣被调动起来。

于是就像1982年王某智让同学们准备“如何改造黄土高原”那样，学生们在家里就向家长请教，把家长也动员起来，家庭气氛融洽了，父母感到孩子在兴趣盎然地潜心学习，非常高兴。有的父母把朋友、邻居中的能人也调动起来，社会力量也被运用了，所谓“老师不是学生唯一的知识来源”，在此生动地体现。

最后，经过大家推举，同学们分开讲，有的讲“第一次世界大战”，有的讲“第二次世界大战”。再分，如陈某伟讲太平洋战场，杜某波讲欧洲战场，还有一男一女两个同学搭伴讲。科学性、准确性、趣味性，以至语速要达到怎样，口齿如何，同学们都研究过，都很讲究。他们说“体验了做老师的感觉，也更理解老师了”。

安某萍老师的体验是，我坐在下面听，真正体验到老师也在学习，从学生那里学到很多东西。他们在课堂上讲出来的仅仅是他们准备了大量内容的一小部分，而且，关键不在于他们能表达出自己已经掌握了多少知识，而在于为讲好这一小部分，他们集体学习的能力、思索能力、分析能力、概括能力、综合运用众人智慧的能力、与人打交道的能力、求助的能力、语言表达能力、聆听别人表达的能力等，都全面得到了锻炼。同学们的学习兴趣空前高涨，把上这样课的日子变得像过节一样兴奋。

问题与思考

1.“走上去与走下来”反映出什么样的师生观？

2. 当前我国学校师生关系的现状如何？如何改善？

小结

1. 人的发展问题是关系人类社会、教育的生存与发展质量、效益的根本问题，是创新人才战略的基石。

2. 学生和教师是具有教育特征也具有一般性特征的人。学生或教师是这种人的社会角色之一。

3. 对师生关系的认识应建立在人际关系理论基础之上，师生交往首先遵循一般的人际交往规范。

4. 师生关系是教育的最根本关系，是教育目的、教育制度的体现，以教育内容、教育媒介维系，反映社会、生态和人自身以及教育的需求与可能。

5. 当代中国的师生关系趋于摒弃落后的传统文化的价值观念，建立新型师生关系（后现代社会视野下的师生关系）。

自我评价

1. 学生有什么权利？
2. 学生具有哪些义务？如何理解？
3. 论述教师专业发展的要求。
4. 论述教师的基本权利。
5. 如何建立与发展良好的师生关系？
6. 分析案例：运用相关理论分析问题，并进行富有逻辑的阐述。

参考文献

[1] 时晓玲. 教育不能选择学生，学生有权享有最好的教育[N]. 中国教育报，2001-06-08(1).
[2] 我是王耳朵. 孩子，我宁愿你没那么善良[EB/OL]. [2021-07-15]. 澎湃网.
[3] 叶澜. 教育学原理[M]. 北京：人民教育出版社，2007.
[4] 徐文闻，马治国. 生命安全素养的基本构成要素、形成路径及高等教育建议[J]. 教育科学，2013(01)：32-38.
[5] 联合国儿童基金会. 儿童权利公约(中文版)[EB/OL]. [2023-11-09]. 联合国人权事务高级专员办事处网.
[6] 中华人民共和国教育部. 教育部关于印发《中小学生守则(2015 年修订)》的通知[EB/OL]. [2015-10-08]. 中华人民共和国教育部网.
[7] 北京市教育委员会办公室.《北京市中小学生日常行为规范(2016 年修订)》发布[EB/OL]. [2017-01-05]. 北京市人民政府网.
[8] 全国人民代表大会常务委员会. 中华人民共和国教育法(2021 修订版)[S/OL]. [2021-08-02]. 中华人民共和国教育部网.
[9] [英]怀特. 再论教育目的[M]. 李永宏，等，译. 北京：教育科学出版社，1997.
[10]《教育学原理》编写组. 教育学原理[M]. 北京：高等教育出版社，2019.
[11] 全国十二所重点师范大学. 教育学基础[M]. 北京：教育科学出版社，2014.
[12] 白芸. 学生文化的成因与特征分析[J]. 教育科学，2006(01)：67-69.
[13] 马治国等. 小学生对教师课堂教学行为品德认知的调查研究[J]. 教育科学，2014(03)：38-43.
[14] 教育文摘周报. 青年发展系列文摘[N]. 教育文摘周报，2021-07-01 至 2021-09-31.
[15] [德]雅思贝尔斯. 什么是教育[M]. 邹进，译. 北京：生活 · 读书 · 新知三联书店，1991.
[16] 苏娜. 人口素质的家庭影响因素分析[J]. 人口学刊，2001(01)：35-39.
[17] 教育部基础教育质量监测中心. 2020 年国家义务教育质量监测德育状况监测结果报告[R/OL]. [2021-11-29]. 中华人民共和国教育部网.
[18] 曹格，石中英. 中小学社会主义核心价值观教育的一项问卷调查：学生视角[J]. 南京师大

学报(社会科学版)，2021(03)：16–31.
[19] 柴如瑾等. 青少年圈子乱象该“歇”了[N]. 光明日报，2021–08–24(14).
[20] 李德显，傅维利等. 我国儿童、青少年诚信观发展现状研究[J]. 教育科学，2011(02)：1–7.
[21] 张佳慧，辛涛. 15 岁学生幸福感的影响机制探讨——来自中国四省市PISA2018 的证据[J]. 清华大学教育研究，2020(05)：11–19.
[22] 王宏甲. 中国新教育风暴[M]. 北京：北京出版社，2004.
[23] 俞路石.“魔力”是这样产生的[N]. 中国教育报，2003–06–14(3).
[24] 曾聪虹，林劲峰. 教育信息化催生新教学方式：“微”风吹进新课堂[EB/OL]. [2014–06–16]. 泉州晚报网.
[25] 中华人民共和国教育部. 中学教师专业标准(试行)(征求意见稿)[S/OL]. [2011–12–12]. 中华人民共和国教育部网.
[26] 中华人民共和国教育部. 教育部关于印发《新时代高校教师职业行为十项准则》《新时代中小学教师职业行为十项准则》《新时代幼儿园教师职业行为十项准则》的通知[S/OL]. [2018–11–16]. 中国政府网.
[27] 教育部等八部门. 新时代基础教育强师计划[EB/OL]. [2022–04–13]. 中华人民共和国教育部网.
[28] 陈永明. 现代教师论[M]. 上海，上海教育出版社，1999.
[29] 庞丽娟. 教师与儿童发展[M]. 北京：北京师范大学出版社，2001.
[30] 习近平. 做党和人民满意的好老师——同北京师范大学师生代表座谈时的讲话[EB/OL]. [2014–09–10]. 中华人民共和国教育部网.
[31] 新华社. 以“四有”教师为目标做好学生“引路人”[N]. 光明日报，2016–09–12(1).
[32] 傅维利. 教师职业道德教育指南[M]. 北京：高等教育出版社，2009.
[33] 傅维利，于颖. 教师职业道德的独特品性及其价值实现[J]. 教育研究，2019(11)：151–159.
[34] 刘雨田，陈时见. 美国教师教育全球胜任力在线课程设置与实施经验——以全球胜任力认证(GCC)课程为例[J]. 外国中小学教育，2019(07)：65–71.
[35] 黄莉君，张磊. 中学教师胜任力模型建构与应用研究[J]. 教师教育论坛，2019(10)：31–34.
[36] 曲铁华，冯茁. 基于学术特质的高校教师专业发展论[J]. 教育研究，2009(01)：60–63.
[37] 皇甫科杰，王枬. 论教师的教育生活[J]. 教育研究，2021(02)：131–139.
[38] 中央教育科学研究所比较教育研究室. 人的发展[M]. 北京：教育科学出版社，1989.
[39] 张世平. 教师的心理教育[M]. 重庆：重庆大学出版社，1999.
[40] 姚安娣. 略论德国教师继续教育中的校本培训[J]. 外国中小学教育，2001(06)：39–40.
[41] 陈向明. 跨界课例研究中的教师学习[J]. 教育学报，2020(02)：47–58.
[42] 李亚员. 高校师德建设研究：热点领域与推进方向——基于CNKI所刊文献关键词的共词可视化分析[J]. 东北师大学报(哲学社会科学版)，2016(06)：188、191.
[43] 刘红英，王雪超，魏尚. 高校师德师风的现状与对策——基于天津市部分高校的调研[J]. 思想政治工作研究. 2019(08)：49–50.
[44] 王学振，黄潇潇，俞国良. 小学教师心理健康问题的特点、影响因素与发展趋势[J]. 中国人民大学教育学刊，2024(02)：168–171.
[45] 李老师. 目前教育最大的问题是很多老师已经躺平了[EB/OL]. [2021–08–11]. 百度网.

[46] 李会嫔. 路虽远行则将至，事虽难做则必成——专访全国教书育人楷模李红霞[EB/OL]. [2021-09-13]. 百度网.
[47] 黄耀红. 课堂上的“师道尊严”大家谈[J]. 湖南教育，2003(03)：23-25.
[48] 靳玉乐，李森. 现代教育学[M]. 成都：四川教育出版社，2005.
[49] 于伟. 教育哲学[M]. 北京：北京师范大学出版社，2015.
[50] [英]怀特. 再论教育目的[M]. 李永红，等，译. 北京：教育科学出版社，1997.
[51] 姚纪纲. 交往的世界：当代交往理论探索[M]. 北京：人民出版社，2002.
[52] [加]范梅南. 教学机智：教育智慧的意蕴[M]. 李淑英，译. 北京：教育科学出版社，2001.
[53] 全国十二所重点师范大学. 教育学基础[M]. 北京：教育科学出版社，2002.
[54] 袁振国. 当代教育学[M]. 北京：教育科学出版社，2004.
[55] 罗岩等. 教育学[M]. 大连：辽宁师范大学出版社，2005.
[56] 马治国. 网络教育本质论[M]. 大连：辽宁师范大学出版社，2006.
[57] 东兆记. 无锡禁止教师与异性学生独处[N]. 大连晚报，2006-03-23.
[58] 周香玉. 初中阶段师生关系的现状调查及构建策略研究[D]. 大连：辽宁师范大学，2019.
[59] 侯娅情. 高中生的教师角色期待研究[D]. 大连：辽宁师范大学，2020.